suhrkamp taschenbuch
wissenschaft 314

Hegels *Wissenschaft der Logik* ist das komplexeste Gebilde der Philosophiegeschichte. Ihre Komplexität beruht vornehmlich darauf, daß in formale Strukturen materiale Gehalte eingehen. Ihren Reichtum auszuschöpfen ist bisher insbesondere darum nicht gelungen, weil man sich entweder mit der Erhellung der formalen Strukturen begnügte oder allzu unvermittelt zu ihrer Applikation auf außerlogische Inhalte fortging. Jenseits einer solchen Alternative will dieses Buch Hegels eigene Forderung einlösen, die »abstrakte Grundlage des Logischen mit dem Gehalte aller Wahrheit zu erfüllen«, also ihre Kraft zur Erschließung weltlicher Realität in ihr selbst zu finden.

Michael Theunissen, geb. 1932, ist Professor für Philosophie; ab 1967 in Bern, ab 1971 in Heidelberg, ab 1980 in Berlin.

In der Reihe »suhrkamp taschenbuch wissenschaft« hat er zusammen mit Wilfried Greve herausgegeben: *Materialien zur Philosophie Søren Kierkegaards* (stw 241); zusammen mit Hans Friedrich Fulda und Rolf-Peter Horstmann ist er Autor von: *Kritische Darstellung der Metaphysik. Eine Diskussion über Hegels »Logik«* (stw 315).

Michael Theunissen
Sein und Schein

Die kritische Funktion der Hegelschen Logik

Suhrkamp

suhrkamp taschenbuch wissenschaft 314
Erste Auflage 1980

Druck: Nomos Verlagsgesellschaft, Baden-Baden
Printed in Germany
Umschlag nach Entwürfen von
Willy Fleckhaus und Rolf Staudt

CIP-Kurztitelaufnahme der Deutschen Bibliothek
Theunissen, Michael:
Sein und Schein: d. krit. Funktion d.
Hegelschen Logik / Michael Theunissen. -
Frankfurt am Main: Suhrkamp, 1980.
(Suhrkamp-Taschenbuch Wissenschaft; 314)
ISBN 3-518-07914-X

Inhalt

Aber ist denn *so* nicht auch die *Logik* wieder eine *Phänomenologie*? das Sein nur der *phänomenologische* Anfang? Befinden wir uns nicht auch innerhalb der *Logik* in einem Zwiespalt zwischen Schein und Wahrheit?

Ludwig Feuerbach, Zur Kritik der Hegelschen Philosophie

Vorwort

Das vorliegende Buch sollte gar keines werden. Genauer gesagt: Es ist anstelle eines anderen entstanden. Ich habe es angefangen in der Absicht, das erste Kapitel eines seit 1972 geplanten Buches niederzuschreiben, in dem ich unter dem Titel *Widerspruch* Hegels Logik der Reflexionsbestimmungen und ihren Einfluß auf die Marxsche Theorie analysieren wollte. Einige Thesen dieses Projektes, auf dessen baldige Verwirklichung, in welcher Form auch immer, ich hoffe, umreißt mein 1974 auf dem Moskauer Dialektik-Kongreß gehaltener Vortrag (im Literaturverzeichnis: 1975 b). Die starke Ausrichtung des Abschnittes I.1.1 an den Reflexionsbestimmungen zeigt noch Spuren des ursprünglichen Plans. Trotz des transitorischen Charakters der nachfolgenden Überlegungen glaube ich aber sagen zu dürfen, daß diese ein in sich geschlossenes Ganzes bilden und aus sich selbst verständlich sind. Gleichwohl hätte ich sie dem Leser nicht vorgelegt, ginge es mir nicht, auch um der künftigen Arbeit willen, um seine Kritik. Ob es sinnvoll ist, in Zeiten, in denen die philosophisch Interessierten zum Lesen längerer Abhandlungen kaum noch Muße aufbringen, ein Buch zu schreiben, wird man bezweifeln müssen. Solche Zweifel hätte ich wohl kaum überwinden können, würde ich nicht grundsätzlich meinen, daß ein philosophisches Buch letztlich nur dann zu rechtfertigen ist, wenn der Verfasser der Hilfe anderer bedarf, um über seine Sache größtmögliche Klarheit zu gewinnen.

Damit der Leser nicht mit Erwartungen an das Buch herangeht, die es nicht zu erfüllen vermag, sind ein paar einschränkende Vorbemerkungen am Platz. Es ist bisher noch nie gelungen, Hegels *Wissenschaft der Logik* in einer Weise zu durchdringen, die ihre schier unermeßliche Komplexität unverkürzt zur Geltung brächte. Auch die hier veröffentlichte Interpretation leistet dies nicht. Sie erhebt allerdings auch keinen derartigen Anspruch. Ihr ist es nicht um die maßstabsgerechte Rekonstruktion einer Theorie zu tun, sondern um die Variation einiger Motive, die zwar

meines Erachtens Grundmotive, aber nicht unbedingt die innersten Organisationsprinzipien dieser Theorie sind. Ich versuche sie so konsequent durchzuspielen, daß sie sich zu einer neuen Totalität zusammenfügen. Dabei strebe ich eine Deutung an, die einerseits verständlich macht, wie Hegel, unbeschadet des in Jena eingetretenen Wandels seiner Auffassung von der Aufgabe einer philosophischen Fundamentaltheorie, in der *Wissenschaft der Logik* an die Entstehungsgeschichte seines Denkens anknüpft, und die andererseits auch die Wirkungsgeschichte seines Systems und seiner Methode berücksichtigt. Mit seiner Wirkungsgeschichte erscheint mir Hegel so eng verbunden, daß ich im vorhinein auf Bemühungen um eine objektivistische Wiedergabe seiner Lehrstücke und um durchgehende Angemessenheit an sein Selbstverständnis verzichtet habe. Dem Erkenntnisideal traditioneller Philosophiegeschichtsschreibung fühle ich mich um so weniger verpflichtet, als ich am Ende ausschließlich an denjenigen Gedanken Hegels interessiert bin, denen ich sachliche Relevanz und echte, mehr als bloß akademische Gegenwärtigkeit zutraue.
Es ist vielleicht nützlich, in aller Ausdrücklichkeit zwei weitere Einschränkungen zu machen, wenn sie auch implizit bereits in der Wahl des Titels liegen. Die eine ist in der Art enthalten, wie Ober- und Untertitel aufeinander zu beziehen sind. Der Ausdruck ›Sein‹ grenzt den Bereich ein, innerhalb dessen die anfangs hingeworfene Gesamtskizze der kritischen Funktion Hegelscher Logik in den interpretierenden Teilen des Buches ausgefüllt wird; über den Zusammenhang von Sein und Schein geht die kommentierende Analyse der Kritikfunktion nicht hinaus. Die andere Einschränkung bringt der Untertitel für sich zum Ausdruck. Er hebt auf die *kritische* Funktion der Hegelschen Logik ab, obschon diese nicht nur als Kritik von Schein, sondern auch als Darstellung von Wahrheit vorgeführt wird. Er hebt allein auf sie ab, weil ich die Aussagen über den destruktiven Aspekt des Werkes besser glaube verantworten zu können als die über seine konstruktive Seite. Wohl entfernt sich gerade der Vorschlag, die *Wissenschaft der Logik* als Kritik zu lesen, besonders weit vom Selbstverständnis ihres Autors wie auch von zähen Rezeptionsgewohnheiten. Der Leser wird jedoch Material

finden, das immerhin ausreichen dürfte, um ihm eine fundierte Entscheidung über Annahme oder Ablehnung des Vorschlags zu ermöglichen. Aus Gründen, die selber aufzudecken sind, bietet ihm der auszulegende Text demgegenüber keine gleich günstige Gelegenheit zu einer wirklich zweifelsfreien Überprüfung der aufgestellten Thesen über den Wahrheitsgehalt der Fundamentalphilosophie Hegels. Die angebotene Hermeneutik des affirmativen Konzepts dieser Philosophie leidet außerdem darunter, daß mir zur hinlänglichen Explikation dessen, was Hegel als ›Wahrheit‹ in Anspruch nimmt, derzeit noch begriffliche Mittel fehlen. Sie begnügt sich deshalb mit Stichworten, die eigentlich bloß Chiffren für das Ungesagte sind.

Daß ich zu Hegels systemaufschließender Logik in bestimmter Hinsicht einen anderen Zugang suche als 1970 zu seiner systemabschließenden Lehre vom absoluten Geist, wird dem Leser, der meinen damaligen Versuch kennt, nicht entgehen. Der einzig wesentliche Unterschied betrifft die Einschätzung der Positivität. Obwohl ich mir der Folgen einer gewissen Umorientierung in diesem Punkt bewußt bin, wage ich zu hoffen, daß die neue Untersuchung auch der Ergänzung und Vertiefung der früheren Studie dient. Deren Hauptmangel besteht in meiner Sicht darin, daß sie Hegels politische Theologie nicht aus den Grundlagen seines Denkens, das heißt eben aus seiner Logik, entwickelt. Das vorliegende Buch füllt diese Lücke aus.

Wenn ich im Verstehen Hegels weitergekommen bin, so verdanke ich dies nicht zuletzt meinen Kollegen und Studenten. Das Buch ist aus Heidelberger Diskussionen hervorgegangen. Die Auseinandersetzung mit Ernst Tugendhat (jetzt Starnberg) legt davon ein genauso beredtes Zeugnis ab wie die kritische Rezeption Hans-Georg Gadamers, Hans Friedrich Fuldas (jetzt Bielefeld) und – last, not least – Dieter Henrichs. Von den vielen Jüngeren, die mich angeregt haben, seien hier nur genannt Emil Angehrn, Rainer Eckertz, Hinrich Fink-Eitel, Hans Georg Flickinger, Horst Folkers, Thomas Kesselring, Ernst Michael Lange, Georg Lohmann und Andreas Wildt. Mag ich auch für den einen oder anderen von ihnen ein Lehrer gewesen sein – ich selbst habe von ihnen jedenfalls in einem letztlich unabschätzbaren Maße gelernt. Daß man als Mitglied des Heidelberger Philosophischen Seminars noch ein lernender Lehrer sein darf, entschädigt für manche Lasten, die einem dieses arbeitsintensive Institut aufbürdet.

Meine überdurchschnittliche Belastung ist übrigens auch einer der Gründe, die ich vielleicht zur Entschuldigung der Unvollkommenheiten des Buches anführen darf. Das Buch ist von Herbst 1976 bis Herbst 1977 niedergeschrieben worden, während eines Jahres, in dem ich die Pflichten eines akademischen Lehrers in vollem Umfang zu erfüllen hatte. Gern hätte ich einige seiner Teile völlig neu verfaßt. Das aber wäre, da ich jene Pflichten nicht verletzen wollte, erst nach Ablauf eines ganzen weiteren Jahres möglich gewesen. So lange zu warten, konnte ich mich nicht entschließen, weil mir die Belehrung durch Kritik wichtiger erschien als die Glättung von Unebenheiten, welche die Geradlinigkeit des Gedankengangs, so hoffe ich, nicht beeinträchtigen.

Mein besonderer Dank gilt Frau Ingeborg von Appen für die Mühen, die sie bei der raschen Abschrift des Manuskripts bereitwillig auf sich genommen hat, und vor allem dafür, daß sie sich durch die spröde Materie von stets mitdenkender Aufmerksamkeit nicht abhalten ließ. Herrn Dr. E. M. Lange habe ich auch für Hilfe bei der Korrektur zu danken. Danken möchte ich schließlich dem Verlag und dessen Wissenschaftlichem Lektorat, namentlich Herrn Dr. Fink-Eitel, der sich des Buches mit Kennerschaft und Sorgfalt angenommen hat.

Heidelberg, im Januar 1978 M. T.

Einleitung: Exposition der These

Karl Marx schrieb am 22. Februar 1858 an Ferdinand Lassalle: »Die Arbeit, um die es sich zunächst handelt, ist Kritik der ökonomischen Kategorien, oder, if you like, das System der bürgerlichen Ökonomie kritisch dargestellt. Es ist zugleich Darstellung des Systems und durch die Darstellung Kritik desselben« (MEW *29*, 550)[1]. Die Arbeit, um die es sich damals handelte, war das nach seiner ursprünglichen Konzeption umfassend angelegte Werk, von dem im folgenden Jahre ein erstes Heft erschien, die Schrift *Zur Kritik der Politischen Ökonomie*, und als dessen modifizierte Fortsetzung das unvollständig gebliebene Buch *Das Kapital* zu betrachten ist. Man kennt die Unterscheidung der »Darstellungsweise« von der »Forschungsweise« im Nachwort zur zweiten Auflage des Kapitalbuchs (MEW *23*, 27) und weiß auch, daß Marx hier, wo er über die »dialektische« Methode seiner Untersuchung Rechenschaft ablegt, im wesentlichen eine Darstellungsmethode beschreibt. Deren Eigenart hat unlängst Fulda (1975) aufgehellt. Aber auch daß bereits die Methodenreflexion »jenes großen Denkers«, als dessen Schüler Marx sich im genannten Nachwort bekennt, auf Darstellung gerichtet war, ist durch neuere Forschung (Werner Marx 1967; Puntel 1973) wieder ins Bewußtsein getreten.

In der Tat: Durch die Besinnung auf sein Vorgehen will Hegel sich nicht zuletzt der »Art und Weise« versichern, »in der die philosophische Wahrheit darzustellen sei« (PhdG 9_{14}/11). Die nachfolgenden Überlegungen werden unter anderem aufzuzeigen versuchen, daß seine Logik die philosophische Wahrheit in der dialektischen Bewegung des Satzes vorgebildet findet. Es ist denn auch »die Darstellung der dialektischen Bewegung des Satzes« (PhdG 53_{12}/61), die Hegel von der Philosophie fordert. Darzustellen ist demzufolge das Ganze; steht doch der spekulative Satz nach seiner phänomenologischen Theorie letztlich für

1 Zur Zitierweise siehe die Vorbemerkung zum Literaturverzeichnis.

das System ein. Die »Darstellung des Systems selbst« aber hat die Einsicht, daß alles darauf ankomme, »das Wahre nicht als Substanz, sondern eben so sehr als Subjekt aufzufassen und auszudrücken«, nicht nur zu »rechtfertigen« (PhdG 19_{24}/22). Sie ist in gewisser Weise selber das, worauf es ankommt; denn den Subjektcharakter der Substanz (der hier nicht näher erläutert werden soll) »aufzufassen und auszudrücken«, heißt wiederum nichts anderes als ihn darstellen. Es geht also für Hegel letztlich um die Darstellung als solche. So hat Feuerbach durchaus recht, wenn er bemerkt, daß bei Hegel, wie auch schon bei Fichte, »die wissenschaftliche *Darstellung* der Philosophie für das Wesen der Philosophie gilt«[2]. Unrecht hat er nur darin, daß er meint, mit dieser Bemerkung etwas Herabsetzendes zu sagen. Denn Hegel hätte hierin sein Bestes wiedererkannt und wohl auch kaum widersprochen, wenn ihm noch zu Ohren gekommen wäre, daß er »bloß« darstelle, worauf schon seine Vorgänger aus waren.

Jedoch zielt Hegel desgleichen bereits auf die von Marx verwirklichte Einheit von Darstellung und *Kritik*. »Das leichteste ist, was Gehalt und Gediegenheit hat, zu beurteilen, schwerer, es zu fassen, das schwerste, was beides vereinigt, seine Darstellung hervorzubringen« (PhdG 11_{31}/13). Danach verbindet sich in der Darstellung die Erfassung mit einer Beurteilung, die stets Kritik ist. Nun stellt Hegel auch die *Wissenschaft der Logik* unter den Anspruch einer solchen Darstellung, schon in der *Phänomenologie* (vgl. 40_{4}/47) und ebenso in ihr selber (vgl. u. a. I 31_{15}/44, II 356_{11}/405). Zugleich verpflichtet er auch sie auf eine Kritik, die mit der Darstellung eins sein soll. Mehr noch: Er ist überzeugt, daß die Einheit von Darstellung und Kritik, der die Philosophie überhaupt nachzustreben hat, die Logik nicht nur als eine und zwar die grundlegende philosophische Wissenschaft, sondern auch *als Logik* charakterisiert, das heißt in methodischer Hinsicht *spezifisch* kennzeichnet. In einem *Enzyklopädie*-Zusatz, der nach Fulda (1969, 112) der von Hotho angefertigten Nachschrift einer von Hegel im Sommersemester 1823 gehaltenen Lo-

2 Ludwig Feuerbach, ›Zur Kritik der Hegelschen Philosophie‹ (1839), *Kleine Schriften* (ed. K. Löwith), Frankfurt/M. 1966, 86.

gikvorlesung entnommen ist[3], lesen wir: »Es muß (...) die Thätigkeit der Denkformen und ihre Kritik im Erkennen vereinigt seyn.« Die Tätigkeit der Denkbestimmungen – das ist, wie es weiter heißt, die als Dialektik zu bezeichnende, in der die Denkbestimmungen sich »selbst untersuchen« und »ihren Mangel aufzeigen« (SW *8*, 125/8, 114). Die Hegelsche Logik aber will nichts anderes sein als das Protokoll dieser Selbstuntersuchung der Denkbestimmungen. Mithin wird man hoffen dürfen, über ihr Ziel und ihren Weg Wesentliches zu erfahren, wenn man sie unter dem Aspekt der Einheit von Darstellung und Kritik betrachtet.

Was die *Wissenschaft der Logik* des näheren darstellt und im Darstellen kritisiert, wenn sie die sich selbst untersuchende Tätigkeit der Denkbestimmungen zur Sprache bringt, verrät der Anspruch, mit dem sie auftritt. Hegel begreift sie als »die eigentliche Metaphysik« (I 5_{37}/16; vgl. I 372_{11}/427 f.)[4]. Er empfindet es als einen Skandal, »ein gebildetes Volk ohne Metaphysik zu sehen« (I 4_{7}/14), und fühlt sich aufgerufen, sie zu erneuern, ja, allererst zu vollenden. Auf der anderen Seite soll die *Wissenschaft der Logik* durch die Lehren vom Sein und vom Wesen, die Hegel unter dem Titel der ›objektiven‹ Logik zusammenfaßt, Metaphysik *ersetzen.* »Die objektive Logik tritt damit vielmehr an die Stelle der vormaligen Metaphysik...« (I 46_{28}/61). Eine Vollendung, die das Vollendete ersetzt, oder eine Ersetzung, die das Ersetzte vollendet, ist im Sinne Hegels eine Form von ›Aufhebung‹. Die Hegelsche Logik macht Aufhebung nicht nur zum Thema, sie betreibt sie auch – in ihrem Verhältnis zur Metaphysik (vgl. Theunissen 1975 a). Die in ihr geschehende Aufhebung der Metaphysik geht zwar, wie sich später erweisen wird, in deren kritischer Darstellung nicht auf; aber zunächst jedenfalls hebt sie das »metaphysische Philosophieren« (I 109_{33}/131) auf, indem sie es darstellt und durch die Darstellung hindurch kritisiert. Daß das ›An-die-Stelle-Treten‹ kri-

3 Einblick in Teile dieser Vorlesung verdanke ich Dieter Henrich.

4 Im folgenden beziehen sich Band- und Seitenzahlen, wenn ihnen keine Initialen vorangestellt sind, immer auf die *Wissenschaft der Logik* (Ausgabe Lasson).

tisch gemeint ist, läßt sich in Anbetracht des Zusammenhangs, in welchem die Wendung steht, nicht bezweifeln. In sowohl affirmativer wie auch polemischer Bezugnahme auf die Kantische Transzendentalphilosophie heißt es da, die objektive Logik leiste die Kritik der vom metaphysischen Philosophieren unreflektiert verwendeten Denkbestimmungen, »die wahrhafte Kritik«, die auf diese nicht von außen zugeht, sondern »sie selbst in ihrem besonderen Inhalte betrachtet« (I 47_{10}/62), das heißt darstellt. Die Marxsche Theorie gibt eine kritische Darstellung der Kategorien, deren die bürgerliche Ökonomie sich bedient; die Hegelsche Logik ist nach der methodischen Idee, die ihr zugrunde liegt, Einheit von Kritik und Darstellung der Metaphysik.

Diese scheinbar schlichte These steckt freilich erst nur ein Arbeitsfeld ab. Von ihr aus eröffnen sich vielfältige Perspektiven. Am fernsten Horizont erscheint die – jenseits der Grenzen dieser Untersuchung liegende – Möglichkeit, auffällige Züge der Marxschen Kritik bürgerlicher Ökonomiewissenschaft, in deren kritischer Darstellung nach Marx auch die reale Basis der kapitalistischen Gesellschaftsformation zugänglich wird, aus ihrer Vermittlung durch die Metaphysikkritik der Hegelschen Logik zu begreifen. Zugleich beruht die These freilich auf gar nicht selbstverständlichen Voraussetzungen, die einer Freilegung bedürfen. Von ihnen sei hier nur die stärkste genannt: die Voraussetzung, daß das als Subjekt der logischen Wissenschaft auftretende Denken auch zum Objekt unmittelbar ein Denken habe, eben das metaphysische. Aber auch die These selbst konfrontiert uns mit einer Fülle offener Fragen. Wir stehen insbesondere vor drei Problemkomplexen. Erstens ist ausfindig zu machen, was Hegel unter ›Metaphysik‹ versteht. Denn darüber haben wir noch nichts zu hören bekommen. Zweitens muß aufgeklärt werden, inwiefern man denn überhaupt von einer ›Einheit von Kritik und Darstellung‹ sinnvoll sprechen darf, und zwar konkret zum Zwecke der Verständigung über die Logik Hegels. Was am Inhalt dieser Logik ist das intentionale Korrelat der Darstellung, das spezifisch Dargestellte, was das Kritisierte? Und was bedeutet ›Einheit‹? Wie soll die Hegelsche Logik die Einheit der gewöhnlich getrennten Vorgehensweisen bewahren können? Drittens schließlich wäre über die Relevanz einer von der Marxschen Selbstdeutung angeleiteten Hegel-Rezeption Rechenschaft abzulegen. Denn gesetzt selbst, wir hätten uns über den Metaphysikbegriff Hegels sowie über die Bedeutung der Ausdrücke ›Darstellung‹, ›Kritik‹ und ›Einheit‹ hinreichende Klarheit verschafft, so bliebe doch die Reichweite einer Auslegung, welche die *Wissenschaft der Logik* als kritische Darstellung der Metaphysik liest, völlig im dunkeln. Sie nämlich ließe sich nur unter der Bedingung abschätzen, daß deutlich wäre, welches Gewicht einem solchen Geschäft – angenommen, Hegel betriebe es wirklich – im Vergleich mit der Gesamtabzweckung des Werkes zukäme.

Die Frage, wie die kritische Darstellung der Metaphysik sich zum Ganzen der Hegelschen Logik verhalte, soll nicht vorentschieden werden; sie läßt sich nur beantworten, indem man zusieht, was und wieviel eine von der exponierten These angeleitete Interpretation zu fassen bekommt. Ich möchte lediglich zu bedenken geben, daß man bei einer solchen Prüfung insofern wohl ein günstiges Ergebnis erwarten darf, als der von Hegel zugrunde gelegte Metaphysikbegriff, dessen Inhalt sogleich zu beschreiben sein wird, einen außerordentlich weiten Umfang besitzt. Er deckt zunächst einmal die gesamte philosophische Tradition ab. In der Auseinandersetzung mit der Vergangenheit des europäischen Denkens bezieht die *Wissenschaft der Logik* sich insbesondere auf dreierlei: auf die formale Logik, die durch Kant begründete und in der Nachfolge Kants ausgebaute Transzendentalphilosophie und diejenige Metaphysik, die sie von dieser als die vorhin erwähnte »vormalige« oder auch »ältere« unterscheidet. Mit demselben Recht, mit dem festgestellt worden ist, daß die logische Wissenschaft Hegels »sich als Versuch verstehen läßt, die *Kritik der reinen Vernunft* über sich selbst zu verständigen« (Richli 1972, 241), kann man die Behauptung wagen: Sie hat »die formale Logik zur Voraussetzung und zum Gegenstand« (Becker 1969, 12). Aber nach derjenigen Seite, auf die Hegels Kritik abzielt, übergreift die Metaphysik sowohl die formale Logik wie auch die Kantische Transzendentalphilosophie. Auf eine Analyse der Art und Weise, wie Hegel die formale Logik unter die Metaphysik subsumiert, muß ich im Rahmen der vorliegenden Studie verzichten[5]. Immerhin sei vermerkt, daß er die überkommene Logik als bloßen Annex der Metaphysik zu betrachten scheint; so wenn er betont, daß »sich für den Inhalt vornehmlich nur äußerliches Material in der frühern Metaphysik und Logik vorgefunden hat« (I 9_{12}/19). Auf Kant jedenfalls hebt er ab, wenn er dort, wo er Metaphysik als vergegenständlichendes Denken beschreibt, ausdrücklich hinzufügt, daß zum metaphysischen Philosophieren »auch das kritische gehört« (I 109_{34}/131; vgl. I 121_{17}/144). Als Aufhebung der Metaphysik kann und muß man mithin das Ganze des Traditionsbezugs der Hegelschen Logik begreifen. Aber der Umfang des darin explizierten Metaphysikbegriffs reicht noch über die Tradition hinaus. Gerade von der vormaligen Metaphysik, »wie sie vor der Kantischen Philosophie bei uns beschaffen war«, sagt Hegel: »Diese Metaphysik ist jedoch nur in Beziehung auf die Geschichte der Philosophie etwas *Vormaliges*; für sich ist sie überhaupt immer vorhanden, die *bloße Verstandes-Ansicht* der Vernunft-Gegenstände« (E § 27). Vorhanden ist das metaphysische Verstandesdenken in unserem geschichtlich vermittelten Weltverständnis und den darauf basierenden Wissenschaften. Insofern richtet die logische Metaphysikkritik sich auch gegen »die philosophisch nicht gebildete Reflexion« (I 102_{33}/123). Ihre darin liegende Nähe zur Kritik des natürlichen Bewußtseins wird noch genauer zu betrachten sein, wenn wir uns dem Zusammenhang zwischen der *Wissenschaft der Logik* und der *Phänomenologie des Geistes* zuwenden (siehe S. 79 ff.).

Auch die Fragen nach den Implikationen des Interpretaments ›kritische Darstellung der Metaphysik‹ sind befriedigend erst in der Analyse der Modelltexte zu beantworten (II-V). Die Antwort, die Teil I auf sie gibt, versteht sich zwar als Versuch einer

5 Material, das eine solche Analyse zu berücksichtigen hätte, enthält der letzte Abschnitt über die Logik des Urteils (V. 2). Meines Wissens ist bisher nur Hegels Lehre vom Schluß systematisch auf das Verhältnis der dialektischen zur klassischen formalen Logik befragt worden (Krohn 1972). Wichtige Hinweise gibt auch Becker (1969, 7-107). Vgl. ferner Sarlemijn (1971), 107 bis 111, 129.

Begründung der These, aber hat selbst noch einen hypothetischen Charakter. Immerhin betreten wir das thematische Gebiet auf relativ festem Boden, wenn wir von der Sache ausgehen, auf die in der spekulativen Logik kritische Darstellung sich bezieht, und uns zunächst über Hegels Metaphysikbegriff verständigen (I.1). Freilich läßt die Sache sich von der Methode nicht trennen, am wenigsten bei Bemühungen um Aneignung eines Werkes, das eine solche Trennung überwinden möchte. Gleichwohl ist die – auch von Marx nicht bewältigte – Methodenproblematik, die im Programm einer Einheit von Kritik und Darstellung sich verbirgt, eigens herauszuarbeiten. Dies soll so geschehen, daß zunächst die aufgeworfenen Fragen nach den intentionalen Korrelaten einerseits der Darstellung, andererseits der Kritik beantwortet werden (I. 2). Das Problem der Einheit wird, wie die Analyse der Logik des reinen Seins zeigt (II), erst mit dem Übergang zur Daseinslogik aktuell und muß vor deren Interpretation (IV) und den perspektivischen Überlegungen zur Wesens- und Begriffslogik (V) in einem zweiten Anlauf zur Grundlegung des exponierten Sachverhalts wenn nicht – was unmöglich zu sein scheint – aufgeklärt, so doch wenigstens angegangen werden (III).

I. Grundlegung A:
Kritische Darstellung der Metaphysik

1. Metaphysik

In der *Wissenschaft der Logik* begegnet uns das Wort ›Metaphysik‹ in zwei gegensätzlichen Bedeutungen, von denen Hegel die eine mit einem positiven, die andere mit einem negativen Vorzeichen versieht. Die Metaphysik, die im Bewußtsein der Öffentlichkeit »mit Stumpf und Stiel ausgerottet« ist (I 3_{7}/13), war von der Annahme ausgegangen, daß »das Denken und die Bestimmungen des Denkens nicht ein den Gegenständen Fremdes, sondern vielmehr deren Wesen sei« (I 26_{1}/38), und ist damit nach dem Urteil Hegels dem über sie triumphierenden Zeitgeist in Wirklichkeit unendlich überlegen: »Die ältere Metaphysik hatte in dieser Rücksicht einen höhern Begriff von dem Denken, als in der neuern Zeit gäng und gäb geworden ist« (I 25_{34}/38). Die Forderung nach ihrer Erneuerung läuft denn ja auch auf nichts Geringeres hinaus als auf das im Mittelpunkt des Logikprogramms stehende Postulat, den Gedanken als *»die Sache an sich selbst«* zu erweisen (I 30_{36}/43).

Dieselbe Metaphysik, die »in dieser Rücksicht« uneingeschränkte Anerkennung verdient, ist jedoch in anderer Beziehung ebenso entschieden abzulehnen. In unausgetragener Spannung mit ihrem idealistischen Grundzug legt sie den Denkbestimmungen aus der Vorstellung genommene »Substrate« zugrunde (I 46 f./61; vgl. Puntel 1973, 66 ff.). Was Hegel hiermit meint, erläutert eine spätere Stelle: »die Definitionen der Metaphysik, wie ihre Voraussetzungen, Unterscheidungen und Folgerungen wollen nur *Seiendes* und zwar *Ansichseiendes* behaupten und hervorbringen« (I 109_{35}/131). Die Stelle gibt die prägnanteste Beschreibung derjenigen Seite metaphysischen Philosophierens, der jedenfalls die in der Seinslogik formulierte Kritik gilt. Danach stellt Metaphysik alles, auch das Nichtgegenständliche, als unmittelbar vorhandenen Gegenstand vor, wobei der Vorstellungscharakter ihres Denkens und die abstrakte Gegenständlichkeit des in ihr Gedachten zusammengehören. Mit Hilfe eines Interpretaments ausgedrückt, dessen sich nicht zu Unrecht bereits Herbert Marcuse (1941) bedient hat: Hegel entlarvt Metaphysik als Positivismus (so wie er umgekehrt positivistisch-empiristische Ansätze ihrer metaphysischen Prämissen überführen wird). Aufheben möchte er sie, indem er sie von ihrem geheimen Positivismus und damit allererst zu dem Idealismus befreit, dem die Formen des Denkens das »wahrhaft Wahre« (I 25_{38}/38) an den Dingen sind: »Aber die Logik betrachtet diese Formen frei von jenen Substraten, den Subjekten der *Vorstellung*, und ihre Natur und Wert an und für sich selbst« (I 47_{3}/61).

Allerdings haben die einzelnen Teile der Hegelschen Logik – die Logik des Seins, des Wesens und des Begriffs – zur Metaphysik eine unterschiedliche Stellung. Nicht die Logik schlechthin, bloß die ›objektive‹, welche die Seinslehre und die Lehre vom Wesen umfaßt, soll an die Stelle der vormaligen Metaphysik treten. Mit dieser Einschränkung des Substituts geht eine Spezifizierung des Substituierten Hand in Hand. Es ist »unmittelbar die *Ontologie*, an deren Stelle die objektive Logik tritt, – der Teil jener Metaphysik, der die Natur des *Ens* überhaupt erforschen sollte« (I 46_{32}/61). Die Spezifizierung paßt zur Charakteristik des metaphysischen Philosophierens als eines solchen Denkens, das »nur *Seiendes*« behauptet, und zwar »*Ansichseiendes*« oder, wie Hegel sich noch deutlicher im mündlichen Vortrag ausgedrückt hat, »Vorausseyendes« (E § 41, Zus. 1 – SW *8*, 124/8, 114). Die objektive Logik, die eben deswegen so heißt, ist Ontologiekritik als Kritik des alles vergegenständlichenden Vorstellens. Der Hinweis auf das ›Ens‹ spielt auf diejenige Ontologie an, in der das Vorstellen von ›Sein‹ seinen massivsten Ausdruck gefunden hat[1].

Es liegt auf der Hand, daß mit der Begrenzung der Metaphysikkritik auf die objektive Logik das Verhältnis der sogenannten ›subjektiven‹ Logik oder Logik des Begriffs zur Metaphysik problematisch wird. Fragwürdig erscheint aber auch schon, ob die kritische Funktion den beiden Teilen der *objektiven* Logik in gleicher Weise und in gleichem Maß zukommt. Die Rede von »derjenigen Seite metaphysischen Philosophierens, der jeden-

1 Vgl. zum hochmittelalterlichen Begriff des *Ens* Ernst Tugendhat (1976), 72 ff. Zu Hegels Kritik des Vorstellens von ›Sein‹: I 78 f./95 f.

falls die in der Seinslogik formulierte Kritik gilt«, schien andeuten zu wollen, daß dieser Teil der objektiven Logik zur Metaphysikkritik einen ausgezeichneten Bezug habe. Indessen fährt Hegel nach der näheren Bestimmung der substituierten Metaphysik als Ontologie ausdrücklich fort: »das Ens begreift sowohl *Sein* als *Wesen* in sich«; und in § 114 der *Enzyklopädie* heißt es in bezug auf die Wesenslehre: »Dieser (der schwerste) Teil der Logik enthält vornehmlich die Kategorien der Metaphysik und der Wissenschaften überhaupt ...« Deren Kategorien »enthält« er im selben Sinne, in dem nach jener Begriffsbestimmung die gesamte objektive Logik die Ontologie »in sich begreift«, nämlich so, daß er sich darauf *kritisch* bezieht. Er enthält die metaphysischen Kategorien »als Erzeugnisse des reflektierenden Verstandes, der (...) die Unterschiede als *selbständig* annimmt und zugleich *auch* ihre Relativität setzt; – beides aber nur neben- oder nacheinander durch ein *Auch* verbindet, und diese Gedanken nicht zusammenbringt, sie nicht zum Begriffe vereint«.

1.1 Stellung der objektiven Logik zur Metaphysik: Gleichgültigkeit und Herrschaft

Bevor wir dem Problem des Zusammenhangs von Metaphysik und *Begriffs*logik nachgehen, sei die Art und Weise, in der Seins- und Wesenslogik sich in ihre kritische Aufgabe teilen, wenigstens thetisch, wie dies in vorausgreifender Manier allein möglich ist, umrissen. In gewisser Hinsicht wird man in der Tat sagen dürfen, daß die Kritik einer Ontologie, die nur Seiendes, und zwar Ansichseiendes behauptet, der Seinslogik vorbehalten ist. Die Kritik des vergegenständlichenden Denkens ist das spezifische Geschäft dieses Logikteils. Der seinslogische Ausdruck für die Verfassung des vergegenständlichten Daseins lautet ›Gleichgültigkeit gegen anderes‹ (unterschieden von der hier außer Betracht bleibenden, erst mit der Genese der wesenslogischen Strukturen entstehenden ›Gleichgültigkeit gegen sich selbst‹). Nach der Stelle, an der Hegel ihn erstmals verwendet (I 103_{37}/125), sind Etwas und Anderes »gleichgültig gegeneinander«, sofern ihr Sein als ein Ansichsein vorgestellt wird, das ihrer wechselseitigen Beziehung fremd bleibt. Die seinslogische Kritik des vergegenständlichenden Denkens setzt zwar, wie wir feststellen werden, noch tiefer an, aber sobald die Seinslogik die Stufe des *bestimmten* Seins, des Daseins erreicht, bekommt sie das Produkt der Vergegenständlichung, die abstrakte Vorhandenheit, auch und sogar wesentlich von der Seite jener Gleichgültigkeit zu sehen.

Der reflektierende Verstand, als dessen Erzeugnisse die Logik des *Wesens* die metaphysischen Kategorien entlarvt, »setzt«, so haben wir gehört, die »Relativität« der Unterschiede. Insofern trifft ihn die seinslogische Kritik der Gleichgültigkeit nicht. Das Setzen der Relativität hebt im Gegenteil die Fremdheit auf, in welcher die Relate einander gegenüberstehen, solange aufgrund der Annahme ihres Für-sich-Bestehens ihre wechselseitige Relation als ihnen selber äußerlich erscheint. Die enzyklopädische Darstellung der Wesenslehre beginnt mit den ›reinen Reflexionsbestimmungen‹. Auf diese also hebt die in § 114 gegebene Charakteristik ab. Auf ›reflektierende‹, das heißt im Sinne Hegels: ineinander scheinende, Bestimmungen stößt in der Destruktion der vergegenständlichten Welt auch schon die Seinslogik. Aber »die reflektierenden Bestimmungen des Seins, wie Etwas und Anderes, oder das Endliche und Unendliche, ob sie gleich wesentlich aufeinander hinweisen oder als Sein-für-Anderes sind, gelten als qualitative für sich bestehend; (...) ihr Sinn erscheint als vollendet auch ohne ihr Anderes«. Die manifesten Reflexionsbestimmungen hingegen, die Bestimmungen des Wesens, das in seiner »Selbstbewegung« nichts als Reflexion ist, haben »keinen Sinn ohne einander« (I 109_{24}/131). »Sie sind statt *Seiender* wie in der ganzen Sphäre des Seins nunmehr schlechthin nur als *Gesetzte*, schlechthin mit der Bestimmung und Bedeutung, auf ihre Einheit, somit jede auf ihre andere und Negation *bezogen* zu sein, – bezeichnet mit dieser ihrer Relativität« (I 398_{12}/457).

Indessen setzt der reflektierende Verstand ja nicht nur die Relativität seiner Bestimmungen; er nimmt sie auch als *»selbständig«* an. Daß er das eine und *»auch«* das andere tut, aber dergestalt, daß er seine Gedanken – wie es ebenso in der *Wissenschaft der Logik* heißt (I 140_{28}/166) – »nicht zusammenbringt«, das verwickelt ihn in den Widerspruch, auf den die Theorie ›selbständiger Reflexionsbestimmungen‹ hinausläuft; beruht doch der reflexionslogische Widerspruch auf dem spannungsvollen Nebeneinander von ›Selbständigkeit‹ und ›Gesetztsein‹. Desgleichen ist das unvermittelte *»Auch«* Gegenstand der in der Wesenslogik an der Metaphysik und den Wissenschaften überhaupt geübten Kritik. Die für deren Verständnis entscheidende Frage lautet nun: Wie verhält sich die wesenslogische Metaphysikkritik, welche die Kritik der Wissenschaften überhaupt begründen soll, zu den durch das *»auch«* bloß äußerlich verbundenen Gedanken? Richtet sie sich allein dagegen, daß der Verstand trotz seiner Einsicht in die Relativität an der Voraussetzung der Selbständigkeit seiner Bestimmungen festhält? Oder wirft sie dem Verstand darüber hinaus die Art vor, wie er jene Relativität faßt?

Daß die Reflexionslogik, insbesondere in ihrer Ausprägung als Logik der Reflexionsbestimmungen, eine Kritik der Verselbständigung enthält, steht außer Zweifel. Nach der neueren Forschung verfolgt sie vornehmlich das methodische Ziel, die Mittel, deren sich bereits die Seinslogik bedient, zu explizieren (Henrich 1963). Sie macht – um ein in der Husserl-Literatur angebotenes Interpretament aufzugreifen (vgl. Fink 1957) – die operativen Begriffe der Seinslogik thematisch. In der Seinslogik aber muß man, wie auch in der Wesenslogik selber, nach der eingangs erwähnten Hauptvoraussetzung der vorliegenden Untersuchung unterscheiden zwischen dem darin denkenden und dem darin gedachten Denken, unter dem hier interessierenden Aspekt gesehen: zwischen dem Denken, das Gegenstand der Kritik ist, und demjenigen, das sie übt. Die Logik des Wesens reformuliert die Seinslogik zunächst einmal insofern, als sie das Instrumentarium des in der Seinslogik kritisch untersuchten Denkens ans Licht zieht. Sie deckt auf, was das vergegenständlichende Vorstellen eigentlich tut. Dabei enthüllt sich die Vergegenständlichung als

Verselbständigung. Es zeigt sich, daß sie durch den Gebrauch von ›Kategorien‹ zustande kommt, die alles, was ist, auf sich fixieren.

›Selbständigkeit‹ ist jedoch ein vieldeutiges Wort. Außer der Selbständigkeit, als welche die Reflexionslogik das Produkt des in der Seinslogik kritisch untersuchten Denkens auslegt, kennt Hegel, von weiteren Differenzierungen einmal abgesehen, eine ganz andere, die erst Gegenstand des im Übergang zur Reflexionslogik und dann vor allem in der Reflexionslogik selber betrachteten Denkens sein kann. Sie ist in gewisser Weise sogar das Gegenteil der ihrer Herkunft nach seinslogisch strukturierten Selbständigkeit. Seine These: »die Bestimmungen des Wesens haben einen andern Charakter als die Bestimmtheiten des Seins« erläutert Hegel durch die Feststellung: »sie sind Selbständige, aber damit nur als solche, die in ihrer Einheit miteinander sind« (II 5_{6}/15). Offensichtlich ist dieses Miteinandersein das Gegenteil der Gleichgültigkeit gegen anderes. Der Widerstreit der beiden Selbständigkeiten entspricht der Spannung, die nach der *Enzyklopädie* entsteht, wenn der reflektierende Verstand die Selbständigkeit seiner Bestimmungen annimmt und zugleich deren Relativität setzt. Denn wie die hier gemeinte Selbständigkeit das ›gleichgültige‹ Bestehen ist, so ist die Relativität das In-Einheit-Miteinandersein. Dessen Assoziation mit der genuin reflexionslogischen Selbständigkeit verrät aber erstens die besondere Art der vom reflektierenden Verstand gesetzten Relativität und zweitens deren Angewiesenheit auf ihr Gegenteil, die Gleichgültigkeit gegen anderes. Die genuin reflexionslogische Selbständigkeit beruht nämlich darauf, daß das Eine, das ›seinem Anderen‹ gegenübersteht, zugleich das Ganze ist, welches das Andere als sein eigenes Moment in sich enthält (vgl. u. a. II $42_{8\text{-}24}$/57)[2]. Sie setzt, mit anderen Worten, *Herrschaft* voraus. An Herrschaft denkt Hegel, wenn er die Reflexionsbestimmung als das Bestimmte definiert, »das sein Übergehen und sein bloßes Gesetztsein sich unterworfen oder seine Reflexion in anderes in

2 Der Begriff des Anderen und seine vielfältigen Bestimmungen müssen zunächst uninterpretiert bleiben. Ich expliziere sie in der Auslegung des Anfangs der Abteilung B des Daseinskapitels (s. unten, bes. S. 249 ff.).

Reflexion in sich umgebogen hat« (II 22₄/34)[3]. Herrschaft aber setzt ihrerseits Selbständigkeit im seinslogischen Sinne voraus. Denn damit das Eine das Andere beherrschen kann, muß es unabhängig von diesem für sich vorkommen. Hierin liegt die Zusammengehörigkeit der beiden Selbständigkeiten, die es rechtfertigt, sie trotz ihrer Gegensätzlichkeit unter denselben Begriff zu subsumieren.

Nun folgt aus dem Gesagten, daß die reflexionslogische Metaphysikkritik durchaus auch auf die vom reflektierenden Verstand gesetzte *Relativität* zielt. Wenn nämlich die Relationen, die der Verstand allein vor sich zu bringen vermag, tatsächlich Herrschaftsverhältnisse sind und wenn ferner richtig ist, daß diese ein ›gleichgültiges‹ Bestehen zur Bedingung ihrer Möglichkeit haben, dann kann es sich bei der Vermischung der Relativität mit der Selbständigkeit um keine bloße Inkonsequenz handeln. Dann muß man vielmehr sagen: Die bestimmte Verfassung der vom Verstand gesetzten Relativität *nötigt* den Verstand, zugleich an jener Selbständigkeit festzuhalten. Mithin richtet sich die Kritik, die das unvermittelte »zugleich« von Selbständigkeit und Relativität moniert, auch und sogar primär gegen die verstandesmäßige Relativität als solche. Sie kritisiert aber nicht nur dies, daß die Deutung der Wirklichkeit im Horizont von Herrschaftsverhältnissen zur Annahme von Gleichgültigkeitsverhältnissen zwingt. Sie gilt darüber hinaus auch dem Herrschaftsdenken selber.

Das wird deutlich, wenn man sich das ›normative Ideal‹ vergegenwärtigt, das sowohl in der Seins- wie in der Wesenslogik als Maßstab der Kritik fungiert. Die gesamte Logik gründet Hegel auf die Hypothese, daß alles, was ist, nur in der Beziehung und letztlich nur als die Beziehung auf ›sein Anderes‹ es selbst sein könne. Nach diesem Kriterium prüft er in der Seinslogik das vergegenständlichende Vorstellen, welches das Dasein zum Für-sich-Bestehen verfestigt. Inwieweit das in der *Wesens*logik kritisch untersuchte Denken der Norm entspricht, geht aus

3 Ausdrücke, die Züge von Herrschaft benennen, finden sich an vielen Stellen der Reflexionslogik. Entscheidend ist jedoch nicht, daß Hegel das Wort gebraucht, sondern daß er die Sache denkt.

der Definition der Reflexionsbestimmung hervor: »die Reflexionsbestimmung ist an ihr selbst die *bestimmte Seite* und die *Beziehung* dieser bestimmten Seite als bestimmter, d. h., auf ihre Negation« (II 23$_{2}$/35), auf die andere Seite als auf die, die sie nicht ist. Sie *entspricht* der Norm, sofern sie sich im Unterschied zur Bestimmtheit des Seins in *Beziehung* aufgelöst hat; sie entspricht ihr *nicht,* sofern sie die Beziehung nur erst als eine bestimmte *Seite* ist. Indem der reflektierende Verstand die *relatio* jeweils von einem der *relata* abhängig macht, bleibt er hinter der nach Hegel einzig wahren Wirklichkeit zurück, in der die *relatio* alles ist und die *relata* nichts für sich zurückbehalten. Daß die Reflexionsbestimmung die Beziehung bloß als je eine ihrer Seiten sein kann, bedeutet zunächst ihre Bindung an die abstrakte Selbständigkeit des Für-sich-Bestehens. Sodann liegt hierin aber auch die für Herrschaftsverhältnisse charakteristische Einseitigkeit. Hegels ›normatives Ideal‹ der absoluten Beziehung impliziert das einer absoluten Gleichrangigkeit der Beziehungsglieder. Hätten die Glieder ihr Sein nur in ihrer Beziehung, so wäre ein Zustand erreicht, worin »keines vor dem Andern einen Vorzug des Ansichseins und affirmativen Daseins hätte« (I 135$_{4}$/160). Wie weit die vom reflektierenden Verstand geordnete Welt von einem solchen Zustand entfernt ist, zeigt die Beschreibung ihrer Genese in der Logik des Maßes. Nach dem Kapitel über das Werden des Wesens »kommen die Bestimmungen in unmittelbaren Gegensatz, welcher sich zum Widerspruch entwickelt« (I 391$_{21}$/449), indem die eine Seite »das Überwiegende« wird und sich dadurch, daß sie die andere »überwältigt«, »zum einzigen Selbständigen« zu machen versucht (I 392$_{18}$/450).

Die Identität der gegensätzlichen Selbständigkeitsbegriffe bringt aber noch mehr zum Ausdruck als die *Zusammengehörigkeit* von Herrschaft und Gleichgültigkeit. Herrschaft setzt das gleichgültige Bestehen nicht nur voraus, sie potenziert es noch. Daraus ist zu erklären, daß die Bestimmungen des Wesens und die des Seins, sobald Hegel auf Herrschaft reflektiert, geradezu ihre Rolle vertauschen. Von den reflektierenden Bestimmungen des Seins, die ungeachtet ihrer wechselseitigen Bezogenheit als »für sich bestehend« gelten, sollten die manifesten Reflexionsbestimmungen sich dadurch unterscheiden, daß sie ihren Sinn auseinander empfangen und so »schlechthin nur als Gesetzte« sind, »d. h. sie sind«, wie Hegel andernorts erläutert, »in ihrem Dasein nicht unmittelbar und für sich« (Nürnb. Schr., 73/4, 172). Bei ihrer Exposition in der Wesenslogik hingegen heißt es, daß die bloß unmittelbaren Bestimmungen des Seins »leichter als vorübergehende, bloß relative, in der Beziehung auf anderes stehende zugegeben« würden (II 19_{36}/31), während die eigentlich reflektierten Bestimmungen »als absolut, frei und gleichgültig gegeneinander« erscheinen (II 20_{2}/31). Diese sind gleichgültig gegeneinander, weil in ihnen »sich die Bestimmtheit durch die Beziehung auf sich befestigt und unendlich fixiert« (II 22_{2}/34). Die Beziehung der Reflexionsbestimmungen auf sich ist aber des näheren dadurch definiert, daß jede von ihnen *»die Beziehung auf ihr Anderssein an ihr selbst«* hat (II 22_{36}/35). Auf dieser Implikation des Anderen beruht aber der Herrschaftscharakter der durch sie geprägten Verhältnisse. Die Gleichgültigkeit des isolierten Bestehens wird also durch Herrschaft verstärkt.

In alledem stecken Probleme, deren Aufklärung auf dem gegenwärtigen Stand unserer Überlegungen noch nicht möglich ist. Insbesondere muß hier offenbleiben, wie die Kritik des Herrschaftsdenkens sich zur Kritik realer Herrschaft und damit auch realer Gleichgültigkeit verhält (s. dazu S. 143 f.). Es gibt aber einen naheliegenden Einwand, dessen Diskussion bereits an dieser Stelle erforderlich ist, wenn die unmittelbar anstehende Besinnung auf die unterschiedliche Stellung von Seins- und Reflexionslogik zur Kritik der metaphysischen Kategorien vorankommen soll. Man kann gegen die obigen Ausführungen einwenden, daß sie für die Reflexionslogik im ganzen geltend machten, was speziell die Logik der Reflexions*bestimmungen* kennzeichne. Darauf ist zunächst zu entgegnen: Hegel tut dies weithin selber. Das soeben Gesagte orientiert sich ja an § 114 der *Enzyklopädie*, wo er die für selbständig ausgegebenen und zugleich relativierten Bestimmungen des reflektierenden Verstandes auf den gesamten zweiten Logikteil bezieht. Mag dies auch in der angegebenen Besonderheit der enzyklopädischen Darstellung begründet sein, so fällt doch auf, daß Hegel in der *Wissenschaft der Logik* durchaus

ähnlich verfährt. Schon in deren Einleitung identifiziert er das »System der *Reflexionsbestimmungen«* mit dem umfassenden Inhalt der *»Lehre von dem Wesen*, die zwischen der Lehre vom Sein und der vom Begriff inmitten steht« (I 44_{4}/58), und entsprechend heißt es im Schlußteil, die »Reflexionsbegriffe« erfüllten die »Sphäre, welche zwischen (...) dem Sein und Begriffe liegt« (II 223_{36}/257). Unter den reflektierten Bestimmungen, die Hegel den unmittelbaren Bestimmtheiten des Seins gegenüberstellt, führt er denn auch Begriffe wie die von Ursache und Wirkung auf, die in der Wesenslogik erst *nach* dem Kapitel über die im engeren Sinne verstandenen Reflexionsbestimmungen abgehandelt werden (vgl. I 109_{22}/131). Schließlich dürfte es gar nicht leicht fallen, den – allerdings bestehenden – Unterschied der in der Wesenslogik schon *vor* diesem Kapitel angeführten »Bestimmungen des Wesens« (II 5_{6}/15) von den Reflexionsbestimmungen in ihrer konkreten Beschreibung wiederzufinden.
Nun kann Hegel die Sphäre der Reflexionsbestimmungen auf die Reflexionslogik überhaupt ausdehnen, weil mit dem Widerspruch von ›Selbständigkeit‹ und ›Gesetztsein‹ auch die Herrschaftsstruktur der derart widersprüchlichen Verhältnisse aus der Reflexion selber hervorgeht. Sie ist – die Textinterpretation wird es bestätigen (s. S. 325 f.) – im Grunde schon in der ›setzenden‹ Reflexion angelegt. Das bedeutet aber: Auch hinter Hegels Ansatz bei der Reflexion steckt, wie immer er sonst noch motiviert sein mag, eine metaphysikkritische Absicht. Die gesamte Wesenslogik hat ein Wissen zum Gegenstand, das »sich aus dem unmittelbaren Sein *erinnert*« (II 3_{13}/13). Der Begriff der Erinnerung bringt zum Ausdruck, was Metaphysik eigentlich tut. *Kritisch* formuliert Hegel die Praxis metaphysischen Denkens, wenn er gleich zu Beginn der Wesenslogik erklärt, das darin betrachtete Wissen bleibe »nicht beim Unmittelbaren und dessen Bestimmungen stehen, sondern dringt durch dasselbe hindurch mit der Voraussetzung, daß *hinter* diesem Sein noch etwas anderes ist als das Sein selbst« (II 3_{4}/13). Es kann im Augenblick noch nicht darum gehen, die verschiedenen Metaphysiktypen, die Hegel am Anfang der Wesenslogik in den Blick nimmt, zu beschreiben. Fest steht jedenfalls, daß er mit dem (am Anfang der Wesenslogik

selbst sich vollziehenden) Übergang zu dem eigentlich als Reflexion gedachten Wesen sogar erst die *erklärte* Metaphysik zum unmittelbar thematischen Gegenstand seiner kritischen Darstellung macht. Die Seinslogik hat es mit einem Denken zu tun, das nach seinem Selbstverständnis noch nicht oder nicht mehr Metaphysik ist. Sie analysiert auf der einen Seite den modernen Positivismus, der sich von Metaphysik emanzipiert zu haben meint, und rekonstruiert auf der anderen Seite das vormetaphysische Denken des frühen Griechentums. Beginnend mit Parmenides (s. unten, S. 95 ff.), zielt sie auf dem Wege über Heraklit (vgl. I 68_{21}/84), die Atomistik (vgl. I 156 f./184 ff.) und die pythagoreische Zahlenlehre (vgl. I 207-212/243-249) auf das »griechische (...) Bewußtsein, daß alles ein Maß hat« (I 338_{40}/390). Reiner Wiehl (1965, 160) verdanken wir die Erinnerung an den in der Tat bemerkenswerten Umstand, daß Karl Rosenkranz schon 1844 Hegels Deutung der Einheit von Qualität und Quantität als Maß auf den *Philebos* zurückgeführt hat, wo Platon für die bestimmte Einheit des Bestimmten und Unbestimmten den Ausdruck *metron* gebraucht. In Übereinstimmung mit Wiehls These der Allgegenwart Platons in der *Wissenschaft der Logik* werden wir sehen, daß Hegel die platonische Ontologie aus Gründen, die mit dem Positivismusproblem zusammenhängen, sowohl in der Seins- wie auch am Anfang der Wesenslogik berücksichtigt. Die Logik der eigentlichen Reflexion aber beginnt dort, wo Metaphysik als solche hervortritt: bei Aristoteles. Ihr Thema, die Reflexion, ist das sich selbst denkende Denken, als das die aristotelische Metaphysik den Gott begreift.

Hinter dieser Konzeption des Zusammenhangs von Seins- und Wesenslogik steht unausgesprochen die Auffassung, daß Metaphysik und Positivismus untergründig ineinander umschlagen. Die Seinslogik entlarvt den Positivismus als Metaphysik, die Wesenslogik die Metaphysik als Positivismus. Positivistisch denkt die Metaphysik, sofern sie »nur *Seiendes* und zwar *Ansichseiendes*« behauptet. Dieser in der Seinslogik formulierte Metaphysikbegriff ist gültig ebensowohl für die Wesenslogik, wenn die ihm auch eine neue Dimension hinzufügt. Als Metaphysik kritisiert die Wesenslogik sozusagen unterhalb ihres spezifischen Kritikniveaus, auf dem sie sich mit dem Herrschaftsdenken auseinandersetzt, auch und ineins damit eine Philosophie, die im Rückgang vom Sein auf das Wesen jenes entweder als ein diesem gegenüber schlechthin Anderes stehenläßt oder doch jedenfalls nicht von seiner Äußerlichkeit befreit. Das System der Reflexionsbestimmungen, welches die Lehre vom Wesen entfaltet, beschreibt Hegel des näheren als das System »des zum Insichsein des Begriffs übergehenden Seins, der auf diese Weise noch nicht als solcher gesetzt ist, sondern mit dem unmittelbaren Sein als einem ihm auch Äußeren zugleich behaftet ist« (I 44_5/58). Von hier aus ist zu sehen, wie die spezielle Logik der Reflexionsbestimmungen sich in den metaphysikkritischen Duktus der übergreifenden Reflexionslogik einfügt. Die Reflexionsbestimmungen im engeren Sinne stehen insbesondere für die Verstandesbegriffe ein, als die Hegel die operativen Mittel der Kantischen Transzendentalphilosophie auslegt. Die spezielle Logik der Reflexionsbestimmungen treibt demnach Metaphysikkritik – übrigens in verschärfender Wiederaufnahme der kritischen Intention der Daseinslogik – vornehmlich als Kritik der Kantischen Transzendentalphilosophie, der Reflexionsphilosophie par excellence. Zu dieser Kritik aber schreitet Hegel im Absprung von Aristoteles fort, weil die Kantische Transzendentalphilosophie in seinen Augen den heimlichen Positivismus zutage fördert, der in der Metaphysik von Anfang an lag.

Die These, daß die reflexionslogische Metaphysikkritik bis in den Ansatz bei der Reflexion reiche, widerspricht einer Interpretation, die im Grunde annimmt, daß Hegel am Anfang der Reflexionslogik bereits bei der Wahrheit schlechthin angekommen sei. Sie *ent*spricht aber dem Selbstverständnis Hegels, der im Übergang zur Begriffslogik beides, das Seinsdenken *und* das Wissen des Wesens, auf die Stufe einer Vorläufigkeit herabsetzt, die für sich genommen zur Unwahrheit wird. In der Begriffslogik treten nach Hegel nicht nur »*wahrere* Formen an die Stelle der Kategorien von Substanz, Kausalität, Wechselwirkung« (Berl. Schr., 351/11, 413 – Hervorhebung M. T.). Sofern solche wesenslogischen Bestimmungen »daselbst kein Gelten mehr haben« (ebd.), werden sie durch die nun erst wirklich *wahren*

Denkformen ersetzt und damit selber zu unwahren qualifiziert. Die Momente des manifesten Begriffs treten an die Stelle von »Formen, wie die Kategorien und Reflexionsbestimmungen sind, deren Endlichkeit und Unwahrheit sich in der Logik dargestellt hat« (II 231_7/265)[4].

Wer übersieht, daß diese Unwahrheit auch die ursprünglichen Bestimmungen des Wesens betrifft, wird kaum zureichend verstehen können, wie und warum die Wesenslogik seinslogische Elemente in sich aufnimmt. Die Seinslogik ist in der Wesenslogik doppelt gegenwärtig, einmal auf die schon angedeutete Weise, nach der sie darin reformuliert wird, zum anderen aber auch dadurch, daß die Wesenslogik in sie zurückfällt. Daß man diese beiden Arten ihrer wesenslogischen Präsenz nicht vermischen darf, lehrt unter anderem das Verhältnis zwischen dem Ansatz bei der Reflexion und der speziellen Logik der Reflexionsbestimmungen. Die Aufgabe einer Reformulierung der Seinslogik nimmt Hegel direkt und vor allem in der speziellen Logik der Reflexionsbestimmungen in Angriff: »statt des *Seins* und *Nichts* treten jetzt die Formen des *Positiven* und *Negativen* ein, jenes zunächst dem gegensatzlosen Sein als *Identität* entsprechend, dieses entwickelt (in sich scheinend) als der *Unterschied*« (E § 114). Zu einem Rückfall in seinslogische Denkfiguren hingegen kommt es in der Wesenslogik bereits mit ihrem ersten Schritt, das heißt damit, daß sie das Wesen als das Wesentliche gegen das Sein als das Unwesentliche abhebt. Denn hierdurch wird das Wesen »ein bestimmtes Dasein, dem ein anderes gegenüber steht« (II 7_4/17).

Will man einen solchen Rückfall nicht der Willkür Hegels anlasten und will man sich auch nicht damit begnügen, ihn als ein – in gewissem Maße ebenfalls beliebiges – »Experiment« zu deuten (wie Henrich 1978, 236), so muß man annehmen, daß er einer Tendenz des Wissens entspringt, welches das Absolute als Wesen auslegt. Zu einem bestimmten Dasein degeneriert das Wesen »als ein unmittelbares genommen« (II 7_3/17). *Daß* es aber überhaupt als ein unmittelbares genommen wird, ist nur mög-

4 Die Begriffe ›Wahrheit‹ und ›Unwahrheit‹ müssen wir zunächst naiv hinnehmen; sie werden im folgenden Abschnitt (I. 2) differenziert.

lich, weil es Gegenstand eines Wissens ist, das als Metaphysik auch im Ausgang vom Wesen dazu neigt, nur Seiendes, und zwar Ansichseiendes zu behaupten.
Was die wesenslogische Reformulierung der Seinslogik angeht, so ist vorhin schon bemerkt worden, daß sie, wie immer ihre Intention sonst noch zu beschreiben sein mag, zunächst jedenfalls die Mittel expliziere, deren das in der Seinslogik kritisch untersuchte Denken sich bedient. Dies aber tut sie nicht nur insofern, als sie die Vergegenständlichung auf den Begriff einer abstrahierenden und isolierenden Verselbständigung bringt. Auf das Denken, mit dem es die Seinslogik zu tun hatte, bleibt sie vielmehr auch dann noch bezogen, wenn sie von der abstrakten zu derjenigen Selbständigkeit fortgeht, die in Herrschaft gründet. Wie sie die Angewiesenheit der erst in ihr thematisch werdenden Herrschaftsverhältnisse auf die in der seinslogischen Metaphysikkritik analysierte Gleichgültigkeit freilegt, so deckt sie auch auf, daß Gleichgültigkeitsverhältnisse bloß verschleierte Herrschaftsverhältnisse sind und immer schon waren. Was diese Funktion über ihr Verhältnis zur Wahrheit aussagt, demonstrieren beispielhaft die speziellen Reflexionsbestimmungen. In Entsprechung zu der Zweidimensionalität, in der die wesenslogische Reformulierung der Seinslogik sich vollzieht, eignet diesen Bestimmungen eine zwiefältige Bedeutung. Die Begriffe der Identität und des Unterschieds, aus deren Konstellation alle weiteren Reflexionsbestimmungen sich ergeben, sind einerseits Instrumente des abstrahierenden Denkens und besitzen andererseits eine Struktur, welche die schon in der Seinslogik betrachteten Verhältnisse als Herrschaftsverhältnisse zu denken erlaubt. So meint der Identitätsbegriff ›abstrakte‹ Identität und zugleich dies, daß alles, was ist, nur insoweit mit sich eins ist, als es »in seiner positiven Bestimmung zugleich über seine negative überzugreifen« (II 59_{35}/76), also ›sein Anderes‹ durch Implikation zu beherrschen vermag. Nun handelt es sich hier zwar um eine Tiefenstruktur, die erst im Abbau der abstrakten Erscheinungsoberfläche zum Vorschein kommt. Gleichwohl oder vielmehr gerade deshalb entwickelt sich aus ihr der für die Reflexionsbestimmungen ruinöse Widerspruch (vgl. Theunissen 1975 b). Bei-

des zusammen ist nur aufgrund einer bestimmten Einheit von Wahrheit und Unwahrheit denkbar. Wenn beides gilt, dann gilt auch: Das Herrschaftsdenken, das die Tiefe der Reflexionsbestimmungen auslotet, entdeckt nicht die Wahrheit *schlechthin*, sondern nur die Wahrheit *über* das abstrahierende Denken, in dem Sinne, daß sich in ihm ausspricht, was dieses faktisch ist und tut. Als Offenbarung der Unwahrheit des vergegenständlichenden Denkens ist diese Wahrheit selber noch von Unwahrheit affiziert. Wenn aber die Herrschaftsstruktur der Reflexionsbestimmungen mit in die Unwahrheit fällt, die sich nach Hegel in Seins- und Wesenslogik enthüllt, dann dementiert sie auch den Wahrheitsanspruch dessen, woraus sie hervorgeht: der absolutgesetzten Reflexion selber.
Diese Überlegungen machen bereits von einem Wahrheitsbegriff Gebrauch, dessen inhaltliche Bedeutung und dessen systematischer Stellenwert sich erst ausweisen lassen, wenn wir in der Besinnung auf Hegels Verfahren einer kritischen Darstellung präzisieren, wie und als was deren Gegenstand intentionales Korrelat einmal der Darstellung und zum andern der Kritik ist. Auf eine Diskussion des Problems der Differenz von Kritik und Darstellung sind wir jedoch noch nicht vollständig vorbereitet. Zunächst haben wir uns ja die Aufgabe gestellt, die unterschiedliche Stellung der drei Logikteile zur Metaphysik herauszuarbeiten. Bisher ist nur der Metaphysikbezug der Seins- und der Wesenslogik zur Sprache gekommen. Anzugeben ist jetzt also noch, wie die Logik des *Begriffs* sich zur Metaphysik verhält. Dieses Verhältnis kann allerdings, wie sich gleich zeigen wird, kaum sinnvoll zu Ende gedacht werden, wenn wir nicht die Klammer, in die wir das Thema ›kritische Darstellung‹ gesetzt haben, vollends aufheben.

1.2 Stellung der subjektiven Logik zur Metaphysik: kommunikative Freiheit

Das ausgebreitete Material umfaßt zwei Tatbestände, die für die Klärung des Metaphysikbezugs der Begriffslogik bedeutsam sind. Einerseits sagt Hegel von der *ganzen* Logik, sie sei »die

eigentliche Metaphysik«. Andererseits spricht er dort, wo er diese Aussage dahingehend erläutert, daß die von ihm entworfene Wissenschaft »an die Stelle der vormaligen Metaphysik tritt«, lediglich von der *objektiven* Logik. Dies ist zweifellos nicht so zu verstehen, als hebe nur die objektive Logik die Metaphysik in negativem Sinne auf. Das Attribut »eigentlich« deutet an, daß die im Ganzen der Logik geschehende Vollendung der Metaphysik als Aufhebung zu denken ist, und ›Aufhebung‹ läßt sich hegelisch nicht ohne die negative Komponente ihres Begriffs denken. Wohl aber werden hier Differenzen sichtbar, welche die anfangs vorgelegte Skizze des Metaphysikbezugs der Hegelschen Logik nicht berücksichtigt hat. Während die Ersetzung eine Aufhebung ist, besitzt nicht jede Aufhebung den Charakter einer Ersetzung. Von der nicht-ersetzenden hebt sich die ersetzende Aufhebung für Hegel offensichtlich durch ihre kritische Funktion ab. Während Hegel die objektive Logik ausdrücklich als »die wahrhafte Kritik« der metaphysischen Denkbestimmungen bezeichnet, hören wir von einem *kritischen* Metaphysikbezug der Begriffslogik nichts. Damit treten zugleich Aufhebung und kritische Darstellung auseinander. Mag auch die Logik des Begriffs, wie die ganze Logik, in *der* Weise »die eigentliche Metaphysik« sein, daß sie diese aufhebt, so scheint die in ihr geleistete Aufhebung doch keine kritische Darstellung zu sein. Jedenfalls ist sie dies nicht als *Kritik*. Obzwar sie vielleicht – was nach dem Gesagten nicht auszuschließen ist – noch eine Darstellungsfunktion ausübt, läßt sie sich also nicht mehr durch die für die objektive Logik charakteristische Einheit von Darstellung und Kritik definieren.
Einen ersten Schritt zur Interpretation dieses Befundes können wir tun, wenn wir den Text, der solche Differenzierungen nahelegt, nochmals auf die genauere Bestimmung der Metaphysik hin prüfen, deren Kritik die objektive Logik leisten soll. Wir wissen bereits: Es ist »unmittelbar die *Ontologie*, an deren Stelle die objektive Logik tritt«. Indessen fährt Hegel fort: »Alsdann aber begreift die objektive Logik auch die übrige Metaphysik insofern in sich, als diese mit den reinen Denkformen die besondern, zunächst aus der Vorstellung genommenen Substrate, die

Seele, die Welt, Gott zu fassen suchte ...« (I 46 f./61). Seele, Welt, Gott sind die Gegenstände der drei Disziplinen der ›metaphysica specialis‹, die seit dem 18. Jahrhundert von der Ontologie als der ›metaphysica generalis‹ unterschieden wurde. Die objektive Logik ist demnach primär (»unmittelbar«) Kritik der Ontologie und sekundär (»alsdann«) auch Kritik der speziellen metaphysischen Wissenschaften, der »rationellen Psychologie«, der »Kosmologie« und der »natürlichen Theologie« (I 3_{10}/13). Hegels Auffassung des Verhältnisses dieser Wissenschaften zueinander läßt sich an der Stufenfolge der Geistesgestalten ablesen, als die er ihre Gegenstände begreift: Wie der absolute Geist den subjektiven und den objektiven trägt und umfängt, so bildet die Theologie den Grund und das Ganze von Psychologie und Kosmologie. Soweit die Metaphysikkritik der objektiven Logik Kritik der metaphysica specialis ist, hat sie es also vor allem und in allem mit der metaphysischen Theologie zu tun. *Wie* sie es damit zu tun hat, gibt der Text zu verstehen. Hegel wendet gegen die metaphysische Theologie ein, daß sie sich auf ein der Vorstellung entnommenes Substrat beziehe. Sein Versuch einer Destruktion des Vorstellens von Substraten konkretisiert sich in der Kritik an einer Metaphysik, die »nur *Seiendes* und zwar *Ansichseiendes*« behauptet. Dieser Metaphysikbegriff definiert die in der objektiven Logik kritisch beleuchtete Ontologie. Der mit »unmittelbar« und »alsdann« angedeutete Zusammenhang ist folglich so auszulegen, daß die Metaphysikkritik der objektiven Logik auch als Kritik der Theologie wesentlich Ontologiekritik ist. Trotz der Einsichten, die Hegel der ontotheologischen Tradition, das heißt der Geschichte des ontologischen Arguments, verdankt, muß man sagen: Die objektive Logik wendet sich kritisch gegen die Ontologisierung der Theologie. Sie möchte die Theologie vom Zugriff einer Ontologie befreien, die als vorstellendes Denken alles, was ist, vergegenständlicht. Etwas von dieser Aufgabenstellung kommt zur Sprache, wenn Hegel mit kritischer und zugleich affirmativer Rücksicht auf Kant bemerkt, die »wahrhafte Kritik der Kategorien« solle das Erkennen davon abhalten, »die Bestimmungen und Verhältnisse des Endlichen auf Gott anzuwenden« (I 75_{17}/92).

Was bedeutet nun die Absicht der objektiven Logik, die Theologie aus ihrer Umklammerung durch eine vergegenständlichende Ontologie zu lösen, für die ›subjektive‹ Logik, die Logik des Begriffs? Augenscheinlich gliedert Hegel den abschließenden Teil der logischen Wissenschaft nach Analogie zur Ausfächerung der metaphysica specialis in Psychologie, Kosmologie und Theologie. Seele, Welt und Gott begegnen in der Begriffslogik unter den Titeln ihrer drei Abschnitte, als Subjektivität, Objektivität und – letztlich absolute – Idee. Danach sollte man meinen, daß Seins- und Wesenslogik die Theologie entontologisieren, um sie der Begriffslogik als den Grund und das Ganze der speziellen Metaphysik vorzugeben. Aber nach dem angeführten Text läßt sich das Ontologische an Psychologie, Kosmologie und Theologie offensichtlich nicht trennen von der Art und Weise, in der diese Wissenschaften *als* Disziplinen der speziellen Metaphysik ihre Themen behandeln. Ansichseiendes behaupten sie gerade insofern, als sie die der Vorstellung von Seele, Welt und Gott zugrunde liegenden Substrate voraussetzen. Die Kritik ihrer ontologischen Verfassung kann mithin nicht den Zweck verfolgen, die abstrakte Unterscheidung von genereller und spezieller Metaphysik zu stabilisieren und diese durch Ausgrenzung aus jener zu sich selbst zu bringen. Wie ist dann aber zu erklären, daß die Begriffslogik gleichwohl die disziplinarische Gliederung der speziellen Metaphysik nachahmt? Und was, wenn nicht die metaphysische Theologie, sollte Ziel der in der objektiven Logik stattfindenden Befreiungsbewegung sein?

An diesem Punkt kommen wir nur weiter, wenn wir uns von dem Gegenstand der kritischen Darstellung, welche die Logik Hegels sein will, auf das mit dem Ausdruck ›Einheit von Kritik und Darstellung‹ bezeichnete Verfahren selber zurückwenden. Wir können dabei an der vorhin aufgebrochenen Differenz von kritischer Darstellung und Aufhebung der Metaphysik anknüpfen. In der von Hegel intendierten Vollendung der Metaphysik schien, auch wenn man sie als Aufhebung begreift, mehr zu liegen als bloß kritische Darstellung, und zwar ein Mehr an Positivität. Worin besteht dieses Plus? Die Rede von kritischer Darstellung trifft, wenn sie überhaupt etwas trifft, lediglich den *gegenständ-*

lichen Bezug der logischen Wissenschaft zur Metaphysik; sie will nur und kann nur beschreiben, wie Hegel Metaphysik als Gegenstand vor sich bringt. Wenn Hegel seine logische Wissenschaft »die eigentliche Metaphysik« nennt, so hat er jedoch darüber hinaus im Blick, daß sie *selber als Metaphysik auftritt.* Seine Logik stellt die Metaphysik nicht nur dar; sie will auch ihrerseits Metaphysik sein. Hierin liegt, einmal abgesehen von allen anderen Implikationen, daß sie der Metaphysik auch dann noch verbunden bleibt, wenn ihr kritisches Geschäft abgeschlossen ist. Nachdem die objektive Logik die Aufgabe der Metaphysikkritik bewältigt hat, darf die subjektive, so glaubt Hegel, als diejenige Metaphysik hervortreten, die ein von jener Kritik nicht entweihtes »Allerheiligstes« (I 49/14) ist: die alle Disziplinen der speziellen Metaphysik in sich aufnehmende und vollendende theologia naturalis.

Daß die Wissenschaft der Logik eine Metaphysikkritik bietet und gleichwohl selber als Metaphysik auftritt, ist eines der großen Probleme, vor die sie uns stellt. Eine Interpretation, der es nicht so sehr um Hegels Meinung als um die Sache geht, wird sich zu einer Kritik, die ihren Gegenstand in sich reproduziert, ihrerseits kritisch verhalten müssen. Kritisch – das heißt: bedacht auf Scheidung zwischen Annehmbarem und Unannehmbarem. Sicherlich ist eine metaphysische Metaphysikkritik nicht schon im vorhinein und unter allen Umständen zu verwerfen. Wenn Metaphysikkritik unter der Voraussetzung betrieben wird, daß das Kritisierte den Maßstab seiner Kritik in sich selbst trägt, und wenn diese Voraussetzung sich rechtfertigen ließe, dann wäre durchaus auch legitimierbar, daß sie sich selber auf den Boden der Metaphysik stellt, jedenfalls sofern und soweit sie sich an jenem Maßstab ausrichtet. Da im Augenblick die subjektive Logik interessiert und nicht die objektive, die allein für die Metaphysikkritik aufzukommen hat, können wir erst später und das heißt: auf dem Wege genauer Textauslegung prüfen, ob die genannten Prämissen gegeben sind.

Was aber die subjektive Logik betrifft, so veranlaßt ihre eigene Verfassung zur Skepsis. Ganz im Gegensatz zu ihrem Anspruch, die Wahrheit schlechthin zu enthüllen, fällt sie in Wirklichkeit

gegenüber der objektiven Logik auf geradezu befremdliche Weise ab. Nichts könnte drastischer bezeugen als dieser Niveauabfall, daß Hegels Logik von ihrem kritischen Impuls lebt. Offenbar schwindet mit dem Zurücktreten ihrer kritischen Funktion auch ihre Kraft dahin. Ihre Schwäche scheint aber nicht nur im Fehlen der Kritik begründet zu sein, sondern auch darin, daß der kritische einem allzu affirmativen Metaphysikbezug Platz macht. Hierfür spricht die Unbedenklichkeit, mit der Hegel, ungeachtet seines Aufhebungsprogramms, Vorurteile der überkommenen Logik, die er ja mit Recht aus ihrem metaphysischen Grunde begreift, schlicht erneuert. Freilich würde ein ausschließlich auf solche Fakten gestütztes Nein zur Restauration der speziellen Metaphysik in der Logik des Begriffs sich bloß auf Indizienbeweise berufen. Indessen muß man auch und vor allem bedenken, daß die in der objektiven Logik enthaltene Kritik der speziellen Metaphysik deren Restauration *mit Notwendigkeit* verbietet. Insbesondere deshalb kann eine kritische Hegel-Aneignung die Anpassung der Begriffslogik an die metaphysische Theologie nicht mitmachen.
Nun meint ›Theologie‹ nicht nur die metaphysische, sondern auch die, in welcher der christliche Glaube sich seiner selbst vergewissert. Daß die objektive Logik Theologie von der Vergegenständlichungstendenz des traditionellen ontologischen Denkens befreien möchte, kann mithin für die Begriffslogik ebensowohl bedeuten: Sie eröffnet dieser den Zugang zur Offenbarungstheologie als zu dem schlechthin Anderen gegenüber einer Metaphysik, die seit ihrer Geburt aus dem Geist des Griechentums Ontologie war.
Unverkennbar christlich-theologische, ja christologische Züge speziell der Begriffslogik scheinen darauf hinzudeuten, daß Hegel diese Möglichkeit, wie zaghaft auch immer, tatsächlich ergriffen hat. Hier, in der Begriffslogik, ist es, wo er »das Allgemeine«, das der Begriff selbst in seiner Reinheit ist (vgl. II 239$_{27}$/273), in die *»Liebe«* zurückübersetzt (II 242 f./277), an der ihm in seiner Frühzeit die Dialektik aufgegangen war, die er im nachhinein dem ›Geist‹ zuschrieb. Inwiefern da ›Liebe‹ auch eine Verfassung zwischenmenschlicher Beziehungen meint, wird über-

haupt nur aus dem theologisch-christologischen Gehalt des Ausdrucks verständlich. Nach christlicher Theologie ist vor aller Liebe der Menschen zueinander und zu Gott dieser selbst in Liebe zu den Menschen hinabgestiegen. In der Begriffslogik verhält es sich nun nicht etwa so, daß Hegel Liebe als anthropologisches Phänomen thematisierte und die theologischen Implikationen unausgesprochen ließe. Im Gegenteil: Unmittelbar thematisch macht er nur die göttliche Liebesbewegung, derart, daß erst aus ihr der intersubjektivitätstheoretische Sinn seiner Rede sich erschließt. Wenn er sagt, daß das Allgemeine zur Einzelheit »heruntersteigt« (II 260_{17}/296), so hat er, der Leser und Bewunderer Hamanns, vor Augen, was der »Magus im Norden« auf dem Hintergrund des bis in die Anfänge des Christentums zurückreichenden Kondeszendenzgedankens die ›Herunterlassung‹ Gottes nennt (vgl. Gründer 1958). Dabei ist der Kondeszendenzgedanke nicht bloß ein Detail, mit dem Hegel die Begriffslogik ausschmückte. Vielmehr definiert der auf ihn gegründete Liebesbegriff das *Ganze* der in der Begriffslogik vorgeführten Bewegung. Indem die Begriffslogik, wie Hegel im Kontext seiner Rede vom Heruntersteigen mit auffälligem Pathos sagt, die Allgemeinheit in die von der Abstraktion »verschmähte« Einzelheit aufhebt und diese als die »Tiefe« entdeckt, »in der der Begriff sich selbst erfaßt« (II 260_{21}/297), tritt ihr Ziel in einen Gegensatz auseinander, dessen Einheit die Paradoxie des aus Liebe fleischgewordenen Gottes ist: Der vollendete Begriff ist in seiner Universalität das »Übergreifendste« und zugleich die »zugeschärfteste Spitze« der reinen *»Persönlichkeit«* (II 502_{33-40}/570), ein Begriff, »der als Person undurchdringliche, atome Subjektivität ist« (II 484_{13}/549; vgl. Theunissen 1970 a, 252-290). Das Resultat der Bewegung, in welcher die Allgemeinheit des »göttlichen Begriffs« (II 505_{12}/572) zur Einzelheit heruntersteigt, betrachtet Hegel zugleich als Ausgangsbasis für die soziale Verwirklichung des Allgemeinen als Liebe. Am Ende seiner Logik steht die Einsicht, daß das Allgemeine nur wahr sein kann als ein Verhältnis zur Einzelheit, welches ihrer Verschmähung durch die Abstraktion opponiert, das heißt als ein Anerkennungsverhältnis, in dem die Liebe nichts Herablassendes hat, weil sie das

Einzelne gerade in seine Freiheit entläßt, und in dem sie gleichwohl zu ihm heruntersteigt, sofern sie seine Faktizität annimmt. Wenn die Begriffslogik, was man wohl einräumen muß, hinter dieser Intention faktisch zurückbleibt, dann einerseits sicherlich darum, weil sie den Kondeszendenzgedanken in das Element jener wirklichkeitsfernen Metaphysik einbildet, die Hegel einmal ein »grundloses Gebäude von schlechten Kategorien« nennt (I 377_{28}/434), und demzufolge formale Logik reproduziert, wo die mit deren Mitteln nicht durchführbare Grundlegung der Sozialphilosophie von ihr gefordert ist. Andererseits aber ist es durchaus Hegels besondere Rezeption der christlichen Theologie selber, die ihn an der vollen Entfaltung der sozialphilosophischen Implikationen seines Gedankens hindert. Da er in strikter Orientierung an der *basileia tou theou* christliche Theologie wesentlich als Herrschaftstheologie vor sich hat, denkt er auch noch die Liebe von einer Macht her, welche die Freiheit des Einen letztlich doch auf »ein Verhalten seiner zu dem Unterschiedenen nur als zu sich selbst« einschränkt (II 243_{1}/277).

Aber unter der Last des Anspruchs, die These über den Zusammenhang von Begriffslogik und Christentum ausweisen zu müssen, brauchen wir gar nicht bei Ausdrücken Zuflucht zu suchen, deren biblische Herkunft zwar kaum bestritten, aber deren systematische Relevanz nur in einer Interpretation dargetan werden könnte, die nicht alternativelos und insofern auch gegen Beliebigkeit nicht geschützt wäre. Denn jener Zusammenhang liegt notwendig in dem hier entwickelten Grundkonzept der Hegelschen Logik. Um den Maßstab der seins- und wesenslogischen Metaphysikkritik in den Blick zu bekommen, mußten wir uns schon einmal das ›normative Ideal‹ vergegenwärtigen, von dem Hegel sich leiten läßt. Was da, mit Bedacht recht unhegelisch, ›normatives Ideal‹ hieß, wäre wenigstens hegelnäher ausgedrückt, würden wir es die ›Wahrheit‹ nennen, auf die hin bereits die Gedankenentwicklung der objektiven Logik sich zubewegt, die aber nach Hegel erst in der subjektiven für sich und als solche hervortritt. Von einem ›normativen Ideal‹ war bislang allerdings die Rede, eben um den Wahrheitsbegriff zu vermeiden. Auch jetzt zögere ich, ihn zu verwenden, nicht nur weil er sich erst im Zuge der Interpretation des Darstellungsaspekts der Hegelschen Methode entfalten läßt, sondern auch im Hinblick darauf, daß insbesondere der Wahrheitsbegriff, den Hegel zur Beschreibung des logischen Fortschritts heranzieht, außerordentlich problematisch ist. Da wir jedoch in der Folge nicht ohne ihn auskommen, sei vorweg wenigstens so viel zu ihm bemerkt (vgl. Theunissen 1975 a): Er ist weder im Sinne moderner Wahrheitstheorien zu nehmen noch subsumierbar unter die überlieferte Auffassung der Wahrheit als Korrespondenz. Zwar ist die adaequatio, unter der die Tradition die Übereinstimmung von Sache und Intellekt verstand, nach Hegel im Rahmen der Begriffslogik auf den Grund zurückzuführen, den sie in der Entsprechung von Realität und selber objektivem Begriff hat (vgl. II 407-410/462-466). Aber in der umfassenden Bedeutung, in welcher der Ausdruck Tendenz und Ziel der gesamten logischen Bewegung angeben soll, meint er im Grunde gar nicht Wahrheit, sondern Wirklichkeit, genauer: die wirkliche Wirklichkeit. Gerade sein inflationärer Gebrauch verrät, daß die spekulative Logik einen spezifischen Wahrheitsbegriff nicht ausgearbeitet hat. Die Wahrheit, um die es hier geht, begreift Hegel von Wirklichkeit her, indem er an das platonische *ontōs on* anknüpft: Die logische Bewegung treibt auf das zu, was ›wahrhaft‹, das heißt eigentlich, *ist*, auf die substantielle Wirklichkeit.

Im gegenwärtigen Zusammenhang kann allein der Inhalt interessieren, der von dieser ›Wahrheit‹ in der Begriffslogik an den Tag kommt. Die Begriffslogik enthüllt nämlich, was Hegel, durchaus zu Recht, für die Substanz des christlichen Gott-, Welt- und Menschenverständnisses erachtet. Das wird ganz deutlich, wenn wir das über das ›normative Ideal‹ Gesagte präzisieren. In einer Wirklichkeit, die im angedeuteten Sinne ihre ›Wahrheit‹ erreicht hätte, das heißt sie selbst geworden wäre, würde nach der früher gegebenen Bestimmung des Idealzustands alles *relatio* und die *relatio* alles sein, derart, daß die *relata* nichts für sich zurückbehielten. Die in diesem Verstande wahre Wirklichkeit ist geprägt durch die spezifisch neutestamentliche Koinzidenz von Liebe und Freiheit. Als Freiheit definiert Hegel »die Verhältnisweise des Begriffs« (II 214_{15}/246). Da aber der Begriff selber Liebe ist, muß die mit ihm hervorkommende Freiheit eine bestimmte sein: die *kommunikative*. Kommunikative Freiheit bedeutet, daß der eine den andern nicht als Grenze, sondern als die Bedingung der Möglichkeit seiner eigenen Selbstverwirklichung erfährt. So kann sie Maßstab der Kritik sowohl an der Gleichgültigkeit wie an der Herrschaft sein, derjenigen Kritik also, die Hegels Rechtsphilosophie in der kritischen Darstellung der bürgerlichen Gesellschaft konkretisiert. Während die Freiheit, auf welche die bürgerliche Ideologie des ›Besitzindividualismus‹ (Macpherson 1962) abhebt, auf der Gleichgültigkeit gegen andere und auf der Herrschaft über sie beruht, ist kommunikative Freiheit vollkommen nur als die Freiheit aller möglich, deren Idee die Welt nach Hegels geschichtsphilosophischer Einsicht dem Christentum verdankt.

Nun soll keineswegs behauptet werden, Hegel verknüpfe Liebe und Freiheit in dieser explizit sozialphilosophischen Weise. Schon seine Abhängigkeit von der Metaphysik und seine Überbetonung des Herrschaftsaspekts im christlichen Gottesgedanken schließen dies aus. Auch abgesehen davon muß man aber in aller Entschiedenheit feststellen: Hegels Logik wehrt sich *grundsätzlich* gegen jede unmittelbare Inanspruchnahme für gesellschaftstheoretische oder auch nur intersubjektivitätstheoretische Programme. Sie tut dies allerdings keineswegs bloß deshalb, weil sie *weniger* ist als Sozialphilosophie – davon wird sogleich noch ausführlich zu sprechen sein –, sondern durchaus auch insofern, als sie *mehr* bietet. Anknüpfend an die oben gebrauchte Formulierung könnte man sagen: Nach ihrem ›normativen Ideal‹ setzt die Freiheit des einzelnen Subjekts, als das ›der Begriff‹ sich schließlich offenbart, nicht nur die Freiheit aller voraus, nämlich aller anderen Subjekte, sondern die Freiheit von *allem*, von allem, was ist. Eine spezielle Intersubjektivitätstheorie präsentiert die Hegelsche Logik darum nicht, weil sie als universale Kommunikationstheorie angelegt ist. Trotz aller inhaltlichen Divergenzen formal vergleichbar mit Buber, der *jedem* Seienden und nicht nur dem Menschen zutraut, ein Du sein zu können, deckt Hegel in der Logik Strukturen auf, die das *Ganze* der Wirklichkeit, nicht nur zwischenmenschliche Beziehungen, unter die Forderung absoluter Relationalität stellen. Ja, die Kommunikationstheorie, als die er Logik treibt, ist in gewisser Hinsicht noch universaler als Bubers Philosophie des dialogischen Prinzips: Sie begreift als eine in den Verhältnissen der Dinge zueinander liegende Möglichkeit, was Buber bloß von der Beziehung des Menschen zu den Dingen erwartet.

Selbstverständlich kann die Tendenz, die nach Hegel in den Verhältnissen der Dinge zueinander herrscht, auch für ihn erst in interpersonalen Beziehungen vollentfaltete Wirklichkeit sein. Die Unterscheidung zwischen dem bloß *an* sich und dem *für* sich seienden Begriff will diese Differenz festhalten (vgl. I 43_{25-38}/58). Die Abfolge von objektiver und subjektiver Logik spiegelt, unbeschadet der gleich noch zu artikulierenden Eigenständigkeit des ›Logischen‹, sehr wohl so etwas wie den ›Aufbau der realen Welt‹ (Nicolai Hartmann) wider. Inwiefern Hegel in der Konsequenz dieser Entsprechung eingestehen darf, daß die Bestimmungen der untergeordneten Sphären »nicht für höhere Kreise und für das Ganze passen« (I 334 f./386), obwohl *alle* Begriffe, in welche *der* Begriff sich auseinanderlegt, Totalitätsbestimmungen sind, ist ein Problem, das hier nicht diskutiert werden kann (vgl. dazu Puntel 1973, bes. 72 ff.). Wichtig für uns ist im Augenblick allein: Die Denkbestimmungen sowohl der Seins- wie auch der Wesenslogik haben nach dem Selbstverständnis Hegels unmittelbare Gültigkeit ausschließlich für die Welt der rein körperlichen, unorganischen Dinge und die Tiefendimension dieser Welt, während Leben und Geist erst in begriffslogischen Kategorien angemessen faßbar werden[5]. Gerade auch die (im weiten Sinne zu verstehenden) Reflexionsbestimmungen, »die geläufigen Bestimmungen von Kraft, oder Substantialität, Ursache und Wirkung usf. sind (...) nur Symbole für den Ausdruck z. B. lebendiger oder geistiger Verhältnisse, d. i. unwahre Bestimmungen für dieselben« (I 335_2/386).

Wichtig ist diese Zuordnung zunächst, weil sie bestätigt, wie unangemessen eine Deutung ist, die den reflexionstheoretischen Logikteil zum Statthalter der Wahrheit schlechthin hochstilisiert,

5 Vgl. ›Unveröffentlichte Diktate aus einer Enzyklopädie-Vorlesung Hegels‹, *Hegel-Studien* 5 (1969), 21 f.

statt auch ihn metaphysikkritisch zu lesen. Wenn die in ihm dargebotene Metaphysikkritik, gleich der seinslogischen, moniert, daß »Kategorien des Endlichen auf das Unendliche angewendet werden« (I 335$_{1}$/386), so übt sie nicht nur Kritik an der Applikation solcher Kategorien auf Gott; sie ist ineins damit Kritik an der Verdinglichung der lebendigen und geistigen Subjektivität überhaupt. In dieser verdinglichten Gestalt kommt das Leben, das natürliche und auch das geistige, allerdings in der wesenslogischen Weltauslegung vor. So bezieht Hegels Widerspruchstheorie sich kritisch auf die Kantische Moralphilosophie, sofern nämlich aus ihrer Sicht der »unendliche Progreß«, den sie auf den Begriff des Widerspruchs bringt, »in seiner Anwendung auf die Moralität« das Ansehen eines Letzten gewinnt (I 228$_{36}$/267)[6]. Diese Kritik läuft auf den Einwand hinaus, daß Ich und Nicht-Ich, Geist und Natur, schränkt man ihr Verhältnis auf den endlosen »Kampf« eines perennierenden Sollens ein, für »vollkommen selbständig und gleichgültig gegeneinander« gelten, was bedeutet: Der Geist erscheint als von der Natur »selbst affiziert« (I 229$_{32}$/269). Ein zur Ohnmacht des Sollens verurteilter Geist wird naturalisiert, weil ihm dadurch genau die Kraft abgesprochen wird, die ihn, hegelisch gedacht, auszeichnet: die Kraft, den Widerspruch nicht nur zu »ertragen«, sondern auch »aufzulösen« (I 236$_{13}$/276). Aber daß das Netz der wesenslogischen Weltauslegung den Geist nur in naturalisierter, die Subjektivität nur in verdinglichter Form einzufangen vermag, beweist eben: *Unmittelbare* Gültigkeit besitzen die Kategorien dieser Weltauslegung allein für Verhältnisse, die in der wirklich dinghaften Wirklichkeit herrschen. Was positiv bedeutet: Mit der Regionalisierung der logischen Bestimmungen bekräftigt Hegel die Zuständigkeit der *Begriffs*logik für die personale Subjektivität und damit auch für solche Verhältnisse, in denen *Personen* ihresgleichen gegenüberstehen.

Um das Interpretament ›kommunikative Freiheit‹ in die Sprache Hegels übersetzen zu können, wird man unterscheiden müssen, was die Logik im ganzen und was allein die Begriffslogik

6 Vgl. die ganze Anmerkung I 225-231/264-271 und ebenso die Anmerkung zum Abschnitt über die Schranke und das Sollen (I 121-124/144-148).

von einer solchen Freiheit zu fassen bekommt. Leitfaden für die Wahrheitssuche der *gesamten* Logik ist die Idee einer vollkommenen Einheit von Selbstbeziehung und Beziehung zum Anderen. Das wegen seiner Vieldeutigkeit »unglückliche« Wort ›Einheit‹ (I 77_{6}/94) soll in diesem Falle beides besagen: daß es keine wahre Beziehung zum Anderen gibt, die nicht Selbstbeziehung wäre, und daß keine Selbstbeziehung Wahrheit für sich beanspruchen kann, die nicht die Beziehung zum Anderen in sich einschlösse. Gegen bloße Fremdbeziehung einerseits und gegen die Abstraktion eines unmittelbaren Für-sich-Seins andererseits macht Hegel ein In-Beziehung-Sein geltend, das als Im-Anderen-bei-sich-*selbst*-Sein Freiheit und als Bei-sich-selbst-Sein im *Anderen* Liebe ist. Doch wie ohne weiteres einleuchtet, daß die Gleichgültigkeit seinslogischer Verhältnisse und die in der Reflexionslogik enthüllte Herrschaftsstruktur dieser Verhältnisse Liebe nicht aufkommen lassen, so geht aus dem Gesagten auch hervor, daß sie Freiheit verhindern, jedenfalls die Freiheit, die Hegel meint. Die Einheit von Selbstbeziehung und Beziehung zum Anderen tritt deshalb erst dann als die bestimmende Wirklichkeit hervor, wenn im Übergang von der Wesens- zur Begriffslogik Herrschaft sich aufhebt (vgl. Angehrn 1977, 56 ff.). Wie auch immer Herrschaft sich als die des Begriffs neu konstituiert – sie hebt sich zunächst auf durch die Selbstaufhebung eines Ganzen, unter dessen Botmäßigkeit die Alternative zur entfremdenden Fremdbeziehung nur die enteignende Aneignung des Anderen sein konnte, das heißt seine Herabsetzung zum Moment. Die »konkrete Totalität«, die »an sich« schon das reine Sein war (II 489_{27}/555), kommt gerade deshalb erst im gesetzten Begriff zu sich selbst, weil ihre Momente nun selber Totalitäten sind (vgl. II 219_{21}/252, 235_{20}/270, 239_{24}/273) und damit nicht mehr bloße Momente. Mit ihrer Erhebung zu Totalitäten entziehen die Momente sich dem Zwang einer Integration, durch die sie sich aneinander auslieferten. Hierin liegt, kommunikationstheoretisch formuliert, daß sie in ein Verhältnis zueinander treten, in welchem sie sich gegenseitig in ihrem Selbstsein anerkennen; denn was sie ihrer Totalität nach sind, das sind sie als sie selbst.

Derart freie Anerkennungsverhältnisse sind aber, im Unterschied zum reflexionslogisch strukturierten Anerkennungs*kampf* (vgl. Siep 1975, 391), nach Hegel nur auf dem Boden eines Absoluten möglich, das die Eine Totalität in allen Totalitäten ist. Die Momente könnten nicht, so will Hegel sagen, füreinander Totalitäten sein, stünden sie nicht auch zum Begriff selber in einem freien Anerkennungsverhältnis. In ihrem Totalitätssinn liegt zwar, daß auch der Begriff sie nicht mehr in entfremdender Weise beherrscht, aber dieser hätte nicht den Rang des wahrhaft Absoluten, wäre er nicht, paulinisch ausgedrückt, »alles in allen« (1 Kor 12, 6), die »*freie* Macht« (II 242$_{36}$/277), die als solche auch die ursprünglich befreiende ist. Der metaphysisch vergegenständlichten Welt gibt Hegel einen neuen Halt, indem er die Figur der Beziehungen, in die er sie auflöst, in ›das Absolute‹ einzeichnet. Universale Kommunikationstheorie und Theologie hängen so untrennbar zusammen. Wie die Kommunikationstheorie der Hegelschen Logik zu verstehen sei, verrät ihre theologische Fundierung, und umgekehrt läßt sich der kommunikationstheoretischen Absicht entnehmen, was da ›Theologie‹ heißt: Logos *des* Logos, der, nach dem Lieblingsjünger auch Hegels, Liebe *ist* (1 Joh 4, 8 und 16)[7].

Auch nach diesen Erläuterungen wird man zögern, die Deutung der Begriffslogik als offenbarungstheologisch begründeter Kommunikationstheorie zu übernehmen. Das Zögern ist berechtigt. Die obigen Ausführungen vermitteln von der Begriffslogik insofern ein verzerrtes Bild, als sie den Unterschied zwischen der Hegelschen Logik überhaupt und den auf ihr aufbauenden Realphilosophien unberücksichtigt lassen. Um die nötige Korrektur vornehmen zu können, müssen wir uns zunächst über diesen Unterschied verständigen[8]. Zwar ist die Logik, als die reine Ge-

7 Dadurch, daß ich die theologische Begründung der Kommunikationstheorie für wesentlich halte, weiche ich am stärksten von der mir im übrigen sehr sympathischen Deutung der Begriffslogik ab, die Hinrich Fink-Eitel in seiner Heidelberger Dissertation (1976) vorgelegt hat. Eine geradezu antitheologische Intersubjektivitätstheorie erblickt in Hegels Logik Gotthard Günther (1975).

8 Das kann hier nur in aller Kürze und damit auch nur abkürzend geschehen. Ausführlich erörtert die Problematik Puntel (1973), bes. 50 ff.

stalt einer »Intellektualansicht des Universums« (I 31_{21}/44), nicht bloß ein Teil des Systems, sondern durchaus das Ganze, aber das Ganze allein so, wie es in einer von allen Substraten absehenden Betrachtung der Denkbestimmungen als solcher gegenwärtig werden kann. Zwar leitet Hegel selber aus der Einheit der Identität und der Differenz von Logik und Gesamtsystem die methodische Forderung ab, die »abstrakte Grundlage des Logischen mit dem Gehalte aller Wahrheit zu erfüllen« (I 41_{23}/55), aber ein solches Erfüllungspostulat setzt ja eben voraus, daß ›das Logische‹ selber unerfüllt oder formell ist und daß die Wissenschaft von ihm »als die *formelle Wissenschaft* nicht auch diejenige Realität enthalten könne und solle, welche der Inhalt weiterer Teile der Philosophie, der Wissenschaften der Natur und des Geistes, ist« (II 230 f./264 f.).

Die eigentümlich logische, in der Begriffslogik für sich hervortretende Wahrheit kommt ins Blickfeld, wenn wir genauer betrachten, was Hegel in alledem ›das Logische‹ nennt[9]. Denn mit dem Ausdruck ›das Logische‹ bezeichnet er die spezifische Differenz des Gegenstands der Logik gegenüber den Gegenständen der Realphilosophien (vgl. E § 574). Die Logik hat den immanenten Zusammenhang der ›Denkbestimmungen‹ oder ›Denkformen‹ zu enthüllen. Diese sind »in der *Sprache* des Menschen herausgesetzt und niedergelegt« (I 9_{32}/20). Sprechend gehen wir mit ihnen freilich nur so um, daß sie »ungegenständlich, unbeachtet bleiben«, daß sie »unsern Geist instinktartig und bewußtlos durchziehen« (I 19_{10}/30). Als Denken des Denkens oder als »das reine sich entwickelnde Selbstbewußtsein« (I 30_{39}/43) befreit Hegels Logik die Kategorien durch Thematisierung aus der Bewußtlosigkeit. Mit ihrer Hilfe soll der Mensch »über die Kategorien, in denen der Verstand steckt, *wach* werden und sich darüber wach erhalten« (Berl. Schr., 311/11, 370)[10].

9 Es ist ein besonderes Verdienst von Hans-Georg Gadamer (1971, bes. 63 ff.), auf die Bedeutung dieses Begriffs gebührend aufmerksam gemacht zu haben. Vgl. auch Theodor Bodammer (1969), 218 ff.

10 Vgl. Hegels Rezension von Solgers Nachgelassenen Schriften (1828), wo er Begreifen bestimmt als »Wissen, was man sagt« (SW *20*, 177 ff./11, 249 ff.). Bubner versucht, im Ausgang von dieser Bestimmung »Aufschlüsse über Struktur und Methode einer dialektischen Logik zu gewinnen« (1976, 36).

Wie dieses Ziel sich zur Aufgabe einer Kritik der metaphysischen Tradition verhält, dürfte ohne weiteres einsichtig sein. Nimmt doch Hegels Logik ihre metaphysikkritische Funktion eben durch Reflexion auf die Kategorien wahr, von denen die Metaphysik bewußtlos Gebrauch macht – die vergangene Metaphysik und auch die durch sie vermittelte, ins Alltagsleben abgesunkene »Verstandes-Ansicht der Vernunft-Gegenstände«. Zugleich gewinnt im Lichte ihres sprachanalytischen Geschäftes auch ihr oben bloß im Vorübergehen gestreiftes Verhältnis zur Kantischen Transzendentalphilosophie deutlichere Konturen. Wir sagten: Ineins mit der Aufhebung der Metaphysik möchte Hegel die Transzendentalphilosophie aufheben. Wie deren Aufhebung Bewahrung und Erneuerung sein kann, zeigt die gemeinsame Reflexionsbewegung. Reflektiert die *Kritik der reinen Vernunft* im Ausgang von den Gegenständen auf unser Erkenntnisvermögen, in welchem die Bedingungen der Gegenständlichkeit liegen, so wendet die *Wissenschaft der Logik* sich von dem je Bestimmten, das wir sprechend denken, auf die Bestimmungen zurück, *in* denen wir es denken. Insofern hebt sie die Metaphysik auf, indem sie die Transzendentalphilosophie wiederholt. Weil diese jedoch selber noch metaphysisch belastet ist, kann Hegel sie nur in einer radikalisierenden Wiederholung aufnehmen, und zwar so, daß ihre Radikalisierung in der negativen Aufhebung, in der Destruktion ihres metaphysischen Erbes besteht. Metaphysisches Denken ist Vorstellen von Substraten. Ihm bleibt Transzendentalphilosophie nicht nur insofern verhaftet, als sie mit ihrer generellen, aber erläßlichen ›Ding an sich‹-Hypothese unter ihr eigenes Niveau auf den alten Standpunkt einer Annahme von Ansichseiendem zurücksinkt, sondern auch in der für ihren Ansatz schlechthin konstitutiven Hinsicht, daß sie das Subjekt, dessen Erkenntnisleistung sie untersucht, lediglich voraussetzt. Dementsprechend destruiert Hegel die heimliche Metaphysik der Transzendentalphilosophie, indem er ohne eine solche Voraussetzung auszukommen versucht und das Subjekt in den Zusammenhang der Denkbestimmungen auflöst (Henrich 1958). Aber der Zusammenhang der Denkbestimmungen ist zugleich die Genese des Subjekts. Entsteht doch in der Abfolge der

Denkbestimmungen, der »bestimmten Begriffe«, nach Hegel die Totalität »des Begriffes selbst« (I 18_{37}/30), der nichts anderes ist als »das *Subjekt* selbst« (I 47_{19}/62). Positiv also hebt Hegel die Transzendentalphilosophie eben in der Destruktion ihres metaphysischen Erbes auf.

Das spekulativ-logische Programm einer Aufhebung der Transzendentalphilosophie schließt die Überzeugung ein, daß das Ziel, das Kant mittels der Selbstreflexion des Subjekts anstrebt, allein auf dem Wege einer reflexiven Vergewisserung der Sprache zu erreichen sei. Der Begriff des Logischen meint genau das Element, in dem wir uns immer schon bewegen, sobald wir sprechen und sprechend Denkbestimmungen verwenden. Dieses Element ist für Hegel eine eigene Dimension von Wirklichkeit, unterschieden sowohl von aller weltlichen Realität wie auch von dem Bewußtsein, auf das die Transzendentalphilosophie zurückgeht. Dennoch versammelt sich darin nach seiner Auffassung in gewissem Sinne *alle* Wirklichkeit, die der Welt genauso wie die des Bewußtseins. Im selben Atemzug, in dem Hegel erklärt, daß »die *Weise* eine *besondere* Art, eine *Bestimmtheit* der Form bezeichnet«, definiert er das Logische als »die allgemeine Weise, in der alle besondern aufgehoben und eingehüllt sind« (II 484 f./550). Die Einheit von Identität und Unterschied, die das Verhältnis der Logik zu den Realphilosophien prägt, ist in dieser zugleich besonderen und allgemeinen Natur des genuin logischen Gegenstands begründet. Eine solche Natur hat allein die Sprache. Allein die Sprache kann, wiewohl unreduzierbar auf Dinge und auf deren Bewußtsein, der Ort der Gegenwärtigkeit von beidem und ihr wahrhafter Inhalt sein, »die an und für sich seiende Sache, der Logos, die Vernunft dessen, was ist« (I 18 f./30).

Doch *was* an der Sprache meint der Ausdruck ›das Logische‹? Wie Hegel die Denkbestimmungen, die bestimmten Begriffe, gegen den Begriff selber abhebt, so auch gegen das Logische. Es genügt infolgedessen nicht, von diesem die Ungegenständlichkeit auszusagen, in der die Denkbestimmungen verharren, solange wir auf sie nicht reflektieren. Wohl gehört auch zum Logischen, daß es im gewöhnlichen Sprechen unbeachtet bleibt. Aber es zeichnet sich dadurch nicht spezifisch aus. Eine klare Aussage über seine spezifische Bestimmtheit, auch gegenüber den einzelnen Denkbestimmungen, findet sich in der *Wissenschaft der Logik* nicht. Wohl aber stoßen wir darin immer wieder und auch schon am Anfang auf eine Wendung, die man vielleicht aufs Logische beziehen darf und die dann dessen Eigenart in den Blick bringen könnte. Gerade bei der Grundlegung der logischen Wissenschaft rekurriert Hegel in höchst relevanter Weise auf das, was »im Satze unmittelbar vorkommt« (I 75_{31}/93) oder »im Satze vorhanden ist« (I 75_{37}/93). Bei der Lektüre der Erstausgabe fällt die methodische Schlüsselfunktion dieser Formulierung noch stärker auf[11]. Sie wird unterstrichen durch die Exponiertheit der von Hegel erhobenen Forderung, »nur aufzunehmen, *was vorhanden ist*« (I 54_{1}/68). Der Begriff der Vorhandenheit spielt auch im Fortgang der Seinslogik eine wesentliche Rolle (vgl. u.a. I 118 f./141 f., 128_{18}/152, 132_{1-14}/156 f.), und zwar bezeichnenderweise vornehmlich im Kontext des Widerspruchs, den Hegel durch den Rekurs auf das, was im Satz vorhanden ist, aufdecken möchte[12]. In dieser seiner konkreten Bedeutung als Titel für das *im Satz* Vorhandene scheint er auf jene eigentümliche Wirklichkeit des Logischen abzuzielen, die weder Bewußtsein noch dinghafte Realität ist und in der doch beide »eingehüllt« sind. Im Unterschied zu den Denkbestimmungen, »die uns in jedem Satz, den wir sprechen, zum Munde herausgehen« (I 11_{36}/22), wäre das Logische danach als dasjenige zu bestimmen, das wir immer schon verstanden haben müssen, um so etwas wie den Satz selber verstehen zu können.

Dieser hier bloß hypothetisch eingeführten Definition wird im folgenden eine große Beweislast zufallen. Um so dringlicher ist es, sie von der Doppeldeutigkeit zu befreien, mit der sie behaftet ist. Sie muß, solange sie nicht interpretiert und differenziert

11 In der Orientierung an der Erstausgabe geht Wolfgang Wieland (1973, 397 f.) dem Sinn und der Relevanz des Ausdrucks nach.

12 Vgl. dazu Wieland, der den schon in der Analyse des reinen Seins herausgearbeiteten Widerspruch als »eine Diskrepanz besonderer Art« deutet: »Sie besteht zwischen dem, was der Satz behauptet, und dem, was dieser Satz selbst ist bzw. was er tut, indem er etwas behauptet« (1973, 398).

wird, doppeldeutig sein, weil der Hegelsche Satzbegriff es ist. ›Satz‹ kann bei Hegel und in bezug auf Hegel sowohl den vorgegebenen, »gewöhnlichen« (PhdG 52_{20}/60) meinen wie auch den »spekulativen« (PhdG 51_{6}/59; vgl. Werner Marx 1967, 8 ff.). Ja, mit dem schlichten Hinweis auf den Satz ist so wenig schon das Ziel der Hegelschen Philosophie angegeben, daß man vielmehr sagen muß: Mit der Transformation des »gewöhnlichen« Satzes in den »spekulativen« begibt diese Philosophie sich überhaupt erst auf ihren Weg. Die Vorrede zur *Phänomenologie* nennt die dem Philosophen abverlangte Transformation die gleich zu Anfang in das Feld unserer Aufmerksamkeit getretene »Darstellung der dialektischen Bewegung des Satzes«. Daß sie als Satz letztlich das System selber deutet, darf wohl als die stärkste Stütze des Versuchs angesehen werden, das Thema der systematischen Grundlagenwissenschaft, das Logische, vom Satz her in den Griff zu bekommen. Zugleich aber wirft die Identifikation der Entfaltung des Systems mit der »dialektischen Bewegung des Satzes« die vermutlich heikelste Frage auf, die an die Methode Hegels zu stellen ist: Welche Instanz weist die geforderte Transformation an? Sofern das System die Bewegung des *Satzes* nachzeichnet, scheint die Annahme berechtigt, daß Hegel ihm, dem Satz selber, die nötigen Anweisungen für die Transformation entnimmt[13]. Aber die *Bewegung* des Satzes, die über dessen vorgegebene Struktur hinaustreibt, beschreibt ihre phänomenologische Theorie wohl kaum zufällig so, als sprenge sie die Satzform schlechthin. Darin verrät sich, daß als letzter Maßstab für die Kritik des »gewöhnlichen« Satzes jedenfalls in der *Phänomenologie* nicht der Satz, sondern jenes Bewußtsein fungiert, welches nach der Einleitung den Maßstab auch der Kritik an ihm in sich selber trägt, und die später anzustellenden Überlegungen zum Zusammenhang der beiden Hauptwerke Hegels lassen immerhin die Vermutung zu, daß es sich in der Logik nicht grundsätzlich anders verhält.

Die Lage spitzt sich insofern noch zu, als Hegels Auffassung

13 Hegel kann insofern, meine ich, die Sprache auch nicht *nur* als *»Dienerin«* des Denkens aufgefaßt haben, wie Werner Marx (1967, 17 f., 25, 31) annimmt. Ähnlich J. Derbolav (1959).

vom Satz offensichtlich auf Voraussetzungen beruht, die ihm erstens einen allseitigen Zugang zu dem in der »gewöhnlichen« Sprache wirklich Gegebenen versperren und die zweitens von dessen Aufhebung in den »spekulativen« Satz ganz unberührt bleiben. Es ist für ihn selbstverständlich, jeden möglichen Satz am Vorbild des assertorischen oder des Aussagesatzes zu messen, und es ist für ihn genauso selbstverständlich, als den exemplarischen Aussagesatz den zu betrachten, der aus einem Subjekt und einem durch die Copula damit verbundenen Prädikatsnomen besteht (s. unten, S. 395). Wie man aber befürchten muß, daß er damit der Vielfalt des natürlichen Gebrauchs der Sprache nicht gerecht wird, so kann man auch bezweifeln, ob eine Transformation, die solche Prämissen nicht erschüttert, wirklich zu leisten vermag, was sie leisten soll.

Eine angemessene Diskussion der damit angedeuteten Schwierigkeiten liegt jenseits der Möglichkeiten dieser Untersuchung. An Ort und Stelle kann unter den vielen Problemen, mit denen uns die spekulative Satztheorie konfrontiert, nur dasjenige thematisch werden, dessen Wahrnehmung die Voraussetzung dafür ist, daß zwischen der Wendung ›was im Satz vorhanden ist‹ und dem Begriff ›das Logische‹ sich überhaupt nur ein sinnvoller Zusammenhang herstellen läßt. Das Problem besteht, in aller Schärfe formuliert, darin, daß der Satz nach Hegel eigentlich der extremste Gegen-Satz ist, sofern er nämlich Wahrheit und Unwahrheit in sich versammelt. Während er als vorgegebener »nicht geschickt ist, spekulative Wahrheiten auszudrücken« (I 76_{14}/93; vgl. E § 31)[14], soll der aus seiner philosophischen Verwandlung resultierende die logische Wahrheit schlechthin verbürgen. Wenn Hegel, wie erwähnt, das, was »im Satze vorhanden« ist, als die eine Seite eines Widerspruchs betrachtet, dann kann solche Vor-

14 Einen solchen Vorbehalt spricht Hegel schon früh aus. So heißt es in der Differenzschrift von 1801: »An das System als eine Organisation von Sätzen kann die Foderung geschehen, daß ihm das Absolute, welches der Reflexion zum Grunde liegt, auch nach Weise der Reflexion, als oberster absoluter Grundsatz vorhanden sey. Eine solche Foderung trägt aber ihre Nichtigkeit schon in sich; denn ein durch die Reflexion gesetztes, ein Satz ist für sich ein Beschränktes und Bedingtes, und bedarf einen andern zu seiner Begründung u. s. f. ins Unendliche« (GW *4*, 23/2, 36).

handenheit ebensowenig Wahrheit für sich beanspruchen wie die andere Seite, gegen die er sie geltend macht. Auf der einen Seite steht das Ergebnis, zu dem am Anfang der Seinslogik das darin betrachtete Denken gelangt: die Identität von Sein und Nichts, auf der andern die Tatsache, daß in dem Satz ›Das Sein ist das Nichts‹, der jenes Ergebnis formuliert, gerade der Unterschied beider vorhanden ist, nämlich als Unterschied von Subjekt und Prädikat (vgl. I 75 f./92 f.)[15]. Der Unterschied von Sein und Nichts ist aber in der Abstraktheit, in der Subjekt und Prädikat sich nach der Form des »gewöhnlichen« Satzes gegenüberstehen, keineswegs wahrer als ihre »Ununterschiedenheit« (I 67_{22}/83). Wenn ich ihn nämlich auch behaupten kann, so doch angesichts dessen, daß Sein und Nichts in ihrer Unbestimmtheit übereinkommen, notwendig »als einen nur *gemeinten*« (I 77_{30}/95). Der Unterschied von Sein und Nichts hat sich immer schon, sozusagen unter der Hand, »aufgelöst« (I 67_{29}/83), weil er gar nicht an ihnen selber vorkommt, »sondern nur in einem Dritten, im *Meinen*« (I 78_{5}/95; vgl. 73_{16}/90). Das bedeutet: Er kann zwar und muß sogar *intendiert* werden, weil ja unmittelbar einleuchtet, daß das Nichts das absolute Gegenteil vom Sein ist, aber er läßt sich nicht *denken*. Und das wiederum bedeutet: Was in der syntaktischen Form des vorgegebenen Satzes vorhanden ist, erhebt einen Wahrheitsanspruch, der genauso unerfüllbar ist wie nach dem Anfang der *Phänomenologie* der der sinnlichen Gewißheit, die ihre Intention auf ein »reines Dieses« nicht zu artikulieren vermag.

Wenn Hegel jedoch immer wieder beteuert: »es bedarf nur des Aufnehmens dessen, was vorhanden ist« (u. a. I 132_{3}/156), so trotz allem auch deshalb, weil nach seiner Überzeugung darin »die *Wahrheit* (...) an sich schon vorhanden« ist (I 132_{2}/156)[16]. Das gilt durchaus auch für das *im Satz* Vorhandene. Was im Satz vorhanden ist, kann gleicherweise Wahrheit und Unwahr-

15 Hegel selber bringt an der angeführten Stelle das Beispiel des Satzes »Sein und Nichts ist Eins und dasselbe«. Ich beziehe mich auf den Abschnitt ›Sein‹, der mit dem Satz endet: »Das Sein, das unbestimmte Unmittelbare, ist in der Tat Nichts, und nicht mehr noch weniger als Nichts« (I 67_{3}/83).

16 Hegel betont »vorhanden«; das Wort »Wahrheit« hebe ich hervor.

heit anzeigen, weil eben der Satz selber doppelbödig ist: Hinter der erstarrten Fassade seiner vorgegebenen Form, die für die Erfassung der Wahrheit »nicht geschickt« ist, fließt die »dialektische Bewegung«, deren Darstellung nach der phänomenologischen Theorie des spekulativen Satzes nichts Geringeres ist als die vom System im ganzen zu leistende Darstellung von Wahrheit. Gleichwohl müssen wir, nachdem die Unwahrheit des im »gewöhnlichen« Satz Vorhandenen hervorgetreten ist, die hypothetisch eingeführte Definition des Logischen präzisieren. Das Logische fällt mit dem im Satz Vorhandenen nicht schlicht zusammen; es ist vielmehr allein die Wahrheit, die darin liegt, freilich darin so liegt, daß sie sich zunächst gerade verbirgt. Wohl ist es in der Tat das Element, in dem wir uns immer schon bewegen, wenn wir einen Satz verstehen; aber dieses Verstehen bedeutet den Nachvollzug einer Bewegung, welche die Natur das vorgegebenen Satzes »zerstört« (PhdG 51₆/59).

Wir sind jetzt im Besitz der nötigen Voraussetzungen, um das Thema der Begriffslogik mit der gehörigen Rücksicht auf ihre Differenz gegenüber den Realphilosophien angeben zu können. Wenn die logische Wahrheit sich tatsächlich im Satz verbirgt, dann muß die Begriffslogik, als Manifestation der den vorhergehenden Gedankenprozeß nur regulativ anleitenden Idee logischer Wahrheit, den Satz als solchen thematisch machen. In der Tat ruht sie auf dem Fundament einer Satztheorie. Als Theorie des Satzes läßt sich zumindest der Abschnitt über die Subjektivität auslegen, mit dem sie anfängt. Da aber auch hier, der Intention Hegels gemäß, der Anfang das vorweggenommene Ende und zugleich das Ganze ist, sofern ja die Begriffslogik *insgesamt* die ›subjektive‹ sein soll, darf man behaupten: Diese ist Satztheorie überhaupt und im ganzen. Und da auch umgekehrt das Ende für Hegel nur der verwirklichte Anfang ist (Heidegger 1957, 49 f.), muß innerhalb der grundlegenden und für das Ganze repräsentativen Subjektivitätslehre die Abfolge von Begriff, Urteil und Schluß so verstanden werden, daß Hegel als Ursprung den Schluß auffaßt, dessen Form der Begriff nur präfiguriert. Dem Schluß aber gebührt, unangesehen der noch zu berührenden Problematik seiner spekulativen Stilisierung, die

Würde des Ursprungs, sofern er als der den einzelnen Satz vollendende Satz von Sätzen auftritt, der sich seinerseits im System als einem Schluß von Schlüssen (vgl. E §§ 574–77) oder einem »Kreis von Kreisen« (II 504_{19}/571) vollendet – dementsprechend, daß die *Phänomenologie* das System schlechthin als Satz beschreibt.

Folgerichtig läuft die Entwicklung von der noch unausgebildeten Satzstruktur des Begriffs zum angeblich vollendeten Satz des Schlusses über ein Urteil, das als derjenige Satz, aus dessen Transformation die Wahrheit herausspringt, beides ist: der »gewöhnliche« Satz und die Bildungsstätte des »spekulativen« (vgl. Bodammer 1969, 232). Hier, in der Urteilslehre, führt die Logik die vom Verfasser der *Phänomenologie* programmierte Bildung des spekulativen Satzes vor (s. V. 2). Ein zureichendes Verständnis dieser Lehre, in welcher die Hauptrolle die Copula spielt, setzt die Erarbeitung der Logik des reinen Seins voraus. Um aber auch nur sehen zu können, inwiefern Hegel hier das satztheoretische Programm seiner Phänomenologie – in den Schranken seiner Rest-Metaphysik – einzulösen versucht, bedarf es vorab wenigstens eines Wortes zu Hegels Sicht der Beziehung von Satz und Urteil. Die Form eines Urteils besitzt ein Satz nach Hegel dann und nur dann, wenn das Prädikatsnomen gegenüber einem Subjekt, das etwas Einzelnes oder Besonderes ausdrückt, »ein Allgemeines« vorstellig macht (II 267_{34}/305). »Drückt das, was vom einzelnen Subjekte gesagt wird, selbst nur etwas Einzelnes aus, so ist dies ein *bloßer* Satz« (II 267_{37}/305 – Hervorhebung M. T.), das heißt *kein* Urteil. In modernerer Sprache: Als Urteil läßt Hegel einen Satz nur unter der Bedingung gelten, daß der singuläre Terminus, der in Subjektstellung steht, auf das Prädikatsnomen als auf einen generellen Terminus oder als »Klassifikationsausdruck« (Tugendhat 1976, 40) bezogen ist. Diese Subjekt-Prädikat-Beziehung denkt Hegel, meines Erachtens durchaus sinnvoll, als Subsumtions- und damit letztlich als Herrschaftsverhältnis. Nach der *Phänomenologie* entsteht nun der spekulative Satz aus dem gewöhnlichen dadurch, daß mit dem Verschwinden des Subjekts im Prädikat dieses seinerseits die Funktion einbüßt, die ihm als

Prädikat zukam. Hat es »substantielle Bedeutung, in der das Subjekt zerfließt«, so ist es eben »nicht Prädikat, sondern das Wesen«, nämlich des ursprünglichen Satzsubjekts, was bedeutet, daß »das Prädikat selbst als ein Subjekt« auftritt (PhdG 51_{24-33}/59). Geht aber das Subjekt in das Prädikat und das Prädikat in das Subjekt über, so hebt das einseitige Herrschaftsverhältnis sich in die Gemeinschaft wechselseitiger Teilnahme auf. Die logische Urteilslehre nennt dies »die Aufhebung der Urteilsbestimmungen« (II 293_{15}/334), das heißt die Aufhebung der vorgegebenen Subjekt-Prädikat-Relation als eines Verhältnisses Ungleicher, in welchem Fremdbestimmung herrscht; und sie formuliert als das Resultat der Aufhebung, daß »das Subjekt (...) dem Prädikate gleich geworden« ist (II 293_{16}/334). Demnach zielt die Bewegung auf ein logisches Analogon zur Aufhebung von entfremdender Herrschaft – ein Ziel, dessen affirmativer Sinn intersubjektivitätstheoretisch als kommunikative Freiheit auszudrücken wäre. Kommunikative Freiheit ist, so hieß es oben, nur auf dem Boden eines ›Absoluten‹ möglich, das die Glieder der Beziehung allererst zu sich befreit. An der logischen Urteilslehre wird sich uns zeigen, daß dementsprechend auch sie die Aufhebung der für den vorgegebenen Satz kennzeichnenden Subsumtion des Subjekts unter das Prädikat an die Bedingung eines Geschehens knüpft, durch welches das Sein, als die erste Erscheinungsweise des Absoluten, zu dessen vollendeter Manifestation wird, zum gesetzten Begriff.

So trifft die Theorie des Satzes sich also mit der universalen Kommunikationstheorie, auf die hin wir die Begriffslogik, zunächst ohne Rücksicht auf ihren Unterschied von den Realphilosophien, ausgelegt haben. Eingedenk dieses Unterschieds müssen wir jetzt aber sagen: Kommunikationstheoretische Relevanz besitzt die Begriffslogik nur insoweit, als sie im *Satz* Verhältnisse antrifft, an deren Bewegung die Aufhebung entfremdender Herrschaftsverhältnisse in kommunikative Freiheit in der Chiffrenschrift des Logischen abzulesen ist. Sie ist, soweit sie nicht metaphysische Theologie restauriert, *unmittelbar* Theorie der dialektischen Bewegung des Satzes und nur *als solche* indirekt auch universale Kommunikationstheorie.

2. Kritische Darstellung

Der Metaphysikbezug der Begriffslogik konnte nicht mehr in völligem Absehen von der Hegelschen Methode kritischer Darstellung abgehandelt werden. Umgekehrt ist eine Verständigung über den Zusammenhang von Darstellung und Kritik in Hegels Logik auf eine weitere Explikation des für die Begriffslehre charakteristischen Metaphysikbezugs angewiesen. Ich fasse zunächst das über diesen Bezug bisher Gesagte zusammen: Während die kritische Darstellung der Metaphysik die eigentümliche Aufgabe der Seins- und Wesenslogik ist, stellt die Begriffslogik Metaphysik jedenfalls nicht *kritisch* dar. Statt dessen steht sie zu ihr in einem eigentümlich schizophrenen Verhältnis. Die innere Spannung dieses Verhältnisses entspringt, so sahen wir, dem Zwiespalt in der Theologie, welche die Seins- und die Wesenslogik aus der Umklammerung durch das vergegenständlichende Denken der Ontologie lösen. Einerseits tritt die Begriffslogik selber als Metaphysik auf, nämlich als die in der Tradition von der Ontologie unterschiedene metaphysica specialis, das heißt letztlich als metaphysische Theologie. Andererseits zielt sie auf einen logischen Entwurf der im ›Absoluten‹ begründeten Kommunikation, die ihr Ideal – die Koinzidenz von Liebe und Freiheit – aus den Quellen des Evangeliums schöpft. Croces Unterscheidung zwischen Lebendigem und Totem in Hegels Philosophie haben wir auf die Begriffslogik so angewandt, daß sie zur *Entscheidung* gegen die metaphysische Theologie und für den kommunikationstheoretischen Ansatz wurde, durch dessen Ausarbeitung die Theorie des absoluten Geistes christliche Theologie in begreifendes Denken überführt. Diese Entscheidung war, glaube ich, insofern nicht willkürlich, als die Wiederauferstehung der metaphysischen Theologie in der Begriffslogik der Stoßrichtung der seins- und wesenslogischen Ontologiekritik widerstreitet, während es in der Konsequenz dieser Kritik liegt, auf dem von ihr bereiteten Boden mit der logischen Grundlegung einer auf das neutestamentliche Ethos zurückgreifenden Kommunikationstheorie das ganz Andere gegenüber einer Metaphysik anzusiedeln, die von den Griechen als Ontologie konzipiert wurde und demgemäß im ganzen, auch als metaphysica specialis, Ontologie geblieben ist.

All das brauchen wir uns nur in Erinnerung zu rufen. Ergänzend sei lediglich bemerkt: Wenn Hegel, denkwürdig genug, zu verstehen gibt, daß es ihm um »den Namen des Absoluten« im Grunde gar nicht zu tun sei (I 59_{14}/74), so mag er dafür viele und auch außerhalb unseres Interessenhorizonts liegende Beweggründe haben. Aber es ist vielleicht nicht abwegig, die auffällige Distanzierung von dem maßgeblichen Titel für die Sache der neueren metaphysischen Theologie auch aus der hier noch einmal umrissenen Fragestellung seiner Logik zu motivieren. Man kann zwei Absichten hinter ihr vermuten. Einmal scheint Hegel andeuten zu wollen, daß die ›absolute Idee‹, auf die seine Logik hinausläuft, eben nicht das Absolute im Sinne des Gottes der metaphysischen Theologie ist, und zum andern werden wir seinen Worten die Meinung entnehmen dürfen, daß man als *das* Absolute, wenn man auf diesen Namen schon nicht verzichten will, höchstens den Gegenstand des Gesamtsystems bezeichnen könnte, nicht aber den der Logik, die als Explikation des Logischen »die Wissenschaft nur des göttlichen *Begriffs*« ist (II 505_{12}/572).

Wir sind so vorgegangen, daß wir uns zunächst Hegels Verständnis der Metaphysik, die seine Logik kritisch darstellen soll, vergegenwärtigt und sodann die Aufgabe in Angriff genommen haben, das eigentümliche intentionale Korrelat einerseits der Darstellung, andererseits der Kritik herauszuarbeiten. Die schon skizzierten Einzelzüge dessen, worauf in der kritischen Darstellung der Metaphysik die Kritik sich richtet, auf einen gemeinsamen Nenner zu bringen, steht uns noch bevor. Was aber folgt aus unseren Ausführungen, so müssen wir zunächst fragen, für das Darstellungsobjekt?

2.1 Der Gegenstand der Darstellung: Wahrheit

Die Rede war in allem unmittelbar Vorhergegangenen von *Wahrheit*. Genauer gesagt, wir haben anvisiert, was in der Begriffslogik als die in der Seins- und Wesenslogik nur gesuchte Wahrheit hervortritt. Zwar bringt, wie wir sehen werden, die spekulative Logik nicht allein Wahrheit zur Darstellung; denn darstellen muß sie in gewisser Hinsicht auch den Gegenstand, den sie als *Kritik* hat. Wohl aber hat sie auf jeden Fall Wahrheit darzustellen und nur darzustellen. Die Feststellung mutet für sich genommen trivial an. Alles andere als trivial hingegen ist die Folgerung, die man aus der hier leitenden Interpretationshypothese für die *genauere Bestimmung* der darzustellenden Wahrheit, zunächst der in der Begriffslogik darzustellenden Wahrheit ziehen muß. Zu dieser Hypothese gehört die Annahme, daß die in der *Wissenschaft der Logik* gegebene Darstellung wesentlich Darstellung der Metaphysik sei, gleichwie ihre Kritik grundsätzlich der metaphysischen, auch in der Transzendentalphilosophie und in der formalen Logik lebendigen Tradition und ihrer Gegenwart im heutigen Weltverständnis gelte. Danach hätte der begriffslogische Entwurf einer offenbarungstheologisch motivierten Kommunikationstheorie, obwohl Metaphysik*kritik* in ihn nicht mehr hineinspielt, durchaus noch etwas mit der *Darstellung* von Metaphysik zu tun. Nun läßt sich die besondere Art der begriffslogischen Metaphysikdarstellung nur mit Rücksicht auf den Wahrheitsbezug definieren. Die Begriffslogik stellt nämlich die *in der Metaphysik liegende* Wahrheit dar. Diese Wahrheit ist keineswegs die, welche die Metaphysik ihrerseits darstellt. Hegels Darstellung der in der Metaphysik liegenden Wahrheit stellt nicht noch einmal dar, was die Metaphysik bereits dargestellt hat. Daß die begriffslogisch dargestellte Wahrheit lediglich in der Metaphysik liege, als deren allerdings ursprünglichste Implikation, soll vielmehr gerade besagen: Die Metaphysik war auf sie bloß aus, ohne sie vor sich bringen zu können. Weil sie nicht die von der Metaphysik dargestellte Wahrheit ist, deshalb resultiert sie allererst aus der Darstellung der Metaphysik selber, welche die Seins- und die Wesenslogik enthalten. *Diese* Darstellung, die seins- und wesenslogische, enthüllt ebenfalls Wahrheit, aber eine solche, die Hegel der Metaphysik unmittelbar entnimmt. Jetzt klärt sich der Sinn der oben für nötig befundenen Präzisierung auf, welche die Wahrheit, von der bisher allein die Rede war, auf die in der Begriffslogik hervortretende einschränkt. Der hier nur anzugebende Inhalt der davon abweichenden Wahrheitsbegriffe läßt sich sinnvoll erst nach der Analyse des Gegenstands der Kritik ausdeuten. An dieser Stelle begnüge ich mich mit der Beschreibung ihrer methodischen Funktion. Gegen die im Schlußteil der Logik hervortretende Wahrheit sind drei Wahrheitsformen abzugrenzen. Einmal die für das *Ganze* der Logik verbindliche Wahrheit. Zwar steht desgleichen die im Schlußteil sich manifestierende für das Ganze ein, sofern auf sie ja schon die seins- und wesenslogische Gedankenentwicklung zutreibt. Während sie aber bereits in der objektiven Logik, hegelisch gedacht, die ›an sich konkrete‹ ist, deren Konkretion der Bestimmtheit subjektlogischer Strukturen entspricht, zeichnet jene sich durch eine Universalität aus, welche gleichmäßige Gültigkeit für alle Logikteile bedeutet, eine Allgemeingültigkeit, die sie mit äußerster Formalität bezahlt. Hegel bringt sie auf den Begriff einer ›Negation der Negation‹, der noch genau zu analysieren und auch kritisch zu beleuchten sein wird (III. 2.3). Zum andern unterscheidet sich von der am Schluß hervortretenden Wahrheit eben die im gegenwärtigen Zusammenhang aufgestoßene, auf die in der Seins- und Wesenslogik die kritische Darstellung der Metaphysik zielt, sofern sie nicht Kritik, sondern Darstellung ist. Diese die objektive Logik anleitende Wahrheit legt sich ihrerseits in zwei Formen auseinander, in eine spezifisch seinslogische und eine genauso eigentümlich wesenslogische. Die seinslogische ist das ›Übergehen‹, die wesenslogische ein ›Zugrundegehen‹, das als Zurückgehen in den Grund oder als *Zum*-Grunde-Gehen affirmative Bedeutung bekommt. (Ein bloßes Zugrundegehen, das sich nicht ins Positive wendet, ist schon Thema der Seinslogik.) Beide Wahrheitsbegriffe üben die früher schon einmal gestreifte Funktion aus, der in der metaphysischen Überlieferung selbst mitgelieferte Maßstab für ihre Kritik zu sein. Sie formulieren eine Wahrheit, die es Hegel erlaubt, gegen die Metaphysik mit der Metaphysik selber zu denken[17]. Obwohl Hegel sie gegen die Metaphysik geltend macht, findet er sie darin vor. Demnach gehört die für die Seins- und Wesenslogik kennzeichnende Beziehung zur Wahrheit mit der Einheit von Darstellung und Kritik notwendig zusammen. Entsprechend generiert der Wahrheitsbezug der Begriffslogik aus der Auflösung dieser Einheit. Die Distanz, welche die Begriffslogik in ihrem Verhältnis zur Metaphysik durch Entlastung von der kritischen Aufgabe verliert, gewinnt sie dadurch in gewisser Weise wieder, daß sie als Wahrheit darstellen muß, was so jedenfalls kein Thema der Metaphysik sein konnte.

Die Darstellung der in der Metaphysik liegenden Wahrheit fällt nun mit dem logischen Entwurf der aus dem Geist des Christentums geborenen Kommunikationstheorie zusammen. Metaphysik und christliche Theologie – genauer: die Explikation der in der Metaphysik liegenden Wahrheit und die ›Aufhebung‹ der Offenbarungstheologie in den Begriff – treffen sich im ›Logischen‹. Das Logische ist, so sagten wir, das, was wir immer schon verstanden haben müssen, um einen Satz zu verstehen. Die von Hegel aus der christlichen Verheißung des Gottesreichs herausgehörte Aufhebung entfremdender Herrschaft in die Einheit von Liebe und Freiheit thematisiert die Begriffslogik – auch darüber haben wir uns verständigt – insoweit, als solche Aufhebung sich an der »dialektischen Bewegung des Satzes« ablesen läßt. Wenn die Feststellung über den Treffpunkt der Nachfolgewissenschaften von Offenbarungstheologie und Metaphysik richtig ist, dann folgt aus der Vorbildung der Idee kommunikativer Freiheit im Element des Logischen: Die Wahrheit, die aus der Darstellung

17 Mit dieser Formulierung variiere ich den Titel eines Aufsatzes von Jürgen Habermas, der in der *Frankfurter Allgemeinen Zeitung* vom 25. 7. 1953 eine Besprechung der damals erschienenen *Einführung in die Metaphysik* unter die Forderung ›Mit Heidegger gegen Heidegger denken‹ gestellt hat. (Die Besprechung ist wiederabgedruckt in: Habermas, *Philosophisch-politische Profile*, Frankfurt/M. 1971, 67-75). Vgl. dazu meinen Beitrag in der F.A.Z. vom 17. 5. 1977, wiederabgedruckt in: *Martin Heidegger. Fragen an sein Werk.* Stuttgart 1977, 21-27.

der Metaphysik herausspringen muß, ist der *Satz*, nicht der Satz auf seiner Erscheinungsoberfläche, an welche die überkommene Logik sich hält, aber der Satz in seiner inneren, im Abtragen der Oberfläche zutage tretenden Bewegtheit.

Ich möchte diesen ganz vorläufigen Bemerkungen über das Darstellungsobjekt der Hegelschen Logik eine schärfere Wendung geben, indem ich die vorgeschlagene Interpretation mit einer von ihr völlig abweichenden konfrontiere, um das gewonnene Ergebnis damit zugleich in den Rahmen des mit den Titeln ›Darstellung‹ und ›Kritik‹ umschriebenen Themas einzuordnen. Aus seiner äußerst skeptischen Betrachtung des Anfangs der Hegelschen Logik zieht Ernst Tugendhat das Fazit: »Hegel blieb dem Vorurteil der formalen Logik seiner Zeit verhaftet, daß Urteile sich aus Begriffen zusammensetzen, und die spekulative Logik, die er entwickelte, ist eine Logik der Begriffe und Bestimmungen geblieben, sie verstößt auf Schritt und Tritt gegen die Einsicht Freges, daß die primäre logische – und wie man ergänzen kann: auch die primäre ontologische – Einheit, hinter die niemand ohne Schaden zu nehmen zurück kann, der Satz ist« (1970, 152). Dieser Behauptung, die sich ausschließlich auf einen Vorschlag zur Vergegenwärtigung des Bedeutungsgehalts der Begriffe ›Sein‹ und ›Nichts‹ stützt[18], kann man aufgrund des jetzt erzielten Resultats folgende Doppelthese entgegensetzen: 1. Die spekulative Logik ist in der Tat eine Logik der »Begriffe« im traditionellen und auch von Tugendhat gemeinten Sinne des Wortes. Aber sie ist dies nur hinsichtlich ihrer *kritischen* Funktion, das heißt als Kritik eines vergegenständlichenden Denkens, welches das Gedachte von sich loslöst und damit auch seines inneren Zusammenhangs beraubt. In Anlehnung an Tugendhat, aber auch mit Rücksicht auf Hegels eigenen Ansatz zu einer Sprachphilosophie kann man dieses Denken ein solches nennen, das die Momente der »dialektischen Bewegung des Satzes« zu »Begriffen« als vermeintlich primären Einheiten hypostasiert. 2. Gemäß ihrer *Darstellungs*funktion hingegen ist die spekulative Logik eine Logik des Begriffs im *Hegel*schen Sinne, eines Begriffs

18 Ich werde auf diesen Vorschlag bei der Interpretation des Logikanfangs (II) noch ausführlich eingehen.

also, der das genaue Gegenteil des von Tugendhat so genannten ist, nämlich eben der in seiner Bewegtheit durchschaute Satz als wirklich primäre Einheit. Sie fängt an mit einem Sein, das »der Begriff nur *an sich*« ist (E § 84; vgl. I 42 f./57), und endet, wie wir gesehen haben, damit, daß dieser als *»für sich seiender«* hervortritt (I 43_{28}/58), indem er sich als die dem Satz eingezeichnete Figur der Wahrheit schlechthin enthüllt. Insofern ist die spekulative Logik sogar *im ganzen* Theorie eines Satzes, dessen logisch-ontologischen Vorrang vor allen »Bestimmungen« sie erweisen will. Der Darstellungsprozeß aber, der das Fürsichwerden des Begriffs im Satz verfolgt, ist nichts anderes als der Weg, auf dem sie die in der Metaphysik liegende Wahrheit reformuliert. Daß Hegel Ontologie in Logik verwandelt, bedeutet letztlich: Er meint die Wahrheit, der die Ontologie zustrebte und die sich dieser gleichwohl entzog, auf dem Wege ihrer Überführung in eine Theorie des spekulativen Satzes retten zu müssen.
Eine solche Sicht auf einen ›traditionellen Philosophen‹ kann nur den verwundern, der naiverweise glaubt, die »Einsicht Freges« sei ausschließlich Eigentum der modernen Sprachanalyse. Georg Simmel etwa, beileibe kein Analytiker, wohl aber ein geheimer Hegelianer (vgl. P. Christian 1977), fand sogar seine *Schulpädagogik* gut genug für die These: »Die wirkliche Spracheinheit ist der Satz« (1922, 95) – eine These, die er in seinem Kantbuch so expliziert, daß deutlich wird, wie sehr sie auch in ihrer kritischen Ausrichtung mit dem sprachanalytischen Axiom übereinstimmt: »die Sinn-Einheit des Satzes ist zuerst da und faltet sich in die Vielheit der Worte auseinander« (1904, 52). Gleichwohl wäre es ein Mißverständnis, wollte man meinen, es ginge hier um die Nivellierung der Differenz zwischen der durch Hegel repräsentierten Tradition und der sprachanalytischen Philosophie. Um diesem Mißverständnis vorzubeugen, ist die vorgebrachte These nach entgegengesetzten Seiten hin zu präzisieren.
Einerseits erreicht die Logik Hegels auch als Satztheorie zweifellos – man ist versucht zu sagen: selbstverständlich – nicht den wissenschaftlichen Stand, auf dem die »formale Semantik« (Tugendhat 1976, 42 ff.) den Satz zergliedert. Wenn man von der

Begriffslogik als solcher sagen muß, was vorhin bereits gesagt wurde: daß sie selber als Metaphysik auftrete, dann ist im vorhinein zu erwarten, daß dies nicht bloß insofern der Fall ist, als sie die metaphysica specialis erneuert. Dann liegt die Vermutung nahe, daß sie auch bei der Darstellung der in der Metaphysik liegenden Wahrheit auf eine Weise metaphysisch verfährt, die den methodischen Erfordernissen dieser Darstellung zuwiderläuft, gleichwie sie ja auch durch ihre Traditionsgebundenheit ihre Orientierung am sozialethischen Ideal des Evangeliums selber immer wieder zurücknimmt. Schon damit, daß sie den Satz überhaupt uneingeschränkt auf das Vorbild des Aussagesatzes festlegt und diesen wiederum auf die Norm eines aus Subjekt, Copula und Prädikatsnomen zusammengesetzten Satzes verpflichtet, führt sie die Tradition einer Logik fort, die zur Metaphysik gehört. Denn in beiden Hinsichten folgt sie dem Beispiel des Aristoteles, und zwar so, daß sie metaphysische Voraussetzungen der aristotelischen Logik auch dort, wo sie Anlaß zu Zweifeln geben, unbefragt hinnimmt. Neben dem vom systematischen Konzept vorgeschriebenen Kritikverzicht, der Restauration der metaphysica specialis und vor allem der Verstellung des eigentlich anzustrebenden Erkenntnisziels durch die Prolongierung des generell metaphysischen Herrschaftsdenkens ist dies sicherlich eine weitere Ursache für den Abfall der Begriffslogik vom Niveau der beiden Logikteile, auf denen sie aufruht. Während sie die Wahrheit, die in der Metaphysik liegt, nicht darzustellen vermag, ohne diese zu übersteigen oder – besser gesagt – in ihren Grund zurückzusteigen, steht sie dadurch, daß sie auch im Darstellen jener Wahrheit selber als Metaphysik auftritt, so sehr unter deren Botmäßigkeit, daß sie sich davon gar nicht lösen kann. Hiermit verstrickt sie sich aber nicht nur in einen inneren Widerspruch; sie versperrt sich auch den Weg, auf dem – nicht zuletzt im Gegenzug gegen sie – die sprachanalytische Philosophie heutzutage über die traditionelle Ontologie und die von ihr bestimmte Logik hinausgegangen ist.

Die formale Semantik, die Hegel nicht bieten *kann,* weil ihm für sie die methodischen Mittel fehlen, *will* er andererseits auch nicht treiben. Sein Programm einer Aufhebung der Ontologie in eine

Logik, die sich in der Theorie des spekulativen Satzes hätte vollenden sollen, beruht natürlich nicht auf der Überzeugung, »daß die Ontologie nur in einer als formale Semantik verstandenen sprachanalytischen Philosophie zu sich selbst findet« (Tugendhat 1976, 43). Es genügt aber nicht, die Verschiedenheit der Intentionen festzustellen. Man muß, meine ich, darüber hinaus zumindest die Möglichkeit offenhalten, daß Hegel, hätte er die in der *Phänomenologie* eigentlich nur angekündigte Verwandlung der vorgegebenen Satzstruktur im Element des Logischen wirklich durchgeführt, zu Erkenntnissen gelangt wäre, die der sprachanalytischen Philosophie aufgrund der augenscheinlich naturgegebenen Borniertheiten dieses Denktyps notwendig unzugänglich sind. Es soll hier unentschieden bleiben, ob Hegel von der formalen Semantik sagen dürfte, daß auch sie, trotz aller ihrer Korrekturen an der überkommenen Logik, auf der »Meinung des gewöhnlichen Verhältnisses des Subjekts und Prädikats« (PhdG 52_{20}/60) beruht. Gewiß aber ist, daß der Hegelsche Gedanke einer Vorbildung der emanzipatorischen Freiheitsidee in der spekulativ verflüssigten Satzform außerhalb ihres Blickfeldes liegt. Das bedeutet: Wie immer anders und richtiger sie den Satz fassen mag – in der hier einzig relevanten Hinsicht verharrt sie innerhalb der Grenzen desjenigen Satzes, aus dessen Transformation Hegel allererst Einblick in Wahrheit gewinnen möchte.

Nur wenn man sich gegenwärtig hält, daß in der Spannung von gewöhnlichem und spekulativem Satz, hegelisch gedacht, der Streit zwischen Wahrheit und Unwahrheit ausgetragen wird, hat man überhaupt eine Chance zur Klärung der sich aufdrängenden Frage, wie die Logik Hegels, die auf den ersten Blick tatsächlich nichts anderes als eine »Logik der Begriffe und Bestimmungen« in dem von Tugendhat gerügten Sinne zu sein scheint, gleichwohl schon vor der (in ihrem abschließenden Teil versuchten) Thematisierung des Satzes dessen ›dialektische‹ Bewegung nachvollzieht. Hinsichtlich dieses Nachvollzugs besteht, wie wir am Ende (S. 425 f.) sehen werden, zwischen den beiden vorausgehenden Teilen ein grundsätzlicher Unterschied: Die Bestimmungen des Wesens stehen Sätzen bereits näher als die Seinsbestimmungen, die gänzlich in die Gegenständlichkeit versunken sind. Allerdings kann auch die Wesenslogik die in der Satzbewegung geschehende Wahrheit nur in ›äußerer‹ Reflexion anvisieren. Über das im Text Verbalisierte hinausgehend, muß man vielleicht sogar, besonders in bezug auf die Seinslogik, zwei unterschiedliche Potenzen äußerer Reflexion unterscheiden. Hegel arbeitet in der Seinslogik faktisch mit einer direkten und einer bloß indirekten äußeren Reflexion. Die Seinslogik ist zu sehr Kritik, als daß es ihr möglich wäre, sich auf die in der Satzstruktur verborgene Wahrheit *direkt* zu beziehen, auch nicht in direkter äußerer Reflexion. Die äußere Reflexion zielt in ihr, soweit sie es überhaupt mit dem Satz zu tun hat, zunächst auf das, was im vorgegebenen Satz ›vorhanden‹ ist. Nur sofern im Widerstreit der dadurch aufgedeckten Unwahrheit mit derjenigen Unwahrheit, welche die Kritik der Denkbestimmungen enthüllt, Wahrheit aufscheint, verweist die äußere Reflexion der formallogischen Urteilsform des Satzes indirekt auch auf dessen Wahrheitsgehalt. Aber die Genese dieses Gehalts geht auf der Seite der Darstellung des Zusammenhangs der Denkbestimmungen vor sich. Hier und hier allein bricht die Wahrheit hervor, die schließlich als die Gegenwart kommunikativer Freiheit im Logischen dasteht. Machen doch die Denkbestimmungen, die als Adressaten der Kritik hypostasierte Begriffe einer zu überwindenden Metaphysik sind, in ihrem darzustellenden Wahrheitskern »die Bestimmtheit oder Realität des Begriffes selbst« (II 505_{27}/573) aus, eben des Begriffes, der sich in die »dialektische Bewegung des Satzes« verflüssigt, sobald das Logische als es selber thematisch werden kann.

2.2 Der Gegenstand der Kritik: Schein

Wie ist nun der Gegenstand der *Kritik* beschaffen? Die Frage scheint sich zu erübrigen. Daß die seinslogische Metaphysikkritik sich gegen ein vergegenständlichendes Denken richtet, dessen Produkt die Reflexionslogik als abstrakte Selbständigkeit identifiziert, ist schließlich lang und breit erörtert worden. Auch wird doch aus dem Gesagten zur Genüge deutlich, daß Hegel die metaphysisch vergegenständlichte Welt für Unwahrheit ausgibt. Ohnehin ist selbstverständlich: Wenn der Darstellung auf der Objektseite ›die Wahrheit‹ entspricht, dann fällt der Kritik ›die Unwahrheit‹ anheim.

Gleichwohl ist das Entscheidende noch zu tun. Denn die Rede von Unwahrheit ist – selbst abgesehen von der Dunkelheit des Hegelschen Wahrheitsbegriffs, die natürlich auf sie übergreift – auch für sich zu vage, als daß sie Einsicht in den Gegenstand der Kritik gewähren könnte. Sie verdeckt, solange sie nicht differenziert wird, genau den Unterschied, auf den es hier ankommt. Hegel hat nämlich, wenn er von Unwahrheit spricht oder sie denkt, zumindest zwei sorgfältig gegeneinander abzugrenzende Sachen vor sich. Einmal meint er Einseitigkeit oder auch Unentwickeltheit, zum andern *Schein*. In der Bedeutung der Einseitigkeit und Unentwickeltheit zielt der spekulative Begriff von Unwahrheit auf das Gegenteil dessen, worauf der berühmte Satz »Das Wahre ist das Ganze« (PhdG 21$_{3}$/24) abhebt; in der Bedeutung des Scheins artikuliert er das ›Andere‹ jener Wahrheit, die Hegel als wahrhafte Wirklichkeit begreift, als das, »was in Wahrheit ist« (PhdG 63$_{3}$/68; vgl. Theunissen 1975 a, 178 ff.).

Besonders augenfällig schlagen die zwei Bedeutungen sich in der Zweideutigkeit des für den Ansatz der spekulativen Logik so wichtigen Begriffs reiner Unbestimmtheit nieder. Unbestimmtheit, und zwar, wohlgemerkt, durchaus im Sinne *reiner* Unbestimmtheit, nennt Hegel »das noch Unentwickelte« (I 56$_{33}$/71), die noch unausgebildete Struktur, durch deren Ausbildung das Ganze für sich hervortritt; und unbestimmt, rein unbestimmt, nennt er ebenso das schlechthin Bestimmungslose, Unstrukturierte, »dieses amorphe, aller systematischen Ordnung vorhergehende Gebilde« (Wieland 1973, 409), dessen »vollkommene Leerheit, Bestimmungs- und Inhaltslosigkeit« das absolute Nichts ist (I 67$_{7}$/83). Dieselbe Zweideutigkeit belastet Hegels Verwendung des Wortes ›abstrakt‹ (vgl. I 56 ff./70 ff.). Abstrakt heißt nach seinem Sprachgebrauch sowohl das Unganze wie auch das völlig Leere. Jenes ist *»an sich* die *konkrete Totalität«* (II 489$_{27}$/555), dieses entbehrt der Konkretion, auch *jegli-*

cher an sich seienden. Freilich zeigt der Ausdruck ›abstrakt‹ mehr noch als der Terminus ›unbestimmt‹, daß auch zwischen der Einseitigkeit und der Unentwickeltheit ein wesentlicher Unterschied besteht: Die Einseitigkeit charakterisiert das im Ganzen enthaltene Moment, die Unentwickeltheit die anfängliche Gestalt des Ganzen selber. Indessen liegt die für das Wahrheitsproblem relevante Zäsur – und nur sie interessiert uns im Augenblick – nicht zwischen ihnen, sondern zwischen beiden Weisen von Unganzheit und der totalen Leere. Auf der einen Seite befindet sich eine Unwahrheit, die als Noch-nicht-Wahrheit an Wahrheit sehr wohl teilnimmt, auf der anderen die Unwahrheit schlechthin, dasjenige, das auf Realität gar keinen Anspruch erheben darf, weder auf weltliche Realität noch auf die des Gedankens. Auf sie kann in seinslogischen Zusammenhängen der Begriff der ›Einfachheit‹ verweisen, der allerdings in dieser Bedeutung nicht aufgeht, sondern wie so viele andere Leitbegriffe der spekulativen Logik mit einer nur aus der Zweidimensionalität von Darstellung und Kritik zu verstehenden Doppeldeutigkeit belastet ist. Immerhin: »Es *gibt* (...), es sei in der *Wirklichkeit* oder im *Gedanken*, kein so Einfaches und so Abstraktes, wie man es sich gewöhnlich vorstellt. Solches Einfache ist eine bloße *Meinung*, die allein in der Bewußtlosigkeit dessen, was in der Tat vorhanden ist, ihren Grund hat« (II 489₃₂/555). Wie Hegel sich mit seiner Konzeption der auf diese Seite fallenden Unwahrheit auf den Boden Platons stellt, so gebraucht er auch das Wort ›Meinung‹ in platonischem Sinn. Meinung ist die *doxa*, die gleichermaßen ›Schein‹ bedeutet. *Diese* Unwahrheit, die an Wahrheit nicht teilnehmende Unwahrheit des Scheins, begegnet in der spekulativen Logik als intentionales Korrelat der Kritik.

Die These bedarf der einschränkenden und differenzierenden Erläuterung. Zunächst noch ein Wort zum Ausmaß der Unwahrheit des Scheins. Hebt man den Schein gegen die anderen Arten von Unwahrheit ab, gegen die Einseitigkeit und Unentwickeltheit, welche die Gattung der Noch-nicht-Wahrheit bilden, so liegt es nahe, in ihm *vollständige* Unwahrheit zu sehen. Eine solche Sicht ist auch gerechtfertigt, solange man sich nur zwischen den beiden Seiten des Begriffs reiner Unbestimmtheit bewegt, den ich als Beispiel für die Zwiespältigkeit des Hegelschen Verständnisses von Unwahrheit herangezogen habe. Als reine Unbestimmtheit wird Hegel das Sein kennzeichnen, mit dem die *Wissenschaft der Logik* den Anfang macht. Im Sinne völliger Bestimmungslosigkeit ist die reine Unbestimmtheit des Seins, wie wir feststellen werden, tatsächlich die vollständige Unwahrheit. Sie ist es deshalb, weil das reine Sein sich in genauso reinen Schein auflöst. Ist etwas, so dürfen wir verallgemeinern, nichts als Schein (in der Bedeutung des Gegenstands der Kritik), dann ist es auch vollständig unwahr. Uns wird aber auch aufgehen: Sobald der Gedanke das Schattenreich des reinen Seins und/oder Nichts verläßt und eine Bestimmtheit denkt, die mehr ist als die paradoxe Bestimmtheit der Unbestimmtheit, gewinnen seine Gegenstände einen Realitätsbezug, der ihre Scheinhaftigkeit einschränkt. Soweit die Formen, in denen das vergegenständlichende Denken bestimmtes Sein faßt, von Schein affiziert sind – und sie sind es in dem Maße, in dem dieses Denken vergegenständlicht –, kommt auch ihnen gar keine Wahrheit zu. Gleichwohl versinken sie keineswegs in vollständige Unwahrheit, eben darum, weil sie *nicht bloß* Vehikel der Erzeugung von Schein sind. Der Unterschied von totaler und partialer Unwahrheit, als den wir den von Schein und Einseitigkeit oder Unentwickeltheit in einer ersten Annäherung beschreiben können, kehrt also in der Sphäre des vom Vorstellen erzeugten Scheins wieder, nicht weil dieser selbst Wahrheit an sich hätte, sondern weil er entweder für sich oder als Attribut von zugleich realitätsbezogenen Bestimmungen auftritt.

Sodann ist das Verhältnis von Schein und Kritik zu präzisieren. Weder läßt sich dieses Verhältnis so denken, daß der Schein ausschließlich Gegenstand der Kritik wäre, noch fällt der kritisierte Schein in der spekulativen Logik mit dem Schein überhaupt zusammen. Bei der vorläufigen Charakteristik des Darstellungsobjekts habe ich vorausgreifend schon angedeutet, daß auch der Gegenstand der Kritik darzustellen sei. Darzustellen hat die spekulative Logik über die Wahrheit hinaus auch den Schein, den Schein, auf den die Kritik sich bezieht. Die Darstellung dieses Scheins besitzt den nur ihr eigenen, sie gegenüber anderen

Darstellungsweisen auszeichnenden Charakter der Mimesis an ihn. Sie reproduziert die ›einfache Unmittelbarkeit‹, die den Schein ausmacht, indem sie die Produkte des vergegenständlichenden Denkens und »Erzeugnisse des reflektierenden Verstandes« entsprechend unmittelbar aufnimmt oder einfach hinnimmt. Dieser zugleich und vor allem kritisierte Schein, den die Kritik *als* Schein durchschaut, unterscheidet sich insbesondere von demjenigen, für den die Reflexionslogik in einem ersten Schritt das Sein erklärt und den sie in einem zweiten auf das Wesen selber zurückführt. Die Aufhellung des Zusammenhangs zwischen den beiden Gattungen des Scheins, die sich ihrerseits wieder in vielfältige Arten auseinanderlegen, ist Aufgabe der Interpretation des reflexionslogischen Ansatzes (V. 1). Im Augenblick ist nur zu zeigen, daß Hegel den spezifischen Gegenstand seiner Metaphysikkritik tatsächlich auf den Begriff des Scheins bringt und daß dieser Begriff, mit dem er schon in der Seinslogik operiert, auch dort noch im Spiele bleibt, wo er den Schein als Schein thematisch macht, in der Logik der Reflexion.

Bereits früher (S. 26) ist uns eine Äußerung Hegels über die »reflektierenden Bestimmungen des Seins« begegnet: »ihr Sinn erscheint als vollendet auch ohne ihr Anderes« (I 109_{21}/131). Wir achten jetzt auf das Wort »erscheint«. Es kommt in der Seinslogik des öfteren vor (vgl. u. a. I 96_{13}/116, 105_{7}/126, 159_{14}/188), und zwar meist im selben Kontext, also in bezug darauf, daß das, was Hegel in der Seinslogik ›Anderssein‹ nennt: das Anderes-Sein von etwas[19], anfänglich als eine diesem gegenüber »fremde« oder »vollkommen äußere Bestimmung« auftritt. Den seinslogischen Titel dafür kennen wir: ›Gleichgültigkeit gegen anderes‹. In der Gleichgültigkeit gegen anderes glaubten wir aber die Form gefunden zu haben, die das Resultat der Vergegenständlichung unter den Bedingungen des qualitativ und quantitativ bestimmten Daseins annimmt. Was das »erscheint« über das Woraufhin der Kritik dieser Vergegenständlichung aus-

19 Hegel verwendet diesen Begriff in der *Wissenschaft der Logik* erstmals an der angegebenen Stelle I 105/126. Es ist offensichtlich, daß ›Anderssein‹ schon hier meint, etwas sei *anderes* (und nicht bloß *anders*). Zum Kontext s. unten, S. 237 ff.

sagt, lehrt ein Vergleich mit Marx. Wie die Logik Hegels durch ihre Methode der Einheit von Kritik und Darstellung ihre objektive Tendenz hin auf die Kapitalkritik von Marx anzeigt, der das Verfahren der kritischen Darstellung ausarbeitet, so verrät die Kritik der politischen Ökonomie ihre Herkunft aus der spekulativen Logik nicht zuletzt dadurch, daß Marx im *Kapital* von dem »erscheint« einen noch ausgiebigeren Gebrauch macht als Hegel, offenbar ohne eine Verpflichtung zur Rechenschaft über die Bedeutung des Wortes zu fühlen[20]. Verläßlich kann man dessen grundlegende Bedeutung nur seiner äußerlichen und innerlichen Verbindung mit dem gleich häufig oder sogar noch häufiger verwendeten Ausdruck ›gelten‹ entnehmen[21]. Das Erscheinende erscheint danach so, daß es als etwas gilt, was es nicht ist[22]. Das heißt: Das »erscheint« meint, jedenfalls soweit es seinen Sinn aus dem Gelten schöpft, *Schein.* Nun verknüpft auch Hegel das hier relevante Erscheinen mit dem Gelten. Wir haben ja schon gehört, daß er in demselben Satz, der den Status der reflektierenden Bestimmungen des Seins durch das »erscheint« charakterisiert, über diese Bestimmungen sagt: Sie »*gelten* als qualitative für sich bestehend«. Dieser Begriff des Geltens gehört zur terminologischen Grundausstattung der Seinslogik (vgl. u. a. I 67_{9}/83, 98_{20}/118, 125_{20}/149, 388_{28}/446). Er verweist darauf, daß auch Hegel dem Wort »erscheint«, wo er es zur Kennzeichnung des Produkts der Vergegenständlichung und der abstrahierenden Verselbständigung benutzt, den Sinn von Schein gibt.

20 Das Wort taucht bekanntlich schon im ersten Satz des Eingangskapitels über die Ware auf: »Der Reichtum der Gesellschaften, in welchen kapitalistische Produktionsweise herrscht, erscheint als eine ›ungeheure Warensammlung‹, die einzelne Ware als seine Elementarform« (MEW *23,* 49).

21 Vgl. MEW *23,* 59, 64, 66, 71 f. et passim. Wohl noch profilierter spricht Marx von Gelten in der ersten Auflage, bes. 227 ff.

22 Am deutlichsten läßt sich der Gegensatz von Sein und Gelten an dem Satz ablesen: »Der Körper der Ware, die zum Äquivalent dient, *gilt* stets als Verkörperung *abstrakt* menschlicher Arbeit und *ist* das Produkt einer bestimmten nützlichen, *konkreten* Arbeit« (MEW *23,* 72 – Hervorhebungen von mir). Die ganze »gespenstige Gegenständlichkeit« des Wertes (MEW *23,* 52) hat für Marx bloß den Status solchen Geltens.

Dieser Schein ist zwar, sieht man vom Ineinanderscheinen der reflektierenden Seinsbestimmungen ab, der in der Seinslogik allein vorkommende, aber er kommt keineswegs allein in der Seinslogik vor. Sofern und soweit desgleichen die Wesenslogik Metaphysikkritik treibt, befaßt auch sie sich mit ihm. Wir haben nicht nur die seinslogische Aussage über den Schein der Autarkie von Seinsbestimmungen vernommen, sondern auch die in der Wesenslogik formulierte These: Die eigentlich reflektierten Bestimmungen »erscheinen (...) als absolut, frei und gleichgültig gegeneinander« (II 20$_1$/31; siehe oben, S. 31). Sie erscheinen so aufgrund dessen, daß sie Bestimmungen der Reflexion, genauer gesagt: der ›Reflexion in sich‹ sind, nicht etwa, weil sie auf seinslogische Verhältnisse angewiesen bleiben. »Um *dieser Reflexion in sich willen* erscheinen die Reflexionsbestimmungen als freie, im Leeren ohne Anziehung oder Abstoßung gegeneinander schwebende Wesenheiten« (II 21 f./34). Daß auch *ihr* Erscheinen Schein ist, gibt Hegels Erläuterung der Art und Weise zu verstehen, wie sie sich als Wesenheiten darstellen: »sie machen sich (...) als die wesentlichen geltend« (II 19$_{39}$/31). Weil sie sich als die wesentlichen Bestimmungen geltend machen, gelten sie auch als solche, das heißt sie scheinen bloß zu sein, was sie nicht sind.

Der Schein, den das isolierende Denken produziert, kommt auch keineswegs erst mit den (eng und streng genommenen) Reflexions*bestimmungen* in die Wesenslogik. Nach deren Eingangskapitel, das den Titel ›Der Schein‹ trägt, hüllt das hier betrachtete Denken sowohl den Schein, in den das Sein sich aufgelöst hat, wie auch den ihm zugrunde liegenden »Schein an sich« (II 11$_{33}$/22) in denjenigen Schein, den die Metaphysikkritik entlarvt; es umgibt beide mit dem Schein des Für-sich-Bestehens. Der Schein, in den das Sein sich aufgelöst hat, »*scheint* (...) selbst noch eine vom Wesen unabhängige unmittelbare Seite zu haben« (II 9$_{17}$/19 – Hervorhebung M. T.), und das Wesen, das Schein *ist, hat* darüber hinaus einen Schein, den nämlich, der sein Scheinen verschleiert. Die Bestimmtheit, die zu ihm genauso gehört wie die zwei anderen Charaktere des Scheins: die Unmittelbarkeit und die Negativität, erzeugt, obwohl sie in Wirklichkeit Selbstbestimmung ist, notwendig den Schein dessen, was sie in der Sphäre des Seins war: die Fremdbestimmtheit des für sich Bestehenden. »Das, wodurch das Wesen einen Schein hat, ist, daß es *bestimmt* in sich und dadurch von seiner absoluten Einheit unterschieden ist« (II 11_{35}/22). Die Wesenslogik zielt in alledem auf so etwas wie einen Schein des Scheins, auf eine Verschleierung auch noch desjenigen Scheins, der (in einem aufzuklärenden Sinne) dem Sein und Wesen selber wirklich anhaftet.

Es ist also festzuhalten: Auf Schein hebt die Hegelsche Logik schon vor seiner Thematisierung ab, das heißt bereits in der Lehre vom Sein, und an diesem umfassenden Schein bleibt sie auch in ihrer Rückwendung auf die Reflexion orientiert. Demnach ist die *ganze* objektive Logik eine Logik des Scheins. Erst mit Hilfe der nachfolgenden Textinterpretation läßt sich entscheiden, wie stark diese Behauptung sein darf. Mindestens aber ist – so viel kann man jetzt schon sagen – die objektive Logik insofern durchweg eine Logik des Scheins, als sie von Anfang bis Ende *auch* Schein thematisiert, und zwar eben den vom vergegenständlichenden Denken erzeugten Schein, sei es für sich, sei es im Zusammenhang seiner erst reflexionslogisch darstellbaren Bedingungen. Dementsprechend gehört der Begriff des Scheins mit zur Definition der Methode, deren Hegel sich bedient, der ›dialektischen‹, genauer gesagt: zur Definition jener objektiv dialektischen Bewegung der Sache, welche die dialektische Methode rekonstruiert: »Dialektik aber nennen wir die höhere vernünftige Bewegung, in welche solche schlechthin getrennt Scheinende durch sich selbst, durch das, was sie sind, ineinander übergehen« (I 92_{5}/111). Vorentscheiden können wir ohne Befragung des Textes ebensowenig, in welchem Maße und in welchem Umfang der Schein schlechthinnigen Getrenntseins, von dessen eigentümlicher Unwahrheit die in der Seinslogik stehende Dialektik-Definition die Wahrheit des Übergehens abhebt, gerade die seinslogischen Denkbestimmungen affiziert. Was Hegel in bezug auf das ›Unendlichgroße‹ und ›Unendlichkleine‹ bemerkt, nämlich sie seien »Bilder der Vorstellung, die bei näherer Betrachtung sich als nichtiger Nebel und Schatten zeigen« (I 236_{26}/276), trifft jedenfalls auch auf andere Begriffe der Seinslogik zu. Mit der Kategorie des

›Eins‹ etwa ist das realiter als Selbstbewußtsein sich vollendende ›Fürsichsein‹, durch das die mit der affirmativen Unendlichkeit angeblich erreichte Wahrheit an sich ins Dasein tritt und das nach dieser seiner Wahrheit als »das höchste qualitative Insichsein« begegnet, in den Augen Hegels »zur völligen *Äußerlichkeit* herabgesunken« (I 156_{36}/185), und die Einheit des Endlichen und des Unendlichen wird, so hören wir, vom Verstand geradezu »verfälscht« (I 134_{3+21}/159).

Dies sind nur wenige Beispiele für die vom Schein affizierten Denkbestimmungen, deren Scheinhaftigkeit die Interpretationen zur objektiven Logik enthüllen werden. Statt hier weitere Belege anzuführen, möchte ich an Ort und Stelle nur an einigen unterschiedlich relevanten Punkten zeigen, was die Einsicht in den Scheincharakter seins- und auch wesenslogischer Kategorien für das Verständnis des *Gesamtkonzepts* der objektiven Logik bedeutet. Ich beginne mit dem am wenigsten wichtigen Punkt, zu dem ich auch nur eine Vermutung aussprechen kann. Jene Einsicht macht möglicherweise begreiflich, wieso Hegel am Begriff einer objektiven Logik festhält und diese von der subjektiven unterscheidet, obwohl er weiß, daß er sich damit »der unbestimmtesten und darum der vieldeutigsten Ausdrücke« bedient (I 43_{36}/58), und obwohl er den Leser dementsprechend auffordert, »auf den Unterschied von Subjektivem und Objektivem (...) kein besonderes Gewicht zu legen« (I 47_{23}/62)[23]. Er subsumiert, so darf man vielleicht annehmen, die Lehre vom Sein und die Wesenslehre dennoch unter den umfassenden Titel einer objektiven Logik, um darauf hinzuweisen, daß beide von einem Objektiven handeln, von dem man tatsächlich sinnvoll nicht sprechen kann, nämlich eben von der scheinhaften Gegenständlichkeit, zu der die Ontologie das, was ist, »verfälscht«.

Wichtiger ist der zweite Punkt. Soweit man die in der objektiven Logik enhaltene Ontologiekritik in der Hegel-Literatur überhaupt zur Kenntnis nimmt, setzt man gemeinhin voraus, in

23 In der Logikvorlesung von 1823 definiert Hegel »das Logische« als »ein System der Denkbestimmungen, welche Bestimmungen des Denkens im allgemeinen Sinne sind, bei welchen der Gegensatz des Subjektiven und Objektiven wegfällt« (Hotho, 8 b).

ihr verhalte Hegel sich zur Tradition in methodisch grundsätzlich der gleichen Weise wie in seiner Theorie der Philosophiegeschichte. Bekanntlich kann eine vergangene Position nach Hegels Vorlesungen über die Geschichte der Philosophie unwahr nur als ein Moment sein, das in seinem eigenen Denken, dem Hegelschen, aufgehoben ist. Wer aber meinen wollte, Hegel verfahre in der Logik genauso, wäre damit auch zu der Ansicht genötigt, es gäbe darin Unwahrheit allein in der Gestalt der Einseitigkeit. Hiermit müßte er nicht nur leugnen, was es in der spekulativen Logik faktisch auch gibt, die Unwahrheit als Schein. Er würde darüber hinaus und vor allem die genuin *logische* Verfassung der in dieser Logik formulierten Kritik übersehen. Denn auf die Einseitigkeit von Denkbestimmungen reflektiert Hegel stets bloß in äußerer Reflexion[24]. Ihren Scheincharakter hingegen arbeitet er im Zuge der fortschreitenden Gedankenentwicklung selber heraus. Jedenfalls stellt er sich unter den Anspruch, dies zu tun. Nur soweit er dem Anspruch genügt, bleibt er seinem methodischen Prinzip treu, der Einheit von Kritik und Darstellung: Die Kritik des Scheins muß in die immanente Darstellung eingehen. Allerdings gibt er – das kann eine eingehende Textanalyse schwerlich übersehen – des öfteren für Einseitigkeit aus, was er als Schein denkt und denken muß. Die Kontamination verrät, daß die übliche Fehldeutung seiner logischen Kritik auf seiner Neigung, sich selbst mißzuverstehen, aufbauen kann. Offensichtlich erliegt Hegel selber tendenziell der Gefahr, das Muster seiner philosophiegeschichtlichen Kritik auf die Logik abzubilden und dadurch den Zugang zu seiner logischen Metaphysikkritik zu verstellen.

Daß das Verständnis, welches der Versuch einer Zuordnung von Kritik und Schein ermöglicht, über das Selbstverständnis Hegels hinausgeht, zeigt sich besonders am letzten und wichtigsten Punkt, der Beziehung von *Logik* und *Phänomenologie*[25]. In

24 Vgl. beispielsweise I 97$_3$/117: »Daß das Ganze, die Einheit des Seins und des Nichts, in der *einseitigen Bestimmtheit* des Seins sei, ist eine äußerliche Reflexion; in der Negation aber, im Etwas und Andern usf. wird sie dazu kommen, als *gesetzte* zu sein.«

25 Auf diese Beziehung komme ich im Zuge meiner Auslegung der Logik des reinen Seins zurück (S. 105 ff.).

seinen eigenen Reflexionen hebt Hegel fast ausschließlich auf den strukturellen *Unterschied* seiner beiden Hauptwerke ab. Im Widerspruch zu der offenkundigen Tatsache, daß auch seine Logik eine Bewegung beschreibt, versucht er sie gegen die explizit genetische *Phänomenologie* dadurch abzugrenzen, daß er sie auf den platonisierenden und im übrigen ganz unausgewiesenen Begriff der »reinen Wesenheiten« (I 7_{15+18}/17) festlegt, so als eröffne sich am Ende des phänomenologischen Weges der Selbstaufhebung des Bewußtseins ein *kosmos noētos*, ein ewiges Reich koexistenter Ideen, in welchem Geschichte zur Ruhe kommt. Aus der hier in Ansatz gebrachten Deutung ergibt sich gleichwohl die These: Auch Hegels *Logik*, zumindest die objektive, ist *Phänomenologie*[26]. Die objektive Logik ist dies bereits unabhängig davon, daß sie sich als Logik des Scheins präsentiert, nämlich sofern sie Denken des Denkens in der Weise der Kritik und nicht nur im Sinne absoluter Selbstvergewisserung ist oder, anders gesagt, sofern das in ihr gedachte Denken mit dem in ihr denkenden nicht nur zusammenfällt, sondern davon auch unterschieden ist und gerade auf seinen Abstand von diesem hin untersucht wird[27]. Insofern ist die »Prüfung der Realität des Erkennens« (PhdG 70_{12}/75), welche die *Phänomenologie* von 1807 vornehmen wollte, durchaus auch Aufgabe der objektiven Logik. Phänomenologie aber ist diese insbesondere eben als Logik des Scheins, und dies nicht nur in der Hinsicht, daß ihre Kritik sich gegen Schein wendet, sondern auch aufgrund der in ihr gegebenen Darstellung des Scheins. Wie ihre Kritik damit, daß sie das Ziel verfolgt, Schein als Schein durchschaubar zu machen, auf dem Weg bleibt, den die *Phänomenologie* gegangen ist, so setzt auch ihre Darstellung in dem Maße, in dem sie Mimesis an den Schein ist, das ursprünglich phänomenologische Geschäft fort. Die von Hegel in der Besinnung auf den Anfang der Lo-

26 Ähnlich Bubner (1976, 39): »Phänomenologie und Logik behandeln nicht unterschiedliche Themen, sondern dasselbe Thema in unterschiedlicher Weise«.

27 Hans Rademaker (1969, 9) erläutert die an sich seienden Begriffe der objektiven Logik als bloß *für uns* seiende und erklärt: »Entsprechend ist die objektive Logik – nur – *für uns* der Weg zur Welt«. Für uns – das heißt aber: für unser Denken als vorstellendes.

gik aufgestellte, schon einmal erwähnte Forderung, nichts als das aus dem Gang der *Phänomenologie* herausgesprungene Resultat zu betrachten oder »vielmehr mit Beiseitsetzung aller Reflexionen, aller Meinungen, die man sonst hat, nur aufzunehmen, *was vorhanden ist*« (I 53 f./68), nämlich *»einfache Unmittelbarkeit«* (I 54$_{7}$/68), ist so zwiespältig wie in der Folge der Zweidimensionalität von Darstellung und Kritik fast alle methodischen Postulate der »logischen Wissenschaft« und wie nicht zuletzt auch der Begriff der Einfachheit selber: Als Maxime der Wahrheitssuche spiegelt sie zugleich den Schein wider, dem unter ihrer Anleitung zu entkommen ist. In der Dimension der Kritik aber verlangt sie, den Schein der Einfachheit zu reproduzieren; und soweit das der Fall ist, wiederholt sie nur die Selbstermahnung, die am Anfang der »Darstellung des erscheinenden Wissens« (PhdG 66$_{37}$/72) steht, sich zu dem »Wissen des *Unmittelbaren* oder *Seienden* (...) ebenso *unmittelbar* oder *aufnehmend* zu verhalten, also nichts an ihm, wie es sich darbietet, zu verändern und von dem Auffassen das Begreifen abzuhalten« (PhdG 79$_{3}$/82).

Selbstverständlich ist die Logik eine Art Phänomenologie nicht als Darstellung des *erscheinenden* Wissens, nicht als die Wissenschaft der Erfahrung des *Bewußtseins*, als die der Titel des ersten Systemteils dem Leser die *Phänomenologie* von 1807 bekanntmacht. Gleichwohl beschreibt eben auch sie ein Wissen. Sie ist nicht nur selber Wissen, »das reine Wissen in dem ganzen Umfange seiner Entwicklung« (I 53$_{28}$/67); sie hat darüber hinaus – jedenfalls nach der Hypothese, die sich in den folgenden Interpretationen bewähren muß – ein Wissen zum Gegenstand, das, solange es in der Stellung der Nicht-Identität mit dem Subjekt-Wissen verbleibt, zwar anders bestimmt ist als das erscheinende, aber doch bestimmt; es ist im Ursprung das bestimmte Wissen der alteuropäischen philosophischen Tradition. Erst die Begriffslogik erhebt den Anspruch, ein Niveau erreicht zu haben, auf dem es zwischen dem betrachtenden und dem betrachteten Denken keinen Unterschied mehr gibt. In ihr soll die Darstellung der in der Metaphysik liegenden Wahrheit zur Selbstdarstellung des Denkens werden, in das die Metaphysik sich aufge-

hoben hat. Auf dem Niveau der Seins- und Wesenslogik hingegen muß man genau deswegen von *kritischer* Darstellung sprechen, weil das betrachtende Denken zum betrachteten Distanz wahrt.
Der für die Seins- und Wesenslogik konstitutive Unterschied zwischen dem als ›Subjekt‹ und dem als ›Objekt‹ auftretenden Denken entspricht in etwa der Kluft, die nach der Theorie des absoluten Geistes die vergangenen Gestalten der Philosophie von Hegels eigener trennt. Gleichwie diese Gestalten mit zur höchsten Form des Wissens gehören, das sich dem absoluten Geist angleicht, so zählen auch die seins- und wesenslogischen Denkbestimmungen, als Adressaten der Kritik versunkene Reflexionshorizonte, auf der Ebene der Darstellung von Wahrheit zu den »*reinen Wesenheiten*, die den Inhalt der Logik ausmachen« (I 7_{15}/17). Indessen sind ja die früheren Philosophen in der Sicht Hegels ungeachtet ihrer Zugehörigkeit zur zeitlichen Geschichte des absoluten Geistes (vgl. zu ihr: Theunissen 1970 a, 60-100) jedenfalls mit jener Unwahrheit belastet, die in ihrer Relativität liegt. Ähnlich doppelbödig ist zumindest eine Reihe logischer Begriffe: Hegel legt ja allergrößten Wert auf die Feststellung, daß diese Begriffe Formen seien, die den Inhalt nicht außerhalb ihrer haben, sondern selber der wahrhafte Inhalt sind. Trotzdem kann er auch solche Denkbestimmungen mit in seine Logik hineinziehen, »welche nur äußerliche Formen sind«, und zwar dadurch, daß er »ihre Endlichkeit und die Unwahrheit ihres Für-sich-sein-sollens« aufzeigt, indem er sie gerade »wahrhaft an ihnen selbst betrachtet« (I 19_{6-16}/30), also einer Kritik unterzieht, die in wesentlicher Einheit mit der Darstellung bleibt[28].
Nun sind diese Denkbestimmungen in gewisser Hinsicht genauso geschichtlich wie die Philosophien, die sie zu den maßgeblichen Kategorien der Weltauslegung erklärt haben. Mit ihrer Kritik leistet die spekulative Logik, die sich »als der modernen Welt

28 Die als äußerliche Formen vom Inhalt getrennten Denkbestimmungen sind zugleich diejenigen, als welche das gewöhnliche Bewußtsein die logischen Kategorien mißversteht. Als Logik des Scheins thematisiert die logische Wissenschaft auch noch die Fehldeutung, die ihr zuteil wird. So sind die unten zitierten Irrtümer beides ineins: die realen Folgen von scheinhaften Denkbestimmungen, die Gegenstand der Logik sind, und die Vorurteile, die das gewöhnliche Bewußtsein an einer angemessenen Rezeption dieser Logik hindern.

angehörig« weiß (I 22_{3}/33), die »Rekonstruktion« (I 19_{14}/30) des ebensowohl logischen wie historischen Ursprungs der »Irrtümer, deren durch alle Teile des geistigen und natürlichen Universums durchgeführte Widerlegung die Philosophie ist« (I 25_{30}/37 f.). Durch ihre Geschichtlichkeit sind die kritisch dargestellten Denkbestimmungen aber zugleich an Erfahrung gebunden. Insofern treibt Hegel in seiner Logik Phänomenologie durchaus auch als Wissenschaft der Erfahrung, der Erfahrung nämlich, die das europäische Denken im Laufe seiner geschichtlichen Entwicklung gesammelt und die sich in der gegenwärtigen »Verstandes-Ansicht der Vernunft-Gegenstände« niedergeschlagen hat. Gegen Gadamer (1971), der die Besonderheit der logischen Fundamentalanalyse von Sein und Nichts gegenüber der darauf aufbauenden Gedankenentwicklung in der Dominanz des eigentlich noch zur phänomenologischen Dialektik gehörigen Meinens gesehen hat, wendet Ruth-Eva Schulz (1973, 375) ein, daß das Meinen keineswegs auf den Anfang der spekulativen Logik beschränkt sei, sondern durchaus auch in deren Fortgang hineinspiele. Unsere Interpretation des Anfangs wird den angegriffenen Standpunkt insofern unterstützen, als sie die These bestätigt, daß hier im Unterschied zu allen fortgeschrittenen Stadien das Meinen eine schlechterdings *beherrschende* Funktion ausübt. Was hingegen den Fortgang betrifft, so kann man tatsächlich nicht behaupten, daß darin »dem Meinen überhaupt kein Platz mehr« zukomme (Gadamer 1971, 57). Es genügt aber nicht, bloß diese Tatsache zu konstatieren. Man muß sie auch erklären können; und sie läßt sich daraus erklären, daß das Denken, das zu betrachten der Logiker sich entschließt (vgl. I 54_{22}/68), soweit es das der philosophischen Überlieferung ist, nach dem Urteil Hegels stets auch ein nur meinendes war. Vielleicht nicht unmittelbar hierin, wohl aber in der grundsätzlich phänomenologischen Verfassung auch der logischen Methode mag darüber hinaus die immer wieder einschießende Perspektivität begründet sein, ohne deren Berücksichtigung wichtige Textpartien nicht zu entschlüsseln sind[29].

29 Das gilt zum Beispiel von II 49 f./65 f. Indem Hegel da die selbständigen Reflexionsbestimmungen zunächst in ihrem Verhältnis zueinander und so-

In Meinung und perspektivischer Verzerrung macht sich aber Schein geltend. Die Analogie, die zwischen der zur Theorie des absoluten Geistes gehörigen Philosophiegeschichte und der Logik besteht, hört dort auf, wo der für die jeweilige Eigenart ihrer kritischen Methoden maßgebliche Unterschied anfängt: der Unterschied von Unwahrheit als Relativität oder Einseitigkeit auf der einen, historiographischen Seite und von Unwahrheit als Schein auf der anderen, logischen Seite. Die Aufdeckung von Wahrheit verknüpft die Logik mit der Entlarvung von Schein, indem sie der in der *Phänomenologie* von 1807 beschriebenen Bildungsgeschichte des Bewußtseins eine in die *»reine Wissenschaft«* (I 53_{28}/67) eingegangene, ihr immanente Wissenschaftsgeschichte zur Seite stellt. Diese Idee einer mit der logischen Wissenschaft identischen Theorie der Wissenschaftsgeschichte ruht bei Hegel hintergründig auf einer Überzeugung von kaum überbietbarer Radikalität, auf der Überzeugung nämlich, daß die europäische Wissenschaft selber Wahrheit nur aufzudecken vermochte, indem sie gleichzeitig Schein produzierte. Parmenides, in der Genealogie der spekulativen Logik der Stammvater des begreifenden Denkens, hat ihr zufolge »das Element der Wissenschaft erschaffen« (I 74_{4}/90 f.) – durch die Erzeugung des (in der Interpretation des Logikanfangs noch genauer zu untersuchenden) Scheins, der entsteht, »wenn das Sein und das Nichts voneinander isoliert und eins außer dem Bereiche des andern gesetzt wird« (I 80_{16}/98). Ein solches Niveau hat philosophische Wissenschaftskritik in der Geschichte des nachhegelschen Denkens nur noch einmal erreicht: in der späten Phänomenologie Husserls. Nur ist Husserl hinter der Radikalität Hegels genau durch jenen Ansatz zurückgeblieben, durch den er sich in einen Gegensatz zu ihm brachte. Während Husserl glaubt, den Schein, den die europäischen Wissenschaften durch die Vorspiegelung der objektiven Realität ihrer Konstrukte erzeugt haben, auf dem

dann je »für sich« betrachtet, nimmt er einen Perspektivenwechsel vor, dem für die Gedankenentwicklung an dieser Stelle eine wesentliche Bedeutung beizumessen ist: Der ›gesetzte Widerspruch‹ erscheint aus der Perspektive des ›Positiven‹ und des ›Negativen‹ selber strukturell anders als zuvor sub specie relationis.

Wege einer Erinnerung der vergessenen Lebenswelt hintergehen zu können, weiß Hegel, daß auch diese Welt die geschichtlichen Spuren des vergegenständlichenden Denkens an sich trägt und infolgedessen so natürlich, wie das Bewußtsein es sich einbildet, gar nicht ist. Die Kritik an den »Kategorien der Metaphysik und der Wissenschaften überhaupt« muß eben deshalb zugleich die begrifflichen Grundlagen der modernen Welt in Frage stellen.

Im Rückblick auf die immanente Genese reiner Wissenschaft sieht Hegel sich mit einem Gebilde konfrontiert, in welchem Wahrheit und Schein sich durchdringen. An diese Feststellung wird der Leser die Erwartung knüpfen, nun über die Art und Weise aufgeklärt zu werden, wie Hegel Wahrheit und Schein vereinigt und wie in seinem Sinne dementsprechend auch die Einheit von Darstellung und Kritik zu verstehen ist. Von Darstellung und Kritik wurde bisher so gesprochen, daß ihre Einheit verborgen blieb, ja, daß sie das Aussehen ihres Gegenteils annahm. Nicht nur, daß Darstellung und Kritik wie auch Wahrheit und Schein Gegenstände gesonderter Studien waren. Sie wurden auch auf getrennte »Ebenen« oder »Dimensionen« verteilt. Indessen läßt sich die Erwartung des Lesers, der wissen will, wie trotz solch eines dimensionalen Unterschieds Einheit möglich ist, an dieser Stelle noch nicht erfüllen. Vielleicht muß man sogar sagen, daß sie im wesentlichen unerfüllt bleibt. Denn eine ausgearbeitete Theorie der Einheit von Darstellung und Kritik bietet Hegel nicht. Auf jeden Fall aber ist die Frage nach den Möglichkeitsbedingungen dieser Einheit *jetzt* noch nicht zu beantworten. Denn zum einen vermag man sie grundsätzlich erst im textorientierten Nachvollzug der logischen Bewegung zu erfassen, weil sie nur als sich jeweils herstellende und niemals vorgegeben ist. Zum andern: Wenn Hegel überhaupt Material für die Beantwortung der offenen Frage bereitstellt, dann erst dort, wo er den Umkreis seiner anfänglichen Überlegungen über das reine Sein und das reine Nichts verläßt. Die Einheit von Wahrheit und Schein, auf welche die von Darstellung und Kritik zurückweist, versucht Hegel aus dem Schein verständlich zu machen. Der erste Versuch in dieser Richtung findet sich in der Logik des Daseins, dessen Bestimmungen auch dann, wenn sie vom Schein durchherrscht sind, insofern zugleich Wahrheit enthalten, als ihr Schein der der realen Erscheinung ist (siehe III. 1). Den zweiten Versuch unternimmt Hegel mit dem Rückgang auf das Wesen, von dem her das Sein als ein selber in der Wahrheit gründender Schein sichtbar wird (siehe V. 1). Die Einheit von Wahrheit und Schein kann demgemäß erst mit dem Übergang zur Daseinslogik deutlichere Konturen gewinnen.

Im Zuge der gegenwärtigen Grundlegung hingegen sollte vom methodischen Ansatz Hegels nur zur Sprache kommen, was bereits für das Verständnis der Logik des reinen Seins unabdingbar ist. Ihr ist, wie sich zeigen wird, die Dimensionierung der Einheit von Wahrheit und Schein, von Darstellung und Kritik durchaus angemessen. Allerdings war die Aufspaltung dieser Einheit in Dimensionen nicht nur vom Interesse an einem adäquaten Zugang zum Logikanfang angeleitet. Hinter ihr stand auch ein skeptisches Motiv. Hegels unleugbare Unfähigkeit, die Einheit auf den Begriff zu bringen, ist, meine ich, in den objektiven Schwierigkeiten ihrer Konzeption begründet. Das einzige, das wir vor Eintritt in die Auseinandersetzung mit dem Text noch tun können, ist, uns diese Schwierigkeiten zu vergegenwärtigen und Rechenschaft abzulegen über die – in der bisherigen Auslegungstendenz schon durchschlagenden – Konsequenzen, die eine an der Sache beteiligte Rezeption der Hegelschen Logik aus ihnen zu ziehen hat.

Die sicherlich bereits durch die bisherigen Ausführungen bemerklich gewordene Fragwürdigkeit der von Hegel angewandten Methode kritischer Darstellung tritt in aller Schärfe hervor, wenn wir sie mit der entsprechenden Methode von Marx vergleichen. Jedenfalls in ihrer voll ausgebildeten Gestalt, in der sie uns im *Kapital* begegnet, ist die Marxsche Theorie von Grund auf und im ganzen Kritik, Kritik eben des Kapitals. Sie ist dies nicht nur insofern, als sie der realen Basis der kapitalistischen Gesellschaftsformation in der »Kritik der ökonomischen Kategorien« habhaft werden möchte, sondern auch und vor allem deshalb, weil sie ihre universalgeschichtlichen Perspektiven in eine kritische Gesellschaftstheorie einbringt, die über die Diagnose des gegenwärtig Bestehenden allein durch ihren revolutionstheoretischen Vorschlag zur Therapie hinausgeht. Statt Zeitdiagnose in einen allgemeinen geschichtsphilosophischen Rahmen einzufügen, entfaltet Marx so etwas wie eine Theorie der Universalgeschichte umgekehrt bloß auf dem Boden und in den Grenzen einer Zeitdiagnose, deren eigener Horizont seine Revolutionstheorie ist.

In der revolutionstheoretischen Verfassung der Marxschen Diagnose des Kapitals liegt nun einerseits zwar, daß dieses von vornherein als das praktisch Aufzuhebende im Blick steht. Für die Kritik des späten Marx bleibt der Zusammenhang gültig, den der junge zwischen den »Waffen der Kritik« und der »Kritik der Waffen« hergestellt hat. Die ausgebildete Kritik der politischen Ökonomie schmiedet die Waffen einer Kritik, die erst in der Kritik der Waffen, das heißt in der proletarischen Revolution als der praktischen Aufhebung des Kapitals, sich realisiert. Andererseits erfüllt sie, wie Marx meint, ihren Anspruch, Wissenschaft zu sein, nur darum, weil sie mehr ist als die Folge der *Ab*sicht auf reale Veränderung, nämlich *Ein*sicht in die Sache selbst. Und diese Einsicht kann sie allein durch *Darstellung* ihres Gegenstands gewinnen. Wissenschaftlich verfährt sie nach Marx, sofern sie künftiger Praxis nur das zur Aufhebung empfiehlt, was in der Darstellung des gegenwärtig Bestehenden sich auch ohne Vorgriff auf das praktische Ziel zeigt.

Wie aber die Kritik durch Darstellung legitimiert sein muß, so muß die Darstellung von Anfang an das in theoretischer und praktischer Kritik zu Negierende sehen lassen. Zu negieren ist das Kapital für Marx, weil es an sich schon das Negative *ist*, in dem Sinne, in welchem der junge Hegel, in der Einleitung zur Verfassungsschrift von 1799/1800, die ihrer Auflösung zutreibenden Verhältnisse »das Negative der bestehenden Welt« nennt (Pol. Schr., 16/1, 457). In seiner Darstellung soll es sich selber als dieses Negative darstellen. Das bedeutet: Die Marxsche Theorie möchte zwar keine subjektiv tendenziöse Darstellung sein, wohl aber Darstellung der objektiven Tendenzen, durch die das Kapital sich selbst negiert. Sie hat also ihren Gegenstand in ihrer Darstellungsfunktion formell als dasselbe vor sich wie in ihrer kritischen Funktion: eben als das Negative.

Vor allem hierdurch hebt ihre kritische Darstellung sich gegen diejenige ab, die Hegel in seiner Logik von der Metaphysik gibt. Was nämlich die Logik Hegels, sofern sie Kritik ist, negiert, das muß sie als Darstellung *affirmieren.* Wohl vermag sie einen Begriff von dem Schein, in den er eingehüllt ist, oft nicht anders zu befreien als so, daß sie zu einem neuen übergeht. Wohl lassen sich in anderen Fällen, in denen sie Schein und Wahrheit am selben Begriff aufdeckt, die beiden Momente unterschiedlichen Bedeutungen zurechnen. Aber im äußersten Fall nimmt sie genau die Denkbestimmungen, an denen sie in der Verwirklichung ihrer kritischen Intention Schein zutage fördert, im Verfolg der Aufgabe, die ihrer Darstellung vorzugsweise zugewiesen ist, als Wahrheit in Anspruch, und zwar ohne eine Differenzierung der jeweiligen Hinsicht. Hier ist mit Händen zu greifen: Die in der spekulativen Logik programmierte Einheit von Kritik und Darstellung ist, sofern sie eine Identität von Negation und Affirmation sein soll, noch wesentlich problematischer als die, durch die Marx sein Verfahren charakterisiert. Ohne sich einer Übertreibung schuldig zu machen, darf man sagen: In ihr steckt *das* Problem der Hegelschen Logik, das Problem, mit dem *vor* allen *in* der Hegelschen Logik auftauchenden Problemen diese Logik *selber* uns konfrontiert.

Restlos auflösen läßt es sich letztlich nur dadurch, daß man in gewissem Maße die Einheit auflöst, aus der es entsteht. Wenn Kritik und Darstellung in den Gegensatz von Negation und Affirmation auseinandertreten, dann kann auch ihre Einheit nur eine in sich differenzierte Einheit von Extremen sein. Die Art, wie Hegel die Methode kritischer Darstellung handhabt, verrät überdeutlich einen Zug seines Arbeitens, der auch sonst zu beobachten ist: Er tut mit fast unglaublicher Virtuosität, wovon er zugleich nicht weiß, was es ist. Seine Bewußtlosigkeit über sein eigenes Tun besteht aber hinsichtlich der Methode kritischer Darstellung im wesentlichen darin, daß er die Differenz in der Einheit der Momente verdrängt. Ihm zu einem angemessenen Bewußtsein dessen zu verhelfen, was er faktisch tut, heißt also: hinter seinem Rücken den Unterschied von Kritik und Darstellung hervorkehren.

Dafür wurde vorhin bereits ein Beispiel gegeben, das, wie die nachfolgende Interpretation des Anfangs zeigen wird, noch mehr ist als bloß ein Beispiel. Wir haben den Begriff der reinen Unbestimmtheit und entsprechend den der Abstraktheit in die zwei Grundbedeutungen der Unentwickeltheit oder Einseitigkeit und der völligen Inhaltslosigkeit auseinandergelegt. Dies aber geschah in der Korrektur Hegels, der die beiden Bedeutungen durchgehend kontaminiert, wie schon in der Einleitung zur Seinslogik, wo er feststellt, »daß das, was den Anfang macht, indem es darin das noch Unentwickelte, Inhaltslose ist, im Anfange noch nicht wahrhaft erkannt wird« (I 56_{33}/71). Was Hegel hier ineinanderfließen läßt: das noch Unentwickelte und das Inhaltslose, haben wir geschieden, um eine Differenz in Hegels Auffassung von Unwahrheit kenntlich zu machen. Der für sich genommen gar nicht wahrheitsfähigen Unwahrheit in der Gestalt des Scheins, in welchen das Inhaltslose sich auflöst, steht aber auf seiten des noch Unentwickelten eine Unwahrheit gegenüber, die an Wahrheit teilnimmt. Die Noch-nicht-Wahrheit ist als Unwahrheit durchaus auch Wahrheit. In der Vermengung des Inhaltslosen und des Unentwickelten vermengt Hegel also den Schein zugleich mit Wahrheit, was wiederum bedeutet: er vermengt Kritik und Darstellung.

In Anbetracht dessen ist eine an der Sache interessierte Interpretation seiner Logik ihrerseits notwendig *kritische* Darstellung. In ihr geht es um eine kritische Darstellung dessen, was kritische Darstellung sinnvollerweise sein und leisten kann. Darstellend wird die Interpretation sich zu verhalten haben, sofern sie an die Hegelsche Logik nicht von außen herantreten darf, sondern unter dem Anspruch steht, deren Sache aus ihr selbst zu entwikkeln. Kritisch muß sie in der griechischen Bedeutung des Wortes sein, das heißt sie muß scheiden, was Hegel derart ineinsbildet, daß er die Differenz in der Einheit verdeckt. Über die Gründe einer solchen Ineinsbildung kann man allerhand Vermutungen anstellen. Nicht das geringfügigste Motiv wird sein, daß Hegel in der Folge seiner allzu starken Neigung, die Geschichte des europäischen Denkens als Genese der in seinem System vollendeten Wahrheit darzustellen, die Kehrseite abzublenden versucht.

Daß er, wie schon erwähnt, Schein für Einseitigkeit ausgibt, bezeugt nicht nur die Kontamination seiner beiden Begriffe von Unwahrheit, sondern ist im Grunde ein Fall des jener Neigung entspringenden Bestrebens, den Schein selber noch mit einem Schein von Wahrheit auszustatten. Soweit aber der Schein einen Schein von Wahrheit annimmt, wird die kritische Dimension des ganzen Unternehmens unzugänglich. Die kritische Darstellung einer Theorie, die gleichwohl kritische Darstellung ist und sein will, hat also vor allem diese Dimension freizulegen. Die Kritik *an* der spekulativen Logik muß die Kritik *in* ihr stärken, indem sie den Schein, den Hegel nicht entschieden genug gegen Wahrheit abhebt, als Schein vorführt.

Die in allem Bisherigen ausschließlich durch Rekurs auf das Gesamtkonzept der Hegelschen Logik begründete Hypothese soll im folgenden am Text erprobt und, soweit nötig, in textnäherer Einstellung noch besser fundiert werden. Sie ist zunächst in der Auslegung des Anfangs auszuweisen (II). In strikter Orientierung an der Logik des Daseins setze ich sodann die Grundlegungsarbeit fort, indem ich, geleitet vom Interesse an der noch unaufgeklärten Einheit von Darstellung und Kritik, die Bewegung nachzuzeichnen versuche, die als Auflösung von Schein zugleich Enthüllung von Wahrheit ist (III). Im Anschluß daran wird die Daseinslogik selber unter dem Gesichtspunkt des Methodenprinzips kritischer Darstellung zu interpretieren sein (IV). Die Ausführlichkeit, mit der dies trotz erzwungener Abschattung einiger für uns weniger relevanter Passagen geschieht, kompensiert einen Mangel, mit dem die in I. 1 hingeworfene Skizze der daseinslogischen Problematik belastet war. Dort wurde die Stellung der ›objektiven‹ Logik zur Metaphysik vornehmlich vom Standpunkt ihres Neubeginns mit der Reflexion betrachtet; es war zwar nicht nur von der reflexionslogisch strukturierten Herrschaft die Rede, sondern auch von der Gleichgültigkeit, die in der Sphäre des Daseins sich herausbildet, aber doch so, daß diese weniger in ihrem eigenen Kontext zur Sprache kam als in dem Funktionszusammenhang, in den jene sie nachträglich stellt. Um so gründlicher muß der Kommentar die Gegend, in der sie ihren Ort hat, erkunden. Dies soll so geschehen, daß in einer Art Umkehrung der in I. 1 bevorzugten Blickrichtung die Präfiguration reflexionslogischer Strukturen in der Sphäre des Daseins deutlich wird. Die Prüfung des literarischen Materials der Reflexionslogik selber, wie auch der Urteilslogik, nehme ich in einer Art Fernperspektive vor, in der manche Details notwendig hinter den Umrissen des für uns Wesentlichen zurücktreten (V. 1). Außerdem wird die Interpretation sich auf den *Ansatz* der Reflexionslogik beschränken müssen, was bedeutet, daß sie nicht den ganzen Vorentwurf einholen und vor allem nicht das – erst mit der Ausbildung der eigentlichen *Reflexionsbestimmungen* eintretende – Stadium wiedererreichen kann, in welchem das kritisch dargestellte Verstandesdenken die beschriebene Herrschaft in expliziter Form aufrichtet. Der Leser, der das fehlende Verbindungsstück vermißt, sei auf meine Skizze des Machtgedankens in der Theorie der Reflexionsbestimmungen (1975 b) hingewiesen. In Anknüpfung an den argumentanalytischen Kommentar von Dieter Henrich werde ich immerhin den Zusammenhang vorstellig machen, aus dem die beschriebene Herrschaftsstruktur sich entwickelt. Im übrigen läßt sich die perspektivische Deutung des Ansatzes der Reflexionslogik ihren Leitfaden von der Seinsfrage vorgeben, die überhaupt den äußersten Horizont aller weiteren Forschungsbemühungen absteckt. Das gleiche gilt für die abschließenden, ebenfalls perspektivisch verkürzenden Überlegungen zur Urteilslehre (V. 2). Sie ziehen lediglich die Linien aus, die vom Anfang mit dem reinen Sein in die Begriffslogik führen, mit dem Ziel allerdings, aufs neue und diesmal interpretierend an den hier, in I. 1.1 und 2.1, fixierten Punkt der Konvergenz von spekulativer Satzstruktur und kommunikativer Freiheit zu gelangen. Gleichwohl liegt in ihnen keineswegs der Anspruch, die Begriffslogik in der Weite auszumessen, in der wir sie vor uns gebracht haben, oder auch nur die Urteilslehre insgesamt zugänglich zu machen. Unmittelbares Thema der vorliegenden Untersuchung ist ja insofern allein die ›objektive‹ Logik, als nur sie und nicht die ›subjektive‹ eine kritische Darstellung der Metaphysik enthält.

II. Interpretation der Logik des reinen Seins

1. Das reine Sein als reiner Schein

Daß die Logik Hegels eine Logik von Begriffen geblieben sei, aus denen nach überkommener Meinung Urteile sich zusammensetzen, und daß sie damit die primäre logische Einheit verleugne, die in Wirklichkeit der Satz bildet (s. oben, S. 66), glaubt Ernst Tugendhat (1970, 146-152) aus ihrem Anfang mit der Identität von Sein und Nichts schließen zu dürfen. Ihre Bindung an die traditionelle Begriffslogik verrät in der Sicht Tugendhats der aus der parmenideischen Seinskonzeption geschöpfte Sinngehalt des Ausdrucks ›das reine Sein‹; die Blindheit für die Ursprünglichkeit des Satzes läßt sich nach seiner Überzeugung daran erkennen, daß der Hegelsche Terminus ›das reine Sein‹ »mit seinem Namensvetter ›das Sein‹, verstanden als Infinitiv des Verbums ›ist‹«, nichts zu tun haben will und auch nichts zu tun haben kann, da das ›ist‹ als »unselbständiger Bestandteil eines Satzes« in einer Weise, Hegel würde sagen: ›vermittelt‹ ist, welche die als Reinheit vorgestellte Unmittelbarkeit ausschließt (Tugendhat 1970, 147).

Wir wollen diejenige Seite des von Tugendhat unterbreiteten Interpretationsvorschlages, nach der man die Unvereinbarkeit von ›reinem Sein‹ und ›ist‹ anzunehmen hat, zunächst abschatten und uns ganz auf die affirmative Aussage über die parmenideische Herkunft des Hegelschen Seinsbegriffs konzentrieren. Dazu bedarf es allem zuvor einiger knapper Informationen über die Art, wie Tugendhat die Seinskonzeption des Parmenides selber interpretiert (vgl. Tugendhat 1970, 134-146). Die gesamte Abhandlung, die ich hier zugrunde lege, stützt sich auf die Beobachtung, daß die Selbstverständlichkeit, mit der die von Parmenides ausgegangene Überlieferung bis hin zu Sartre ›das Sein‹ und ›das Nichts‹ einander entgegensetzt, in schroffem Widerspruch steht zu der außerordentlichen Merkwürdigkeit dieser Entgegensetzung; passen doch der Infinitiv des Verbs, aus dessen Substantivierung ›das Sein‹ entstanden ist, und das unbestimmte Pronomen, das die Rede vom Nichts substantiviert, schwerlich zusammen. Dem gesunden, philosophisch unverbildeten Sprachgefühl entspräche ein Gegensatz entweder von ›sein‹ und ›nicht sein‹ oder von ›etwas‹ und ›nichts‹ (= nicht etwas), kaum hingegen einer, der ein substantiviertes Glied des einen Gegensatzpaares, das Sein, und ein substantiviertes Glied des anderen Gegensatzpaares, das Nichts, aufeinander bezieht.

Die Irrationalität der Zusammenstellung von Sein und Nichts verweist nun auf einen Fehler, den schon Parmenides begangen hat. Der Urahn der abendländischen Metaphysik stellt das Sein – unter dem Titel *to eon,* aus dem sich das aristotelische *on* als Bezeichnung für das Thema der Ersten Philosophie entwickelt hat – als das Etwas vor, das allein das positive Korrelat des Nichts sein kann. Genauer: obwohl er die richtige Intention verfolgt, das Sein aus seinem Zusammenhang mit dem sich sprachlich artikulierenden Verstehen (*legein*) zu begreifen, beschreibt er es faktisch wie den Gegenstand einer Anschauung *(noein)*, die eine der sinnlichen Wahrnehmung analoge Struktur besitzt. Damit verfälscht er es aber. Denn während das Wahrnehmen einfachhin *etwas* vorstellig macht, enthüllt das »Sagen« (Tugendhat) etwas *als* etwas. Augenfällig wird die Verfälschung am Problem der Negation. Dazu, daß ich etwas wahrnehme, gibt es auf der Wahrnehmungsebene nur eine einzige Alternative: daß ich *nicht* etwas wahrnehme, also *nichts* wahrnehme, also überhaupt nicht *wahrnehme*. Demgegenüber bilden Sagen und Nicht-Sagen durchaus keine vollständige Disjunktion. Denn darüber hinaus ist möglich zu sagen, *daß* etwas nicht sei. Dieser Akt allein kann sinnvoll Negation heißen. Indem Parmenides jedoch das *legein* in der Durchführung seiner Theorie dem Vorbild des *noein* nachbildet, kann er Negation gar nicht denken. Er muß dies, zu sagen, daß etwas nicht sei, als ein Nicht-etwas-Sagen deuten, das kein Sagen ist, und zwar eben deshalb, weil er jedes Sagen als ein Sagen von etwas oder von Seiendem deutet. Die parmenideische These, derzufolge es unmöglich ist zu sagen, daß etwas nicht sei, weil ein solches Sagen ein Nicht-Sagen wäre, beruht auf dieser Deutung. Die aber ist insofern eine *Um*deutung, als sie ein Verstehen von Verstehen voraussetzt, welches das ›ist‹

zu einem Etwas und das ›ist nicht‹ zum Nicht-Etwas *(to mē eon)* oder Nichts *(to mēden)* hypostasiert, das heißt durch »Vergegenständlichung« (Tugendhat) genauso verfälscht wie das Verstehen selber.

Die Kritik Tugendhats an Parmenides ist, scheint mir, berechtigt. Man muß die Position, von der aus sie geübt wird, meines Erachtens sogar radikalisieren und darauf bestehen, daß auch das Wahrnehmen, im Sinne der fünften Logischen Untersuchung Husserls, ein Auffassen von etwas *als* etwas ist. Auf jeden Fall hat Tugendhat recht, wenn er Parmenides aufgrund seiner Angleichung des sprachlich sich artikulierenden Verstehens an ein als schlichtes Aufnehmen von etwas ausgelegtes Wahrnehmen einer »durchaus phantastischen Seinskonzeption« zeiht (1970, 149).

Diesen Tadel muß man im Ohr haben, um das Lob würdigen zu können, das Tugendhat dem Verfasser der *Wissenschaft der Logik* spendet. Dem ist es, so meint der sprachanalytische Kritiker der Tradition, »gelungen«, mit dem Begriff des reinen Seins (wie auch mit dem des reinen Nichts) für die Sache des Parmenides »den adäquaten Terminus zu finden«, nämlich einen »ausschließlich an der Anschauung orientierten Terminus« (1970, 147 f.). Die Adäquatheit der Hegelschen Begriffe von Sein und Nichts ist danach Angemessenheit an das schlechthin Unangemessene, Vollendung des Phantastischen im Absurden. Indem Hegel aus dem parmenideischen Ansatz beim vermeintlich schlicht aufnehmenden Wahrnehmen die Konsequenz zieht, die in der Anschaulichkeit seiner Begriffe von Sein und Nichts sich niederschlägt, überführt er die phantastische Konzeption in eine »absurde« (Tugendhat 1970, 156).

Wie steht es nun um das Recht *dieser* Kritik? Wer den ›historischen‹ Hegel vor sich hat, wird ohne weitere Prüfung geneigt sein, sie selber so absurd zu finden, wie es ihr zufolge die spekulative Logik ist. Wirft sie doch Hegel vor, wogegen dieser gerade an fast allen Fronten kämpfte. Sei es nun seine Abrechnung mit Fichte und Schelling, sei es seine Opposition gegen die Unmittelbarkeitsphilosophie Jacobis oder sein Streit mit Schleiermacher – in alledem ging es ihm doch um nichts anderes als die Destruktion eines auf schlichter Anschauung sich gründenden Denkens[1]. Gleichwohl scheint der verbale Textbestand in mancherlei Hinsicht für die traditionsgeschichtliche Hegel-Kritik Tugendhats zu sprechen. Im einzelnen sind es drei Umstände, auf die dieser sich berufen kann.

Erstens erinnert Hegel selber expressis verbis an Parmenides. Nach seiner Überzeugung war es Parmenides, der den »einfachen Gedanken des reinen Seins« gefaßt hat (I 68_{13}/84)[2]. Nur weil er es war, der sich zu »dem Sein als solchem« erhoben hat, darf er auch als Begründer der Idee der Wissenschaft gelten (73 f./90); nur deshalb darf man sagen: »Mit Parmenides hat das eigentliche Philosophieren angefangen« (SW *17*, 312 f./18, 290). Dabei ist die Erinnerung an ihn für Hegel wahrlich keine systematisch belanglose Reminiszenz und auch kein »Hilfsgriff«, der eine »äußerlich aufgegriffene« Philosophiegeschichte bemüht, um aus ihr zu rechtfertigen, was logisch nicht einsichtig wird (Schrader-Klebert 1969, 127 ff.). Als Genese des Standpunkts reiner Wissenschaft *muß* die spekulative Logik so aufgebaut sein, daß ihr sachlicher Anfang mit dem geschichtlichen Ursprung des sich seiner selbst vergewissernden Denkens zusammenfällt: »das eleatische *Eine* oder *Sein* haben wir für das Erste des Wissens vom Gedanken anzusehen« (74_{7}/91). Dementsprechend kann Hegel im Fortgang der Logik und in Absetzung von konkreteren Bestimmungen den Anfang, als »die abstrakte Negation aller Bestimmtheit«, kurzerhand »das eleatische Sein« (151_{14}/178 f.) oder »das Sein des Parmenides« (156_{23}/185) nennen.

Zweitens ähnelt das von Hegel auf den ersten Seiten seiner Lo-

1 Die frühe Affirmation Schleiermachers und auch Jacobis liegt auf einer anderen Ebene. Sie muß im Zusammenhang der Frage nach dem Wahrheitsmoment in der unbestimmten Unmittelbarkeit des Seins zur Sprache kommen (s. unten, S. 206 ff.).

2 Von nun an werde ich in den Teilen II-IV dann, wenn die Zitate der Seinslogik entstammen, auf die Angabe der Bandzahl verzichten. Soweit die angeführten Stellen zum Kontext der jeweils interpretierten Passage gehören und diese leicht überschaubar ist, entlaste ich mich möglichst auch von einem Verweis auf die Seiten- und Zeilenzahl. In Teil II nicht nachgewiesene Zitate stehen in den Abschnitten A, B oder C, 1 des ersten Kapitels der Seinslogik (I 66 f./88 f.).

gik charakterisierte Sein demjenigen, das Parmenides beschreibt, auch inhaltlich. Nach dem parmenideischen Lehrgedicht ist das Sein ganz gleichartig *(pān estin homoion)* und von allen Seiten her gleich *(pantothen ison)*; *tauton t'en tautō te menon kath' heauto te keitai*, in der Übersetzung von Diels: »als Dasselbe in Demselben verharrend ruht es für sich«[3]. Wenn Hegel sagt, das reine Sein sei »nur sich selbst gleich«, so kann man sich kaum des Eindrucks erwehren, daß er die Bildsprache dieser Prädikationen lediglich in die Sprache des Begriffs transformiert. Dabei steht der Begriff der Gleichheit nur mit sich, dessen Bedeutung übrigens noch in eine andere Dimension hineinreicht, bezeichnenderweise im Zusammenhang der Auslegung des reinen Seins als jener Unbestimmtheit, welche »vollkommene Leerheit, Bestimmungs- und Inhaltslosigkeit« sein soll, nicht nur das Fehlen aller äußeren Determination, sondern auch totale innere Unstrukturiertheit: »In seiner unbestimmten Unmittelbarkeit ist es nur sich selbst gleich und auch nicht ungleich gegen Anderes, hat keine Verschiedenheit innerhalb seiner, noch nach außen«. Letztlich also bringt Hegel das eleatische Sein auf den Begriff der reinen Unbestimmtheit im Sinne völliger Leere. Als »bildliche Darstellungen« bedürfen, meint er in seinen philosophiegeschichtlichen Vorlesungen, die Aussagen, in denen Parmenides das Sein wie eine Kugel beschreibt, der Transformation ins Begriffliche, weil sie nicht zum Ausdruck bringen, was »ausgedrückt werden sollte«: »die Ununterschiedenheit« (SW *17*, 313 f./18, 291).
Drittens schließlich ordnet die *Wissenschaft der Logik* das reine Sein sowie auch das reine Nichts – und das ist für die These Tugendhats über ihren *systematischen* Zusammenhang mit dem Eleatismus natürlich am bedeutsamsten – in der Tat dem Anschauen zu. Von »Anschauen« ist nicht nur in den Abschnitten über das Sein und das Nichts selber die Rede. Noch entschiedener verweist Hegel in der methodologischen Rekapitulation des Ganzen darauf, im Schlußabschnitt der Logik. Es ist von »Anschauen« auch nicht bloß vage die Rede, ohne spezifischen Bezug auf seine parmenideische Deutung als schlicht aufnehmendes

3 *Die Fragmente der Vorsokratiker.* Griechisch und deutsch von Hermann Diels. 5. Aufl. hrsg. v. W. Kranz. I. Bd. Berlin 1934, 237.

Wahrnehmen. Die begriffslogische Reflexion auf die im Ganzen der Logik befolgte Methode qualifiziert den Anfang, er sei »sonst ein Inhalt des *Seins* oder des *Wesens* oder des *Begriffes*«, vielmehr ausdrücklich als »ein *Aufgenommenes, Vorgefundenes*«; und das reine Sein ist als aufgenommenes zwar »nicht ein Unmittelbares *der sinnlichen Anschauung* oder *der Vorstellung*«, wohl aber »des *Denkens*, das man wegen seiner Unmittelbarkeit auch ein übersinnliches, *innerliches Anschauen* nennen kann« (I 488_{1-10}/553).

Indessen bemüht Hegel das Sein, das Parmenides zum leeren Anschauungsinhalt vergegenständlicht, in der Absicht, es als *Schein* zu entlarven. Mit dem Anfang seiner Logik beginnt auch seine Metaphysikkritik, der es in allem und überall um die Demaskierung des Scheins geht. Die Frage, wie Hegel in der Kritik der »Metaphysik des Seins« (101_4/121) zugleich Wahrheit darstelle, muß hier noch offenbleiben. Wenn die Hypothese dieser Untersuchung am Text erprobt werden soll, haben wir allerdings von Anfang an vorauszusetzen, *daß* die Logik schon bei ihrer Grundlegung ineins mit der Kritik des Scheins auf Wahrheit abzielt. Das bedeutet: Wenn auch noch nicht klar sein kann, worin und auf welche Weise die Theorie des Seins Wahrheit zu fassen bekommt, so muß doch bereits mit den ersten Auslegungsschritten einsichtig werden, daß und wie sie Kritik des Scheins in Einheit mit der Darstellung von Wahrheit ist.

Dazu bedarf es zunächst der Dokumentation des Scheincharakters reinen Seins. Sie kann so schwer nicht fallen. Spricht doch Hegel selber unmißverständlich von der »vollkommenen Unwahrheit« sowohl des Seins wie auch des Nichts (69_{37}/86). Für ihn ist »weder Sein noch Nichts etwas Wahrhaftes« (80_4/97). Und zwar geht ihnen Wahrheit nach seiner Einschätzung nicht deshalb vollständig ab, weil sie noch unentwickelte Bestimmungen wären, sondern weil sie unwirklich, also Schein sind. Hegel bringt ihren Scheincharakter zum Ausdruck, indem er sie die »leeren Gedankendinge« nennt (70_{19}/86).

Die Analyse dieses Scheins muß, wenn man so will, zwei ›Schichten‹ gegeneinander abheben. Die eine Schicht liegt speziell über dem Anfang und ist im weiteren Verlauf der Logik nur dort anzutreffen, wo die Gedankenentwicklung – ihrerseits scheinhafte – Anfänglichkeit reproduziert, nämlich in der Form einfacher Unmittelbarkeit, die immer wieder in den Vermittlungsprozeß einbricht. Die andere zieht sich durch die gesamte objektive Logik hindurch. Der spezielle Schein von Sein und Nichts beruht auf der Vorstellung ihrer reinen Unbestimmtheit, das heißt hier: gänzlich strukturloser Einfachheit. Wiederholt sei Hegels bündige Feststellung, die man kaum genug betonen kann: »Solches Einfache ist eine bloße *Meinung*, die allein in der Bewußtlosigkeit dessen, was in der Tat vorhanden ist, ihren Grund hat« (II 489_{35}/555). Der den beiden fundamentalen Bestimmungen mit höherstufigen Kategorien gemeinsame Schein ist demgegenüber der, den das vergegenständlichende Denken erzeugt. Indem Sein und Nichts vergegenständlicht werden, nehmen sie den Schein an, als seien sie auf sich fixiert und damit voneinander getrennt; genauer gesagt: indem sie sich nur durch Vergegenständlichung als ›das Sein‹ und ›das Nichts‹ verstehen lassen, besitzt der Schein ihrer Getrenntheit für ihr Verständnis konstitutive Bedeutung. Es ist das der Schein, auf den die schon erwähnte Dialektik-Definition Hegels zurückgreift: »Dialektik aber nennen wir die höhere vernünftige Bewegung, in welche solche schlechthin getrennt Scheinende durch sich selbst, durch das, was sie sind, ineinander übergehen« (92_5/111). Auch die Kritik dieses Scheins richtet sich namentlich gegen Parmenides: »*Parmenides* hielt das Sein fest und war am konsequentesten, indem er zugleich vom Nichts sagte, daß es *gar nicht ist*; nur das Sein ist« (80_{19}/98).

Das Festhalten – das isolierende Vergegenständlichen – des Seins und der Glaube an seine strukturlose Einfachheit gehören aber zusammen. Deshalb fährt Hegel an der zitierten Stelle fort: »Das Sein so ganz für sich ist das Unbestimmte ...« Der Zusammenhang ist keineswegs bloß in dem im Kontext angegebenen Umstand begründet, daß das für sich Bestehende »keine Beziehung auf Anderes« hat, also unbestimmt ist im Sinne mangelnder Fremdbestimmtheit. Ja, darin ist er, genau genommen, überhaupt nicht begründet. Muß man doch im Gegenteil, durchaus und gerade mit Hegel, sagen, daß etwas, das ganz für sich festgehalten wird, als etwas stets auch etwas Bestimmtes, ein durch etwas anderes Bestimmtes ist. Hegel kann den wirklichen Sachverhalt nur deshalb umkehren, weil er ein scheinerzeugendes Festhalten mit einer vom Schein affizierten Unbestimmtheit verknüpft. Der Zusammenhang beruht denn auch auf der Ordnung, die im Verhältnis der beiden Formationen des Scheins herrscht. Aufgrund des doppelten Scheins ihrer vergegenständlichten Natur und ihrer Bestimmungslosigkeit sind ›das Sein‹ und ›das Nichts‹ so sehr Schein wie keine der nachfolgenden Kategorien; sie sind *reiner* Schein, nichts als Schein. Dies aber sind sie bereits als Produkte des vergegenständlichenden Denkens. Denn während die vermittelten, das heißt zunächst und vor allem: die daseinslogischen, Bestimmungen immerhin etwas zur Sprache bringen, das sich in der weitesten Bedeutung des Wortes als ›Gegenstand‹ bezeichnen läßt, wird in der Rede von ›dem Sein‹ und ›dem Nichts‹ das gänzlich Ungegenständliche vergegenständlicht. Den Widerspruch, der sich hierin verbirgt, fördert das Seinsdenken selber zutage, indem es die Ungegenständlichkeit in das Vergegenständlichen, das notwendig ein Bestimmen ist, durch die These über die Bestimmungslosigkeit von Sein und Nichts hinüberzuretten versucht. Die unauflösbare Antinomie einer vergegenständlichten Ungegenständlichkeit wird dadurch offenbar, daß ›das Sein‹ und ›das Nichts‹ als leere Anschauungsinhalte, sofern Inhalte eben nicht leer sein können, sich selbst dementieren[4]. Wie aber Schein nach Hegel Widerspruch indiziert, den harten Widerspruch verselbständigter Bestimmungen, so zeigt dieser Widerspruch in seiner Sicht Schein an. Näher besehen, übt die Bestimmung ›reine Unbestimmtheit‹, genommen als völlige Bestimmungslosigkeit, für sich schon eine solche Anzeigefunktion aus. Diese Unbestimmtheit ist insofern nicht selbst Schein, als ›das reine Sein‹ *wirklich* derart unbestimmt ist. Aber sie nimmt

4 Tugendhat, der den Widerspruch bereits im parmenideischen »Begriff des Denkens als schauendes Sagen oder sagendes Schauen« aufdeckt (1970, 142), verweist auch auf die Selbstwidersprüchlichkeit der Hegelschen Annahme eines inhaltslosen Inhalts (148); jedoch macht er für sie Hegel selber verantwortlich, so wie er überhaupt auf eine Unterscheidung zwischen dem in der *Wissenschaft der Logik* agierenden und dem darin betrachteten Denken verzichtet.

am Schein teil, sofern sie die Scheinhaftigkeit dessen indiziert, dem sie zugeschrieben wird. Die Leere des Gedankens vom reinen Sein entlarvt dieses als Scheingebilde.

Die Einheit in der Differenz des Scheins, der auf das Konto der Vergegenständlichung als solcher kommt, und desselben Scheins als eines von der Leere indizierten läßt sich mittels des Begriffs der reinen Abstraktion fassen. Von den »reinen Abstraktionen des Seins und Nichts« (70_{31}/87) spricht Hegel sowohl mit Rücksicht auf ihre »Leere« (66_{24}/82) wie zum Zwecke der Charakterisierung ihrer »vorgestellten *Selbständigkeit*« (92_{19}/112). In beiden Bedeutungen des Wortes ›abstrakt‹ fragt »Parmenides nach dem abstrakten Sein« (339_{1}/390).

Der Abstraktionsbegriff weist nun auch den Weg, der zur anstehenden Klärung des Problems führt, wie die Seinslehre Kritik des Scheins in Einheit mit der Darstellung von Wahrheit sein könne. Wir begeben uns auf diesen Weg, indem wir uns abermals von der Position Tugendhats abstoßen. Zur Vergegenwärtigung des Sinnes, den Hegel mit dem Terminus ›Sein‹ verbindet, schlägt der mit der Phänomenologie Husserls vertraute Sprachanalytiker statt einer detaillierten Exegese ein »abgekürztes intuitives Verfahren« vor: »Man versetze sich in die Anschauung irgendeiner sinnlichen Qualität, z. B. der Bläue des Himmels. Nach diesem Modell stelle man sich auch die ›intellektuelle‹ Anschauung irgendeines abstrakten Wasgehaltes vor (einer beliebigen ›essentia‹). Jeder solche angeschaute Inhalt, ob sinnlich oder intellektuell, ist ein bestimmter, von anderen Inhalten unterschiedener. Man ›hebe‹ nun (wenn man kann) diese Unterschiedenheit ›auf‹ und abstrahiere von dieser und jeder Bestimmtheit. Was man dann übrig behält (falls man etwas übrig behält), ist ›das reine Sein‹« (1970, 147 f.).

Selbstverständlich ist Tugendhat der Meinung, daß man die dem Inhalt als solchem wesentliche Unterschiedenheit von anderen Inhalten *nicht* ›aufheben‹ könne und daß man nach der Abstraktion von aller Bestimmtheit *nichts* übrig behalte, auch und schon gar nicht so etwas wie ›das reine Sein‹. Er will keine Anweisung zum Nachvollzug eines sinnvollen Gedankens geben, sondern lediglich demonstrieren, wie man sich in den theoretischen Akt einzufühlen vermag, durch den Hegel zu seinen unsinnigen Behauptungen gelangt. Aber gewänne der Leser, der seiner Aufforderung folgte, tatsächlich Einblick in den Mechanismus des Logikanfangs?

Hegels Feststellung, Sein und Nichts seien »die reinen Abstraktionen«, scheint ein Ja zu rechtfertigen. Sie zielt, durchaus im Einklang mit der Absicht Tugendhats, auf dasjenige, das man als Residuum des Abstraktionsprozesses »übrig behält«. Das reine Sein, wie damit natürlich auch das reine Nichts, ist »Resultat der vollkommenen Abstraktion« (85_{38}/104). Es ist auch kaum möglich, sich dem von Tugendhat unterbreiteten Vorschlag mit dem Hinweis darauf zu entziehen, daß das reine Sein, ginge es aus der Abstraktion von allem Bestimmten hervor, nicht der absolute Anfang sein könnte, da ihm ja dann das Bestimmte zuvorkäme. In dem Sinne nämlich, daß die Herkunft aus der Abstraktion und damit die Priorität des Bestimmten ausgeschlossen wären, *ist* es nach Hegel gar nicht der absolute Anfang. Der Text, der die Frage »Womit muß der Anfang der Wissenschaft gemacht werden?« auf das reine Sein verweist, entfaltet eine mit der Eindeutigkeit dieser Antwort scharf kontrastierende Aporie, die das in »neuern Zeiten« erwachte Bewußtsein der Schwierigkeit eines philosophischen Anfangs vor sich gebracht hat: Zwar muß der Anfang »entweder ein *Vermitteltes* oder *Unmittelbares* sein«, aber »es ist leicht zu zeigen, daß er weder das Eine noch das Andere sein könne« (51_{5}/65), also auch nicht die ›unbestimmte Unmittelbarkeit‹ des reinen Seins. Denn »abstraktes Sein« ist das reine sehr wohl als Resultat der »Abstraktion von *Allem,* welches Alles denn doch *Seiendes* ist« (86_{22}/105). Zu dem Schein, in den es sich hüllt, gehört auch die Vergessenheit dieser seiner Herkunft; oder anders gesagt: Schein ist nicht nur das Sein selber, sondern auch seine Anfänglichkeit. Den Schein seiner Anfänglichkeit wird Hegel auflösen, indem er mit der Freilegung des Grundes, den das Sein im Wesen hat, auch die Abstraktion, aus der es sich ergibt, thematisiert. Damit löst er zugleich die Aporie des Anfangs auf. Wird im Anfang selber die »Erinnerung«, daß das Sein »Resultat der vollkommenen Abstraktion (...) ist, hinter der Wissenschaft zurückgelassen«, so muß diese »innerhalb ihrer selbst, ausdrücklich vom *Wesen* aus, jene einseitige *Unmittelbarkeit* als eine vermittelte darstellen« (85 f./104). Dementsprechend nimmt das Proömium zur Wesenslogik den Erinnerungsbegriff wieder auf. Allerdings meint der Begriff da nicht mehr nur ein subjektives Tun, die Erinnerung an die Abstraktion, »welche das unmittelbare Dasein zum reinen Sein gereinigt hat« (II 3₃₂/13 f.), sondern damit zugleich und vor allem eine »Bewegung des Seins selbst« (II 3₂₃/13), in deren Manifestation nach Hegel – wir wollen jetzt nicht fragen, wie – auch der Abstraktionsprozeß sich als objektives Geschehen enthüllt.

Soweit Tugendhat das ›reine Sein‹ als Residuum einer Abstraktion von aller Bestimmtheit auffaßt, trifft er also durchaus den Text. Ob freilich das Verfahren der Imagination eines inhaltslosen Inhalts Hegels eigene Denkpraxis nachbildet, entscheidet sich trotzdem erst an dem Punkt, der auch für Tugendhat der entscheidende ist. Wenn Tugendhat hervorhebt, daß das ›reine Sein‹ am Anfang der spekulativen Logik als »Anschauungs*inhalt*« auftrete, so möchte er es auf die Gegenständlichkeit festlegen, auf die es schon Parmenides verpflichtet hat. Nun läßt sich nach dem Gesagten gewiß nicht leugnen, daß die spekulative Logik dem ›reinen Sein‹ eine gegenständliche Natur zuschreibt, wenn sie sich auch von der parmenideischen Tradition insofern abgrundtief unterscheidet, als sie das vergegenständlichende Denken nicht naiv reproduziert, sondern reflektiert und in seiner Reflexion die Gegenständlichkeit des Seins als Schein entlarvt. Damit ist die Differenz aber noch nicht vollständig angegeben, und zwar deshalb nicht, weil das ›reine Sein‹ am Anfang der spekulativen Logik keineswegs *nur* als Gegenstand begegnet. Soll es doch, genauso wie das ›reine Nichts‹, das »reine, leere Anschauen selbst« sein.

Inwiefern das Sein als Anschauungsinhalt zugleich das Anschauen selber ist, läßt sich zunächst systemimmanent, im Rückgriff auf Hegels Konstruktion des Zusammenhangs von *Logik* und *Phänomenologie*, verständlich machen[5]. Systemimmanent –

5 Vgl. zum Ganzen dieses Zusammenhangs, der hier nur von einer bestimmten Seite beleuchtet werden soll, Fulda (1965).

das heißt negativ: noch nicht so, daß von der Sache her sichtbar würde, warum das Sein das Anschauen selber ist. Dies kann, wenn überhaupt, erst in der Reflexion auf den Wahrheitsgehalt von ›Sein‹ geschehen. Was aus einer Konstruktion abgeleitet wird, vermag selber nur konstruiert zu werden. Aber eben darauf und nur darauf kommt es zunächst an, zu zeigen, daß die Identität von Sein und Anschauen nach Maßgabe des Hegelschen Systems konstruktionsgerecht ist.

Die *Phänomenologie* erhebt das Bewußtsein, das als solches sich in Opposition zu einem ihm fremden Gegenstand befindet, »auf den Standpunkt des reinen Wissens, auf welchem der Unterschied des Subjektiven und Objektiven verschwunden ist« (61_{24}/76). Am Ende des Weges, den sie beschreibt, ist dieser Unterschied insofern verschwunden, als die Fremdheit im Verhältnis von Wissen und Gegenstand aufgehoben ist. Das über sich hinausgewachsene, eben durch die Aufhebung der Entfremdung zum reinen oder ›absoluten‹ Wissen geläuterte Bewußtsein bezieht sich auf Anderes so, daß es sich darin auf sich selbst bezieht. Aufgabe der *Logik* ist es nun, die Figur solch einer Selbstbeziehung in das ihr eigentümliche Element, in das Element des ›Logischen‹, einzuzeichnen. Diese Aufgabe kann sie nur erfüllen, indem sie an das Resultat der *Phänomenologie* anknüpft. Allerdings darf ihr Anfang mit dem Ende des phänomenologischen Weges nicht einfachhin identisch sein. Wenn sie für das Verständnis der immanenten Genese reiner Wissenschaft leisten soll, was die *Phänomenologie* im Nachvollzug der Bildungsgeschichte des Bewußtseins leistet, dann muß sie vielmehr dort beginnen, wo das für die Entstehung von Wissenschaft verantwortliche Denken in dem Schein befangen ist, der dem am Anfang der *Phänomenologie* analysierten Schein entspricht, dem Schein der in sinnlicher Gewißheit behaupteten Unmittelbarkeit. Den europäischen Wissenschaftsprozeß setzt dieses Denken, das parmenideische, in Gang, sofern es durch die Abstraktion von allem Seienden erstmals in die Sphäre des reinen Gedankens emporsteigt. In Analogie zur sinnlichen Gewißheit aber steht es nicht nur aufgrund seiner Befangenheit in dem reinen Schein, den es durch die Vergegenständlichung des Ungegenständlichen erzeugt, sondern auch insofern, als in der Folge dieser Vergegenständlichung zwischen ihm und seinem Abstraktionsprodukt dasselbe Höchstmaß an Fremdheit herrscht, das den Ausgangspunkt des in der *Phänomenologie* beschriebenen Weges bildet. Wie das auf sinnlicher Gewißheit beharrende Bewußtsein im *individuum ineffabile* sich nicht wiederfindet, so hat das anschauliche Denken des reinen Seins »*nichts* in ihm anzuschauen« und »ebensowenig etwas in ihm zu denken«. Es verliert sich in seinem Gegenstand und kann sich darin nicht befriedigen. Diese Strukturähnlichkeit der Anfänge setzt sich in deren weiterer Bestimmung fort: Wie die *Phänomenologie* jenes Bewußtsein in einen Prozeß hineinzwingt, der es darüber belehrt, daß sein scheinbar ganz transzendenter Gegenstand Wahrheit nur in der Allgemeinheit hat, in der es selber gründet, so wird in gewisser Weise auch dieses Denken den Zusammenbruch seiner Grundannahme an sich selbst erfahren.

Die Übereinkunft des Logikanfangs mit dem Anfang der *Phänomenologie* impliziert nun einen Dissens mit deren Ende. Gleichwohl soll der Logikanfang, wie gesagt, das Resultat der *Phänomenologie* und mit ihm die Aufhebung jener Fremdheit voraussetzen: »Die reine Wissenschaft setzt somit die Befreiung von dem Gegensatze des Bewußtseins voraus« (30_{34}/43). Hieraus entstehen Schwierigkeiten, deren Hegel wohl kaum völlig Herr geworden ist. Sie lassen sich am Ungeschick der Formulierungen ablesen, mit denen er beides – die Identität und die Differenz von logischem Anfang und phänomenologischem Ende – zu treffen versucht. Als Beispiel sei eine Stelle aus dem Text über den Anfang der Wissenschaft angeführt. Hegel schärft uns hier ein, daß »das reine Sein als die Einheit zu betrachten ist, in die das Wissen auf seiner höchsten Spitze der Einigung mit dem Objekte zusammengefallen ist« (58_{2}/72). Danach ist das reine Sein nicht etwa die am Ende der *Phänomenologie* erscheinende Einheit, die aus der Vermittlung des Unterschieds von Subjektivem und Objektivem hervorgeht. Bereits diese Vermittlung und ihr Resultat, das ›absolute Wissen‹, stellt Hegel an der zitierten Stelle anders dar als sonst, anders auch als in der Einleitung der *Logik* selber, derzufolge »in dem absoluten Wissen die Trennung des Gegenstandes von der Gewißheit seiner selbst vollkommen sich aufgelöst hat und die Wahrheit, dieser Gewißheit, sowie diese Gewißheit, der Wahrheit gleich geworden ist« (30_{30}/43). Indem Hegel, merkwürdig rücksichtslos gegenüber der korrelativen Subjektivierungsbewegung, das ›absolute Wissen‹ auf der »höchsten Spitze der Einigung mit dem Objekte« ansiedelt, zielt er im vorhinein auf die Gegenständlichkeit, die herausspringen muß, wenn einsichtig werden soll, warum das reine Wissen des phänomenologischen Endes am logischen Anfang zum reinen Sein wird. Damit ist diese Gegenständlichkeit freilich noch nicht erreicht. Ihrem vollen Umfang nach resultiert sie erst aus einem Akt, der am Anfang der Logik zusammen mit dem Ende der *Phänomenologie* vorausgesetzt ist, jedoch über den phänomenologischen Prozeß der Selbstaufhebung des Bewußtseins hinausgeht. Durch ihn ist das Wissen in die Einheit »zusammengefallen«, als die wir das reine Sein zu betrachten haben. Diesen Akt dürfen wir wohl als die Vergegenständlichung dechiffrieren, die den basalen Schein erzeugt. Denn Ausdrücke wie ›Zusammenfallen‹ und ›Zusammensinken‹ indizieren in der Seinslogik auch andernorts den durch das vergegenständlichende Denken hervorgebrachten Schein[6].

Aber was heißt das eigentlich: Das Wissen fällt in die Einheit zusammen, die das Sein ist? Inwiefern ist das Sein Einheit? Einheit wovon? Offenbar doch Einheit des Gewußten mit dem Wissen selber, Einheit von Anschauen und Anschauungsinhalt. Es ist eben das *Wissen*, das in die als ›Sein‹ titulierte Einheit »zusammengefallen« ist, und zwar so, daß es darin mitvorkommt: »Dies reine Sein ist die Einheit, in die das reine Wissen zurückgeht...« (57_{16}/72). Wir haben also weder bloß die durch die Aufhebung des Bewußtseinsgegensatzes entstandene Einheit von Wissen und Gegenstand vor uns noch auch bloß pure Gegenständlichkeit. Vielmehr artikuliert der Titel ›das reine Sein‹ jene Einheit von der Seite der in ihr enthaltenen Gegenständlichkeit her, aber so, daß die Einheit als solche bewahrt bleibt. Hiermit ist der systematische Hintergrund aufgehellt, auf dem der Logikanfang das anschaulich zu denkende Sein dem Denken oder An-

6 S. unten, bes. S. 192, 235.

schauen selber gleichsetzt. Zumindest mit Rücksicht auf das Verhältnis der *Logik* zur *Phänomenologie* muß man tatsächlich sagen: Das ›reine Sein‹ ist nach der Konzeption Hegels nicht *nur* Gegenstand, sondern auch dasjenige, das es vergegenständlicht. Zugleich sind wir damit auf dem Wege zu dem Ziel, die Hypothese über Hegels Verfahren einer kritischen Darstellung in der Auslegung des Logikanfangs zu bewähren, ein gutes Stück vorangekommen. Es war ja zu zeigen, daß und wie Hegel die Kritik des Scheins schon am Anfang mit der Darstellung von Wahrheit synthetisiert. Entsteht nun der Schein, in den das reine Sein sich auflöst, durch dessen Vergegenständlichung, so leuchtet ein, daß Hegel diesen Schein insofern ineins mit der Darstellung von Wahrheit kritisiert, als er die Ungegenständlichkeit des Seins ins Spiel bringt. Um Mißverständnissen vorzubeugen, sei nochmals betont: Das *Phänomen*, auf das Hegel blickt, wo immer er einen wahrheitsfähigen Seinsbegriff beanspruchen mag, hat sich uns noch *nicht* aufgeschlossen. Einsichtig dürfte durch die Fixierung des systematischen Orts der Seinstheorie lediglich geworden sein, daß die Kritik des Scheins methodisch mit der Darstellung von Wahrheit untrennbar verknüpft ist. Wenn Hegel nämlich das Sein nur dadurch als vergegenständlichtes zu thematisieren vermag, daß er gleichzeitig auf der Ungegenständlichkeit des Seins besteht, dann muß er auch die Kritik des durch Vergegenständlichung erzeugten Scheins an die Darstellung der im Ungegenständlichen zu suchenden Wahrheit binden.
In Anbetracht der Wichtigkeit des Punktes lohnt es sich, den durch die Synopse von *Logik* und *Phänomenologie* in unseren Gesichtskreis getretenen Sachverhalt ein wenig genauer zu fassen. Insbesondere muß von der *Phänomenologie* her noch deutlicher werden, welcher Rang der Identifikation des Seins mit dem »Anschauen selbst« gebührt. Daß das Sein nicht nur Gegenstand des anschauenden Denkens, sondern auch dieses selber sei, soll keineswegs bloß besagen: Es ist das eine und das andere gleichermaßen oder Anschauen gar nur beiherspielend, zusätzlich zu seiner grundlegenden Gegenständlichkeit. Vielmehr ist es *wesentlich* Anschauen. Vorhin hieß es: Der am Anfang der Logik entfaltete Seinsbegriff umschreibt die am Ende der

Phänomenologie erreichte Einheit von Wissen und Gegenstand unter dem Aspekt der Gegenständlichkeit, aber so, daß er durchaus auf die Einheit als solche abhebt. Die Schwierigkeit, seinen Bedeutungsgehalt angemessen wiederzugeben, beruht wohl vor allem auf der diffizilen Stellung der Gegenständlichkeit. Sagt man, die Gegenständlichkeit gebe den Aspekt ab, unter dem der Seinsbegriff die Einheit von Wissen und Gegenstand reformuliert, so ist zweifellos mitgesagt, daß sie die Bestimmtheit des Ganzen ausmacht und insofern mehr ist als der Gegenstand, mit dem das Wissen, als es noch Bewußtsein war, sich konfrontiert sah. Dennoch ist es dieser Gegenstand, der auf der Ebene des reinen Seins zur Bestimmtheit des Ganzen avanciert. Das Wissen aber, auf das Hegel bei der Explikation des Seinsbegriffs zurückgreift, ist als reines oder absolutes in gar keiner Weise bloß Moment des Ganzen, sondern das Ganze selber, die Einheit seiner selbst und seines Gegenstands. Diese Einheit bleibt es auch dann, wenn es durch die Vergegenständlichung oder damit, daß das Ganze die Bestimmtheit der Gegenständlichkeit annimmt, in anschauendes Denken übergeht. Folglich ist das reine Sein ursprünglich – in einer Ursprünglichkeit, deren Tiefendimension sich jetzt noch nicht freilegen läßt – das reine Wissen, das reine Wissen in dem der Gegenständlichkeit korrelierenden Modus anschauenden Denkens, und Gegenstand oder Anschauungsinhalt nur in einer Abkünftigkeit, in deren phänomenologisch-logischer Konstruktion sich widerspiegelt, daß das vergegenständlichende Denken sich seine eigene Realität verdeckt.

Nun definiert Hegel das Sein als »ganz abstrakte, unmittelbare Beziehung auf sich selbst« (II 355_{10}/404) oder als »einfache Beziehung auf sich« (II 504_{34}/572; vgl. R.-E. Schulz 1973). Die Definition wirft zweifellos eine Fülle von Problemen auf, nicht zuletzt deswegen, weil sie zu den erst in einem fortgeschrittenen Stadium der Logik, wenn auch bereits bei der Daseinsanalyse (vgl. 107_{5}/128, 127_{30}/151), eingeführten Seinsbestimmungen gehört. Wir müssen am Ende nicht nur auf sie selber zurückkommen, sondern auch diese Probleme aufgreifen (s. V. 2). Im Augenblick aber interessiert die Bestimmung ›einfache Beziehung auf sich‹ allein insofern, als sie das Ergebnis bekräftigt, zu dem wir bei dem Versuch, das Sein auf die Schlußkonstellation der *Phänomenologie* abzubilden, gelangt sind. Denn als Selbstbeziehung denkt Hegel nach dem vorhin Gesagten eben diese Konstellation, die Einheit von Wissen und Gegenstand. Mit der – wie auch immer zu verstehenden – Deutung des Seins als einfacher Beziehung auf sich nimmt er also die der reinen Wissenschaft anvertraute Aufgabe in Angriff, die in dieser Einheit vorgezeichnete Figur ins ›Logische‹ einzutragen. Dabei besteht eine genaue Proportionsanalogie zwischen der logischen Bestimmung des Seins als elementarer Selbstbeziehung und seiner Deklaration zum Nachfolger des reinen Wissens einerseits sowie zwischen der Einfachheit jener Selbstbeziehung und dem Versenktsein des reinen Wissens in das Element der Gegenständlichkeit andererseits. Das Sein kann nur als die Beziehung selber in Anspruch genommen werden, weil es nicht bloß und seiner Wahrheit nach sogar überhaupt nicht Gegenstand ist, sondern das zum anschaulichen Denken gewordene Wissen als die Einheit, in die der Unterschied von Bewußtsein und Gegenstand sich aufgehoben hat. Fiele es schlicht auf die Seite des Gegenstands, mit dem das Bewußtsein konfrontiert war, so ließe es sich auch logisch allein als *relatum,* nicht als *relatio* rekonstruieren. Zugleich erinnert die Einfachheit daran, daß der Gedanke des reinen Seins die Einheit als selbst wieder vergegenständlichte vorstellig macht. Genauer: den vergegenständlichten Charakter des reinen Seins indiziert der Begriff der Einfachheit nach seiner in die Dimension des Scheins verweisenden Bedeutung. Wie Hegel Einfachheit generell in die Wahrheitsdimension hinüberzuretten versucht, so wird er auch die als definiens von Sein reklamierte ›einfache Beziehung auf sich‹, und zwar *als* einfache, nach ihrem Wahrheitsgehalt darstellen.

Zu demselben Ergebnis wie die Projektion der Bestimmung ›einfache Beziehung auf sich‹ auf den phänomenologischen Hintergrund der Logik führt die Vergegenwärtigung einer auch in anderer Hinsicht aufschlußreichen Stelle aus der dritten Anmerkung zum Abschnitt über die Einheit von Sein und Nichts (83$_{14-23}$/101). Aufgrund der »Unbestimmtheit und Leerheit des Vorstellens«, das die reine Abstraktion des Seins vor sich hinstellt, ist es, sagt Hegel da, »gleichgültig, diese Abstraktion Raum zu nennen oder reines Anschauen, reines Denken«; denn wegen der Bestimmungslosigkeit des Vorgestellten ist, fährt er in drastischer Hervorhebung des unter dem Titel ›reines Sein‹ gedachten Scheins fort, alles »dasselbe« und am ehesten noch dem zu vergleichen, »was der Inder (...) *Brahma* nennt« – »wenn er äußerlich bewegungslos und ebenso in Empfindung, Vorstellung, Phantasie, Begierde, usf. regungslos jahrelang nur auf die Spitze seiner Nase sieht, nur *Om, Om, Om* innerlich in sich, oder gar Nichts spricht«. Auch kontextunabhängig bemerkenswert ist die Stelle, weil sie verrät, daß die in der Logik des reinen Seins enthaltene Kritik offen hervortritt und gar zu ironisch-sarkastischer Polemik wird, sobald Hegel, der Eurozentriker, Analogien zum Anfang im außereuropäischen Raum aufsucht, ungehemmt durch die Pflicht zum Respekt vor dem Vater abendländischen Denkens. In unserem Zusammenhang aber ist zu fragen: Warum bezeichnet er den Anfang, wenn jede seiner möglichen Bestimmungen auf dasselbe hinausläuft, gleichwohl als Sein, und dies nicht von ungefähr, sondern in der festen Überzeugung, daß die »einfache Unmittelbarkeit« in ihrem »wahren Ausdrucke« *nur* Sein und sonst nichts sei (54$_{8-14}$/68)? Der Schlußsatz des angeführten Absatzes beantwortet die Frage: »Dieses dumpfe, leere Bewußtsein ist, als Bewußtsein aufgefaßt, das *Sein.*« Der logische Anfang ist also gerade dann als Sein zu bezeichnen, wenn man zum Ausdruck bringen will, daß er noch mehr und im Ursprung anderes ist als der in seiner totalen Bestimmungslosigkeit auch völlig beliebige Schein, den die Vergegenständlichung erzeugt, nämlich das vergegenständlichende Denken selber. Als der mit Rücksicht auf die Vergegenständlichung modifizierte Nachfolgebegriff des reinen Wissens steht ›Sein‹ auch in der Nachfolge des Bewußtseins, aus dessen Selbstaufhebung das reine Wissen hervorgegangen ist. Wie es die Urform der Beziehung darstellt, als die dieses Wissen sich erwiesen hat, und nicht bloß das darauf Bezogene, so ist es auch ursprünglich kein Bewußtes, sondern dasjenige Bewußtsein, das der nach der Aufhebung der Fremdheit des Gegenstands wiederauferstandenen Gegenständlichkeit entspricht.

Diese Erläuterungen dürften hinreichend deutlich gemacht haben, inwiefern die Identifikation des Anschauungsinhalts ›Sein‹ mit dem Anschauen selber der spekulativen Logik die Möglichkeit gibt, Kritik des Scheins von Anfang an in Einheit mit der Darstellung von Wahrheit zu sein. Bevor wir untersuchen, was es denn nun mit dieser Wahrheit auf sich hat, müssen wir aber in der Korrektur der von Tugendhat vorgeschlagenen Interpretation noch einen Schritt weitergehen. Wenn der Zusammenhang von *Logik* und *Phänomenologie* hier richtig wiedergegeben ist, dann muß die Abstraktion, unter der Tugendhat ausschließlich ein Absehen von der Bestimmtheit alles Seienden versteht, auch eine Selbstentäußerung des Denkens sein. Und zwar ist es zunächst das logisch operierende, das in der Logik oder als logische Wissenschaft tätige Denken, das von sich abstrahieren muß. Kann es sich doch in das der sinnlichen Gewißheit analoge Denken allein dadurch hineinversetzen, daß es sich des Reichtums entledigt, den es auf dem Wege zum absoluten Wissen erworben hat. Sodann aber muß auch das Denken, in welches es sich hineinversetzt, immer schon von sich abstrahiert haben. Denn anders könnte es das Sein, das als Anschauen es selber ist, nicht zum Gegenstand machen. Die von ihm verantwortete Vergegenständlichung des Seins ist notwendig seine Selbstvergegenständlichung, und die läßt sich nur aus seiner Abstraktion von sich begreifen. Als das Absolute hat Parmenides den einfachen Gedanken des reinen Seins, so lesen wir denn auch in der *Wissenschaft der Logik*, »mit der reinen Begeisterung des Denkens, das zum ersten Male sich in seiner absoluten Abstraktion erfaßt, ausgesprochen« (68_{13}/84). Abstrahiert hat das parmenideische Denken danach nicht nur von der Bestimmtheit alles Seienden; abstrahiert hat es auch und zumal von seiner eigenen Fülle.

Die Abstraktion von der Bestimmtheit alles Seienden kann als solche keine Quelle von Schein sein. Denn jedes Denken, sei es nun vergegenständlichend oder nicht, *ist*, von seiner Verstandesseite her betrachtet, notwendig eine derartige Abstraktion. Diese ist nichts anderes als »die ungeheure Macht des Negativen«, welche dem Denken allererst die »Energie« liefert (PhdG 29_{32}/36). Wenn also das Denken von sich selbst abstrahiert, so abstrahiert es von der Abstraktion von allem Seienden. Daher kommt seine Bewußtlosigkeit über die Konstitution des Seinsbegriffs; und darin ist desgleichen begründet, daß auch das in der Logik tätige Denken die von jeglicher Bestimmtheit absehende Abstraktion, deren Resultat das ›reine Sein‹ ist, nur in äußerer Reflexion zur Sprache bringen darf. Als »Resultat der vollkommenen Abstraktion« muß das Sein »hinter der Wissenschaft zurückgelassen« werden, weil die Abstraktion des kritisch dargestellten Denkens von seiner eigenen Abstraktionsleistung mit in die kritische Darstellung einzugehen hat. »Hier ist das Sein das Anfangende, als durch Vermittlung, und zwar durch sie, welche zugleich Aufheben ihrer selbst ist, entstanden dargestellt« (54_{15}/68)[7]. Die Vermittlung, der das Sein seine Entstehung verdankt, ist die Abstraktion von der Bestimmtheit alles Seienden; sie hat sich selbst aufgehoben, sofern das am Anfang betrachtete Denken auch von ihr noch abstrahiert; und das Sein muß so dargestellt werden, wie es durch die sich aufhebende Vermittlung entstanden ist, weil die Darstellung sonst eben nicht das Sein als den Gegenstand des darin sich selbst vergegenständlichenden Denkens träfe.

Schein erzeugt die Abstraktion von der Bestimmtheit alles Seienden erst dadurch, daß ihr Residuum durch die Abstraktion des Denkens von sich selber das Aussehen eines für sich bestehenden Etwas annimmt. Bei der Rekonstruktion des Zusammenhangs der *Logik* mit der *Phänomenologie* war ungeklärt geblieben, wie es denn überhaupt zu der Vergegenständlichung kommt, die gleichsam zwischen dem Ende der *Phänomenologie* und dem Anfang der *Logik* geschehen sein muß, wenn das reine Wissen als reines Sein auftauchen soll. Diese Frage ist jetzt mit dem Hinweis auf die Abstraktion des Denkens von sich selber beantwortet worden. Die Abstraktion des Denkens von sich aber, als Selbstabstraktion des vergegenständlichenden Denkens schuld am Schein, muß auch in nicht-vergegenständlichender Form

7 Die Einsicht in die Bedeutung dieser Stelle für den Gedanken der Abstraktion von der Abstraktion verdanke ich Thomas Kesselring, der in seiner im Entstehen begriffenen Dissertation einen meiner Deutung in wesentlichen Punkten vergleichbaren Interpretationsansatz entwickelt.

möglich sein. Andernfalls nämlich könnte sie nicht auch von dem in der logischen Wissenschaft tätigen Denken vollbracht werden. Die beiden Formen, in denen sie auftritt, unterscheiden sich wesentlich. Die für den Schein hypostasierter Gegenständlichkeit verantwortliche Abstraktion des Denkens von sich selber ist eine Selbstentäußerung, die den Charakter von Selbst*entfremdung* hat. Daher weiß das vergegenständlichende Seinsdenken von ihr nichts. Das in der Logik agierende Denken hingegen entäußert sich zwar auch, aber so, daß es zugleich bei sich bleibt. Es bleibt das reine Wissen, das es an sich ist, wenn es auch von der Erfahrung, die ihm im Prozeß der Selbstaufhebung des Bewußtseins zugewachsen ist, bei der Darstellung des Anfangs keinen Gebrauch macht. Die von ihm geforderte Selbstabstraktion gehört dem Denken, das sich auf die Ebene des Begriffs erhebt, genauso notwendig zu wie die Abstraktion von der Bestimmtheit alles Seienden. Hierin ist die Abstraktion von sich, in der die Vergegenständlichung des Seins ihren Grund hat, ihrerseits begründet. Weil das Denken als solches sich entäußern muß, um sein zu können, was es ist, kann es sich nur aus einem Zustand herausbilden, in welchem es sich zunächst vollkommen fremd ist. Es könnte sich daraus aber auch nicht herausbilden, könnte den Schein, in dem es anfangs ganz und gar befangen ist, nicht durchschauen, wäre nicht noch in dem Akt, durch den es sich preisgibt, es selber am Werk.

2. Das Aufscheinen eines wahrheitsfähigen Sinns von Sein im Geschehen des Denkens selber

Worin besteht nun aber der Wahrheitsgehalt der Rede von ›Sein‹? Gewiß ist auf den ersten Blick nur, worin er *nicht* besteht. Sagt man: ›Das Sein ist das Nichts‹, so kommt man der Wahrheit um keinen Deut näher. Jedenfalls dann nicht, wenn man dies so sagt wie das am Anfang der Logik beobachtete Denken. Dann nämlich bringt der Satz ›Das Sein ist das Nichts‹ lediglich zum Ausdruck, daß das vergegenständlichte Sein für ein gleichermaßen vergegenständlichtes Nichts ausgegeben wird. Daß der am Anfang der Logik vorgeführte Umschlag von Sein in Nichts, in »das abstraktseinsollende Nichts« (102₅/122), den Schein bloß reproduziert, liegt ja schon insofern auf der Hand, als er im Medium völliger Bestimmungslosigkeit stattfindet und nur darin stattfinden kann; nur aufgrund seiner Leere ist das Sein das Nichts. Er reproduziert aber auch den durch die Vergegenständlichung selber erzeugten Schein. Das geht daraus hervor, daß nicht nur das Sein in das Nichts umschlägt, sondern auch das Nichts in das Sein. Das Nichts schlägt in Sein um, sofern es als seiend gedacht wird. Seine Identität mit dem Sein folgt daraus, daß es in unserem Anschauen oder Denken »ist«. Zur Verdeutlichung des hier gemeinten Sinnes von ›sein‹ hat Hegel in der zweiten Ausgabe seiner Logik, ungeachtet des wesenslogischen Kontextes der Existenzkategorie, hinter dem in der Erstausgabe noch nicht hervorgehobenen »ist« in Klammern »existiert« hinzugefügt – eine Ergänzung, die man im Zusammenhang damit sehen muß, daß er zwischen diesen und den in der Erstausgabe unmittelbar vorhergehenden Satzteil (»Nichts Anschauen oder Denken hat also eine Bedeutung«) die Worte einschiebt: »beide (nämlich das anschauende Denken und das Nichts – M. T.) werden unterschieden«. Das Nichts, wiewohl der Bedeutung seines Begriffs gemäß das Nicht-Etwas, kommt nach dem Selbstverständnis des anschauenden Denkens als ein selbständiges Etwas, als ein von ihm unterschiedenes Seiendes in ihm vor. Diese seine Seiendheit ist aber Schein. Jenen Begriff des Geltens, der – wie wir sahen – stets Schein indiziert, führt Hegel in Verbindung mit ihr ein. Nach seiner Beobachtung »gilt es als ein Unterschied, ob etwas oder *nichts* angeschaut oder gedacht wird«. Die aus sich selbst kaum hinreichend interpretierbare Bemerkung muß im Lichte des ihr nachfolgenden Hinweises auf die Existenz des Nichts gelesen werden. Das anschauende Denken unterscheidet zwar zwischen nichts und etwas. Indem es aber nichts zugleich von sich unterscheidet, und zwar als ein für sich Existierendes, hebt es den anderen Unterschied, den von ›nichts‹ und ›etwas‹, gerade wieder auf. Es schaut nichts, dieses hypostasierend zu ›dem Nichts‹, faktisch wie ein Etwas an. Schein indiziert der Begriff des Geltens hier also, sofern das vergegenständlichende Denken dadurch, daß es ›das Nichts‹ anzuschauen glaubt, gar nicht unterscheiden kann, ob es etwas oder nichts anschaut. Die von ihm zunächst gemachte Unterscheidung, die an sich richtig ist, löst sich in Schein auf, weil sein tatsächliches Tun sie immer schon dementiert hat.

Mit der Vorstellung von der Seiendheit des Nichts wird der Schein, den die Vergegenständlichung des Seins erzeugt, sogar erst ganz offenbar. Denn erst wenn dem Etwas, als welches das Sein gedacht wird, das andere Etwas gegenübertritt, als das das Nichts gilt, bekommt das anschauende Denken voll zu erfahren, was es bedeutet, daß es im Vergegenständlichen stets auch verselbständigt. Der unendliche Progreß des »unmittelbaren Verschwindens des Einen in dem Anderen« ist die erste und für alles Weitere grundlegende Gestalt des seinslogischen Widerspruchs. Daß dieser im Vergleich mit dem gesetzten Widerspruch der Wesenssphäre »nur *an sich* ist« (E § 114), das heißt bloß für uns, also nicht für das betrachtete Denken selber, muß, wie sich bald zeigen wird, angesichts jenes Verschwindens fraglich erscheinen. Auf jeden Fall ist der wechselseitige Umschlag von Sein und Nichts in der Sache bereits der Widerspruch, den die Logik der Reflexionsbestimmungen als das »rastlose Verschwinden der Entgegengesetzten«, des Positiven und des Negativen, beschreibt (II 51_{11}/67). Der Widerspruch entsteht aber dadurch, daß das Sein und das Nichts einerseits dasselbe sein und andererseits für sich bestehen sollen; denn in ihrer »vorgestellten Selbständigkeit« sind sie nicht nur nicht dasselbe, sie bilden den extremsten Gegensatz, den es überhaupt gibt (vgl. McTaggart 1910, 16). In der Unauflösbarkeit dieser Antinomie wird in der Tat der Schein manifest, in den schon die Vergegenständlichung von ›sein‹ sich verfängt, sofern sie ihr Produkt nicht nur vom Denken abtrennt, sondern auch auf sich fixiert.

Nun ist gleichwohl über jeden Zweifel erhaben, daß Hegels Seinstheorie auch Darstellung von Wahrheit sein will. Wenn die »erste Definition« des Absoluten lautet: »Das Absolute ist das Sein« (E § 86), dann ist dieses auch die erste Erscheinungsform der Wahrheit, die nach Hegel im Ernst allein das Absolute für sich beanspruchen kann. Ja, der Gedanke des Seins, weit davon entfernt, bloß etwas Wahres an sich zu haben, ist, in elementarer Form, die Wahrheit schlechthin. Denn das Erste im Prozeß der Manifestation des Absoluten soll das Sein nicht bloß als Anfang sein, sondern als bleibende Grundlage. Es ist »das Anfangende«, aber so, daß es »allem Folgenden zugrunde liegen bleibt« (56_{19}/71). Entsprechend ihrer Zweidimensionalität als Entlarvung von Schein und Enthüllung von Wahrheit darf dieselbe Logik, die fundamental bereits im Hinausgehen über das Sein Ontologie kritisiert, als fortschreitende Explikation des Wahrheitsgehalts der Rede von ›sein‹ verstanden werden.

Als die im Fortgang sich bewahrende und bewährende Wahrheit ist das Sein *Übergehen.* »Was die Wahrheit ist, ist weder das Sein, noch das Nichts, sondern daß das Sein in Nichts, und das Nichts in Sein – nicht übergeht, – sondern übergegangen ist.« Dieses nur im »apriorischen Perfekt« (Heidegger) aussprechbare Übergehen ist von dem soeben erläuterten Umschlag streng zu unterscheiden. Es ist davon, ungeachtet des Zitats, gerade auch insofern zu unterscheiden, als der Umschlag den Rückumschlag nach sich zieht. Die Rotationsbewegung verrät, daß der Umschlag im Element des Scheins stattfindet. Jede neue Produktion von Schein an jeder neuen Stelle der Hegelschen Logik endet aufgrund dieser oder anderer Vergeblichkeiten in einer Sackgasse. Was positiv bedeutet: Fortgang gibt es in der Hegelschen Logik nur auf der Ebene der Darstellung von Wahrheit[8]. Daß das Übergehen sich zum Umschlag wie Wahrheit zu Schein verhält, ist daran abzulesen, daß es an sich zugleich ein Fortgehen impliziert. In seiner Struktur ist die für den Umschlag kennzeichnende Rückwendung zum Ausgangspunkt nicht angelegt.

Anhand des Textes läßt sich die Eigenart auch schon des anfänglichen Übergehens allerdings um so schwerer erkennen, als die *Wissenschaft der Logik* seine Verschiedenheit sowohl von der Unwahrheit, dem »Verschwinden« von Sein und Nichts ineinander, wie auch von der ›höheren‹ Wahrheit, dem »Werden«, faktisch immer wieder zudeckt[9]. Auch seine Gleichsetzung mit dem Werden liefert es in gewisser Hinsicht an die Unwahrheit des Scheins aus. Denn auch die Logik des Werdens ist (noch defiziente) Darstellung von Wahrheit und Kritik des Scheins ineins. Nach seiner Wahrheit ist das Werden, auf eine noch näher zu bestimmende Weise (s. S. 181 ff.), tatsächlich Übergehen. Aber das vergegenständlichende Denken stellt nicht nur Sein und Nichts, sondern auch ihr Übergehen als etwas vor, als ein »*Drittes* gegen sie, welches in seiner eigentümlichsten Form das *Werden* ist« (79_{14}/97). Hierin gründet die neue Gestalt, die der Widerspruch im Werden annehmen wird, eine absolut zerstörerische Selbstwidersprüchlichkeit, deren Herkunft aus dem Schein der

8 Karin Schrader-Klebert (1969, 123 ff.) sieht ihn am Anfang überhaupt nicht, weil sie sich an den Bestimmungen des Scheins orientiert, ohne deren Darstellung als kritische zu durchschauen. Zum Problem des Fortgangs vom Anfang vgl. Fulda (1969), 122 ff.

9 In der Konsequenz dieser Nivellierung setzt Hegel auch Verschwinden und Werden gleich. Die Wahrheit von Sein und Nichts ist nach Auskunft von C, 1 die »Bewegung des unmittelbaren Verschwindens des Einen in dem Anderen: *das Werden*«. Zwar räumt Hegel später eine Differenz in der Identität von Übergehen und Werden ein: »Übergehen ist dasselbe als Werden, nur daß in jenem die beiden, von deren Einem zum Andern übergegangen wird, mehr als außereinander ruhend und das Übergehen als *zwischen* ihnen geschehend vorgestellt wird« (79_{15}/97). Aber die Beschreibung der Differenz trifft gar nicht das ursprüngliche Übergehen, als das wahrheitsgemäß Sein zu denken ist, sondern das Verschwinden, den wechselseitigen Umschlag von Sein und Nichts. Den Unterschied von Übergehen und Werden markiert Hegel hier so, daß er damit zugleich den von Übergehen und Verschwinden einebnet.

Satz anzeigt: »Das Werden ist eine haltungslose Unruhe, die in ein ruhiges Resultat zusammensinkt« (93/$_{15}$/113; s. unten, S. 192). Nach beiden Seiten also, durch die Kontaminaton mit dem Verschwinden wie partiell auch durch die Transformation ins Werden, hüllt das Übergehen sich in Schein.

Die Logik folgt damit aber nur dem Denken, das sie darstellt. Wir haben hier den Fall vor uns, daß Darstellung zur Mimesis an den Schein gerät. Sie deckt die Wahrheit, um die es ihr geht, nicht wirklich auf, weil diese Wahrheit gleichsam nur hinter dem Rücken des dargestellten Denkens an den Tag kommt. Hinter dem Rücken – das soll, weniger metaphorisch ausgedrückt, besagen: Das Übergehen von Sein in Nichts und von Nichts in Sein ist das, was dem Denken geschieht, wenn dieses das Sein zum Gegenstand macht und unversehens als Nichts wiederfindet. Seinen Geschehenscharakter bringt Hegel ja auch angemessen zum Ausdruck: Die Wahrheit ist nicht ein Übergehen, das auf derselben Ebene liegt wie das Sein und das Nichts, sondern dies, *daß* das Sein und das Nichts ineinander übergegangen sind, wobei die Korrektur des Präsens durch das Perfekt auch noch die Verborgenheit des Vorgangs für das dargestellte Denken selber andeutet. Dieses ist vielzusehr vergegenständlichendes Vorstellen, als daß es gewahren könnte, was im Vergegenständlichen ihm selber geschieht. In dem literarisch aktenkundigen Streit um die Frage, ob der Gedanke an einen Übergang vom Logikanfang »fernzuhalten« sei (Gadamer 1971, 60) oder nicht (R.-E. Schulz 1973, 378), haben insofern beide Parteien recht. Das dargestellte Denken selber erfährt direkt nur den jähen Umschlag der Bestimmungen ineinander. Dieser Umschlag hat, trotz aller Gegensätzlichkeit, mit dem Übergehen, von dem ihn erst die reflexionslogische Reformulierung der Dialektik von Sein und Nichts abgrenzt[10], die Unvordenklichkeit gemein: Je schon oder, wie Hegel sagt, »unmittelbar« hat das vergegenständlichende Denken statt des intendierten Seins das Nichts, anstelle des intendierten Nichts das Sein vor sich. Unmittelbar – das heißt aber: ohne zu wissen, wie ihm geschieht, ohne Bewußt-

10 Vgl. II 51_{9}/69: »jedes ist schlechthin das Übergehen *oder vielmehr* das sich Übersetzen seiner in sein Gegenteil« (Hervorhebung M. T.).

sein also des Übergehens, das in Wahrheit genauso es selber ist wie das Sein, als dessen Wahrheit es sich eben in der äußeren Reflexion auf sein Tun darstellt.

Näher betrachtet, geschieht das Übergehen allerdings nicht *vollständig* hinter dem Rücken des dargestellten Denkens. Um sehen zu können, was an ihm sich diesem Denken entzieht, müssen wir eine Unterscheidung berücksichtigen, mit der die spekulative Logik von Anfang an arbeitet, obwohl sie innerhalb ihrer erst spät thematisch wird. Ich meine die Unterscheidung von Form und Inhalt[11]. Von ihr her empfängt Hegels Seinsbegriff seinen affirmativen, über seine kritische Funktion hinausreichenden Sinn. Nach Form und Inhalt wird das reine Sein bereits in der einleitenden Untersuchung über den Anfang der Wissenschaft differenziert. Nachdem Hegel behauptet hat, was vorhin schon zur Aufklärung des *Phänomenologie*-Bezugs herangezogen wurde: »Dies reine Sein ist die Einheit, in die das reine Wissen zurückgeht...«, fährt er fort: »... oder wenn dieses selbst noch als Form von seiner Einheit unterschieden gehalten werden soll, so ist es auch der Inhalt desselben« (57_{14}/72). Als Inhalt ist das Sein das vergegenständlichte, dasjenige, das die gesamte parmenideische Tradition als ein für sich bestehendes Etwas vorstellt. Gesetzt, es sei erlaubt anzunehmen, daß das Methodenpostulat des bloßen Zuschauens, des unmittelbaren Aufnehmens auch hier auf die Reproduktion des Scheins einfacher Unmittelbarkeit durch seine mimetische Darstellung abzielt, so dürfte man als Beleg den Satz betrachten: »Insofern das reine Sein als *Inhalt* des reinen Wissens genommen wird, so hat dieses von seinem Inhalte zurückzutreten, ihn für sich selbst gewähren zu lassen und nicht weiter zu bestimmen« (57 f./72). Ausschließlich inhaltliche Bedeutung hat jedenfalls auch der Begriff der reinen Unbestimmtheit, durch den Hegel das vergegenständlichte Sein

11 Auf ihre Relevanz für die Zwiefalt von Schein und Wahrheit des Seins bin ich durch einen Einwand aufmerksam geworden, den Ernst Tugendhat in einer Diskussion über meine Vorlesung vom Sommersemester 1976 gegen meine darin noch ohne Rücksicht auf sie formulierte Auslegung des Logikanfangs vorgebracht hat. – Vgl. zum Problem der Beziehung von Form und Inhalt auch Wolfgang Marx (1972), bes. S. 87 ff.

gleichwohl bestimmen muß: Das reine Sein ist *inhaltlich* total bestimmungslos. Mit diesem Begriff ist also noch nichts über Bestimmtheit oder Unbestimmtheit des als *Form* verstandenen Seins entschieden. Als Form aber ist das Sein, so kann man wenigstens der jetzt vervollständigten Bemerkung Hegels entnehmen, das reine Wissen, genauer: das dem reinen Wissen entspringende Anschauen, welches sich auch schon für uns gegen den Anschauungsinhalt abgehoben hat.

Sicherlich läßt die Unterscheidung von Inhalt und Form sich nicht deckungsgleich auf die Grunddifferenz von Schein und Wahrheit abbilden, nicht am Anfang und schon gar nicht im Fortgang der Logik. Einerseits formuliert die spekulative Logik, solange sie noch nicht das Niveau der ›absoluten‹ Form erreicht hat, auch eine inhaltliche, gegen die formale noch abzuhebende Wahrheit. Auf sie stoßen wir gerade auf der Suche nach einer Antwort auf die uns gegenwärtig leitende Frage, was am Übergehen für das anfänglich dargestellte Denken selber ist und was nicht. Das Seinsdenken bringt das Übergehen nämlich als inhaltlich bestimmtes vor sich. Das Übergehen des Seins ins Nichts wird ihm zum Vergehen, das Übergehen des Nichts ins Sein zum Entstehen; und in Entstehen und Vergehen erkennt es die Momente des Werdens, als das es das Übergehen wiederum inhaltlich auslegt. Wie also der Inhalt auch auf die Seite der Wahrheit fällt, so muß andererseits die Form in der objektiven Logik grundsätzlich scheinanfällig sein. Hegel verwendet ja den Begriff der Denkformen im wesentlichen als Synonym für den der Denkbestimmungen, in denen der von der Metaphysik erzeugte Schein sich verfestigt. So kann man auch nicht ausschließen, daß Hegel ebensowohl von der Form des Seins in kritischem Hinblick auf Schein spricht. Wenn er etwa die »Unmittelbarkeit des Seins« mit der »Form des Seins als solchen« gleichsetzt (E § 84), so versteht er unter dieser zweifellos die Bestimmung überhaupt, die das Sein am Anfang hat. Nimmt man die Stelle für sich, so läßt sich kaum entscheiden, ob Hegel an ihr den Formbegriff auf die völlige Bestimmungslosigkeit anwendet, die Schein indiziert, oder ob er nicht vielmehr aus der Bestimmung ›unbestimmte Unmittelbarkeit‹ das an der Unmittelbarkeit heraushebt, was wir als ein Moment im Wahrheitsgehalt des Seinsbegriffs erkennen werden (s. unten, S. 198 ff.). Wie dem auch sei, gewiß ist, daß wir verfehlen, was am Übergehen dem anfänglich dargestellten Denken sich verbirgt, beziehen wir nicht die »Form des Seins als solchen« auch und zwar wesentlich auf dessen Wahrheit. Das Übergehen, im ganzen die seinslogische Präsenz dessen, »was in Wahrheit ist«, enthält Wahrheit sowohl dem Inhalt wie der Form nach. Dabei liegt im Konzept der spekulativen Logik, daß die als Form zu begreifende Wahrheit die ursprünglichere ist. Hebt doch die spekulative Logik, in ihrer (prätendierten) Vollendung als Begriffslogik, den in Seins- und Wesenslehre noch bestehenden Unterschied von Form und Inhalt auf dem Boden der *Form* auf; die begriffslogische Einheit von Form und Inhalt ist eben nicht Inhalt, sondern ›absolute Form‹. Auf diese als ursprüngliche Wahrheit in Anspruch genommene Form muß Hegel abzielen, wenn er für Sein im Sinne der Form das zum anschaulichen Denken gewordene Wissen ausgibt, und dies so, daß er es ausdrücklich gegen das Sein als Anschauungsinhalt abgrenzt.

Inwiefern darf man nun aber sagen, das anschauende Denken selber sei Sein als Form? Die Antwort kann hier erst nur thetisch ausfallen. Ich möchte die These wagen: Diese Form ist die Figur der Bewegung, die das anschauende Denken im Versuch der Vergegenständlichung des Seins ausführt. In dem Geschehen, als das die *Wissenschaft der Logik* das Denken des inhaltslosen Inhalts ›Sein‹ begreift, bildet sich die als ursprüngliche Wahrheit aufscheinende »Form des Seins als solchen«. Da das Sein seinem ursprünglichen Sinn nach mit dem anschauenden Denken zusammenfällt, ist auch seine Form die Form dieses Denkens. Trotz ihrer durch ihre Anfänglichkeit ausgezeichneten Stellung gehört die Form des anschauenden Denkens mit in die Reihe der Denkformen, deren Zusammenhang die Logik aufhellen will. Von ihnen wissen wir bereits: »Die Denkformen sind zunächst in der *Sprache* des Menschen herausgesetzt und niedergelegt« (9_{32}/20). Dementsprechend wird auch die Form des anschauenden Denkens greifbar, sobald dieses Denken das Geschehen, das es selber ist, ausspricht. Ihm geschieht, daß das Sein immer schon

ins Nichts übergegangen ist. Was ihm derart geschieht, faßt es in den Satz: ›Das Sein ist das Nichts‹. Für es selber drückt dieser Satz bloß den Umschlag von Sein in Nichts aus, der den Umschlag von Nichts in Sein nach sich zieht, so daß es gleich hinzufügen muß: ›Das Nichts ist das Sein‹. Aber ›im Satz vorhanden‹ ist ein Sein, dessen syntaktische Form, die Copula, genau die vom Denken gemachte Bewegung des Übergehens artikuliert. Während das vergegenständlichende Denken selber zunächst in den Inhalt versenkt ist, der im Satz als Subjekt fungiert, in das scheinhafte ›Sein‹, und sodann auf den Inhalt gestoßen wird, der als Prädikatsnomen auftritt, auf das gleichermaßen scheinhafte ›Nichts‹, hat es in seinem eigenen ›ist‹-Sagen faktisch bereits, was das Gesuchte in Wahrheit allein ist: eben das Übergehen, das an ihm geschieht. Es ist dieses in der sprachlichen Form des ›ist‹ herausgesetzte Übergehen, das dem dargestellten Denken als einem vergegenständlichenden notwendig sich verbirgt.
Noch ist freilich der Versuch, die dieser Untersuchung zugrunde liegende Hypothese, daß die spekulative Logik in problematischer Einheit von Kritik und Darstellung auch Schein und Wahrheit ineinsbilde, an der Logik des reinen Seins zu erproben, nicht vollständig gelungen. Aber nachdem wir im reinen Sein anfangs nichts als Schein gefunden hatten und erst vorhin im anschauenden Denken selber auf den Ort seiner möglichen Wahrheit gestoßen waren, ist jetzt immerhin zu ahnen, inwiefern das anschauende Denken mit Sein noch auf andere als die kritisierte Weise zu tun haben könnte. Ausgegangen ist die Interpretation von der Grundlage, die Tugendhat durch seine Einsicht in die Herkunft des ›reinen Seins‹ aus der parmenideischen Ontologie geschaffen hat. Dabei wurde von seiner Behauptung, daß Hegels ›reines Sein‹ mit dem ›ist‹ unvereinbar sei, vorläufig abgesehen. Nun aber eröffnet sich uns eine Perspektive, in der dieses Sein offenbar doch als ›ist‹ begegnet. Während das Sein als parmenideisch gedachter Anschauungsinhalt sich in Schein auflöst, stellt das ›ist‹ sich als die Wahrheit dar, die das Sein im anschauenden Denken selber hat. Das ›ist‹ jedoch fungiert, als »unselbständiger Bestandteil eines Satzes«, nirgends sonst als eben im Satz. Ließe sich also unter dem ›reinen Sein‹ tatsächlich

auch der Infinitiv des Verbums ›ist‹ verstehen, so wäre die spekulative Logik schon am Anfang, als was sie sich nach unserer Hypothese am Schluß enthüllt: eine Theorie des Satzes, die in der Kritik des Scheins, der durch die vergegenständlichende Loslösung der ›Begriffe‹ aus dem Funktionszusammenhang des Satzes entsteht, Wahrheit letztlich im Satz selber manifestiert sieht.

Aber besitzt Hegels ›Sein‹ wirklich die Bedeutung von ›ist‹? Es waren bloß unsere eigenen Überlegungen, die uns dazu geführt haben, den Begriff der Form des Seins als solchen auch auf das ›ist‹ zu beziehen. Im Text des Logikanfangs kommt es als Bestimmung des reinen Seins überhaupt nicht vor. Darin kommt es allerdings deshalb nicht vor, weil es außerhalb der Reichweite des am Anfang dargestellten Denkens liegt. Und dem dargestellten Denken entzieht es sich, weil dieses Denken gänzlich vom Schein geblendet ist. Das ›reine Sein‹, welches das vergegenständlichende Denken anschaut, könnte nicht die »*vollkommene* Unwahrheit« sein, die es nach Hegel ist, wäre in ihm Platz für die Wahrheit. Insofern liefert der Umstand, daß das anfangende Denken mit dem ›ist‹ nichts anfangen kann, gerade einen indirekten Beweis dafür, daß Hegel den Wahrheitsgehalt der Rede von ›Sein‹ im ›ist‹ sucht.

Selbstverständlich kann das ›ist‹, als Bestimmung des reinen Seins, am Anfang der Logik nur fehlen, weil auch das darstellende Denken, in der schon beobachteten Mimesis an das dargestellte, es, wie es scheint, verschweigt. Immerhin geht Hegel, in der äußeren Reflexion auf den Satz, einen beachtlichen Schritt in die von uns eingeschlagene Richtung. »Insofern«, notiert er in der zweiten Anmerkung zum Abschnitt über die Einheit von Sein und Nichts, »der Satz: *Sein und Nichts ist dasselbe,* die Identität dieser Bestimmungen ausspricht, aber in der Tat ebenso sie beide als unterschieden enthält, widerspricht er sich in sich selbst und löst sich auf. Halten wir dies näher fest, so ist also hier ein Satz gesetzt, der, näher betrachtet, die Bewegung hat, durch sich selbst zu verschwinden. Damit aber geschieht an ihm selbst das, was seinen eigentlichen Inhalt ausmachen soll, nämlich das *Werden*« (75 f./93). In dem Text begegnet uns freilich zunächst einmal und vor allem ein Dokument der Verwirrung, die Hegel durch die schon aufgewiesenen Kontaminationen anrichtet. Zwar differenziert auch Hegel, wie die Stelle bezeugt, zwischen dem Übergehen als Inhalt, dem Werden, und dem Übergehen als Form, einer Form, die, weil dieses Übergehen die Bewegung des sprechenden Denkens selber ist, in der Bewegung des Satzes zum Ausdruck kommt. Doch trifft er in Wirklichkeit gar nicht das Übergehen, sondern den wechselseitigen Umschlag identifizierter Bestimmungen, die gleichwohl als für sich bestehend gedacht werden. Der Widerspruch, der durch deren isolierende Vergegenständlichung entsteht, meldet sich darin, daß der Satz, der die Identität behauptet, seinen propositionalen Gehalt durch seine eigene Form dementiert. So aber enthüllt der Satz nicht Wahrheit, sondern Unwahrheit. Weil Hegel auf die sprachliche Manifestation der Unwahrheit aus ist, nicht auf die Satzform, die der inhaltlichen Wahrheit entspricht, deshalb rekurriert er nicht auf das ›ist‹, in dessen Übergangsbewegung Identität und Unterschied vermittelt sind, sondern auf den unvermittelten Unterschied zweier Terme, die beide die Stellung des Satzsubjekts einnehmen.

Das durch den Widerspruch bewirkte Verschwinden des Satzes deutet allerdings *modo negativo* auf jene Bewegung voraus, die als die »dialektische Bewegung des Satzes selbst« den Widerspruch auflöst. Insofern zielt die äußere Reflexion indirekt auch auf das, was wir sinnvollerweise unter ›sein‹ verstehen, auf das ›ist‹ als das formale Übergehen, mit dem diese Bewegung anfängt. Damit kommt die Frage auf uns zu, ob wir es bei der Feststellung bewenden lassen müssen, daß dem dargestellten Denken die in seinem Selbstvollzug praktizierte Wahrheit des Seins sich entziehe, oder ob es in der Hegelschen Logik nicht doch Anzeichen dafür gibt, daß ihm, dem dargestellten Denken selber, diese Wahrheit wenigstens in entsprechender Negativität gegenwärtig ist. Hinsichtlich des Textes, an den wir uns bisher gehalten haben, wird man die Frage verneinen müssen. Wohl aber enthält die Erstausgabe so etwas wie eine negative Darstellung der Wahrheit. In ihr *fehlt* das ›ist‹ nicht einfach; in ihr stellt Hegel vielmehr noch dar, wie das vergegenständlichende Seinsdenken das ›ist‹ *ver*fehlt. Und zwar tut er dies eben im Zusammenhang seiner Besinnung auf das Verschwinden des Satzes, auf das von außen zu reflektieren er in der zweiten Ausgabe sich begnügt. In der Darstellung der Erstausgabe bedeutet das Verschwinden des Satzes letztlich das Verschwinden des ›ist‹. Diese Darstellung ergibt sich mit Notwendigkeit aus der Sache. Denn das ›ist‹ muß nicht nur als »unselbständiger Bestandteil eines Satzes« gedacht werden, als den Tugendhat es mit Recht gegen den Anschauungsinhalt ›Sein‹ geltend macht. Dialektisch jedenfalls wird es erst dann zureichend begriffen, wenn man es zugleich als das Ganze des Satzes anerkennt. In ihm ist, nimmt man es als Bewegung, das Satzganze impliziert (vgl. Simon 1966, 193). Denn als Übergehen reißt es Subjekt und Prädikat in sich hinein. Indem das vergegenständlichende Seinsdenken die Einheit des Satzes zerstört, wendet es sich also in der Tat vor allem vom ›ist‹ ab. Wie dies nach der Erstausgabe geschieht, möchte ich im folgenden kurz skizzieren (vgl. A 35-37). Ich versuche dabei, eine Interpretation Wolfgang Wielands (1973, bes. 396-400) weiterzuführen, dem das Verdienst zukommt, auf die einschlägige Passage in der ursprünglichen Fassung der zweiten Anmerkung zur Einheit von Sein und Nichts aufmerksam gemacht zu haben.

Zum Ausgangspunkt seiner Interpretation nimmt Wieland die Gegenstandsbeschreibung, von der auch Hegel im Abschnitt über das Sein ausgeht: »Der berühmte erste ›Satz‹ der Logik ist gar kein Satz im vollen Sinne, sondern ein Anakoluth: ›Seyn, reines Seyn, – ohne alle weitere Bestimmung‹.« Der Anfang der Darstellung soll aber das Resultat einer Reflexion sein, aus der allein die merkwürdige Form des Anti-Satzes sich erklären läßt. Die Reflexion läuft, bevor sie ihr darstellungsmäßig vorweggenommenes Ziel erreicht, über drei Stationen, die Hegel in der Erstausgabe durch ebenso viele Sätze markiert. Auf diesem Wege wird die Satzstruktur immer ärmer. Im ersten Satz (»Das Seyn ist das Absolute«) fungiert ›Sein‹ als ein Subjekt, dem ein von ihm unterschiedenes Prädikat gegenübersteht; der zweite (»Das Seyn ist das Seyn«) ist eine Tautologie, in der es zwar noch ein Prädikat gibt, aber kein vom Subjekt unterschiedenes; im dritten schließlich (»Das Seyn *ist*«) fällt das Prädikat gänzlich weg. Am Ende der in den drei Schritten ihrem Ideal sich

annähernden Reflexionsbewegung bleibt dann bloß noch das Subjekt übrig. Im Verschwinden auch noch des ›ist‹ verschwindet der Satz selber. Als vierten ›Satz‹ formuliert die Anmerkung das anfängliche Anakoluth mit den Worten: »Reines Seyn, oder vielmehr nur Seyn; satzlos ohne Behauptung oder Prädikat.«
Die Schlußfolgerungen, die Wieland aus dem Text zieht, beruhen auf Prämissen, die sich mit denen der vorliegenden Untersuchung kaum decken und ihnen teilweise sogar entgegengesetzt sind. Erstens ist nach seiner Auffassung das völlig bestimmungslose Sein, »von dem gleichsam kraft Definition schon gilt, daß in ihm nichts zu denken sei«, für Hegel gerade das zu Denkende. Genau deswegen soll die spekulative Logik es ja darauf abgesehen haben, ›Sein‹ auf die Stellung zu reduzieren, die im Ganzen des Satzes ihm als Gegenstand entspricht: auf die Stellung des Subjekts. Zweitens bringt Wieland den Unterschied von Wahrheit und Schein nicht ins Spiel, geschweige denn, daß er das vergegenständlichte Subjekt-Sein als Schein durchschauen würde. Drittens schließlich schenkt er auch der Differenz zwischen dem darstellenden und dem dargestellten Denken keine Beachtung. Was er vor sich zu haben meint, ist Hegels eigenes Verfahren, das er als eine Art »Exhaustionsmethode« beschreibt, wobei die Möglichkeit, es könnte sich da um das Tun des anschauenden Seinsdenkens selber handeln, außerhalb seines Blickfeldes liegt.
Damit aber verfehlt er die Pointe. Denn aus dem von ihm herangezogenen Text ist klar ersichtlich, daß Hegel die Reflexion auf die Verarmung des Satzes, die auf dessen Verschwinden hintreibt, nicht nur *an*stellt, sondern auch *dar*stellt, und zwar in der Darstellung des vergegenständlichenden Seinsdenkens. Thema ist in der Erstausgabe nicht das reine oder leere Sein selber, jedenfalls nicht in dem von Wieland angenommenen Sinne, das heißt so, als würde es in der Absicht auf Affirmation behandelt, sondern die »*Behauptung* des reinen Seyns« (Hervorhebung M. T.) – eine Behauptung, von der Hegel eine *kritische* Darstellung gibt. Hegel stellt die Reflexion auf das Verschwinden des Satzes allerdings auch nicht als eine solche dar, die das aufs reine Sein pochende Denken anstellte, wohl aber gewissermaßen als dessen

objektives Reflektiertwerden, als das Geschehen, in welchem es auf sich zurückgeworfen wird, ohne daß es wüßte, *wie* ihm geschieht.

In dieser Darstellung begegnet uns zunächst die Bewegung des Satzes, die uns in etwas anderer Gestalt schon aus der zweiten Ausgabe bekannt ist. Wie Hegel dort an dem Satz »Sein und Nichts ist dasselbe« den Widerspruch zwischen der intendierten Einheit und dem von der syntaktischen Form angezeigten Unterschied herausarbeitet, so löst er hier den Satz »Das Seyn ist das Absolute« in die Bewegung auf, in der Identität und Differenz von Subjekt und Prädikat sich vermitteln. Um eine nicht unerhebliche Nuance hebt sich der frühere Gedankengang vom späteren allerdings dadurch ab, daß Hegel das, was »somit in diesem Satze vorhanden ist«, entschiedener gegen die Behauptung des reinen Seins ausspielt: »Es ist also nicht das reine Seyn, sondern die Bewegung vorhanden, welche das Werden ist.« Weiter über die zweite Ausgabe hinaus führt die Reflexion auf den Wandel, der mit dem Seinsdenken im Aussprechen des Satzes »Das Seyn ist das Seyn« vor sich geht. Sie enthüllt die anfänglich mit dem Werden identifizierte Bewegung unmißverständlich als ein Geschehen, das in einer ganz anderen Dimension stattfindet als das Werden. »Was also vorhanden ist, ist ein Sagen, das ein Nichts-Sagen ist; es ist hier somit dieselbe Bewegung, das Werden, vorhanden, nur daß statt des Seyns ein Sagen sie durchläuft.« Die Bewegung, die statt des Seins ein Sagen durchläuft, ist das auf die Seite der Form fallende Übergehen. Das formale, gegen das inhaltlich gefaßte Werden abzugrenzende Übergehen ereignet sich nach der vorhin gewonnenen Einsicht im ›ist‹-Sagen. Tatsächlich kommt mit ihm in der Erstausgabe das ›ist‹ in den Blick, jedoch nicht als ein vom dargestellten Denken *aus*gedrücktes, sondern als ein von ihm, wenn man so will, *unter*drücktes. In dem Satz »Das Seyn *ist*« sind an sich zwei Weisen von ›sein‹ zu unterscheiden, »das Seyn selbst, und das Seyn desselben«; »es soll durch das *ist* etwas weiteres und somit anderes gesagt werden, als das Seyn«[12]. Das vergegenständli-

12 Trotz des Hinweises auf diesen Unterschied läßt Hegel den von existentiellem und *prädikativem* Sein im Kontext unbeachtet. Ob aufgrund mangelnder

chende Denken aber ebnet diesen Unterschied ein, und zwar zugunsten des Subjekt-Seins, das heißt so, daß es das ›ist‹, in welcher Bedeutung auch immer, beiseite schiebt. Die Behauptung des reinen Seins gleichsam zitierend, hält Hegel diesen Vorgang mit der Bemerkung fest: »so ist diß *ist* als unnütz gleichfalls wegzulassen, und nur zu sprechen: reines Seyn«. Indessen wählt das vergegenständlichende Denken mit der Entscheidung für das Subjekt-Sein und gegen das ›ist‹ statt der Wahrheit die *doxa,* ein bloßes Meinen, das nichts als Schein ist: »Reines Seyn, oder vielmehr nur Seyn; satzlos ohne Behauptung oder Prädikat. Oder die Behauptung ist in das Meynen zurückgegangen.«

In der Literatur ist strittig, ob der Anfang der Hegelschen Logik gegenüber den späteren Teilen des Werkes einen Sonderfall darstellt oder nicht. Gadamer (1971) und Henrich (1963) vertreten, mit allerdings je anderen Argumenten, die Auffassung, daß er eine eigenartige methodische Struktur aufweise, die in der gesamten nachfolgenden Gedankenentwicklung nicht wiederkehrt; Ruth-Eva Schulz (1973) und, wenn ich recht sehe, wohl auch Wieland (1973) sind, wiederum aus unterschiedlichen Motiven, der Ansicht, daß er grundsätzlich den Gesetzen derselben Dialektik gehorche, die auch der fortgeschrittenen Bewegung ihre Regeln vorschreibt. Der Streit läßt sich klar entscheiden: Nach allem Gesagten nimmt der Anfang im Ganzen der Logik eine unvergleichliche Stellung ein. Aber die Gründe, die für seine Einzigartigkeit angeführt werden, haben nur sekundäre Bedeutung. In den Augen Gadamers beruht sie darauf, daß die Bestimmung der reinen Unbestimmtheit noch unter der Botmäßigkeit der phänomenologischen Dialektik des Meinens steht; für Henrich liegt die Eigentümlichkeit des Anfangs darin, daß er nicht zureichend aus sich selbst verstehbar ist, weil Hegel ihn *via negationis* machen muß, mittels der Negation von Bestimmungen, die erst die Reflexionslogik thematisiert (vgl. auch Fulda 1969, 122 ff.). So richtig ist, was Ruth-Eva Schulz gegen Gadamer ein-

analytischer Schärfe oder aus Einsicht in eine alle Sinndifferenzen umfassende Einheit des Seinsbegriffs, muß hier offenbleiben. Über die mannigfachen Bedeutungen von ›ist‹ und Hegels Stellung dazu: unten, S. 385 ff.

wendet: daß das Meinen auch im Fortgang der Logik eine nicht zu unterschätzende Rolle spiele, und so wenig bezweifelt werden kann, was Wieland gegen Henrich, ohne ihn freilich zu nennen, ins Feld führt: daß es in der ganzen Logik außer den thematischen Begriffen »implikative« gebe, die erst in späteren Zusammenhängen gerechtfertigt werden, so ist doch das Besondere von ›Sein‹ und ›Nichts‹, daß sie *vollständig* in das Element des Meinens eingetaucht sind und *nur* im negierenden Vorgriff auf erst später explizierte Begriffe bestimmt werden können.

Indessen sind die totale Herrschaft des Meinens und die reine Negativität der Operationsmittel bloß Folgeerscheinungen der für die spezifische Differenz, das heißt Defizienz, des Anfangs letztlich verantwortlichen Tatsache, daß ›Sein‹ und ›Nichts‹ sich restlos in Schein auflösen. In bezug auf das Meinen bedarf dies keiner weiteren Erklärung. Aber auch daß das Sein »ein Nichtanalysierbares« ist (60_{24}/76), »ein *Unsagbares«* (E § 87), so wie auch sein vermeintlich absoluter Unterschied gegenüber dem Nichts *»unsagbar«* ist (77_{36}/95), weshalb es eben nur indirekt, durch die Negation von Reflexionsausdrücken, zur Sprache kommen kann, indiziert aus der Perspektive der Logik genauso Schein wie der Phänomenologie zufolge die Unsagbarkeit des Gegenstands der sinnlichen Gewißheit: Nach wie vor ist das Unsagbare für Hegel das schlechterdings Unwahre (vgl. 77 f./95). Wenn nun die übrige Logik, zumindest die ›objektive‹, Schein entlarvt, indem sie die durch Vergegenständlichung gewonnenen ›Begriffe‹ der Metaphysik kritisch analysiert, und in dieser Kritik zugleich Wahrheit darstellt, indem sie die Genese des Satzes verfolgt, der am Schluß und im Schluß als solcher hervortritt, dann ist vollkommen konsequent, daß ihr Anfang, als durchweg vom Schein bestimmter, die ihm entsprechende Bestimmung, eben die anfängliche der Metaphysik, durch ihre Loslösung aus dem Ganzen des Satzes bis ins Absurde verselbständigt, die im Satz aufbewahrte Wahrheit also nur in ihrer Negation, als Satzlosigkeit trifft; und dann ist nicht weniger konsequent, daß er das ›ist‹, als das Ganze des Satzes in seiner unentwickelten Form, bestenfalls durch die Darstellung seines Verfehlens anzeigt.

III. Grundlegung B: Einheit von Schein und Wahrheit

1. Die Einheit unter dem Außenaspekt des metaphysisch gedeuteten Scheins

Mit dem Übergang zum Dasein nimmt die kritische Darstellung der Metaphysik, als die wir Hegels ›objektive‹ Logik lesen, eine neue Qualität an. Die Einheit von Darstellung und Kritik hat ihr intentionales Korrelat in einer Einheit von Wahrheit und Schein. Die *Wahrheit,* welche die Daseinslogik darstellen möchte, ist zwar bei weitem noch nicht alle Wahrheit, aber im Vergleich mit dem Anfang differenziert sie sich auf vielfache und übrigens auch schwer durchschaubare Weise. Der *Schein* ist nicht nur Schein von anderem; er ist in gewisser Hinsicht auch ein anderer, an sich selbst anders zu bestimmender Schein. Mit seiner Andersartigkeit hängt schließlich zusammen, daß im Übergang zum Dasein erstmals auch eine wirkliche *Einheit* von Schein und Wahrheit hervortritt. Von einer solchen Einheit konnten wir in bezug auf die Logik des reinen Seins bloß insofern sprechen, als auch da die Kritik methodisch an die Darstellung gebunden ist, wenn auch auf höchst vermittelte Weise. Doch bestand sie eben deshalb nicht wirklich, weil die Darstellung bloß *modo negativo* ins Spiel kam, und dies wiederum war der Fall, weil Wahrheit nicht den scheinhaften Denkbestimmungen selber eignete, nicht den Bestimmungen als solchen, mit denen das kritisierte Denken umging. Demgegenüber sind es von nun an ein und dieselben Kategorien, denen mit dem Schein zugleich Wahrheit innewohnt.

Der Text antwortet auf die Frage, welche die Hypothese der vorliegenden Untersuchung enthält, deshalb nur dann genau genug, wenn wir vor seiner Detailanalyse die veränderten Bedingungen klären, unter denen unsere Sache in der Daseinslogik begegnet. Zunächst ist, in einer noch ganz vorläufigen Orientierung, die Einheit von Schein und Wahrheit aus der Perspektive des Scheins anzuvisieren. Sodann, in III. 2, wollen wir dieselbe Einheit im Lichte dessen prüfen, was Hegel ›Wahrheit‹ nennt.

Das kann nur in prinzipieller Besinnung auf den Wahrheitsbegriff geschehen, der fortan als Maßstab der mimetischen Darstellung und der Kritik des Scheins fungiert. Die Untersuchung wird einerseits um einen weiteren Beitrag zur Grundlegung der gesamten über das reine Sein hinausgegangenen Logik bemüht sein, andererseits aber im besonderen die Interpretation der Daseinslogik vorbereiten müssen. Ihre spezielle Aufgabe vermag sie zusammen mit ihrer generellen zu lösen, wenn sie sich auf die *Bewegung* ausrichtet, welche die Logik überhaupt beschreibt und die der Weg durch die Bestimmungen des Daseins prototypisch durchläuft. Nur in dieser Bewegung wird uns auch die Einheit von Schein und Wahrheit zugänglich werden. Denn die Einheit ist, wie schon erwähnt, nicht vorgegeben, sie stellt sich her; sie entsteht im Prozeß einer Auflösung von Schein, die im selben Zuge Wahrheit enthüllt.

Das reine Sein und das reine Nichts waren ebenso reiner Schein. So wie sie gemeint waren, als Gegenstände schlichter Anschauung, verharrten sie in der »vollkommenen Unwahrheit«. Wahrheit hatte der Anfang so wenig in sich selbst, daß sie darin direkt nicht einmal darstellbar war. Melden konnte sie sich nur hinter dem Rücken der gegenständlichen Intention, die sich mit den ersten Denkbestimmungen verbindet. Denn sie lag im schlechthin Ungegenständlichen. Nun bleibt das nach dem Austritt aus dem Schattenreich des reinen Seins und des reinen Nichts in den Blick rückende Denken durchaus ein vergegenständlichendes, und sofern dies der Fall ist, muß man auch von ihm sagen, daß es Schein erzeuge. Mit Hegel haben wir das Seinsdenken im Hinblick auf die davon verursachte Vergegenständlichung ein Vorstellen genannt. Es fällt auf, daß Hegel auf den Vorstellungscharakter des mit den Bestimmungen des *Daseins* operierenden Denkens noch stärker abhebt (vgl. u. a. 105_{13}/126). Warum, ist leicht zu ersehen. Vorstellen ist Vorstellen von etwas. Der Begriff ›Etwas‹ aber gibt für die Logik des Daseins das Fundament ab. Er kommt darin nicht bloß vor, sondern definiert ihr Thema. Denn »Dasein ist *Daseiendes, Etwas*« (102_{20}/123). Indessen folgt gerade hieraus, daß das Dasein sich nicht wie das reine Sein oder Nichts in *totalen* Schein auflösen kann. Es sind Sein und

Nichts selber, die jetzt als Daseiende wiederkehren; das zunächst reine Sein wird jetzt »Etwas«, das vormals reine Nichts »ein Anderes«, das heißt ein anderes Etwas oder etwas anderes (103_{26-29}/124). Damit kommt einerseits an den Tag, daß schon das Seinsdenken im Grunde die Verfassung eines Vorstellens von etwas hatte; denn das reine Sein oder Nichts kann sich nur als das setzen, was es an sich schon war. Andererseits disqualifiziert der Generationszusammenhang von Sein und Etwas die vom Seinsdenken verwendeten Mittel. Er bestätigt, daß die anfängliche Anschauung das Sein, indem sie es als Etwas vorstellte, unter eine Bestimmung genötigt hat, der in Wirklichkeit nichts entsprach. Es war eben nichts mit dem Sein. Das Sein und das Nichts sind »die leeren Gedankendinge«, weil sie keinen reellen Gehalt besitzen. Daß der Begriff ›Etwas‹ für die Daseinslogik das Fundament abgibt, bedeutet demgegenüber: Die daseinslogischen Bestimmungen und darüber hinaus die der fortgeschrittenen Seinslogik überhaupt zielen auf ein Reelles. »*Etwas* gilt der Vorstellung«, heißt es in der Logik des Daseins, »mit Recht als ein *Reelles*« (102_{29}/123). Daß es ihr als ein solches bloß *gilt*, sagt Hegel in kritischem Abstand von einem nach wie vor scheinerzeugenden Denken. Zugleich aber beruht die Rechtmäßigkeit des mit der Vorstellung von etwas einhergehenden Vertrauens auf ein Reelles offenbar darauf, daß der von dieser Vorstellung produzierte Schein selber einen Realitätsbezug hat. Wenn er auch in sich keine Realität besitzt, so ist er doch dadurch mit ihr verknüpft, daß die Gegenständlichkeit, in deren Horizont das in ihm befangene Denken sich bewegt, dem reell gewordenen Etwas in gewisser Hinsicht tatsächlich zukommt.

In seiner Realitätsbezogenheit basiert der Schein, der nicht mehr der des reinen Seins oder Nichts ist, auf *Erscheinung*. Daß der Erscheinungsbegriff erst in der Wesenslogik zum Thema wird, ist gegen diese Behauptung kein möglicher Einwand. Desgleichen kommt ja der Begriff des Scheins erst in der Wesenslogik zur Sprache, wenn auch in gewandelter Bedeutung[1]. In bezug auf

1 Den in Abteilung B des ersten Kapitels der Wesenslogik thematisch werdenden Schein bestimmt Hegel dort, in kritischer Auseinandersetzung mit dem Idealismus, als Erscheinung. Damit wird auch der in der Daseinslogik bloß

beide Begriffe muß man unterscheiden zwischen den logischen Bestimmungen selber und ihrem Gegebensein für das Denken, das mit ihnen umgeht. Im Augenblick stellen wir lediglich eine, wenn man so will, metalogische Betrachtung über dieses Gegebensein an. Und in der Reflexion darauf verwendet auch Hegel den Erscheinungsbegriff unabhängig von dem Kontext, in dem er als logische Bestimmung seinen Ort hat. Nicht zufällig aber stammen die Stellen, auf die schon im ersten Teil der vorliegenden Untersuchung (S. 74) hingewiesen wurde, vornehmlich aus der Daseinslogik. An solchen und anderen Stellen, über die im folgenden noch Rechenschaft abzulegen ist, läßt Hegel die Bedeutungsdifferenz, die wir im Deutschen durch die Unterscheidung von ›anscheinend‹ und ›scheinbar‹ zum Ausdruck bringen, durchweg im dunkeln. Man darf annehmen, daß er dies absichtlich tut. Gedacht werden soll eben eine Erscheinung, die mit Schein belastet ist, und ein Schein, dem eine Erscheinung zugrunde liegt. Die vorausgreifenden Ausführungen über den Gegenstand der Kritik im ersten Teil sollten plausibel machen, daß das Wort »erscheinen« Schein meint. Wir müssen jetzt aufhellen, was es bedeutet, daß der Schein umgekehrt auf Erscheinung verweist, und zwar auf eine reale Erscheinung, die auch ihm einen Realitätsbezug sichert.

Die Erscheinungsgebundenheit des über das reine Sein hinausgegangenen Scheins ist alles andere als selbstverständlich. Bietet doch die *Wissenschaft der Logik* direkt keine Analyse der außerlogischen Wirklichkeit an. Nach ihrer unmittelbaren Abzwekkung will sie konstruktive Semantik sein, Bedeutungstheorie in der Form einer kritischen Darstellung des genetischen Zusammenhangs der Denkbestimmungen. Der Schein ist entweder selbst eine dieser Bestimmungen, nämlich im Ansatz der Wesenslogik, oder er haftet ihnen und ausschließlich ihnen an, wie in der Seinslogik. Was also soll der Schein des Daseins mit einer Erscheinung zu tun haben, die der Vorstellung »mit Recht« als ein Reelles gilt?

Die Frage zielt ins Herz des Metaphysikproblems, mit dem die

vorausgesetzte Erscheinungscharakter des Scheins zum Thema (s. unten, S. 333 ff.).

Wissenschaft der Logik uns konfrontiert. Dieses Werk formuliert, so sagten wir (S. 41), eine Metaphysikkritik und tritt doch zugleich selber als Metaphysik auf. Ihr affirmativer Bezug zur metaphysischen Überlieferung ist – das wurde gleichfalls schon festgestellt (S. 64 f.) – keineswegs auf die Lehre vom Begriff eingeschränkt. Die ›subjektive‹ Logik sticht von der ›objektiven‹ in der zur Diskussion stehenden Hinsicht lediglich dadurch ab, daß sie sich, soweit sie sich überhaupt noch zur Metaphysik verhält, dazu ausschließlich positiv verhält; weil die kritische Funktion in ihr zurücktritt, erschöpft sich ihr Metaphysikbezug darin, die in der Ontologie liegende Wahrheit darzustellen und im übrigen das Erbe von rationeller Psychologie, Kosmologie und natürlicher Theologie zu verwalten. Zu wiederholen aber ist: Auch in der ›objektiven‹ Logik läßt Hegel sich sympathetisch auf die metaphysische Überlieferung ein, indem er den Maßstab für ihre Kritik wenigstens teilweise ihr selber entnimmt. An der Logik des Daseins werden wir das Zusammenspiel von Metaphysik und Metaphysikkritik besonders gut beobachten können. Sie wird uns auch Gelegenheit geben zu sehen, daß ihr Auftreten als Metaphysik zweierlei besagt: Sie ist sowohl eine Metaphysik, die sie sein *will*, wie auch eine solche, die sie *nicht* sein will, d. h. zu der sie wider ihre eigene Absicht gerät. Die Daseinslogik will nun in gewissem Sinne Metaphysik eben als die *Ontologie* sein, die sie in anderer Beziehung kritisiert. Mit ihr erhebt die ganze ›objektive‹ Logik einen Anspruch auf ontologische Relevanz, der ihrer Ontologie*kritik* jedenfalls nicht widerstreitet. Hegels in sich gegensätzliche, kritisch-affirmative Stellung zum philosophischen Traditionsbestand, die in unseren Überlegungen zum Unterschied von ›objektiver‹ und ›subjektiver‹ Logik zunehmend schärfer hervortrat, hatte sich bereits in der Zwiespältigkeit des anfangs umrissenen Metaphysik*begriffs* abgezeichnet. Danach herrscht in der überkommenen Metaphysik eine unausgetragene Spannung von Idealismus und Positivismus. Den metaphysischen Positivismus *kritisiert* Hegel, den metaphysischen Idealismus *affirmiert* er. Idealismus aber war die »ältere Metaphysik« aufgrund ihrer Annahme, »daß die *Dinge* und das *Denken* derselben (...) an und für sich übereinstimmen, daß das

Denken in seinen immanenten Bestimmungen und die wahrhafte Natur der Dinge ein und derselbe Inhalt sei« (26_{3}/38). Mit der Affirmation des metaphysischen Idealismus übernimmt Hegel also die allgemein als typisch idealistisch geltende Hypothese einer ›Identität von Sein und Denken‹, unter der des näheren dessen Übereinstimmung mit den Dingen zu verstehen ist (vgl. Rademaker 1969, 20 f.). Das ist eine sattsam bekannte Tatsache. Der altehrwürdigen Hypothese einer logisch-ontologischen Entsprechung gibt Hegel indessen eine eigentümliche Wendung. Es ist diese Wendung, von der aus der Zusammenhang von Schein und Erscheinung in der Logik des bestimmten Seins und gerade auch in der Daseinslogik begriffen werden muß.

Für die Daseinslogik ist von kaum zu überschätzender Bedeutung, daß sie mit einer Anmerkung endet, die alle echte Philosophie auf den Idealismus verpflichtet. Die hier vorgeschlagene Definition des idealistischen Prinzips beantwortet zugleich die Frage, welche *bestimmte* Metaphysik die Daseinslogik affirmiert. »Der Idealismus der Philosophie«, heißt es da, »besteht in nichts Anderem als darin, das Endliche nicht als ein wahrhaft Seiendes anzuerkennen« (145_{11}/172)[2]. Wie der mit Philosophie schlechthin identische Idealismus, nach seinem methodischen Ansatz durch die These einer logisch-ontologischen Entsprechung definiert, in der Sache keine andere These vertritt als die der Nichtigkeit des Endlichen, so gibt es auch keinen anderen Idealismus, den Hegel als für sich verbindlich erachtet hätte. *Der* Idealismus, dem allein er sich damit zuordnet, ist offenkundig der *platonische*. Nicht nur die Daseinslogik, die Seinslogik insgesamt kritisiert die noch nicht und die nicht mehr manifeste Metaphysik – also einerseits das frühgriechische Denken, andererseits den Positivismus moderner Prägung – wesentlich an Maßstäben, die sie der Metaphysik Platons entnimmt. Antipositivistisch aber

2 Als nicht wahrhaft Seiendes ist das Endliche in der Terminologie Hegels das »Ideelle«, d. h. ein im Unendlichen Aufgehobenes, das darin »nicht *selbständig seiend*, sondern als *Moment* ist« (139_{24}/165). So kann Hegel sagen: »Der Satz, daß das *Endliche ideell* ist, macht den Idealismus aus« (145_{10}/172). Emil Angehrn (1977, 23 ff.) zeigt die Bedeutung dieses Idealitätsbegriffs für den Anfang der Logik überhaupt auf.

verfährt Platon nach Hegel eben insofern, als er sich weigert, das Endliche »als ein wahrhaft Seiendes anzuerkennen«. Objektiv allerdings – das ist dem vorwegnehmend hinzuzufügen – verhält die Daseinslogik sich auch zur platonischen Metaphysik affirmativ und kritisch zugleich. Sie ruft zwar Platon zunächst gegen den metaphysischen Positivismus zu Hilfe, aber versucht in ihrem Fortgang darzutun, wie platonische Metaphysik ihrerseits dem Positivismus anheimfällt. Dieselbe Dialektik in umgekehrter Reihenfolge der Stadien wird uns in der Wesenslogik begegnen. Indessen dokumentieren Hegels philosophiegeschichtliche Vorlesungen, daß nach seinem subjektiven Verständnis Platon selber lediglich einem Positivismusverdacht sich aussetzt, der in Wahrheit nur den Platonismus trifft. Dabei ist unter Platonismus ein Grundzug metaphysischen Denkens zu verstehen, der seit den Tagen der Akademie aus dem europäischen Geistesleben nicht wieder verschwunden ist und in der Sicht Hegels gerade dort am handgreiflichsten zutage tritt, wo das Denken sich von ihm loszulösen scheint: in der Verstandesphilosophie Kants. Wie das zweite Kapitel der Seinslogik überhaupt und durchgehend mit dem zweiten Kapitel der Wesenslogik zusammengehört, so schließt darum die in ihm zentrierte Auseinandersetzung mit dem Platonismus im besonderen auch die Kant-Kritik ein, welche die Theorie der Reflexionsbestimmungen explizit aufnimmt.

Im Anschluß an Hegels Definition des platonischen Idealismus können wir an seiner Affirmation der Metaphysik den Aspekt beschreiben, auf den wir im gegenwärtigen Zusammenhang unseren Blick richten müssen. Das Hegelsche System beruht auf der Überzeugung, daß das unmittelbar Gegebene nicht schon das in Wahrheit Seiende sei. Das unmittelbar Gegebene ist bloß eine Erscheinung, die sich bei näherem Zusehen in Schein auflöst. Diese Überzeugung zeichnet dem Denken eine Bewegung vor, welche die Sprache der Metaphysik kaum je anders als metaphorisch, das heißt quasiräumlich zu fassen vermochte. Wer die Wirklichkeit ergründen will, muß, in der metaphysischen Bildsprache ausgedrückt, von der ›Oberfläche‹ der Erscheinung in eine ›Tiefe‹ hinabsteigen, in der allein sich finden läßt, was wahrhaft *ist*. Noch Marx treibt in solchem

Sinne Metaphysik. Man braucht als Beleg hierfür nicht seinen bekannten Ausspruch zu bemühen, wonach es keine Wissenschaft gäbe, wenn Erscheinung und Wesen zusammenfielen. Bedeutsamer ist, daß die im *Kapital* dargestellte Kritik der politischen Ökonomie tatsächlich von der Oberfläche, auf welcher der Reichtum kapitalistisch organisierter Gesellschaften als eine »ungeheure Warensammlung« erscheint, in die Tiefe der »Substanz« sich zurückbewegt, als die sich ihr die menschliche Arbeit enthüllt, und erst aus dieser Tiefe wieder zur Oberfläche einer Erscheinung aufsteigt, die von ihr her als Schein durchschaut werden kann. Es war zweifellos das Hegelsche System, dem Marx diese Bewegung nachgebildet hat.

Natürlich: Was das *System* Hegels, seine Philosophie im ganzen, tut, ist seiner *Logik* verwehrt, wenn anders sie direkt nichts als Semantik sein will. Aber diese Semantik beruht auf einem der metaphysischen Grundüberzeugung analogen Axiom. Wie die platonische und platonisierende Metaphysik annimmt, daß das in der außerlogischen Wirklichkeit primär Gegebene scheinhafte Erscheinung sei, so geht die Logik Hegels von der Einsicht aus, daß das Denken in sich selber seinen Anfang notwendig mit dem Schein mache. Der Anfang schlechthin, das ›reine Sein‹, war – das dürfen wir als gesichertes Ergebnis der bisherigen Textauslegung festhalten – totaler Schein. Gleichermaßen gewiß ist aber: Auch das in der Daseinslogik kritisch dargestellte Denken nimmt seinen Ausgang vom Schein. Das gilt sowohl vom terminus a quo der daseinslogischen *Gesamt*bewegung wie auch von den Startpunkten der *Teil*bewegungen, welche die drei Abteilungen des Kapitels unter den Titeln ›Dasein als solches‹, ›Endlichkeit‹ und ›Unendlichkeit‹ vorführen. Nur gewinnt jetzt der Metaphysikbezug der logischen Wissenschaft eben die Komplexität, um derentwillen wir ihn hier noch einmal grundsätzlich bedenken müssen. Daß die ›objektive‹ Logik *an die Stelle* der Ontologie trete, besagt unbestreitbar: Zu ihr muß Ontologie nicht noch *hinzu*treten, und zwar deshalb nicht, weil die Konstruktion des immanenten Zusammenhangs der Denkbestimmungen – jedenfalls nach der Intention Hegels – bereits die Substanz der Wirklichkeit trifft. Dennoch bleibt die für das Fundierungsverhältnis von Logik und Realphilosophien konstitutive Differenz bestehen, die Hegel innerhalb der Logik durch die Unterscheidung von ›Ding‹ und ›Sache‹ eher andeutet als ausdeutet. Und sie nötigt zur Rücksicht darauf, daß die Logik, sobald sie die Stufe des Daseins erreicht, mit der »vormaligen Metaphysik« zugleich die Hypothese einer logisch-ontologischen Entsprechung übernehmen muß. Der elementare Unterschied der Logik des bestimmten Seins gegenüber der des reinen liegt in ihrem Anspruch, daß es das, was das in ihr betrachtete Denken als seine eigene Bestimmung vor sich hat, in der Welt der Dinge *gibt*[3]. Sofern die daseinslogischen Denkbestimmungen mit Schein behaftet sind, läßt sich das ›es gibt‹ aber nur als die an der Oberfläche des realen Daseins begegnende Erscheinung verstehen. In den Schein sind die Denkbestimmungen als solche eingehüllt. Gemäß der Substitution der Ontologie durch Logik verläuft auch die Bewegung, in der das Denken sich vom Schein zu befreien versucht, in einer ihm als Denken eigentümlichen Weise. Ineins damit aber bezieht sie sich zwiefach auf den Weg metaphysischer Realitätserkenntnis von der Erscheinungsoberfläche in die Tiefe. Sie weist einmal auf ihn voraus und nimmt zum andern selbst schon seine Richtung – trotz der Gesetze, denen sie als Denkbewegung folgt. Die im ersten Buch der Logik geschehende Explikation des Seinsbegriffs ist als »Heraussetzen« seiner Bestimmungen »zugleich das *Insichgehen* des Seins, ein Vertiefen desselben in sich selbst« (E § 84).

An platonische Metaphysik knüpft die beim Dasein angelangte ›objektive‹ Logik darüber hinaus insofern an, als sie in dem mit den Denkbestimmungen gesetzten Schein ein Indiz für die Scheinhaftigkeit der ihm entsprechenden Erscheinung sieht Unterstellte man ihr diese Voraussetzung nicht, so müßte man auch leugnen, daß sie wenigstens indirekt eine Kritik realer Verhältnisse enthält. *Wenn* sie eine derartige Kritik enthält, dann nur

3 Zur Kritik dieses »ontologischen« Anspruchs vgl. Fulda (1973), 238 ff. – Eine durchgehend ontologisch orientierte Interpretation der *Wissenschaft der Logik* gibt Charles Taylor (1975, 225-361), der auch stark auf Hegels Voraussetzung einer Kommensurabilität von logischer Idealität und weltlicher Realität abhebt.

so, daß diese durch die unmittelbar geübte Kritik der Denkbestimmungen vermittelt ist. Eine Kritik realer Gleichgültigkeitsverhältnisse und realer Herrschaftsverhältnisse muß in ihr vermittelt sein durch die kritische Darstellung eines Denkens, das Beziehungen als solche der Gleichgültigkeit und der Herrschaft vorstellt. Die Transformation dieser in jene Kritik kann aber nur über die Identifizierung des Scheins der Denkbestimmungen mit dem der reellen Erscheinung laufen. Gleichsam in einem Analogierückschluß glaubt dann Hegel auch umgekehrt den Schein der Denkbestimmungen als Erscheinung charakterisieren zu dürfen. Genau genommen, gehört die Erscheinung freilich, sofern sie nicht ihrerseits als Denkbestimmung thematisch wird, der außerlogischen Wirklichkeit an. *Logisch* zeigt sich die Erscheinungsgebundenheit des uns zunächst in den Bestimmungen des Daseins begegnenden Scheins allein in dessen Bindung an Wahrheit. An allen Denkbestimmungen, die einen nicht-totalen Schein mit sich führen, ist etwas Wahres. In ihrer Entgegensetzung gegen Schein meint ›Wahrheit‹ bei Hegel im Sinne Platons, wie schon erwähnt, wirkliche Wirklichkeit. Als Gegenteil dieser Wirklichkeit ist Schein aber, platonisch gedacht, ihr zugleich verbunden. Denn er ist als ›Nichtsein‹, als *mē on*, durchaus ein ›Sein‹, ein *on*, das seine Nichtigkeit nur im Lichte des ›wahren Seins‹, des *ontōs on*, offenbart. Anders ausgedrückt: Eingelassen in die Erscheinung, macht der Schein einen Bestandteil der Realität aus, wenn auch nur jenen, den der metaphorische Begriff der Oberfläche veranschaulichen möchte. Indem spekulative Logik auf die Wahrheit der wahren Wirklichkeit abzielt, muß sie diese zunächst dort aufsuchen, wo sie in ihr Gegenteil, in Schein, verkehrt ist. Dabei hält sie sich genauso wie bei der Entlarvung von Schein an die Denkbestimmungen selber und nur an sie. Aber zum Problem wird in der einen wie in der anderen Hinsicht mit dem Übergang zum Dasein der Erfahrungsgehalt dieser Bestimmungen. Scheinhaft sind die erstmals in der Daseinslogik auftretenden Denkbestimmungen als verschleiernde Kategorien. Wahrheit im ontologischen Sinne haben sie, sofern und soweit sie gleichwohl Erfahrung von Wirklichkeit artikulieren.

2. Die Einheit unter dem Innenaspekt der logisch entfalteten Wahrheit

Wir stehen hiermit vor der Aufgabe einer Vorverständigung über das, was Hegel im Kontext der Logik des bestimmten Seins *Wahrheit* nennt. Die Aufgabe reicht allerdings wesentlich weiter, als ihre Beschreibung vermuten läßt. Wenn die Rede von Hegels Logik als kritischer Darstellung keine Phrase sein soll, dann kann in ihrem Nachvollzug unter den Titeln ›Schein‹ und ›Wahrheit‹ je nur dasselbe Ganze unter einem anderen Aspekt gegenwärtig sein. Den mit dem Übergang zum Dasein vollzogenen Neuansatz haben wir bisher unter dem Außenaspekt des Metaphysikbezugs betrachtet. Unter diesem Gesichtspunkt kam auch schon Wahrheit in den Blick. Wir verändern jetzt die Perspektive, indem wir die Einheit von Schein und Wahrheit von der Wahrheit als genuin *logischer* her ins Auge fassen. Erst durch einen solchen Einstellungswechsel erschließt sich das *Denk*gesetz der daseinslogischen Bewegung, in der jene Einheit als sich herstellende ist. Abgesehen von der Prognose, daß wir an dieser Bewegung Ähnlichkeiten mit der Grundfigur der Metaphysik entdecken werden, haben wir von ihr oben, ebenfalls antizipierend, lediglich behauptet, daß sie ihren Ausgang im allgemeinen wie im besonderen vom Schein nehme. Darüber hinaus läßt sich von außen her – und selbst das nur mit Vorsicht – nichts feststellen als eine gewisse Scheinanfälligkeit auch noch des Endes der Bewegung. Da das Ende – und zwar auch das der Daseinslogik überhaupt, aber erst recht natürlich das ihrer nicht abschließenden Abteilungen – vorläufig ist, wird es am Schein jedenfalls noch irgendwie teilhaben. Wie immer das Ergebnis der Nachprüfung dieser Hypothese am Text ausfallen mag – sicher ist, daß hier in Abstraktion von der Logizität der Gedankenentwicklung allein quantifizierende Aussagen möglich sind. In einer Betrachtungsweise, die auf die Analogien zur metaphysischen Bewegung von der Erscheinungsoberfläche in die Tiefe der Realität abhebt, stellt sich der daseinslogische Prozeß, sofern er die Tiefe nicht wirklich auslotet, höchstens, das heißt unter der Voraussetzung eines günstigen Resultats jener Prüfung, als bloße Schein*minimierung* dar. Und als solche würde er sich auch nur im Vergleich von Anfang und Ende zu erkennen geben. Denn es bedarf der Einsicht in die logische Wahrheit, um die *Kurve* der Bewegung verfolgen zu können. Zugleich wird erst im Horizont dieser Wahrheit sichtbar, was wir am daseinsmäßigen Schein selber noch gar nicht gesehen haben. Eines ist ja der ontologische Status des Scheins, ein anderes seine logische Bestimmtheit, genauer: das an den Denkbestimmungen, was ihren Schein ausmacht. In der Rückbesinnung auf Hegels Ja zur Metaphysik war es einzig möglich, den Schein, der in den Daseinsbestimmungen sich einnistet, auf seinen ontologischen Status zu befragen. Hingegen muß eine Exposition der genuin logischen Wahrheit, deren die Seinsbestimmungen und zunächst die Bestimmungen des Daseins fähig sind, bei der *logischen Bestimmtheit* des in der Enthüllung dieser Wahrheit aufzulösenden Scheins ansetzen.

2.1 Schein der Positivität

Der Schein des Daseins ist nach seiner logischen Bestimmtheit der der *Positivität*. Hegel selber verwendet diesen Begriff, jedenfalls in der substantivierten Form, im zweiten Kapitel seiner Logik zwar nicht. Gleichwohl aber ist ›Positivität‹ der gemeinsame Nenner aller seiner Angaben über den Schein, der uns erstmals im Daseinskapitel begegnet. Seine zumindest die ganze Logik des daseinsmäßigen Scheins umfassende Geltung verdankt der Begriff seiner zwiefachen Bedeutung. Er meint einmal, in Übereinstimmung mit unserem eingefahrenen Sprachgebrauch, das *Affirmative*. Dasein hüllt sich zunächst in den Schein, als sei es grundsätzlich affirmativ, so daß alles, was in dieses Bild nicht sich fügt, nur als Anomalie auffällig wird. Unter ›Positivität‹ ist zum andern aber auch und zwar ineins damit die *Vorgegebenheit* zu verstehen, gegen die schon Hegels frühe Kritik positiver Religion sich richtete. Das Denken in Kategorien des Da-

seins ist zunächst in dem Schein befangen, als sei ihm sein Gegenstand schlicht gegeben.
Dieser Sinn von Positivität läßt sich an der Doppeldeutigkeit ablesen, die in der Daseinslogik der Terminus ›gesetzt‹ hat. Schon gleich zu deren Beginn unterbricht Hegel seinen Gedankengang durch die bald darauf wiederholte Ermahnung, »immer«, das heißt in der gesamten logischen Wissenschaft, zu unterscheiden zwischen dem, »was *gesetzt* ist an einem Begriffe«, und dem bloß *»für uns in unserer Reflexion«* Seienden (96 f./117). Gegen das erst nur für uns Seiende, das Hegel auch das ›an sich‹ Seiende nennt (109$_{26-32}$/131), hebt das Gesetzte sich allein dann ab, wenn man es dem Hergeleiteten gleichsetzt. Diese Gleichsetzung liegt unmittelbar in jener Entgegensetzung. Sie ist aber dort ausgeschlossen, wo Hegel mit dem Ausdruck ›zunächst gesetzt‹ arbeitet. Denn das ›zunächst‹ widerstreitet der Herleitung. In der Verbindung mit ›zunächst‹ kann ›gesetzt‹ nur ›gegeben‹ heißen. Hegel identifiziert aber den Modus, in welchem etwas »zunächst gesetzt« ist (105$_{21}$/126), mit der Art und Weise, wie es »für die Vorstellung« sich darstellt (105$_{13}$/126)[4]. Das zunächst Gesetzte ist das der Vorstellung Gegebene, genauer: das, was dem vorstellenden Denken als vorgegeben gilt. Die auf einen Gegensatz unvereinbarer Extreme hinauslaufende Differenz im Sachgehalt des Wortes ›gesetzt‹ meldet sich aufs neue in der Spannung zwischen dem der Daseinslogik zugrunde liegenden Positivitätsgedanken und seiner Explikation durch die Reflexionsbestimmung des Positiven. Im zweiten Kapitel der Wesenslogik weist Hegel darauf hin, daß das Positive »seinem Namen nach das *Poniertsein, Gesetztsein* ausdrückt« (II 55$_{4}$/71). Die Theorie der Reflexionsbestimmungen enthüllt das Positive als das Gesetzte. Damit spricht sie die Wahrheit über die daseinslogische Positivität aus. Der Name ›Positivität‹ indiziert selbst schon den Schein, dem die Annahme schlichter Vorgegebenheit erliegt. Genauso löst sich innerhalb der Daseinslogik der Widerspruch im Spre-

4 Vgl. zum Beispiel auch seine Bemerkung über »die Seite, von welcher die Grenze zunächst in die Vorstellung, – das Außersichsein des Begriffes, – fällt« (114 f./137).

chen vom Gesetzten auf. In Wirklichkeit ist auch das zunächst Gesetzte eben das Gesetzte, was bedeutet: seine Vorgegebenheit ist Schein.

Wenn ich sage, in den daseinslogischen Bestimmungen spiegle *»zunächst«* der Schein der Positivität sich wider, die das in ihnen sich bewegende Denken als affirmative Vorgegebenheit auslegt, so meine ich gemäß der vorhin aufgestellten These über den Ausgang vom Schein, daß dies nicht nur am Anfang der Gesamtbewegung des Daseins der Fall ist, sondern auch im Neuansatz der Teilbewegungen von Endlichkeit und Unendlichkeit. Dabei ist die Rede vom »Anfang der Gesamtbewegung des Daseins« zu differenzieren. Die Abteilung A trägt die Überschrift ›Dasein als solches‹. Der mit ihr gemachte Anfang initiiert – das gibt die Überschrift zu verstehen – die Gesamtbewegung dergestalt, daß er als das allgemeine Prinzip bereits das Ganze enthält. Zugleich führt er eine Teilbewegung aus, die ihren eigenen Anfang hat. Als Anfang des Anfangs ist dieser so definiert, daß er vom Dasein als solchem nicht geschieden werden kann und auch nicht soll: Er heißt ›Dasein überhaupt‹. Von ihm, dem Dasein überhaupt, spricht Hegel selber als von dem »einfachen Anfange, dem Dasein als solchem« (102_{11}/123). Ich behaupte nun, daß der im ›Dasein überhaupt‹ massiv sich aufdrängende Schein, obschon bereits die erste Teilbewegung darauf hinaus will, ihn aufzulösen, das ›Dasein als solches‹ affiziert. Seine logische Bestimmtheit hält Hegel im Rückblick auf A fest: »In der ersten Abteilung, worin das *Dasein* überhaupt betrachtet wurde, hatte dieses, als zunächst aufgenommen, die Bestimmung des *Seienden*. Die Momente seiner Entwicklung, Qualität und Etwas, sind darum ebenso affirmativer Bestimmung« (104_{10}/125). Den Schein erfaßt die Stelle nur in seiner Wirkung auf die Darstellung; als zunächst bloß aufnehmende wird Darstellung Mimesis an ihn. *Was* sie reproduziert, erläutert die für die Metaphysikkritik maßgebliche Definition, die ja im selben Kontext steht: Metaphysik will »nur *Seiendes* und zwar *Ansichseiendes* behaupten und hervorbringen« – hervorbringen im Sinne der Erzeugung von Schein. Das Seiende ist das Ansichseiende als das scheinbar Vorgegebene, über dessen Status Hegel keinen Zweifel läßt, wenn er die sogenannten »Dinge-an-sich« als »wahrheitslose, leere Abstraktionen« apostrophiert (108_{30}/130)[5].

Die Stelle zeigt aber indirekt selber schon an, worauf vor allem die Tatsache hindeutet, daß der affirmative Grundzug vorgestellten Daseins mit dem Wiederauftauchen des Scheins der Vorgegebenheit am Anfang der Bewegungen von Endlichkeit und Unendlichkeit nicht in gleichem Maße wiederkehren kann: Die nicht nur grundlegende, sondern auch umfassende Bedeutung der ›Positivität‹ als logischer Bestimmtheit des daseinsmäßigen Scheins ist die der Vorgegebenheit. Gerade damit ist die Einheit der beiden Bedeutungen verbürgt. Die Daseinslogik spielt nicht zweideutig mit den zwei Bedeutungen von ›Positivität‹. Vielmehr entdeckt sie das Affirmative in der Vorstellung vom Vorgegebenen selber. Das können wir unsererseits freilich nur dann entdecken, wenn wir auf die versteckte Zeitlichkeit der Daseinsbestimmungen achten[6]. Mit der Zeit verhält es sich in der Daseinslogik wie mit dem Raum. Wiewohl Hegel offenbar wichtig findet, auf die räumliche Komponente des Daseinsbegriffs aufmerksam zu machen, beeilt er sich hinzuzufügen, die Raumvorstellung gehöre nicht hierher (96_{17}/116; vgl. 115 f./138 f.). Dementsprechend hütet er sich, Zeitlichkeit zu thematisieren; und doch läßt, wie wir sehen werden (S. 269), Dasein sich auch nach seiner Wahrheit ohne Rücksicht auf Zeit ebensowenig denken wie im Absehen vom Raum. So blendet die Daseinslogik desgleichen an der scheinbar einfachen Gegebenheit deren temporale Verfassung weitgehend ab. Faktisch aber denkt das Vorstellen Dasein in seiner Positivität als das Bestehende, das als solches immer schon bestanden hat und weiterhin bestehen wird. Auf-

5 Die kritisierte Vorstellung vom Ansich darf natürlich nicht mit dessen dialektischem Begriff verwechselt werden. Hegel fährt an der zitierten Stelle fort: »Was aber das Ding-an-sich in Wahrheit ist, was wahrhaft an sich ist, davon ist die Logik die Darstellung, wobei aber unter *Ansich* etwas Besseres als die Abstraktion verstanden wird, nämlich was etwas in seinem Begriffe ist . . .«.

6 In kritischer Besinnung auf das Defizit an Zeitbewußtsein geht Christofer Frey (1973, bes. 161 ff., 390 ff.) auch temporalen Implikationen der Hegelschen Logik, vor allem der Logik der Reflexion nach.

grund seiner Beständigkeit ist das scheinbar einfach Gegebene in sich affirmativ.

In der Auflösung des Scheins dieser Positivität enthüllt die Daseinslogik Wahrheit. Dasein ist nach seiner Wahrheit das ›*Negative*‹. Negativ bestimmt muß es, äußerlich betrachtet, schon deshalb sein, weil es im zweiten Kapitel abgehandelt wird (vgl. E § 85). Gar so äußerlich, wie man zunächst vermuten mag, ist eine solche Betrachtung auch wieder nicht. Denn gleich allem, das jeweils auf der mittleren Stufe der logischen Entwicklung steht, besitzt Dasein, als »die Sphäre der Differenz, des Dualismus, das Feld der Endlichkeit« (147s/174), in sich selbst eine Struktur, die ihm die Stellung des Zweiten vorschreibt. Die Struktur des an und für sich Zweiten skizziert die Logik in jener berühmten Passage ihres Schlußkapitels, in der sie ihre ›dialektische‹ Methode für die Bewegung der Sache selbst ausgibt (II 496-499/563-566). Es ist hier nicht der Ort, auf diesen Text näher einzugehen. Auch die seit langem erörterte Frage, ob und inwieweit Hegels retrospektiv generalisierende Methodenbesinnung seiner zuvor geübten Praxis wirklich gerecht wird (vgl. zuletzt Henrich 1978), muß aus unseren Überlegungen ausgeklammert werden. Immerhin dürfte es – das sei am Rande vermerkt – kaum ein anderes Kapitel in der *Wissenschaft der Logik* geben, das mit Hegels allgemeiner Theorie der Dialektik so sehr übereinstimmt wie das Daseinskapitel. Dies ist in dem Sachverhalt begründet, auf den es im gegenwärtigen Zusammenhang allein ankommt. Dem methodologischen Rechenschaftsbericht zufolge legt das Zweite sich in sich in eine Zweiheit auseinander. Gegenüber dem Ersten als dem Positiven ist es nicht nur überhaupt das Negative, sondern das »erste« und das »zweite« Negative, als welches es »absolute Negativität« sein soll. Die innere Differenzierung des Zweiten ergibt sich aus der Dialektik der Aufhebung. Sofern es an die Stelle des Ersten tritt, ist es bloß das Negative; sofern es hingegen das Erste in sich aufbewahrt, ist es als es selbst zugleich die ihr Relat in sich befassende Relation zum Ersten, das ihm gegenüber seinerseits das Negative ist, mithin das zur absoluten Negativität deklarierte »Negative des Negativen«, als die »Beziehung des Negativen auf sich«. Die

Daseinslogik läßt sich auf die Folie der allgemeinen Dialektiktheorie relativ gut abbilden, weil sie deren Prototyp darstellt. Erst sie nämlich bringt die »*absolute* Negativität« ins Spiel (103_4/124), und damit empfängt auch die »*abstrakte* Negativität« (103_5/124) desjenigen Negativen, das Hegel vom zweiten her als das erste zählt, erst in ihr den authentischen Sinn, durch den sie sich gegen die »abstrakte, unmittelbare Negation« abhebt, als welche der Logikanfang vage und ganz unkontrolliert das reine Nichts benennt (68_{10}/84)[7].

Der zwiefältigen Negativität entnimmt die Daseinslogik den Maßstab, den sie an den Schein der Positivität anlegt. Dabei ist das Dasein »selbst der Maßstab« (98_6/118), eben weil es nach seiner Wahrheit das Negative ist. Im ersten Teil der vorliegenden Abhandlung wurde gelegentlich bereits zwischen der ›Wahrheit *schlechthin*‹ und der ›Wahrheit *über*...‹ unterschieden (s. oben, S. 37). Der Unterschied stand auch im Hintergrund, als es vorhin hieß, die Theorie der Reflexionsbestimmungen spreche die Wahrheit über die für Vorgegebenheit erachtete Positivität aus, indem sie diese als Gesetztsein enthülle. Nicht zufällig grenzt Hegels *Phänomenologie* die Wahrheit über... gegen die offenbar höhere Wahrheit, die keines Zusatzes bedarf, ausdrücklicher ab als seine *Logik.* Bringt sie doch auch klarer zum Ausdruck, daß sie Auflösung von Schein betreibt. Wo immer in ›dialektischer‹ Methode Schein aufzulösen ist, da kann zunächst nur die Wahrheit über... hervortreten. Denn Schein auflösen heißt ent-täuschen, und die Wahrheit über... ist, was ich in der Ent-täuschung erfahre. Wenn die Daseinslogik den Unterschied expressis verbis nicht macht, dann folgt sie nur der in der ganzen Logik herrschenden Tendenz, sich als eine eigene Art von Phänomenologie zu verleugnen. Gleichwohl muß eine Interpretation,

7 Wenn die unten, in III. 2.3, versuchte Erläuterung der Negationsterme richtig ist, dann ist die von Henrich (1975, 248; vgl. 1976, 226) mit Berufung auf das Zitat vertretene These, das reine Nichts sei bereits eine »rudimentäre Form« der Negation, wohl kaum aufrechtzuerhalten. In meiner Sicht hat Tugendhat (1970, 150) ganz recht, wenn er die »abstrakte, unmittelbare Negation« als einen »Alternativausdruck« für den Begriff des reinen Nichts betrachtet, der gleichwohl aus dessen Bedeutungsgehalt in keiner Weise zu rechtfertigen ist.

die mit der Thematisierung von Schein den phänomenologischen Charakter auch der Logik betont, mit der jetzt in Erinnerung gerufenen Differenzierung des Wahrheitsbegriffs arbeiten. Und zwar ist diese in ein Verhältnis zu setzen zu dem angedeuteten Unterschied in der Negativität.

Wie das geschehen soll, ist allerdings noch nicht zu sehen, und es ist nicht zu sehen, weil wir von *Negativität* noch nichts begriffen haben. Ich habe ja lediglich einen doxographischen Hinweis auf ihre am Schluß der Logik versuchte Generalisierung und auf ihre Einführung in der Logik des Daseins gegeben. Die Begründung der Entzweiung des Zweiten aus der Aufhebungsdialektik ist mit Begreifen nicht zu verwechseln. Sie *will* damit auch nicht verwechselt werden. Denn es geht nicht an, eine Deutung der Negativität anhand des späten, wohl *zu* späten Diskurses über die Methode auszuarbeiten und sie nachträglich auf die Daseinslogik anzuwenden. So zu verfahren wäre deshalb fatal, weil die daseinslogische Negativitätstheorie als die im Gang des Denkens frühere auch die in der Sache ursprünglichere ist. Um sich dessen zu versichern, braucht man nur einen einzigen, aber wichtigen Umstand zu erwägen. Zur Bezeichnung der Zweiheit, die der methodologische Diskurs durch das Auseinanderhalten des ersten und des zweiten *Negativen* fixiert, verwendet die Daseinslogik primär den Begriff der ersten und der zweiten *Negation.* Sie nennt zwar die ›einfache Negation‹ desgleichen das Negative und die ›Negation der Negation‹ entsprechend das Negative des Negativen, aber einmal tut sie dies bloß im nachhinein und zum andern so, daß man gegen das mit der Negation bedeutungsidentische Negative ein solches festhalten muß, das mindestens nicht unmittelbar mit ihr zusammenfällt. Die Negativität, die den für die gesamte *Wissenschaft der Logik* verbindlichen Wahrheitsbegriff formell definiert, ist aber, wie sich gleich bestätigen wird, ursprünglich als Negation zu fassen.

Was bedeutet nun ›Negation‹ und was ›Negation der Negation‹? Auf welche Weise ist ferner die innere Differenz der Negativität auf die Ausfächerung des Wahrheitsbegriffs in ›Wahrheit schlechthin‹ und ›Wahrheit über ...‹ zu beziehen? Ein zureichendes Verständnis des überaus komplexen Sachverhaltes, von dessen Erschließung das Verständnis der Hegelschen Logik im ganzen und zumal auch der Daseinslogik abhängt, ist schlechterdings unmöglich, berücksichtigt man nicht zuallererst die *Dynamik* beider Unterscheidungen und damit auch ihres Zusammenhangs. ›Negation‹ und ›Negation der Negation‹ verhalten sich nicht statisch zueinander derart, daß etwas ein für allemal als das eine oder als das andere bestimmt wäre. Ebensowenig gibt es *hier* bloße ›Wahrheit über ...‹ und *dort*, getrennt davon, ›Wahrheit schlechthin‹. *Dies* ist nicht so, weil *jenes* nicht der Fall ist. Positiv ausgedrückt: Die Prozessualität der Relation von ›Wahrheit über ...‹ und ›Wahrheit schlechthin‹ resultiert aus dem Geschehenscharakter der inneren Differenz von Negativität. Der dynamische Prozeß, den die abstrakte Gegenüberstellung von ›Negation‹ und ›Negation der Negation‹ immer auch verdeckt, kann wiederum nur durch die Explikation der Bedeutung des Negativitätsbegriffs verständlich werden. Insofern erfordert sein Nachvollzug wenigstens eine gewisse Vorkenntnis dieser Bedeutung. Weil die jedoch umgekehrt nur mit Rücksicht auf ihn wirklich nachvollzogen werden kann, möchte ich gleichwohl zunächst (2.2) das allgemeine Gesetz der Dynamik angeben und erst dann die Begriffe ›Negation‹ und ›Negation der Negation‹ so zu definieren versuchen, daß Möglichkeit und Notwendigkeit des Geschehens einsichtig werden (2.3).

Ineins mit alledem wird sich abzeichnen, welche Stellung die Logik des Daseins sowohl gegenüber der Reflexionslogik wie auch gegenüber der Begriffslogik einnimmt. Die den Bezug von ›objektiver‹ und ›subjektiver‹ Logik übergreifende Gesamtkonstellation steht ja im Mittelpunkt des Interesses, dessen Richtung die Grundlegung A durch die Stichworte ›Gleichgültigkeit‹ und ›Herrschaft‹ auf der einen und ›kommunikative Freiheit‹ auf der anderen Seite bezeichnet hat. Wir gehen nun – mit dem Ziel einer möglichst zureichenden Interpretation der Daseinslogik vor Augen, aber zugleich mit dem Blick auf das Ganze der logischen Wissenschaft – wieder medias in res, indem wir in das Zentrum auch der Daseinslogik selber vorstoßen, die aus ihm heraus, wie gesagt, das Organisationsprinzip der logischen Wissenschaft überhaupt entwickelt.

Bei oberflächlicher Lektüre des Kapitels über das Dasein sieht es so aus, als erreiche der Gedanke im Absprung von der Positivität fürs erste eine einfache Negation, die nur dies ist, und schließlich eine Negation der Negation, die, ebenfalls auf sich fixiert, ihrer selbst sicher sein kann. Der Eindruck trügt doppelt. Ich möchte zunächst nur auf die eine Seite der Täuschung aufmerksam machen. Entgegen dem äußeren Anschein bleibt die zunächst sich zeigende Negation der Negation, näher besehen, in einer einfachen Negation stecken, als die sie sich im Fortgang auch zu erkennen geben muß. Die elementarste Negation der Negation tut sich bereits am Ende der Abteilung A auf, mit dem sogenannten ›Insichsein‹ des Etwas. Trotzdem sagt Hegel im nachhinein, daß »die negative Bestimmung, die im Dasein liegt, (...) dort nur erst Negation überhaupt, *erste* Negation war« (104_{14}/125). Damit scheint er sich zu widersprechen, und zwar auf eine auch von ihm nicht zu verantwortende Weise. Der Kontext, in dem er die Bewegung des Daseins als solchen auf die einfache Negation einschränkt, verrät die Neigung, den Widerspruch zu verschleiern. Die Einschränkung erfolgt im Anschluß an die bereits zitierte Feststellung, daß in der Abteilung A, die an dieser Stelle bereits abgeschlossen ist, das Dasein die Bestimmung des Seienden hatte und daß dementsprechend die Momente seiner Entwicklung affirmativer Natur waren. Daß und wie beides zusammenhängt, wird uns noch aufgehen. Im Augenblick sei nur angemerkt, daß Hegel hier, bei der Exposition der Abteilung B, im Vorgriff auf deren Gang fortfährt: »In dieser Abteilung hingegen entwickelt sich die negative Bestimmung, die im Dasein liegt, welche dort nur erst Negation überhaupt, *erste* Negation war, nun aber zu dem Punkte des *Insichseins* des Etwas, zur Negation der Negation bestimmt ist.« Den Zug zur Verschleierung verrät der vage Ausdruck ›bestimmt zu ...‹. Wenn das Negative des Daseins in der zurückliegenden Abteilung nur erst den Charakter einer einfachen Negation hatte, dann scheint man schwerlich noch behaupten zu können, daß sie *als* Negation der Negation bestimmt war. Sie *ist* aber so bestimmt worden. Hegel möchte den Widerspruch

verbergen, indem er das Bestimmtsein *als* ... in ein Bestimmtsein *zu* ... umdeutet und damit zur Aufgabe für die eröffnete Abteilung erklärt. In der Tat kann man den Fortschritt von A zu B darin erblicken, daß die in A bloß an sich oder für uns seiende Negation der Negation in B als solche gesetzt wird. Denn jedenfalls nach Hegel erschließt sich erst in der Bewegung der Endlichkeit das ›Insichsein‹ des Etwas als »entwickeltes« (112$_{27}$/134), entwickelt nämlich durch die Entwicklung der negativen Bestimmung, die im Dasein liegt. Daß diese bereits am Ende von A als Negation der Negation bestimmt war, heißt indessen: Sie war als solche *gesetzt.* Insofern bleibt es bei dem Widerspruch. Er braucht jedoch nicht verschleiert zu werden, sondern läßt sich auflösen. Dazu bedarf es allerdings der Freilegung des von Hegel verschwiegenen Sachverhalts, in dem die Herabsetzung der Negation der Negation zur einfachen Negation gründet.
Eine Aussage, die eine negative Aussage negiert, bezieht sich damit nicht auf sich selbst. Genausowenig muß die von Hegel gemeinte Negation der Negation in jedem Fall eine sich auf sich beziehende sein. Gleichwohl ist sie in seinem Konzept allein unter der Bedingung ihrer Selbstbezüglichkeit wirklich das, was sie ist. Am Ende von A wird zwar schon eine Negation der Negation gesetzt, aber, wie der analytische Textkommentar erweisen wird, eine solche, die so, wie sie *gesetzt* ist, noch keine Selbstbeziehung sein kann. Nur weil einzig die selbstbezügliche Negation der Negation ihrem Begriff grundsätzlich entspricht, nimmt Hegel jene bereits als diese in Anspruch. In einem Zusammenhang, in dem er ohnehin leicht zu weit ausgreift, im Vorspann zu A, behauptet er, Dasein sei als das Etwas, das es vermöge seines ›Insichseins‹ ist, »in sich reflektiert« (96$_{6}$/116). Der Begriff ›Insichsein‹ deutet denn ja auch, wie immer er sonst noch auszulegen sein mag, in der Tat auf Reflexivität; ist etwas in sich, so hat es sich auf sich zurückgebeugt. Will man Hegels Behauptung wohlwollend interpretieren, so kann man sie aber höchstens dahingehend verstehen, daß mit dem ersten Auftreten von ›Insichsein‹ am Ende von A Reflexion keimhaft entstehe. Das hier auftauchende ›Insichsein‹ befindet sich notwendig unterhalb des Niveaus ausgebildeter Reflexivität. Denn »gesetzt

als in sich Reflektiertes« wird Etwas, nun ein »mit sich *identisches*« (106_{9}/127)[8], erst in der Abteilung B, im Zuge der Bewegung der Endlichkeit. Damit ist es auch nicht möglich, daß die am Ende von A sich ergebende Negation der Negation, als die Hegel das ›Insichsein‹ auslegt, bereits in ihrer Selbstbezüglichkeit gesetzt ist. Eben deshalb sinkt sie wieder zur einfachen Negation herab, zu einer Negation, die ihrerseits im Banne des Scheins der Positivität verharrt.

Nun kann eine Negation der Negation, die in Wirklichkeit noch keine selbstbezügliche ist, ausschließlich dann zur einfachen Negation herabsinken, wenn umgekehrt diese im Grunde eine Negation der Negation ist, und zwar eine von gleicher Art. Daß die ›einfache‹ Negation ihre Einfachheit vortäuscht, macht die andere Seite des Doppelbetrugs aus, von dem vorhin die Rede war. Die Täuschung beruht letztlich auf dem Schein der Positivität. ›Dasein‹ meint, so beginnt das Kapitel, »*bestimmtes* Sein« (95_{20}/115). Die Bestimmtheit des Daseins zeichnet Hegel in eine Struktur ein, die seinen im zweiten Kapitel vorgetragenen Überlegungen von Anfang an zugrunde liegt, und zwar darum, weil sie sich schon im Werden generiert hat; wir werden sie infolgedessen auch erst in der Besinnung auf die Herkunft des Daseins aus dem Werden aufhellen können. Nach diesem Grundmodell gehen im Dasein Sein und Nichts in eine Einheit zusammen, die wiederum die Gestalt des Seins besitzt. Derart umfaßt vom Sein, wird das Nichts selber ein Seinsmodus – Nicht*sein*. Das vollständig vom Sein durchdrungene Nichtsein ist die »Bestimmtheit als solche« (96_{23}/116). Demgemäß übersetzt Hegel den Satz des Spinoza *Omnis determinatio est negatio* mit den Worten: »Die Bestimmtheit ist die Negation (= Nichtsein – M. T.) als affirmativ (= Sein – M. T.) gesetzt« (100_{16}/121). Indessen weist er nach Einführung der Bestimmtheit als solcher in äußerer Reflexion darauf hin, daß auch die *Einheit* von Sein und Nichtsein Bestimmtheitscharakter habe: »Das *Ganze* ist gleichfalls in der

8 Vgl. 103_{12}/124: »die Vermittlung mit *sich* ist im Etwas *gesetzt*, insofern es als einfaches *Identisches* bestimmt ist«. Der Satz steht zwar in A, c, aber hat in seinem von der äußeren Reflexion bestimmten Kontext die Funktion eines Vorgriffs auf die Metamorphosen des Etwas, das in B Thema bleibt.

Form d. i. *Bestimmtheit* des Seins ...« (96_{25}/116). Zweifellos sind hier zwei verschiedene Begriffe von Bestimmtheit im Spiel. Daß am Anfang der Daseinslogik »das Ganze, die Einheit des Seins und des Nichts, in der einseitigen Bestimmtheit des Seins sei« (97_{3}/117), besagt gerade: Das vorstellende Denken, das die Struktur selber natürlich nicht wahrnimmt, hat Dasein schlechthin als Positivität vor sich. Aber zugleich erklärt Hegel auch die Bestimmtheit, die dem Ganzen zukommt, spinozistisch für Negation; das übergreifende Sein ist ein »negativ-bestimmtes« (96_{27}/116). Nicht nur wegen der Einseitigkeit der als Form genommenen Bestimmtheit des übergreifenden Seins, auch und vor allem mit Rücksicht auf die negative Verfassung seiner in Analogie zur Bestimmtheit als solcher verstandenen Bestimmtheit muß in einem Stadium, in dem das Ganze noch den Schein von Positivität erzeugt, dessen Bestimmtheitscharakter Gegenstand äußerlicher Reflexion sein. Die weitere Entwicklung wird den Schein von Positivität auflösen, indem sie verfolgt, wie auch dem betrachteten Denken des Daseins die Negativität der Seinsbestimmtheit aufgeht, in der das Ganze ist. In ihr »macht sich die Bestimmtheit wesentlich als Negation geltend« (101_{6}/121). Damit wird auch erst in ihrem Verlauf für die Vorstellung nachvollziehbar, was für uns im vorhinein feststeht: die *Identität* von Dasein und (qualitativer) Bestimmtheit. Die Realisierung dieser Identität vermittelt die Aneignung der Einsicht, daß Dasein das Negative *ist*. Auch wir haben das vorhin bloß versichert. Dasein *ist* aber das Negative, weil das *Ganze* dessen, woraus es besteht, in einer Bestimmtheit auftritt, die wie die Bestimmtheit als solche auf Negation hinausläuft. *Hier* liegt bereits »die *erste* oder die Negation, welche *Bestimmtheit* ist, durch welche das Sein nur Dasein (...) wird« (II 8 f./19). Da es nun das Dasein ist, das die bisher als ›einfach‹ hingestellte Negation ausführt, ist diese wirklich schon Negation der Negation. Nur bezieht sie sich nicht auf sich selbst. Denn die negierte Negation hat eine andere Verfassung als die negierende. Sie unterscheidet sich von der negierenden, sofern sie »als affirmativ gesetzt« ist. Tatsächlich kann ich ja Bestimmtheit, und zwar jede mögliche, nur denken, wenn ich Negativität zugleich affirmiere. Aufgrund ihres affirmativen

Zugs ist Bestimmtheit das Negative in einem Sinne, der in einem einsehbaren Zusammenhang mit der fundamentalen Bedeutung von Negation steht, aber es streng genommen verbietet, sie selber für Negation auszugeben. Immerhin entpuppt sich die scheinbar einfache Negation, die das Dasein ausführt, als Prototyp jener Negation des Negativen, als deren vollendete Gestalt das Wesen anfangs begegnet. Ist doch das Wesen zunächst »ein solches Sein, an dem alles Bestimmte (...) negiert ist« (II 3 f./14). Und auch das Wesen erscheint demzufolge unmittelbar als die *»erste«* Negation des Seins (II 5_{35}/16), obwohl es mehr ist als die beschriebene Negation des Negativen, nämlich »absolute Negativität« (II 9_{1}/19).

Wenn auch die Unbekümmertheit, in der Hegel *von* Bestimmtheit redet, ohne davon *mit* Bestimmtheit zu reden, den in terminologischen Fragen weniger sorgloser Leser verärgern muß – hinter ihr steckt eine strategische Absicht, deren Erkenntnis tieferen Einblick in die Dynamik des Verhältnisses von Negation und Negation der Negation gewährt. Insbesondere läßt die Absicht erkennen, wie diese Dynamik, welche die Gesamtbewegung des Daseins antreibt, in die Abfolge der daseinslogischen Teilbewegungen hineinwirkt. Diesem Zusammenhang kommt man auf die Spur, wenn man sich klarmacht, daß Hegel durch seinen unkontrollierten Sprachgebrauch eine Verwirrung stiftet, die über das beobachtete Ausmaß sogar noch hinausgeht. Die Negativität der Bestimmtheit als solcher überträgt er auf die Bestimmtheit des Seins, in der das Ganze ist, derart, daß er sie auch und vor allem für das Sein beansprucht; das übergreifende *Sein* ist ein »negativ-bestimmtes«. So wenig das Sein aber, ist es ein qualitativ bestimmtes, von *dieser* Bestimmtheit (der ›Bestimmtheit als solcher‹) zu trennen ist, so sehr unterscheidet es sich von seiner Bestimmtheit im Sinne der Form. Die Negativität des übergreifenden Seins folgt also keineswegs schon aus derjenigen seiner Formbestimmtheit. Hegel gibt für sie denn auch eine – völlig unzulängliche – Zusatzbegründung im Rückgriff auf das Werden (vgl. 96_{26}/16). Daß er sie – wie gesagt: in äußerer Reflexion – gleichwohl behauptet, geschieht in der Antizipation des Wandels, den die in der Bestimmtheit des Seins gesetzte

Einheit von Sein und Nichtsein auf dem Wege der drei Abteilungen des Daseinskapitels durchmacht.
Die bestimmte Bestimmtheit, das heißt hier: die jeweilige Form, die das übergreifende Sein in den drei Abteilungen annimmt, bildet deren Grundbestimmung. Die Grundbestimmung einer Abteilung gibt den Boden ab, auf dem die Bewegung der zu ihr gehörigen Bestimmungen stattfindet. Von ihnen – den einzelnen Bestimmungen, in welche die des Daseins als solchen, der Endlichkeit und der Unendlichkeit auseinandergehen – hebt sie sich dadurch ab, daß sie ihre Bewegung sozusagen einholt. Obgleich die Abteilung A in einer Negation der Negation terminiert, die freilich noch nicht wirklich als selbstbezügliche gesetzt ist, bleibt die in ihr sich vollziehende Bewegung im Schein der Positivität befangen. Die Positivität ist die formale Bestimmtheit des Seins, als das das Ganze des Daseins als solchen in der Einheit von Realität (Sein) und Verneinung (Nichtsein) gegeben ist. Dementsprechend wird sich zeigen: Wiewohl B eine selbstbezügliche Negation der Negation erschließt, dominiert darin eine Negation, die den Schein ihrer Einfachheit erst abstreift, indem sie fortschreitend als Negation des Negativen sichtbar wird. Im Übergang zu B entwickelt sich die Einheit von Sein und Nichtsein zu der von Etwas und Anderem. Die Momente der neu bestimmten Einheit sind aber von einem Etwas umgriffen, das durch die Bewegung der Endlichkeit als das Andere und damit – in einem ebenfalls noch nachzuprüfenden Sinne – als das Negative gesetzt wird. Grundbestimmung wird die selbstbezügliche Negation der Negation erst in C. Daß das Dasein die Einheit des Seins und des Nichtseins in der Bestimmtheit des Seins sei, soll schließlich bedeuten: Es ist Einheit des Unendlichen (des Seins) und des Endlichen (des Nichtseins) als der Prozeß ›affirmativer Unendlichkeit‹, in welchem es durch Negation der Negation *»Identität mit sich«* gewinnt (125_9/148 f.).
Das Wörtchen ›soll‹ meldet die Skepsis an, die der Kommentar zu C bekräftigen wird. Sie ist schon hier anzumelden, weil die undurchschaute Zweideutigkeit des vermeintlich vernünftigen Unendlichen, die unsere Kritik herausfordern wird, auf seine Stellung zur Bestimmtheit qua Determiniertheit durchschlägt. In

Übereinstimmung damit, daß Hegel Unendlichkeit im ersten Abschnitt der Seinslogik abhandelt, also im Rahmen der Theorie einer Bestimmtheit, die er des näheren als Qualität kennzeichnet, kündigt er sie im Proömium zum Daseinskapitel als *»qualitative«* Unendlichkeit an (95_{31}/115). Es dürfte indessen kein Zufall sein, daß das Attribut, welches sie lediglich gegen die im weiteren Verstande auch zur Bestimmtheit gehörige *quantitative* Unendlichkeit abgrenzt, in C selber keine Rolle mehr spielt. Denn die darin thematische Unendlichkeit überhaupt ist an sich schon, als was sie in der Negation der Negation, die sie zur ›affirmativen‹ erhebt, sich selber setzt: nicht das bestimmte, sondern das wiederhergestellte reine Sein (vgl. 126_{5}/150); in der abschließenden Daseinsbewegung vollendet sich – gleichsam vorzeitig – die gesamte vom reinen Sein ausgegangene Bewegung, und zwar eben dadurch, daß das reine Sein durch die Aufhebung der »Beschränktheit« (126_{6}/150) des bestimmten Seins oder »vermittelst des Aufhebens der Bestimmtheit überhaupt« (127_{5}/151) zu sich zurückkehrt. Wenn Hegel die Negativität des übergreifenden Seins im vorhinein nicht unmittelbar aus der Bestimmtheit als solcher herleitet, sondern in äußerer Reflexion auf einem Wege ›erreicht‹, der über die Formbestimmtheit läuft, dann ist dieses Verfahren letztlich offenbar dadurch motiviert, daß das übergreifende Sein wohl in A und B das bestimmte ist, nicht hingegen in C, wo die formale Bestimmtheit absoluter Negativität den Überstieg über die Bestimmtheit als solche geradezu voraussetzt. Wieso die doppelte Negation am Ende von A der Grundbestimmung scheinbarer Positivität verhaftet bleiben kann, haben wir wenigstens vorgreifend geklärt: Weil sie keine Selbstbeziehung begründet, sinkt sie zu einer Negation herab, deren scheinbare Einfachheit insofern auf den Schein der Positivität zurückverweist, als dieser verdeckt, daß die scheinbar einfache Negation die des Negativen ist, mit der die doppelte sich im gemeinsamen Mangel an Selbstbezüglichkeit trifft. Zu fragen aber wäre noch, warum die *selbstbezügliche* Negation der Negation, die sich in B auftut, im Bannkreis solcher Negation des Negativen verharre.

Die Frage zielt in die Richtung einer Dynamik, die sich in der inneren Bewegung der Selbstbeziehung fortsetzt. Die macht in sich einen Prozeß durch. Dabei ist zu berücksichtigen, daß ›Selbstbeziehung‹ ein vager und vielleicht ganz unbrauchbarer Begriff ist. Bisher wissen wir nicht einmal, wie er sich zum Begriff der doppelten Negation verhält. Wenn die Negation der Negation keine Selbstbeziehung zu sein braucht, dann scheint auch die Selbstbeziehung keine Negation der Negation sein zu müssen. Zwar scheint Hegel die selbstbezügliche Negation der Negation in der Meinung einzuführen, daß Selbstbezüglichkeit überhaupt nur durch sie zustande komme, aber mit welchem Recht er das meinen kann, werden wir bestenfalls erst bei der Analyse der Bedeutung des Negationsbegriffs erfahren. Klar ist im Augenblick nur so viel: Der Selbstbeziehungsbegriff deckt vollständig bloß die unterste Stufe des ihm von Hegel zugeschriebenen Geltungsbereichs ab, während er das, was er auf der höchsten Stufe spekulativer Logik anzeigt, kaum zum Ausdruck bringt. Verbalisiert ist in ›Selbstbeziehung‹ allein Reflexion, und mit ihr hebt der hier in Frage stehende Prozeß auch an. Dessen Telos hingegen, das erst begriffslogisch hinreichend artikulierbare Im-Anderen-bei-sich-selbst-Sein, bezeichnet der Begriff nur annäherungsweise. Er verfehlt erstens, daß der Prozeß auf Selbst*sein* hindrängt, und er gibt zweitens nicht zu erkennen, daß das Selbstsein ein solches im *Anderen* ist. Dennoch hat Hegel einen sachlichen Grund, ihn auch zur Fixierung des Ziels zu verwenden. Die Verwendung läßt sich insofern von der Sache leiten, als in der *Wissenschaft der Logik* von Anfang bis Ende *Beziehung* agiert, und zwar so, daß sie erst mit der Vollendung ihres »Werdens zu sich« (Guzzoni 1963) die *absolute* Stellung erringt, auf die sie hinaus will. Bei sich selbst im Anderen zu sein, ist – sit venia verbo – ein Existenzmodus, dessen Struktur durchaus schon die ›objektive Logik‹ zu denken erlaubt. Aber erst in der ›subjektiven‹ bedeutet, ihrer allerdings bis zur Unkenntlichkeit entstellten Intention nach, das Im-Anderen-bei-sich-*selbst*-Sein als Bei-sich-selbst-im-*Anderen*-Sein, daß die Relate in ihrer Relation als gleichursprüngliche aufgehen und dank ihrer Gleichursprünglichkeit doch sie selbst bleiben. ›Kommunikative Freiheit‹ war der Titel, den ich für den Gedanken dieser ›absoluten Beziehung‹ im Hinblick auf seine historische Herkunft vorgeschlagen habe.

Natürlich können hier nicht alle Kleider vorgeführt werden, welche die Selbstbeziehung zwischen dem terminus a quo und dem terminus ad quem ihres Verwirklichungsprozesses anzieht und ablegt. Der Rückgriff auf universallogische Zusammenhänge, in denen die Grundlegung A sich bewegt hat, sollte nur die Klärung des anstehenden Problems vorbereiten. Die aber führt auch unsere Überlegungen zur *Daseins*logik sofort in die Weite zurück, die wir jetzt wiedergewonnen haben. Wie ein Blitz fällt mit ihr Licht auf die ganze Landschaft, in welche die Daseinslogik eingebettet ist. Darüber hinaus dürfen wir hoffen, daß die Beantwortung der aufgeworfenen Frage dazu beiträgt, unsere früheren, bewußt holzschnittartig gehaltenen Thesen über das Verhältnis, das zwischen den Logiken des (bestimmten) Seins, des Wesens und des Begriffs herrscht, zu differenzieren.

Daß ›Selbstbeziehung‹ als durchgehendes Thema der Hegelschen Logik nicht nur an deren Ende, sondern auch am Anfang steht, bezeugt das ›reine Sein‹: Hegel deklarierte es ja zur ›einfachen Beziehung auf sich‹ (s. oben, S. 110 f.). Was immer der Begriff, dessen Sachgehalt sich uns bisher verborgen hat und auch jetzt im dunkeln bleiben muß, ansonsten bedeuten mag – analytisch liegt in ihm Reflexion. Als Reflexivität müssen wir auch die Selbstbezüglichkeit auffassen, die der in der Theorie der Endlichkeit entdeckten Negation der Negation eignet. Gleichwohl beginnt erst mit ihr die Geschichte manifester Selbstbeziehung. Denn das Attribut ›einfach‹ charakterisiert die Beziehung auf sich, die Hegel schon dem reinen Sein zuerkennt, als eine embryonale. Demgegenüber macht das Daseinskapitel die Explizitheit der in seiner zweiten Abteilung hervortretenden Selbstbeziehung kenntlich, indem es die Reflexion des näheren als Reflexion *in sich* oder als In-sich-Reflektiertsein bestimmt. Reflexion *in sich* aber ist – das vermag Hegel zu zeigen – nur durch Reflexion *in Anderes* möglich. Deshalb kann Etwas als »in sich Reflektiertes« erst gesetzt werden, nachdem im Übergang zur zweiten Abteilung »Anderes« aufgetreten ist. Ja, die selbstbezügliche Negation der Negation, die in dieser Abteilung zunächst begegnet, vollzieht sogar das Andere selber (Henrich 1975, 250). Die Selbstbeziehung, deren im Fortgang von B auch Etwas durch Negation der Negation fähig wird, unterscheidet sich von der (sagen wir einmal abkürzend:) begriffslogischen keineswegs dadurch, daß sie des Anderen unbedürftig wäre. Gegen die Selbstbeziehung, als die Hegel auch das Im-Anderen-bei-sich-selbst-Sein deutet, hebt sie sich aber um so auffälliger durch die Art ihrer Bezugnahme auf Anderes ab, von dessen logischer Bestimmtheit vorläufig ganz zu schweigen. Die »reflektierenden Bestimmungen des Seins« (109_{16}/131), auf welche die Vorstellung der ganz äußerlichen Relation von Etwas und Anderem durch ihre eigene Reflexion stößt, sind ihrerseits »Beziehungen« (106_{38}/128). Sie sind Beziehungen, weil sie in einer Einheit zusammengehaltene Momente sind, von denen jedes das andere impliziert: »Jedes selbst enthält damit an ihm zugleich auch sein von ihm verschiedenes Moment« (106_{39}/128). Genau diese Struktur soll in der Begriffslogik sich aufheben (s. oben, S. 49). Die Momente des Begriffs als der absoluten Totalität sind in sich Totalitäten, als die sie einander nicht mehr enthalten können. An die Stelle von Implikation tritt Freiheit in gegenseitiger Anerkennung; unmißverständlicher ausgedrückt: Implikation verliert ihren Sinn, weil die Beziehungsglieder, die ihr Sein in der absoluten Beziehung haben, sie selbst auch nur in der Beziehung zueinander sein können.

Selbstbeziehung als diese absolute Beziehung entzieht sich dem in der Daseinslogik betrachteten Denken so vollständig, daß sie nicht einmal als Maßstab seiner Kritik in Frage kommt; muß doch der Maßstab den Bestimmungen des Daseins selber entnommen werden. Dem entspricht die Unsichtbarkeit der dialektischen Bewegung des Satzes, die ja kommunikative Freiheit im Logischen vorbilden soll. Die *reflexions*logisch gedachte Selbstbeziehung hingegen, die ebenfalls durch die Beziehung zum Anderen vermittelt ist, kann *nicht* außerhalb der Reichweite einer Theorie liegen, die bereits Reflexion, und zwar konkret Reflexion in sich durch Reflexion in Anderes, zum Gegenstand hat. Anknüpfend an Ergebnisse der Hegel-Literatur, habe ich die Reflexionslogik als Reformulierung der Seinslogik vorgestellt (S. 27). Mit demselben Recht ließe sich behaupten, daß die Seinslogik die Reflexionslogik präfiguriere. Komparativische Wendungen verraten, daß auch nach Hegels Selbstverständnis gerade zwischen der Logik des Daseins und der Reflexionslogik bloß ein relativer Unterschied besteht. Was »in der Sphäre des Daseins« sich ergibt, ist »in der Betrachtung des Wesens« lediglich »ausdrücklicher« zu benennen (107 f./129). Das dem Daseinskapitel korrelative Kapitel über die Reflexionsbestimmungen reformuliert jenes nach der These, durch welche die Grundlegung A über den gegenwärtigen Forschungsstand hinausgegangen ist, indem es die dort thematischen Gleichgültigkeitsverhältnisse als verschleierte Herrschaftsverhältnisse entlarvt. Wenn diese aber auf einer Implikation beruhen, die gewissermaßen schon die Logik des Daseins freilegt, dann lassen Gleichgültigkeit und Herrschaft sich nicht abstrakt auf die beiden Ansätze der ›objektiven‹ Logik verteilen. Wir werden denn auch sehen, daß die Daseinslogik schon in der Konstitution des Etwas die Genese der Macht beschreibt.

Trotzdem darf der Unterschied im Grunde nicht zu einem bloß relativen heruntergespielt werden, jedenfalls nicht so, daß er als qualitativer verschwindet. Als qualitativer (im Sinne Kierkegaards, nicht Hegels) läßt er sich aber vermutlich nicht ohne den Gebrauch der Metapher festhalten, deren die Metaphysik sich zur Veranschaulichung ihres Tuns bedient. Das im zweiten Kapitel der Lehre vom Sein kritisch dargestellte Denken deckt ›hinter‹ der Gleichgültigkeit selber schon Herrschaftsstrukturen auf, indem es in seiner eigenen Reflexion einen Prozeß durchmacht, der einer Bewegung von der Erscheinungsoberfläche in die Tiefe gleicht. Abgesehen von den verständlichen Zweifeln an der Angemessenheit des Bildes stimmt an einer solchen Vorstellung bedenklich, daß Ausgangspunkt ausgerechnet die Gleichgültigkeit sein soll, die doch erst zu Beginn der zweiten Abteilung des zweiten Kapitels Thema wird. Indessen berechtigt gerade ihr Ort im Ganzen des Daseins zu ihrer Lokalisierung auf der ›Erscheinungsoberfläche‹. Hegel selber nimmt in unserem Text gelegentlich Zuflucht zur Metaphernsprache platonischer Metaphysik, zum Beispiel dort, wo er die ›wahre‹ Einheit des Unendlichen und Endlichen »die *innerliche*« nennt, »die nur zugrunde liegt«, und gegen sie »die Weise der Erscheinung dieser Einheit« absetzt (129_{35-39}/154), als das »Äußere« (131_{26}/156). Die Erscheinungsoberfläche ist, in seine Metaphorik übersetzt, das restlos in die Äußerlichkeit herausgetretene Dasein. Nun ist Dasein, nach dem systematischen Aufriß der Logik, seinerseits schon das entäußerte oder gar entfremdete, veräußerte Sein. In die Äußerlichkeit herausgetreten ist es wie überhaupt »das Negative, Bestimmte, das Verhältnis, Urteil und alle unter dies zweite Moment fallenden Bestimmungen« (II 496_{13}/562). Vollkommen begreiflich wird das an und für sich Zweite nur im Zweiten seiner selbst. Dasein ist Daseiendes, Etwas. Etwas aber vermag ich an sich nur zu denken, wenn ich etwas anderes mitdenke. Es ist im Hinblick darauf bemerkenswert, daß die erste Auflage der *Wissenschaft der Logik* »ein *Anderes*« einführt (A 50), bevor sie *»Etwas«* expliziert (A 57–59). Zum umgekehrten Verfahren hat Hegel sich bei der Neubearbeitung seines Werkes vermutlich gerade mit Rücksicht auf das Impliziertsein von ›Anderem‹ in ›Etwas‹ entschlossen: Das an sich oder für uns Seiende wird am Begriff selber ›gesetzt‹, wenn ›Etwas‹ als ›Etwas und ein Anderes‹ hervortritt. Ineins damit tritt die Gleichgültigkeit hervor, die des näheren als Gleichgültigkeit gegen *Anderes* definierte Indifferenz. In ihr ist Dasein also, paradox ausgedrückt, am meisten es selbst, indem es am wenigsten es selbst ist; das Setzen seines Begriffs bedeutet das Heraussetzen seiner ihm wesentlichen Äußerlichkeit. Demgemäß zielt der metaphorisch beschriebene Weg so in die ›Tiefe‹ des Daseins, daß er es zugleich unterwandert; er stößt auf ein Dasein, das seiner Entfremdetheit und in diesem Sinne auch seiner selbst entfremdet ist. Weil in solcher Tiefe sich auftut, was als das Selbst des Daseins das Andere der »objektiven Reflexion« (109_{5}/130) ist, deshalb *muß* die Beziehung von Daseins- und Reflexionslogik sich als ein Unterschied darstellen, der in absolute Identität zusammenfällt, und als eine Identität, die sich in den absoluten Unterschied entzweit.

Nach seiner in laxer Betrachtungsweise relativierbaren Seite aber beruht der Unterschied auf zweierlei. Erstens geht die Logik des Daseins nicht so weit wie die des Wesens. Sie reicht nicht

nur nicht in die Reflexion selber hinein; auch deren Bestimmungen bekommt sie nicht eigentlich zu fassen. Hegel grenzt ja die »reflektierenden Bestimmungen des Seins«, die zunächst unter dem Schleier der Gleichgültigkeit verborgen sind, durchaus auch gegen die manifesten Reflexionsbestimmungen ab, und zwar, wie wir festgestellt haben (S. 26 ff.), mit einleuchtenden Argumenten, die durch die jetzt angebrachten Differenzierungen nichts von ihrer Überzeugungskraft einbüßen. Zweitens verläuft der Weg, auf dem das vorstellende Denken des Daseins sich selbst widerlegt, in entgegengesetzter Richtung wie der in der Wesenslogik dargestellte »Weg des Wissens« (II 3_{18}/13), insofern dieses nämlich, ansetzend bei der Reflexion selber, im Fortschreiten zu deren Bestimmungen dorthin abspringt, wo das Wesen »in seine Negation verloren ist« (II 63_{14}/80; vgl. II 22_{10}/34). Demzufolge kommt es bei der Wirklichkeit nur an, indem es von hier aus zur Erscheinung weitertreibt. Die Verlorenheit des Wesens in seine Negation aber ist genau der Punkt, vor dem das vorstellende Denken des Daseins haltmacht.
Über die Einsicht in die Gegenläufigkeit der Wegrichtungen hinaus bedarf es nur noch *eines* Schrittes, um endlich die Frage nach dem Grund der Übermächtigung selbstbezüglicher Negation der Negation durch das Negative beantworten zu können. Jener Gegenläufigkeit entspricht die Spiegelbildlichkeit im Verhältnis der latenten und der manifesten, der daseins- und der reflexionslogischen Herrschaftsformen. Pointiert und damit freilich auch überspitzt ausgedrückt: Die Theorie der Reflexionsbestimmungen sichtet Herrschaft aus der Perspektive der Herrschaft des Einen über das Andere; die Theorie der reflektierenden Daseinsbestimmungen demonstriert, wie Etwas unter die Herrschaft von Anderem gerät. Daß die selbstbezügliche Negation der Negation in der Mitte der Daseinslogik vom Negativen übermächtigt wird, heißt eben: Etwas gerät unter die Herrschaft von Anderem. Natürlich ist die hier verkürzt formulierte Differenz der einander zugeordneten Theorien sofort wieder von deren Gemeinsamkeit her einzuschränken. Sofern beide auf Bestimmungen gerichtet sind, die *ineinander* reflektieren, haben es auch beide mit *wechselseitiger* Implikation zu tun. Nach der Lehre von

den selbständigen Reflexionsbestimmungen geht mit der Herrschaft des Einen über das Andere die des Anderen über das Eine einher (vgl. Theunissen 1975 b, 321 f.). In jedem Falle aber handelt es sich um Herrschaft *über* ..., wohingegen die Daseinslogik Etwas, wie gesagt, *unter* die Herrschaft von Etwas kommen sieht. Auch und nicht zuletzt deshalb ist daran festzuhalten, daß sie Herrschaft nicht *als* Herrschaft thematisiert.

Im übrigen muß man sich die unterschiedliche Stellung der ineinander reflektierenden Bestimmungen im Rahmen der jeweiligen Gesamtkonstellation vergegenwärtigen. Die reflexionslogisch gedachte Herrschaft des Einen über das Andere ist keineswegs die des Wesens. Sonst wäre das Wesen ja nicht »in die Negation verloren«, die – wie Hegel hintergründig bemerkt – ihrerseits »das Herrschende ist« (II 22_{10}/34). Daß das Wesen in die Negation verloren sei, meint deutlicher expliziert: »die *Gleichheit* des Wesens mit sich selbst ist in die Negation verloren« (II 22_{9}/34 – Hervorhebung M. T.). Unter der Bedingung der Verselbständigung seiner Bestimmungen ist das Wesen seiner Gleichheit mit sich selbst, seiner »Einheit« (vgl. II 51-53/67-70), entfremdet, weil seine Bestimmungen – dem von ihnen erzeugten Scheine nach – je für sich das Ganze sind; nur insofern besitzen sie die Selbständigkeit, die sie, die ›selbständigen Reflexionsbestimmungen‹, definiert. In ihrem Verhältnis zueinander spielt sich der Kampf um die Macht ab. Dabei qualifiziert erst dies, daß sie je für sich das Ganze sind, ihr Wechselspiel zu einem wirklichen Herrschaftsverhältnis. Herrschaft manifestiert sich als solche dann und nur dann, wenn die Verhältnisglieder einander nicht nur enthalten, sondern auch ausschließen. Sie schließen sich aber aus, sofern sie beide das Ganze sein wollen. Es ist das Fehlen dieses Totalitätscharakters, durch das die reflektierenden Bestimmungen des Seins hinter den Reflexionsbestimmungen zurückbleiben. Und zwar fehlt ihnen damit zweierlei. Fürs erste ist keine von ihnen »selbständige, für sich seiende Einheit mit sich« (II 43_{28}/58). Beide sind Bestimmungen *am* Etwas, in erster Instanz dessen ›Ansichsein‹ und dessen ›Sein-für-Anderes‹. Deshalb enthalten sie einander, ohne einander auszuschließen. Sodann füllen sie auch zusammen nicht die

Sphäre aus, in die sie gehören. Zu den Bestimmungen ›Ansichsein‹ und ›Sein-für-Anderes‹ entwickeln sich zwar die von ›Etwas‹ und ›Anderem‹, aber das Etwas, an dem sie sich hervortun, bleibt in Beziehung zu anderem Etwas, das ihm auch äußerlich bleibt. Genau dies ist der Grund dafür, daß die selbstbezügliche Negation der Negation in der Mitte der Daseinslogik von einer zunächst einfach scheinenden Negation eingeholt wird, die sich schließlich, in der Klimax der Bewegung der Endlichkeit, als die Negation des Negativen schlechthin enthüllt.

So verschieden aber auch die Gesamtkonstellation ist, in der die reflektierenden Bestimmungen des Seins einerseits und die Reflexionsbestimmungen andererseits stehen, – Selbstbeziehung bricht hier wie dort zusammen. Sie bricht zusammen, weil alles, was ist, nur im Anderen es selbst sein kann. Dem Bei-sich-selbst-Sein-im-Anderen, auf das ›Selbstbeziehung‹ hinaus will, ist hier die Selbständigkeit des Einen unangemessen, weil sie auf der Herrschaft über das Andere beruht, und wird dort das In-sich-Reflektiertsein des Etwas nicht gerecht, weil es unter der Herrschaft des Anderen verbleibt. Dieser Herrschaft kann das bestimmte Sein sich nur entledigen, indem es sich aufgibt – in der ›affirmativen Unendlichkeit‹, in welcher mit der Herrschaft zugleich die Bestimmtheit ausgelöscht ist. Kommunikative Freiheit aber gibt es auch in ihr nicht. Der in ihrem Zusammenhang angedeutete Zustand, »worin keines vor dem Andern einen Vorzug des Ansichseins und affirmativen Daseins hätte« (135₃/160), muß im Konjunktiv beschrieben werden, weil er auf ihrem Boden utopisch ist.

Weit vorausgeeilt auf dem Weg der Daseinslogik, mußten wir uns bereits näher auch mit einzelnen unter ihren teilweise hochvermittelten Bestimmungen befassen, um mit der Dynamik des Wahrheitsgeschehens auch dessen in ihr selber unüberschreitbare Grenze in den Blick zu bekommen. Es ist dies – Hegel würde sagen – »von unendlicher Wichtigkeit« für das rechte Verständnis der vorgeschlagenen Rekonstruktion des Gesamtkonzepts spekulativer Logik. Wir haben die Herrschaftsverhältnisse, die im Ausgang von der objektiven Reflexion sichtbar werden, bloß für die Wahrheit *über* die Gleichgültigkeit gegen Anderes ausgegeben (S. 37). Sie oder – genauer gesagt – ihre selber noch daseinslogischen Präfigurationen erscheinen in unserem Text gleichwohl als die Wahrheit schlechthin. Wenn Hegel sagt, Etwas und Anderes fielen auseinander, aber ihre »Wahrheit« sei ihre Beziehung (106_{34}/128), so mag er zwar in *äußerer* Reflexion auf das Telos der *absoluten* Beziehung vorausschauen, aber *einholen* kann die »entwickelnde Betrachtung« (96_{33}/117) innerhalb der Daseinslogik allein die *Implikations*beziehung; diese bestimmt selbst noch die Struktur der ›affirmativen Unendlichkeit‹. Daß die Wahrheit über . . . den Schein der Wahrheit schlechthin annimmt, liegt indessen nicht primär an der durchgehenden Vernachlässigung dieses Unterschieds durch die Sprache spekulativer Logik. Vielmehr glaubt Hegel den Unterschied auch im Ausdruck vernachlässigen zu dürfen, weil eine Reflexivität, die das Andere sich unterworfen hat, dem Denken in Kategorien des Daseins tatsächlich die höchste Wahrheit ist. Sie sinkt zur Wahrheit über . . . erst herab, sobald die absolute Beziehung am Denkhorizont aufsteigt.

Auch das ist allerdings ein allmählich heraufziehender Umbruch, kein jäher Akt, der erst nach Abschluß der ›objektiven‹ Logik einsetzte. Wie vielmehr das in der Seinslogik betrachtete Denken durch seine Reflexionsbewegung die objektive Reflexion präfiguriert, so zeichnet deren Darstellung in der Wesenslogik ihrerseits Strukturen der *begriffs*logischen Konstellation vor. Selbstverständlich können wir uns hier auf die Vorbereitung der Begriffslogik durch die Wesenslogik nicht in extenso einlassen; das umfänglichste Material für ihr Studium würde das reflexionslogische Schlußkapitel über das ›absolute Verhältnis‹ bieten, das der Begriffslogik vielleicht sogar mehr vorgibt, als diese einzulösen vermag (vgl. Fink-Eitel 1976). In unserem Zusammenhang und im Vorblick auf den zu interpretierenden Text genügt ein Hinweis auf den Anteil der Wesenslogik an der Herleitung des Bei-sich-selbst-Seins im Anderen. Wie in I 1.2. ausgeführt, ist kommunikative Freiheit, hegelisch gedacht, im ›Absoluten‹ begründet. Die kommunikative Freiheit selber entfaltet erst die Begriffslogik – oder sagen wir vorsichtiger: Sie hätte sie entfalten sollen. Hingegen deckt die Wesenslogik bereits den Sachverhalt auf, der diese Freiheit ermöglicht: daß das Nicht-Absolute seine Identität mit sich nur im Absoluten gewinnen kann. Die Lehre vom Grund legt hierfür das eindrucksvollste Zeugnis ab. Ja, in dem ihr unmittelbar voraufgehenden Schlüsseltext über die Auflösung des Widerspruchs leuchtet von fern bereits die Idee auf, welche die ›absolute‹ hätte werden sollen, die Idee, daß die kontingenten ›Subjekte‹ das Sein, das sie allein in ihrer Beziehung zum absolut Anderen haben, auch nur in der Beziehung zueinander als Selbstsein verwirklichen können. Weil die Theorie der Identitätsgewinnung aus der ›absoluten Identität‹, wenn sie auch der begriffslogischen Vollendung der ›Selbstbeziehung‹ vorarbeitet, doch auf dem Boden des wesenslogischen Ansatzes bei der objektiven Reflexion steht, deshalb klingt sie, wir werden es sehen (S. 264 ff.), sogar schon im daseinslogischen Kontext an, allerdings – und das ist entscheidend – so, daß das vorstellende Denken nichts mit ihr anzufangen weiß. Das die Welt in Daseinsbestimmungen auslegende Denken vermag zwar in die Tiefe vorzustoßen, in der es letztlich seine eigene Reflexion als objektive wiederfände, nicht jedoch in die Tiefe, in die das bei der objektiven Reflexion ansetzende Wissen eindringt. Diesem Wissen freilich sinkt im Lichte seiner Grundeinsicht eine Reflexivität, die das Andere sich unterworfen hat – der Vorstellung von Dasein das Höchste, auf das hin die vom Anderen noch determinierte Reflexivität zu überschreiten wäre –, bereits zu jener bloßen Wahrheit *über* die Gleichgültigkeit herab, zu der sie mit dem Aufgang der absoluten Beziehung vollends zusammenschrumpft.

Nun setzt sich hier eine Dynamik bloß fort, die den Wahrheitsbegriff auch diesseits der bezeichneten Grenze, also bereits im Felde der Daseinslogik, in Bewegung bringt. Wie Hegel eine Beziehung, in der nichts als die Wahrheit über die Gleichgültigkeit hervorscheint, ohne Einschränkung für die Wahrheit von Etwas und Anderem erklärt, so gibt er schon die spezifisch daseinslogischen Formen der ›einfachen‹ Negation für die ›Wahrheit des Daseins‹ aus, obwohl zuallererst sie zur Wahrheit über das Dasein herabsinken. Nur geschieht dies noch im Gange der Daseinslogik selber. Sie sinken zur Wahrheit über ... herab, sobald die ›einfache‹ Negation mit der Auflösung des Scheins der Positivität als Negation des Negativen durchschaubar wird. Es ist dann die Negation des Negativen, die als Wahrheit schlechthin erscheint. Am Maßstab der wirklich verdoppelten *Negation* gemessen, relativiert sie sich aber ihrerseits, so wie die doppelte Negation, die keine Selbstbeziehung ist, ihren Wahrheitsanspruch in entsprechender Weise ermäßigen muß, wenn sie mit der selbstbezüglichen Negation konfrontiert wird. Aber auch gerade in einer selbstbezüglichen Negation, die von ›einfacher‹ sich nicht zu lösen vermag, spricht sich aufgrund des Negativen der sie tragenden Gesamtkonstellation in Wirklichkeit nur die Wahrheit über das Dasein aus, was sich im selben Augenblick zeigt, in dem als die jetzt unüberschreitbare Wahrheit *des* Daseins die zutage tritt, die nicht mehr Dasein ist: die angeblich wahrhaft absolute Negativität als ›affirmative Unendlichkeit‹. Das Dasein an sich ist, wie Hegel vom Fürsichsein aus rückblickend feststellt, »nur die erste, selbst unmittelbare Negation« (147₄/174).

Hegel meint berechtigt zu sein, mit dem Wahrheitsbegriff so großzügig zu verfahren, weil es für ihn in alledem um den *einen* Gegensatz zwischen dem Schein der Positivität und der Wahrheit des Negativen geht. Es bedarf also der Aufklärung seines Negativitätsbegriffs, das heißt vor allem seines Begriffs der Negation, um Einsicht in den inneren Zusammenhang des daseinslogischen Wahrheitsgeschehens zu gewinnen.

2.3 Erfahrungsgehalt des Negationsbegriffs

Die geforderte Aufklärung kann nur leisten, was sie leisten soll, wenn sie zwei Bedingungen erfüllt. Sie muß nicht nur die Quelle der Dynamik erschließen, die den Unterschied von einfacher und doppelter Negation auf die beschriebene Art zugleich aufhebt. Sie muß darüber hinaus den Gebrauch, den Hegel von den Begriffen ›Negation‹, ›Negativität‹ und ›das Negative‹ macht, so erhellen können, daß nachvollziehbar wird, wie diese Begriffe trotz ihrer Bedeutungsdifferenzen zusammengehören. Nach der

Hypothese, auf welche die folgenden Überlegungen sich stützen, ist beides nur möglich im Rückgang auf inhaltliche Überzeugungen, von denen Hegel sich leiten ließ. Die Hypothese schließt eine Annahme darüber ein, was ›Negation‹ in der spekulativen Logik, jedenfalls ihrem ursprünglichen Sinne nach, *nicht* ist. Ihr zufolge haben wir es bei dem, was Hegel primär unter Negation versteht, nicht mit einer »ontologisierten Aussageform« zu tun; und natürlich muß sie dann genauso bestreiten, daß der Verfasser der *Wissenschaft der Logik* »die Form der negierten Negation im Satz vor Augen hatte, als er die doppelte Negation in die Ontologie einführte« (Henrich 1975, 249 f.). Die Zusätze »ihrem ursprünglichen Sinne nach« und »primär« enthalten eine gewisse Einschränkung. Eine Einschränkung ist vor allem mit Rücksicht auf den Neuansatz mit der Reflexion zu machen, in deren Zusammenhang Hegel die Negation in der Tat als Verneinung deutet und, meine ich, deuten muß, weil er ihr nur dadurch das Aussehen des Absoluten verleihen kann (s. unten, S. 376 f.). Die einschränkenden Zusätze sind aber auch im Vorblick auf die Daseinslogik anzubringen. In ihr bezieht Hegel den Negationsbegriff nicht nur auf die Sache, sondern auch auf Operationen, die er bei der Entwicklung der Sache ausführt. Sofern das letztere der Fall ist, mag das von ihm Gemeinte eine entfernte Ähnlichkeit mit der verneinenden Aussage aufweisen. Indessen geht Hegel über die Differenz, die durch die verschiedenen Applikationsrichtungen in seinen Begriff kommt, stillschweigend hinweg. In der Begriffslogik wäre ein solches Verhalten dadurch erklärbar, daß in ihr die von Anfang an erstrebte Einheit von Methode und Sache verwirklicht sein soll. Im Rahmen der ›objektiven‹ Logik verlangt es eine andere Deutung: Hegel ebnet die Differenz ein, weil die Operationen, auf die er den Negationsbegriff sekundär anwendet, genau genommen gar nicht seine eigenen sind, sondern die des betrachteten Denkens, das ebensowohl zu seiner Sache gehört, aber zu einer mit der logischen Wissenschaft noch nicht identischen. Die Sache der ›objektiven‹ Logik ist, durchaus in Entsprechung zur *Phänomenologie,* das in ihr betrachtete Denken und ineins damit dessen Gegenstand. Sofern ›Negativität‹ aber pauschal für die Wahrheit einsteht, die das zunächst stets positivierende Denken selber an seinem Gegenstand entdeckt, bestimmt sich der grundlegende Sinn des Negationsbegriffs in der Tat aus der Sache, die auch die des betrachteten Denkens ist oder die es, besser gesagt, innerhalb der ihm vorgezeichneten Schranken zu seiner eigenen macht.

Das Denken in Kategorien des Daseins ist je anfänglich im Schein der Positivität befangen. ›Positivität‹ als interpretatorisch eingeführter Titel für alle möglichen Gestalten des Scheins, in den die Vorstellung des bestimmten Seins sich verfängt, meint vornehmlich schlichte Vorgegebenheit, den beständigen Bestand des Bestehenden. Demgemäß bezeichnet ›Negativität‹, als gleichermaßen pauschaler Gegenbegriff, in erster Linie *Tätigkeit*, und zwar Tätigkeit in der ganzen Weite, in der allein sie das Gegenteil von Vorgegebenheit voll abdecken kann. Sie ist nicht auf Handlung einzuengen und überhaupt nicht auf eine der Formen, in die Tätigkeit *(energeia)* sich nach Aristoteles auseinanderlegt, also weder auf die vollkommene Handlung, die ihr Ziel in sich hat *(praxis)*, noch auf die unvollkommene Handlung des Herstellens *(poiēsis)* noch auch auf *theoria* (vgl. Theunissen 1969, 4 ff.). Sie ist sogar weiter zu fassen als die *energeia* selber; denn sie umgreift desgleichen die aristotelisch von dieser abzugrenzende *dynamis*, jene eigentümliche Möglichkeit, die zugleich Kraft ist, die Kraft des Könnens. In dieser Weite bedeutet ›Negativität‹ reine Prozessualität, einen Vollzug, der keines Substrats bedarf, sondern die Kraft zum Prozessieren aus sich selbst nimmt. *Deshalb* paßt für sie der Begriff der Negation besser als der des Negativen. An Hegels Sprachgebrauch kann man in diesem Zusammenhang einen Zug beobachten, der mehr als bloß terminologische Relevanz besitzt. Wo Hegel den Gegensatz von Schein und Wahrheit in unserem Text, also schlechterdings *erstmals* beim Namen nennt, da stellt er dem »Positiven« nicht etwa das »Negative« gegenüber, sondern die »Negation« (98_{17-21}/118; 101_{10-15}/122), die er im nachhinein zwar auch als das Negative anspricht, doch nur als dasjenige Negative, das aufgrund völliger Bedeutungsidentität in ›Negation‹ zurückübersetzt werden kann (im Unterschied zu dem mit dieser zusammengehörigen, aber nicht zusammenfallenden Negativen, auf das ich gleich noch zu sprechen komme). In dieselbe Richtung weist übrigens die von Henrich (1975, 245) angeführte Bemerkung Hegels, die (mit Negativität identifizierte) Negation sei als das »wahrhaft Reale« auch die »abstrakte Grundlage aller philosophischen Ideen, und des speculativen Denkens überhaupt, von der man sagen muß, daß sie erst die neuere Zeit in ihrer Wahrheit aufzufassen begonnen hat« (A 77 f.). Denn wieso muß man das sagen, wenn nicht darum, weil in der neueren Zeit an die Stelle des Substanzdenkens der vormaligen Metaphysik ein Prozeßdenken getreten ist?

Nun hüllt die scheinbar einfache Vorgegebenheit sich auch in den Schein des Affirmativen. Nach der oben (S. 146 ff.) vorgreifend versuchten Begriffsanalyse ist das Affirmative allerdings eine fundierte Bedeutungskomponente von ›Positivität‹, fundiert in der Grundbedeutung des beständigen Bestands. In genauer Korrelation führt der Negationsbegriff das Gegenteil von Affirmation als ein unselbständiges Implikat mit sich. Auf dem Boden seines ursprünglichen Sinns, aber nur auf ihm, finden wir insofern ein Analogon zur negativen Aussage. Streng aussagenlogisch gedacht, ist der in der Sache erste Satz der bejahende, der als solcher nicht eigentlich ein positiver ist, sondern ein affirmativer. Dementsprechend ist die negative Aussage, die sich auf ihn bezieht, wesentlich Verneinung. Auf *»Verneinung«* trifft schon die Theorie des Daseins als solchen (98₁₂/118). Es steht aber außer allem Zweifel, daß sie Verneinung als abkünftigen Modus von Negation behandelt. Bezweifeln muß man freilich, ob sie sich der Rede von Verneinung überhaupt bedienen darf. Denn sie traktiert unter diesem Titel keine verneinende *Aussage* und gewiß auch nichts, was eine mit deren Struktur vergleichbare Verfassung hätte. Die Analogie zur verneinenden Aussage besteht lediglich darin, daß hier wirklich einmal die Art von Negation behauptet wird, die in verneinenden Sätzen vorkommt, das heißt die der Affirmation entgegengesetzte, die also nicht in sich affirmativ ist. An Ort und Stelle werden wir allerdings sehen: ›Verneinung‹ steht dort im Kontext einer Operation des kritisch dargestellten Denkens; und dieser Umstand vermag den Begriff zwar nicht zu rechtfertigen, aber er macht verständlich, warum Hegel gerade hier auf ihn zurückgreift[9].

In der Frage der Rechtfertigung ist ja im Grunde noch gar keine Entscheidung gefallen. Gerechtfertigt ist weder schon die Interpretation noch das Interpretierte. Wäre jene es, dann wäre es in bestimmter Hinsicht allerdings auch dieses, sofern nämlich Hegel nicht mehr vor denen sich zu verantworten brauchte, die ihm vorwerfen, er habe entweder nicht gewußt, daß die Negation, die wir in unserer Sprache als solche gelten lassen, ausschließlich die Verneinung in verneinenden Sätzen sei, oder sie wider besseres Wissen in die Wirklichkeit hineingeschmuggelt. Was aber die Interpretation selber betrifft, so hat sie sich bisher in keinerlei Weise legitimiert. Denn für die Gleichsetzung der Negation mit Tätigkeit ist noch nichts beigebracht worden, was ernsthaft als Beleg betrachtet werden könnte. Gesetzt nun, dies gelänge. Dann hätte Hegel sich wiederum für die Gleichsetzung der Tätigkeit mit Negation zu rechtfertigen. Daß die Negation, normal verstanden als negative Aussage, eine – wie auch immer zu charakterisierende – Tätigkeit ist, wird niemand leugnen. Aber mit welchem Recht behauptet Hegel – wenn er es behauptet –, Tätigkeit, und zwar Tätigkeit überhaupt, sei Negation? Und was ist das dann für eine Negation?

Es sind diese Fragen, deren Beantwortung den Rückgang auf die Erfahrung erheischt, welche in dem problematischen Negationsbegriff sich niedergeschlagen hat. Sie scheint mir *die* Erfahrung Hegels zu sein. Hegel war von früh an davon überzeugt, daß Tätigkeit zuvörderst *Scheiden* oder *Trennen* sei. Der Text, der dies belegt, dokumentiert zugleich, daß Hegel sie eben deswegen als das Negative gedeutet hat. Er ist kein abgelegener, sondern einer jener großartigen Texte, in denen das Ganze des spekulativen Denkens sich versammelt: die vielzitierte Passage der Vorrede zur *Phänomenologie* über »die ungeheure Macht des Nega-

9 Die Erläuterungen, die Lothar Eley (1976, 61 ff.) mit Bezug auf die angeführte Stelle zum Zusammenhang von Negation und Verneinung gibt, erscheinen mir etwas verworren, wie ich überhaupt seine allzu leichtfüßig über den Text hinweggleitende Interpretation der Daseinslogik (58-113) nicht sehr lehrreich finde.

tiven«, als welche die Kraft und Arbeit des Verstandes angesehen werden muß, weil sie die »Tätigkeit des Scheidens« ist (PhdG 29_{23}/36). Die »Tätigkeit des Scheidens« dürfen wir sicherlich nicht mit der Tätigkeit überhaupt identifizieren. Indessen verbietet eine solche Identifikation sich keineswegs deshalb, weil es für Hegel noch andere Tätigkeiten gäbe. Sie ist vielmehr einzig und allein darum unzulässig, weil Tätigkeit überhaupt, hegelisch gedacht, noch anderes ist. Zunächst einmal aber ist sie Scheiden. Von daher definiert Hegel auch dasjenige Negative, das einen gegenüber der Bedeutung von ›Negation‹ eigenen Sinn hat. Es ist das Geschiedene oder Getrennte und damit auch das Andere als das Fremde, Ausgeschlossene. Die ›negative‹ Beziehung auf das Andere ist die es abscheidende Beziehung, die ›negative‹ Beziehung auf sich die, in der Eines sich von sich trennt, sich zu sich als zu einem Anderen verhält. Die Negation selber ist als Scheiden auch Unterscheiden, ein Unterscheiden, das den ursprünglichen Sinn des Unterschieds ausmacht; der »absolute Unterschied« (vgl. II 32 ff./46 ff.) meint ein Unterscheiden, welches das Unterschiedene übergreift. Schließlich erklärt der an der »Tätigkeit des Scheidens« orientierte Gebrauch der Negationsterme auch die Subsumtion des Begriffs der Bestimmtheit unter den des Negativen. Hegel erblickt in der Bestimmtheit die Grundlage alles mit Negation nicht synonymen Negativen, weil sie als Fremdbestimmtheit oder Determiniertheit die Sphäre des Getrenntseins schlechthin umschreibt.

Inwiefern aber ist Tätigkeit noch anderes? Die Grunderfahrung Hegels reicht weiter. Zu ihr gehört ferner die Überzeugung, daß Tätigkeit sich vollende in der *Aufhebung* des Scheidens. Denn die vollendete Tätigkeit kehrt in sich zurück. Das glaubt Hegel mit der gesamten aristotelischen Tradition. Das Eigentümliche seines Ansatzes besteht nur darin, daß er die Klassifizierung der Tätigkeiten in solche, die zu sich zurückkehren, und andere, die dies nicht vermögen, relativiert. Zwar verwischt er diese Differenz nicht, aber er denkt die vollendete Tätigkeit so, daß in ihr Tätigkeit überhaupt sich vollendet. Jede Tätigkeit, die von sich aus nicht Rückkehr in sich sein kann, will nach seiner Auffassung gleichwohl darauf hinaus. So wird denn ja auch die Vereidigung

aller Tätigkeit aufs Scheiden einigermaßen plausibel nur dann, wenn man voraussetzt, daß die Figur der Rückkehr in sich darin bereits eingezeichnet ist. Vom Telos der Rückkehr her deutet Hegel alle Tätigkeit als ein Scheiden, das in seiner teleologischen Tiefendimension ein Sich-von-sich-Scheiden ist. Das heißt: Das Scheiden ist seinerseits letztlich als die Entäußerung gedeutet, aus der das Subjekt zu sich zurückkehrt.
Gerechtfertigt ist der Negationsbegriff Hegels damit *nicht*. Nimmt man die Auffassung der Tätigkeit als Scheiden für sich, so leuchtet sie gar nicht ein. Selbstverständlich gibt es scheidende Tätigkeiten. Ich kann indessen nicht sehen, inwiefern es sinnvoll sein soll, die Tätigkeit des Scheidens als das Scheiden der Tätigkeit auszulegen. Betrachtet man die Auffassung der Tätigkeit des Scheidens hingegen vor dem Hintergrund der Dialektik von Entäußerung und Rückkehr, so gewinnt sie zwar an Plausibilität, aber um den Preis der Bindung an ein Modell, dessen deskriptiver Wert gering sein dürfte[10]. Wiederum ist kaum zu bezweifeln, daß gewisse Tätigkeiten die Bewegung von Entäußerung und Rückkehr durchlaufen. Hegel hat diese Bewegung, wie man weiß, am ›Geist‹ abgelesen und auf sie vornehmlich seine Lehre vom absoluten, göttlichen Geist gegründet (Theunissen 1970 a, 61 ff.). Insofern trifft durchaus zu, was Henrich (1976, 228) bestreitet, nämlich daß Hegels Theorie der ›autonomen Negation‹, das logische Zentrum seines Systems, »von einem ›Absoluten‹ mit Assoziationen aus der metaphysischen Gotteslehre« ausgehe. Man muß letztlich sogar sagen: Diese Theorie steht und fällt mit der »metaphysischen Gotteslehre«. Knüpft sie doch an die auf Aristoteles zurückgehende *actus purus*-Theologie an. Nun soll diese Feststellung dem Entäußerungsmodell keineswegs jede heuristische Kraft absprechen. Meines Erachtens taugt es in beschränktem Umfang auch zur philosophischen Aneignung der christlichen Theologie: Die Schöpfung der Welt und deren Heimholung in ein Reich, in dem Gott »alles in allen« ist, die Mensch-

10 Eine genauere Begründung dieser skeptischen Einschätzung gibt Ernst Michael Lange in einer im Entstehen begriffenen Untersuchung über »Arbeit-Entäußerung-Entfremdung. Grundbegriffliche Probleme und Problematik der Grundbegriffe in Karl Marx' ›Kritik der Politischen Ökonomie‹«.

werdung Gottes in Erniedrigung und Erhöhung, Tod und Auferstehung Jesu, Sünde und Erlösung des Menschen haben zumindest einen wesentlichen Aspekt, unter dem sie als Entäußerung und Rückkehr interpretierbar sind. Darüber hinaus schließt das Modell, meine ich, gleichermaßen Wesentliches am Selbstvollzug des endlichen Geistes auf: Sofern alle praktischen, poietischen und vielleicht auch theoretischen Tätigkeiten des Menschen partikulare Zwecke verfolgen, die dem einen Ziel seiner Selbstverwirklichung dienen, widersetzen sie sich in dieser ihrer Ganzheit dem dialektischen Modell kaum. Dessen anthropologische Fruchtbarkeit hat denn ja auch dem antihegelianischen Hegelianer aus Kopenhagen zu einer wirklichkeitsnahen ›Existenzdialektik‹ verholfen, die auf dem Prinzip jener ›Doppelbewegung‹ aufbaut (Theunissen 1976 a, 39 ff.). Aber erstens überschreitet Hegel die Grenze des Ausweisbaren, indem er über seine These einer teleologischen Hinordnung jeder Tätigkeit auf die des Geistes noch hinausgeht und das Gesetz der Bewegung von Entäußerung und Rückkehr faktisch jeder Tätigkeit, auch jeder Handlung, unmittelbar vorschreibt; und zweitens enthält das Modell eine Metaphysik, die das Mangelhafte an seiner Fähigkeit zur Rezeption sowohl der Inhalte des christlichen Glaubens wie auch des Selbstseins verschuldet. Nur um des letzteren Umstands willen war eine Kritik, die in anderen Zusammenhängen einen noch größeren Raum einzunehmen hätte, auch an dieser Stelle unvermeidlich. ›Rückkehr in sich‹ taugt nämlich nur insoweit zur Hermeneutik von Versöhnung und gelingendem Selbstsein, als darin Selbst*findung* gedacht ist. Auf die hebt Hegel in der Orientierung an seinem Grundmodell tatsächlich ab. Zugleich jedoch bleibt er dem Gedanken einer Reflexivität verhaftet, als die er nur mit anderen Mitteln zu fassen versucht, worauf schon Aristoteles in seiner Theologie aus war. Die neuen Mittel zur Restauration des Uralten stellt ihm seine Negationstheorie zur Verfügung. Daraus folgt: Der Begriff der Negation ist kein brauchbares Instrument mehr, sobald begriffslogisch Versöhnung in der absoluten Beziehung, Selbstsein als Bei-sich-selbst-sein-im-Anderen zu denken wäre. Auch die *selbstbezügliche* Negation hat, sofern sie auf Reflexivität eingeschworen ist, hier ausgespielt.

Daß Hegel in der Begriffslogik weiterhin mit solchen Ausdrükken operiert, bezeugt bloß den unbefriedigenden Zustand, in dem er sie uns hinterlassen hat.

Weit entfernt also von Rechtfertigung, vermag der Rekurs auf die inhaltlichen Überzeugungen, die in den Negationsbegriff Hegels eingegangen sind, immerhin aufzudecken, was er überhaupt *meint*. Formalistische Deutungsversuche hingegen genügen in der Regel nicht einmal diesem elementarsten Erfordernis, geschweige denn, daß sie in der Lage wären, die beiden vorhin genannten Bedingungen zu erfüllen[11]. Eine Auslegung, die ernstnimmt, daß Hegel in die Denkformen den ›wahrhaften Inhalt‹ einfangen wollte, ist auch dazu sehr wohl imstande. Die Zusammengehörigkeit von scheinbar heterogenen Sachverhalten, die Hegel auf den gemeinsamen Nenner der Negativität bringt, ist ansatzweise bereits aufgezeigt worden. Desgleichen läßt sich aus dem Tätigkeitssinn der von Hegel primär so bezeichneten Negation die Dynamik der daseinslogischen Bewegung nachvollziehen. Als Trennen, Scheiden oder Unterscheiden ist Tätigkeit ›einfache‹ Negation. Sie ist eine ›doppelte‹ Negation irreflexiver Art, sofern sie das Aufheben der Trennung oder des Unterschieds ist. Und sie besitzt den Charakter selbstbezüglicher Negation, sofern sie den Unterschied durch ihre Rückkehr aus der Entäußerung aufhebt. Warum die erste Negation bloß scheinbar einfach ist, haben wir schon früher gesehen: weil hinter ihr in Wirklichkeit die Negation des Negativen steht, als das Hegel das Bestimmte auslegt. Aber wir wissen jetzt nicht nur, inwiefern He-

11 Von diesem Vorwurf möchte ich Henrichs Theorie der autonomen Negation ausdrücklich ausnehmen. In den einleitenden Bemerkungen zur Neufassung seines Reflexionslogik-Kommentars, die ich leider erst nach Fertigstellung der Teile I-IV des vorliegenden Buches gelesen habe, nimmt Henrich sogar seinerseits Tätigkeit in den Blick. Zu dem Grundsatz des Hegelschen Systems ›Die Substanz ist zugleich als Subjekt zu denken‹, durch dessen Explikation er einen Zugang zur reflexionslogischen Negationsproblematik eröffnen möchte, bemerkt er: »›Subjekt‹ ist nicht nur durch wissenden Selbstbezug, sondern – gemäß kantischer Tradition – als ein *Tun*, als eine Aktivität zu fassen, in der und durch die sich wissender Selbstbezug herstellt« (1978, 206). Nicht ganz klar ist mir allerdings, wie und inwieweit diese Einsicht im Kommentar selber fruchtbar wird.

gel glauben kann, Bestimmtheit als Negativität auslegen zu dürfen – eine Auslegung, auf der ihre von Traugott Koch (1967) gerügte Kontamination mit Beschränktheit beruht. Sondern wir nehmen auch wahr, daß sogar schon in der scheinbar einfachen Negation keimhaft eine Vorform absoluter Negativität gedeiht: als Trennung dessen, was in die Sphäre der Trennung gehört und insofern selber wesentlich Trennung ist. Ebenso wurde bereits der Grund dafür angegeben, daß die zunächst auftretende Negation der Negation in die ›einfache‹ zurücksinkt: ihr Mangel an Selbstbezüglichkeit. Tatsächlich ist sie faktisch bloß gesetzt als eine Aufhebung des Unterscheidens, die keine sich auf sich beziehende Negation sein kann, weil die negierende, die Aufhebung, als solche anderes ist als die negierte, das Unterscheiden. Daß sie gleichwohl allein unter der Bedingung ihrer Selbstbezüglichkeit ist, was sie ist, wurde jedoch bloß mit Berufung auf Hegels »Konzept« versichert. Das Konzept liegt nun vor unseren Augen: Bahnt sich schon in der scheinbar einfachen Negation so etwas wie Selbstbezüglichkeit an, so kann erst recht das Aufheben des Unterschieds, als methodische Operation eine doppelte Negation irreflexiver Art, *realiter* nur die Tätigkeit sein, die beides in einem ist. Genauer: Sie kann *im Grunde* nur eine solche Tätigkeit sein. Denn alle Tätigkeit muß an sich schon die sein, als welche die vollendete sich setzt, die aus der Entäußerung in sich zurückkehrende.

In der Definition des Negationsbegriffs steht allerdings Wesentliches noch aus. Bisher haben wir lediglich die *gesamt*logische Bedeutung aufgeklärt. Maßgeblich für das Ganze, tritt sie am Ende als solche hervor. Die Tätigkeit überhaupt hat Hegel auf den Begriff des Begriffs gebracht. Der Begriff aber wird am Ende für sich, was er an sich immer schon war, indem er sich in Urteil und Schluß entfaltet. Die ›erste‹ Negation ist das Urteilen, als »das *ursprüngliche Teilen* des Begriffes« (II 269$_{26}$/307), die ›zweite‹ der Schluß, als sein Sich-zusammenschließen mit sich selbst.

Hingegen ist der spezifisch *daseins*logische Negationsbegriff noch nicht ins Blickfeld gerückt. Zu ihm führt uns eine These Hegels, die man in gewisser Hinsicht als die Hauptthese der Daseinslogik betrachten darf. Ihr zufolge ist Dasein nach seiner Wahrheit nichts als *Werden.* Die fundamentale Relevanz dieser These, deren Begründung der Textkommentar nachzuprüfen hat, bekundet sich in ihrer Allgegenwärtigkeit. Dasein ist Daseiendes oder Etwas. Etwas aber ist *»an sich (...) Werden«* – »ein bereits *konkret* gewordenes Werden« (103_{24-32}/124). Etwas bestimmt sich zum Endlichen fort. Eben dies aber, daß es »nur Werden an ihm selbst sei, macht seine Endlichkeit aus« (116_{33}/139). Das Endliche, das zunächst dem Unendlichen gegenübertritt, erweist sich schließlich, so Hegel, als Moment des »wahrhaft Unendlichen« (138_{9}/163). Im wahrhaft Unendlichen soll, wie erwähnt, das reine Sein sich wiederherstellen. Es ist dieses aber »vielmehr wesentlich nur als *Werden*«, ein Werden, das sich vollendet hat, indem seine Momente »selbst als Werdende« bestimmt sind (138_{13-19}/164).

Das Werden, das vor dem Eintritt ins Dasein sich bereits als die »Wahrheit« von Sein und Nichts enthüllt hatte, war deren Wahrheit als *Übergehen.* Das Übergehen ist so auch die Wahrheit des Daseins, jene Wahrheit, die, weil sie bloß die ›erste‹ Negation ist, zur Wahrheit *über* das Dasein herabsinken wird. Die für die Seinslogik überhaupt gültige Bestimmung der Tätigkeit als Übergehen zeigt, wie wichtig es ist, die den Negationsbegriff generell definierende Tätigkeit so weit wie möglich zu fassen. Diese Tätigkeit, als das anfängliche Werden die denkbar reinste Prozessualität, ist in ihrem ganzen seinslogischen Stadium noch nicht wirklich Setzen: *»Setzen* fällt eigentlich erst in die Sphäre des Wesens, der objektiven Reflexion« (109_{4}/130). Auf der anderen Seite – und auf sie zielt das einschränkende »eigentlich« – gilt auch für das Übergehen, was nach Hegel auf alle nicht-vollendete Tätigkeit zutrifft: daß sie ›an sich‹ schon die vollendete ist. Das Übergehen ist die erst nur an sich seiende Gestalt des Sich-Bestimmens, das als das Teilen des Begriffs zu sich selbst kommt. »In der Sphäre des Seins ist das *Sichbestimmen* des Begriffs selbst nur erst *an sich,* – so heißt es ein Übergehen« (109_{13}/131). Dementsprechend erklärt die Begriffslogik das Urteil für »die *wahre* der früheren Formen des Übergangs« (II 269_{18}/307); das Übergehen selber ist, lesen wir da, »nun in das ursprüngliche Teilen des Begriffs übergegangen« (II 269_{27}/307).

Damit tut sich ein überraschender Zusammenhang auf. Wir haben das Übergehen, als das allein Sein und Nichts Wahrheit beanspruchen dürfen, nach Form und Inhalt unterschieden (S. 121 ff.). Nach seinem Inhalt ist das Übergehen Werden. Nach seiner Form ist es die Bewegung des Satzes, in die Hegel das ›ist‹ verflüssigt. Mit dem Satz selber bleibt auch diese Bewegung in der Daseinslogik unsichtbar. Aber sie taucht wieder auf, sobald das Übergehen qua Werden ins Urteil übergeht, das der für Hegel philosophisch einzig bedeutsame Satz ist. So unternimmt Hegel den Versuch, von der in seinem Sinne verstandenen Negation aus dorthin zu gelangen, wo die gewöhnlich gemeinte Negation ihren Ort hat: im Satz. ›Negation‹ bedeutet da freilich nicht die negative Aussage als eine Form des Urteils, die Hegel ausführlich behandelt (vgl. II 278–284/317-324), sondern das Urteilen selber, als das Setzen des Satzes, das sich im Schluß mit sich zusammenschließt und zum System wird.
Auch das Übergehen ist ein Scheiden. Denn Etwas geht in Anderes über. Es nimmt damit Abschied von sich. Aber die Wahrheit, als die im Dasein zunächst das Übergehen sich zeigt, ist in zweierlei Hinsicht zu relativieren. Erstens geht Etwas in ein Anderes über, das selber bloß Etwas ist. Der Prozeß verendet damit in seinem Gegenteil, das heißt in dem, was das vergegenständlichende Denken für vorgegeben hält. Zweitens geht Etwas so in Anderes über, daß es sich nicht festzuhalten vermag. Was übergeht, bleibt nicht. Ein größerer Mangel an Selbstbeziehung läßt sich wohl kaum denken. Die hierin liegende Wahrheit über die Wahrheit, die das Dasein im Übergehen hat, kommt zum Vorschein, indem dieses sich zum *Vergehen* fortbestimmt. Dabei ist kennzeichnend, daß Hegel zwar die ›zweite‹ Negation benennt, die dem Vergehen als der ›ersten‹ entspricht, nämlich das Vergehen des Vergehens, das angeblich über das Dasein in die Unendlichkeit hinausführt, nicht hingegen die Negation derjenigen Negation, die Übergehen ist. Denn Dasein ist, um Hegels Charakteristik des in seine Bestimmungen entfremdeten Wesens auf es anzuwenden, in die ›erste‹ Negation verloren. In ihm selber finden wir nur die Wahrheit, die Platon verkündet hat: daß die Erscheinungswelt unter dem Gesetz von *genesis kai phthora* steht,

eines Entstehens und Vergehens, die nach Hegel die Momente des Werdens sind (s. unten, S. 187 ff.). Gleichwohl werden *wir* die Negation des Übergehens zu benennen haben. Sie kann nur in einer Aufhebung bestehen, welche die spezifische Aufhebung des Übergehens ist, das heißt nur darin, daß das Übergehen angehalten wird. Und das Anhalten des Übergehens wird sich als die Genese der Macht erweisen, die zwar noch nicht auf Selbstbeziehung beruht, aber aus der sich die Selbstbezüglichkeit des Bestimmten entwickelt, »das sein Übergehen (...) sich unterworfen oder seine Reflexion in anderes in Reflexion in sich umgebogen hat« (II 223/34).

IV. Interpretation der Logik des Daseins

1. Der Schein in den Bestimmungen des Daseins als solchen

1.1 Die zwiespältige Herkunft des Daseins aus dem Werden

Dasein »geht« nach Hegel aus dem Werden »hervor« (96_{9}/116), wie, reflexionslogisch gedacht, das Existierende aus seinem Grund hervorgeht (II 269_{20}/307). Das Werden aber rückt die *Wissenschaft der Logik* von vornherein in eine Doppelperspektive, in der auch das Hervorgehen des Daseins aus ihm ein zwiespältiges Aussehen annimmt.

Zunächst wird es uns als die »Einheit« (A 43_{4}) oder – wie die zweite Auflage statt dessen formuliert – als die »Ungetrenntheit« von Sein und Nichts vorgeführt, in der diese durchaus noch unterschiedene, wenn auch aufgehobene Momente sind. Sein und Nichts sind im Werden aufgehoben, sofern sie aufgrund ihrer Ungetrenntheit *nicht* sind, nämlich das nicht sind, was sie als vermeintlich trennbare Bestimmungen waren; und zugleich sind sie unterschieden, sofern sie im Werden eine reale, nicht bloß ausgedachte Einheit bilden, in der dementsprechend auch jedes von ihnen *ist* (92_{12-21}/111 f.) Muß man nun von beiden beides sagen: daß sie sind und daß sie nicht sind, so ist das Werden die Einheit eines Seins und eines Nichts, die ihrerseits solche Einheiten sind: Auf der einen Seite haben wir »unmittelbar« das Nichts, das in das Sein übergeht und so *»Entstehen«* ist, auf der anderen »unmittelbar« das Sein, das als übergehend in das Nichts zum »*Vergehen*« wird (92_{22-35}/112).

Sodann jedoch entwirft die Logik vom Werden ein Bild, das sämtliche Züge wieder verwischt. In ihm ist weder die Aufhebungsfigur zu erkennen, die Hegel in der Schlußanmerkung zum Werden so sorgfältig nachzeichnet, noch die Unterschiedenheit der Momente noch gar die komplexe Struktur einer Einheit von Momenten, von denen jedes selbst die Einheit mit dem anderen ist. Denn all dies läuft in totale Indifferenz zusammen. »Entstehen und Vergehen sind (...) nicht ein verschiedenes Werden, sondern unmittelbar Eines und dasselbe« (A 44_{14}); und auch wenn man sie nach ihren unterschiedenen Richtungen festhalten wollte, »durchdringen und paralysieren sie sich gegenseitig« (92 f./112). Da das Nichts als Entstehen in ein Sein übergeht, das Vergehen ist, und das Sein als Vergehen in ein Nichts übergeht, das Entstehen ist, kann jedes nur »das Gegenteil seiner selbst« sein (93_{2}/112; vgl. 93_{8}/112), ohne daß in dieser Paradoxie noch begrifflich artikulierbare Konturen sich wahrnehmen ließen.

Was mehr oder weniger den Text der Hegelschen Logik im ganzen kennzeichnet, gilt in besonderem Maße für den soeben wiedergegebenen Abschnitt über die Momente des Werdens: Entdeckt man nicht die Kritik *in* ihm, so bleibt nur die Möglichkeit einer Kritik *an* ihm. Zu einer solchen Kritik scheint er überreichlichen Anlaß zu bieten[1]. Die gegenseitige Paralyse des Entstehens und Vergehens ist nur der zweite Akt eines Dramas, in dessen erstem das Werden bereits dadurch entdifferenziert wird, daß Sein und Nichts als in ihm »Verschwindende« (92_{18}/112) vorgestellt werden. Zwar entfaltet Hegel den »Doppelsinn« (94_{25}/114) des Werdens, aufs Ganze gesehen, sukzessiv: Von den vier Absätzen des Abschnitts beschreiben zunächst drei die komplexe, in die Aufhebungsfigur eingeschriebene Struktur, während erst der letzte deren Zerstörung darstellt. Dessen ungeachtet identifiziert Hegel den Status, den Sein und Nichts »als *Aufgehobene*« haben, schon im ersten Absatz mit ihrem Verschwundensein, und dies, obwohl er gleichzeitig den Zusammenhang der Aufhebung mit den Momenten als *»noch unterschiedenen«* herausarbeitet. Unbekümmert um den doch noch extrem niedrigen Entwicklungsstand, den die Logik auf der Stufe des Werdens erreicht hat, nimmt er dabei Begriffe in Anspruch, die er mit den zur Verfügung stehenden Mitteln gar nicht auszuweisen vermag.

1 Kritisch zu betrachten ist bereits sein Titel. Der lautet in der zweiten Auflage: »Momente des Werdens: Entstehen und Vergehen«. Demgegenüber bezieht die Erstausgabe, in welcher der Abschnitt nur mit den Worten »Momente des Werdens« überschrieben ist, diese offensichtlich auf Sein und Nichts. Der Bezug bleibt in der überarbeiteten Fassung doppeldeutig.

So versucht er, natürlich geleitet von seinem strategischen Ziel, das, was oben – in anderer Hinsicht genauso problematisch – ›real‹ genannt wurde, zu treffen, indem er das Werden für die *»bestimmte«* Einheit des Seins und des Nichts erklärt – in Anwendung der Regel, daß ein Resultat »die Bestimmtheit, aus der es herkommt, noch an sich« hat (94_{7}/114), ohne uns zu sagen, wieso diese Regel auf ein Werden angewandt werden darf, das vom völlig Unbestimmten herkommt (vgl. Schrader-Klebert 1969, 126). In ähnlicher Manier mutet er den Momenten der Einheit eine ihren eigenen Einheitscharakter begründende »Beziehung« auf das Gegenmoment zu, von der man sich fragt, warum sie jetzt möglich ist, nachdem das Sein und das Nichts selber auf sie verzichten mußten (vgl. 68_{8}/84). Vor allem aber antizipiert er mit der These über die Einheit zweier Einheiten eine Konstellation, auf die erst die Daseinslogik hinausläuft und die hinlänglich erst dann begreifbar wird, wenn die Wesenslogik die reflektierenden Bestimmungen des Seins als Reflexionsbestimmungen enthüllt. Gewiß hat schon die Logik des reinen Seins von negierten und auch von nicht negierten Reflexionsbestimmungen Gebrauch gemacht. Indessen sticht der Unterschied zwischen ihr und der Logik des Werdens in die Augen: Jene nimmt ihre hochvermittelten Darstellungsinstrumente immer zugleich wieder zurück, diese hingegen hantiert mit ihnen so, als wären sie ihrem Gegenstand vollkommen angemessen.

Hegel entgeht massiver Kritik allein unter der Bedingung, daß man sich auf seine Doppelperspektive einstellt und scharf zwischen *äußerer Reflexion* und *kritischer Darstellung* trennt. In den drei ersten Absätzen des Textes reflektiert Hegel, sieht man einmal von der Kontamination des Aufhebens mit dem Verschwinden ab, bloß äußerlich auf das, was erst nur *für uns* ist. Bloß für uns, noch nicht für das kritisch dargestellte Denken selber, ist das Werden als eine Einheit, in der Sein und Nichts aufgehobene Momente sind. Der Grund hierfür liegt auf der Hand. Rückblickend spricht Hegel – darauf habe ich schon einmal Bezug genommen (S. 103) – von der »zunächst vorgestellten *Selbständigkeit*« des Seins und des Nichts. Die erste Auflage macht noch deutlicher, daß diese Selbständigkeit ein Vorstellungsprodukt ist: »Der Vorstellung bieten sie (Sein und Nichts – M. T.) sich zunächst dar, als solche, deren jedes für sich getrennt von dem andern selbständig ist« (A 43_{13}). Das auf die Selbständigkeit des Für-sich-Bestehens fixierte Denken vermag aber gar nicht nachzuvollziehen, daß Sein und Nichts, wie Hegel sich ausdrückt, von dieser Selbständigkeit zu Momenten herabsinken. Die Alternative kann für die Vorstellung nur das Gegenteil des Für-sich-Bestehens sein, das Verschwinden. Wenn Hegel selber das Aufheben dem Verschwinden gleichsetzt, so darf man nicht vergessen, daß er schon früher die Wahrheit von Sein und Nichts, ihr inhaltlich als Werden zu verstehendes Übergehen ineinander, mit dem Schein »des unmittelbaren Verschwindens des Einen in dem Anderen« verwechselt hat (67_{26}/83; s. oben, S. 119). Es ist interpretatorisch unentscheidbar, ob die Wiederholung dieser Kontamination Mimesis an den Schein ist oder auf mangelndem Bewußtsein des eigenen Tuns beruht. An sich weiß Hegel die Doppelperspektive, die er einnimmt, auch kenntlich zu machen. Nach dem ersten Absatz ist das Werden als die ›reale‹ Einheit, deren Realitätsgehalt wohl der Ersatztitel ›Ungetrenntheit‹ zum Ausdruck bringen soll, »nicht die Einheit, welche vom Sein und Nichts abstrahiert«, also nicht die irreale, auf die das abstrahierende Denken verfällt, sobald es von seiner Selbständigkeitsvorstellung ablassen soll. Der zweite Absatz knüpft dann an den ersten so an, daß klar wird: er führt nur die Betrachtung der *einen,* für uns seienden Seite des Phänomens fort (»Nach dieser ihrer Unterschiedenheit sie aufgefaßt . . .«); und auch der nächste hebt die Einseitigkeit seiner Betrachtungsweise hervor (»auf diese Weise«). Für die Erklärung jener Kontamination gibt es allerdings außer der Mimesis-Hypothese und der Unterstellung methodischer Bewußtlosigkeit noch eine dritte Möglichkeit. Der Abschnitt über die Momente des Werdens beschreibt zweifellos einen Prozeß, der die Statik der Doppelperspektive partiell aufbricht. Hegel bezeichnet die unterschiedenen Momente des Werdens anfangs als die *»noch«* unterschiedenen, weil ihre Differenz in gewissem Maße tatsächlich eingeebnet wird, sobald Sein und Nichts sich zu einem im Werden unmittelbar einigen Entstehen und Vergehen fortbestimmen. Daß er den

Eindruck erweckt, als seien sie bereits durch ihre Aufhebung verschwunden, läßt sich als Antizipation dieses Resultats auslegen. Nur beseitigt eine solche Auslegung keineswegs das Problem. Sie müßte nämlich zugestehen, daß die Antizipation weit über das Ziel hinausschießt. Behauptet doch die Rede vom Verschwinden unendlich mehr als eine wechselseitige Durchdringung von Entstehen und Vergehen, deren unterschiedliche Richtungen Hegel auch am Ende nicht leugnen kann.

Dies ist nun von größter Bedeutung für die Herkunft des Daseins aus dem Werden, die der Abschnitt über dessen »Aufheben« nachweisen möchte. Das eine der beiden Argumente, auf die der Ableitungsversuch sich stützt, ist in folgenden Sätzen enthalten: »Sein und Nichts sind in ihm (dem Werden – M. T.) nur als Verschwindende; aber das Werden als solches ist nur durch die Unterschiedenheit derselben. Ihr Verschwinden ist daher das Verschwinden des Werdens oder Verschwinden des Verschwindens selbst« (93_{11}/113). Das Verschwinden des Verschwindens wäre, wenn sinnvoll von ihm gesprochen werden könnte, die erste Negation der Negation. Das andere Argument dafür, daß aus dem Werden das Dasein ›hervorgeht‹, greift dementsprechend auf die selbst in ihrem legitimen Geltungsbereich fragwürdige Regel ›Duplex negatio est affirmatio‹ zurück, die uns eine antiquierte Grammatik überliefert hat. Das Verschwinden des Verschwindens wird, als das zweifach Negierte, zum Dasein vermöge der »Zauberkraft, die es in das Sein umkehrt« (PhdG 30_{8}/36). Will man nicht annehmen, daß Hegel seine Zuflucht in der »Sphäre von Mythos und Magie« sucht, auf die sein verräterisches Wort von der Zauberkraft in der Tat hindeutet (Puder 1969, 35), so bleibt nur übrig, *dieses* Dasein als *Schein* zu betrachten. Und dazu *zwingt* denn auch die Brüchigkeit des ersten Arguments. Zwischen der Unterschiedenheit von Sein und Nichts und deren *Verschwinden* besteht natürlich der Widerspruch, in den Hegel den ersten Textabsatz im zweiten umformuliert[2]. Aber zwischen ihr und dem *Aufheben* von Sein und

2 J. A. van der Meulen (1953) sieht im Werden den Urwiderspruch, den Hegel auch noch in der reflexionslogischen Dialektik des Positiven und des Negativen vor sich hat.

Nichts herrscht im Gegenteil völliger Einklang, da ja die Unterschiedenheit, durch die das Werden als solches ist, gerade die der aufgehobenen Momente ist. Zum Verschwinden des Verschwindens kommt es also bloß deshalb, weil Hegel zuvor schon das Aufheben ins Verschwinden umgebogen hat. Wir stehen mithin wiederum vor der Alternative, das zu Kritisierende entweder dem darstellenden oder dem dargestellten Denken anzulasten. Nur ist sie jetzt eindeutig entscheidbar. Hegel fährt nach den angeführten Sätzen fort: »Das Werden ist eine haltungslose Unruhe, die in ein ruhiges Resultat zusammensinkt«; und diesem Resultat verleiht er im folgenden den Namen des Daseins. Dabei indiziert nicht nur die metaphorische Rede vom Zusammensinken Schein. Auch das Attribut ›ruhig‹ verweist darauf, indem es nämlich jene Einfachheit charakterisiert, von der wir schon wissen, daß sie eine »bloße Meinung« ist, die allein in der Bewußtlosigkeit über das in Wahrheit Seiende gründet; mit Bedacht nennt Hegel die formale Bestimmtheit des Seins, in der das Ganze des Daseins zunächst gegeben ist, »ruhige Einfachheit« (93_{28}/113). Seine Theorie der Herkunft des Daseins aus dem Werden ist demnach kritische Darstellung eines Denkens, das aus dem falschen Verständnis des Werdens die genauso falsche Konsequenz einer neuen Vergegenständlichung zieht[3].

Damit soll keineswegs behauptet werden, daß ›Dasein‹ sich gänzlich in Schein auflöse. Derlei zu behaupten kann nicht im Interesse einer Interpretation liegen, die den Realitätsgehalt des daseinsmäßigen Scheins und dessen dadurch vermittelte Einheit mit der Wahrheit im Blick hat. Die Logik der Aufhebung des Werdens reflektiert diesen Zusammenhang zwar nicht, aber man könnte ihn daraus herleiten, daß ›Verschwinden‹ immerhin zur Dreifaltigkeit des Sinns von ›Aufheben‹ gehört. Wie dem auch sei – jedenfalls skizziert Hegel desgleichen die in der Kategorie des Daseins liegende Wahrheit. Er tut das folgerichtig in Anknüpfung an die ›wahre‹ Struktur des Werdens als einer Einheit,

3 Die Alternative zu dieser Interpretation, nämlich die hier dem dargestellten Denken zugerechnete Scheinhaftigkeit des ›Übergangs‹ vom Werden ins Dasein Hegel selber anzulasten, scheint Karl Heinz Haag (1967, 43 ff.) gewählt zu haben, allerdings nur zaghaft und wenig artikuliert.

die Sein und Nichts als aufgehobene Momente enthält. Daraus entsteht die Verfassung, die Dasein fortan generell definiert: Dasein ist Einheit von Sein und Nichts (Nichtsein) in der Gestalt eines Seins, das »nicht mehr für sich, sondern als Bestimmung des Ganzen« auftritt (93_{29}/113). Die erste Auflage hat noch versucht, die so definierte Daseinsverfassung in ein Verhältnis zum Werden zu setzen, das demgegenüber »die Einheit in der Bestimmung des *Nichts*« sein soll (A 45_{16}). Daß Hegel den Versuch bei der Umarbeitung seiner Logik fallenließ, ist vermutlich aus seiner Einsicht in die Unangemessenheit einer solchen Gegenüberstellung zu erklären. Denn in Wirklichkeit rekurriert jene Definition nur auf das am Werden selber, was dessen Theorie nicht auszuweisen vermochte: auf die »*bestimmte* Einheit, (...) in welcher sowohl Sein als Nichts *ist*« (92_{14}/112). Indessen rekurriert sie darauf nicht so, daß sie die erst in äußerer Reflexion versicherte Bestimmtheit in die Darstellung einbrächte. Vielmehr besitzt sie selber bloß antizipatorischen Charakter. Soweit sie auf *Wahrheit* abhebt und nicht auf den Schein der ruhigen Einfachheit, in den das Ganze des Daseins zunächst eingehüllt ist, rechtfertigt sie sich erst aus der Logik des Daseins selber; und hieraus rechtfertigt sie sich dadurch, daß das übergreifende Sein sich als ein solches enthüllen wird, das in Wahrheit Werden ist.

Sachlich bedeutet das: In der Dimension der Wahrheit geht der Ansatz der Daseinslogik gar nicht über das Werden hinaus. Dieser Befund stimmt damit überein, daß die Daseinslogik auch in ihrer Entfaltung die Wahrheit des Daseins nur im Werden findet. Der in der daseinslogischen Enthüllung von Wahrheit stattfindende Prozeß betrifft allein das Werden selber, das als ›das Negative‹ schließlich zur Negation der Negation in der Form ›affirmativer Unendlichkeit‹ wird. Deren absolute Negativität, vermittelt durch das Vergehen des Vergehens, soll die Wahrheit dessen sein, was als Verschwinden des Verschwindens zunächst nichts als Schein ist. Daß sie nur herausspringt, indem Bestimmtheit heraus*fällt*, paßt genau zu deren Einführung durch die Hintertür. Hegel will in der zweiten Auflage nicht mehr wahrhaben, daß das Werden die Einheit von Sein und Nichts in der Bestimmung des Nichts ist, weil er Dasein als Einheit von Sein und Nichts in der Bestimmung eines Seins, das nach seiner Intention *bestimmtes* Sein ist, eben im Rückgriff auf das Werden definieren muß, auf ein Werden allerdings, dessen Bestimmtheit er nur im Vorgriff auf Dasein behaupten konnte.

Methodisch folgt aus der Art und Weise, wie Hegel seinen Daseinsbegriff lanciert: Darstellung von Wahrheit, am Logikanfang nur als negative möglich, bleibt auch im ›Werden‹ und im Übergang zum ›Dasein‹ extern. Sie muß es bleiben, weil die intern diskutierte Sache, wiewohl an sich wahrheitsfähig, noch ganz in dem Schein versunken ist, den das betrachtete Denken erzeugt. Genau genommen, ist sie überhaupt noch nicht Darstellung, sondern äußerliche Reflexion. Für das Werden haben wir das bereits festgestellt. Was den Übergang zum Dasein betrifft, so zeigt sich die Äußerlichkeit der Reflexion auf Wahrheit, nach den immanenten Kriterien spekulativer Logik (vgl. 97_{3}/117), in der Kennzeichnung der Gestalt, welche die Einheit von Sein und Nichts im Dasein annimmt, als einer »einseitigen« wie übrigens auch darin, daß Hegel diese Einheit als *»seiend«* vorstellt (93_{32}/113); denn die »Bestimmung des *Seienden*« fungiert, wie wir an Hegels Retrospektive auf die erste Abteilung schon gesehen haben, auch sonst in der Daseinslogik als ein, sagen wir, metatheoretischer Begriff, der in der Theorie selber nicht oder jedenfalls nicht zureichend thematisiert wird.

Die richtige Einschätzung dieser hermeneutischen Situation bildet die unerläßliche Voraussetzung für ein angemessenes Verständnis der Beziehung, in der Werden und Dasein zueinander stehen. Gemäß der zweifelhaften Maxime, nach der nicht sein kann, was nicht sein soll, sichert Hegel seine Behauptung, das Resultat, welches das Verschwinden des Verschwindens zeitigt, sei »die zur ruhigen Einfachheit gewordene Einheit des Seins und Nichts«, gegen den Einwand, es ergebe sich daraus überhaupt nichts, durch die Bemerkung ab: »so wäre es nur ein Rückfall in die eine der schon aufgehobenen Bestimmungen« (93_{25}/113). Die Replik entzieht sich rationaler Diskussion. Mag es sich um einen Rückfall handeln oder nicht – falsch ist jedenfalls die Schlußfolgerung Hegels, die Verhinderung des Rückfalls bedeute schon Fortschritt. Einen Fortschritt bringt die äußerliche Reflexion auf Wahrheit nicht, eben weil sie bloß äußerlich ist. Noch weniger aber schreitet die kritische Darstellung von Schein fort. Denn der Übergang vom Werden zum Dasein, dargestellt allein in der Perspektive auf Schein, *ist*, näher besehen, gar kein Übergang. Vielmehr stellt sich darin ein und dieselbe Sache unter den zwei Aspekten des Werdens und des Daseins dar. Zu einer solchen Sicht nötigen Hegels eigene Formulierungen. Der Satz: »Das Werden ist eine haltungslose Unruhe, die in ein ruhiges Resultat zusammensinkt« dementiert sich selbst, weil das Werden die ›ruhige Einfachheit‹ nicht zum *Resultat* haben kann, wenn seine haltungslose Unruhe in sie bloß *zusammensinkt*. Den Satz so zu lesen, könnte als Überinterpretation angesehen werden, führte nicht bereits der Anfang des Abschnitts über das Aufheben des Werdens in die angegebene Richtung. »Das Gleichgewicht, worein sich Entstehen und Vergehen setzen, ist zunächst«, heißt es da, »das Werden selbst. Aber dieses geht ebenso in *ruhige Einheit* zusammen«. Kümmern wir uns einen Augenblick nicht darum, daß die wechselseitige Paralyse der gegenläufigen Bewegungen des Werdens genauso von deren Gleichgewicht zu unterscheiden wäre wie vom Verschwinden des Seins und des Nichts ineinander! Wir richten unsere Aufmerksamkeit vorläufig allein auf die Spannung zwischen dem »zunächst« und dem »ebenso«. Das »zunächst« benennt das Anfangsstadium eines Prozesses, der auf ein Resultat zutreibt. Das »ebenso« hingegen verwandelt die Sukzession ins Simultane. Im selben Moment, in dem das Gleichgewicht von Entstehen und Vergehen als Werden begegnet, nimmt dieses das Aussehen der ruhigen Einheit des Daseins an. Gegen die genetische Betrachtungsweise setzt sich die im Fundament der Werdenstheorie verankerte Statik der Doppelperspektive durch. In diese Doppelperspektive rückt einmal das Werden *selbst*, als die Wahrheit des Daseins, und zum andern der Schein, der verdeckt, daß das Dasein ›an sich‹ nur Werden ist. Aber Werden ist es weder als das Verschwinden von Sein und Nichts ineinander noch als die wechselseitige Paralyse von Entstehen und Vergehen, sondern in deren Gleichgewicht. Um seiner Wahrheit willen muß Hegel also die destruktive Paralyse zum konstruktiven Gleichgewicht harmonisieren. Das relative Recht seines Verfahrens liegt in dessen Umkehrbarkeit. Ihr Gleichgewicht finden Entstehen und Vergehen im Übergehen, das als Übergehen ins Sein Entstehen, als Übergehen ins Nichts Vergehen ist. Aber im Dasein verlieren sie es sofort wieder, gerade weil Dasein als Einheit von Sein und Nichts in der Form des *Seins* sich zu erweisen hat. Ist es doch das Sein, und zwar das wahrheitsgemäß als Übergehen bestimmte, das zum Vergehen sich fortbestimmt. Dasein wird sich so als das vergängliche Sein enthüllen, dessen Vergänglichkeit den paralysierten Zustand offenbart, über dem es sich im Gleichgewicht hält. Dasselbe, das ihm den Schein ruhiger Einfachheit verleiht, wird es auch wieder in die haltungslose Unruhe hineinreißen, aus der es dann das Vergehen des Vergehens erretten soll, als die vermeintlich aus seinem Anderen, dem ›wahrhaften Sein‹ aufgehende Wahrheit, welche die im Schein befangene Vorstellung vom Verschwinden des Verschwindens verfehlt und im Verfehlen zugleich trifft.

1.2 Schein der Ersthеit des Daseins überhaupt

»Aus dem Werden geht das Dasein hervor. Das Dasein ist das einfache Einssein des Seins und Nichts. Es hat um dieser Einfachheit willen die Form von einem *Unmittelbaren.* Seine Vermittlung, das Werden, liegt hinter ihm; sie hat sich aufgehoben, und das Dasein erscheint daher als ein erstes, von dem ausgegangen werde« (96₉/116). Diese Sätze eröffnen den Diskurs über das ›Dasein überhaupt‹. In ihnen liegt bereits alles beschlossen, was nach der Exposition des Vorbegriffs von Schein und Wahrheit im Dasein an der Theorie über dessen generelle Verfassung noch auslegungsbedürftig ist. Der Anfang der daseinslogischen Bewegung bestätigt, meine ich, das Ergebnis, zu dem die Analyse der Herkunft des Daseins aus dem Werden gelangt ist. Als das Erste »erscheint« Dasein in dem Sinne, daß ein Denken, welches sich in seiner »Intellektualansicht des Universums«

(31_{21}/44) maßgeblich an diesem Begriff orientiert, den *Schein* seiner Erstheit erzeugt[4]. Man kann ebensowohl sagen: Die Bestimmung ›Dasein‹ selber erzeugt den Schein, als erfasse sie »ein erstes, von dem ausgegangen werde«. Jedenfalls folgt der Scheincharakter des Daseins aus der Intention der Hegelschen Logik so evident, daß seine Annahme, hermeneutisch betrachtet, keiner ausführlichen Begründung bedarf. Der »Satz des Wesens vom Dasein« lautet: *»Das Dasein ist nur Gesetztsein«* (II 20_{31}/32), und dieser Satz spricht die Wahrheit über das Dasein aus, deren Enthüllung gleichbedeutend ist mit der Auflösung des Scheins der Erstheit. Er hält die Wahrheit über das Dasein, daß es *nicht* das Erste ist, endgültig fest und ratifiziert damit nur den Gang der Daseinslogik selber. Denn schon diese wird in eine ›Tiefe‹ vorstoßen, die das scheinbar Erste als das wesentlich Zweite zu erkennen gibt.

Das Maß der Scheinanfälligkeit von Denkbestimmungen, die einen objektiv-logischen Wirklichkeitsbezug haben, richtet sich nicht nur nach ihrer Stelle in der jeweiligen Bewegung; es richtet sich auch nach ihrer Reichweite. Ihre Stelle haben sie als anfängliche, vermittelt-vermittelnde oder (vorläufige) Endbestimmungen einer Bewegung. Die Versunkenheit des zunächst begegnenden Daseins überhaupt im Schein liefert einen ersten Beleg für die These, daß die daseinslogischen Anfangsbestimmungen ganz vom Schein affiziert sind. Hinsichtlich ihrer Reichweite lassen sich sämtliche Denkbestimmungen der spekulativen Logik in drei Klassen einteilen. Es gibt erstens schlechterdings universale, die durch die gesamte Logik hindurchgehen, zweitens sphärisch universale, die den Boden für die Einzelbestimmungen einer ganzen Sphäre abgeben, und drittens die unter den Einzelbestimmungen, die auf einen einzigen Ort eingeschränkt sind, wenn ihnen auch andere in anderen Sphären entsprechen. Für die Klärung der von Hegel unausgearbeiteten Frage nach dem vorthematischen (nicht reflexionslogisch thematisierten) Schein kommt die-

4 Vgl. die hiervon abweichende Interpretation des »erscheint« bei Eley (1976), 58 f. Auch Eley bezeichnet den Gesichtspunkt, unter dem er die Hegelsche Logik wesentlich betrachtet, als den der »Darstellung«, aber er versteht darunter etwas anderes als ich.

ser Differenzierung eine nicht zu unterschätzende Bedeutung zu, weil die jeweilige Reichweite darüber entscheidet, ob die Auflösung des Scheins in die immanente Entwicklung der betreffenden Bestimmungen selber fällt oder in den Übergang zu neuen Bestimmungen. Die Extreme bilden auf der einen Seite die schlechterdings universalen Kategorien, an deren Dialektik der Fortschritt vom elementar massiven Schein zur unüberholbaren Wahrheit vollständig abzulesen ist, und auf der anderen die topologisch singulären Terme, die sozusagen gar keine Chance haben, den in ihnen sich festsetzenden Schein aus sich selbst zu überwinden. ›Dasein‹ nun gehört nach dem oben Gesagten zu den Bestimmungen des mittleren Typs. Der für eine ganze Sphäre konstitutive Begriff führt den ihm eigentümlichen Schein *wesentlich* mit sich. Zwar ist er ihm nicht dermaßen verfallen wie in ihm fundierte Einzelbestimmungen, die wir noch kennenlernen werden. Denn durch die Bestimmungen hindurch, in die er sich auseinanderlegt, gerät er in eine Bewegung, in deren verlängerter Linie das Gesetztsein liegt, mit dessen Erkenntnis der von ihm produzierte Schein durchschaut wäre. Aber erreichbar ist dieses Ziel nur durch seine Abdankung. Was bedeutet: Der Schein, in den die Bestimmung ›Dasein‹ das Denken hineinlockt, ist so tief in ihm verwurzelt, daß er aufhebbar ist erst in ihrer Selbstaufhebung.

1.2.1 Exkurs als Rekurs auf die unbestimmte Unmittelbarkeit des reinen Seins

Indem Dasein als das Erste erscheint, hüllt es sich in den Schein unhintergehbarer Vorgegebenheit. Die scheinbar ursprüngliche Gegebenheit legt Hegel als Unmittelbarkeit aus. Diese Auslegung nötigt uns zu einem Exkurs, der ein *Re*kurs auf die ›unbestimmte Unmittelbarkeit‹ des reinen Seins ist. Der Rekurs ist notwendig, weil wir bei der Interpretation der Logik des reinen Seins wohl die ›reine Unbestimmtheit‹ bedacht haben, die Hegel der Unmittelbarkeit attributiv zuspricht, nicht hingegen diese selber. Der Rückgang auf sie ergibt sich organisch im Fortgang von der

Reflexion auf die negative Darstellung der abwesenden Wahrheit des Seins in der Erstfassung des Logikanfangs. Wir werden nämlich sehen, daß im Begriff der unbestimmten Unmittelbarkeit ein Moment liegt, das die Wahrheit des Seins auch im Kontext der überarbeiteten Fassung zur Geltung bringt. Eben deshalb ist der Rekurs *jetzt* notwendig. Denn jenes Wahrheitsmoment bildet den Hintergrund, gegen den die Unmittelbarkeit des *Daseins* sich abhebt. Die »Form von einem *Unmittelbaren*« hat das Dasein, so hören wir, um seiner »Einfachheit« willen. Was aber von der Qualität gilt, zu der die Bestimmtheit des Daseins sich entwickelt: »Um dieser Einfachheit willen ist von der Qualität als solcher weiter nichts zu sagen« (98_{3}/118), das trifft auch auf das Dasein selber zu: Seine Einfachheit macht es zu dem Unsagbaren, das als solches, hegelisch gedacht, Schein indiziert.

Die »Ontologisierung des Ontischen«, die den ›Erfahrungsgehalt‹ Hegelschen Denkens an platt idealistische Identitätsphilosophie verrät, findet in der *Wissenschaft der Logik* nach Adorno (1966, 124) bereits dadurch statt, daß Hegel dem ›Unbestimmten‹ die ›Unbestimmtheit‹ substituiert. Adorno stützt diese Beobachtung auf eine Stelle in der dritten Anmerkung zur Einheit von Sein und Nichts (85_{15-29}/103 f.). Er hätte sich auch auf die erste Seite der Seinslogik berufen können, wo Hegel den anfänglichen Satz: »Das Sein ist das unbestimmte Unmittelbare« schließlich in den anderen überführt: »Es ist die reine Unbestimmtheit und Leere.« Mit den Augen Adornos betrachtet, stellt sich die Hypostasierung des unbestimmten Unmittelbaren zur reinen Unbestimmtheit als der Sündenfall dar, auf den alle späteren Sünden der spekulativen Logik zurückzuführen sind. In der Tat wird man den in seiner Beiläufigkeit harmlos anmutenden Wortwechsel nicht stillschweigend hinnehmen können. Aber auf dem Wege, der bloß eine einzige Seite durchläuft, geschieht noch mehr. Hegel substantiviert zunächst »das unbestimmte Unmittelbare« und geht erst von der »unbestimmten Unmittelbarkeit« zur »reinen Unbestimmtheit« weiter. In deren Begriff schlägt sich nicht nur die Hypostasierung nieder, die grammatisch in der Substantivierung zum Ausdruck kommt, sondern auch und vor allem ein Bedeutungsverlust, der erst auf dem letzten Wegstück eintritt, durch die Übersetzung der »unbestimmten Unmittelbarkeit« in die »reine Unbestimmtheit«. Nur ist auch hier die Frage, ob nicht das, was zur Kritik an Hegel veranlaßt, auf das Konto einer Kritik kommt, die in Hegels eigener Darstellung impliziert ist. Dann hätte der begriffliche Wandel seine Wahrheit darin, daß die Darstellung, die im vorliegenden Falle ohnehin direkt nichts als Mimesis an den Schein sein kann, immer genauer der Unwahrheit sich anpaßt, in die das dargestellte Denken verstrickt ist. Wenn wir uns klarmachen, worin jener Bedeutungsverlust besteht, sehen wir auch, daß es jedenfalls sinnvoll ist, den Text so zu lesen.

Der Begriff der reinen Unbestimmtheit substantiviert, was in dem der unbestimmten Unmittelbarkeit bloß Attribut ist. Ihm entgeht damit das an der Unmittelbarkeit, das in Unbestimmtheit nicht sich auflösen läßt. ›Unbestimmtheit‹, gar ›*reine* Unbestimmtheit‹, ist ein negativer Term. Das nicht in sie Auflösbare an der Unmittelbarkeit scheint demnach etwas Affirmatives zu sein. Nun ist ›Unmittelbarkeit‹ selbst ein negativer Term. Verneint ist in ihr Mittelbarkeit. Obwohl Hegel Unmittelbarkeit – was für deren Auffassung erhebliche Konsequenzen hat – nicht der Mittelbarkeit, sondern der Vermittlung entgegensetzt, negiert die Rede von Unmittelbarkeit auch in seiner Sicht auf jeden Fall das Mittel. Im Absehen von Mittelgliedern, die weder das eine noch das andere sind, differenziert er das negierte Mittel in das »Werkzeug« und das »Medium« (PhdG 63 f./68 f.). Jene Philosophie à la Schelling, die darauf vertraut, daß das Absolute immer schon bei uns ist, beansprucht Unmittelbarkeit, indem sie der Vermittlung durch ein Werkzeug oder ein Medium entraten zu können glaubt. Indessen gibt es in der Umgangssprache einige mit dem Ausdruck ›unmittelbar‹ sinngleiche Wörter, die zwar auch das Negationselement in sich enthalten, aber dennoch zur Bezeichnung eines Affirmativen verwendet werden. Sie alle haben gemeinsam, daß sie Unmittelbarkeit mit besonderem Nachdruck als Direktheit artikulieren. ›Direktheit‹ und ›Indirektheit‹ sind aber geradezu Synonyme für ›Unmittelbarkeit‹ und ›Mittelbarkeit‹. Nur wird durch diese Übersetzung der negative Term affirmativ, und zwar so, daß sie deutlich macht:

›Unmittelbarkeit‹ ist affirmativ, sofern sie, wie Hegel sagen würde, das Mittel als ein in Wirklichkeit Negatives negiert. Das Affirmative, zu dessen Bezeichnung die mit dem Ausdruck ›unmittelbar‹ sinngleichen Wörter verwendet werden, kennzeichnet die Unmittelbarkeit also wesentlich. Ich möchte es das *Ursprüngliche* nennen. Das Urspüngliche begegnet zumeist als das *Anfängliche.* Es geht darin zwar nicht auf, aber die Anfänglichkeit bildet gleichsam den Grundton, der auch seine übrigen Bedeutungen einfärbt. Auf Anfänglichkeit zielen wir so in der Regel, wenn wir statt des Wortes ›unmittelbar‹ auch die Wendungen ›ohne weiteres‹ oder ›ohne Umschweife‹ gebrauchen könnten. Auf die Folie dieses offenbar fundamentalen Sinns von ›unmittelbar‹ lassen sich insbesondere zwei Bedeutungen auftragen, durch welche die Anfänglichkeit hindurchscheint: die *Spontaneität* und die *Plötzlichkeit.* Wir sprechen jemandem ein unmittelbares Wesen zu, weil wir ihm die Spontaneität zutrauen, auf die Kant blickt, wenn er Freiheit nach ihrer transzendentalen Idee als das Vermögen beschreibt, »einen Zustand von selbst anzufangen« (KrV B 561). Kraft seiner Spontaneität ist ein solcher Mensch dann auch insofern unmittelbar, als er ›unverstellt‹ oder ›unbefangen‹ ist, vielleicht auch in jener Naivität lebt, die entweder präreflexiv oder, etwa im Sinne der Liebestheorie Fénelon's (vgl. Spaemann 1963, bes. 23 f., 108 ff.), durch die Reflexion hindurchgegangen ist. Auf die andere, gleichfalls im Fundamentalsinn der Anfänglichkeit verwurzelte Komponente unseres affirmativen Verständnisses von Unmittelbarkeit deutet das Synonym ›unversehens‹. Jemand taucht unversehens auf – das heißt: Er steht plötzlich vor uns. Sein Auftreten hat etwas Jähes an sich, und dieses Jähe ist eine eigene Gestalt des Anfänglichen, nämlich das Neue, das den kontinuierlichen Zusammenhang des Bisherigen aufsprengt.

Gerade von der Plötzlichkeit aus eröffnet sich die Traditionsgeschichte, über die das Affirmative der gewöhnlichen Rede von ›unmittelbar‹ auch in den Unmittelbarkeitsbegriff Hegels einfließt. Die Plötzlichkeit dürfte nämlich derjenige Aspekt sein, unter dem die in der deutschen Überlieferung, und zwar von Jacobi, auf den Begriff der Unmittelbarkeit gebrachte Sache von den Philosophen am frühesten gesehen worden ist. Nach der Seite, nach der er Anfänglichkeit bezeichnet, verweist der Begriff zunächst auf die Lehre vom Plötzlichen *(to exaiphnēs)* in der dritten Hypothese des platonischen *Parmenides* (155 e 4 bis 157 b 5). Noch weiter zurückverfolgen läßt sich seine Sache am Leitfaden der Metapher des Blitzes. Alles steuert nach Heraklit (Frg. 64) der Blitz, Sinnbild des Plötzlichen. Auf ihn, des »Vaters Strahl«, kommt Hölderlins Hymne ›Wie wenn am Feiertage ...‹ auf eine Weise zu sprechen, die Heidegger (1944, 61) dazu bewogen hat, das Heilige, das der Dichter nennt, als das »Unmittelbare« und dieses als das »Anfängliche« auszulegen (vgl. Schulz 1953/54, 218 f.). In Hegels großartigem Ansatz zu einer Theorie der gesellschaftlichen Transformation ist es derselbe Blitz, der die »Allmählichkeit des nur vermehrenden Fortgangs abbricht« – ein, so fügt der Jugendfreund Hölderlins wie in einer Vorahnung *Kierkegaardscher* Unmittelbarkeit hinzu, »qualitativer Sprung« (PhdG 15_{34}/18): »Dies allmähliche Zerbröckeln, das die Physiognomie des Ganzen nicht veränderte, wird durch den Aufgang unterbrochen, der, ein Blitz, in einem Male das Gebilde der neuen Welt hinstellt« (PhdG 16_{3}/18 f.). Das »erste Auftreten«, das der Blitz symbolisiert, bezeichnet Hegel im weiteren als die spezifische »Unmittelbarkeit«, die das »Neue« hat. Die im Bilde des Blitzes vergegenwärtigte Plötzlichkeit hat er desgleichen vor Augen, wenn er mit Bezug auf das reine Sein und das reine Nichts feststellt, daß »*unmittelbar* jedes in seinem Gegenteil verschwindet« (67_{25}/83 – Hervorhebung M. T.). Im Plötzlichen und Neuen aber sieht auch er nur einen bestimmten Modus des Anfänglichen. Schon der Eingangssatz des Abschnitts über die sinnliche Gewißheit gebraucht die Ausdrücke »zuerst oder unmittelbar« promiscue, und nach der Logik ist ein »unmittelbares« ein »schlechthin anfangendes Wissen« (52_{16}/66); nur dann, wenn man den logischen Anfang »auf unmittelbare Weise« nimmt, soll er »eigentlicher Anfang« sein (52_{14}/66).

Nun wird man das in Unbestimmtheit nicht Auflösbare an der Unmittelbarkeit mit deren oben reklamiertem Wahrheitsmoment identifizieren müssen. Inwiefern allerdings das Ursprüngliche oder auch Anfängliche ausgerechnet für Hegel das Wahre an der Unmittelbarkeit ausmachen soll, ist noch ein ganz offenes Problem. Gesetzt selbst, die Ursprünglichkeit sei die Wahrheit des in *unserem* Sprechen ›unmittelbar‹ Genannten, so bliebe doch überaus fraglich, ob *Hegel* bereit wäre, sie als solche anzuerkennen. Die spekulativ-dialektische Philosophie will ja kein Unmittelbarkeitsdenken sein. Sie will es aber vor allem insofern nicht sein, als sie die Anfänglichkeit des Unmittelbaren bestreitet. Unmittelbarkeit wird nach Hegel wahr offensichtlich nur als die ›absolute Vermittlung‹ und auf dem Grunde der ›absoluten Vermittlung‹, in der sie sich zugleich aufhebt (s. unten, S. 348 ff.). Eben durch diese Entscheidung setzt Hegel sich von seinen Vorgängern und Zeitgenossen ab. Sie alle treffen sich darin, daß sie im Anfänglichen suchen, was auch Heidegger darin wiederzufinden hofft: die »Fülle« (1944, 61). Gegen solchen Immediatismus opponiert Hegel mit seiner These über die »Leere« des Anfangs. Die Fülle, deren das Unmittelbarkeitsdenken von Jacobi bis Heidegger teilhaftig werden möchte, indem es sich in den Ursprung versenkt, kann in der spekulativen Logik erst am Ende aufgehen, als Resultat einer Denkbewegung, die progressiv und nicht regressiv ist: »Die Beglaubigung des *bestimmten Inhalts*, mit dem der Anfang gemacht wird, scheint [!] *rückwärts* desselben zu liegen; in der Tat [!] aber ist sie als Vorwärtsgehen zu betrachten, wenn sie nämlich zum begreifenden Erkennen gehört« (II 489_{10}/554). Unmißverständlicher könnte Hegel kaum ausdrücken, was in seinen Augen Schein ist und was Wahrheit. Allein – das Vorwärtsgehen ist selber »ein *Rückgang* in den *Grund*, zu dem *Ursprünglichen* und *Wahrhaften* (...), von dem das, womit der Anfang gemacht wurde, abhängt und in der Tat hervorgebracht wird« (55_{30}/70). Wie sollen wir das verstehen? Mit welchem Recht kann Hegel versichern, das Anfängliche sei nicht schon das Wahre, und gleichwohl den Fortgang zum Wahren für den Rückgang in einen Grund ausgeben, der noch anfänglicher ist als der Anfang?

Das Fundament für die Beantwortung der Frage hat die im zweiten Teil dieser Untersuchung gegebene Interpretation des Anfangs teilweise bereits gelegt. Wir brauchen die Linie, die wir jetzt verfolgen, nur in ihren Aufriß einzutragen. Hegel unterscheidet im letzten Zitat das Ursprüngliche von dem, womit in der Logik der Anfang gemacht wird. Die Unterscheidung hat eine auffallende Ähnlichkeit mit derjenigen, die den Diskurs über den Anfang der Wissenschaft, in welchem sie vorkommt, einleitet. Danach »soll das *Prinzip* auch Anfang und das, was das *Prius* für das Denken ist, auch das *Erste* im *Gange* des Denkens sein« (52_{9}/66). Daß Hegel die beiden Seiten nur unterscheidet, um sie ineinszusetzen, ist nicht etwa zu unterschlagen, sondern gerade zu betonen; denn erst die Identität verhilft, wie sich gleich zeigen wird, zum rechten Verständnis der Differenz. Das Erste im Gange des Denkens, auch hier dem Anfang zugeordnet, entspricht dem, womit in der Logik der Anfang gemacht wird; das Prius für das Denken hingegen entspricht als Prinzip dem Ursprünglichen, von dem auch der logische Anfang noch abhängt. Die vorsichtige Wahl des Wortes ›entspricht‹ nimmt vor allem auf den Umstand Rücksicht, daß das Prius für das Denken das ein paar Seiten später erwähnte Ursprüngliche keineswegs *ist*. Dieses tritt ja erst im Vorwärtsgehen zutage, in einem Vorwärtsgehen allerdings, das Heidegger (1957, 45) gegen seinen eigenen »Schritt zurück« deshalb nicht ausspielen dürfte, weil es selber in den Grund zurückgeht. Das Ursprüngliche ist also der mit dem Ende zusammenfallende *absolute* Anfang, in dessen fortschreitender Enthüllung die Logik zugleich die Abstraktion von allem Bestimmten thematisiert, durch die das vergegenständlichte Sein sich den Schein des Anfänglichen gibt. Demgegenüber bringt der Prius-Begriff zur Sprache, wie das Ursprüngliche im Anfang anwest. Eben darauf verweist die Ineinssetzung der gegeneinander abgehobenen Seiten. Als das im Anfang selber gegenwärtige Prinzip denkt Hegel das Ursprüngliche vermutlich auch dort, wo er das allem Folgenden Zugrundeliegende, also das Prinzip, für das »Anfangende« erklärt (56_{19}/71) oder für »das, was den Anfang macht« (56_{33}/71), was nämlich *selber* den Anfang macht, statt daß mit ihm der Anfang bloß gemacht würde.

Mithin indiziert die Unterscheidung zwischen dem Ersten im Gange des Denkens und dem Prius für das Denken – fernab von der aristotelischen Distinktion von *prōton physei* und *prōton pros hēmas*, die Fulda (1969, 118) mit ihr assoziiert – eine Doppelbödigkeit des Anfangs selber. Die Metapher, die als solche die eigentlich zu begreifende Struktur nicht zu fassen vermag, soll uns nur die Richtung weisen, in die der Versuch einer Freilegung dieser Struktur zu gehen hat. Dabei kommt es wesentlich auf die Einsicht an, daß der Prius-Begriff eine *neue* Dimension eröffnet, in die unsere Interpretation des Logikanfangs nicht vorgedrungen war. Das Bild einer gewissen Doppelbödigkeit bietet ja auch die *schon dargelegte* Seinstheorie. Präsentiert sie das reine Sein doch einmal als das anschauende Denken und zum andern als dessen Inhalt oder Gegenstand. Während sie den Anschauungsinhalt als totalen Schein entlarvt, sucht sie im Anschauen selber den Ort, an dem das Sein seine im Geschehen seiner Vergegenständlichung aufbrechende und dem vergegenständlichenden Denken eben deshalb weithin verborgene Wahrheit hat. In der Tat muß man die jetzt zu diskutierende Unterscheidung mit diesem Gegensatz von Schein und Wahrheit koordinieren. Das bereitet an sich keinerlei Schwierigkeiten: Das Erste im Gange des Denkens fällt auf die Seite des Scheins, das Prius für das Denken auf die der Wahrheit. Indessen schafft diese Analogisierung nur erst die Voraussetzung für die Lösung des entscheidenden Problems, das uns der Prius-Begriff aufgibt; sie löst das Problem für sich noch nicht. Das Prius *für* das Denken kann als etwas *vor* dem Denken aufgefaßt werden, als das ihm gegenüber »*schlechterdings* transsscendente« Sein im Sinne Schellings, das dieser passend das Unvordenkliche nennt (vgl. Theunissen 1976 b, 22). So haben es alle Unmittelbarkeitsphilosophen aufgefaßt. In ihrer Sicht war die Unmittelbarkeit des Anfänglichen schlichte Vorgegebenheit. Die Unmittelbarkeitsphilosophen sind aber fast ausnahmslos identisch mit den Anschauungstheoretikern, die das Sein vergegenständlichen. Als das Vorgegebene setzt sich das Unmittelbare demnach derselben Kritik aus, die das vergegenständlichte Sein als Schein demaskiert. Ja, Hegels Kritik der intellektuellen Anschauung *ist* nichts anderes als Kritik jener Ursprungsphilosophie. Immerhin aber ist das Prius auch für ihn eines *für* das Denken. Als solches kann es nicht das als Anschauen qualifizierte Denken selber sein. Es fällt zwar auf die Seite des Anschauens, aber es fällt damit nicht zusammen. Vielmehr ist es das am Anschauen, wodurch dieses so über sich hinausgeht, daß es darin zugleich bei sich bleibt. Oder eben: Es ist die Gegenwärtigkeit des wahrhaft Ursprünglichen im Anfang. Nur in dieser Gestalt vermag Hegel die Unmittelbarkeit auch des Anfänglichen als Wahrheit anzuerkennen. Das wahrhaft Ursprüngliche wäre freilich nicht schon im Anfang gegenwärtig, würde das Denken seiner nicht irgendwie innesein. Nun gerät das Denken zum Anschauen im früher beschriebenen Sinne gerade dadurch, daß es das Sein vergegenständlicht. In seiner Abstraktion von sich, welche die Vergegenständlichung des Seins als seine Selbstvergegenständlichung allererst ermöglicht, vergißt es aber auch und zumal seinen Ursprung. Folglich fällt das Prius mit dem Anschauen auch darum nicht zusammen, weil es für ein anderes als das bisher allein gesichtete Anschauen ist. Was ist das für ein Anschauen? An welchem Anschauen tut jene Unmittelbarkeit sich auf, deren Anspruch auf Anfänglichkeit der Kritik des vergegenständlichenden Denkens standhält? Und wie ist das derart »Anfangende« zu verstehen?

Die durch die Einheit von Identität und Differenz erzeugte Spannung zwischen dem Ersten im Gange des Denkens und dem Prius für das Denken durchherrscht die *gesamte* Logik des reinen Seins. Gemeldet hat sie sich in dem Widerstand, den die ›unbestimmte Unmittelbarkeit‹ ihrer Auflösung in ›reine Unbestimmtheit‹ entgegensetzt. Als völlige Bestimmungslosigkeit ist die reine Unbestimmtheit das Erste im Gange eines Denkens, das kritische Darstellung ist und explizit nur mit einer Kritik des totalen Scheins anheben kann. Die Anfänglichkeit hingegen, aufgrund deren die unbestimmte Unmittelbarkeit sich der Reduktion auf sie entzieht, zeigt das Prius an. Darüber hinaus haben letztlich alle anfänglichen Seinsbestimmungen einen ›doppelten Boden‹. So auch und nicht zuletzt der Anschauungsbegriff. Den tief durch ihn hindurchgehenden Zwiespalt verrät der Umstand, daß Hegel ihn nicht gebraucht, ohne sowohl im Abschnitt über das Sein (»wenn von Anschauen hier gesprochen werden kann«) wie auch im Abschnitt über das Nichts (»Insofern Anschauen oder Denken hier erwähnt werden kann«) eine Einschränkung zu machen. Die Einschränkung ist selbst zwiespältig. In ihr liegt ganz Gegensätzliches, je nachdem man sie unter dem Gesichtspunkt der Kritik des Scheins betrachtet oder in die Perspektive der Darstellung von Wahrheit rückt. In der Perspektive der Darstellung von Wahrheit wird man sie so auszulegen haben, daß Hegel von *der* Anschauung sich distanziert, die das Organ des vergegenständlichenden Denkens ist. Es ist dies die ›intellektuelle Anschauung‹ Fichtes und Schellings, auf die schon Jacobi aus war: »Wie es eine sinnliche Anschauung gibt, eine Anschauung durch den Sinn«, schreibt Jacobi in seinem Buch *David Hume über den Glauben* (1787; II, 58 f.), »so gibt es auch eine *rationale Anschauung durch die Vernunft*«. Tugendhats Versuch einer traditionsgeschichtlichen Destruktion des Hegelschen Seinsbegriffs trifft nur sie; denn sie allein ist ein Anschauen von etwas, das kein Verstehen von etwas *als* etwas sein möchte. Unter dem Gesichtspunkt der Kritik des Scheins aber läßt die Einschränkung sich folgendermaßen motivieren: Hegel zögert, von Anschauen zu sprechen, weil das vergegenständlichende Denken, welches das Sein als etwas vorstellt, worin gar nichts anzuschauen ist, in diesem Vorstellen dasjenige Anschauen *ver*stellt, auf das man in der Tat zurückgreifen müßte, sollte sinnvoll von Sein die Rede sein. Danach hielte er einen Anschauungsbegriff in der Hinterhand, dessen Wahrheitsanspruch in seiner Sicht erfüllbar wäre. Daß dieser Begriff unter den Bedingungen der Herrschaft des totalen Scheins unexpliziert bliebe, würde genau der unthematischen Stellung korrespondieren, die das sinnvoll so zu nennende Sein, das ›ist‹, im Ganzen des Logikanfangs einnimmt.

Die Suche nach *dieser* Anschauung hat eine Erfolgschance nur dann, wenn wir uns von dem falschen Eindruck befreien, den das Bild einer Doppelbödigkeit des Logikanfangs erweckt. Der kritischen Darstellung des reinen Seins dürfen wir Doppelbödigkeit nicht in dem Sinne nachsagen, als läge unter dem festen Boden, auf dem die Auseinandersetzung mit der Metaphysik sich abspielt, ein anderer von gleicher Festigkeit. Vielmehr finden wir lediglich Spuren, die auf eine gewisse Transparenz der verbalisierten Oberfläche deuten. Im Falle der Anschauungsproblematik ist es eine weit zurückliegende Rezeptionsgeschichte, die ihre kaum noch kenntlichen Spuren im Logikanfang hinterlassen hat.

In den *Reden über die Religion* (1799) verwendet Schleiermacher den Anschauungsbegriff bekanntlich zur Definition des Glaubens: Glaube ist Anschauung des Universums. Hegel hat sich mit den Reden Schleiermachers gründlich befaßt. Das Ergebnis seines Studiums hält die Schrift *Glauben und Wissen* (1802) fest (GW *4*, 385 f./2, 392 f.). Dort ordnet er Schleiermachers frühe Glaubenslehre in die von Jacobi eingeschlagene Denkrichtung ein. Dabei interpretiert er die Philosophie Jacobis in einer ihrem Selbstverständnis strikt entgegengesetzten Weise: Jacobi wollte im Gegenzug gegen die Kantische Transzendentalphilosophie – in einer allerdings unendlich zweideutigen Erneuerung Spinozas (vgl. Timm 1974, 135-225) – ein »System absoluter Objektivität« begründen (1787; II, 36/37). Nach Hegel aber gerät er trotzdem oder vielmehr gerade deshalb in einen krassen Subjektivismus. Subjektivistisch verfährt Jacobi der Schrift *Glauben und Wissen* zufolge, sofern er die Abhängigkeit des einzelnen Subjekts von Dingen in objektivistischer Manier nur deshalb reproduziert, weil er an der »empirischen Zufälligkeit« dieses Subjekts sich ausrichtet. So liefert er Religion an eine ›Wirklichkeit‹ aus, die faktisch bloß der Inbegriff der Gegenstände innerer und äußerer Erfahrung ist. Demgegenüber erzielt Schleiermacher einen Fortschritt durch sein Insistieren auf der »Subject-objectivität der Anschauung des Universums«. Doch fällt auch er wieder in den Subjektivismus zurück, sofern er die Anschauung der »Virtuosität des religiösen Künstlers« überantwortet. Beides – Fortschritt und Rückfall – faßt der Satz zusammen, in Schleiermachers *Reden* habe »das Jacobische Princip die höchste Potenzierung erreicht, deren es fähig ist«.

Selber noch fixiert auf den Subjekt-Objekt-Gegensatz, verdrängt diese Kritik das am »Jacobischen Princip«, was über Subjektivismus und Objektivismus gleichermaßen hinausschießt. Im Rückgriff auf Hume's ›belief‹ hatte Jacobi den – von Kierkegaard wiederholten – Versuch unternommen, den religiösen

Glauben im Ausgang von einem allgemeinen, noch nicht religiös qualifizierten Glauben zu vergegenwärtigen. Ihm war zur Gewißheit geworden, »daß wir ohne Glauben nicht vor die Türe gehen, und weder zu Tische noch zu Bette kommen können« (1787; II, 164). Solch Fundamentalglaube steht in wesentlicher Korrelation mit dem Sein; seine Allgemeinheit entspricht der seit Aristoteles dem Sein zugesprochenen Universalität. ›Sein‹ aber, aristotelisch gedacht ein Titel für Mannigfaches, meint bei Jacobi zweierlei. Der Begriff bezeichnet in der Regel und vor allem ein »Dasein«, das sowohl das der mich umgebenden Dinge wie mein eigenes sein soll (vgl. 1787; II, 142), aber auch als solches dinghaft vorgestellt wird. Nach dieser Seite bedeutet die Hinordnung des Glaubens auf das Sein, daß er bereits in jeder Wahrnehmung von Dingen ebenso wie in jeder Selbstwahrnehmung steckt, sofern nämlich beide als *Wahr*nehmen das Fürwahr-Halten des Daseins implizieren. Daß der Glaube darüber hinaus auch und insbesondere die Vernunft durchwalte, kann Jacobi nur behaupten, weil er, eingewurzelt in der platonisch-mystischen Tradition, desgleichen die nicht-verständige »Vernehmung« (1787; II, 9) nach Analogie der Dingwahrnehmung vorstellt; seine Ausweitung des Anschauungsbegriffs auf Vernunftanschauung ist darin begründet. Jacobi verwendet aber hier und da auch einen Seinsbegriff, den er zumindest verbal im Sinne des ›ist‹ faßt, mag auch unentscheidbar sein, inwieweit er dieses wirklich angemessen von seiner Funktion im ›ist‹-Sagen her versteht. Immerhin – der Fundamentalglaube bezieht sich nach Auskunft Jacobis zwar nicht auf das »Ist des überall nur reflektierenden Verstandes«, aber auf das »substantielle Ist« als das »Sein schlechthin« (1787; II, 105).
Nun hat Hegel die Korrelationsthese Jacobis schon vor seiner Schleiermacher-Kritik in seine bruchstückhaften Entwürfe einer religiösen Lebensphilosophie integriert. Das aus den Jahren 1798/99 stammende Fragment über Glauben und Sein variiert das eine Thema: »Sein kann nur geglaubt werden« (N 383$_{14}$/1, 251). Den Zusammenhang von Sein und *Glauben* denkt Hegel vermutlich noch mit, wenn er mehr als ein Dutzend Jahre später, am Anfang der *Wissenschaft der Logik*, Sein mit *Anschauen* ver-

bindet. Plausibel wird diese Vermutung erst dadurch, daß das Fragment, dessen Gedankenführung im übrigen schwer durchschaubar ist, von der Korrelation zur Identität fortgeht, jedenfalls zur Identität des Glaubens mit einem, und zwar – wie wir in V. 2 noch sehen werden – dem ausgezeichneten Modus von Sein: Glauben ist »reflektiertes Sein« (N 383_{30}/1, 252). 1798/99 identifiziert Hegel Glauben mit solchem Sein, 1812 identifiziert er Sein mit Anschauen. Der Schluß liegt nahe: Die Identifikation von Glauben und Sein im gleichnamigen Fragment und die Identifikation von Anschauen und Sein in der *Wissenschaft der Logik* sind vermittelt durch die Rezeption Schleiermachers, der Glauben als Anschauen definiert. Infolgedessen klingt noch im logisch gedachten Anschauen das Glauben im allgemeinen Sinne Jacobis mit.

Allein, der Feststellung »Sein kann nur geglaubt werden« geht in jenem Fragment eine andere voraus: »Vereinigung und Sein sind gleichbedeutend; in jedem Satz drückt das Bindewort ›ist‹ die Vereinigung des Subjekts und Prädikats aus – ein Sein« (N 383_{12}/1, 251). Auf die noch für die *Wissenschaft der Logik* gültige Auslegung des Seins als einer Vereinigung von Subjekt und Prädikat werden wir anläßlich der Hegelschen Urteilslehre zurückkommen müssen, in deren Kontext auch erst deutlich werden kann, was »reflektiertes Sein« besagt. Hier interessiert, daß Sein, wenn es gleichbedeutend ist mit einer Vereinigung, die das ›ist‹ ausdrückt, auch mit dem ›ist‹ selber konveniert. Denn erst dieser Befund enthüllt, *was* Hegel von der Korrelationsthese Jacobis übernimmt – und was *nicht*. Hegel übernimmt *nicht* die Meinung, Sein könne nur geglaubt werden, weil uns Dasein nirgends sonst als in einer Anschauung gegeben sei, die vom Wahrnehmen der sinnlichen Dinge bis zum Vernehmen der ehrwürdigsten Ideen, »des an sich Wahren, Guten und Schönen« (Jacobi 1787; II, 10 f.), reicht. Er akzeptiert lediglich den Glaubensgehalt des ›ist‹-Sagens. Den allerdings akzeptiert er wirklich – ungeachtet dessen, daß er sich 1802 darüber ausschweigt. Der Glaubensgehalt des ›ist‹-Sagens läßt sich weder subjektivistisch noch objektivistisch erfassen. Indem die Polemik von 1802 blind ist gegenüber *dem* Moment am »Jacobischen Princip«, das jenseits dieser Alternative liegt, unterdrückt sie notwendig auch, was wenige Jahre zuvor in das Eigentum Hegels übergegangen war[5].

Der Verdrängungsprozeß reicht bis in Hegels späte Jacobi-Kritik, die offen in dem Abschnitt der enzyklopädischen Logik über die »Dritte Stellung des Gedankens zur Objektivität« (§§ 61 bis 78) ausgebreitet ist und insgeheim das ausgebildete System im ganzen durchzieht. Das Ja zum Glaubensgehalt des ›ist‹-Sagens und das Nein zum Glauben an ein universal verdinglichtes Dasein tragen aber nicht nur die unsichtbare Brücke, über die der Weg von der bloß adaptierten Korrelation zur wirklich angeeigneten Identität führt – ein Weg, auf dem desgleichen der Sinn von Sein sich wandeln muß. Sie markieren auch und insbesondere die Grenze zwischen der verworfenen Unmittelbarkeit des Anfänglichen und derjenigen, die Hegel zusammen mit jenem Glaubensgehalt bejaht und eben deshalb auch mitverdrängt. Für »unmittelbare Erkenntnis« gibt Jacobi zunächst »das ursprünglich alles begründende Wahrnehmungsvermögen« aus (1787; II, 11). Allein dagegen richtet sich der im ausgebildeten System vorgetragene Angriff. Er hat zwei Stoßrichtungen. Einmal wendet er sich gegen die Zumutung, alle mehr als bloß verstandesmäßige Erkenntnis nach Analogie der äußeren Wahrnehmung denken und das Sein, das für den »*christlich-religiösen* Glauben« an *Gott* den Anfang macht, nach Art der »*Existenz der sinnlichen Dinge*« vorstellen zu sollen (E § 63). Zum andern zielt der Angriff auf die Annahme der *Unmittelbarkeit* dieser Erkenntnis. Sie führt Hegel richtig auf den in Subjektivismus umschlagenden Objektivismus zurück, der bereits der These über den Wahrnehmungscharakter der Vernunft zugrunde liegt. In Übereinstimmung mit Jacobis stolz verkündeter Selbstinterpretation »Wir stellen nur Tatsachen ins Licht« (1787; II, 106) konzentriert sich seine Aufmerksamkeit darauf,

5 Sollte es *nicht* möglich sein, das »Ist« Jacobis streng aufzufassen, so müßte man – was natürlich besonders bemerkenswert wäre – annehmen, daß *Hegel* es war, der dem Jacobischen ›Sein‹ die Bedeutung des ›ist‹ gegeben hat, und daß er die Korrelationsthese in ihrer Übernahme damit zugleich entscheidend veränderte.

»daß das unmittelbare Wissen als *Tatsache* genommen werden soll« (E § 66). Jacobische ›Unmittelbarkeit‹ – das ist nach der *Enzyklopädie* gar nichts anderes als die scheinbare Vorgegebenheit des Tatsächlichen. Unrecht hat Hegel nur, sofern er Jacobi über die faktische Vermitteltheit alles vermeintlich unmittelbaren Wahrnehmens, auch des sogenannten Wahrnehmens der ›göttlichen Dinge‹, meint belehren zu müssen. Denn unmittelbar ist alle Wahrnehmung, sei sie auch die »rationale Anschauung durch die Vernunft«, genauso für Jacobi bloß »in Absicht auf uns, weil wir das eigentliche Mittelbare davon nicht erkennen« (1787; II, 108). Auf den fraglichen Punkt führt uns indessen das Recht in Hegels Unrecht. Hegel hat nämlich insofern auch wieder recht, als Jacobi im Grunde gar nicht auf eine gnoseologisch eingeschränkte Unmittelbarkeit aus war, sondern auf die wirkliche und in ihrer Wirklichkeit auch ganz andere. Was ihm vorschwebte, war die Unmittelbarkeit einer vorgängigen Totalpräsenz, aufgrund deren wir erst füreinander offenbar werden können (vgl. Timm 1974, bes. 208 ff.). Sie freilich ereignet sich gerade nicht im Wahrnehmen, sondern – sei dies nun mit Jacobi oder über ihn hinaus festzustellen – im ›ist‹-Sagen. Das ›ist‹-Sagen gründet in einem Glauben, sofern ich mir darin des Seins ursprünglich inne bin; und seine in Unbestimmtheit unauflösbare Unmittelbarkeit ist die Ursprünglichkeit dieses Inneseins. Die aber bleibt von der Hegelschen Kritik der Unmittelbarkeit im Sinne der Vorgegebenheit eines schlichten Anschauungsinhalts gänzlich unberührt.

Daß Hegel diese Unmittelbarkeit in seiner Auseinandersetzung mit Jacobi nicht anerkennt, geschweige denn als sein Eigentum wiedererkennt, ist allerdings noch anders als durch Verdrängung zu motivieren. Bei Jacobi vermag er sie nicht zu sehen, weil ihm die Zäune, mit denen der traditionelle Immediatismus sich umgab, wie auch die Schranken seines eigenen Denkens die Aussicht versperren. Jacobi war viel zu sehr der parmenideisch-platonischen Tradition verhaftet, als daß er die interne Struktur hätte freilegen können, durch welche die Unmittelbarkeit des ›ist‹-Sagens von der des Wahrnehmens sich unterscheidet. Die Einseitigkeit der Hegelschen Kritik spiegelt seine eigene Borniertheit zurück. In den Blick Jacobis kam wohl lediglich der Ort der Erfahrung nicht-wahrnehmungsmäßiger Unmittelbarkeit: die Sprache als Zwiesprache zwischen Ich und Du[6]. Der aber war für Hegel eine Leerstelle (vgl. Theunissen 1977, VIII f.). Schwerer noch wiegt der objektive Grund, der den Verfasser der *Wissenschaft der Logik* daran hindert, sich selber rückhaltlos zur Unmittelbarkeit des entmystifizierten Seins zu bekennen. Diese Unmittelbarkeit ist das »*Prius* für das Denken«, so wie unter dem anschauenden Denken, für das sie ist, das Glauben als Innewerden des Seins im ›ist‹-Sagen verstanden werden muß. Nun hieß es vom Prius vorhin, es sei das am Anschauen selber, wodurch dieses immer schon über sich hinaus ist, aber so, daß es darin bei sich bleibt. Das bedeutet für Hegel nicht nur: Des Seins bin ich mir im ›ist‹-Sagen inne, indem ich darin zugleich meiner selbst inne werde. Das bedeutet für ihn darüber hinaus: Die Gewißheit des Seins habe ich nur aufgrund einer noch ursprünglicheren Selbstgewißheit. Das Prius ist ja nicht für sich schon das wahrhaft Ursprüngliche, sondern nur dessen Gegegenwärtigkeit im Anfang. Deshalb sieht Hegel keine Möglichkeit, die vorgängige Präsenz nach dem Vorbild Jacobis in letzter Instanz dem Sein selber zuzuschreiben. Wenn die Unmittelbarkeit des Seins bloß das Anfangende ist, welches das wahrhaft Ursprüngliche am Anfang repräsentiert, dann ist sie eben durch das wahrhaft Ursprüngliche vermittelt, und dieses ist nicht Sein. Zwar ist das Sein, das in der Darstellung von Wahrheit auszumachen wäre, keineswegs in dem Sinne unmittelbar und vermittelt zugleich, in dem Hegel erklärt, »daß es nichts *gibt*, nichts im Himmel oder in der Natur oder im Geiste oder wo es sei, was nicht ebenso die Unmittelbarkeit enthält als die Vermittlung« (52_{22}/66); denn das gilt ausschließlich vom bestimmten Sein, vom Dasein als Daseiendem oder Etwas. Begrifflich zu artiku-

6 Dazu: Friedrich Heinrich Jacobi, *Über die Lehre des Spinoza, in Briefen an Herrn Moses Mendelssohn* (1785), Gesammelte Werke, ed. F. Köppen, IV/1, 48-74, 210-253; IV/2, 125-162. In der *Enzyklopädie* (vgl. E § 62) bezieht Hegel sich besonders auf die VII. Beilage der Briefe über Spinoza (IV/2, 125 ff.). In *David Hume* kommt Jacobi auf seinen Grundsatz »Ohne Du kein Ich« zurück (1787, 40).

lieren aber wäre eine Vermittlung von Vermittlung und Unmittelbarkeit, die deren Reinheit unversehrt läßt. Die Theorie einer solch übergreifenden Vermittlung ist in Hegels Unterscheidung des Anfangenden und des wahrhaft Ursprünglichen mitangelegt. So ist es wohl auch nicht zuletzt diese Differenz, welche die Logik über ihren Anfang hinaustreibt. Eben weil die Gewißheit des Seins sie zurückverweist auf die Selbstgewißheit des Denkens, muß sie der Regression ins Unvordenkliche entsagen; sie kann die Enthüllung der im Sein liegenden Wahrheit nur von der progressiven Entfaltung des Denkens selber erwarten.

Wesentliche Bestimmungen, in welche die Grundbestimmung ›Dasein‹ sich auseinanderlegt, sind, wie die Art ihrer Zuordnung verrät, in jener »Ontologie der Metaphysik« beheimatet, die Hegel den Lehrbüchern der Wolff-Schule entnommen hat. Das ist bekannt (vgl. Henrich 1975, 246). Ungewiß hingegen war bislang, wohin der Daseinsbegriff selber gehört. Er gehört in die Philosophie Jacobis. Zu einem Rekurs auf die unbestimmte Unmittelbarkeit des reinen Seins sind wir genötigt worden, weil Hegel seine Lehre vom Dasein überhaupt mit der Erklärung eröffnet, dieses habe »die Form von einem *Unmittelbaren*«, und zwar um seiner »Einfachheit« willen. In seinen Spinoza-Briefen, an denen die in der *Enzyklopädie* formulierte Kritik sich orientiert, schreibt Jacobi: »Nach meinem Urtheil ist das größeste Verdienst des Forschers, *Daseyn* zu enthüllen, und zu offenbaren (...). Sein letzter Zweck ist, was sich nicht erklären läßt: das Unauflösliche, Unmittelbare, Einfache« (1785; IV/1, 71 f.). Danach ist ›Dasein‹ nicht bloß irgendeine Bestimmung, mit der Jacobi wie mit anderen auch operierte; ›Dasein‹ ist für ihn vielmehr eben die Grundbestimmung, als welche die Logik sie aufnimmt. Dazu wird es durch die Fixierung des Selbstverständnisses Jacobis auf dasjenige Sein, das er als intentionales Korrelat des universalisierten Wahrnehmens auffaßt. Die Daseinslogik enthält also unausgesprochen dieselbe Kritik, der in aller Ausdrücklichkeit die *Enzyklopädie* den Immediatismus Jacobis unterzieht. Die Form von einem Unmittelbaren besitzt das Dasein, sofern es als schlicht gegeben vorgestellt wird. Hiermit fällt seine Unmittelbarkeit gänzlich auf die Seite des Scheins. Ja, der Begriff, am Anfang noch Chiffre einer verborgenen Wahrheit, bezeichnet jetzt nichts als den Schein der Erstheit, mit dem das Dasein sich umgibt. ›Unmittelbarkeit‹ wird zum Titel für die Verschleierung faktischer Vermitteltheit. Genau dies bringt Hegel zum Ausdruck, wenn er seiner These über die Unmittelbarkeit des Daseins hinzufügt, dessen Vermittlung, das Werden, liege hinter ihm. Die Feststellung mutet auf den ersten Blick vielleicht trivial an. Wie wenig sie dies in Wirklichkeit ist, lehrt der Gebrauch, den Marx von ihr macht. Auf die für das Dasein charakteristische Unmittelbarkeit zielt Marx mit dem Satz: »Die vermittelnde Bewegung verschwindet in ihrem eignen Resultat und läßt keine Spur zurück« (MEW *23*, 107; vgl. Angehrn 1977, 31-35). Der Satz beschreibt aber die Potenzierung des »falschen Scheins«, welcher nach dem *Kapital* darin besteht, daß das Ding, worin die Wertgröße eines anderen Dings dargestellt wird, seine Äquivalentform »unabhängig von dieser Beziehung als gesellschaftliche Natureigenschaft zu besitzen scheint« (ebd.). Der Schein einer derart auf Hypostasierung beruhenden Vorgegebenheit wird potenziert, wenn die Äquivalentform dadurch, daß sie sich »zur Geldform kristallisiert« (ebd.), jede Erinnerung an ihre Herkunft auslöscht. Hegelisch gedacht aber macht jene Feststellung die daseinsmäßige Unmittelbarkeit gleich doppelt als Schein kenntlich. Einmal läßt ja keine Bestimmung der Hegelschen Logik, soweit sie Wahrheit beanspruchen darf, ihre Vermittlung hinter sich zurück. Denn jede birgt den Reichtum der ihr vorhergegangenen Bestimmungen in sich. Zum andern müßte die Vermittlung im Dasein sogar auf ausgezeichnete Weise gegenwärtig sein. Ist doch das Besondere des Daseins, daß es seiner Wahrheit nach nur Werden ist. Daß seine Vermittlung, das Werden, hinter ihm liege, heißt also nicht nur: Das ›unmittelbare Wissen‹, welches es für das Erste und Letzte hält, deckt die Komplexität der es generierenden Struktur zu. Das heißt auch und vor allem: Die positivistische Unmittelbarkeitsphilosophie verdrängt mit ihrer Vorstellung von Dasein gerade dessen Wahrheit.

Hegels Beschreibung des ›Daseins überhaupt‹ hat bestätigt: Die daseinslogische Bewegung nimmt ihren Ausgang vom Schein. Nach unserer Hypothese läßt diese Aussage sich in der Weise generalisieren, daß sie auch für den Anfang der neu einsetzenden Teilbewegungen Geltung beanspruchen darf. Ob Aussagen über den Bezug der jeweiligen Mittelstufen zum Schein einer solchen Generalisierung gleichfalls fähig sind, soll nicht vorentschieden werden. Offensichtlich ist jedoch, daß im mittleren Stadium der *ersten* Teilbewegung, der Bewegung des ›Daseins als solchen‹, der anfängliche Schein sich noch verfestigt. Und man kann auch erklären, warum es sich so verhält. Der spezielle Grund hierfür, abgesehen von möglichen Gründen allgemeinerer Art, ist, daß die erste Teilbewegung *im ganzen* den Ausgangspunkt der übergreifenden Bewegung bildet, die durch die Stadien des Daseins als solchen, der Endlichkeit und der Unendlichkeit hindurchgeht. Der Satz vom Schein des daseinslogischen Anfangs trifft mithin auf das gesamte ›Dasein als solches‹ zu.

Gegen die sphärisch universalen Kategorien, zu denen das Dasein überhaupt gehört, haben wir die auf einen einzigen Ort eingeschränkten abgehoben (S. 197). Der Schein, den diese mit sich führen, ist ihnen, so wurde gesagt, besonders eng verbunden, weil sie keine Möglichkeit haben, ihn durch ihre immanente Entwicklung abzustreifen. Ein solch topologisch singulärer Term ist nun der Realitätsbegriff, der im Zentrum des zweiten Abschnitts der ersten Abteilung steht, des Abschnitts über die ›Qualität‹[7]. Hören wir zunächst, wie Hegel das Verhältnis der Realität zur

7 Der Ausdruck »topologisch singulär« soll nicht besagen, daß ein derartiger Term im Fortgang der Logik *überhaupt* nicht mehr aufträte. Wohl aber enthält der Ausdruck die Behauptung, daß eine Denkbestimmung von dieser Art im Falle ihres späteren Vorkommens bereits in andere aufgehoben ist, die als die eigentlich thematischen einen in ihr allein nicht anzutreffenden Bedeutungsreichtum besitzen. ›Realität‹ zum Beispiel gewinnt als dasjenige, was für den manifesten Begriff ›sein Anderes‹ ist, erneut Aktualität (vgl. II 353 ff./402 ff., 498 f./565 f., ferner Theunissen 1975 a). Aber sie geht dann in den Begriff der Objektivität ein, der gegenüber die ursprüngliche Realität eine »noch abstrakte« ist (II 354$_{13}$/403).

Qualität bestimmt! »Die Qualität, so daß sie unterschieden als *seiende* gelte, ist die *Realität;* sie als mit einer Verneinung behaftet, *Negation* überhaupt, gleichfalls eine Qualität, aber die für einen Mangel gilt ...« (98_{12}/118)[8]. Qualität wird danach in Realität und Negation unterschieden; sofern sie als seiend gilt, gewinnt sie das Ansehen von Realität, sofern sie mit einer Verneinung behaftet ist, steht für sie ein spezifischer Negationsbegriff ein, der Begriff eben einer negativen Qualität. Der Qualitätsbegriff seinerseits bringt zum Ausdruck, daß im Dasein die Bestimmtheit in unmittelbarer Einheit mit dem Sein steht (97_{33-36}/118); Qualität ist die Bestimmtheit »als *seiende*« (97_{37}/118). Seiendheit meint jene Vorgegebenheit, auf die auch der daseinslogische Unmittelbarkeitsbegriff zielt; wir sprechen von Qualität als seiender oder »nur *unmittelbarer*« Bestimmtheit (98_{7}/118; vgl. E § 90). Demzufolge ist bereits der Begriff der Qualität als seiender Bestimmtheit ein mit Schein behaftetes Produkt des vergegenständlichenden, von sich abstrahierenden Denkens; er stellt die Bestimmtheit als »für sich isoliert« vor (97_{37}/118). Hegel entlarvt diesen Schein zunächst bloß in äußerer Reflexion auf die Einseitigkeit, die der so gefaßte Qualitätsbegriff zu erkennen gibt, sobald man ihn am Maßstab des Daseins selber mißt, in welchem ja Sein vollständig von Nichtsein durchdrungen ist. Vor dem Hintergrund der Verfassung des Daseins zerfällt der Schein der Vorgegebenheit, weil sie gebietet, die Qualität »ebensosehr in der Bestimmung des Nichts« zu denken (98_{8}/118). Indem damit eine neue Qualität entsteht, die mit einer Verneinung behaftete, wird die scheinbar unmittelbare Bestimmtheit eine »unterschiedene, reflektierte« (98_{10}/118), das heißt gerade keine vorgegebene, sondern eine gesetzte. Das Den-

8 Vgl. E § 91: »Die Qualität als *seiende* Bestimmtheit gegenüber der in ihr enthaltenen, aber von ihr unterschiedenen *Negation* ist *Realität*«. Im übrigen ist die *Enzyklopädie,* die ohnehin ein schlechter Führer durch die Logik ist (anders als in Systemteilen, die Hegel sonst nur vorlesungsweise bearbeitet hat), als Quelle zusätzlicher Informationen über die Theorie des Daseins ganz unbrauchbar. Hegel weist in der dritten Ausgabe selber darauf hin, daß er die »Kategorien, die sich an dem Dasein entwickeln, (...) nur summarisch« angegeben habe (§ 90). Ich verstehe darum nicht, wieso G. R. G. Mure (1950, 44 ff.) gerade hier dem enzyklopädischen Aufriß folgt.

ken in der Kategorie der Realität produziert nun den Schein, sofern es dies nicht wahrhaben will. Ihm gilt die Qualität *unterschieden* als seiende, mithin als etwas, das sie in ihrer Unterschiedenheit gar nicht sein kann. Mit anderen Worten: Die Vorstellung von Realität schreibt der Qualität Vorgegebenheit zu, indem sie sich über das Gesetztsein alles Bestimmten hinwegsetzt. Daß die Negation als negative Qualität für einen Mangel »gilt«, indiziert auch *ihre* Betroffenheit vom Schein. Aber der Schein, der sie affiziert, ist nur der Widerschein desjenigen, der im Realitätsbegriff steckt. Diesen also müssen wir näher betrachten, wenn wir herausfinden wollen, inwiefern der schon am Anfang herrschende Schein auf der zweiten Stufe der Bestimmung des Daseins als solchen sich noch verfestigt. Wir brauchen dabei nur zu explizieren, was Hegel in einen einzigen Satz zusammendrängt: »in der *Realität* als Qualität mit dem Akzente, eine *seiende* zu sein, ist es versteckt, daß sie die Bestimmtheit, also auch die Negation enthält; die Realität gilt daher nur als etwas Positives, aus welchem Verneinung, Beschränktheit, Mangel ausgeschlossen sei« (98_{17}/118).

Die *Wissenschaft der Logik* spricht weithin eine ihrer Intention unangemessene Gegenstandssprache. In eine an den Gegenständen selber ausgerichtete Sprache kleidet sie auch ihre an den Nerv unserer Problematik rührende These, daß in der Realität die zu ihr gehörige Negation »versteckt« sei. In die Sprache der Reflexion übersetzt, besagt die These zunächst: ›Realität‹ ist eine verschleiernde Kategorie. Damit ist nicht bloß gemeint, daß wir von Realität im Kontext von Schein reden *können*. Vielmehr erzeugt der Realitätsbegriff nach Meinung Hegels *notwendig* Schein, und zwar von sich aus und aus sich selbst, aufgrund seines eigenen Sinngehalts[9].

Wie radikal die These ist, verdeutlicht die Tatsache, daß wir gewohnt sind, unter Realität das Gegenteil von Schein zu verstehen. Bei der ersten Ausarbeitung der Logik hat auch Hegel sie

9 McTaggart (1910, 22) gesteht: »I cannot see why Reality comes in here.« Warum der Begriff seinen Ort gerade hier hat, ist in der Tat nur zu sehen, wenn man, anders als McTaggart, die Bedeutung berücksichtigt, die ihm in der Generationsabfolge des Scheins zuwächst.

noch so verstanden. In der Ausgabe von 1812 fehlt von unserer These jede Spur. Dort definiert Hegel Realität als reflektiertes Dasein (A 54_{6}). Zwar nimmt die Neufassung die ursprüngliche Definition keineswegs zurück. Beschreibt sie Realität doch als eine durch die Unterscheidung von der Verneinung in reflektierter Form gesetzte Bestimmtheit, die ihrerseits von Dasein ununterscheidbar sein soll. So aber ist Realität ihr zufolge im Hinblick auf eine Wahrheit zu beschreiben, die gerade verschleiert wird. Was wir vorwegnehmend von den daseinslogischen Bestimmungen schlechthin behauptet haben: daß sie bei aller Scheinhaftigkeit zugleich Wahrheit aussprechen, trifft auch auf den Realitätsbegriff zu. Nur drängt in ihm der Schein sich so sehr hervor, daß er die in ihm liegende Wahrheit gänzlich zurückdrängt. Eben dies ist dem Verfasser der *Wissenschaft der Logik* auf dem Wege von der ersten zur zweiten Auflage aufgegangen. Vermutlich deshalb hat er auch eine Bemerkung gestrichen, nach der wir Realität vermissen, wenn nur der »Schein« zum Beispiel von Reichtum vorhanden ist (A 54_{15}); denn eine solche Bemerkung paßt nicht in einen Zusammenhang, der darauf angelegt ist, die von ihr mitgemachte Entgegensetzung von Realität und Schein kritisch zu unterlaufen.

Daß im Realitätsbegriff der Schein dominiert, heißt anders ausgedrückt: Der Begriff dient vorzugsweise als Instrument des vergegenständlichenden Denkens. Indem die Logik von 1832 ihn vom Schein her bestimmt, faßt sie die Sache, die er vorstellig macht, als Konstrukt dieses Denkens auf. Dabei entziffert sie das vergegenständlichende Denken als das der Metaphysik. Auf der Stufe des Daseins überhaupt wurde Metaphysik maßgeblich durch den Objektivismus oder Positivismus Jacobis vertreten, an dem Hegel auch in der *Enzyklopädie* das »Zurückfallen in den metaphysischen Verstand« kritisiert (§ 65). Im Fortgehen zur Realität geht Hegel in die geschichtlichen Voraussetzungen der Unmittelbarkeitsphilosophie zurück: in die ontotheologische Tradition, also in das Herzstück einer Metaphysik, die wesentlich Ontologie und als solche Ontotheologie war. Das Konstrukt ›Realität‹ ist originaliter Gott als der *»Inbegriff aller Realitäten«*, der »metaphysische Begriff von Gott, der vornehmlich dem

sogenannten ontologischen Beweise vom Dasein Gottes zugrunde gelegt wurde« (99$_{5}$/119). Die höchst differenzierte Art und Weise, wie Hegel in der Logik selber und besonders in den sie begleitenden Vorlesungen über die Beweise vom Dasein Gottes die Wahrheit des ontologischen Arguments darzustellen versucht, wird niemand begreifen, der nicht die hier geübte Kritik am Scheincharakter der in dieses Argument eingehenden Begrifflichkeit berücksichtigt. Die Bedeutung, die Hegel selber seiner am Realitätsbegriff aufgehängten Kritik der ontotheologischen Tradition beimißt, wird daraus ersichtlich, daß er sie direkt mit der kritischen Darstellung der »Metaphysik des Seins« (101$_{4}$/121) verknüpft. Die Verknüpfung ist nicht willkürlich, sondern die einsichtige Folge aus der Dominanz des Scheins im Realitätsbegriff. Aufgrund dieser Dominanz droht ›Realität‹ auf den totalen Schein zu regredieren, in den der parmenideische Seinsbegriff sich aufgelöst hat. Als »das *rein* Reale in allem Realen« ist der metaphysische Gott »nichts Anderes als das abstrakte Sein«, das heißt »dasselbe Bestimmungs- und Gehaltlose, was das leere Absolute, in dem Alles Eins ist« (100$_{1}$/120).
So gestattet denn auch erst die Rücksicht auf die metaphysikkritischen Implikationen des Realitätsbegriffs eine hinreichend genaue Antwort auf die Frage nach dem Grund der Verfestigung des Scheins im gegenwärtigen Stadium. Der vorhin als Hauptzeugin zitierten Stelle zufolge verführt der Realitätsbegriff zur Verschleierung von Wirklichkeit, weil er den Eindruck reiner Positivität erweckt. Als »etwas Positives« gilt Realität zunächst, sofern sie sich, wie das Dasein überhaupt, mit dem Schein schlichter Vorgegebenheit umgibt. Ihr Vorgegebenheitssinn ist gerade auch ihrem Vergleich mit der Reflexionsbestimmung des Positiven zu entnehmen. »Die Negation steht unmittelbar der Realität gegenüber: weiterhin, in der eigentlichen Sphäre der reflektierten Bestimmungen, wird sie dem *Positiven* entgegengesetzt, welches die auf die Negation reflektierende Realität ist, – die Realität, an der das Negative *scheint*, das in der Realität als solcher noch versteckt ist« (101$_{10}$/121 f.). In den ›selbständigen Reflexionsbestimmungen‹, welche die Seiten des Gegensatzes und des Widerspruchs bilden, im ›Positiven‹ und im ›Negativen‹,

sind Realität und negative Qualität als das gesetzt, was sie im Grunde sind. Das bedeutet in bezug auf das Positive: Sein Gesetztsein selber ist gesetzt. Damit ist mitgesetzt: Es kann nur zusammen mit dem Negativen gesetzt sein, und zwar so, daß diese Bestimmungen als reflektierte auch reflektierende sind, ineinander reflektierende oder ›scheinende‹ Bestimmungen. Exemplarisch läßt sich hieran das Verhältnis von Seins- und Wesenslogik studieren. Die Wesenslogik deckt die Wahrheit über das in der Seinslogik kritisch dargestellte Denken auf, nicht jedoch die Wahrheit schlechthin. Vielmehr macht das auch in ihr keineswegs schon mit dem Denken der logischen Wissenschaft selber übereinstimmende Denken einen noch in der Unwahrheit befangenen Ansatz. Wie das Denken, das Gegenstand der Daseinslogik ist, erst durch seine Enttäuschung in die Nähe der reflektierenden Bestimmungen gelangt, mit denen die Wahrheit über seinen Positivismus hervorkommt, so gewinnt das mit den reflektiert-reflektierenden Bestimmungen operierende Denken, dem wir in der Wesenslogik zuschauen, Einblick in die Wahrheit schlechthin nur durch den Selbsterfahrungsprozeß, der es schließlich nötigt, die Fiktion einer Selbständigkeit dieser Bestimmungen aufzugeben. Trotz dieser Fiktion vermag es aber Wahrheit zu enthüllen, weil es, jedenfalls nach Hegel, der Schein selber ist, durch den der Schein sich auflöst. Indem es wahrnimmt, wie das Negative am Positiven im reflexionslogischen Sinne ›scheint‹, das heißt mitgesetzt ist, legt es das in der Realität Versteckte frei. Sofern das Mitgesetztsein des Negativen auf dem Gesetztsein des Positiven basiert, muß der aufgelöste Schein basal eben das Gegenteil des Gesetztseins sein, die schlichte Vorgegebenheit. Allerdings verweist das Scheinen als Ineinander-Scheinen der reflektiert-reflektierenden Bestimmungen e negativo auf eine entsprechend fundierte Komponente des darin sich auflösenden Scheins. Als nicht auf Negation reflektierend, ist Realität das scheinbar rein Affirmative. Der Realitätsbegriff verfestigt den durch die Kategorie des Daseins überhaupt erzeugten Schein, weil er das Bestehende affirmiert, genauer: weil er die im Glauben an einfache Vorgegebenheit mitschwingende Vorstellung durchgehender Affirmation ausdrücklich macht. Dies liegt zwar schon in der bemerkenswerterweise indirekten Rede von der Realität als dem Positiven, »aus welchem Verneinung, Beschränktheit, Mangel ausgeschlossen sei«, aber ausgesprochen wird es erst im Kontext der Kritik am metaphysischen Gottesbegriff, mit dem die eigentlich zu kritisierende Meinung sich verbindet, »eine Realität sei nur als eine Vollkommenheit, als ein *Affirmatives* zu nehmen, das keine Negation enthalte« (99_{11}/119).

Daß ›Realität‹ eine verschleiernde Kategorie ist, indem ihr immanenter Bedeutungsgehalt rein affirmative Vorgegebenheit suggeriert, wird deutlich, wenn man sie gegen ›Bestimmtheit‹ abhebt. Kann jeder, was meines Erachtens wirklich der Fall ist, an sich selbst den Zwang erfahren, Realität unter Ausschluß von Negativität vorzustellen, so wäre dies um so erstaunlicher, hätte Hegel recht mit seiner Behauptung, daß sie ihrer Wahrheit nach nichts als reflektierte Bestimmtheit ist, zu der ja ›Negativität‹ wesentlich gehört. Denke ich hingegen Bestimmtheit selber, so denke ich ›Negativität‹ – in dem ihr entsprechenden Sinne dieses Begriffs – notwendig mit, nach Hegel und nach allem, was die je eigene Reflexion aufs Denken lehrt. Dabei ist der Schein, den der Realitätsbegriff mit sich führt, logisch durchaus motiviert. Er ist mit der von Hegel behaupteten Wahrheit selber gegeben. Meint doch der Begriff der Realität als reflektierter Bestimmtheit deren Unterschied von der Verneinung, die »ebenso ein Reflektiertes« ist (98_{11}/118). Der Schein, als sei Verneinung aus der Realität ausgeschlossen, scheint seinen Rechtsgrund in der Tatsache zu haben, daß diese das Andere gegenüber der Verneinung *ist*. Er verbreitet sich, so sieht es aus, erst durch die *Verabsolutierung* der unterschiedenen Seiten. Wenn Hegel sagt, daß die mit einer Verneinung behaftete Qualität, die für einen Mangel gilt, »sich weiterhin als Grenze, Schranke bestimmt« (98_{15}/118), so hat er sie als Vorform des ›Negativen‹ im Blick, das gerade die Wahrheit über das Dasein ist. Jedoch das Denken der Verneinung selber, ein »begriffloses Vorstellen« (99_{37}/120), deutet die negative Qualität als *bloßen* Mangel, so wie die Metaphysik der Realität, aus der »alle Negation weggedacht« ist (99_{16}/119), ihren Gegenstand eben damit als *uneingeschränkt* Affirmatives vorstellt. Hegel kritisiert diese Verabsolutierung nicht am Maßstab der Reflexionslogik, derzufolge das Eine und das Andere sich in der wechselseitigen Ausschließung auch wechselseitig enthalten, sondern streng theorie-intern durch den Hinweis darauf, daß hier nur ein Unterschied *am Dasein* gemacht wird. »Beide sind ein Dasein« (98_{17}/118) – diese knappe Feststellung entlarvt für sich bereits den Schein, der entsteht, indem ›Realität‹ und ›Negation überhaupt‹ einander verleugnen; und Hegel brauchte kaum noch den abschließenden Satz hinzuzufügen, der jene Feststellung in bezug auf die Negation konkretisiert und der zugleich die Ausführungen über die tendentielle Regression der Realitätsmetaphysik ins parmenideische Seinsdenken ergänzt: »Die Negation als bloßer Mangel genommen, wäre was Nichts ist; aber sie ist ein Dasein, eine Qualität, nur mit einem Nichtsein bestimmt.«

Indessen reicht der Schein tiefer. Wiewohl er tatsächlich erst in der Isolierung der unterschiedenen Seiten gegeneinander zutage tritt, durchherrscht er im Grunde die ganze Unterscheidung. So muß es sich auch verhalten, wenn unsere Annahme richtig ist, daß die gegeneinander abgehobenen Bestimmungen durchweg und als solche scheinhaft sind; und das bringt Hegel, von allem anderen zu schweigen, allein schon durch ihre beiderseitige Einschränkung aufs Gelten zum Ausdruck. Wer darüber hinaus noch einen Beweis für nötig hält, sei auf die Anmerkung hingewiesen, wo Hegel, und zwar in äußerer Reflexion speziell auf die in Frage stehenden Differenzpole, ausdrücklich erklärt: »der spekulativen Philosophie muß (...) nicht schuld gegeben werden, daß ihr die Negation oder das Nichts ein Letztes sei; dies ist es ihr so wenig als die Realität das Wahrhafte« (100_{19}/121).

Die Scheinhaftigkeit der ganzen Unterscheidung haben wir auch vorauszusetzen, soll die vorhin aufgestellte These verifiziert werden, nach welcher der Schein der hier gemeinten Negation in der durch den Realitätsbegriff verursachten Verschleierung begründet ist. Hegel bezeichnet die der Realität gegenübergestellte Negation, wie wir gehört haben, als »Negation überhaupt«. Damit zielt er keineswegs auf Negation schlechthin oder im allgemeinen. Worauf er zielt, erläutert die Wesenslogik: »Die Negation *überhaupt* ist das Negative als Qualität, oder *unmittel-*

bare Bestimmtheit« (II 50_{19}/66). Und die Wesenslogik entlarvt solch ein Negatives gleich auch als Schein; denn »das Negative ist überhaupt nicht ein Unmittelbares« (II 50_{26}/66). Seine Scheinhaftigkeit folgt aber aus der des rein Affirmativen, für das die Realität gilt. Weil die Realität alle Affirmation für sich beansprucht, bleibt auf der anderen Seite des Unterschieds nur »eine *Verneinung*« übrig, die Hegel als die reflektierte, das heißt durch die Unterscheidung bedingte Gestalt des reinen Nichts faßt. Zwar ist die Qualität »*Negation* überhaupt« nicht als Verneinung, sondern »als mit einer Verneinung behaftet«; aber »für einen Mangel gilt« sie ja in der Weise, daß sie »als *bloßer* Mangel genommen« wird, in Abstraktion von dem Dasein, von dem die Qualität, auch als negative, in Wahrheit nicht abzulösen ist. Welch massiver Schein sich auf dieser Seite des Unterschieds einnistet, geht aus der Inkompatibilität der Begriffe ›Verneinung‹ und ›Qualität‹ hervor. Verneinung ist eine Tätigkeit, der Akt des Verneinens in verneinenden Sätzen. Qualität aber ist das Gegenteil davon. Kann selbst die logische Wissenschaft sie nicht in Tätigkeit auflösen, so noch weniger das kritisch dargestellte Denken, das sie ja als *unmittelbare* Bestimmtheit vor sich hat. Allein, auch diese den Schein zum Maximum aufgipfelnde Verkehrung basiert auf dem Schein, der im Realitätsbegriff steckt. Alles Affirmative beansprucht die Realität ja derart für sich, daß sie es sich als scheinbar einfacher Vorgegebenheit übereignet. Diese ist das ursprüngliche Gegenteil von Tätigkeit, das Bestehende als ruhender Bestand. Die metaphysische oder aus der Metaphysik entsprungene Realitätsvorstellung drängt also nicht nur den Widerpart des Affirmativen aus sich heraus; sie kann auch einen Schein von Tätigkeit bloß außer der Realität gelten lassen. So wird dem vorstellenden Denken die negative Qualität zum Gegenteil ihrer selbst, zu einer Quasi-Tätigkeit, die nichts als »formlose Abstraktion« (100_{19}/121) ist. Von Verneinung spricht Hegel mithin in vollem Bewußtsein dessen, daß man von ihr gerade hier nicht sprechen dürfte. Er spricht von ihr wie auch von purer Positivität, weil er eine Unterscheidung darstellt, die letztlich auf das Konto des im Schein befangenen Denkens kommt.

1.4 Einheit von Wahrheit und Schein im Etwas

Nur im Blick auf die eigentümliche Art der Unterscheidung von Realität und Negation läßt der Übergang vom Dasein zum *Daseienden* oder zum *Etwas* sich verständlich machen – wenigstens insoweit, als der kryptische Text es erlaubt. Denn zum Etwas wird Dasein nach Hegel *»durch Aufheben des Unterschieds«* (102_{17}/123). Eben in der Einfachheit dieser Behauptung ist die außerordentliche Schwierigkeit des Übergangs begründet. Schwer zu verstehen ist der Gedanke einmal und vor allem, weil zunächst ganz unbegreiflich sein muß, wie durch jene Aufhebung aus Dasein Daseiendes werden soll. Aber in Dunkel hüllt er sich zum andern, sofern abgesehen von der Undurchsichtigkeit des Sachbezugs der Intention auch deren Formulierung unklar bleibt. Die Unklarheit beginnt damit, daß Hegel zweierlei Unterschied meint, nicht nur den von Realität und Negation überhaupt, sondern auch den von Dasein und Bestimmtheit. Deshalb muß auch jeder Deutungsversuch mit der Aufklärung der Frage anfangen, warum »diese Unterschiede« (102_{1}/122), deren eigenen Unterschied der Plural ausdrückt, dennoch wie ein und derselbe behandelt werden. Die Frage drängt sich um so mehr auf, als wir noch gar nicht wissen, wodurch das Dasein und seine Bestimmtheit auseinandergetreten sind. Dort jedenfalls, wo die Unterscheidung von Realität und Negation überhaupt auftauchte, im mittleren Abschnitt der ersten Abteilung des Daseinskapitels (A,b), hieß es einleitend, die Bestimmtheit habe »sich noch *nicht* vom *Sein abgelöst*« (97_{29}/118), »so daß noch keine Unterscheidung derselben gesetzt ist« (97_{35}/118). Es ist freilich genau dieser Befund, der uns zur Lösung des Problems verhilft. Denn der Abschnitt über das Etwas (A,c) beruht auf der in A,b faktisch gewonnenen, wiewohl kaum verbalisierten Einsicht, daß just die Unterscheidung von Realität und Negation überhaupt die unmittelbare Einheit des Daseins mit seiner Bestimmtheit zerstöre. Auf ihrem Boden nimmt die Realität den Platz des Daseins als solchen ein, während die Negation überhaupt im nachhinein an die Stelle der Bestimmtheit rückt. Nun entspricht die Hintergründigkeit der bloß mitvollzogenen Unterscheidung von Dasein und Bestimmtheit im Realitätsdenken der ins Abseits abgedrängten Stellung der Wahrheit. Hegels unausgesprochene These lautet, daß die scheinhafte Unterscheidung von Realität und Negation überhaupt, indem sie die des Daseins und seiner Bestimmtheit mit aufscheinen läßt, sozusagen ungewollt Wahrheit bezeuge.

Indem der Text aber beide Differenzen kontaminiert, wird auch deren Aufhebung doppeldeutig. Beide sind, schreibt Hegel, »nichtig und aufgehoben« (102₃/122). Durch seine Aufhebung nichtig wird indessen allein der abstrakte Unterschied von Realität und Negation, und zwar dadurch, daß das Denken, welches ihn gemacht hat, seine Abstraktheit als Schein durchschaut (vgl. 102₃-₇/122 f.). Wie Hegel trotzdem auch die Differenz von Dasein und Bestimmtheit für nichtig erklärt, so hat er umgekehrt vermutlich die von Realität und Negation mit im Sinn, wenn er von »dem« Unterschied, in den der zweite Absatz von A,c die Unterschiede zusammenzieht, behauptet, er sei dergestalt aufgehoben, daß das anfangs unterschiedslose Dasein im Durchgang durch ihn wieder sich selbst gleich sei. Ein Aufheben, welches den Unterschied solchermaßen bewahrt, ist aber mit dessen Vernichten offensichtlich unvereinbar. Mithin kann es sich direkt ausschließlich auf denjenigen Unterschied beziehen, der nicht in Schein sich auflöst, auf den des Daseins und seiner Bestimmtheit. Den Unterschied von Realität und Negation bewahrt es bloß indirekt, nämlich als einen solchen, dessen Momente aufgrund ihrer Übereinkunft im Dasein aneinander teilhaben. So aber hatte ihn das kritisch dargestellte Denken gerade nicht gemeint. Weil die Differenz von Realität und Negation so, wie es sie gemeint hatte, wesentlich abstrakt war, ist *ihre* Aufhebung nur als die Auflösung des Scheins möglich, mit dem sie eben wegen ihrer Abstraktheit behaftet ist.

Die Unsicherheit über das, was Hegel eigentlich sagen will, wächst noch, wenn man A,c mit dem entsprechenden Abschnitt in der Erstausgabe vergleicht. Dort wird uns zwar gleichfalls zugemutet, Etwas als Ergebnis der Aufhebung eines Unterschieds anzuerkennen. Aber der Unterschied ist da weder der von Realität und Negation noch der von Dasein und Bestimmtheit. Wie bereits erwähnt (S. 165), glaubte Hegel 1812 noch, das ›Anderssein‹ vor dem Etwas einführen zu können. Dementsprechend führt er auch die um 1830 erst nach der Setzung des Anderen thematisierte Differenz zwischen dem ›Sein-für-Anderes‹ und dem ›Ansichsein‹ in der Erstausgabe *vor* der Realität ein. Ansichsein und Sein-für-Anderes sind, der Fassung von 1812 zufolge, Bestimmungen der Realität. Hegel, der bei der ersten Niederschrift der Daseinslogik auf deren Distanz zur Wesenslogik noch weniger achtete als später, nannte sie »Reflexionsbestimmungen, die gegen einander gleichgültig sind« (A 58_9). Es ist das Aufheben des Unterschieds dieser Bestimmungen, aus dem gemäß der ursprünglichen Konzeption Etwas resultieren sollte. Das Dasein als die Realität, die auch schon damals für es einsprang, ist »eine Einheit, welche sie (die Reflexionsbestimmungen des Seins-für-Anderes und des Ansichseins – M. T.) nicht bestehen läßt, ihre *aufhebende* einfache Einheit« (A 58_{13}). Man wird kaum fehlgehen in der Annahme, daß die Unklarheit des endgültigen Textes eine Folge der Unentschiedenheit ist, in der Hegel verharrte, weil er seinen früheren Ansatz einerseits preisgab und andererseits doch fortschrieb.

Wie dem auch sei, jedenfalls nötigt uns die Doppeldeutigkeit der Darstellung, mit der Hegel sich zufrieden gab, erstens nachzusehen, aus welchem Aufheben welchen Unterschieds er ›Etwas‹ wirklich ableitet, und zweitens zu prüfen, woran man sich im denkenden Nachvollzug ausrichten muß, will man Einsicht in die Rechtsgrundlage dieser Ableitung gewinnen. Da zeigt sich nun ein merkwürdiger Sachverhalt: Hegel deduziert die Bestimmung ›Etwas‹ allem Anschein nach aus dem Aufheben des Unterschieds von Realität und Negation überhaupt. Dennoch bedarf es erheblicher Anstrengung, um das fundamentum in re freizulegen, auf das seine Deduktion sich stützt. Hingegen bereitet es keine allzu große Mühe, den Fortschritt vom Daseinsbegriff zum Begriff des Daseienden aus dem Aufheben des Unterschieds von Dasein und Bestimmtheit zu motivieren. Nur ist dieser Begründungsversuch ganz auf sich angewiesen. Wenn wir ihn hier unternehmen, so müssen wir uns das bereits Gesagte vergegenwärtigen, daß in bezug auf Dasein und Bestimmtheit mit dem Unterschied auch sein Aufheben eine gegen die Aufhebung der Differenz von Realität und Negation abzugrenzende Bedeutung besitzt, die an sich einzig legitimierbare Bedeutung des zugleich erhaltenden Übersteigens, das mehr ist als »ein bloßes Zurücknehmen und äußeres Wieder-Weglassen« (102_{9}/123), nämlich eine solche Restitution des Ursprungs, die durch den Unterschied hindurchgeht und auf diesem Wege den Anfang allererst in seine Wahrheit bringt. »Der Unterschied kann nicht weggelassen werden; denn er *ist*. Das Faktische, was also vorhanden ist, ist das Dasein überhaupt, Unterschied an ihm, und das Aufheben dieses Unterschieds« (102_{12}/123). Auf der Faktizität der Gesamtstruktur beharrt Hegel, wie wir gleich sehen werden, durchaus auch in Erinnerung an die Unterscheidung von Realität und Negation. Aber nur sofern er an die Dasein-Bestimmtheit-Relation und die nach ihren Kriterien berichtigte, ihrer Abstraktheit entkleidete Form jener Entgegensetzung denkt, gibt er mit dem Hinweis auf das, was vorhanden ist, zu verstehen, daß das Aufheben die Differenz bewahrt. Während der Entwicklung des Daseins zum Daseienden, begründet man sie von Realität und Negation her, also deren reine Identität vorauszusetzen ist, muß sie aus Dasein und Bestimmtheit so sich ergeben, daß sie der Einheit von Identität und Differenz beider Momente entspringt.

Zum Daseienden entwickelt Dasein sich im Grunde bereits durch die Explikation seiner Bestimmtheit. Es ist wesentlich bestimmtes Dasein. Wäre es nicht bestimmt, so wäre es nicht Dasein, sondern Sein, unbestimmtes Sein. Deshalb geht die Logik von seiner unmittelbaren Einheit mit der Bestimmtheit aus. In dieser unmittelbaren Einheit liegt aber, daß es nicht als das ›Dasein überhaupt‹ vorkommt, welches der Ausgangspunkt war. Es kommt nur als je und je Daseiendes vor[10]. Hierin eben besteht

10 Man kann das auch so ausdrücken: »between simple Being Determinate and Something there is a difference – namely the explicit introduction of plurality« (McTaggart 1910, 23). Allerdings müßte man dem mit Mure (1950, 46) hinzufügen: »Somewhat is the bare universal character which we go on to specify when we differentiate ›this‹ from ›that‹«.

seine Bestimmtheit. Die Bestimmtheit des Daseins ist in Wahrheit die bestimmte Bestimmtheit des Daseienden. Indem es mit seiner Bestimmtheit zusammenfällt, ist es auch mit dem Daseienden eins. Dasein ist dergestalt Daseiendes, daß es sich gegen dieses nicht als ein anderes festhalten läßt. Trotzdem ist Daseiendes, als etwas Bestimmtes, nicht die Bestimmtheit selber. Mache ich also Ernst damit, daß Dasein nichts als Daseiendes ist, so muß ich es von seiner Bestimmtheit unterscheiden. Dieser Unterschied ist jedoch immer schon aufgehoben, weil dasselbe Dasein, das nichts als Daseiendes ist, von seiner Bestimmtheit unablösbar bleibt. Noch nicht vom Sein, das heißt vom bestimmten Sein, abgelöst war die Bestimmtheit – was Hegel zu Beginn von A,b ins Gedächtnis zurückruft – in der Eingangsphase des in A,a analysierten ›Daseins überhaupt‹. Aber nach der dort gegebenen Prognose »wird sie sich auch nicht mehr von ihm ablösen« (97$_{30}$/118). Aufgehoben wird nicht die Einheit, sondern bloß ihre Unmittelbarkeit, und zwar durch die Anerkenntnis des faktischen Unterschieds, der gerade in der Einheit von Dasein und Daseiendem mitgesetzt ist.

Inwiefern aber folgt die Einheit von Dasein und Daseiendem aus dem Aufheben des Unterschieds von *Realität und Negation*? Hegel trägt die gesamte Deduktion in vier aneinander gereihten Thesen vor. »Dies Aufgehobensein des Unterschieds ist die eigene Bestimmtheit des Daseins« – das ist seine erste These. Die zweite: »So ist es *Insichsein*«. Die dritte: »das Dasein ist *Daseiendes, Etwas*«. Und dann, nach einem Absatz, die vierte: »Das Etwas ist die *erste Negation der Negation*, als einfache seiende Beziehung auf sich« (102$_{18-23}$/123). Der Absatz macht eine Zäsur des Gedankens kenntlich. Zur letzten These erhebt der Gedanke sich insofern durch einen Sprung, als er mit ihr die vorausgegangenen kommentiert[11]. Diese Thesen, die am Ende des zweiten Absatzes von A,c stehen, formulieren, als was Dasein an Ort und Stelle *gesetzt* ist. Die letzte These hingegen, die zwar das Schlußglied der Beweiskette, aber die Prämisse des nächsten Ab-

11 Vom kommentierenden Charakter der vierten These hat, wenn ich mich recht erinnere, Dieter Henrich in einer Seminardiskussion über den Text gesprochen.

satzes bildet, greift in *äußerer Reflexion* auf den zuvor explizierten Sachverhalt zurück. Sie tut dies so, daß sie ineins damit auf das Ganze der Logik *voraus*greift. Die Quintessenz des Absatzes, den sie einleitet, faßt Hegel mit den Worten zusammen: »Das Negative des Negativen ist als *Etwas* nur der Anfang des Subjekts; – das Insichsein nur erst ganz unbestimmt. Es bestimmt sich fernerhin zunächst als Fürsichseiendes und so fort, bis es erst im Begriff die konkrete Intensität des Subjekts erhält« (102_{36}/123)[12]. Das Subjekt ist, hegelisch gedacht, durch Selbstbeziehung definiert. Der Absatz, in dessen Kontext das Zitat gehört, stellt das Etwas mithin in den weiten Horizont der *selbstbezüglichen* Negation, als welche die Negation der Negation sich vollendet. Demgegenüber gibt der Schluß des vorhergehenden Absatzes das Etwas, indem er es so beschreibt, wie es gesetzt ist, bloß für eine doppelte Negation irreflexiver Art aus, in deren Gestalt die Negation der Negation nach unserer Einsicht in die Gesamtbewegung des Daseins hier allein gesetzt sein kann.

Den Zugang zu dem problematischen Deduktionszusammenhang erschließt nach alledem die Frage, was eigentlich das Gesetzte ist, auf das die äußere Reflexion den Begriff ›Negation der Negation‹ bezieht. Die Beziehung ist vielschichtig. Selbst wenn man die Differenzeinheit von Dasein und Bestimmtheit abschattet, bleiben noch drei Relationen übrig, in die der Rückbezug sich auseinanderlegt. Eine Negation der Negation ist im erläuterten Sinne Hegels (1) das Aufheben des Unterschieds, unangesehen der Momente, die dieser haben mag. Und zwar ist das Aufheben des Unterschieds, in solcher Abstraktheit betrachtet, eine Nega-

12 Indem Hegel den Bogen vom Etwas bis zum voll ausgebildeten Subjekt schlägt, verfolgt er sicherlich nicht zuletzt die Absicht, die Verwurzelung des modern verstandenen Subjekts im antiken *subiectum (hypokeimenon)* sichtbar zu machen. Die *Wissenschaft der Logik* will den Subjektbegriff so ausarbeiten, daß durch seine genetische Herleitung die Identität in der Differenz von modernem und antikem Verständnis hervortritt. Mit Recht verweist Fink-Eitel (1976, 172) auf die aristotelischen Konnotationen der Bestimmung ›Etwas‹. In der Begriffslogik kommt Hegel auf den Begriff des Subjekts als *hypokeimenon* in kritischer Absicht und im Horizont der dort anvisierten Subjektivitätstheorie zurück (s. unten, S. 428, 432, 445, 465).

tion der Negation ohne Selbstbezüglichkeit. Denn die negierte Negation, der Unterschied oder das Unterscheiden, ist eine andere als die negierende, das Aufheben. Eine Negation der Negation ist sodann (2) das Aufheben des Unterschieds speziell von *Realität und Negation*. Sofern Hegel *darauf* rekurriert, arbeitet er mit einem dreifachen Negationsbegriff. Der tritt nicht nur an drei verschiedenen Stellen auf; ihm kommt an allen drei Stellen auch eine verschiedene Bedeutung zu. Die ›Negation überhaupt‹, die als eine mit einer Verneinung behaftete Qualität das Pendant zur Realität als seiender Qualität darstellt, kann weder die in der Negation der Negation negierende noch die darin negierte sein. Zwar impliziert die Aufhebung des Unterschieds von Realität und Negation qua negativer Qualität auch *deren* Aufhebung. Indessen soll ja die ›einfache‹ Negation im Gesamtkomplex der Negation der Negation der Unterschied selber sein und nicht die ›Negation überhaupt‹, die bloß eine Seite dieses Unterschieds war. Eine Negation der Negation ist schließlich (3) desgleichen das *Resultat* der Aufhebung des Unterschieds.

Erst in ihm finden wir das eigentlich Gesetzte. Denn die Sache, auf welche die äußere Reflexion sich zurückwendet, ist das *Aufgehobensein* des Unterschieds. Die These, daß dieses die *eigene* Bestimmtheit des Daseins sei, drückt denjenigen Aspekt der Faktizität aus, den Hegel vor Augen hat, sofern er unter dem Aufheben das Nichtigwerden der Unterscheidung von Realität und negativer Qualität versteht. Einen derartigen Unterschied macht das vergegenständlichende Denken. Das heißt: er ist keine eigene Bestimmtheit des Daseins; oder anders gesagt: er ist Schein. Die These, daß sein Aufgehobensein die eigene Bestimmtheit des Daseins sei, zieht also nur die konstruktive Schlußfolgerung aus der Nichtigkeit des Scheins.

Die Bestimmtheit des Daseins selber kann das Aufgehobensein des Unterschieds aber nur als seine eigene Tätigkeit sein. Nur so ist möglich, daß die Negation der Negation, die das Aufheben des Unterschieds ist, im Resultat des Aufhebens wiederkehrt. In diesem Resultat verschwindet mit dem Schein, den das dargestellte Denken erzeugt, auch der Schein, als sei das Aufheben des Unterschieds bloß eine Operation des darstellenden Denkens.

Was wie eine Operation des darstellenden Denkens aussieht, ist zunächst eine solche des dargestellten, nämlich der Akt, in welchem diesem die Nichtigkeit seiner Unterscheidung von Realität und Negation aufgeht. Aber das vom dargestellten Denken ausgeführte Aufheben des Unterschieds realisiert lediglich dessen Immer-schon-Aufgehobensein. Der Unterschied von negationsloser Realität und realitätsloser Negation ist im Dasein immer schon aufgehoben, weil dieses real nur als Negation und Negation nur als real ist. Die reale Negation oder negierende Realität ist Tätigkeit. Letztlich beruht Dasein auf einer Tätigkeit, die insofern Aufhebung des Unterschieds ist, als sie sich entäußert und zu sich zurückkehrt. Dieser sein Realgrund gibt zugleich die Bedingung der Möglichkeit dafür ab, daß die äußere Reflexion es in die vorausgreifende Perspektive selbstbezüglicher Negation rücken kann. Gesetzt freilich ist es in unserem Stadium erst als die Tätigkeit, die sein Übergehen anhält. Wenn Hegel derlei im Kontext auch nirgends sagt, so empfängt doch allein hieraus die Abfolge der drei Thesen über das eigentlich Gesetzte ihre Stringenz. Das ist, wenigstens in Umrissen, zu zeigen.

Weil das Aufgehobensein des Unterschieds die eigene Bestimmtheit des Daseins ausmacht, ist dieses ein *»Insichsein«*. Der Begriff des Insichseins steht nicht nur in der Mitte der Thesenreihe; auf ihm liegt auch der Schwerpunkt. Der abschließende Satz: »das Dasein ist *Daseiendes, Etwas*« fügt nichts Weiteres hinzu, sondern schließt den neuen Begriff, den des Insichseins, bloß mit dem durchgehend thematischen Daseinsbegriff zusammen. Dasein ist nicht Insichsein und ferner auch Etwas; es ist vielmehr bereits dadurch Etwas, daß es Insichsein ist. An dieser Bestimmung muß man das, was eigentlich gesetzt ist: »das Insichsein nur erst ganz unbestimmt«, gegen die darüber hinausgehende Bedeutungskomponente abgrenzen. Hegel selber verweist auf die Differenz, wenn er an dem schon einmal zitierten Anfang der zweiten Abteilung des Kapitels von dem am Ende der ersten erreichten »Punkte« des Insichseins spricht (104_{17}/125) und davon später das Insichsein als »entwickeltes« abhebt (112_{27}/134). Wir wissen bereits, daß das Insichsein, das übrigens eine weit über die Daseinslogik hinausreichende ›Entwicklung‹ durchmacht, in der zweiten Abteilung zur Reflexion in sich wird. Daß es dies nach der Erstausgabe schon als Etwas ist (A 58$_{29}$), lehrt gerade, wie sehr wir uns davor hüten müssen, das eigentlich Gesetzte so auszulegen. Denn die Erstausgabe definiert das Insichsein deshalb als Reflexion in sich, weil sie es aus dem *An*sichsein herleitet, dessen Sinn sich seinerseits aus seiner negativen Beziehung zum Sein-für-Anderes konstituiert; sie setzt also bereits die Reflexion in Anderes voraus, die für die Reflexion in sich conditio sine qua non ist. Wir haben dem die Anleitung zu einer Interpretation zu entnehmen, die das als Etwas gesetzte Insichsein ohne Vorgriff auf das Ansichsein verständlich macht. Sehen wir aber von allen Implikationen einer durch das Andere veranlaßten Rückwendung auf sich ab, so bleibt nur übrig, das Insichsein als Ergebnis des Prozesses zu fassen, durch den Dasein sein Übergehen anhält. Zum Daseienden wird Dasein, indem es Stand gewinnt. Ist dieser Stand aber noch nicht die Selbständigkeit, die des Abstoßens vom Anderen bedarf, so wird er der Stillstand des Übergehens sein. Das Anhalten des Übergehens, durch das es zum Stillstand kommt, ist eine Negation der Negation, der wirkliche Selbstbezüglichkeit noch abgeht; denn die negierende Negation, das Anhalten, differiert von der negierten, dem Übergehen. Aufgrund ihres Mangels an Selbstbezüglichkeit fällt sie aber in ›einfache‹ Negation zurück, und zwar so, daß sie in Positivität zusammensinkt: Durch den Stillstand des Übergehens kommt nur zustande, wovon dieses sich losreißen wollte. Zwar dürfen wir in dem beschriebenen Prozeß die elementarste Form von Selbstbemächtigung erblicken. Ja, Macht, die, im Innersten wohl immer Macht über sich selbst, allein als Macht über Anderes wirklich werden kann, ist auf einer Stufe, auf welcher der Gedanke des Anderen noch keinen Platz hat, nur so zu denken. Aber Dasein, das als Etwas Stand gewinnt, vermag als solches nicht standzu*halten*. Etwas wird, wie wir sehen werden, in den Strom des Übergehens hineingerissen. Das Übergehen bleibt die Macht über das Etwas, sofern dieses in der Positivität verharrt, die ihm gegenüber ganz und gar ohnmächtig ist.

Aus alledem folgt, was gemäß den früheren Ausführungen über die Gesamtbewegung des Daseins folgen muß: Auch Etwas hüllt sich noch in Schein. Es ist scheinhaft in dem Sinne, daß die Bestimmung, in der wir es denken, Wirklichkeit verschleiert. Etwas ist, sagt Hegel, »noch eine sehr oberflächliche Bestimmung« (102₂₉/123). In diesem Sinne ist das ganze Geschehen zu verstehen, das hier zunächst in Anpassung an die gegenstandsorientierte Sprache der spekulativen Logik beschrieben wurde. Indem das metaphysisch belastete Denken die Nichtigkeit seiner abstrakten Unterscheidung von Realität und Negation durchschaut, berührt es einerseits die an seinem äußersten Horizont auftauchende Wahrheit: die reflexive Selbstbeziehung. Andererseits kann es nicht umhin, das Resultat des Zusammenbruchs jener Unterscheidung aufs neue zu vergegenständlichen und damit vom Schein verblendet vorzustellen.

Wie in der Bestimmung ›Etwas‹ Wahrheit und Schein sich vermischen, deutet die Schlußthese an: »Das Etwas ist die *erste Negation der Negation*, als einfache seiende Beziehung auf sich.« Sie formuliert dasselbe zweimal. Daß das Etwas *Negation der Negation* ist, entspricht seinem Charakter als *Beziehung auf sich*[13]; daß es bloß die *erste* Negation der Negation ist, entspricht der *Einfachheit* oder *Seiendheit* der Beziehung auf sich. Auf jene Seite fällt seine Wahrheit, auf diese der Schein, der es affiziert. Seine Scheinhaftigkeit läßt sich eben aus der Analogie von Erstheit und Einfachheit oder Seiendheit ableiten. Die Analogie schließt zwei formal mögliche Interpretationen aus. Sie schließt einmal und vor allem aus, daß Hegel bloß die *numerisch* erste Negation der Negation meint. Wenn Hegel Erstheit mit Einfachheit oder Seiendheit identifiziert, so kann er nicht behaupten, es gebe zahlreiche Negationen der Negation, die alle strukturgleich wären, und davon sei das Etwas die erste. Ausgeschlossen ist zum andern auch, daß er sich auf die Aussage beschränkt, die erste Negation der Negation sei die noch unausgebildete, in der jedoch deren später sich entwickelnde Verfassung in keimhafter Form schon vorhanden sei. Denn Selbstbeziehung und Seiendheit widerstreiten sich (vgl. Fink-Eitel 1976, 178). Der Widerstreit entsteht offenbar dadurch, daß in der Be-

13 Fink-Eitel (1976, 173) bemerkt richtig, daß das Etwas eigentlich auch »noch keine *Beziehung* auf sich« sei.

stimmung ›Etwas‹ der Gedanke der Seiendheit die eigentlich zu denkende Selbstbeziehung verstellt. Etwas ist im Grunde oder seiner Wahrheit nach Selbstbeziehung, aber so, daß es sich mit dem Schein der Seiendheit umgibt.

Es ist dies der Schein der Positivität als schlichter Vorgegebenheit. Weil das Etwas in der beschriebenen Weise bloß die erste Negation der Negation ist, sinkt es zurück in die »Negation als *erste*« (103_{2}/124), das heißt in die ›einfache‹. Das Zurücksinken in die ›einfache‹ Negation basiert aber nach dem im vorangegangenen Teil skizzierten Vorbegriff von Schein und Wahrheit des Daseins auf einem Zurücksinken in die vermeintliche Positivität; die Einfachheit der scheinbar einfachen Negation ist die des Positiven. Daß auch Hegel eine solche Annahme macht, beweist just die Stelle, die sie zu widerlegen scheint. Mit Rücksicht auf die das Etwas im Grunde bestimmende Tätigkeit, die aus der Entäußerung in sich zurückkehrende, begreift er es als *»Vermittlung seiner mit sich selbst«* (103_{8}/124). »Diese Vermittlung mit sich, die Etwas *an sich* ist, hat«, fährt er dann aber fort, »nur als Negation der Negation genommen, keine konkreten Bestimmungen zu ihren Seiten; so fällt sie in die einfache Einheit zusammen, welche *Sein* ist« (103_{21}/124). Das Zurücksinken in den Schein der Positivität bestätigt der Satz, indem er das Zusammenfallen dessen, was Vermittlung mit sich sein sollte, in die Einfachheit des Seins konstatiert. Zugleich scheint er es zu widerlegen, indem er feststellt, die Vermittlung mit sich verbleibe in der Abstraktheit, die das Zusammenfallen verschuldet, sofern es »nur als Negation der Negation genommen« werde. Indessen meint er mit dieser Negation der Negation nicht die selbstbezügliche, sondern das Gegenteil davon. Die Negation der Negation, *nur* als solche, negiert die Negation, so daß das Resultat nichts oder bloß der Schein der Positivität ist, der durch die Einsicht in das Negative des Daseins überwunden werden sollte.

2. Das Andere und sein Verlust

Die dem Etwas für sich nicht wirklich gelingende Negation der Negation (A) muß vom Anderen übermächtigt werden (B), um aus dem Anderen zu sich selbst zu kommen (C). Dieser Gedanke fügt die beiden Abteilungen, die das Dasein als solches näher bestimmen, in eine Einheit zusammen. Hegel, der die Abteilung B, natürlich nicht ohne Grund, ursprünglich unter den Titel des gesamten ersten Abschnitts der Seinslogik gestellt hatte, unter den der ›Bestimmtheit‹, hat bei der tiefgreifenden Neufassung unseres Kapitels die Einheit sichtbar gemacht, indem er bereits B auf Endlichkeit verpflichtete und so der Analyse der Unendlichkeit in C zuordnete. Ich will ihm darin insofern folgen, als ich die Abteilungen B und C zusammenfassend darzustellen gedenke. Das wird mir um so leichter fallen, als ich in Anbetracht meines wohl hinreichend definierten Untersuchungsziels darauf verzichten kann, den weiteren Gang der Logik des Daseins so vollständig durchzuinterpretieren wie den basalen Abschnitt über das Dasein als solches. Die Textauswahl orientiert sich am Begriff des Anderen, der für die Dialektik von Endlichkeit und Unendlichkeit, wenigstens für die intendierte, das Prinzip abgibt, und zwar in der doppelten Bedeutung des Wortes, das sowohl ›Anfang‹ wie auch ›Grundlage‹ meint.
Thema ist zunächst die Exposition des Begriffs im Übergang von A zu B und in B, a/1. Hegel selber geht von hier aus zu den reflektierenden Bestimmungen fort, in die Etwas sich auseinanderlegt, sobald ihm ein Anderes gegenübertritt. Deren generelle Stellung wurde bereits bei der Beschreibung der Gesamtkonstellation umrissen (s. oben, S. 163 ff.); auf sie brauchen wir deshalb nicht mehr im einzelnen zurückzukommen. Stattdessen sei gleich nach der Exposition des Begriffs ›das Andere‹ die gesetzte Endlichkeit (B,c) ins Auge gefaßt. Wie sie dem Prozeß entspringt, der von der negativen Beziehung zwischen dem Ansichsein und dem Sein-für-Anderes über die Differenz ›Bestimmung‹ – ›Beschaffenheit‹ zur Grenze verläuft, wird selbstverständlich mit im

Blick sein müssen; ich möchte ihn deshalb nach der Darstellung des Übergangs vorab skizzieren. Indessen dürfte kaum belanglos sein, daß die Erstausgabe den Ursprungsort des Endlichen, die Grenze, zum Ausgangspunkt der ganzen Abteilung wählt. Offenbar läßt das Endliche – dafür scheint ein solcher Ansatz zu sprechen – im wesentlichen schon aus der Gestalt sich herleiten, die am Ende von B, a/1 das Andere annimmt. Dieser Begriff dient mir schließlich auch als Leitfaden für die Erschließung der Unendlichkeitsanalyse und als Richtschnur für deren Kritik. Mit der Qualifizierung des Etwas zum Endlichen wird das Andere, bis dahin seinerseits ein Daseiendes, zum Anderen des Daseins. Gerade diese seine Radikalisierung soll in die intendierte Selbstbeziehung umschlagen. Das Unendliche, unmittelbar das Andere des Endlichen, ist in Wahrheit dessen eigenes Sein. So lautet die These, die Hegel in der letzten Abteilung der Daseinslogik zu begründen hat, wenn er seiner darin zu erfüllenden Aufgabe gerecht werden will, der im Etwas aufscheinenden Negation der Negation vom Anderen her die Selbstbezüglichkeit zu sichern, die ohne das Andere ein unerfüllbarer Anspruch bliebe. Ob er sie wirklich verifiziert, wird zu prüfen sein.

2.1 Das Andere

2.1.1 Veranderung

Etwas geht in Endlichkeit über, indem an den Tag kommt, daß es selber Übergehen ist. Den Übergang vom Dasein als solchem zur Endlichkeit formulieren die Sätze: »Etwas *ist* und *ist* denn auch Daseiendes; es ist *an sich* ferner auch *Werden*, das aber nicht mehr nur Sein und Nichts zu seinen Momenten hat. Das eine derselben, das Sein, ist nun Dasein und weiter Daseiendes. Das zweite ist ebenso ein *Daseiendes*, aber als Negatives des Etwas bestimmt, – ein *Anderes*. Das Etwas als Werden ist ein Übergehen, dessen Momente selbst Etwas sind, und das darum *Veränderung* ist; – ein bereits *konkret* gewordenes Werden«

(103_{24}/124). Es liegt nahe, bei der Deutung dieser Sätze an den *Momenten* der in ihnen beschriebenen Struktur anzuknüpfen, erstens weil eines der Momente das Andere ist, das hier eingeführt wird, und zweitens auch um des übergreifenden Zusammenhangs willen, den die Rückbindung an das reine Sein und das reine Nichts anzeigt. Doch wollen wir uns der Gedankenführung Hegels anpassen. Hegel stellt nicht zunächst dem Etwas ein Anderes gegenüber, um sich sodann der Beziehung zwischen beiden zuzuwenden. *Vor* der Verdopplung des Etwas, welche damit geschieht, daß dieses ein Anderes aus sich erzeugt, das ebenfalls Etwas ist, findet eine augenscheinlich noch fundamentalere Verdopplung statt: Etwas ist jetzt Moment, aber auch und vordem das *Ganze.* Die Bedeutungserweiterung setzt voraus, daß Etwas in den Schein der Positivität zusammengesunken ist. Gegen den Schein wehrt sich gleichsam die ›Wahrheit‹ des Etwas, das, was es an sich ist: Werden als Übergehen. Das Übergehen kann nicht endgültig zum Stillstand kommen, weil das Etwas, als das erst nur unbestimmte Insichsein, es nicht durch Reflexion zu unterwerfen vermochte. An der noch unstabilen Macht tut sich die Ohnmacht hervor, die das in den Strom des Übergehens hineingerissene Etwas an seinen eigenen Wesensgrund ausliefert.

Woher nimmt Hegel das Recht zu der doppelten Verdopplung? Das Ganze ist Etwas an Ort und Stelle nur so, wie es Werden ist, nur an sich oder seinem Begriff nach; es ist noch nicht als solches *»gesetzt«* (103_{34}/124). Das heißt: Für die Vorstellung gegeben sind nur das dem Anderen gegenüberstehende Etwas und das dem Etwas gegenüberstehende Andere. Indessen ist der Begriff von der Vorstellung nicht schlechterdings getrennt. Er ist vielmehr das, was die Vorstellung im Grunde mitdenkt, so freilich, daß sie es nicht reflektiert. Später sagt Hegel einmal, die »Verfälschung« des Endlichen und Unendlichen durch den Verstand gründe sich »auf das Vergessen dessen, was für ihn selbst (scil. den Verstand – M. T.) der Begriff dieser Momente ist« (134_{32}/160). Der Begriff des Endlichen und des Unendlichen ist deren Einheit; die Einheit ist für den Verstand selbst, jedoch »nicht reflektiert« (131_{23}/156). Bringen wir Vorstellung und Be-

griff in ein solches Verhältnis, dann sehen wir, daß die doppelte Verdopplung auf einer richtigen Überlegung beruht. Wer ›Etwas‹ sagt, denkt immer schon ein Anderes. Etwas ist etwas Bestimmtes, und bestimmt ist es nicht nur in sich, sondern auch und wesentlich von außen, also durch Anderes. Wer aber Etwas und ein Anderes vor sich hat, denkt beides als beides. Ein Anderes ist *etwas* anderes, also seinerseits Etwas, und dieses ist das Andere des Anderen, also auch ein Anderes. Zu Beginn von B, a/1 weist Hegel auf, daß durchaus auch die Vorstellung die Momente derart ineinanderbildet. Um dies aber zu können, muß sie sich von ihnen einen Begriff gemacht haben, wonach sie das Ganze sind. Die Vorstellung kann das Etwas nicht auf der Ebene der Momente verdoppeln, ohne mit ihm insgeheim zugleich jene Verdopplung vorzunehmen, welche die logisch ursprünglichere ist. Sie selber gibt damit der doppelten Verdopplung recht.
Es bleibt allerdings die Frage, welcher Sachverhalt Hegel dazu legitimiert, das zur Totalitätsbestimmung gewordene Etwas der *»Veränderung«* gleichzusetzen. Doch auch sie läßt sich befriedigend beantworten. Dazu bedarf es nur wiederum der Rücksicht auf die reine Idealität des totalisierten Etwas. »Das Etwas«, betont Hegel, »verändert sich zunächst nur in seinem Begriffe« (103_{32}/124). Die bloß »an sich seiende, dem innern Begriffe angehörige Veränderung« wird erst auf dem Wege, der zur Grenze führt, eine »am Etwas gesetzte« (112_{22-26}/134). Erst die am Etwas gesetzte ist Veränderung im gewöhnlichen Sinne des Wortes, nämlich dies, daß Etwas durch einen Wandel seiner Beschaffenheit anders wird. Demgegenüber zielt der Terminus hier ausschließlich auf das im vorstellenden Denken Vergessene und dennoch Mitgedachte. Wenn wir beides – Etwas und ein Anderes – als beides denken, so machen wir ja nicht bloß Etwas zum Ganzen, sondern auch das Andere. Näher betrachtet, totalisieren wir sogar nur das Andere. Denn indem ein Anderes Etwas wird, verwandelt es sich genauso in ein Anderes wie Etwas, das ein Anderes wird. Die Reflexion auf den im Vorstellen vergessenen Begriff hat diesen Vorgang freizulegen. Sie deckt also nicht eigentlich eine Veränderung auf, sondern eine *Veranderung*[14],

14 Diesen Begriff habe ich (1965, 84 ff.) zur besseren Verständigung über die

ein Zum-Anderen-Werden und nicht ein Anderswerden des Etwas. Dies allein rechtfertigt, daß Hegel die konkrete Form, zu der das Werden sich hier fortbestimmt, mit Hilfe des Ausdrucks ›Veränderung‹ beschreibt. Darin und nur darin liegt aber auch die Rechtfertigung für die Reklamation des Werdens selber. Die Erinnerung an das Werden als die Wahrheit des Daseins ist mehr als eine Reminiszenz, weil Etwas, gefaßt als Gedankenbestimmung, wirklich Übergehen *ist*; es läßt sich nicht festhalten, sondern wird zum Anderen oder verandert sich.

Die Auflösung des Ganzen in ein solches Geschehen charakterisiert die Wahrheit des Daseins wesentlich und bildet den Hintergrund, gegen den die neuen Figurationen des Scheins sich abheben werden. Ebenso bedeutsam für das vorhin anvisierte Untersuchungsziel ist aber, daß das Geschehen als Veranderung unter dem Zeichen des Anderen steht. Nicht das Etwas, von dem ausgegangen wurde, stiftet die Einheit der Momente, sondern dasjenige, als welches das Andere anzusehen ist. Zu demselben Schluß gelangt man im Ausgang von der Tatsache, daß Hegel in unserem Text beispielhaft vorführt, was er in der nachträglichen Besinnung auf seine Methode zum dialektischen Schema generalisiert. Nach diesem Schema entwickelt sich, wie schon erwähnt, »ein allgemeines Erstes« dergestalt zu einem »Zweiten«, daß dieses zugleich das Ganze als die Beziehung zum Ersten ist. Der Zusammenhang der Dialektik-Skizze im letzten Kapitel der Logik mit unserem Text springt unmittelbar in die Augen, wenn man dort liest: »Die zweite Bestimmung, die *negative* oder *vermittelte*, ist ferner zugleich die *vermittelnde*« (II 495$_{36}$/562). Denn auch das zum Ganzen avancierte Etwas bezeichnet Hegel als »vermittelnd und vermittelt« (103$_{33}$/124). Das gemäß der dialektischen Methode vermittelt-vermittelnde Zweite ist jedoch nicht das anfängliche Etwas, sondern eben das Andere.

Auch dies gehört zur Wahrheit des Daseins. Die Struktur steht

Intersubjektivitätstheorie Husserls und ihre Folgen benutzt, damals noch in Unkenntnis dessen, daß Husserl ihn (in unveröffentlichten Manuskripten aus dem Jahre 1935) selber gelegentlich verwendet. Der Begriff erfaßt aber einen dialektischen Zug der transzendentalen Phänomenologie und paßt insofern in den Rahmen Hegelscher Dialektik noch besser.

in genauer Korrelation zu der Wahrheit, die es in Abteilung A dem Schein abzuringen galt. Das Dasein als solches, dem Schein nach Einheit von Sein und Nichtsein in der Bestimmtheit des Seins qua unmittelbarer Vorgegebenheit, ist in Wahrheit durchweg das Negative, das aus dem Aufheben der abstrakten Unterscheidung von Realität und Negation resultiert. Die Abteilung B fördert diese Wahrheit ans Licht, indem sie fortschreitend verifiziert, was Hegel 1812 bereits zu Beginn des Kapitels behauptet: »Daseyn ist wesentlich Andersseyn« (A 49_{24}), und zwar ursprünglich »Andersseyn an und für sich, nicht das Andre von Etwas« (A 50_{1}). Denn Anderssein im Hegelschen Verstande des Wortes, also Anderes-Sein, ist Dasein in dieser Ursprünglichkeit, sofern es Nichtdasein ist; »das Daseyn ist nur Daseyn als Nichtdaseyn, oder es ist Andersseyn« (A 50_{8}).
In dem Prozeß, den die Abteilung B nachzeichnet, zeigt das Anderssein sich zunächst als die Wahrheit *über* das Dasein. Die Veranderung wird in diesem Prozeß dadurch als reale Veränderung gesetzt, daß das Andere das Etwas übermächtigt. Noch nicht die Übermächtigung selber, wohl aber die Bedingung ihrer Möglichkeit ist, daß beide so lange, als die »Bestimmtheit des Daseyns« noch nicht in der affirmativen Unendlichkeit als dem »Andersseyn des Andersseyns« (A 80_{9}) »verschwunden« ist (A 87_{12}), »Andere gegeneinander« bleiben (112_{33}/134). Sie geschieht auf dem Boden einer Bestimmtheit, die notwendig Fremdbestimmtheit ist und so die Negation der Negation, auf die Etwas für sich schon aus war, an die ›einfache‹ Negation bindet, das heißt unter die Sphäre des Getrenntseins subsumiert. Als sie selbst bricht sie nun hervor, indem das Andere sozusagen in das Etwas eindringt und es schließlich vollständig *durch*dringt. Diese Realisierung der Totalitätsfunktion des Anderen ist identisch mit der allmählichen Auflösung des Scheins, den auch die abstrakte Unterscheidung zwischen dem Ansichsein des Etwas und seinem Sein-für-Anderes erzeugt. Die Unterscheidung erweckt den Anschein, als sei das Ansichsein eine immer schon vorhandene Substanz, an der das Sein-für-Anderes als etwas bloß Akzidentelles beiherspielt, so wie die ›Beschaffenheit‹, zu der dieses sich fortbestimmt, gegenüber der Wesentlichkeit der ›Bestimmung‹, als

die Hegel das am Etwas sich manifestierende Ansichsein faßt, als »etwas Zufälliges« erscheint (111_{24}/133); das Ansichsein scheint vom Anderssein unberührt zu sein. In Wirklichkeit verhält es sich genau umgekehrt. Sofern Ansichsein und Sein-für-Anderes nur in der negativen Beziehung aufeinander sind, was sie sind (vgl. 107_{13-26}/128 f.), dominiert in ihnen das Negative, dessen Grundform jetzt das Andere ist, mit der Folge, daß es das Ansichsein zum »Nichtsein des Andersseins« degradiert (107_{7}/128). Dementsprechend strömt mit der Reflexion der Nachfolgebegriffe ineinander »das Anderssein in das Ansichsein oder in die Bestimmung hinein, welche dadurch zur Beschaffenheit herabgesetzt ist« (112_{8}/134).

Allein, im selben Maße, in dem Etwas das Andere faktisch in sich aufnimmt, vermag es sich gegen das Andere als es selbst zu behaupten. Der Wille zur Selbstbehauptung definiert bereits die Bestimmung der Bestimmung: »Die Bestimmung ist die affirmative Bestimmtheit als das Ansichsein, dem das Etwas in seinem Dasein gegen seine Verwicklung mit Anderem, wovon es bestimmt würde, gemäß bleibt, sich in seiner Gleichheit mit sich erhält, sie in seinem Sein-für-Anderes geltend macht« (110_{22}/132). Doch muß die Bestimmung erst in Beschaffenheit übergehen, »offen dem Verhältnis zu Anderem« (112_{3}/134), damit der Selbstbehauptungswille sich durchsetzen kann. Gerade erst dann, wenn das im Etwas kristallisierte Dasein sich restlos als Anderssein realisiert, wird es zum Selbstsein, so daß es sich auch als es selbst und aus sich selbst zum Anderen verhält. »Etwas verhält sich (...) *aus sich selbst* zum Andern, weil das Anderssein als sein eigenes Moment in ihm gesetzt ist« (113_{1}/135). Selbstbestimmung ist unter den Bedingungen von Fremdbestimmtheit kein von den äußerlichen Verhältnissen verschonter Rest von Autonomie, sondern nur dadurch möglich, daß Etwas auch noch »das fremde Bestimmen (...) bestimmt« (111_{18}/133); Selbstsein glückt in solchen Verhältnissen nur »vermittelst des Aufhebens des Andersseins« (112_{38}/135). Was in der Form eines vermeintlich rein positiven Ansichseins vorgegeben zu sein schien, die »Beziehung auf sich« (107_{6}/128), verdankt sich in Wahrheit dieser vom Etwas zu vollbringenden Leistung; es ist »sein entwickeltes Insichsein« (112_{27}/134), ein *Insichsein*, weil es auf einer doppelten Negation beruht, und ein *entwickeltes* Insichsein, weil die Aufhebung des Andersseins, in welcher die Negation der Negation sich wiederholt, Selbstbeziehung zum Resultat hat. Insofern erschließt die Dialektik von Bestimmung und Beschaffenheit nicht nur die Wahrheit *über* das Dasein, seine Verlorenheit ins Negative, sondern darüber hinaus auch diejenige, die daseinslogisch als die Wahrheit *schlechthin* gilt: die Reflexivität. Wie freilich die erste Negation in ›einfache‹ zurücksinkt, so auch die zweite (vgl. 113_{19-22}/135)[15]. Denn sein immanentes Anderssein kann Etwas nur negieren, indem es zugleich das ihm gegenüberstehende Andere negiert – in einer unmittelbaren Negation oder Abscheidung, welche zwischen sie die ihnen ihrerseits immanent werdende und sie beide dem Nichtsein preisgebende Grenze setzt.

2.1.2 Etwas und ein Anderes: die drei Aspekte der Gleichgültigkeit

Vorausgeeilt bis zu dem Punkt, an dem Etwas aufgrund seiner »immanenten Grenze« seine Endlichkeit offenbart (116_{24}/139), haben wir die erst darin sich mitoffenbarende Wahrheit in den Blick genommen, die für die Kritik des am Anfang von B sich neu formierenden Scheins den Maßstab abgibt. Wir wenden uns nun dem Schein zu, indem wir uns von der Ebene des Ganzen, das als begriffliche Veranderung zur realen Veränderung wird, auf die der Momente begeben. Auf dieser Ebene stehen sich Etwas und ein Anderes gegenüber. Jenes generiert sich nach Hegel aus dem reinen Sein, dieses aus dem reinen Nichts. Bereits die Generationsfolge zeigt die Reproduktion des Scheins an. Zugleich bestätigt sie, daß der Schein auf der Stufe des Daseins in Wahrheit

15 Als die zweite ist sie nur mit Rücksicht auf Hegels ausdrückliche Verwendung des Begriffs anzusprechen. In Wirklichkeit geht ihr die – auch sachlich viel ursprünglichere – Negation der Negation voraus, die uns unter dem Titel ›das Andere seiner selbst‹ begegnen wird (s. unten, S. 259 ff.). Sie aber nennt Hegel nicht so.

hinüberspielt. Eine Denkbestimmung kann nur als das gesetzt werden, was sie an sich ist. Wird das reine Sein als Etwas gesetzt, so muß es an sich schon Etwas gewesen sein. In der Tat wurde es ja als Etwas vorgestellt. Eben deswegen mußte es sich in Schein auflösen. Vorgestellt als Etwas, war es aber *totaler* Schein, und zwar deshalb, weil es seine Wahrheit in dem Übergehen hat, das in keiner Weise Vorstellungsgegenstand ist. Jetzt hingegen stellt das verobjektivierende Denken vor sich hin, was jedenfalls auf der Oberfläche seiner Erscheinung wirklich Etwas ist. Darin liegt der Wahrheitsgehalt der daseinslogischen Zentralbestimmung. Unbeschadet dessen bleibt eine Tatsache, daß die Logik mit der Thematisierung des Etwas zur Quelle des Scheins vorstieß, mit dem der Gedanke des reinen Seins behaftet war. Das zum Etwas vergegenständlichte Sein ist nicht nur darum Schein, weil es in Wahrheit kein Etwas ist; es ist Schein durchaus auch insofern, als die Bestimmung ›Etwas‹ selber einen Schein mit sich führt, den sie im Dienste der Wirklichkeitsauslegung nicht verliert.

Diesen Schein haben wir bereits aufgedeckt. Indem die Logik das Etwas aus dem reinen Sein herleitet, hält sie ihn nur ausdrücklich fest. Demgegenüber steigt der neu sich formierende Schein aus dem Anderen auf. Das Andere, mit dem die Vorstellung das Etwas anfänglich konfrontiert, ist von einem ihm eigentümlichen, allerdings gleichfalls in der realen Erscheinung begründeten Schein umgeben. Dabei ist zu beachten, daß das Andere im Kontext dieser Vorstellung erstmals als solches begegnet. Zwar trifft, was für das reine Sein gilt, entsprechend auch auf das reine Nichts zu: Es könnte sich niemals zum Anderen entwickeln, wäre es nicht an sich schon das Andere. Ja, sofern zwischen ihm und dem Sein ein »absoluter Unterschied« oder, genauer gesagt, *der* absolute Unterschied besteht, ist es sogar »das schlechthin Andre« (77_{32}/95). Da aber seine Differenz gegenüber dem Sein sich bloß meinen, das heißt nicht denken läßt, ist es auch nicht als Anderes zu denken. Eingetaucht in das Medium des Scheins ist der Begriff des Anderen demnach bei seinem ersten Auftreten. Statt daß die Logik zunächst die mit ihm bezeichnete Wahrheit fixierte, um sodann in den durch ihn erzeugten Schein einzudringen, präsentiert sie ihn von vornherein in seiner Scheinhaftigkeit. Der weitere Gedankengang berechtigt uns, diesem Befund eine für unser Problem höchst bedeutsame Intention zu unterstellen. Offensichtlich will Hegel zeigen: Das Andere taucht *notwendig* so auf, daß es aus dem Schein auftaucht. Das soll besagen: Wir, die wir aufgrund der Gegenwärtigkeit der Metaphysik als »bloßer Verstandes-Ansicht« im Vorstellen befangen sind, können gar nicht umhin, den Begriff des Anderen unmittelbar in einer Bedeutung aufzunehmen, die seinen Inhalt verschleiert. Zu der Behauptung Hegels gesellt sich die These, daß die logische Analyse des Begriffs den unmittelbar mit ihm aufgenommenen Schein entlarve. Der Begriff des Anderen macht eine Bewegung durch, in deren Verlauf er sich vollständig wandelt. Seine Bewegung deckt sich mit dem Gesamtumfang des in der Logik dargestellten Prozesses; sie reicht, sofern auch Sein und Nichts an sich füreinander Andere sind, vom Anfang bis ans Ende, wo Freiheit als Bei-sich-selbst-Sein im Anderen sichtbar wird. Während die Bestimmung ›Etwas‹, wie die Daseinsbestimmung, aus der sie sich ergibt, auf eine bestimmte Sphäre eingeschränkt ist, fällt die des Anderen unter die schlechterdings universalen Kategorien, welche die ganze Logik durchziehen. In diese Weite muß man hinausschauen, will man die Zusatzthese, mit deren Verifizierung auch die ihr zugrunde liegende Behauptung gerechtfertigt wäre, auf ihre Sachangemessenheit prüfen. Nun werden wir sehen, daß die Entfaltung der Dialektik, die den Begriff des Anderen beherrscht, seinen ihm zunächst zugesprochenen Sinn *dementiert.* Schon seine genuin reflexionslogische Fassung ist unvereinbar mit der Bedeutung, die sogleich zu explizieren sein wird. Mithin demonstriert der Weg, den die Analyse beschreitet, keineswegs bloß dies, daß das, was wir unmittelbar aufgenommen haben, noch nicht das Andere in seiner Wahrheit war. Er erweist vielmehr darüber hinaus, daß uns der Schein geblendet hat.

Wenn vorhin, bei der Vorschau auf die Genese des Endlichen, wie selbstverständlich vom Anderen die Rede war, so stand bereits dieser in seiner Unmittelbarkeit notwendig mit Schein behaftete Begriff im Blick. Seine dort nur vorausgesetzte Bedeutung wird sogleich zu entfalten sein. Vordem jedoch noch etwas Grundsätzliches zu seiner Herkunft aus der Bestimmung des reinen Nichts. Gegen Ende von B, a/1 verweist Hegel auf den platonischen Begriff des Anderen, auf »τὸ ἕτερον* des Plato« (105_{25}/126). Der Hinweis reicht weit über seinen Kontext hinaus. Hegel gibt ihn ja an der Stelle, an der nach der eingangs geäußerten Vermutung Endlichkeit sichtbar wird und mit ihr im Grunde auch schon die Dimension der Unendlichkeit aufbricht. Mit Platon aber setzt Hegel sich in seiner gesamten Logik des Gegensatzes von Endlichkeit und Unendlichkeit auseinander. Da diese Logik auf dem Begriff des Anderen basiert, beginnt das heimliche Gespräch mit Platon schon hier, im Übergang vom Dasein als solchem zur Endlichkeit.

Platon versucht im *Sophistes* (251a-259d), das Nichtsein (*to mē on)* auf die Natur des Anderen *(hē thaterou physis)* zurückzuführen. Namentlich seit Rickert (1911/12) schreibt man Hegel gern die entgegengesetzte Absicht zu, nämlich ›Andersheit‹ auf ›Negation‹ zu gründen[16]. Eine solche Absicht verfolgt Hegel insofern tatsächlich, als er die Negation vor dem Anderssein einführt. Aber die Diskussion des von der logischen Priorität der Negation erst nur angezeigten Systemprogramms wird dadurch belastet, daß weithin gar nicht klar ist, was in der Hegelschen Verfahrensweise liegt und was in ihr nicht liegt. Die neukantianischen Verfechter des ›heterothetischen Denkprinzips‹ unterstellen Hegel faktisch die Meinung, »es genüge das ›nicht‹ als bloße Negation, als Nein, um das Andere aus dem Einen hervorzuzaubern« (Rickert 1911/12, 36). Indessen schließt die Abfolge der Thematisierung keineswegs aus, daß Hegel in der Andersheit ein auf Negation irreduzibles Moment anerkennt. Vor allem aber – und darauf kommt es im gegenwärtigen Zusammenhang an – blieb bisher im dunkeln, daß der Vorrang der Negation vor der Andersheit einen völlig verschiedenen Sinn

* *to heteron:* das Andere, das Verschiedene

16 Vgl. bes. Werner Flach (1959). Das – gleichwohl sehr verdienstvolle – Buch von Flach, das den Titel *Negation und Andersheit* trägt, stellt im Grunde nur die Kontroverse zwischen Heinrich Rickert und Richard Kroner (1924/25) dar.

annimmt, je nachdem man ihn im Lichte der Wahrheit sieht oder auf dem Hintergrund der Erzeugung von Schein betrachtet. Infolge der Zwiefalt von Schein und Wahrheit kann auch die das Anderssein generierende Negation nicht anders als zwiefältig sein. Wahrheitsgemäß ist sie die *eigentlich* so zu nennende Negation, diejenige, die letztlich sich selbst negiert, weil sie die sich entäußernde und aus ihrer Entäußerung in sich zurückkehrende Tätigkeit ist. In bezug auf sie darf man die Frage, ob ›Andersheit‹, hegelisch gedacht, nicht auch ein auf Negation irreduzibles Moment enthalte, entschieden bejahen. Denn die Trennung, die den Negationssinn der Tätigkeit definiert, setzt ihrerseits Anderssein voraus. Dementsprechend fundiert in der *Wissenschaft der Logik* nicht nur die Negation das Andere, sondern auch umgekehrt das Andere die Negation. Denn erst das Andere bildet sich, wie wir sehen werden, zu der selbstbezüglichen Negation aus, welche die ihm vorhergegangene Negation nicht wirklich zu sein vermochte. Scharf abzugrenzen gegen diese Entstehungsgeschichte ist die hier zu bedenkende Geburt des Anderen aus dem reinen Nichts. Sie findet im Element des Scheins statt. Scheinhaft ist nicht nur das Resultat, sondern auch der Ursprung; und das Andere, das die Nachfolge des Nichts antritt, ist eben deshalb in Schein eingehüllt, weil das Nichts totaler Schein war. An der Scheinhaftigkeit des Nichts nimmt desgleichen die »abstrakte, unmittelbare Negation« (68_{10}/83) teil, deren Namen es *nicht* eigentlich verdient. Damit wird zweifelhaft, ob man hier überhaupt von einer Herleitung der Andersheit aus der Negation sprechen kann. Zweifelhaft wird dies nicht nur, sofern das »Nichts rein für sich« (68_{10}/83), als Produkt einer Vergegenständlichung, geradezu das Gegenteil der Tätigkeit ist, die im wesentlichsten allein rechtmäßig ›Negation‹ heißt, sondern auch hinsichtlich dessen, daß das ganze Begründungsverhältnis seine Eindeutigkeit verliert.

Weil die, welche Hegel auf den Primat der Negation festlegen, deren Zweidimensionalität außer acht lassen, übersehen sie auch die Nähe der *Wissenschaft der Logik* zum *Sophistes*. Nicht das, was sie fälschlicherweise unter Hegelscher Negation verstehen: die Verneinung, sondern das Nichts gibt den Bezugspunkt ab für einen Vergleich zwischen Hegel und Platon. Zwar legt der Dialog über den Sophisten auch die Verneinung (*apophasis*) als Setzen von Anderem (*heteron*) aus (257 b/c). Aber erstens geschieht diese Auslegung auf dem Boden der ursprünglicheren Identifikation des Nichtseins oder des Nichts mit dem entsprechend ursprünglicher begriffenen Anderen selbst (*thateron*) und zweitens wird sie von da aus berichtigt. Die apophantische Aussage ist nicht nur Setzen von Anderem, sondern auch und zuvörderst Entgegensetzen (*antithesis*), das heißt sie setzt dem Sein zunächst das Nichtsein entgegen, sofern sie das jeweils in Rede Stehende, zum Beispiel das Schöne, mit dem davon in bestimmter Negation Ausgeschlossenen konfrontiert, in unserem Falle also mit dem Nichtschönen, und erst aufgrund dieser Entgegensetzung vermag sie Anderes als etwas aus dem Bereich dessen zu setzen, das zusammen mit dem Gegenstand der Rede ein Ganzes ausmacht (257 d/e). Die vorgängige Rückführung des Nichtseins auf das Andere aber steht im Dienst einer Kritik an der parmenideischen Tradition. Mit ihrer Hilfe will Platon ja, dem Verbot des Parmenides zuwiderhandelnd, beweisen, daß das Nichtsein *ist.* Hegel nun wiederholt in gewisser Weise die platonische Parmenides-Kritik. Die wendet die im parmenideischen Lehrgedicht ausgesprochene Behauptung der Undenkbarkeit und Unsagbarkeit des Nichtseins gegen den, der sie aufgestellt hat. Das Nichtsein oder Nichts des Vaters der ontologischen Philosophie entzieht sich, so meint Platon, dem sagenden Denken nur darum, weil sein Begriff, wie auch der korrelative Begriff des Seins, unverständlich ist. Trifft doch auch den Eleaten, was Platon allen seinen Vorgängern vorwirft: daß sie in ihren Seinslehren »uns viele einfach übersehen und allzu wenig Rücksicht auf uns genommen haben« (243 a). Verstehbar aber wird der Begriff des Nichtseins, wenn man ihn in den der Andersheit übersetzt. So wird auch nach Hegel das für sich undenkbare Nichts der parmenideischen Tradition erst als Anderes faßbar. In diesem Sinne führt auch er ›Negation‹, nämlich »die abstrakte, unmittelbare Negation, das Nichts rein für sich«, auf Andersheit zurück. Deswegen kann dann die Reflexionslogik, in Entsprechung zur Transformation des Seins in Identität, das Nichts als Unterschied reformulieren. Also nicht nur die wahre, auch die scheinhafte Negation setzt die Andersheit, zu der sie sich fortbestimmt, ihrerseits voraus. Gewiß läßt das Nichtsein, wird es parmenideisch als ›das Nichts‹ vorgestellt, da dieses überhaupt undenkbar ist, sich ebensowenig als das Andere des Seins denken. Doch *an sich* ist es ja »das schlechthin Andre«. Daß alles Andere im Nichts gründe, bedeutet insofern des näheren: Alles andere Andere gründet in demjenigen Anderen, welches das Nichts ist. Noch genauer genommen, geht aus dem Nichts freilich nur der Schein hervor, den das unmittelbar aufgelesene Andere an sich hat, so aber, daß seine Auflösung zugleich die Wahrheit rettet, welche die begrifflose Vorstellung des Nichts verfehlt.

Aus der Herkunft des unmittelbar aufgenommenen Anderen aus dem Nichts folgt bereits eine erste Bestimmung seines Begriffs. Das Andere erscheint anfänglich als ›ein‹ Anderes. Die Unbestimmtheit des unbestimmten Artikels gehört wesentlich zu seiner Bestimmtheit. Sie gehört dazu gerade auch insofern, als sie Bestimmtheit verneint. Wir müssen uns infolgedessen zunächst fragen, welches bestimmte Andere aus dem Ansatz der Endlichkeitsanalyse ausgeschlossen ist. Ausgeschlossen ist zweierlei. Sofern das in Betracht kommende Andere *ein* Anderes ist, kann es zunächst nicht *das* Andere in dem qualifizierten Sinne sein, auf den die Reflexionslogik abzielt, wenn sie es gegenüber dem Einen ›*sein* Anderes‹ nennt. Das Eine begegnet in seinem Anderen demjenigen, dessen es bedarf, um selber sein zu können, was es ist. Die Beziehung zu ihm konstituiert sein eigenes Wesen. Der Terminus ›sein Anderes‹ meint wiederum zweierlei. Er hat zwei Bedeutungsrichtungen, eine gleichsam horizontale und eine, wenn man so will, vertikale. In der Horizontale ist nicht nur das Andere für das Eine, sondern auch das Eine für das Andere ›sein Anderes‹; beide sind gleichursprünglich aufeinander angewiesen. In der Vertikale hingegen haben das Eine wie das Andere ihr Anderes in dem, das ihnen ihre Identität verbürgt, ohne daß es sie seinerseits zu diesem Zwecke benötigte. Ihr Anderes nimmt also die Stellung ein, welche die Reflexionslogik in ihrem Fortgang dem Grund einräumt. Nach beiden Richtungen liegt das so verstandene Andere außerhalb des Umkreises, in dem der

Gedanke ›eines‹ Anderen sich bewegt, wenn dieser auch von sich aus dorthin gedrängt wird.
Sofern das erstmals als thematische Denkbestimmung auftretende Andere *ein* Anderes ist, kann es sodann auch nicht *das* Andere im Sinne *alles* Anderen sein. Im Verhältnis zu dem Etwas, welches den Ausgangspunkt bildet, ist es nicht das Übrige. Daß es ›ein‹ Anderes ist, bedeutet nicht völlige Unbestimmtheit; das ›ein‹ impliziert vielmehr numerische Bestimmtheit. Es ist *je* ein Anderes, dem Etwas gegenübersteht. Insofern handelt es sich bei der Beziehung zum Anderen in der Logik Hegels von vornherein um ein duales Verhältnis, in dem formalen Verstande nämlich, daß das Verhältnis von Etwas und einem Anderen durch »Zweistelligkeit« (Henrich 1975, 249) definiert ist. Obwohl wir es anfänglich nicht mit der ausgezeichneten Dualität von solchen Beziehungsgliedern zu tun haben, die so wesentlich miteinander verbunden sind, daß sie nur zusammen bestehen können, konfrontiert uns Hegel doch sogleich mit einer Zweierverbindung, in der Etwas sich auf ein singuläres Relat bezieht. Deshalb kann er bereits in dem Abschnitt »Etwas und ein Anderes« an das lateinische *›alter‹* erinnern (104_{25}/125), das die Römer von den *›alii‹* unterschieden haben. Mit dieser Festlegung auf zweistellige Relationen trifft Hegel eine Entscheidung, die keineswegs selbstverständlich ist. Wie wenig sie als selbstverständlich hingenommen werden kann, zeigt die von Platon im *Sophistes* gewählte Alternative. Der Begriff des *heteron*, auf den Hegel sich ja beruft, grenzt gegen das Seiende *(on)*, das hier für das Etwas einsteht, nicht nur *ein* Anderes ab, *allo ti* (257e2) oder *tōn allōn ti* (257b10), sondern auch *alles* Andere, *ta alla* (257a4) oder *talla* (257a6), den gesamten Rest als das um das Etwas reduzierte Universum, das zahllose Andere umfaßt; und das *on* ist, wie Platon ausführt (259b3/4), selber ein *heteron*, weil es »nicht jedes von ihnen ist, aber auch nicht alles Andere insgesamt außer ihm selbst« *(sympanta ta alla plēn auto)*. Hegels Abstraktion von diesem Anderen ist prinzipieller Art: Während das vollständig erst in der Reflexionslogik sich erschließende Andere, in dem das Eine *sein* Anderes findet, das Ziel markiert, auf welches das Korrelat des Etwas sich durchaus zu-

bewegt, und zwar in der Konsequenz seiner eigenen Bewegung, liegen *ta alla* eigentlich ganz jenseits des Interessenhorizonts spekulativer Logik, nicht nur der Daseinslogik, sondern der spekulativen Logik überhaupt[17]. Zu erklären ist dies eben aus der Bindung der Hegelschen Kategorie des Anderen an ihren Ursprung, die Bestimmung des reinen Nichts. Ließen Sein und Nichts sich in eine begrifflich artikulierbare Beziehung bringen, so wäre diese als eine Beziehung von zweien und nur von zweien aufzufassen. Es ist die schon im Anfang mit dem Sein und dem Nichts vorgezeichnete Dualität, die Hegel dazu nötigt, die mannigfachen Verhältnisse, in die Etwas eingeht, in eine Vielfalt von zweistelligen Relationen aufzulösen und von ihnen auch nur je eine, im Absehen von allen anderen, ins Auge zu fassen.

Die These Hegels ist, wie gesagt, daß das Andere so, wie wir es unmittelbar aufnehmen, notwendig mit Schein behaftet sei. Wollen wir die These auf ihre Richtigkeit prüfen, dann müssen wir zuvor fragen, ob Hegel das Andere dort, wo er darauf stößt, wirklich dem Sinn gemäß beschreibt, in dem wir es unmittelbar aufnehmen. Die Antwort auf diese Frage wird insofern nur eingeschränkt positiv ausfallen können, als unser naives Vorverständnis vom Anderen sich zweifellos auch auf alles erstreckt, was Etwas nicht ist. Unbestreitbar hingegen dürfte sein, daß wir mit dem Anderen im unreflektierten Sprechen eine Vorstellung verbinden, die es uns unmöglich macht, es dem Einen als *sein* Anderes zuzuordnen. Was aber wichtiger ist: In Hegels Deskription des Anderen, das wir im Gedanken von Etwas immer schon mitdenken, erkennen wir den Schein wieder, den unsere vermeintlich natürliche, faktisch in einer mehrtausendjährigen Metaphysik begründete Vorstellung offenbar mit Notwendigkeit erzeugt.

Den Schein, in den das vergegenständlichende Denken das Dasein im ganzen hüllt, habe ich in der Grundlegung A auf den von

17 Die vielen Anderen kommen in Hegels Logik nur als die »Mannigfaltigen« (II 61~11~/78) herein, deren Verhältnis zueinander und zur Vorstellung die Reflexionsbestimmung ›Verschiedenheit‹ angibt. Das heißt aber: Relevant werden sie nur unter dem Gesichtspunkt der massivsten Selbstentfremdung von Reflexion.

Hegel bereitgestellten Begriff der Gleichgültigkeit gegen Anderes gebracht. Die den Vorentwurf einholende Interpretation der Daseinslogik ist nun zum Entstehungsort dieses Begriffs vorgedrungen. Das Dasein im ganzen ist im Dreischritt des dialektischen Prozesses das entzweite Zweite. Als solches wird es, was es ist, erst im Zweiten seiner selbst. Mithin kann die Gleichgültigkeit gegen Anderes gerade deswegen, weil sie das Dasein im ganzen oder in seiner Grundverfassung bestimmt, erst jetzt, zu Beginn der zweiten Abteilung des Kapitels, in den Blick kommen. Ich möchte zunächst ihren bislang nur angedeuteten Begriff differenzieren, indem ich ihn in seine wesentlichen Bedeutungen auseinanderlege, um so die Basis zu sichern, von der aus Hegel sich auf eine neue Ebene sowohl der Wahrheit wie des Scheins erhebt[18].

Die Gleichgültigkeit gegen Anderes, wohlgemerkt zu unterscheiden von der – allerdings aus ihrer Aufhebung entstehenden – »Gleichgültigkeit *gegen sich selbst*« (397$_{20}$/456), auf welche die Seinslogik hinausläuft, entfaltet sich in drei Aspekte. Sie ist erstens die *immanente* Gleichgültigkeit des mit dem Etwas assoziierten Anderen selber. Nach dieser Seite liegt sie bereits in dem unbestimmten Artikel. Daß das mit dem Etwas assoziierte Andere *ein* Anderes sei, soll stets auch besagen: Es ist *irgend*ein Anderes, gleichgültig welches. Der unbestimmte Artikel zeigt nicht nur insofern keine reine Unbestimmtheit an, als ein Anderes numerisch bestimmt ist. Zu der numerischen Bestimmtheit tritt vielmehr die qualitative hinzu, die es mit dem Etwas teilt. Die aber besitzt den Charakter einer unbestimmten Bestimmtheit, weil keine Relevanz hat, ob das Bestimmte dieses oder jenes Bestimmte ist. Auch ›Etwas‹ meint ja *irgend*etwas. Die immanente Gleichgültigkeit ist diese Unbestimmtheit der qualitativen Bestimmtheit, das heißt die Beliebigkeit des Austauschbaren. Wenn Hegel sie im Kontext immer schon voraussetzt, ohne sie eigens zu verbalisieren, so vermutlich eben deshalb, weil sie in

18 Vgl. zu der im folgenden explizierten Struktur der Beziehung von Etwas und einem Anderen die gedankenreiche Interpretation, die Fink-Eitel (1976, 174-186, bes. 180 ff.) vorgelegt hat.

ihrer Fundamentalität nicht erst mit dem Anderen hereinspielt, sondern bereits Etwas für sich kennzeichnet.
Die Gleichgültigkeit, die das bei sich selbst angekommene Dasein an den Tag legt, ist zweitens die Gleichgültigkeit von Etwas und Anderem *gegeneinander*. Ist jene die *grundlegende*, so diese die *spezifische* Indifferenz des unmittelbar aufgenommenen Anderen. Sie steht deshalb am Anfang der auf das Andere sich hinwendenden Abteilung B; sie ist der Inhalt des einen, alles umfassenden Satzes, den Hegel im Vorspann der Abteilung dem Abschnitt B,a/1 widmet: »Etwas *und* Anderes; sie sind zunächst gleichgültig gegeneinander; ein Anderes ist auch ein unmittelbar Daseiendes, ein Etwas; die Negation fällt so außer beiden« (103 f./125). Der Begriff der Gleichgültigkeit gegeneinander expliziert fürs erste, was die Hervorhebung des ›und‹ ausdrückt: den additiven Zug der Relation. Additiv aber ist die Relation von Etwas und Anderem, weil dieses auch ein Etwas ist; zu Etwas kommt bloß Etwas hinzu. Nun führt Hegel in B,a/1 aus, daß Etwas und Anderes nicht nur beide »Daseiende oder *Etwas*« sind, sondern »ebenso jedes ein *Anderes*« ist (104_{19-21}/125). Jedes ist in dem Sinne ein Anderes, daß beide füreinander Andere sind. Sie sind also in ihrem Verhältnis etwas anderes als an ihnen selbst; in ihrem Verhältnis sind sie Andere, an ihnen selbst hingegen Etwas. Daß sie in ihrem Verhältnis Andere sind, bedeutet: Sie stehen in negativer Beziehung zueinander, in einer Beziehung, in der jedes der beiden Glieder sein Gegenglied als das Negative seiner, das heißt als von ihm Getrenntes, vor sich hat. Daß sie an ihnen selbst Etwas sind, meint demgegenüber: Sie bestehen auf der affirmativen Natur ihres eigenen Seins. Deshalb fällt die Negation »außer beiden«. Die Gleichgültigkeit gegeneinander beruht eben darauf, daß Etwas und ein Anderes das, was sie in ihrem wechselseitigen Verhältnis sind, nicht auch an ihnen selbst zu erkennen geben. Sie meint also Fremdheit. Dabei ist Fremdheit ein doppelschichtiges Phänomen. Einmal sind Etwas und ein Anderes *einander* fremd. Ihre Beziehung hat, paradox ausgedrückt, den Charakter der Beziehungslosigkeit. Sodann ist ihnen ihre *Beziehung* fremd. Es ist diese Fremdheit, auf die der Begriff der Gleichgültigkeit nach

seinem relationalen Aspekt vor allem zielt, und zwar deshalb, weil sie das Einander-Fremdsein der Relate begründet. Etwas ist Anderem fremd, sofern es zu ihm in einem bloß äußerlichen Verhältnis steht und nicht eigentlich *sich* zu ihm verhält. Es kann aber nicht *sich* zu Anderem verhalten, weil es das, was es im Verhältnis zu ihm ist, nämlich das Andere des Anderen, in seinem eigenen Sein verleugnet. Die Gleichgültigkeit gegeneinander, unmittelbar begegnend als Fremdheit in der beziehungslosen Beziehung von Etwas und einem Anderen, ist mithin letztlich die Fremdheit, die zwischen dem Etwas selber und seiner Beziehung herrscht.

Die Gleichgültigkeit des Daseins ist drittens die Indifferenz beider Beziehungsglieder gegenüber den *Rollen*, die sie als Etwas und als Anderes spielen. Die Notwendigkeit einer solchen Indifferenz ergibt sich aus dem Mangel der Beziehung, an der die sphärenspezifische Gleichgültigkeit abzulesen ist. Wenn Etwas und ein Anderes nicht *sich* aufeinander beziehen, so müssen sie in eine Beziehung gebracht *werden*. Diese kann nur die »*Vergleichung* beider« sein (105$_{20}$/126). Sie tritt an sie als »äußere Reflexion« heran (105$_{20}$/126). Die Reflexion ist als äußere die eines Subjekts, das ihnen gegenüber die Stellung eines »Dritten« einnimmt (105$_{10}$/126). Die Art, wie Etwas und ein Anderes unterschieden werden, ist »ein subjektives, außerhalb des Etwas selbst fallendes Bezeichnen« (104$_{32}$/126). Was jeweils Etwas ist und was das Andere, bestimmt sich allein aus der zeitlichen Abfolge der Benennung. Die aber ist gleichgültig. »Es ist gleichgültig, welches zuerst und bloß darum *Etwas* genannt wird« (104$_{21}$/125). Denn in jedem Falle bestimmt sich die Verteilung der Funktionen nicht aus den Funktionsträgern selber. Gerade deshalb gehört auch die Gleichgültigkeit, die in der Willkür der nominellen Festsetzungen liegt, dem Dasein selber an. Die Rücksichtslosigkeit des Subjekts gegenüber der bestimmten Bestimmtheit der Daseienden, zwischen denen es eine Beziehung herstellt, bedeutet objektiv, daß die Glieder dieser Beziehung sich nicht nur gegeneinander gleichgültig verhalten, sondern auch zu der Bestimmtheit, die ihnen zugeteilt ist.

Ist die immanente Gleichgültigkeit des mit dem Etwas assoziierten Anderen der Grund der sphärenspezifischen Indifferenz, der Gleichgültigkeit von Etwas und Anderem gegeneinander, so die funktionelle deren Folge. Die Gleichgültigkeit gegeneinander haben wir als Fremdheit beschrieben. Da die immanente Indifferenz als ihr Fundament und die funktionelle als ihr Komplement mit ihr zusammen eine Einheit bilden, lassen sie sich dem Fremdheitsbegriff subsumieren. Als irgendeines ist das Andere ein Fremdes, und die Fremdheit im Verhältnis zwischen ihm und irgend etwas kehrt im Verhältnis beider zu dem sie vergleichenden Subjekt wieder. Weil die immanente Indifferenz als vorauszusetzende nicht eigens Thema ist, kann auch von der Fremdheit, die bereits in ihr sich geltend macht, im Text nicht ausdrücklich die Rede sein. Wohl hingegen behandelt Hegel die Bestimmtheit durch ein Drittes als einen Aspekt von Fremdheit, neben dem die Gleichgültigkeit gegeneinander kennzeichnenden Auseinanderfallen von In-Beziehung-Sein und Selbstsein. Wenn er sagt, daß »das Andere *außer* dem einen Dasein« sei, so denkt er an die Vorstellung, »teils, daß ein Dasein erst durch das Vergleichen eines Dritten, teils, daß es nur um das Andern willen, das außer ihm ist, als anderes bestimmt werde, aber nicht für sich so sei« (105$_{8}$/126).

Nun setzt das Zitat den schon in I.2.2 angeführten Satz fort, der die Fremdheit im ganzen für *Schein* erklärt: »Es erscheint somit das Anderssein als eine dem so bestimmten Dasein fremde Bestimmung ...« (s. oben, S. 74). So, das heißt als Etwas und ein Anderes, die beide Etwas und beide ein Anderes sind, ist das Dasein durch die Vorstellung bestimmt. Sofern beide auch ein Anderes sind, gibt der sich anschließende Satz, der wie eine Hinzufügung aussieht, bloß eine Erläuterung der gemeinten Fremdheit. »Zugleich, wie bemerkt worden, bestimmt sich jedes Dasein, auch für die Vorstellung, ebensosehr als ein anderes Dasein, so daß nicht ein Dasein bleibt, das nur als ein Dasein bestimmt, das nicht außerhalb eines Daseins, also nicht selbst ein Anderes wäre« (105$_{12}$/126). Als eine dem Dasein fremde Bestimmung erscheint das Anderssein, obwohl das Etwas, zu dem das Dasein sich fortentwickelt hat, durchaus selbst ein Anderes ist. Denn ein Anderes ist es nur für das Andere, nicht *an* ihm selbst oder – wie es im obigen Zitat ein wenig mißverständlich heißt – »für sich«. Die Fremdheit des Andersseins ist nicht so zu verstehen, als sei Etwas in gar keiner Weise ein Anderes; sie entspringt vielmehr, wie die Auslegung der Gleichgültigkeit gegeneinander ergeben hat, der Elimination des Anderen, das Etwas in seiner Beziehung zu Anderem ist, aus dem Sein, das ihm als Etwas zukommen soll.

Wenn Hegel diesen Sachverhalt aber schon vorher expliziert hat – warum formuliert er dann den Hinweis auf ihn so, als käme damit ein neuer Gesichtspunkt zur Sprache? Weil er gegen den Schein die Wahrheit abheben will. Der erste Unterabschnitt des Abschnitts über Etwas und ein Anderes (B, a/1) ist wiederum in drei Punkte untergliedert. Die Beschäftigung mit dem dritten Punkt steht uns noch bevor. Mit dem zweiten befassen wir uns gegenwärtig. Ihn führt Hegel recht weitläufig aus. Den ersten hingegen macht er ganz kurz ab. Der lapidaren Feststellung: »Etwas und Anderes sind beide *erstens* Daseiende oder *Etwas*« folgen, nach einem Absatz, bereits die Worte: »*Zweitens* ist ebenso jedes ein *Anderes.*« Dadurch mag der Eindruck entstehen, als stelle Hegel zwei gleichursprüngliche Momente nebeneinander. In Wirklichkeit verfolgt er eine Bewegung. Etwas und ein Anderes, in ihrer unmittelbaren Gegebenheit beide Etwas, haben ihre *Wahrheit* darin, daß jedes ein Anderes ist. Denn »ihre Wahrheit ist ihre Beziehung« (106_{35}/128). Daß diese nicht nur für Hegel, sondern auch für uns die Wahrheit von Etwas und einem Anderen ist, hat die phänomenologische Ausweisung des Gedankens, das Strukturganze sei eine Veranderung, bereits mitbestätigt. Die Art, wie Hegel Wahrheit hier dem Schein zuordnet, entspricht genau der tatsächlichen Konstellation. Denn im Dasein unterscheidet Wahrheit sich vom Schein nur so, daß sie mit ihm auch eins ist. Zur Fremdheit des Andersseins gehört der Umstand, daß Etwas selbst ein Anderes ist, als solcher nicht. Aber sie läßt sich ohne Rücksicht auf diesen Umstand nicht definieren. Die Wahrheit, an der Etwas teilnimmt, indem es selbst ein Anderes ist, geht in den Schein ein, sofern der eben darin besteht, daß Etwas *bloß* das Andere des Anderen ist, also sein Anderssein nicht für sich realisiert. Wir sehen jetzt, mit welchem

Recht man überhaupt sagen kann, der daseinsmäßige Schein enthalte aufgrund seiner Angemessenheit an die reale Erscheinung Wahrheit. Auf der Erscheinungsoberfläche des Daseins sind Etwas und ein Anderes wirklich gegeneinander Andere, ohne dies an ihnen selbst zu sein. Aber die Übereinstimmung der Vorstellung mit der Realität ist nur Wahrheit in metaphysischem Sinne. An *logischer* Wahrheit partizipiert der daseinsmäßige Schein demgegenüber erst insofern, als in ihm selber der Keim angelegt ist, dessen Entfaltung ihn auflöst. Vor dem Hintergrund dieser Überlegung wird der Zusammenhang der beiden Sätze, die das »Zugleich« verbindet, durchsichtig: Hegel beschreibt zunächst den daseinsmäßigen Schein, der notwendig Wahrheit impliziert, und hebt sodann noch einmal die Wahrheit für sich heraus. Schein, nicht reiner, sondern sachhaltiger Schein, ist die Vorstellung, daß ein Dasein »nur um des Andern willen, das außer ihm ist, als anderes bestimmt werde, aber nicht für sich so sei«; die Wahrheit ist, daß kein Dasein übrig bleibt, welches »nicht selbst ein Anderes wäre«.

Trotz der Wahrheit, die im Verhältnis von Etwas und einem Anderen sichtbar wird, erreicht der daseinsmäßige Schein in diesem Verhältnis den höchsten Grad, den wir bisher kennen. Das ist kein Widerspruch. Denn mit der Maximierung von Schein würde Wahrheit sich nur dann minimieren, wenn sie nicht in ihn fiele. Die Aufgipfelung des Scheins entspricht ihrerseits der schon hervorgehobenen Tatsache, daß das Dasein, als das an sich Zweite, erst im Zweiten seiner selbst wird, was es ist. Da der Schein dem Dasein selber anhaftet, muß *dessen* Klimax auch *sein* Höhepunkt sein. Aktenkundig wird die Konvergenz seiner Bewegung mit der des Daseins durch das Auftreten der äußeren Reflexion. Deren Thematisierung bedeutet, daß das vorstellende Denken, welches die Logik bisher fast durchweg nur im Vorgestellten aufgesucht hat, erstmals selbständiges Untersuchungsobjekt wird. Darin liegt zum einen eine Hervorhebung des Scheins: Indem die Analyse seine Wurzel freilegt, bekommt sie ihn selber radikal zu fassen. Darin drückt sich zum andern aus, welche Bewegung das Dasein macht: Weil Dasein es selbst nur werden kann, indem es sich vollständig entäußert, setzt es im Selbstwerden auch die Instanz aus sich heraus, die sich zu ihm im ganzen so äußerlich verhält, wie seine Gestalten sich zueinander verhalten. Das eine und das andere ist letztlich dasselbe. Denn Schein erzeugt das vorstellende Denken eben dadurch, daß es seinen Gegenstand hypostasiert, das heißt als sich äußerlich betrachtet. Je äußerlicher also das Dasein, desto mehr Schein. Nimmt das vorstellende Denken die explizite Form der äußeren Reflexion an, so rückt eo ipso auch das Dasein explizit als Schein ins Blickfeld. Seinem Leser ruft Hegel diese Korrelation dadurch ins Bewußtsein, daß er die äußere Reflexion durch das Meinen illustriert, das auf dem Standpunkt der sinnlichen Gewißheit *»Dieses«* für ein »vollkommen Bestimmtes« erklärt (104 f./125 f.). Wie solche Bestimmtheit zu Beginn der *Phänomenologie* als Schein sich enthüllt, hinter dem das Allerallgemeinste hervortritt, so wird die äußere Reflexion, die das Anderssein von allem Etwas abhalten möchte, einer Täuschung überführt, indem das nach ihrer Auffassung »als affirmativ zu nehmende Etwas« (104_{29}/125) die Negativität, in der es seine Wahrheit hat, an sich selbst erfährt. Nach seiner Gesamtlänge fällt dieser Prozeß der Auflösung von Schein mit der universallogischen Gedankenentwicklung zusammen. Auf dem Wege, der vom Anfang bis zum Ende der Logik führt, macht – so habe ich oben (S. 245) hypothetisch behauptet – die dem Begriff des Anderen einwohnende Dialektik die Scheinhaftigkeit seines unmittelbar aufgenommenen Sinns offenbar, indem sie ihn dementiert. Wir können nun sagen, was das konkret heißt. Als die nächste Wahrheit des Anderen wird sich erweisen, daß es für das Eine *sein* Anderes ist. Die Wesentlichkeit des Verhältnisses, die der Term ›sein Anderes‹ zum Ausdruck bringt, dementiert aber die Gleichgültigkeit, die *ein* Anderes an sich hat. Dabei brauchen wir, um uns der Wahrheit des Anderen zu versichern, dem Gang der Logik gar nicht weit vorzugreifen. Denn schon im dritten Punkt von B,a/1 leuchtet am fernsten Horizont auf, was für ein Dasein sein Anderes ist. Damit beginnt schon hier die Bewegung, in der die Gleichgültigkeit sich selbst aufhebt. Allerdings befreit sie in ihrem Ansatz, wie zu erwarten, noch nicht vom Schein schlechthin. Auch die in ihr erreichte Wahrheit droht wieder in Schein zu versinken.

2.1.3 Das ›Andere seiner selbst‹ – das Andere seiner selbst

»*Drittens* ist«, so eröffnet Hegel den letzten Punkt, der auf der Tagesordnung von B,a/1 steht, »das *Andere* zu nehmen, als isoliert, in Beziehung auf sich selbst; *abstrakt* als das Andere; τὸ ἕτερον des Plato, der es als eins der Momente der Totalität *dem Einen* entgegensetzt und *dem Andern* auf diese Weise eine eigene *Natur* zuschreibt. So ist das *Andere*, allein als solches gefaßt, nicht das Andere von Etwas, sondern das Andere an ihm selbst, d. i. das Andere seiner selbst« (105_{24}/126 f.). Als das Andere begegnet jetzt das Ganze, das vorher in Etwas und ein Anderes zerfiel. Das Ganze begegnet nicht als Etwas, weil nicht das Erste, daß Etwas und ein Anderes beide Etwas sind, ihre im gegenwärtigen Stadium einsehbare Wahrheit ausmacht, sondern das Zweite, daß sie beide ein Anderes sind. Damit hat die »entwickelnde Betrachtung« das Niveau erreicht, das ihr durch den Gedanken der Veranderung vorgezeichnet war. Freilich macht dies, daß die Glieder der Beziehung gegeneinander Andere sind, noch nicht verständlich, wieso das Beziehungsganze »das Andere an ihm selbst« sein soll. Die teleologische Ausrichtung des Weges vom Etwas-Sein beider zum Anderes-Sein beider auf Wahrheit motiviert, warum wir es überhaupt mit dem Anderen zu tun haben und nicht mit dem Etwas. Sie vermag aber nicht zu begründen, daß das Andere als ein solches *an ihm selbst* »zu nehmen« ist.

Die bisher nicht dagewesene Bestimmtheit, in der das Andere jetzt auftritt, muß vielmehr aus der Konstellation hergeleitet werden, die der unmittelbar vorausgehende, noch nicht berücksichtigte Absatz beschreibt. Ihn brauchten wir bei der Erläuterung des zweiten Punktes nicht zu berücksichtigen, weil er sich auf den dargelegten Sachverhalt bloß zurückwendet. In der Retrospektive lenkt er unsere Aufmerksamkeit fürs erste auf eine scheinbare Paradoxie. Die Fremdheit im Verhältnis von Etwas und einem Anderen beruht gerade auf der Identität ihrer Prädikate: »Beide sind sowohl als *Etwas* als auch als *Anderes* bestimmt, hiemit *dasselbe*« (105_{17}/126). Das Paradox löst dadurch sich auf, daß es bloß die äußere Reflexion ist, welche die Identität herstellt (105₁₉-₂₁/126). Diese kann die Fremdheit nicht verhindern, weil sie den Beziehungsgliedern ihrerseits fremd ist. Im übrigen realisiert auch die äußere Reflexion sie nicht. Denn die erblickt ja in den Beziehungsgliedern bloß Andere *gegeneinander*, das heißt solche, denen ihre Übereinkunft im Begriff des Anderen unwesentlich ist; und die Übereinkunft der Beziehungsglieder im Begriff des Anderen ist ihnen unwesentlich, weil sie auch ein Etwas *gegeneinander* sein sollen, in einer Positivität, die das Andere ausschließt, also ebensowenig Identität verbürgt. Der Absatz wendet sich im weiteren diesem Wie des Gegebenseins der Relate für die äußere Reflexion zu. Von der *an sich* bestehenden Identität der Relate grenzt er ab, was sie für die äußere Reflexion und eben deshalb auch *für sich* sind: »aber wie das *Andere* zunächst gesetzt ist, so ist dasselbe für sich zwar in Beziehung auf das Etwas, aber auch *für sich außerhalb desselben*« (105₂₁/126). Schon hier rekurriert Hegel allein auf das Andere und nicht auch auf das Etwas, weil es sich als die Wahrheit von beidem gezeigt hat. Aber diese Wahrheit ist nicht für die äußere Reflexion. Die versteht vielmehr die Wendung von Etwas zum Anderen so, als finde sie zwischen den Relaten statt. Um zu veranschaulichen, wie das Andere »zunächst gesetzt«, das heißt für die äußere Reflexion gegeben ist, beschränkt Hegel sich infolgedessen darauf, die zuvor schon aus dem Blickwinkel des Etwas geschilderte Situation der Fremdheit aus der Perspektive des Anderen umzuformulieren, nämlich desjenigen Anderen, das dem Etwas gegenübersteht. Wie das kritisch dargestellte Denken sich vorstellt, daß *Etwas* »nur um des Andern willen, das außer ihm ist, als anderes bestimmt werde, aber nicht für sich so sei«, so nimmt es auch an, das *Andere* könne sich nur darum auf das Etwas beziehen, weil es damit nicht identisch sei, sondern außerhalb seiner vorkomme.

Hegel entwindet nun der äußeren Reflexion ihren eigenen Gegenstand, indem er hinter ihrem Rücken das Wahre am Schein der Fremdheit aufdeckt. Dies versucht er just dadurch, daß er sie beim Wort nimmt. Für sich außerhalb des Etwas soll ja das *Andere* sein. Macht man mit diesem Gedanken Ernst, so muß man das Andere als solches festhalten und nicht wieder auf das Substrat eines Etwas auftragen. Ist es aber nicht Etwas, dann ist es auch nicht »das Andere von Etwas«, das seinerseits stets Etwas ist. Dann ist es vielmehr »das Andere an ihm selbst«. Dieses kann kein bloßes Relat mehr sein. Denn jedes Relat ist das Andere von Etwas. Mithin bleibt nur übrig, es als die Relation zu denken, die das Ganze ist. In dieser Relation oder als diese Relation steht es »in Beziehung auf sich selbst«. Es ist das Andere, das sich auf das Andere und darin auf sich selbst bezieht. Oder: Das Andere *an* ihm selbst ist das Andere *seiner* selbst. So darf man tatsächlich sagen, daß die Verdoppelung der Andersheit »in einem Gedanken von Negation zum ersten Male *Selbstbezüglichkeit* herstellt« (Henrich 1975, 250). Und man darf vielleicht auch die Korrektheit ihrer Ableitung behaupten. Zwar belastet Hegel den Ausdruck ›für sich‹ mit Äquivokationen. Nachdem er dem Terminus, den er gemeinhin als Gegenbegriff zu ›an sich‹ und damit als Synonym für ›gesetzt‹ gebraucht, schon vorher auf das von seinem Anderssein unberührte, nach B, a/2 gerade als ›Ansichsein‹ zu bezeichnende Sein des Etwas angewandt hat (vgl. 105_{12}/126), gibt er ihm nun die davon abermals ganz verschiedene Bedeutung des platonischen *chōris;* das Andere wird in dem Sinne ›für sich‹, daß es Selbständigkeit gewinnt. Aber darüber kann man insofern hinwegsehen, als das Argument auf den Ausdruck nicht angewiesen ist. Es ließe sich auch dann nachvollziehen, wenn man das ›für sich‹ als Wiederaufnahme des ›gesetzt‹ läse. Denn das ›außerhalb‹ vermag die Beweislast allein zu tragen. Das wörtliche Verständnis des Satzes, daß das Andere außerhalb des Etwas sich befinde, würde genügen, um den intendierten Wandel seines Begriffs herbeizuführen.

Nur: Die Denkfigur kommt vom Schein nicht los. Das Wahre deckt Hegel ja *am* Schein der Fremdheit auf. Es ist also selber in das Element des Scheins versenkt. Diese unendlich zweideutige Einheit von Schein und Wahrheit bricht in einen Gegensatz auseinander, sobald man sie auf ihre Stellung zur äußeren Reflexion befragt. Auf die eine Seite tritt dann ein Schein, von dem geblendet das vorstellende Denken den erreichten Stand drastisch unterbietet, auf die andere eine Wahrheit, die zwar nicht

völlig jenseits seiner Reichweite liegt, aber sich ihm doch insofern entzieht, als es sie eben nur durch den Schleier des Scheins hindurch zu sehen vermag.
Der Schein wirkt fort, weil die Fremdheit weiterhin herrscht. Ihre Herrschaft erstreckt sich bis ans Ende des in B, a/1 verfolgten Prozesses. Der Abschnitt endet mit der auf das restituierte Etwas zielenden Feststellung, daß das Anderssein ein »ihm nicht als Etwas selbst Zukommendes ist« (106_{12}/127). Auf den Schein, den die Fremdheit am Dasein erhält, verweist *unmittelbar* die Sprache der Kritik. Das Andere seiner selbst *muß* Schein sein, wenn es daraus entsteht, daß man das Andere »isoliert« oder *»abstrakt«* nimmt. *Mittelbar* verweist auf den Schein die Bezugnahme auf Platon. Sie betrifft durchaus den Gedanken des Anderen seiner selbst. Die in der Literatur aufgestellte Behauptung: »Dieser Gedanke hat Platon gänzlich ferngelegen« (Henrich 1975, 250) dürfte deshalb kaum zu halten sein. Zu ihr kann nur verleitet werden, wer ausschließlich an den *Sophistes* denkt. Jedoch offensichtlich überträgt Hegel den im *Sophistes* entfalteten Begriff des *heteron,* von dem es dort in der Tat heißt, es sei immer ein Anderes gegenüber Anderem (255d1), auf seinen Lieblingsdialog, den *Parmenides.* Denn im *Sophistes* wird das *heteron* keineswegs dem *»Einen«* entgegengesetzt. In ihm ist das Eine *(hen)* nämlich gar nicht thematisch; es taucht zwar stellenweise auf, aber es gehört nicht zu den fünf Grundbegriffen, an denen Platon in diesem Dialog die Verflechtung der Ideen vorführt. Hingegen ist das Eine Thema des Übungsprogramms, das im *Parmenides,* »dem berühmtesten Meisterstück der platonischen Dialektik« (SW *18,* 240/19, 79), entwickelt wird. Und hier, im ersten Durchgang durch die Hypothese, derzufolge das Eine *ist,* setzt Platon diesem, in der Weise der Negation, das Andere seiner selbst, *heteron hautou* (139 b 5; vgl. 146 a 9/b1) entgegen, und zwar »als eins der Momente der Totalität«, das heißt der Gesamtheit der Prädikate, die dem Einen, versteht man es so, wie es hier verstanden wird, abgesprochen werden müssen.
Zugleich indiziert die Anspielung auf den *Parmenides* die Scheinhaftigkeit des ganzen Gedankens. Cornford (1939, 109 ff.) hat

die Auffassung vertreten, daß das Eine, von dem die Rede ist, das *hen* des parmenideischen Lehrgedichts sei. Seine Interpretation ist vielfach angezweifelt worden und kann deshalb nicht einfach als Ausgangsbasis dienen. Indessen spricht für sie nicht nur eine Stelle im *Sophistes* (242d4-7), wo Platon kritisch anmerkt, die Eleaten hätten vom sogenannten All der Dinge wie von *einem* Seienden *(hōs henos ontos)* gesprochen. Auch und gerade in dem Licht, das von der hier versuchten Hegel-Deutung auf den *Parmenides* zurückfällt, nimmt sie sich vorteilhaft aus. Man kann geradezu behaupten: Die kritische Darstellung der parmenideischen Ontologie in der Logik des reinen Seins wiederholt nur die Kritik, welche der erste Durchgang durch die Hypothese ›Wenn das Eine ist‹ enthält. Die Argumentationsreihe beginnt mit dem Nachweis, daß das Eine unverträglich sei mit dem Ganzen (137c4-d3), und gipfelt in der Schlußfolgerung, daß es nicht einmal *sein* und so auch nicht das *Eine* sein könne (141e9-12). Alle Konsequenzen einschließlich dieser letzten ergeben sich aus der Negation des Ganzheitscharakters. Platon betrachtet sie als die in sich richtigen Konklusionen aus einer falschen Prämisse, der Prämisse nämlich, die im nicht explizierten Vorverständnis des *hen* liegt. Die Kritik richtet sich also gegen dieses Vorverständnis. Da das *hen* so beschaffen ist, daß es die Negation aller Bestimmungen nach sich zieht, erkennen wir in ihm die völlige Bestimmungslosigkeit wieder, als die Hegel das parmenideische Sein beschreibt. Platon zeigt zunächst auf, daß das Eine des Parmenides aufgrund seiner faktisch angenommenen und auch ausgesprochenen Bestimmungslosigkeit dem Ganzen widerspricht, als welches das Lehrgedicht des Eleaten es zugleich beansprucht, um schließlich darzutun, daß die Inkompatibilität des tatsächlich Gedachten mit seiner Intention auf einen Selbstwiderspruch hinausläuft. Indem das Eine sich in seiner Selbstwidersprüchlichkeit aufhebt, erweist es sich aber als Schein.

Als *Schein* ist das Andere seiner selbst, was der Ausdruck nach seiner direkten Bedeutung besagt: das Nicht-Andere, also Etwas. Das vergegenständlichende Denken stellt auch das Andere, welches das Ganze ist, so vor wie das Andere von Etwas. Es folgt damit auf seine Art der Aufforderung, das Andere als solches festzuhalten. Dies tut es, indem es ihm ein Für-sich-Bestehen einräumt. Als für sich Bestehendes aber ist das Andere Etwas. Es ist so das Gegenteil seines im Übergang von A zu B exponierten Begriffs. Seinem Begriff nach ist es Werden in der konkreten Gestalt der Veranderung, das heißt Beziehung als Geschehen. Aber statt daß das Für-sich-Bestehen der aufeinander bezogenen Glieder sich in deren lebendige Beziehung auflöst, erstarrt das Beziehungsganze umgekehrt zum toten Bestand.

Was das Andere seiner selbst *in Wahrheit* ist, verrät das im Text angeführte Beispiel. »Solches seiner Bestimmung nach Andere ist die *physische Natur*; sie ist das *Andere des Geistes*« (105_{30}/127). Das Beispiel scheint, obwohl es offenbar noch mehr sein will als allein dies, allerdings kaum angebracht. Auf Platons *Parmenides* weist es sicherlich nicht zurück. Denn wenn Hegel auch von den Neuplatonikern die theologische Deutung des Dialogs übernimmt (vgl. SW *18*, 244/19, 82; Gadamer 1961, 20), so folgt er doch nicht ihrer Meinung, die Mannigfaltigkeit, bei der die platonische Gedankenentwicklung ankommt, sei die der physischen Natur. Er betrachtet den *Parmenides* als »die reine Ideenlehre Platon's« (SW *18*, 243/19, 81), die es durchweg mit Gedankenbestimmungen zu tun hat. Vor allem ist nicht recht zu sehen, wieso die Natur das *totalisierte* Andere illustrieren kann, das hier Thema ist. Zwar begreift Hegel sie auch sonst als »das Andere an ihr selbst« (105_{38}/127), aber nicht um sie zu verselbständigen, sondern um gerade zum Ausdruck zu bringen, daß sie bloß »das ist, was sie gegen den Geist ist« (105_{36}/127). Zum Anderen an ihr selbst in dem hier gemeinten Sinne wird sie nur, »insofern sie für sich genommen wird« (105_{37}/127), jedoch dann ist sie nicht mehr, was sie sein soll: das Andere des *Geistes*. Ebensowenig wie sie sich als das zum Ganzen gewordene Andere denken läßt, ist sie freilich als das Andere von Etwas denkbar. Hegels Versuch, sie gleichwohl so vorzustellen, mißlingt denn auch gründlich. In der Folge dieses Versuchs wird »der Geist das wahrhafte Etwas« (105_{35}/127) – ein Ding, das sich selbst dementiert, also ein Unding. Noch weniger taugt das Beispiel schließlich zur Veranschaulichung des Aussehens, welches das to-

talisierte Andere aus der Sicht des vergegenständlichenden Denkens gewinnt. Aus dieser Sicht nimmt, so sagten wir, auch das Andere, das etwas und etwas anderes übergreift, die Gestalt eines für sich bestehenden Etwas an. Die Natur hingegen ist vor allem deswegen das *»Außer-sich-seiende«* (105_{38}/127), weil sie in sich keinen Bestand hat.
Wie aber paßt die als Exempel gewählte Natur zum totalisierten Anderen in der ursprünglichen Form, in der es das Wahre am Schein der Fremdheit war? Als das Wahre am Schein der Fremdheit begegnete das Andere an ihm selbst, welches in *dem* Sinne das Andere seiner selbst ist, daß es sich auf sich bezieht. Auch für das so gefaßte Andere kann die Natur sicherlich nicht unmittelbar ein Beispiel sein. Indessen weist die Erinnerung an sie auf die Bedingung hin, die das Andere an ihm selbst erfüllen muß, soll es das sich auf sich beziehende Andere sein können. Die Natur macht zusammen mit dem endlichen Geist die Endlichkeit aus, von der unsere Abteilung handelt. Auch die Reflexionslogik gibt das Endliche als das Andere an ihm selbst aus; sie definiert es als »das Negative an und für sich, das positiv auf sich selbst beruht« (II 44_{3}/59). Ähnlich bestimmt Hegel das Andere an ihm selbst an der vorliegenden Stelle; er nennt es das »sich Negierende«, das gleichwohl »identisch mit sich« bleibt (106_{3}/127). Eine komplexere, jetzt nicht ausdeutbare Fassung der reflexionslogischen Endlichkeitsdefinition macht die Nähe der beiden Gedanken noch deutlicher. Ihr zufolge ist die Endlichkeit »das Gesetztsein *als in die Ungleichheit mit sich* reflektiert, das Negative als Negatives« (II 50_{15}/66). Dementsprechend bezeichnet die Daseinslogik das Andere an ihm selbst als »das in sich schlechthin Ungleiche« (106_{3}/127). Als das in sich schlechthin Ungleiche, als das Negative an und für sich kann es aber nur dadurch positiv auf sich selbst beruhen oder identisch mit sich bleiben, das heißt sich auf sich beziehen, daß es sein Sein in *seinem* Anderen hat. Dies jedenfalls ist der Schluß, auf den der Gedanke in der Reflexionslogik hinausläuft: Das als Gesetztsein enthüllte Dasein, das in seiner Kontingenz durchschaute Endliche vermag seine Identität nur in seinem Anderen zu bewahren, im Absoluten. Damit das Andere an ihm selbst das Andere seiner selbst im Sinne des

selbstbezüglichen Anderen sein kann, muß es sich also in dem Einen als seinem Anderen gründen. Und das demonstriert die Natur, denkt man sie mit Hegel, tatsächlich. Ist sie, das Andere an ihr selbst, insofern zugleich das Andere ihrer selbst, als sie letztlich ihr Anderes *ist*, dann ist sie oder vielmehr die an ihr erläuterte Endlichkeit aber auch das Ganze, als das sie das Andere zu veranschaulichen hat.

Ein abschließender Blick auf die Methodenreflexion am Ende der Logik bestätigt die Richtigkeit dieser Interpretation. Nach Dieter Henrich hat Hegel den Selbstbezug des Anderen »zum wichtigsten Operationsmittel seiner Logik gemacht« (1975, 251). Die Wichtigkeit des im dritten Punkt von B, a/1 eingeführten Begriffs läßt sich daran ermessen, daß jene Reflexion auf die dialektische Methode mit ihm einsetzt. Der logische Prozeß kommt nach dem allgemeinen Dialektikschema in Gang, indem das Erste »sich als das Andre seiner selbst zeigt« (II 494_{32}/561). Es wird das Andere seiner selbst, sofern es in das Zweite übergeht, das im Unterschied zu ihm als dem Positiven das Negative ist. Die »zweite Bestimmung« ist freilich, wie wir bereits gesehen haben, deshalb in sich selber entzweit, weil sie die erste zugleich in sich faßt: »aber ihrer Wahrheit nach ist sie eine *Beziehung* oder *Verhältnis*; denn sie ist das Negative, *aber des Positiven,* und schließt dasselbe in sich. Sie ist also das *Andre* nicht als von einem, wogegen sie gleichgültig ist, so wäre sie kein Anderes, noch eine Beziehung oder Verhältnis, – sondern das *Andre an sich* selbst, das *Andre eines Andern*« (II 495 f./562). In diesen letzten Begriff übersetzt Hegel die vorausgehenden Terme schließlich auch an unserer Stelle. Die Übersetzung ist gewiß nicht zwingender als die frühere Transformation des Anderen an ihm selbst in das Andere seiner selbst. Wie es keineswegs in der Wortbedeutung liegt, daß das Andere an ihm selbst das Andere seiner selbst ist, so nötigt der Sprachgebrauch auch nicht dazu, unter dem Anderen seiner selbst »das Andere des Andern« (106_2/127) zu verstehen. Der Evidenzmangel der explikativ gemeinten Identifikation beruht auf der Doppeldeutigkeit jedes Ausdrucks für sich. Doppeldeutig ist auch die Rede vom Anderen des Anderen. Auch sie nämlich kann das vorstellende Denken, wie die Wendungen ›das Andere an ihm selbst‹ und ›das Andere seiner selbst‹, als Hinweis auf Etwas mißdeuten. Ist doch auch Etwas das Andere des Anderen, gemäß der Beschreibung nämlich, die Hegel selber von ihm gibt: »Wenn wir ein Dasein A nennen, das andere aber B, so ist zunächst B als das Andere bestimmt. Aber A ist ebensosehr das Andere des B. Beide sind auf gleiche Weise *Andere*« (104₂₅/125). Allein, an unserer Stelle will Hegel das Andere des Anderen zweifellos in *dem* Sinne verstanden wissen, in dem er den Begriff seinem Dialektikschema einfügt. Der Begriff soll die Selbstbezüglichkeit herauskehren, die sein Vorgänger gegen die Vorstellung von Etwas nicht entschieden genug zur Geltung bringt. Selbstbezüglich aber ist das Andere des Anderen nach Maßgabe des Dialektik-Schemas, sofern es sich auf sein Anderes bezieht, in welchem es als das Negative gründet. Es *ist* überhaupt nichts als die Beziehung auf sein Anderes, weil es sein Sein nur in ihm hat.

2.2 Der Verlust des Anderen

2.2.1 Die unentdeckte Wahrheit im Schein des Endlichen

Im dritten Punkt des Abschnitts über Etwas und ein Anderes zeichnen sich bereits deutlich die Konturen des Endlichkeitsbegriffs ab. Der Begriff der Endlichkeit spricht die Wahrheit über das Dasein aus. Die Wahrheit über das Dasein ist, daß es »das Andere an ihm selbst« ist. Von ihr müssen wir nicht nur den Schein unterscheiden, der sich auch des Endlichen wieder bemächtigt, sondern ebensowohl die Wahrheit des Endlichen selber, die es nach Hegel allein im Unendlichen hat. Schein erzeugt die Vorstellung der Endlichkeit, indem sie denjenigen Schein noch potenziert, welchen das Andere an ihm selbst durch seine Hypostasierung annimmt. Hingegen liegt im Gedanken der Wahrheit des Endlichen, was der Vergleich des dritten Punktes von B, a/1 mit dem Dialektikschema sichtbar gemacht hat: Das Andere an ihm selbst ist das Andere seiner selbst, sofern es seine Identität mit sich in seinem Anderen gewinnt.

Als die Wahrheit über das Dasein beschreibt Hegel die Endlichkeit hauptsächlich im Vorspann zu der speziell ihr gewidmeten Passage am Schluß der Abteilung, die ja auch im ganzen von ihr handelt (B, c); den in ihrer Bestimmung neu sich formierenden Schein deckt er im Anfangsabschnitt der Passage auf (B, c/α); und in seine eigene Wahrheit, das Unendliche, transformiert er das Endliche im Übergang zu C (B, c/γ). Dementsprechend sollen im folgenden vor allem diese drei Texte ausgeschöpft werden. Aufmerksamkeit verdient insbesondere die Nähe von B, c/γ zum letzten, bisher noch nicht vollständig ausgelegten Absatz von B, a/1. Vor dem Hintergrund der hier wenigstens noch teilweise gegebenen Strukturgleichheit wird die Kritik zu exponieren sein, welcher der in C mit emphatischem Wahrheitsanspruch auftretende Begriff affirmativer Unendlichkeit verfällt.

Das Andere an ihm selbst war nicht mehr das Andere von Etwas; es war das Ganze, das sich in Etwas und ein Anderes auseinanderfaltet. Als das Ganze aber war es ein Geschehen, das Geschehen, auf das die Idee der Veranderung vorausgedeutet hatte. Beides – die Totalisierung des Anderen und seine Auflösung in ein Geschehen – geht in den Begriff des Endlichen ein. Beides definiert seine Neuartigkeit gegenüber demjenigen Begriff, aus dem er sich unmittelbar ergibt, dem der Grenze. Von dieser her erscheint das Endliche zwar als ein in bestimmter Weise qualifiziertes Etwas, als »Etwas mit seiner immanenten Grenze gesetzt als der Widerspruch seiner selbst, durch den es über sich hinausgewiesen und getrieben wird« (116_{24}/139). Aber seinem eigentümlichen Sinne nach meint es das Ganze dessen, was je Etwas ist, den »Kreis der seienden Bestimmtheiten« (128_{2}/152). Dafür stehen die »Dinge« ein, von denen Hegel die Endlichkeit aussagt[19]. Genauso klar läßt am Begriff des Endlichen sich ablesen,

19 Es fällt auf, daß Hegel, der in der Vorrede zur zweiten Ausgabe seines Werkes »nicht die *Dinge*, sondern die *Sache*« für den Gegenstand der logischen Wissenschaft erklärt (18_{21}/29), hier vom Begriff der Dinge ohne weitere Rechtfertigung Gebrauch macht. Der Grund dieser Unreflektiertheit liegt auf der Hand: Hegel denkt Endlichkeit mit einer gewissen Selbstverständlich-

daß die Totalität, zu der das Andere in B, a/1 geworden ist, den Charakter eines Geschehens besitzt. Während Hegel die Grenze räumlich versteht, begreift er Endlichkeit wesentlich als Zeitlichkeit. An ein zeitliches Ende denkt er, wenn er im Hinblick auf die Bedeutung des Wortes ›Endlichkeit‹ betont: »Die endlichen Dinge (...) *sind,* aber die Wahrheit dieses Seins ist ihr *Ende*« (117_{3}/139). Tritt doch an die Stelle des primär räumlich akzentuierten Übergehens das temporal aufzufassende *Ver*gehen. Daß aber die endlichen Dinge »vergänglich« seien, sollte bereits an der ersten Stelle, an der die Logik auf sie zu sprechen kam, heißen: Sie sind »sterblich« (75_{15}/92). So gibt Hegel die Zeitlichkeit, auf die hin er das Endliche interpretiert, auch hier für Sterblichkeit aus. Scheinbar unvermittelt knüpft er an die uralte Sentenz an, daß das Leben nichts als ein lebenslanges Sterben sei. Das »Sein der endlichen Dinge als solches ist«, schreibt er, »den Keim des Vergehens als ihr Insichsein zu haben: die Stunde ihrer Geburt ist die Stunde ihres Todes« (117_{11}/140).

So äußerlich die Anspielung auf den traditionsreichen Topos dem rein Logischen auch zu sein scheint – in Wirklichkeit veranschaulicht er den Grundgedanken. Das Sein der endlichen Dinge ist, meint Hegel, Vergehen nicht bloß in dem Sinne, daß sie zunächst bestünden und dann auch einmal vergingen; vielmehr vergehen sie immer und von Anfang an. In die Sprache des Begriffs zurückübersetzt: Endlich sind die Dinge als das vollständig Negative. Das bedeutet, daß »ihnen nicht mehr ein affirmatives Sein *unterschieden* von ihrer Bestimmung zum Untergange gelassen ist« (117_{17}/140). Das Dasein hat das Negative nicht mehr bloß als Moment an sich; es ist selber und durchweg negativ. Auf diese Weise hat es sich so gesetzt, wie es im zweiten Durchgang

keit als die Endlichkeit von Dingen, unter die allerdings nach seiner Auffassung auch der Mensch fällt, sofern und soweit er nicht Geist ist. Dies ist, wie man sieht, bereits an der unten zitierten Stelle der Fall, an der er den Ausdruck ›endlich‹ innerhalb der Logik erstmals verwendet. Demgemäß sind für Hegel auch umgekehrt Dinge schon als solche endlich. Seinen berühmt-berüchtigten Satz: »Alle Dinge sind an sich selbst widersprechend« (II 58_{5}/74) expliziert er durch den anderen: »Die endlichen Dinge in ihrer gleichgültigen Mannigfaltigkeit sind (...) überhaupt dies, widersprechend an sich selbst, in sich gebrochen zu sein und in ihren Grund zurückzugehen« (II 62_{15}/79).

*an*gesetzt war: als Einheit des Positiven und des Negativen in der Bestimmtheit eines Seins, das seinerseits das Negative ist. Dabei hebt dieses sich nur noch gegen das Affirmative ab, nicht gegen das Positive überhaupt, weil es zur schlichten Verneinung des Seins, zum Nichtsein geworden ist. »Wenn wir von den Dingen sagen, *sie sind endlich*, so wird darunter verstanden, daß (...) das Nichtsein ihre Natur, ihr Sein, ausmacht« (116 f./139). Zu dem Wir gehört durchaus auch Hegel, der in der Reflexionslogik als die Wahrheit über das Dasein ausdrücklich das »*Nichtsein* des Endlichen« bekräftigt (II 62_{30}/80). Entsprechend versichert er rückblickend in C, das zur Endlichkeit qualifizierte Dasein sei »längst« als »*Nichtsein*« offenbar geworden (135_{16}/160). Zum Nichtsein aber hat auf dem Weg zum Endlichen das Andere an ihm selbst sich fortentwickelt. Daß der Begriff des Endlichen auf das All der Dinge zielt und deren Sein als Vergehen kennzeichnet, zeigt nur die Bewahrung des Status an, der dem Anderen an ihm selbst zukommt. Die Nichtigkeit endlichen Seins hingegen ist die Gestalt, die dieses als solches durch seine Realisierung angenommen hat.

Eben die uneingeschränkte Geltung des Negativen ist auch die Quelle des Scheins, den der Endlichkeitsbegriff mit sich führt. Daraus nämlich, daß alles, was Bestand hatte, restlos negativ ist, das heißt ins Nichtsein versinkt, glaubt das vergegenständlichende Denken schließen zu dürfen, das Negative bestehe für sich. Diese Konsequenz fügt sich bruchlos in die Reihe seiner bisherigen Operationen ein. Zunächst umgab es das Etwas mit dem Schein der Positivität. Sodann übertrug es ihn vom Etwas auf das Andere. Jetzt schließlich positiviert es die Negation selber. Es verleiht ihr den Schein der »qualitativen Einfachheit« (117_{19}/140). Das Endliche wird so »die als *an sich fixierte* Negation« (117_{25}/140). Dadurch aber tritt es nicht nur in einen schroffen Gegensatz »zu seinem Affirmativen, dem Unendlichen« (117_{29}/140; vgl. 118_{21-24}/141). Es schlägt auch in das Gegenteil seiner selbst um. Durch die Fixierung der Negation auf sich selbst wird die Endlichkeit notwendig verabsolutiert.

Dieser Schein übertrifft an Massivität alle früheren Formen des am Dasein haftenden Scheins. Zweierlei bringt den Zuwachs zum Ausdruck: erstens die Spezifizierung des vergegenständlichenden Denkens, das Hegel als das des Verstandes namhaft macht, und zweitens der Hinweis darauf, daß die positivierte Negation »zum abstrakten Gegensatze des Nichts und Vergehens gegen das Sein zurückgegangen ist« (117_{20}/140). Regression indizierte ja bisher stets die Erzeugung von Schein. Demzufolge wird man annehmen müssen, daß der denkbar schlimmste Rückfall, der in den Anfang, auch den größtmöglichen Schein anzeigt. Die Erneuerung des Anfangs steht aber mit dem Auftreten des Verstandes in einem geheimen Zusammenhang. Die Logik des scheinhaften Gegensatzes von Sein und Nichts stellt die parmenideische Ontologie kritisch als Ursprung der Metaphysik dar. Als Verstandesdenken betrachtet Hegel vornehmlich die Philosophie Kants. Die aber kritisiert er im folgenden auf dem Hintergrund einer Kritik des Platonismus. Indem er das im Lehrgedicht des Parmenides aufbrechende Denken, das er zu Beginn des Kapitels des näheren als das vorstellende charakterisierte, jetzt zum Verstandesdenken erklärt, verknüpft er also die Grundlegung der Metaphysik mit deren Entfaltung von Platon bis Kant.

Dabei ist für ihn in der Sache begründet, daß der Verstand gerade mit der Qualifizierung des Daseins zur Endlichkeit thematisch wird. Denn nach seiner Auffassung ist die Endlichkeit »die hartnäckigste Kategorie des Verstandes« (117_{21}/140). Der Superlativ unterstreicht die Maximierung des Scheins. Zugleich aber wird mit der Behauptung, die Endlichkeit sei die hartnäckigste Kategorie des Verstandes, zum Problem, wie in ihrem Falle Schein und Wahrheit sich zueinander verhalten. Gewiß ist, daß die Wahrheit, welche die Kategorie der Endlichkeit über das Dasein ausspricht, im Schein nicht verlorengehen kann. Indessen wirft die Korrelation von Endlichkeit und Verstand die Frage auf, ob nicht der von diesem erzeugte Schein selber Wahrheit enthalte. Denn der Verstand ist ja, hegelisch gedacht, nicht nur Gegenspieler, sondern auch Organ der Vernunft, derart, daß die Einheit von Schein und Wahrheit auf seiner Einheit mit der Vernunft basiert[20]. Der Schein, den er hervorbringt, ist

20 Eduard von Hartmann (1868, 51-66) gebührt das Verdienst, schon früh

als »Scheinen der Vernünftigkeit in diese Sphäre der Endlichkeit« (R § 189) immer auch das Hervorscheinen von Wahrheit. Demnach kann die Hartnäckigkeit, mit der er auf der Endlichkeit beharrt, nicht ausschließlich seiner Verschleierungstendenz angelastet werden.

Das Problem läßt sich an der von Hegel der Endlichkeitskategorie nachgesagten Widersprüchlichkeit demonstrieren. Die verständige Vorstellung verstrickt sich in einen Widerspruch, indem ihr das Endliche zum Gegenteil seiner selbst gerät, zum Absoluten. Allein, so der Schluß von B, c/α, »die Entwicklung des Endlichen zeigt, daß es an ihm als dieser Widerspruch in sich zusammenfällt, aber ihn dahin wirklich auflöst, nicht daß es nur vergänglich ist und vergeht, sondern daß das Vergehen, das Nichts, nicht das Letzte ist, sondern vergeht« (119_{2}/142). Die Wahrheit über das Dasein ist die Endlichkeit als das Vergehen, in welches das Übergehen selber übergegangen ist; Schein wird sie in der kritischen Perspektive Hegels, sofern der Verstand das Vergehen zum Letzten macht (118_{15-18}/141); aber ihre eigene Wahrheit ist, wie wir hören, das »Vergehen des Vergehens« (118_{30}/141). Im Vergehen des Endlichen fällt der Widerspruch, den der Verstand konstruiert, in sich zusammen; im Vergehen des Vergehens löst das Endliche ihn auf. Um ihn aber »wirklich« auflösen zu können, muß das Endliche in gewisser Weise auch wirklich der Widerspruch sein. Es muß etwas von dem an sich haben, das ihm der Verstand zuschreibt. Das Widersprüchliche an der vom Verstand vorgetragenen »Ansicht des Endlichen« (118_{16}/141) liegt nach unserer Stelle, die im Zusammenhang der Reflexionslogik eine große Bedeutung gewinnen wird (s. unten, S. 336), in der Meinung, »das an sich Nichtige *sei*, und es sei *als* an sich Nichtiges« (118 f./141). Diese Meinung vertritt jedoch auch Hegel. Die Endlichkeit der Dinge beruht ja in seinen Augen

auf die Schwierigkeiten hingewiesen zu haben, die in Hegels Konzeption der Beziehung von Verstand und Vernunft liegen. Er bezeichnet die »Zusammenkettung von intellectuellen Seelen, deren jede auf entgegengesetzte Weise denken will«, als das Ungeheuerlichste, das je ersonnen worden ist. Vgl. zu diesen Schwierigkeiten auch Dominique Dubarle in Dubarle/Doz (1972), 87-108.

darauf, daß »das Nichtsein ihre Natur, ihr Sein, ausmacht«. Sie ist nicht schlicht Nichtsein, sondern ein Nichtsein, das Sein, oder ein Sein, das Nichtsein ist.
Freilich ist das Endliche der Widerspruch, in den der Verstand es hineintreibt, nur, wie gesagt, »in gewisser Weise«. Die spezifische Differenz seiner Widersprüchlichkeit besteht im In-sich-Zusammenfallen. Worauf die Behauptung abzielt, daß das Endliche »an ihm als dieser Widerspruch in sich zusammenfällt«, klärt sich eigentlich erst dann auf, wenn man ihre Verbindung mit der Auflösungsthese lockert. Nach Hegels ausgearbeiteter Widerspruchstheorie verhält es sich keineswegs so, daß dasselbe, das als der Widerspruch in sich zusammenfällt, ihn auch auflösen könnte. Ihr zufolge ist das Subjekt des Auflösens vielmehr ein anderes als das des In-sich-Zusammenfallens. »Etwas ist«, heißt es in ihrem Zusammenhang, »lebendig, nur insofern es den Widerspruch in sich enthält, und zwar diese Kraft ist, den Widerspruch in sich zu fassen und auszuhalten. Wenn aber ein Existierendes nicht in seiner positiven Bestimmung zugleich über seine negative überzugreifen und eine in der andern festzuhalten, den Widerspruch nicht in ihm selbst zu haben vermag, so ist es nicht die lebendige Einheit selbst, nicht Grund, sondern geht in dem Widerspruche zugrunde« (II 59_{31}/76). Hegel unterscheidet hier das Leben, das für ihn letztlich das des Geistes ist, und das Sein der ›toten‹ Dinge (vgl. Rademaker 1969, 21). Was diese betrifft, so ist der Streit darüber, ob er den Widerspruch für real ausgegeben habe oder nicht, deshalb schwer zu schlichten, weil die Realität des Widerspruchs, die er in der Tat annimmt, auf die Irrealität dessen hinausläuft, das mit dem Widerspruch behaftet ist. Im Blick auf die Dinge konstatiert Hegel einen Widerspruch von Existierendem keineswegs in dem Sinne, daß dieses sein und bleiben könnte, was es ist. Denn es »geht in dem Widerspruche zugrunde«. Oder eben: Es fällt in sich zusammen. Zwar darf Hegel in der Seinslogik noch keinen Gebrauch vom Begriff des Grundes machen, wohl aber greift er umgekehrt in der Reflexionslogik auf die seinslogische Metapher zurück. Im Kontext des Zitats spricht er von dem widersprüchlichen als einem »nur fallenden« Sein (II 62_{24}/79). Das auf Zufälligkeit anspielende

Attribut drückt die Überzeugung aus, daß Sein und Nichtsein im Fallen sich vermitteln, und dies so, daß auch der Widerspruch dahinfällt. Der Verstand hingegen abstrahiert vom fallenden Charakter des Endlichen und hält es so im Widerspruch zwischen Sein und Nichtsein gefangen.

Nun weicht diese Darstellung des vom Verstand erzeugten Scheins offensichtlich von Hegels eigener ab. Die seinslogische Vorform des Zugrundegehens ist das Vergehen. Die Abstraktion vom Fallen wäre also ein Absehen vom Vergehen. Aber nicht daß der Verstand vom Vergehen absieht, wendet Hegel an der vorhin angeführten Stelle gegen den Verstand ein, sondern dies, daß er es zum Letzten macht. Eine solche Kritik weiß zwischen der Endlichkeit als Wahrheit über das Dasein und der Endlichkeit als Schein säuberlich zu scheiden. Nur weicht sie ihrerseits von der Kritik an der Meinung ab, »das Endliche *stehe perennierend* dem Unendlichen entgegen« (118_{39}/141). Und *diese* Kritik, die fundamentale, läßt sich durchaus so formulieren, daß der Verstand vom Vergehen absehe. Daß Hegel sie aber dort, wo er in eine ausdrückliche Auseinandersetzung mit dem scheinerzeugenden Denken eintritt, mit ihrer angeblichen Neufassung faktisch verleugnet, legt einen Verdacht nahe: Er kann im daseinslogischen Kontext auch die Wahrheit nicht anerkennen, die der Schein enthält.

Die Frage, wie im vorliegenden Falle Wahrheit und Schein zusammengehören, wird damit zu einer kritischen Frage an den daseinslogischen Begriff der Endlichkeit. In dem geäußerten Verdacht steckt die Vermutung, daß die verstandesmäßige Abstraktion vom Vergehen etwas Richtiges enthalte. Deren Richtigkeit beruht aber auf der Berichtigung des Fehlers, den die Gleichsetzung der Endlichkeit mit dem Vergehen macht. Hier ist der Punkt, wo Hegels Metaphysikkritik sich gegen ihn selber wendet. Die Gleichsetzung folgt ja der Metaphysik Platons, die nach meiner Interpretationshypothese als Maßstab der Positivismuskritik fungiert, bevor sie selber zum Gegenstand kritischer Darstellung wird. Platonisch im Sinne der klassisch gewordenen Ideenlehre des *Phaidon* ist schon die Auslegung der Endlichkeit als eines Seins *(on)*, das ein Nichtsein *(mē on)* ist. Platonisch ist auch und vor allem der Versuch, die Einheit von Sein und Nichtsein als Vergehen zu denken. Rekurriert doch auch Platon zur Begründung seiner Behauptung, daß das *on*, das allein den Dingen zuzugestehen sei, in Wirklichkeit den Status eines *mē on* habe, auf das Ausgeliefertsein der Dinge an das Gesetz von Entstehen und Vergehen *(genesis kai phthora)*. Durch die Entschränkung des Vergehens radikalisiert die *Wissenschaft der Logik* den *Phaidon* sogar noch, und zwar so, daß sie die Radikalisierung als ihren eigenen Gedankenprozeß darstellt: als den Prozeß, der, anfangend mit dem Werden, das gleichursprünglich Entstehen und Vergehen ist, die Wahrheit über dasjenige aufdeckt, das aus dem Werden »hervorgeht«. Der Verstand verhält sich aber ganz vernünftig, wenn er ein Sein, das ein Nichtsein, oder ein Nichtsein, das ein Sein sein soll, für einen Widerspruch erklärt. Auch Hegel muß ihm darin recht geben. »Das Endliche ist so der Widerspruch seiner in sich ...« (124_{29}/148). Indessen hält Hegel das Vergehen oder In-sich-Zusammenfallen im Grunde für eine eigene Art der Auflösung des Widerspruchs, für die nämlich, die in der Selbstaufhebung des Endlichen geschieht. Der angeführte Satz lautet vollständig: »Das Endliche ist so der Widerspruch seiner in sich; es hebt sich auf, vergeht.« Der Verstand hingegen kann gerade dies nicht mitmachen. Er beharrt auf dem Paradox, daß das an sich Nichtige gleichwohl *ist*. Und darin gibt ihm die Sache selber recht. Wir werden sehen (S. 336 ff., bes. 356), daß ihm in gewisser Weise auch Hegel recht gibt.

2.2.2 Der unentdeckte Schein im ›wahrhaften‹ Begriff der Unendlichkeit

Die kritische Frage an den daseinslogischen Endlichkeitsbegriff führt notwendig zur Problematisierung auch der spekulativ gedachten *Un*endlichkeit. Mit dem Vergehen nämlich gerät ebensowohl das Vergehen des Vergehens in den Strudel der Skepsis. Zum Vergehen kommt sein eigenes Vergehen in der Sicht Hegels nicht äußerlich hinzu. Denn das Vergehen ist eine bloß scheinbar ›einfache‹ Negation, die bei näherem Hinsehen sich als eine doppelte offenbart. Ist doch dasjenige, das vergeht, selber nur Vergehen. Also vergeht das Vergehen. Zum selben Schluß gelangt man im Ausgang von der Übersetzung des Vergehensbegriffs in den des Sich-Aufhebens. Im Sich-Aufheben erblickt Hegel einen Typ von Negation. Das Endliche, das in seinem Vergehen sich selbst aufhebt, ist aber seinerseits schon negativ bestimmt. Woraus folgt: »sein Resultat, das Negative überhaupt, ist (...) das Negative des Negativen« (124_{31}/148). Nun glaubt Hegel hieraus des weiteren auch die Selbstbezüglichkeit der Negation ableiten zu dürfen. Nach seiner Auffassung »hat das Endliche in seinem Vergehen, dieser Negation seiner selbst, sein Ansichsein erreicht, es ist darin *mit sich selbst zusammengegangen*« (124 f./148). Das Zusammengehen mit sich soll das Affirmative sein, das unmittelbar in der Negation der Negation liegt. »Diese *Identität mit sich,* die Negation der Negation, ist affirmatives Sein ...« (125_{9}/148 f.). Erst mit dieser Einsicht hat der Gedanke das Niveau wiedergewonnen, das prinzipiell bereits am Ende von B, a/1 erreicht war. Dort blieb das sich Negierende »identisch mit sich«, weil dasjenige, in das es sich veränderte, dieselbe Bestimmung hatte wie es selber, nämlich die des Anderen; »es *geht* daher in demselben *nur mit sich zusammen«* (106_{8}/127; vgl. E § 95). Allein, das Vergehen des Vergehens ergibt kein Mit-sich-Zusammengehen. Wie das Resultat, welches das Verschwinden des Verschwindens zeitigte, Schein war, so sinkt auch das Vergehen des Vergehens ins Nichts zurück, jedenfalls dann, wenn ihm, der Intention Hegels gemäß, kein vom Vergehen Unterschiedenes vorauszusetzen ist. Dann entspringt ihm keinerlei »affirmatives Sein«. Ebensowenig ist ein solches Ergebnis von irgendeiner anderen Form der Selbstaufhebung des Endlichen zu erwarten. Das Affirmative begreift Hegel als die Selbstbezüglichkeit der Negation. Selbstbezüglich aber kann nur *die* Negation sein, als die er die sich entäußernde und zu sich zurückkehrende Tätigkeit faßt. Eine derartige Negation ist das Endliche nicht. Es ist das ›Negative‹ vielmehr als das Nichtige. Seine Selbstaufhebung ist mithin die Vernichtung des Nichtigen und keineswegs Rückkehr zu sich.

Nicht aus dem Vergehen des Vergehens resultiert das Mit-sich-

Zusammengehen des Endlichen, sondern aus dessen *Hinaus*gehen *über* sich. Dieses entwickelt Hegel aus der dialektischen Beziehung der Schranke und des Sollens. Er legt es dann seiner Theorie der Unendlichkeit als die wesentliche Bestimmung des Endlichen zugrunde (vgl. 126_{16}/150). Danach »ist die Endlichkeit nur als Hinausgehen über sich« (135_{5}/160). Der Fundamentalität des Begriffs entspricht, daß Hegel sie in der *Phänomenologie* auch auf das der Endlichkeit korrelative Bewußtsein anwendet (vgl. PhdG 69_{18}/74) und daß er in der *Enzyklopädie* (§ 81) sogar die Dialektik im ganzen, als »die eigene, wahrhafte Natur der Verstandesbestimmungen, der Dinge und des Endlichen überhaupt«, auf »dies immanente Hinausgehen« zurückführt. Über sich hinausgehen aber kann das Endliche nur, indem es sich auf sein Anderes hin übersteigt. Folglich vermag es auch nur in seinem Anderen mit sich zusammenzugehen. Das war ja in der Tat die Wahrheit, die im dritten Punkt von B, a/1 sichtbar wurde. Seiner Wahrheit nach ist das Endliche – das deutete sich schon dort an – das Andere an ihm selbst, welches nur in seinem Anderen mit sich identisch wird. Einzig in derlei Sinne läßt sich von daher sagen, daß es seine Wahrheit im Unendlichen habe. Ich finde in diesem Zusammenhang bemerkenswert, daß Hegel in B, c, also in der Endlichkeitsanalyse, der die Theorie der Unendlichkeit erst folgt, nicht nur das Unendliche als Unendliches, sondern auch und gerade als dasjenige voraussetzt, das für das Endliche sein Anderes ist (vgl. 117_{32}/140; 117 f./140 f.). Die Voraussetzung wäre ungerechtfertigt, würde nicht schon der in B, a/1 entfaltete Begriff des Anderen seiner selbst in diese Dimension hineinreichen. So weist denn auch das Zusammengehen des Endlichen mit sich auf sein Anderes zurück. Das Endliche geht mit sich selbst zusammen, indem es über sich hinausgeht in sein Anderes.

Der Begriff des Anderen taucht im Kontext des in B, c/γ wiederaufgenommenen Mit-sich-Zusammengehens durchaus auch explizit auf. »Diese *Identität mit sich*, die Negation der Negation, ist affirmatives Sein, so das Andere des Endlichen, als welches die erste Negation zu seiner Bestimmtheit haben soll; – jenes Andere ist *das Unendliche*.« Indessen springt die Bedeutungsverschiebung in die Augen. Das Unendliche ist nicht mehr das Andere, in welchem das Endliche seine Identität mit sich gewinnt und bewahrt; es ist die Identität selber. Damit kündigt sich ein Wandel an, der in der Abteilung C, welche die Unendlichkeit thematisiert, die Grundlagen der Theorie umwälzt. Negativ drückt er sich darin aus, daß das Unendliche gar nicht mehr als das Andere auftritt. Dies aber ist bloß die Kehrseite des Sachverhalts, der sich uns so dargestellt hat, daß das Endliche in der Konsequenz des Hegelschen Gedankens faktisch nichts, das heißt nicht Etwas ist. Die Zusammengehörigkeit der Schicksale, die der Endlichkeitsbegriff und der Begriff der Unendlichkeit erleiden, läßt sich an dessen inneren, ineins mit dem negativen Wandel aufbrechenden Spannungen ablesen. In B, c/γ ist das Unendliche das Andere des Endlichen, sofern es sich von ihm als »sein Resultat« unterscheidet, als die Identität mit sich, die angeblich der Selbstnegation des Endlichen entspringt. Demgemäß übersetzt Hegel das präsentische Mit-sich-Zusammengehen von B, a/1 ins Perfekt: Das Endliche *ist* in seinem Vergehen »mit sich selbst zusammengegangen«. Auch in C hält Hegel daran fest, daß die Unendlichkeit »Resultat« ist (137$_{33}$/163). Sie ist Resultat als »In-sich-Zurückgekehrtsein« (138$_{20}$/164). Gleichzeitig aber beschreibt er sie als »Prozeß« (126$_{4}$/150; 138$_{3}$/163). Dabei ist es, wie wir sehen werden, der Prozeß, auf den der Akzent der Theorie fällt. Dem Unterschied von Resultat und Prozeß entspricht die früher (S. 181) bloß referierte Doppelzuordnung der Unendlichkeit zu Sein und Werden. Denn in der behaupteten Wiederherstellung des Seins kehrt dessen ursprüngliches Verhältnis zum Werden sich um: Als Unendlichkeit geht das Sein, statt daß es ihm voranginge, aus dem Werden hervor. Hegel trägt dem Rechnung, indem er betont, daß das Unendliche »zum affirmativen Sein resultiert« (129$_{26}$/153 f.). Aber die Definition der Unendlichkeit als zu sich selbst gekommenes, auch in seinen Momenten mit sich übereinstimmendes Werden korrigiert ihre Deutung aus der Restitution des Seins: Die Unendlichkeit ist »wesentlich der Prozeß des *Werdens*« (140$_{6}$/166). Wieso die Korrektur? Weil die Identität mit sich ohne das Endliche, das sie gewinnen sollte, nicht mehr zu denken ist. Deshalb sieht Hegel sich auch genötigt, das Resultat umzudeuten. Das »In-sich-Zurückgekehrtsein« ist nicht mehr das des Endlichen. Es ist die Rückkehr des Unendlichen in sich, aber eben dergestalt, daß die Unendlichkeit mit dem Reflexionsprozeß zusammenfällt.

Wenn hier vom Unendlichen oder von der Unendlichkeit die Rede ist, so ist »das Unendliche der Vernunft« gemeint, das Hegel vom »Unendlichen des Verstandes« unterscheidet (125_{28-31}/149). Dieses nennt er auch »das *Schlecht-Unendliche*« (128_{8}/152), jenes »das *wahrhafte*« (126_{4}/150). Beim Unendlichen der Vernunft haben wir es in seiner Sicht mit dem »wahrhaften Begriff der Unendlichkeit« zu tun (125_{29}/149), weil es das durch die Negation der Negation vermittelte Affirmative ist. Der Schlußabschnitt der Abteilung, der damit auch die Daseinslogik im ganzen abschließt, stellt es deshalb unter den Titel der »affirmativen Unendlichkeit«. Der Titel reklamiert die Lösung des Problems, das der Abteilung C aufgegeben ist: der Negation die Selbstbezüglichkeit zu sichern, deren das Etwas für sich allein nicht habhaft werden konnte und deren es in Gemeinschaft mit Anderem verlustig ging. Das Unendliche des Verstandes ist demgegenüber schlecht, weil dieser das Affirmative als das einfachhin Positive mißversteht. Für das in Verstandesbestimmungen befangene Denken ist die unendliche Affirmation »qualitativ *unmittelbare* Beziehung auf sich, *Sein*« (127_{30}/151), nicht das aus dem Negationsprozeß resultierende, sondern das anfängliche, scheinbar vorgegebene Sein. Die Kategorie des Unendlichen legt Hegel also ausdrücklich in die Aspekte der Wahrheit und des Scheins auseinander. Sie ist der erste und auch der einzige Begriff, den er derart zerteilt. Ich möchte nun die These zu begründen versuchen, daß die *Wissenschaft der Logik* just hier, wo sie die beiden Dimensionen verbaliter trennt, den Schein in der Kritik reproduziert und für Wahrheit ausgibt, was im Grunde bloß ein Widerschein des Scheins ist.

Der Begründungsversuch muß an der Stelle ansetzen, an welcher der Schein auch für Hegel selber am massivsten hervortritt. Das ist im mittleren Abschnitt der Abteilung der Fall, im Abschnitt über die »Wechselbestimmung des Endlichen und Unendlichen«. Der Abschnitt beginnt mit den Worten: »Das Unendliche *ist*;

in dieser Unmittelbarkeit ist es zugleich die *Negation* eines *Andern*, des Endlichen. So als *seiend* und zugleich als *Nichtsein* eines *Andern* ist es in die Kategorie des Etwas (...) zurückgefallen« (127_1/151). Der Schein ist das Produkt der Vorstellung, die das Unendliche und das Endliche so aufeinander bezieht, als seien sie Etwas und ein Anderes. Von dem Rückfall sind beide Bestimmungen betroffen, die des Unendlichen ebenso wie die des Endlichen. Das Endliche ist nicht mehr das Andere an ihm selbst, sondern einfach ein Anderes. Es ist aber nicht mehr das Andere an ihm selbst, weil das Unendliche nicht mehr sein Anderes ist, sondern Etwas. Die Verschleierung der wahren Natur des Endlichen gründet in dem Schein, den das verstandesmäßige Denken des Unendlichen erzeugt. Sofern nun das in die Kategorie des Etwas zurückgefallene Unendliche Schein ist, liegt auch der Weg, der dahin führt, ganz und gar auf der Ebene der Generation des Scheins. Daß das, was für das Endliche sein Anderes war, jetzt Etwas sein soll, läßt sich aus dem Prozeß der Enthüllung von Wahrheit nicht verständlich machen. Gleichwohl tut Hegel so, als sei die Herkunft des als Etwas vorgestellten Unendlichen auch eine Geburt aus dem Geiste der Wahrheit.

Das zeigt sich an der Art, wie er den Anfang von C, b aus C, a herleitet. Auf C, a bezieht sich die Ausgangsthese zurück, die Aussage: »Das Unendliche *ist*«. Sie kommt in C, a bereits zweimal vor, allerdings beide Male ohne eine Erläuterung des Sinns von *»ist«*. An der ersten Stelle übersetzt der Satz die Behauptung, das Unendliche sei »das *Sein,* das sich aus der Beschränktheit wieder hergestellt hat« (126_6/150). Diese Behauptung ist ihrerseits aus der vorausgegangenen Entwicklung des Endlichen nicht zu rechtfertigen. Sie entspricht außerdem, wie früher (S. 159 f.) schon angedeutet, nicht einmal dem Systemprogramm. Denn nach dem systematischen Aufriß der Logik wäre zu erwarten gewesen, daß das Sein erst im Fürsichsein zu sich kommt. Schließlich widerstreitet sie der Auffassung, daß es das *Endliche* sei, welches im Unendlichen seine Identität mit sich zurückgewinnt und sich insofern darin wiederherstellt. Hegel nimmt diese am Ende von B anklingende Einsicht in C dergestalt auf, daß er die Identitätsgewinnung ausdrücklich als Wiederherstellung anspricht. Im Zuge seines Versuchs, die in der scheinhaften Wechselbestimmung des Endlichen und des Unendlichen an sich schon vorhandene Wahrheit zu sichten, stellt er fest: »Dies ist die vollständige, sich selbst schließende Bewegung, die bei dem angekommen, das den Anfang machte; es entsteht dasselbe, von dem ausgegangen worden war, d. i. das Endliche ist wiederhergestellt; dasselbe ist also mit sich selbst zusammengegangen, hat nur sich in seinem Jenseits wiedergefunden« (136_{21}/161 f.). Nach allem Bisherigen muß man befürchten, daß die Deutung des Unendlichen als des wiederhergestellten Seins bloß ein Surrogat ist für die aus dem Gedankengang begründbare, jedoch faktisch preisgegebene These über die Wiederherstellung des Endlichen.

Wie berechtigt die Befürchtung ist, lehrt die zweite Stelle, an der Hegel in C, a den Anfang von C, b vorformuliert. Mit Bezug auf das Endliche bemerkt er zunächst: »Die Unendlichkeit ist seine *affirmative Bestimmung*, das was es wahrhaft an sich ist.« Dann aber fährt er fort: »So ist das Endliche im Unendlichen verschwunden, und was *ist*, ist nur das *Unendliche*« (126_{35}/150). Offensichtlich entbehrt der argumentative Zusammenhang dieser beiden Schlußsätze von C, a jeder Konsistenz. Denn seine affirmative Bestimmung kann das Endliche in der Unendlichkeit nur dann haben, wenn es gerade *nicht* verschwunden ist. Diese Inkonsistenz reproduziert indessen nur den Bruch innerhalb des Gedankens, den der erste Satz zusammenfaßt. Der darin zusammengefaßte, das Ganze von C, a bestimmende Gedanke begegnet uns am konzentriertesten in dem Dictum: »Es ist die Natur des Endlichen selbst, über sich hinauszugehen, seine Negation zu negieren und unendlich zu werden« (126_{16}/150). Dem Text zufolge ergibt sich das Verschwundensein des Endlichen aus dessen Unendlichwerden. Das Unendlichwerden wird wie selbstverständlich so ausgelegt, als impliziere es die Auflösung des Endlichen. Der gesamte Abschnitt hebt darauf ab, daß das Unendliche verfehlt wäre, wenn das Endliche »sein Bleiben hätte und behielte« (126_{20}/150). Allein, ein so verstandenes Unendlichwerden verträgt sich nicht mit dem Hinausgehen des Endlichen über sich, als dessen Interpretament Hegel es einführt. Denn um über sich hinausgehen zu können, müßte das Endliche als Subjekt erhalten bleiben. Indem Hegel also das Hinausgehen des Endlichen über sich als Unendlichwerden interpretiert, eliminiert er es in Wirklichkeit. Die Eigenständigkeit, die das Endliche als das Subjekt des Über-sich-Hinausgehens besitzt, biegt er um in die Eigenwesentlichkeit, die darin und nur darin besteht, daß es das Unendlichwerden selber vollzieht. Daß das Endliche durch seine Erhebung in die Unendlichkeit keine »fremde Gewalt« erleide (126_{28}/150), sondern darauf angelegt sei, »selbst durch seine Natur dazu zu werden« (126_{34}/150; vgl. A 80_{5}), muß Hegel eben deshalb so stark unterstreichen, weil darüber hinaus nichts vom Selbstsein des Endlichen übrigbleibt. Mit der Elimination des Über-sich-Hinausgehens verabschiedet er im Grunde auch bereits das Mit-sich-Zusammengehen, das, wie wir gesehen haben, in der Selbsttranszendenz des Endlichen fundiert ist; und beides fällt dahin, weil das Unendliche nicht mehr als dasjenige im Blick steht, welches für das Endliche sein Anderes ist, zu dem hinausgehend es mit sich zusammengehen könnte. Nun ist das Verschwinden des Endlichen identisch mit der Negation der Beschränktheit, durch deren Aufhebung das Sein als reines wiederkehren soll. Also tritt die Wiederherstellung des reinen Seins in der Tat an die Stelle der Wiederherstellung des Endlichen.

Mit dem reinen Sein erneuert sich aber auch der darin enthaltene Schein. Nur hat Hegel ihm gegenüber jetzt die kritische Distanz verloren. Unter dem Titel des Unendlichen »überhaupt« soll der Abschnitt C, a, wie insbesondere auch der ihm vorangestellten Einleitung in C zu entnehmen ist, die Unendlichkeit in einer Allgemeinheit vorführen, die sich zu Schein und Wahrheit noch indifferent verhält. Wäre diese Intention zu verwirklichen, so würde die Systematik der Daseinslogik gesprengt. Denn die anderen Abteilungen des Kapitels haben ja jeweils mit der kritischen Darstellung von Schein angesetzt. Die hier versuchte Analyse des Abschnitts veranlaßt aber zu dem Schluß, daß die vermeintliche Indifferenz in Wirklichkeit eine Ambivalenz ist, die ihren Grund in dem von Hegel selber erzeugten Schein hat. Als selbsterzeugter ist dieser Schein notwendig undurchschaut. Erst im

Übergang zu C, b bekommt Hegel ihn als solchen zu sehen, indem er ihn nun wieder als Produkt des vergegenständlichenden Denkens vor sich bringt. Dieses Denken vermag das Sein, auf das Hegel das Unendliche verpflichtet, nur als die Vorgegebenheit von Etwas zu verstehen. Deshalb muß es auch das Endliche wieder zum Leben erwecken (vgl. 127_{11}/151). Wie das Unendliche, begreift man es als das wiederhergestellte Sein, das Endliche zum Verschwinden zwingt, so kann es als Etwas nicht sein, was es ist, wenn es das Endliche nicht als ein Anderes außer sich hat. Gegen diese Vorstellung, daß das Unendliche und das Endliche sich wie Etwas und ein Anderes zueinander verhalten, richtet sich Hegels ganze Kritik. Aber im Etwas manifestiert sich ja bloß, als was schon das reine Sein vorgestellt war. Sofern Hegel im Unendlichen des reinen Seins habhaft werden will, verfällt er seiner eigenen Kritik. Zwar soll das wahrhafte Unendliche nicht das Etwas sein, als welches das schlechte dasteht. Doch erwartet Hegel von ihm die Realisierung der selbstbezüglichen Negation, als die er das Etwas definiert hat. An der Fixierung auf dieses Erkenntnisziel wird es liegen, daß er die Wendung zum Etwas wenigstens insoweit mitmacht, als er die vom Verstandesdenken verleugnete Dimension, in der das Unendliche für das Endliche sein Anderes ist, auch seinerseits nicht zurückgewinnt.

Mit der Feststellung, daß der Verstand das Unendliche und das Endliche wie Etwas und ein Anderes vorstelle, ist sein Niveau unterbestimmt. Der von Hegel registrierte Rückfall bedeutet keine *vollständige* Restauration der Gleichgültigkeitsbeziehung. Einschränkend ist nicht nur hinzuzufügen, daß das Unendliche – aus einem Grunde, den wir außer acht lassen können – in die Kategorie des Etwas »mit einer Grenze« (127_{8}/151) zurückgefallen ist. Darüber hinaus realisiert der Verstand durchaus, daß der Begriff des Endlichen, im Unterschied zu dem des Etwas, das All der Dinge meint, und er gibt dem Unendlichkeitsbegriff einen entsprechenden Totalitätssinn. Die Kritik, die Hegel an ihm übt, erstreckt sich auch und gerade darauf. Sie zielt auf die Auffassung, die in der Aussage zur Sprache kommt: »es gibt zwei Welten, eine unendliche und eine endliche« (128_{20}/152).

Ihr Gegenstand ist die Metaphysik als die von Nietzsche Platon angelastete Zweiweltenlehre, die Hegel als verbindlich auch und zumal für Kant darstellt, indem er das Unendliche des Verstandes für das erklärt, als was er gemeinhin den in unerreichbare Ferne entrückten Gott der Transzendentalphilosophie charakterisiert, für »das unbestimmte Leere, das Jenseits des Endlichen« (128_{4}/152; vgl. Mure 1950, 52)[21]. Vor allem aber anerkennt der Verstand auf seine Weise, daß die Unendlichkeit das ist, was das Endliche »wahrhaft an sich ist«. Er erblickt in ihr, wie Hegel im zweiten Absatz von C, b ausführt, das realisierte, gleichsam befriedigte *»Ansichsein«* des Endlichen, das in seiner reinen Beziehung auf sich »ganz affirmatives Sein« ist (127_{20}/151). Nur mißversteht er, da er das Endliche eben zugleich als ein Anderes festhält, die Negation der Negation, durch die jenes Sein affirmativ ist, »als die *seiende*, hiemit erste und unmittelbare Negation« (127_{33}/152). Dieses Mißverständnis entquillt, grundsätzlicher formuliert, der Vorstellung, daß das Endliche das »reale Dasein«, das es war, »bleibt« (127_{36}/152). Es ist die in der verstandesmäßigen Perzeption des Endlichen eingeschlossene Annahme des Bleibens, die auch die Fehldeutung des Unendlichen verschuldet.

Erst wenn man die Verstandesposition derart umfassend zur Kenntnis nimmt, gewahrt man auch das ganze Ausmaß des mit ihr verbundenen Scheins. Hegel deckt diesen Schein durch die Analyse ihrer Widersprüchlichkeit auf. Bei dieser Analyse unterscheidet er den mit der Verstandesposition unmittelbar gegebenen Widerspruch von den »ausdrücklicheren Formen«, zu denen jener seinen Inhalt entwickelt (128_{24}/152). Den konkrete-

21 Berücksichtigt man die Platon-Darstellung in Hegels philosophiegeschichtlichen Vorlesungen, so muß man im Sinne des bereits in III. 1 Ausgeführten differenzierend sagen: Gegenstand der Kritik ist ein in der Kantischen Philosophie gipfelnder Platonismus, der auf einem »Mißverständnis« (SW *18*, 200/19, 41) der wahren Intention Platons beruht. Dessen sozusagen antiplatonistische Intention beschreibt Hegel mit den Worten: »Durch die Darstellung seiner Ideen hat Plato die Intellektualwelt eröffnet. Sie ist nicht jenseits der Wirklichkeit, im Himmel, an einem anderen Orte, sondern sie ist wirkliche Welt; wie auch bei Leucipp, das Ideelle ist der Wirklichkeit näher gebracht, nicht metaphysisch« (SW *18*, 199/19, 39).

ren Formen darf man wohl »die Widersprüche« gleichsetzen, in die der Verstand »nach allen Seiten verfällt, so wie er sich auf die Anwendung und Explikation dieser seiner Kategorien einläßt« (128_{14}/152). Der bei Hegel sehr selten vorkommende Plural weist auf Marx voraus und lädt dazu ein, den Widerspruch, der sich in die Widersprüche als in seine Erscheinungsformen entfaltet, ebenfalls in Analogie zu Marx als Grundwiderspruch auszulegen. Bei näherem Hinsehen gewahrt man jedoch, daß Hegel die Widersprüchlichkeit *drei*fach differenziert. Er hebt erstens auf den Widerspruch der verständig gedachten Unendlichkeit selber ab. Das Unendliche, dem »das Endliche als Dasein gegenüber bleibt« (128_{19}/152), ist seinerseits ein *»endliches Unendliches«* (128_{23}/152); es »erscheint der Vorstellung« so (A 82_{22}). Die Verendlichung des Unendlichen ist das eigentlich neue Thema von C, b, welches Hegel in der Weise durchführt, daß er das Thema von B, c, die korrelative Verabsolutierung des Endlichen, bloß variiert. Dabei kommt jedoch dem Widerspruch der Verstandeskategorie des Unendlichen eine für die Seinslogik im ganzen repräsentative Bedeutung zu. Nach der *Enzyklopädie* bildet der Gegenstandsbereich der Wesenslogik »die Sphäre des *gesetzten Widerspruches*, der in der Sphäre des Seins nur *an sich* ist« (§ 114). Der an sich seiende Widerspruch, der letztlich alle seinslogischen Bestimmungen durchherrscht, verdichtet sich aber im Unendlichen. Im Zusammenhang seiner Widerspruchstheorie bemerkt Hegel ausdrücklich, daß das Unendliche »der Widerspruch ist, wie er in der Sphäre des Seins sich zeigt« (II 59_{4}/75). Die allgemeine Relevanz dieses Widerspruchs geht einem allerdings erst im Blick auf den zweiten Aspekt der Antinomie auf. Über den immanenten Widerspruch des Unendlichen hinaus legt Hegel die Widersprüchlichkeit der gesamten Beziehung frei, die zwischen dem Unendlichen und dem Endlichen in der Sicht des Verstandes besteht. Die Beziehung selber ist antinomisch strukturiert, weil der Verstand ihre Glieder einerseits für qualitativ Andere gegeneinander hält und andererseits doch als untrennbar weiß. Dieser Widerspruch »tritt allenthalben ein, wo *relative* Bestimmungen bis zu ihrer Entgegensetzung getrieben sind, so daß sie in untrennbarer Ein-

heit sind, und doch jeder gegen die andere ein selbständiges Dasein zugeschrieben wird« (130 f./155). Maßgeblich für die Seinslogik überhaupt ist der Widerspruch des Unendlichen also genau genommen deshalb, weil die kontradiktorische Verfassung der Gesamtrelation im Grunde sämtlichen ›reflektierenden Bestimmungen des Seins‹ eignet. Nicht von ungefähr erinnert denn ja auch die Beschreibung dieser Struktur an die der expliziten Reflexionsbestimmungen als »Erzeugnisse des reflektierenden Verstandes, der zugleich die Unterschiede als *selbständig* annimmt und zugleich *auch* ihre Relativität setzt«. Das widerspruchsträchtige »zugleich auch« zieht sich genauso durch den ganzen Abschnitt über die Wechselbestimmung des Endlichen und Unendlichen hindurch. Hinter den expliziten Reflexionsbestimmungen bleibt diese Wechselbestimmung allein dadurch zurück, daß der Widerspruch in ihr noch nicht als solcher gesetzt ist.
Im Rahmen einer Untersuchung des seinslogischen Scheins interessiert insbesondere die dritte Widerspruchsgestalt. Das Endliche und das Unendliche sind für den Verstand, so haben wir gesehen, »untrennbar und zugleich schlechthin Andere gegeneinander« (130_{28}/155). Ihre auf daseinsmäßiger Gleichgültigkeit beruhende Selbständigkeit, in der sie sich als Andere gegenübertreten, ist Schein, ihre Untrennbarkeit Wahrheit. Daß Hegel ihre Untrennbarkeit für Wahrheit ausgibt, ist nicht bloß durch seine subjektive Voreingenommenheit für die Einheit und gegen die Trennung motiviert, sondern läßt sich objektiv begründen. Es ist objektiv unmöglich, das Endliche ohne das Unendliche und das Unendliche ohne das Endliche zu denken. Also hat auch der Verstand das eine immer schon im anderen mitgedacht. Eben dies berücksichtigt Hegel, wenn er die anfängliche Unterbestimmung des Verstandesniveaus, derzufolge wir hier bloß Etwas und ein Anderes vor uns haben, nachträglich berichtigt. Mithin lautet seine Behauptung, daß die Wahrheit im scheinhaften Verstandesprodukt bereits vorhanden sei. Sie ist darin freilich nur insofern vorhanden, als der Verstand in seinem tatsächlichen Tun notwendig von der Untrennbarkeit Gebrauch macht, ohne sich ihrer wirklich bewußt zu werden; »auf diese Einheit wird nicht reflektiert« (131_{22}/155). Sie ist in diesem Sinne hinter den

Verstandesbestimmungen »verborgen«, »die *innerliche,* die nur zugrunde liegt« (129_{35}/154). Nun fördert Hegel einen dritten Komplex von Widersprüchen zutage, indem er aufzeigt, wie aufgrund der Voraussetzungen des vorstellenden Denkens auch noch die Wahrheit in das Element des Scheins versinkt. Er thematisiert außer der Einheit selber auch »die Weise der Erscheinung dieser Einheit« (129_{38}/154), und zwar so, daß deren Verborgenheit als Resultat einer Verschleierung faßbar wird.
Nach der textkritischen These, um deren Verifizierung es zu tun ist, spiegelt die von Hegel intendierte Wahrheit in Wirklichkeit den Widerschein des Scheins zurück. Es wird uns mehr und mehr aufgehen, daß sie letztlich darum vom Schein übermächtigt wird, weil sie im vorhinein bloß das Innere des Scheins sein sollte. In dem Schein, der das begreifende Denken einholt, werden wir im wesentlichen die Züge desjenigen Scheins wiederfinden, in den das vorstellende die von ihm unreflektiert beanspruchte Einheit hüllt. Diese Einheit nimmt durch ihre verständige Auslegung zwei im Text besonders hervorgehobene Merkmale an. Sie gewinnt erstens den Anschein, als stelle sie sich lediglich durch den alternierenden Wechsel ihrer Momente her; und sie sieht zweitens so aus, als sei ihre Herstellung das Werk des Verstandes, also ein »äußerliches Geschehen« (130_{15}/154), das nicht zur Sache selbst gehört. Auch der Verstand sieht sich genötigt, über das Endliche hinauszugehen, weil er ja anerkennt, daß dieses sein Ansichsein im Unendlichen hat. Nur betrachtet er eben sich selber als ausschließliches Subjekt des Hinausgehens. Er sieht also davon ab, daß es die eigene Natur des Endlichen ist, über sich hinauszugehen. Seine Abstraktion vom Hinausgehen des Endlichen über sich folgt indessen bloß der Praxis des Hegelschen Denkens. Dieses wiederum folgt, wie wir beobachten werden, der Bewegung, die der Verstand im Hinausgehen über das Endliche vollführt. Hinausgelangt über das Endliche, trifft der Verstand ein scheinbar Unendliches an, das selbst endlich ist. »Es ist damit der Rückfall in die vorherige, vergebens aufgehobene Bestimmung vorhanden« (130_{17}/154). Die faktische Endlichkeit dessen, was der Verstand im Hinausgehen vorfindet, zwingt ihn abermals, darüber hinauszugehen, und diese Bewegung wieder-

holt sich notwendig unaufhörlich. Hegel nennt sie den *»Progreß ins Unendliche«* (130_{34}/155). Hegel *nennt* sie so, obwohl sie – und das ist für die Verifizierung der leitenden These wichtig – eine endlose *Re*gression ist, eine Bewegung, die immer aufs neue in ihren Ausgangspunkt zurückfällt[22]. Festhalten sollten wir desgleichen, daß Hegel sie als eine *»Abwechslung«* des Endlichen und des Unendlichen beschreibt (131_{17}/155). Zur »perennierenden Wiederholung eines und desselben Abwechselns« (131_{27}/156) könnte es nicht kommen, würde der Verstand nicht meinen, daß im Augenblick der Präsenz des Unendlichen das Endliche verschwunden ist, so wie mit dem »Eintreten des Endlichen« das Unendliche »verschwunden« sein muß (130_{13}/154). Der Verstand macht also genau die Voraussetzung, die Hegel selber in C, b mitbringt. Da es Schein ist, was er erzeugt, erweist sich auch die Vorstellung vom Verschwundensein des Endlichen als Schein. Hegel aber reproduziert diesen Schein, indem er das Verschwinden als Alternative zum Bleiben ergreift und übersieht, daß das Endliche, welches über sich hinausgeht, damit weder einfachhin bleibt noch auch verschwindet.

Mit dem in C, b unternommenen Versuch, dem Schein selber Wahrheit abzugewinnen, ist der Weg vorgezeichnet, auf dem Hegel in C, c gegen das Unendliche des Verstandes das der Vernunft, die ›affirmative Unendlichkeit‹, geltend macht. Da die Wahrheit im unendlichen Progreß an sich schon vorhanden sein soll, bedarf ihre Explikation »nur des Aufnehmens dessen, was vorhanden ist« (132_{3}/156). Dieses Vorgehen bringt mit sich, daß Hegel nun, da er auf Wahrheit aus ist, den Schein im Blick behält, so wie er bei der Entlarvung des Scheins bereits die Wahrheit vor Augen hatte. Ja, der Gedanke wechselt so oft von der Dimension der Wahrheit in die des Scheins und von der Dimension des Scheins in die der Wahrheit über, daß man ver-

22 Unter einer endlosen Regression verstehe ich also natürlich nicht den ›unendlichen Regreß‹, den im Anschluß an Aristoteles die antike Skepsis untersucht hat. Unendlicher Progreß und unendlicher Regreß verlaufen strukturell gleich, nur »in umgekehrtem Richtungssinn« (Maurer 1971, 189). Maurer gibt auch Hinweise auf das Problem des unendlichen Progresses bei Leibniz, Kant und Fichte.

sucht ist, auch darin eine Reproduktion dessen zu sehen, was er destruieren möchte: der Abwechslung.
Hegel beginnt damit, daß er die auch vom Verstand anerkannte Tatsache der Untrennbarkeit des Endlichen und des Unendlichen, infolge deren im einen die Bestimmtheit des andern liegt, äußerlich reflektierend nach zwei verschiedenen Hinsichten betrachtet, in der Perspektive der *Beziehung* der beiden Seiten aufeinander und unter dem Aspekt ihres *beziehungslosen Fürsichseins*. Genauer gesagt: Er wiederholt zunächst nur die Argumente dafür, daß weder das Endliche ohne das Unendliche noch das Unendliche ohne das Endliche »gesetzt und gefaßt« werden kann (132_{23}/157), und bemüht sich sodann, den unausgesprochenen Einwand, in einer solchen Betrachtungsart werde mit der wechselseitigen Beziehung das Ziel bereits vorausgesetzt (vgl. 132_{33}/157), durch den Nachweis zu entkräften, daß eine isolierende Analyse zum selben Resultat führt. Im ersten Gang der äußeren Reflexion gibt es lediglich zwei Punkte, die kritische Aufmerksamkeit verdienen. Den schon angegebenen Grund dafür, daß in jedem, im Endlichen ebenso wie im Unendlichen, die Bestimmtheit des je anderen liegt, formuliert Hegel jetzt in einer seinem Zweck offenbar dienlichen Weise um. Danach »ist das Unendliche nur als das *Hinausgehen* über das *Endliche*«, gleichwie »das Endliche nur als das, worüber hinausgegangen werden muß« (132_{16}/157). Die Definition versteht sich als Beschreibung des Geschehens, als das der Verstand die Einheit vor sich hat. Hegel kann das Unendliche auf das Hinausgehen über das Endliche reduzieren, weil davon dann, wenn diese Bewegung faktisch bei einem Endlichen anlangt, nichts übrigbleibt als die Bewegung selber. Er kann es rechtmäßig *allein* unter der vom Verstand gesetzten Bedingung hierauf reduzieren. Dessen ungeachtet übernimmt er die Definition für sein eigenes Konzept affirmativer Unendlichkeit. Auch nach einer späteren Stelle, an der er zweifellos die affirmative meint, »ist die Unendlichkeit nur als Hinausgehen über das Endliche« (135_{7}/160). Diese Affirmation des Scheins steht in engem Zusammenhang mit der Preisgabe des ursprünglichen Ansatzes beim Hinausgehen des Endlichen über sich. Eine Unendlichkeit, die zum Hinausgehen über

das Endliche verarmt, ist nichts als das Residuum der Abstraktion von der Subjekthaftigkeit des Endlichen: Als Hinausgehen über das Endliche erscheint das Hinausgehen des Endlichen über sich im Absehen von dem, was da über *sich* hinausgeht. Dem entspricht die Reduktion, die Hegel im zweiten Punkt vornimmt. Das Endliche ist, bemerkt er, »die Negation seiner an ihm selbst, welche die Unendlichkeit ist« (132_{19}/157). Zur Identifikation der Unendlichkeit mit der Selbstnegation des Endlichen glaubt er, wie wir wissen, berechtigt zu sein, weil er dieser, als einer Negation des Negativen, ein positives Ergebnis zutraut. Eine solche Annahme straft er aber selbst Lügen, wenn er über das Endliche sagt: »eben seine Nichtigkeit ist die Unendlichkeit« (132_{32}/157). Die der äußeren Reflexion im Inneren des Scheins sich auftuende Unendlichkeit, in der die Wahrheit angeblich schon vorhanden ist, zerrinnt in einen bloßen Reflex der Auflösung des Endlichen, in ein Darüber-Hinausgehen, das mit dem Verstand ins »Leere« geht.

Noch tiefer in das Verstandesprodukt selber dringt die Wahrheitssuche im zweiten Gang vor, bei der Betrachtung des Endlichen und des Unendlichen je für sich. Hegel beruft sich hier auf einen einfachen Sachverhalt: Gerade indem das Unendliche auf die eine Seite gestellt wird, bekommt es den Status eines Endlichen, und umgekehrt nimmt das abgesonderte Endliche in seiner durch die Absonderung entstehenden Selbständigkeit den Charakter des Absoluten an, für welches das Unendliche gilt (vgl. 133_{1-12}/157 f.). Genau auf dieser Verendlichung des Unendlichen und Verunendlichung des Endlichen beruhte der vom Verstand erzeugte Schein. Daß derselbe Sachverhalt jetzt die Weihe der an sich schon vorhandenen Wahrheit empfängt, basiert auf seiner reflexionslogischen Auslegung. Die Endlichkeit des Unendlichen deutet Hegel als dessen Einheit mit dem Endlichen beziehungsweise die Unendlichkeit des Endlichen als dessen Einheit mit dem Unendlichen, als eine Einheit, die dadurch definiert ist, daß jedes mit dem je anderen auch sich selbst als Moment impliziert. »Dies gibt denn die – verrufene – Einheit des Endlichen und Unendlichen – die Einheit, die selbst das Unendliche ist, welches sich selbst und die Endlichkeit in sich begreift« (133_{25}/

158). Des näheren haben wir strukturell zwei und numerisch sogar drei Einheiten vor uns: die Einheit eines Endlichen und eines Unendlichen, die ihrerseits »solche Einheiten« sind (133_{32}/158), einmal in der Bestimmtheit der Endlichkeit, zum andern in der Bestimmtheit der Unendlichkeit. Hegel nennt die umfassende Einheit die »einfache, allgemeine« (134_{2}/159) und diejenige, welche deren Momente je für sich bilden, die »gedoppelte Einheit des Unendlichen und Endlichen« (134_{20}/159). Dabei verzichtet er auf eine Rechtfertigung der Aussage, die einfache, allgemeine Einheit sei »selbst das Unendliche« – offenbar in der Meinung, daß die Unendlichkeit des schlechthin Ganzen unmittelbar einleuchtet. Statt dessen ist er zunächst nur darauf aus, die Wendung vom Schein zur Wahrheit durch den Nachweis zu legitimieren, daß mit der Freilegung der latent reflexionslogischen Struktur der Schein sich auflöst. Danach werden das Endliche und das Unendliche durch ihre Herabsetzung zu Momenten in ihrer hypostasierten Selbständigkeit negiert; »in ihrer Einheit verlieren sie also ihre qualitative Natur« (133_{35}/158), das heißt jenen Zug, der sie zu Scheingebilden gemacht hat.

Die Vergewisserung der Wahrheit erlaubt es Hegel, den zuvor schon ausgemachten Schein schärfer denn je anzuvisieren. Ein härterer Ausdruck für die Erzeugung von Schein kommt in der gesamten *Wissenschaft der Logik* nicht vor: Hegel bezeichnet sie im folgenden als Verfälschung. Der Verstand »verfälscht« sowohl die einfache, allgemeine (134_{2}/159) wie auch die gedoppelte Einheit des Unendlichen und Endlichen (134_{19}/159). Er verfälscht beide, indem er die zwei Seiten einer jeden für das nimmt, was sie außerhalb der Einheit waren, also nicht als negierte begreift, sondern in ihrer »qualitativen Natur« festhält. Die umfassende Einheit gerät infolgedessen zum unauflösbaren Widerspruch (vgl. 133 f./158 f.). Das eine ihrer Glieder, das Endliche, welches das Unendliche in sich schließt, wird »über seinen Wert und zwar sozusagen unendlich erhoben; es wird als das *verunendlichte* Endliche gesetzt« (134_{16}/159). Und das andere, das Unendliche, scheint mit der Endlichkeit nicht vermittelt, sondern verquickt zu sein, wie ein An-sich-sein, das mit den Determina-

tionen des Etwas behaftet ist, obwohl seine Reinheit sich dagegen sträubt: »seine Bestimmung, welche das An-sich-sein als solches ist, wird durch den Beischlag einer Qualität solcher Art verdorben; es ist so ein *verendlichtes Unendliches*« (134_{11}/159).
Auf der Folie des derart verschärft gefaßten Scheins breitet Hegel nun die nach seinem Urteil ganze Wahrheit aus. Das vom Verstand ignorierte Negiertsein der Momente ist, so lautet seine Hypothese, Resultat einer Selbstnegation. Darin liegt: Nicht nur das Endliche, auch das Unendliche hebt sich auf; ja, jedes *ist* »nur als *Aufheben* seiner selbst« (135_{3}/160). Die Selbstaufhebung besitzt aber in beiden Fällen die Form einer Negation des Negativen. Negiert das Endliche sein Nichtsein, so das Unendliche die gleichermaßen nichtige Leere seiner Jenseitigkeit (vgl. 135_{14-23}/160). Hegels Schluß: »Was also vorhanden ist, ist in beiden dieselbe Negation der Negation. Aber diese ist *an sich* Beziehung auf sich selbst, die Affirmation, aber als Rückkehr zu sich selbst, d. i. durch die *Vermittlung*, welche die Negation der Negation ist« (135_{24}/160 f.).
Daß es hierauf ankommt, ist Hegels eigene Meinung. »Diese Bestimmungen sind es«, fügt er hinzu, »die wesentlich ins Auge zu fassen sind« (135_{28}/161). Denn erst mit ihnen hat er das Niveau erreicht, auf dem das Unendliche sich als in seinem Sinne wahrhaftes denken läßt. Das wahrhafte Unendliche – das ist nach der vorangestellten Übersicht über die Abteilung im Unterschied zum scheinhaften »das Sich-aufheben dieses Unendlichen wie des Endlichen als *Ein* Prozeß« (126_{3}/149). Demgemäß ist hier auch der Punkt, auf den die kritische Prüfung des Wahrheitsanspruchs sich konzentrieren muß. Der nachgezeichnete Gedanke hält einer solchen Prüfung nicht stand. Er vermag sich nicht einmal an den immanenten Kriterien der Theorie zu bewähren. Affirmative Unendlichkeit soll dort denkbar werden, wo die der doppelten Negation zugemutete Selbstbezüglichkeit, bisher nur im ›Anderen seiner selbst‹ realisiert, vom Etwas her zur Einsicht gelangt; sie ist nach Hegel »die Negation als sich *auf sich selbst beziehend*« (A 87_{4}). Vergleicht man die Situation jedoch mit der Lage, in der bei seiner Einführung das Etwas sich befand, so bietet sich als der einzige Erkenntnisgewinn das Be-

wußtsein des Abstands dar, der den Ist-Stand vom Soll-Stand trennt. Damals ging Hegel darüber hinweg, daß das Etwas die selbstbezügliche Negation der Negation, auf die er es verpflichtete, nicht wirklich zu sein vermag. Jetzt räumt er ein, daß die Negation der Negation, die sich ergeben hat, bloß *»an sich«* Beziehung auf sich selbst sei. Gesetzt ist in der Tat statt der selbstbezüglichen bloß eine doppelte doppelte Negation, ohne daß zu sehen wäre, wie aus deren Verdopplung Selbstbezüglichkeit entspringen sollte. Die gegebene Negation der Negation *kann* auch gar nicht als selbstbezügliche gesetzt sein, weil sie beide Male, im Falle des Unendlichen genauso wie des Endlichen, nur die Negation des Negativen in der Bedeutung des Nichtigen ist.
Mit dem Scheitern des Programms einer Stabilisierung der selbstbezüglichen Negation erweist sich auch die Undenkbarkeit der »Rückkehr zu sich selbst«. Wir haben bereits beobachtet, daß Hegel das ursprüngliche Subjekt der Rückkehr, das Endliche, durch das Unendliche ersetzt. Jetzt sehen wir, wie die Substitution vor sich geht. Die Differenz zwischen der verdoppelten Negation des Negativen und der Rückkehr zu sich selbst, die sie an sich sein soll, bedeutet, daß nichts von dem, was sich negiert, zu sich zurückkehrt. Rückkehr zu sich selbst ist vielmehr, der Intention Hegels zufolge, der Prozeß des Sich-Aufhebens beider, des Endlichen und des Unendlichen. Er aber ist eben die ›affirmative Unendlichkeit‹. Nun läßt sich zeigen, daß Hegel über die Umdeutung des Subjekts der Rückkehr hinaus auch deren immanenten Gehalt alteriert. Angesetzt war die Rückkehr zu sich als *Selbstfindung*[23]. Als solche ist sie, aristotelisch gedacht, vollendetes Ende, das heißt ein Ziel, das nicht wieder überschritten zu werden braucht, weil der zu ihm hinführende Prozeß in ihm zur Ruhe kommt. An die Stelle der so verstandenen Selbstfindung tritt in Hegels Theorie der affirmativen Unendlichkeit eine Rückkehr zu sich, die dies nur ist als eine selber immer wiederkehrende Rückkehr zum Ausgangspunkt. Selbstfindung schlägt also in ihr Gegenteil um: in die Bewegung einer endlosen und fruchtlosen Rotation. Hierin ist begründet, daß Hegel die affir-

23 Insofern, aber auch nur insofern hat McTaggart (1910, 27) recht, wenn er kommentiert: »The essential feature of the Infinite is free self-determination.«

mative Unendlichkeit vom Ziel in den Prozeß verlegt. Die Verlegung ihres Ortes ist für ihren Begriff unabdingbar. Wie vorhin erwähnt, erklärt Hegel dort, wo er auf die Einheit des Endlichen und Unendlichen stößt, nicht, mit welchem Recht die Einheit »selbst das Unendliche« heißt. Es drängte sich die Vermutung auf, daß es die zur Totalität entfaltete Einheit selber ist, in der Hegel eine zureichende Legitimation des Namens erblickt. Aber die Einheit ist nicht nur eine »verrufene«, das heißt bei anderen in schlechtem Ruf stehende; sie ist auch in den Augen Hegels »abstrakte bewegungslose Sichselbstgleichheit« (138$_{11}$/163 f.) und damit nicht das, was eigentlich zu denken ist. Zu denken ist statt ihrer eine Konstellation, in der dem Begriff des Unendlichen wie auch dem des Endlichen ein völlig neuer Sinn zuwächst. Danach sind das vormalige Endliche und das vormalige Unendliche beide sowohl endlich wie unendlich. Endlich sind sie als Momente des Prozesses, unendlich als der Prozeß selber (vgl. 137$_{29}$/162 f.). Die affirmative Unendlichkeit ist mithin die reine Prozessualität.

Die Korruption des Rückkehrgedankens ist im Nachvollzug des weiteren Weges zu verfolgen. Hegel weist nicht etwa auf, wie die Rückkehr zu sich selbst, welche die verdoppelte Negation des Negativen an sich sein soll, darin *in Wahrheit* gesetzt ist. Die Kluft zwischen dem Ansichsein und dem Gesetztsein meint er vielmehr überbrücken zu können, indem er zunächst demonstriert, daß die Rückkehr »in der Meynung des unendlichen Progresses« (A 86$_{1}$), also im Element des *Scheins* gesetzt ist, und indem er sodann eine nachträgliche Korrektur an dieser Art des Gesetztseins anbringt. Dabei beruht die Vorstellung von der Rektifizierbarkeit des Scheins auf dessen ihrerseits verschleiernder Auslegung als Noch-nicht-Wahrheit. Hegel will dartun, daß die wesentlich ins Auge zu fassenden Bestimmungen »im unendlichen Progresse auch *gesetzt* sind, und wie sie in ihm gesetzt sind, – nämlich noch nicht in ihrer letzten Wahrheit« (135$_{29}$/161).

Sie sind darin gesetzt, sofern der Verstand, der anfangend beim Endlichen darüber ins Unendliche hinausgeht, auch über dieses als über ein faktisch bloß Endliches hinausgehen muß und so zum Anfang zurückkehrt (vgl. 136$_{8-27}$/161). Desgleichen kommt

er im Ausgang vom Unendlichen wieder beim Unendlichen an (vgl. 134$_{28-37}$/160). Die Korrekturbedürftigkeit dieser Bewegung besteht in der Zweiheit der Ausgangspunkte, die eine Zweiheit der Resultate bedingt, erstens die Rückkehr zum Endlichen, zweitens die zum Unendlichen (vgl. 137$_{14-20}$/162 f.). Berichtigt man diesen Fehler, so bleibt nach Hegel nichts als die reine Wahrheit übrig. Indessen entfernt die vermeintliche Berichtigung den Schein nicht; sie potenziert ihn. Ihr zufolge ist nämlich »völlig gleichgültig, welches als Anfang genommen werde; damit fällt der Unterschied für sich hinweg, der die Zweiheit der Resultate hervorbrachte« (137$_{20}$/163). Mit dem Rekurs auf Gleichgültigkeit begibt Hegel sich aber auf das Niveau des scheinerzeugenden Denkens, dem es im vorhinein gleichgültig war, was Etwas und was das Andere ist (s. oben, S. 254). Eine solche Orientierung am Schein braucht man ihm keineswegs hinter seinem Rücken nachzusagen. Denn er selber legt Wert auf die Feststellung, daß er die Gleichgültigkeit am Scheingebilde des unendlichen Progresses abliest: »Dies ist in der nach beiden Seiten unbegrenzten Linie des unendlichen Progresses gleichfalls gesetzt, worin jedes der Momente mit gleichem abwechselnden Vorkommen vorhanden, und es ganz äußerlich ist, in welche Stelle gegriffen und [welches] als Anfang genommen werde« (137$_{23}$/163).
Den Wahnwitz dieses Ergebnisses bezeugt die Vertauschung der Fronten. Hegel anerkennt die Rückkehr des Verstandes zum Endlichen beziehungsweise zum Unendlichen nicht nur als Rückkehr beider »zu sich« (137$_{15}$/162). Auch die früher zitierte Stelle, die belegen sollte, daß in der Unendlichkeitstheorie der Gedanke einer Wiederherstellung des Endlichen nachwirkt, entstammt dem vorliegenden Kontext. Das Hinausgehen des Verstandes über das Endliche ist »die vollständige, sich selbst schließende Bewegung«, sofern das Endliche darin wiederhergestellt wird, indem es mit sich selbst zusammengeht und sich in seinem Anderen findet. Dementsprechend ist auch das als terminus a quo fungierende *Un*endliche im terminus ad quem des verstandesmäßigen Darüber-Hinausgehens *»bei sich angekommen«* (136$_{37}$/163). Der Verstand denkt demnach durchaus Selbstfindung. Erst die über ihn sich erhebende Vernunft verkehrt diese in die ewige Wieder-

holung des Gleichen, in der so etwas wie Identität mit sich nicht zu gewinnen ist.

Das desaströse Ergebnis, das die kritische Darstellung der Theorie affirmativer Unendlichkeit gezeitigt hat, erfährt eine endgültige Bestätigung, wenn wir nach der Angemessenheit der Bilder fragen, in denen Hegel einerseits das Unendliche des Verstandes, andererseits das der Vernunft veranschaulicht. Vorhin – bei der Interpretation von C, b – wurde auf die Diskrepanz zwischen Hegels Beschreibung und seiner Deutung des Scheins hingewiesen. Hegel deutet als Progreß ins Unendliche, was er faktisch als Regression beschreibt: Der dort thematische und schon in seiner Vergeblichkeit durchschaute Rück*fall* ist die einzig ausweisbare Basis der hier aus Interesse an einer Verschleierung der Verschleierung so genannten Rück*kehr*. Den Progreß ins Unendliche illustriert Hegel jetzt mit dem Bild der »nach beiden Seiten unbegrenzten Linie«. Das Bild macht die Inadäquatheit der Deutung erst so recht sichtbar. Denn gemeint ist die gerade Linie, gegen deren Geradheit die »sich wiederholende Einerleiheit« (131_{16}/155) des Rotierens aufs schärfste absticht. Daß Hegel das regressive Moment im unendlichen Progreß nicht wahrhaben will, ist offensichtlich strategisch motiviert. Er möchte ein Gegenbild gegen die »Rückkehr zu sich selbst« entwerfen, als die das Unendliche der Vernunft dastehen soll. Das schlechthin Andere des unendlichen Progresses könnte das Zu-sich-Zurückkehren aber nur als ein Sich-Finden sein, das dem Wiederholungszwang entnommen wäre. Indessen bannt Hegel es in das Bild des Kreises. »Das Bild des Progresses ins Unendliche ist die *gerade Linie* (...); als wahrhafte Unendlichkeit, in sich zurückgebogen, wird deren Bild der *Kreis,* die sich erreicht habende Linie, die geschlossen und ganz gegenwärtig ist, ohne *Anfangspunkt* und *Ende*« (138 f./164). Damit beglaubigt Hegel selbst, daß die angeblich wahrhafte Unendlichkeit bloß das Abbild des Bildes ist, in das die scheinhafte zu fassen gewesen wäre: die unproduktive Rotation, die in ihrer Endlosigkeit Identität mit sich gerade verhindert[24]. Das Thema ›Selbstfindung‹ klingt

24 Schon Trendelenburg ([1840], ^{3}1870, 57 ff.) hat die These vertreten, daß die ›affirmative Unendlichkeit‹ über den ›unendlichen Progreß‹ gar nicht hin-

nur noch in der Beschwörung vollkommener Gegenwart nach. Das Unendliche der Vernunft *»ist* und *ist da,* präsent, gegenwärtig« (138_{24}/164). Seine Gegenwart soll sich gegen das der Unendlichkeit vom Verstand zugemutete Jenseits abheben, das so temporal zu verstehen ist wie das Diesseits des Endlichen: als ferne Zukunft. Allein, diese Gegenwart ist nicht weniger zwiespältig als die Rückkehr, die sich in ihr ereignet. Mit der Alternative von Jenseitigkeit und Gegenwärtigkeit weitet sich die Kritik der platonischen Zweiweltenlehre auf das platonisierte Christentum aus, das die Erfüllung der Verheißung ins ›Jenseits‹, das heißt ins Leben nach dem Tode, verlegt, doch weitet sie sich darauf so aus, daß sie ihrer Intention nach gegen das platonisierte das ursprüngliche Christentum ins Feld führt, die Botschaft von einem ewigen Leben, das in gegenwärtiger Selbstfindung schon Wirklichkeit ist. Tatsächlich aber bekommt Hegel am Schluß der Daseinslogik Gegenwart nur als die zu Gesicht, für welche die griechische Metaphysik das Sein ausgegeben hat. Ganz und gar präsent ist die affirmative Unendlichkeit in seiner Sicht, sofern sie *»Sein«* ist, und zwar das vollendete (138_{20}/164). Symbol der Vollendung war den Griechen der Kreis, die ohne Anfang und Ende in sich zurücklaufende Bewegung[25]. Die faktische Gegenwärtigkeit des Unendlichen, das Hegel zum wahrhaften deklariert, ist nichts als das Immer-Sein dieser Bewegung, die alle im Fortschreiten zu realisierende Zukunft ausschließt und die eben deshalb in alle Zukunft hinein fortgeht.

auskomme. Die voranstehende Textanalyse gibt ihm in gewisser Hinsicht recht. Trendelenburgs Kritik der Hegelschen Logik untersucht Josef Schmidt (1977).

25 Vgl. die Aristoteles-Deutung in Hegels philosophiegeschichtlichen Vorlesungen, bes. SW *18,* 328/19, 160 f.

V. Perspektiven

1. Die reflexionslogische Auflösung des Scheins der Unmittelbarkeit

Aufgabe der nachfolgenden Überlegungen ist nicht, das ganze erste Kapitel der Lehre vom Wesen fortlaufend und nach allen Seiten zu kommentieren. Erstens *kann* eine solche Aufgabe im vorgegebenen Rahmen nicht bewältigt werden und zweitens *muß* sie es auch nicht. Es ist hier und jetzt *unmöglich*, sie auch nur in Angriff zu nehmen, weil uns zu ihrer Bewältigung die wichtigste Voraussetzung fehlt, nämlich eine genaue Kenntnis des Weges, der über die Daseinslogik hinaus zum Neubeginn mit dem Wesen führt. Nicht nur, daß das »Werden des Wesens« noch in die Lehre vom Sein fällt, deren letztes Kapitel es zum Thema hat; das Wesen ist auch »*im Ganzen* das, was die Qualität in der Sphäre des Seins war« (II 5_{18}/15)[1]. Wir aber sind nicht einmal bis ans Ende der Qualitätslogik vorgedrungen, geschweige denn bis zur Logik der Quantität oder gar des Maßes, aus dessen Selbstaufhebung im Maßlosen die Genese des Wesens in Gang kommt. Wegen dieses Mangels an Kontinuität treten die Ausführungen zum Anfang der Wesenslogik, wie auch die zur Logik des Urteils, nicht mit dem Anspruch vollständig durchgeführter Interpretationen auf; sie sollen lediglich »Perspektiven« umreißen, die aus den bisher vorgelegten Interpretationen sich ergeben. Ein streng am Duktus des Textes orientierter Kommentar ist aber auch *überflüssig*; besitzen wir doch dank der jahrzehntelangen Forschungen Dieter Henrichs sogar noch mehr als ihn: eine analytische Rekonstruktion des Argumentationsganges, den Hegel selber nicht wirklich einzuhalten vermochte, weil ihm die dazu erforderlichen methodischen Mittel fehlten. Der schon

1 Habe ich in den Teilen II-IV Zitate aus der Seinslogik nicht durch Angabe der Bandzahl kenntlich gemacht, sondern den Band nur bei Zitaten aus der Wesens- oder Begriffslogik angegeben, so verfahre ich in Teil V künftig umgekehrt: Stellenverweise ohne »II« beziehen sich im folgenden durchweg auf den zweiten Band der Ausgabe von Lasson.

in I.1.1 unterbreitete und nun auszudifferenzierende Vorschlag einer metaphysikkritischen Lesart der Reflexionstheorie will nicht als Konkurrenzunternehmen verstanden werden. Mag ich auch Zusammenhänge beleuchten, die Henrich abschattet, mag ich auch stellenweise zu anderen Resultaten gelangen als er und in dem, wie ich meine, entscheidenden Punkt sogar eine Alternative anbieten, so mache ich mir doch viele seiner Einsichten gerade auch dort zunutze, wo ich abweichende Ziele verfolge; der Rückgriff auf sie entlastet mich von exegetischer Arbeit, die den Rahmen dieser Untersuchung gesprengt hätte[2].

Aber selbst eine von der Gedankenführung Hegels sich lösende Diskussion seiner im ersten Kapitel der Wesenslogik vertretenen Hauptthesen kann nicht in vollem Umfang geleistet werden. Zum einen muß ich mich auf die Vergegenwärtigung des *Ansatzes* dieses Logikteils beschränken; die Ausfächerung der Reflexion in die setzende, äußere und bestimmende soll nur noch insoweit behandelt werden, als die Wesenslogik sie zur Wahrnehmung ihrer kritischen Funktion benötigt. Zum andern wird auch der Ansatz für uns allein in den Grenzen relevant, die durch die *Thematik der bisherigen Interpretationen* vorgezeichnet sind.

Eine umfassende Diskussion wenigstens des Ansatzes der Wesenslogik hätte die schon darin enthaltenen Hauptthesen, wollte sie kontextunabhängig verfahren, in folgender Sequenz zu erörtern: (1) »*Das Sein ist Schein*« (9_{11}/19) – (2) »Die *Wahrheit* des Seins ist das *Wesen*« (3_{1}/13) – (3) »Das *Wesen* ist das Scheinen seiner in sich selbst« (12_{30}/23) – (4) »Das Scheinen des Wesens in ihm selbst ist die *Reflexion*« (7_{23}/17). Dieses selbst schon reduzierte Programm ist mit Rücksicht auf die hermeneutische Situation, in der wir stehen, noch weiter zu minimalisieren und in bezug auf seine Kontextunabhängigkeit auch zu modifizieren. Der Satz »Das Sein ist Schein«, der die Abteilung B des ersten Kapitels der Wesenslogik eröffnet, läßt sich zureichend nur von dem Satz her begreifen, mit dem die Wesenslogik überhaupt anfängt:

2 Ich habe Dieter Henrich dafür zu danken, daß er mir das Manuskript der neuen Fassung seiner Studie zu Hegels Logik der Reflexion zur Verfügung gestellt hat.

»Die Wahrheit des Seins ist das Wesen.« Ich werde infolgedessen mit Hegel von dieser These ausgehen, und zwar so, daß ich sie zur Adressatin der Frage mache, die aufgrund meiner gegen den Begriff affirmativer Unendlichkeit erhobenen Einwände an die Wesenslogik zu stellen ist (V.1.1). In der Ausrichtung an ihr wird das Problem, das uns die Beschäftigung mit den Bestimmungen des Daseins hinterlassen hat, allerdings nur in dem Maße aufzuklären sein, in dem das Proömium zum zweiten Buch der Logik die Aussage über das Wesen als die Wahrheit des Seins erläutert. In 1.1 möchte ich auf der anderen Seite versuchen, einen Überblick über die Gesamtkonstellation zu gewinnen, in welche die kritische Darstellung der Metaphysik mit der Wendung zur Reflexion eintritt. Die sich anschließenden Betrachtungen (V.1.2) bewegen sich demgegenüber in engeren Bahnen. Den Entwurf des Ganzen setzen sie nur an dem Punkt in genauere Textanalyse um, der in der Linie der bisherigen Interpretationen liegt. Es ist dies der Punkt, an dem Hegel den Schein thematisiert, eben mit dem Satz »Das Sein ist Schein«. In 1.2 wird zu erhellen sein, wie dieser Schein sich zu demjenigen verhält, den wir im Nachvollzug der Seinslogik aufgedeckt haben, ohne daß er uns dort irgendwo in der expliziten Gestalt einer Denkbestimmung begegnet wäre. Der Text, an den wir uns in solcher Absicht wenden müssen, ist innerhalb des ersten Kapitels der Wesenslogik vornehmlich die mittlere Abteilung (B). In deren Auslegung wird die anfangs ausgesprochene Erwartung sich bestätigen, daß die Wesenslogik die Metaphysikkritik, die in der Abteilung C eine neue Qualität annimmt, auch in der uns schon bekannten Richtung fortsetzt. Der Begründung des Satzes »Das Sein ist Schein« widmet Hegel übrigens nur den Abschnitt B, 1; in B, 2 entfaltet er bereits die beiden weiteren Thesen, das heißt er bestimmt vollständig schon hier zumindest das Wesen als Scheinen seiner in sich selbst, das seinerseits als Reflexion in den Blick kommt. Wie wir aber den Grund-Satz »Die Wahrheit des Seins ist das Wesen« zum Ausgangspunkt eines tour d'horizon nehmen, so soll auch Hegels Behauptung der Scheinnatur des Seins der feste Standort sein, von dem aus wir den in den weiteren Thesen festgehaltenen Sachverhalt nur noch fernperspektivisch ins Auge fassen. In diese Perspektive rückt die Ausführung des Gedankens, der als kritisches Motiv auch die in jenen Grund-Satz verdichtete Exposition der Wesenslogik anleitet: des Gedankens einer nunmehr endgültigen Auflösung des Scheins der Vorgegebenheit, mit dem das Dasein sich umgibt.

1.1 »Die Wahrheit des Seins ist das Wesen«

Setzen wir noch einmal beim Begriff affirmativer Unendlichkeit an! Dessen kritische Interpretation bedarf ihrerseits einer kritischen Interpretation. Denn noch ist ihr Sinn unklar; und unklar ist damit auch, ob sie überhaupt berechtigt ist. Der Begriff affirmativer Unendlichkeit scheint ja doch eine seinslogische Bestimmung wie jede andere zu sein und noch dazu eine, über die die Seinslogik selber hinausgeht. Zwar enthält sie »eine neue Definition des Absoluten« (I 125_{14}/149), aber als eine solche Definition galt ja auch das reine Sein, das von vollendeter Wahrheit am weitesten entfernt ist. Insofern scheint auch selbstverständlich zu sein, daß sie hinter dem Anspruch des wirklich Absoluten, in dem das Endliche als in seinem Anderen seine Identität mit sich finden soll, zurückbleiben muß. Wer sieht nicht ohne weiteres ein, daß der Unendlichkeitsbegriff viel zu leer ist, als daß er die Fülle des Absoluten fassen könnte? Ist das aber der Fall, so scheint die Kritik allein den Begriff selber zu treffen und nicht Hegel. Anders freilich verhielte es sich, wenn Hegel das ›wahrhafte Unendliche‹, dieses »pulsierende Herz der Dialektik« (E. v. Hartmann 1868, 51; vgl. Taylor 1975, 229, 243), im Grunde mit der Wahrheit schlechthin identifizierte. Nun muß man befürchten, daß er dies tatsächlich tut. Anlaß zu einer derartigen Befürchtung gibt bereits die Abtrennung der vernunftgemäßen Unendlichkeit vom Unendlichen des Verstandes. Mit ihr scheidet Hegel, wie wir gesehen haben, die Wahrheit vom Schein. Deren Scheidung kündigt aber das Prinzip der Einheit von Darstellung und Kritik auf, welcher Einheit die von Wahrheit und Schein entspricht. Und die zerschlägt Hegel offenbar, weil er den »wahrhaften Begriff der Unendlichkeit« der Kontrolle des über ihn hinaustreibenden Ganges der kritischen Darstellung entziehen will. Was aber könnte Hegel zu einer Überidentifikation mit diesem Begriff bewegen? Antwort: Der Umstand, daß im Begriff der affirmativen Unendlichkeit erstmals die Figur der *absoluten Reflexion* sich abzeichnet. Absolute Reflexion ist als eine Rückkehr zu oder in sich definiert, die nichts ist als dies, also ein Prozeß, dem kein Substrat zugrunde liegt. So aber hat Hegel auch die affirmative Unendlichkeit bestimmt. Man kann leicht die Probe aufs Exempel machen. Nach der Figur der absoluten Reflexion modelliert Hegel das Selbstbewußtsein. Dieses aber betrachtet er als »das nächste Beispiel der Präsenz der Unendlichkeit« (I 148_{26}/175).

Die Antwort impliziert evidentermaßen die Behauptung, daß Hegel die absolute Reflexion zur Wahrheit schlechthin erhebe. Die Behauptung stimmt mit Hegels eigenem Verständnis der Logik als Wissenschaft überein: »Als *Wissenschaft* ist die Wahrheit das reine sich entwickelnde Selbstbewußtsein . . .« (I 30_{38}/43). Sie paßt desgleichen zu der früher (S. 161) getroffenen Feststellung, daß Hegel, fixiert auf Reflexion, noch das begriffslogisch zu artikulierende Im-Anderen-bei-sich-selbst-Sein unter das Diktat einer Philosophie der Selbstbeziehung zwinge. Hingegen kollidiert sie mit der These, derzufolge Hegel auch die »Definition«: »Das Absolute ist das *Wesen«* (E § 112), das er als absolute Reflexion auslegt, in metaphysikkritischer Absicht durchspiele. Sie scheint denen recht zu geben, die annehmen, daß die *Wissenschaft der Logik* mit dem Übergang vom Sein zum Wesen das Niveau der Sache, die sie für ›das Wahre‹ erklärt, prinzipiell bereits erreiche.

Allein, es ist hier äußerste Vorsicht geboten. Erstens kann die Erhebung der absoluten Reflexion zur Wahrheit schlechthin, wenn ihre Behauptung zu der Feststellung über die paradigmatische Geltung des Selbstbeziehungsmodells im Sinne echter Harmonie passen soll, nur im Gegenzug gegen die eigentlich leitende Intention geschehen; denn das Paradigma ›Selbstbeziehung‹ hält sich ja auch nur im *Widerstreit* mit den Forderungen durch, die das Im-Anderen-bei-sich-selbst-Sein an das Denken stellt. Wir dürfen also vermuten, daß die Kollision auf einer Spannung in der Wesenslogik selbst beruht. Zweitens ist noch gar nicht zu entscheiden, *was* Hegel, vorausgesetzt, *daß* er es überhaupt tut, unter dem Titel derjenigen Reflexion, als die er die Selbstbewegung des Wesens denkt, mit der Wahrheit schlechthin identifiziert. Der im Rahmen der Unendlichkeitstheorie gebrauchte Begriff der Rückkehr zu sich war mehrdeutig. Angezielt als Selbstfindung, geriet die Rückkehr faktisch zu einer Kreisbewegung, die endlos in ihren Ausgangspunkt zurückfällt. Meine Hegel-Kritik richtete sich gegen diese zum Rück*fall* verkommene Rückkehr, die lediglich den Schein der Verstandesunendlichkeit widerspiegelt. Skandalös ist die Erhebung *dieser* Rückkehr zur absoluten Wahrheit. Es könnte jedoch sein, daß Hegel die Identifikation mit ihr auf der Höhe der Wesenslogik längst überwunden hat oder in ihr überwindet und daß er als Wahrheit schlechthin letztlich nur noch eine solche Reflexion gelten läßt, die den Kriterien der Selbstfindung genügt. Besteht diese Möglichkeit, dann ist aber gleichfalls möglich, daß er die kritische Distanz zu der in sich kreisenden Reflexion wiedergewinnt und nicht mehr geneigt ist, in ihr »die sich erreicht habende Linie«, das heißt die Vollendung, zu sehen.

Immerhin: Die Frage nach dem Wahrheitsbezug der absoluten Reflexion gibt uns einen Maßstab für die kritische Prüfung der Wesenslogik an die Hand. Es empfiehlt sich, sie zunächst an den Eingangssatz der Lehre vom Wesen zu stellen: »Die *Wahrheit* des *Seins* ist das *Wesen*«[3]. Adressiert an diesen Satz, lautet sie: Ist das Wesen als die Wahrheit des Seins die Wahrheit schlechthin? Ist es die unüberholbare oder eine vorläufige Wahrheit des Seins oder gar nur die Wahrheit *über* das Sein? Auf eine Ant-

3 In der ersten Ausgabe steht der Satz, allerdings nicht in genau derselben Formulierung, bereits im Schlußabschnitt der Seinslogik (A 333_{33}; vgl. 334_{8}). Unter anderem scheint mir auch dies dafür zu sprechen, daß man das Proömium der Wesenslogik nicht in die Reihe der vorläufigen Übersichten stellen sollte, die nach Henrich (1978, 223 f.) keine Interpretationshilfen bieten, weil ihr Niveau hinter dem der Ausführung zurückbleibt. Ob alle Übersichten in Hegels Logik sich so charakterisieren lassen, sei hier dahingestellt. Daß jedenfalls das Proömium zur Wesenslogik nicht unmittelbar zu ihnen gehört, zeigt auch seine einzigartige Form: Es ist ungewöhnlich, daß Hegel medias in res geht und jenem Satz keinen Titel voranstellt.

wort hierauf dürfen wir aber nicht hoffen, klären wir nicht zuvor zwei weitere Fragen, die der Satz ebenso unmittelbar herausfordert. Die eine: Was heißt da überhaupt ›Wahrheit‹? Wie ist sie inhaltlich zu bestimmen? *Inwiefern* also kann das Wesen die ›Wahrheit des Seins‹ sein? Und die andere: Was meint der Ausdruck ›das Sein‹? Meint er das *reine* Sein oder das *bestimmte*? Es ist klar, daß in alledem das ›Wesen‹ zur Diskussion steht; und es liegt gleichfalls auf der Hand, daß keines der aufgeworfenen Probleme sich ohne Rücksicht auf die übrigen lösen läßt. Dennoch wird es am sinnvollsten sein, uns den Weg zu der entscheidenden Frage im Ausgang von der zuletzt genannten zu bahnen und mit der (Hegel-immanenten) Bestimmung des in dem Satz verwendeten Seinsbegriffs zu beginnen.
Unbezweifelbar ist für Hegel das Wesen die Wahrheit sowohl des bestimmten wie auch des reinen Seins. Das Wesen ist, schreibt er, »das Sein selbst, aber nicht nur als ein *Anderes* bestimmt, sondern das Sein, das sich sowohl als unmittelbares Sein, wie auch als unmittelbare Negation, als Negation, die mit einem Anderssein behaftet ist, aufgehoben hat« (9_{2}/19). Wir schatten zunächst die durch die Wendung »nicht nur ... sondern« festgelegte *Beziehung* des fraglichen Seins zum Wesen ab und beschränken uns auf das »sowohl ... wie auch«. Das hier als unmittelbar charakterisierte Sein setzt Hegel am Anfang der Wesenslogik *»dem reinen Sein«* gleich, das Sein als die mit einem Anderssein behaftete Negation »dem mannigfaltigen *Dasein«* (3_{27}/13). Schauen wir näher hin, so zeigt sich allerdings, daß das Wesen *primär* für die Wahrheit des *bestimmten* Seins gilt und für die des reinen Seins nur, *sofern* es die Wahrheit des bestimmten ist (vgl. Angehrn 1977, 35). Diese soll es als das Resultat der Selbstaufhebung oder der Selbstnegierung der unmittelbaren Negation sein, das heißt des Negativen im Sinne des Bestimmten. Die von uns am Gang der Daseinslogik beobachtete Negation des Negativen bildet aber nach Hegel zugleich die reale Grundlage der Abstraktion, aus der das reine Sein hervorgegangen ist. Entkleidet man die Negation ihrer Realität, so bleibt ja, wie es schon in der Daseinslogik hieß, bloß »die formlose Abstraktion« (I 100_{19}/121) übrig. Aus der Abstraktion von der Bestimmtheit

alles Seienden ist das reine Sein bewußtlos hervorgegangen (s. oben, S. 104). Die Bewußtlosigkeit, in der das vergegenständlichende Denken diese Abstraktion vollzieht, impliziert den Ausfall des Bewußtseins darüber, daß es sich bei seinem Tun in Wirklichkeit um die Negation des Negativen durch sich selber handelt. Das Wesen ist nun die Wahrheit auch des reinen Seins, sofern in ihm, wird es nur recht begriffen, die Genese des reinen Seins gewußt wird, und zwar eben als die in der Seinslogik verfolgte Bewegung, in der das bestimmte Sein sich aufhebt. In dieser Hinsicht verhält sich die Seinslogik zum Anfang der Wesenslogik wie die *Phänomenologie* zu ihrem eigenen Anfang. Sie reformuliert im Element des Logischen die Genese des reinen Seins, die vorher nur phänomenologisch aufgezeigt war. Daß Hegel am Anfang der Wesenslogik die Erinnerung erinnert, bei der die *Phänomenologie* am Ende angelangt war, deutet nicht zuletzt auch hierauf.

Die Herkunft des Wesens aus der Selbstaufhebung des bestimmten Seins verrät sogleich den inhaltlichen Sinn der Wahrheit, die Hegel in ihm verwirklicht findet. Wenn Hegel selber den Grund-Satz der Wesenslogik durch eine Definition des Seinsbegriffs erläutert und fortfährt: »Das Sein ist das Unmittelbare«, so wählt er zwar mit Bedacht ein definiens, das auf die unbestimmte Unmittelbarkeit des reinen Seins genauso paßt wie auf die Unmittelbarkeit des Daseins. Wir werden aber sehen, daß der für den Ansatz der Wesenslogik maßgebliche Begriff der Unmittelbarkeit auf die daseinsmäßige zielt. Die Unmittelbarkeit des Daseins bedeutet scheinbare Vorgegebenheit. Die Wahrheit des bestimmten Seins, dessen Reduktion auf das Dasein ihre Relevanz ebenfalls noch enthüllen wird, ist das Wesen demnach als die *Tätigkeit*, die in der Auflösung des Scheins der Vorgegebenheit hervortritt. Als Tätigkeit kennzeichnet sie auch Hegel (vgl. Wetzel 1971, 50 ff.). Zwar scheint, sagt er, die Erinnerung, die ausgehend vom Unmittelbaren zum Wesen vordringt, bloß »eine Tätigkeit des Erkennens zu sein, die dem Sein äußerlich sei und dessen eigene Natur nichts angehe«, aber faktisch ist sie »die Bewegung des Seins selbst« (3_{20}/13). Bei der Transposition des Erkenntnisweges in die Bewegung des Seins selbst überträgt Hegel die Tätigkeit mit. Tätigkeit ist das in das Wesen verwandelte Sein zunächst als der Prozeß der Negation des Negativen, das es in seiner Bestimmtheit war. Das Wesen ist »das sich Aufheben des Andersseins und der Bestimmtheit« (4_{32}/14). Diesen Prozeß, seiner anfänglichen und auch bleibenden Gestalt nach Übergehen, hat Hegel schon in der Daseinslogik gegen die genuine Tätigkeit, das Setzen, abgehoben und hinzugefügt: »*Setzen* fällt eigentlich erst in die Sphäre des Wesens, der objektiven Reflexion« (I 109_{4}/130). Dementsprechend nimmt er das Wesen als die setzende Tätigkeit in Anspruch. Daß er unter dem Titel der setzenden Reflexion zunächst Aussagen machen kann, die auf die Reflexion überhaupt zutreffen (Henrich 1978, 275), rechtfertigt sich in seinen Augen aus der von ihm behaupteten Identität von Reflexion und Setzen. Dabei charakterisiert der Begriff des Setzens die Tätigkeit als die reine, substratlose Prozessualität. Aber Hegel geht nicht nur davon aus, daß die Reflexion Setzen sei. Er nimmt auch an, daß Setzen die Form der Reflexion habe und nur sie haben könne. Der Prozeß, dem kein Substrat zugrunde liegt, ist für ihn als solcher schon die zu sich zurückkehrende und in der Rückkehr sich mit sich vermittelnde Tätigkeit. Schon daraus, daß »die unendliche Bewegung des Seins« (4_{25}/14) die »Selbstbewegung« (13_{9}/24) des Wesens ist, glaubt Hegel schließen zu dürfen: »das Wesen ist das Selbständige, das *ist* als durch seine Negation, welche es selbst ist, sich mit sich vermittelnd« (11_{38}/22). Denn Reflexivität ist, so meint er, die Bedingung der Möglichkeit von Selbstbewegung[4]. Damit erfüllt das Wesen nach seiner Auffassung die Kriterien des Wahrheitsbegriffs, den er am Ende der Logik formuliert: Wahrheit ist »die sich mit sich selbst vermittelnde Bewegung und Tätigkeit« (499_{6}/565).

An diesem Punkt wird der Leser bereits zögern, weiter mit Hegel mitzugehen. Die am Anfang der Wesenslogik eingenommene Position wurde soeben lediglich in doxographischer Manier wiedergegeben. Auf der Suche nach ihrem Rechtsgrund stoßen wir aber bald auf eine Grenze. Aus dem Bisherigen begründbar ist

4 Vgl. 16_{25}/28: »Die Bewegung wendet sich als Fortgehen unmittelbar in ihr selbst um und ist nur so Selbstbewegung«.

noch die Deutung der Seinsbewegung als einer setzenden Tätigkeit. Denkt man nämlich die Negation des Negativen zu Ende, so bleibt in ihr kein Substrat zurück. Die Selbstaufhebung des bestimmten Seins muß dieses schließlich in reine Tätigkeit verflüssigen. Unbegründet hingegen erscheint in Anbetracht des ausgebreiteten Materials die Deutung der setzenden Tätigkeit als Reflexion. Noch vor jeder Antwort auf die Frage, ob Hegel – wofür der zuletzt angeführte Satz zu sprechen scheint – die absolute Reflexion zur Wahrheit schlechthin erhebe und ob er sich dafür auf die Sache berufen könne, regen sich also Zweifel an der Legitimität seines Versuchs, dem erst nur aus der Negation des Negativen abgeleiteten Wesen die Würde der absoluten Reflexion zu verleihen. Natürlich: Er wird später – in C – noch ganz andere Mittel aufbieten, um die Reflexivität des Wesens zu erweisen. Gleichwohl stimmt bedenklich, daß er das Wesen schon deshalb als Reflexion glaubt ansprechen zu dürfen, weil die Bestimmtheit »durch das Wesen selbst *gesetzt*« ist (5₂₃/15), was wiederum darauf beruht, daß das Wesen Setzen ist. Wir werden deswegen darauf achten müssen, ob er die Reflexivität des Wesens in Wirklichkeit nicht immer schon vorausgesetzt hat.

Unsere kritische Leitfrage kompliziert sich also. Zu fragen ist nicht nur: Erhebt Hegel die absolute Reflexion zur Wahrheit schlechthin, und wenn ja, in welchem Sinne und mit welchem Recht? Zu fragen ist auch: *Ist* das Wesen, das er für die Wahrheit des Seins ausgibt, überhaupt absolute Reflexion? Zur vorläufigen Verneinung dieser Frage veranlaßt dieselbe Schwierigkeit, der wir schon in der Theorie der affirmativen Unendlichkeit begegnet sind: Hegel erklärt die Negation des Negativen zu einer selbstbezüglichen Negation, die sie für sich keineswegs ist. Er erklärt sie dazu – und spricht ihr gleichzeitig Selbstbezüglichkeit ab. Wir stehen hier mitten in dem Spannungsfeld, in das zu geraten wir erwartet haben. Es zentriert sich um den Ausdruck »absolute Negativität«, den Hegel zunächst nur als Titel für das Resultat der Negation des Negativen einführt (9₁/19). Aber einerseits wird der Ausdruck zum Synonym für »die reine Vermittlung« (12 f./23), die das Wesen »als sich auf sich beziehende Negation« (13_{21}/24) ist. Andererseits soll das Wesen bloß »die *erste Negation des Seins«* sein und sich dadurch vom Begriff unterscheiden, der allererst die Negation der Negation realisiert (5_{30-35}/16; vgl. 235_{2}/269). Der Spannung zwischen diesen beiden Seiten entsprechen andere Ambivalenzen. Das Wesen ist, sagt Hegel, *»An-und-Fürsichsein«* (4_{25}/14). Auch auf den ersten Blick vereinbar ist damit sicherlich die Feststellung: »Das Wesen ist das *An-und-Fürsichsein,* aber dasselbe in der Bestimmung des Ansichseins« (5_{32}/16); sie dementiert die frühere Bestimmung nicht, sondern präzisiert sie. Ein Anschein von Unvereinbarkeit entsteht jedoch dadurch, daß Hegel ausdrücklich versichert, das Wesen sei nicht nur absolutes Ansichsein, sondern »ebenso wesentlich« Fürsichsein (4_{31}/14). Eine ähnliche Unstimmigkeit scheint auch unter den verschiedenen Aussagen über die Art der Beziehung des Wesens zum Sein zu herrschen. Das vorhin abgeschattete »nicht nur ... sondern« muß als »nicht nur ... sondern *auch«* gelesen werden, so wie die Forderung, »das Wahre nicht als Substanz, sondern eben so sehr als Subjekt aufzufassen und auszudrücken« (PhdG 19_{26}/23), vom System verlangt: Das Wahre ist nicht *nur* als Substanz, sondern auch als Subjekt zu denken. Die vorhin zitierte Stelle besagt also: Das Wesen ist das Sein selbst so, daß es durchaus auch »als ein *Anderes* bestimmt« ist. Es ist das Andere des Seins, gleichwie dieses ihm gegenüber ein Anderes ist. Die Reflexion des Wesens ist »das Scheinen *seiner* in einem *Andern«* (64_{17}/81). So hieß es ja bereits in der Einleitung, das Wesen sei noch nicht der Begriff als solcher, weil es »mit dem unmittelbaren Sein als einem ihm auch Äußeren zugleich behaftet ist« (I 44_{7}/58). Gleichwohl behauptet Hegel, daß im Wesen »das Anderssein und die Beziehung auf anderes schlechthin aufgehoben worden ist« (4_{27}/14).

Nun lösen die scheinbaren Widersprüche sich zu einem guten Teil durch die in der Grundlegung B nachgezeichnete Dialektik der Negativität auf. Allerdings geht ihre Auflösung kaum zugunsten der Hegelschen These aus, das Wesen sei absolute Reflexion oder sich auf sich beziehende Negation. Gewiß: Nach Hegel hat alle Tätigkeit ihr Telos in der Rückkehr. Aber wie nicht zu sehen war, was ihn dazu befugt, alle Tätigkeit im Horizont der vollendeten als der zu sich zurückkehrenden auszulegen, so läßt sich im Blick auf die Dialektik der Negativität auch nicht begründen, daß die Tätigkeit, die das Wesen ist, die Gestalt der Reflexion habe. Im Blick auf diese Dialektik wird lediglich einsichtig, daß die »*einfache* Negativität« des Wesens (5_{14}/15) insofern bloß scheinbar eine einfache ist, als sie sich aus der Negation des Negativen ergibt. Mit demselben Resultat endet der Streit zwischen dem in der Bestimmung des Ansichseins gesetzten An-und-Fürsichsein und dem An-und-Fürsichsein, das »ebenso wesentlich *Fürsichsein*« ist. Denn ebenso wesentlich Fürsichsein *wird* das Wesen nach Hegels eigener Auffassung erst, wenn es sich Dasein gibt, das heißt erst im Übergang zur Erscheinung (5_{35}/16; vgl. 4 f./15). Was bedeutet: Während des ganzen Stadiums, in welchem das Wesen nur »Reflexion in ihm selbst« sein soll, ist es gerade noch nicht wirklich das Fürsichsein, das auf der Reflexivität der selbstbezüglichen Negation beruht.

Einen Schritt weiter führt der Versuch, Andersheit und Nicht-Andersheit des Seins gegenüber dem Wesen und des Wesens gegenüber dem Sein zu vermitteln. Auch dieser Versuch kann von der Dechiffrierung der Negativität als Tätigkeit ausgehen. Das Andere des Seins ist das Wesen nämlich zunächst als die reine Tätigkeit, die sich von der vermeintlichen Vorgegebenheit nicht nur unterscheidet, sondern ihr entgegengesetzt ist. Nur so kann es zugleich das Sein selbst sein, das sich eben in einen substratlosen Prozeß verflüssigt hat. Und nur so wird auch verständlich, warum es dennoch »die Beziehung auf anderes« nicht mehr gibt; es gibt sie nicht mehr als eine Beziehung zwischen Gegebenheiten. Indessen ist damit noch nicht geklärt, wieso das Sein für das Wesen ein Äußeres bleibt. Die Rede von »dem unmittelbaren Sein als einem ihm auch Äußeren« muß sehr ernst genommen werden. Denn ihr antwortet die offensichtlich grundlegende Bestimmung des Wesens als des Inneren. Die Lehre vom Wesen, schreibt Hegel bei der Übersicht über die allgemeine Einteilung der Logik, ist »noch unter die *objektive* Logik gestellt worden, insofern, ob das Wesen zwar bereits das Innere, dem

Begriffe der Charakter des *Subjekts* ausdrücklich vorzubehalten ist« (I 44_{10}/58). Das Wesen ist das *Innere* als die ›Tiefe‹ des Daseins, das als solches das Äußere ist, weil es die Erscheinungsoberfläche bildet. Im Verhältnis der Andersheit befinden Sein und Wesen sich nicht nur aufgrund ihrer gegensätzlichen Verfassung, das heißt sofern das Wesen Tätigkeit ist und das Sein qua Dasein als vorgegeben gilt. Andersheit bleibt gerade auch als Äußerlichkeit bestehen, als die Äußerlichkeit des Seins gegenüber seinem Inneren. Hinzu kommt aber noch eine dritte, und zwar die wichtigste Bedeutung von Andersheit. Das Dasein war an ihm selbst das Andere. Infolgedessen hatte es seine Wahrheit darin, das Andere an ihm selbst im Sinne des Anderen *seiner* selbst zu sein. Das Wesen ist nun die Wahrheit des Seins als das Innere des Daseins, in welchem dieses das Andere seiner selbst ist. So definiert es Hegel auch: Das Wesen ist »das Andre«, das sich auf sich bezieht, und selbstbezügliche Negation ist es nur als dieses Andere (13_{19}/24; vgl. Henrich 1978, 263).
Hier schlägt das Herz der Wesenslogik. Von hier aus werden wir demzufolge auch ihre metaphysikkritische Funktion in den Griff bekommen. Zuvor aber müssen wir, um den Ausgangspunkt der anzustellenden Überlegungen zur reflexionslogischen Metaphysikkritik zu sichern, den zwischen Wesen und Dasein bestehenden Zusammenhang, von dem wir jetzt nur einen Zipfel erwischt haben, in voller Breite aufrollen. Vorerst enthüllt sich rückläufig der Hintergrund der Affinität von absoluter Reflexion und affirmativer Unendlichkeit. Nicht nur präfiguriert die affirmative Unendlichkeit die absolute Reflexion; die absolute Reflexion wiederholt in gewisser Weise auch die affirmative Unendlichkeit. Daß die äußere Reflexion das ist, was »das Unendliche in der Sphäre des Seins« war (17_{27}/29), ist so zu verstehen, daß sie das Unendliche des Verstandes reformuliert. Da aber der Unterschied zwischen dem Unendlichen des Verstandes und dem der Vernunft im ganzen mit der Differenz von äußerer und absoluter Reflexion übereinkommt, gehört zur Entsprechung von äußerer Reflexion und Verstandesunendlichkeit auf der anderen Seite auch eine Analogie von absoluter Reflexion und vernunftgemäßer oder affirmativer Unendlichkeit. War diese die

fortgeschrittenste Version des Werdens, die wir in der Seinslogik angetroffen haben (s. oben, S. 181), so ist jene nach Hegel das vollendete Werden: Als Reflexion ist das Wesen »die Bewegung des Werdens und Übergehens, das in sich bleibt« (13_{15}/24). In ihm ereignet sich dementsprechend noch einmal, wofür schon die affirmative Unendlichkeit aufkommen sollte: »die vollkommene Rückkehr des Seins in sich« (4_{34}/14).

Aber die Zusammengehörigkeit von Reflexion und Unendlichkeit macht nur einen Teil der umfassenden Korrelation zwischen dem ganzen ersten Kapitel der Wesenslogik und der Logik des Daseins aus. Auch in ihrer Gesamtheit ist diese Korrelation in dem Sinne zweiseitig, daß der reflexionslogischen Neufassung der Daseinslogik die daseinslogische Antizipation der Reflexionslogik vorausgegangen ist. Erinnert sei an Hegels eigene Feststellung, daß bereits in der Sphäre des Daseins sich ergebe, was in der Betrachtung des Wesens bloß »ausdrücklicher« zu fassen sei (I 107 f./129; s. oben, S. 164). Besonders zu beachten aber ist, daß die *»negative* Beziehung auf sich«, die Hegel für das Wesen in Anspruch nimmt (5_{2}/15), ihren Ursprung in den endlichen Dingen hat, die »als *negativ* sich auf sich selbst beziehen« (I 117_{4}/139). Der reflexionslogische Rückgriff auf die Daseinslogik, der solch daseinslogischem Vorgriff auf die Reflexionslogik nachkommt, geht so weit, daß man die drei Abteilungen der beiden Kapitel einander zuordnen kann. Die Zuordnung der Abteilung C ›Die Reflexion‹ zu der Abteilung C ›Die Unendlichkeit‹ ist bereits geschehen. Eine wenigstens weitläufige Verwandtschaft der jeweiligen A-Abteilungen kann man darin erblicken, daß mit der in der Abteilung A des ersten Kapitels der Reflexionslogik analysierten Verfälschung des Wesen-Sein-Bezugs zu einem Verhältnis von Wesentlichem und Unwesentlichem das Wesen »in die Sphäre des *Daseins«* zurückfällt (8_{19}/18), des Daseins als solchen, das die Abteilung A des zweiten Kapitels der Seinslogik exponiert. Noch stärker freilich konvenieren die B-Abteilungen. Unter dem Titel ›Der Schein‹ bildet das spätere B die Endlichkeit nach, die das Thema des früheren war. Die Endlichkeit ist aber die generelle Verfassung des Daseins und insofern *durchgehendes* Thema der Daseinslogik. Demgemäß fungiert ›Der Schein‹ auch als Titel für das *ganze* erste Kapitel der Wesenslogik. Augenfälliger könnte Hegel nicht zum Ausdruck bringen, daß das Wesen in seiner reinen Reflexionsform das Innere des Daseins ist, das Dasein als das Andere seiner selbst.

Über diese Grundlinien hinaus ließen sich zahlreiche andere Parallelen ziehen. Für die befremdlich scheinende Operation mit daseinslogischen Begriffen (vgl. Henrich 1978, 239 ff.) geben sie die rechtliche Basis ab. Ich begnüge mich damit, nur auf einige dieser Parallelen hinzuweisen. Die Auslegung des Wesens als Reflexion gewinnt aus seiner Gleichsetzung mit dem Inneren des Daseins einen eigentümlichen Sinn. Reflexion ist das Wesen als das immer schon in sich zurückgehende oder »das *in sich* gegangene Sein« (E § 112). Aus dem *»Insichgehen* des Seins«, das »ein Vertiefen desselben in sich selbst« ist (E § 84), resultiert das »Insichsein«, das als »nur erst ganz unbestimmt« das Etwas war und das sich im Verlauf der Daseinslogik zu reicheren Gestalten »entwickelt« hat (s. oben, S. 154 ff.). Das Wesen seinerseits ist nach der zweiten Ausgabe der *Enzyklopädie* (§ 113) *»einfaches Insichsein«*. Dabei deutet Hegel das In-sich-Gehen geschichtlich – geschichtlich nach Maßgabe seines Begriffs zeitloser Geschichte (vgl. Theunissen 1970 a, 60 ff.), wenn auch in der Ausrichtung am »Zeitwort *Sein*«; das in sich gegangene versteht er mithin als »das *ver*gangene, aber zeitlos vergangene Sein« (3_{16}/13 – Hervorhebung M. T.). In das vergangene Sein mündet aber das Vergehen ein, in das mit der Endlichkeit das Übergehen übergegangen ist (s. oben, S. 269). Die Endlichkeit kehrt in der reflektierten Bestimmung eines Scheins wieder, den Hegel als unmittelbares Nichtdasein in der Bestimmtheit des Seins definiert (9_{23}/19). Die Definition gewinnt er durch eine Amputation des daseinslogischen Begriffs vom Anderen. Enthält das Andere, daseinslogisch gefaßt, »die zwei Momente des Daseins und des Nichtdaseins« (9_{19}/19), so bleibt im Schein nur das Nichtdasein übrig. Rekonstruiert man die Genese der Definition und bedenkt man ferner, daß Hegel im Fortgang seiner Theorie des Scheins den Begriff des Nichtdaseins in den des Nichtseins übersetzt (vgl. 11_{8}/21), so rückt der Schein in die Nähe des Daseins, das die Einheit von Sein und Nichtsein in der Bestimmtheit des Seins sein sollte (s. oben, S. 156 f.). Bei solcher Nähe ist denn auch nicht verwunderlich, daß Hegel bereits im Proömium zur Wesenslogik auf die in der Daseinslogik vorgebrachte Kritik an der Rede vom *»Inbegriff aller Realitäten«* (s. oben, S. 219 f.) so zurückkommt, als habe er sie eben erst formuliert und auch schon auf »das reine Wesen« angewandt (4_{7}/14).

Statt die Beziehung, die im System angelegt ist, sofern das Wesen in der Logik überhaupt die Rolle des Zweiten spielt, die das Dasein im engeren Rahmen der Logik des qualitativ bestimmten Seins übernommen hat, durch weitere Einzelbelege zu dokumentieren, möchte ich hier nur noch die vorhin aufgestellte Behauptung ausweisen, daß der für den Ansatz der Wesenslogik charakteristische Begriff der Unmittelbarkeit auf die daseinsmäßige ziele. Dies gehört neben und nach der Lokalisierung des Wesens im Inneren des Daseins mit zu dem eigentlich wichtigen Sachverhalt, um dessentwillen von jener Beziehung wenigstens durch ein paar Details ein anschaulicherer Eindruck zu vermitteln war. Genauer gesagt, ist in dem Kapitel ›Der Schein‹ diejenige Unmittelbarkeit die des Daseins, die durch ihre Überführung in die eigene Unmittelbarkeit des Wesens vom verschleiernden Schein befreit werden soll. Hegel macht ihren Daseinsbezug kenntlich, indem er sie »die seiende Unmittelbarkeit« nennt (11_{22}/22). Das Attribut ›seiend‹ verweist auf die mit dem Dasein ursprünglich zusammenfallende ›Bestimmtheit als solche‹, in der das Nichtsein so in das Sein aufgenommen ist, »daß das konkrete Ganze in der Form des Seins, der Unmittelbarkeit ist« (I 96_{21}/116). Von ihr hat Hegel in der Daseinslogik als von »nur *unmittelbarer* oder *seiender* Bestimmtheit« gesprochen (I 98_{7}/118; s. oben, S. 217). Es wird sich zeigen, daß dieser Bezug für die gesamte Logik der Reflexion und damit auch für die reflexionslogische Metaphysikkritik schlechterdings konstitutiv ist.

Was nun die Metaphysikkritik betrifft, so ist das darüber im ersten Teil der vorliegenden Untersuchung Gesagte in einem entscheidenden Punkt zu differenzieren. Hegel befaßt sich in der Wesenslogik mit zweierlei Metaphysik, und dementsprechend ist auch seine Kritik von zweierlei Art. Zwar wurde in der

Grundlegung A bereits versichert: Einerseits wendet er sich im Ausgang von der Reflexion der erklärten Metaphysik zu, als die er die aristotelische ansieht, andererseits hat er ineins mit dem neu ins Blickfeld tretenden Schein auch weiterhin denjenigen Schein vor sich, den schon die seinslogische Kritik an der noch nicht oder nicht mehr manifesten Metaphysik, am modernen Positivismus und seinen frühgriechischen Wurzeln, aufzulösen hatte. Aber wir sind erst jetzt in der Lage, die beiden Metaphysikformen und die ihnen entsprechenden Typen von Kritik in ein Verhältnis zueinander zu setzen und sie dann auch auf den Gang des Gedankens im ersten Kapitel der Wesenslogik zu beziehen.

Für die Unterscheidung der beiden Metaphysikformen stellt Hegel zwei Kriterien zur Verfügung. Sowohl nach dem einen wie auch nach dem anderen Kriterium hebt sich eine dem Stand der logischen Entwicklung gemäße Metaphysik gegen eine hinter ihm zurückgebliebene und insofern an sich schon erledigte ab. Den einen Maßstab für das Urteil über Gleichzeitigkeit oder Ungleichzeitigkeit liefert der Wesensbegriff selber. Hegel beginnt das zweite Buch seiner *Wissenschaft der Logik* damit, daß er ein Wesen beschreibt, um das es in der Reflexionsanalyse gar nicht geht. Auf das Thema seiner Logik der Reflexion kommt er erst mit den Worten: »Das Wesen aber, wie es hier geworden ist . . .« (4_{23}/14). Das dem erreichten Niveau unangemessene Wesen ist insofern nicht »geworden«, als es das Konstrukt eines Denkens ist, das die Abstraktion, aus der es hervorgeht, nicht als die Negation des Negativen durch sich selber weiß. »Dieses negative Tun, das Abstrahieren, fällt dann außerhalb des Wesens, und das Wesen selbst ist so nur als ein Resultat *ohne diese seine Prämisse*, das caput mortuum der Abstraktion« (E § 112). Als solches ist es in einem besonderen Sinne »nur Produkt, ein Gemachtes« (4_{12}/14). Zwar sind, wie wir wissen, die in der Wesenslogik kritisch dargestellten »Kategorien der Metaphysik« durchweg »Erzeugnisse« des mit ihnen umgehenden Denkens. Ja, die absolute Reflexion und das Andere, in dem sie »scheint«, entspringen »eigentlich nur der Einbildungskraft« (64_{21}/81)[5].

5 Henrich (1978, 290) bezieht diese Charakteristik nur auf das Andere. Sie

Aber ein bloßes Artefakt ist das von seiner Genese abgeschnittene Wesen in dem scharfen Sinne des totalen Scheins, in den das reine Sein sich auflöste. Mit dem Bewußtsein von der realen Grundlage der Abstraktion fällt eben auch der Unterschied von reinem Sein und Wesen weg; jenes lebt in diesem als das »reine Wesen« fort. Das »reine Wesen« ist in seiner Unbestimmtheit nicht bestimmbar, weil sich bestimmend, sondern »die in sich tote, leere Bestimmungslosigkeit« (4₂₁/14). Eine derartige Kritik der Restauration des Eleatismus steht ja in der *Wissenschaft der Logik* nicht allein da. Wir sind ihr bereits im Rahmen der kritischen Darstellung des Realitätsbegriffs begegnet, auf die Hegel nicht zufällig im gegenwärtigen Kontext anspielt. Indessen gilt schon hier, was im Fortgang noch deutlicher wird: Die ungleichzeitige Metaphysik nimmt Hegel, wie es sinnvollerweise gar nicht anders sein kann, als ein in sich vielfältiges Gebilde in den Blick. Hier denkt er zugleich an die von der »Metaphysik des Seins« abzugrenzende Philosophie des Absoluten, die unter dem Titel ›Wesen‹ bloß die ›absolute Indifferenz‹ vom Ende der Seinslogik fortschreibt. Wohl realisiert auch sie nicht, daß die »Abstraktion von allen bestimmten Prädikaten« (E § 112) im Grunde das eigene Tun des Wesens ist, doch unterscheidet sie sich vom total scheinhaften Seinsdenken, sofern sie darin das Resultat der Negation des Negativen erkennt. Denn schon die Indifferenz kann »die absolute genannt werden«, weil sie *»durch die Negation* aller Bestimmtheiten des Seins (...) *sich mit sich* zur einfachen Einheit *vermittelt«* (I 388₄/446). Beide – die Metaphysik des Seins und die Philosophie der zum Wesen erhobenen Indifferenz – sind positivistisch ausgerichtet. Der Positivismus, definiert als Affirmation des Seienden im Sinne des Ansichseienden, folgt aus der Äußerlichkeit der Abstraktion: »Die *äußerliche* Negation, welche Abstraktion ist, hebt die Bestimmtheiten des Seins nur *hinweg* von dem, was als Wesen übrigbleibt; es stellt sie gleichsam immer nur an einen andern

trifft aber auch die Reflexion selber. Hegel sagt an der angeführten Stelle ausdrücklich: »*Beide* sind Substrate, eigentlich nur der Einbildungskraft« (Hervorhebung M.T.).

Ort und läßt sie als seiende vor wie nach« (4_{12}/14). Obgleich Hegel dies direkt nur in bezug auf die Wiederauferstehung des Seinsdenkens sagt, trifft es indirekt auch auf die bei der absoluten Indifferenz stehengebliebene Wesensschau zu, da auch diese die Negation der Bestimmtheiten des Seins dem Wesen nicht als das »negative Tun« der Abstraktion zuspricht; denn dann wäre das Wesen ja, was es wirklich ist, das die Differenz in sich enthaltende Absolute, und nicht die absolute Indifferenz.
Nach dem Kriterium, das der Wesensbegriff selber an die Hand gibt, wäre gegen eine derart rückständige Metaphysik, wie gesagt, die abzusetzen, die, wenn ich mich einmal salopp ausdrücken darf, up to date ist. Bevor wir sie identifizieren, sei im Anschluß an die Bemerkungen zum Positivismus gleich hinzugefügt: Auch sie wird im zweiten Buch der *Wissenschaft der Logik* nicht nur überhaupt kritisch dargestellt; sie gehört gleicherweise mit zum Gegenstand der spezifischen Kritik am positivistischen Zug der Metaphysik. Der konkrete Sachgehalt der früher (S. 33) an der Theorie der Reflexions*bestimmungen* abgelesenen Formel, derzufolge nach der seinslogischen Entlarvung des Positivismus als Metaphysik nun umgekehrt die Metaphysik als Positivismus zu durchschauen sei, wird uns auch anhand des grundlegenden Kapitels über die Reflexion selber noch aufgehen. An dieser Stelle mag ein einziger Hinweis genügen. Bei der Exposition der Begriffslogik vergleicht Hegel das Verhältnis des Begriffs zu Sein und Wesen mit der Stellung, die, wie er meint, Kant dem Verstand zu Gefühl und Anschauung gegeben hat (221-224/254-258). Hinsichtlich der Seinslogik ist die Proportionsanalogie nicht ganz eindeutig, weil Hegel ihr nicht nur das Gefühl zuordnet, sondern stellenweise auch die Anschauung, und zwar dort, wo er diese auf die Stufe des Gefühls zurücksetzt und ihr das entgegensetzt, was er »*Anschauung* oder auch bloße *Vorstellung*« nennt (222_{9}/255). Die hingegen fällt nach seiner Konstruktion eindeutig auf die Seite der Wesenslogik (vgl. 224_{3}/257). Das Vorstellen aber, das mit dem Anspruch einer höheren Form von Anschauen auftritt, macht Metaphysik zum Positivismus. Wie auch immer das Wesen verstanden wird, ob als bestimmungsloses oder als das bestimmte, das es ist, – in

jedem Falle ist es Korrelat des vorstellenden Anschauens und somit kritikbedürftig.

Um nun die auf der Höhe der Reflexionslogik befindliche Metaphysik identifizieren zu können, müssen wir das andere Unterscheidungskriterium ins Auge fassen. Hegel unterscheidet gleichzeitige und ungleichzeitige Metaphysik auch und zumal nach der Art ihrer Bewegung. Die in I.1.1 schon erwähnte Rede von dem am unmittelbaren Sein sich nicht befriedigenden Wissen, welches voraussetzt, »daß *hinter* diesem Sein noch etwas anderes ist als das Sein selbst«, deckt beide Bewegungsrichtungen ab. Sie spielt auf die überlieferte Auffassung an, nach welcher der Name ›Metaphysik‹ ein Titel für jede Philosophie ist, die *ta meta ta physika* als das hinter den endlichen Dingen Liegende erforscht. Aber das metaphysische Hinterfragen ist und war faktisch entweder ein *bloßes* Hinausgehen über das Sein oder ein *solches* Hinausgehen, das »vielmehr« die Bewegung »des Hineingehens in dasselbe« beschreibt (3_{12}/13). Jenes hat in der Regel die Gestalt der Abstraktion, dieses ist die Erinnerung. In der Beziehung des Anfangs der Wesenslogik zum Ende der *Phänomenologie* ist mitbeschlossen, daß der Weg, auf dem »das Wissen sich aus dem unmittelbaren Sein *erinnert*« (3_{13}/13), Erinnerung qua »Er-Innerung« (PhdG 564_{8}/591) ist; das Wissen dringt durch die Erscheinungsoberfläche des Daseins hindurch in sein Inneres. Für eine derart erinnernde Metaphysik hat Hegel außer der authentisch platonischen vor allem die aristotelische gehalten, und man darf wohl annehmen, daß er auf die Verbform ›gewesen‹ wiederum auch mit Rücksicht auf eine geläufige Meinung aufmerksam macht, auf die Meinung nämlich, daß der aristotelische Begriff vom Wesen als *to ti ēn einai* das Sein bezeichne, welches immer schon war[6].

Es ist klar, daß nur diese erinnernde Metaphysik der zu denkenden Bestimmung gerecht wird. *Sie* ist es deshalb, die zum Thema

6 Platon trägt den »wahrhaften« Begriff der Erinnerung, wonach sie ein »Sichinnerlichmachen, Insichgehen« ist, nach Hegel in der Anamnesis-Lehre oft nur »in der Weise der Vorstellung und mythisch« vor; häufig gibt er der Erinnerung sogar bloß den »empirischen« Sinn der Reproduktion zeitlich früherer Erlebnisse (SW *18*, 204/19, 45).

wird[7]. Man kann auch sagen: Sofern die abstrakt über das Dasein hinausgehende Metaphysik bereits erledigt ist, sinkt ihre Destruktion mit dem Neuansatz beim Wesen zur äußeren, mit der Darstellung nicht vermittelten Kritik herab, während die kritische *Darstellung* sich derjenigen Metaphysik zuwendet, die über das Dasein hinausgehend eigentlich in sein Inneres hineingeht. Indessen kehrt die Abfolge sich zunächst um. Auf der einen Seite ist ja der Weg des erinnernden Wissens nach Hegel »die Bewegung des Seins selbst«, die bereits stattgefunden hat. In diesem Konzept steckt eine ganz bestimmte Rechtfertigung des Aristotelismus. Indem die aristotelische Metaphysik die Erinnerung reflektiert, die das Sein selbst vollbringt, spricht sie die Wahrheit über den uneingestandenermaßen metaphysischen Positivismus aus, der in seinen Enttäuschungen die Erfahrung dieser Wahrheit selber macht. Auf der anderen Seite sind die beiden ersten Abteilungen des wesenslogischen Grundlegungskapitels noch der Kritik des abstrakten Hinausgehens gewidmet, einer Kritik, die mit der Darstellung durchaus vereint ist. Sie beschäftigen sich zwar nicht mehr mit dem restaurierten Eleatismus und auch nicht mehr mit dem überlebten Indifferentismus Schellingscher Prägung, wohl aber mit einem dritten Paradigma ungleichzeitiger Metaphysik, das derselben Richtung zugehört, wenn es auch die am Anfang und am Ende der Seinslogik bereits kriti-

7 Das wird ganz deutlich, wenn man Hegels Vorlesungen über die Geschichte der Philosophie zum Vergleich heranzieht (SW *18*, bes. 319-333/19, 152-165). Hegel stellt in den Mittelpunkt seiner Aristoteles-Darstellung den Begriff der reinen Tätigkeit. Als Tätigkeit deutet Aristoteles danach auch Zahl und Idee (319/152), und zwar im Gegenzug gegen Platon und die Pythagoreer (320/153). An die Definition der *energeia* als reiner Wirksamkeit aus sich selbst knüpft Hegel die Bemerkung: »Erst die Energie, die Form ist die Thätigkeit, das Verwirklichende, die sich auf sich beziehende Negativität« (321/154). Diese aber ist Reflexion, eine »thätige Wirksamkeit« (322/155), die »im Unterscheiden zugleich identisch mit sich« ist (332/164 f.). So ist die *noēsis noēseōs*, das Denken des Denkens, das »Haupt-Moment in der aristotelischen Philosophie« (330 f./162 f.). Wohin nach alledem die Bestimmung des Absoluten als reiner Tätigkeit der Reflexion gehört, spricht Hegel selber aus: »Wenn es in neueren Zeiten *neu* geschienen hat, das absolute Wesen als reine Thätigkeit zu bestimmen: so sehen wir dieß aus Unwissenheit des aristotelischen Begriffs« (326/158).

sierten Möglichkeiten metaphysischen Philosophierens überragt: Hauptadressat der Metaphysikkritik ist da der (nach Hegel von der Intention Platons abweichende) Platonismus mitsamt seinen idealistischen Wandlungen und skeptizistischen Abwandlungen. Daß die Auseinandersetzung mit ihm schon die Daseinslogik beherrscht hat, ist ein weiterer Beleg für den vorhin skizzenhaft umrissenen Zusammenhang. Die Einführung der Platonismuskritik in der Daseinslogik und ihre Ausführung zu Beginn der Wesenslogik sind auf dieselbe Ursache zurückzuführen. Sie liegt in der dialektischen Stellung des als Platonismus wirksam gewordenen *Phaidon*-Denkens zum Positivismus, den es zunächst überwindet, nämlich durch die Anerkenntnis des Nichtseins der Endlichkeit, und den es sodann in potenzierter Form wiederherstellt, indem es das Andere des Endlichen zur zweiten Welt hypostasiert (s. oben, S. 140 f., 283 f.). Ähnlich ambivalent nimmt sich in den Augen Hegels die von ihm aus dem platonistischen Dualismus hergeleitete Philosophie Kants aus, die denn ja auch ebenfalls Gegenstand sowohl seinslogischer wie wesenslogischer Kritik ist. Die in beiden Versionen der *chorismos*-Theorie, der kantischen und der platonistischen, gegen die eigene Absicht sich durchsetzende Potenzierung des Positivismus bringt Hegel in dem Abschnitt über das Wesentliche und das Unwesentliche deutlich zum Ausdruck. Die dort kritisch dargestellte Metaphysik läßt nicht nur, wie die Metaphysik des bestimmungslos reinen Wesens, die Bestimmtheiten des Daseins »als seiende vor wie nach«; sie degradiert auch das Wesen zu einem Seienden: »Das Wesen selbst ist in dieser Bestimmung *seiendes,* unmittelbares Wesen...« (84/18). Es gerät damit zu einem Anderen, dessen Seinssinn durch keine der Bedeutungen reflexionslogisch verbleibender Andersheit gerechtfertigt ist, das heißt tatsächlich zu *einem* Anderen völlig gleichgültiger Art. »Sein und Wesen verhalten sich auf diese Weise wieder als *Andere* überhaupt zueinander, denn *jedes hat ein Sein, eine Unmittelbarkeit,* die gegeneinander gleichgültig sind, und [beide] stehen diesem Sein nach in gleichem Werte« (87/18). Auch das gehört zur wesenslogischen Aufarbeitung der Daseinslogik; die Wiederholung der Gleichgültigkeitsbeziehung durch die platonistisch-kantische Wechselbestimmung des Endlichen und des Unendlichen wiederholt sich darin ihrerseits. Daß im Zuge dessen mit den Standards der Wesenslogik auch die des Platonismus unterschritten werden, der ja gerade auf die Ungleichwertigkeit der zwei Welten abhebt, widerlegt die Behauptung, es sei vornehmlich von ihm die Rede, nicht etwa, sondern bestätigt sie. Denn zu beschreiben ist in der gegebenen Situation der Effekt, den die *chorismos*-Theorie sozusagen wider Willen erzielt. Die gesamte Abteilung A analysiert den Platonismus und seine Filiationen unterhalb seines Niveaus, und dies nicht willkürlich, sondern insofern notwendig, als seine ungewollten Folgen darzustellen sind. Zu den ungewollten Folgen zählt auch der relativistische Skeptizismus, dem es angesichts einer zur Gleichwertigkeit gesteigerten Gleichgültigkeit auch egal ist, was als das Wesentliche und was als das Unwesentliche gilt (vgl. 8$_{22-35}$/18 f.). Dabei ist für die Zusammengehörigkeit von A und B durchaus bedeutsam, daß Hegel den Skeptizismus, den er erst in B thematisiert, und zwar hinsichtlich seiner Ambivalenz, bereits in A unter dem Aspekt seiner niedrigsten Motive mit im Blick hat. Führt nämlich A vor, wie der Platonismus hinter sich zurückbleibt, so B, wodurch er sich selbst übersteigt. Konkret: A behandelt die Erneuerung des Positivismus durch die Zweiweltenlehre, B die an sich antipositivistische Einsicht Platons in das Nichtsein des Endlichen, an die Hegel selber anknüpft.

Bloß ›an sich‹ antipositivistisch ist diese Einsicht deshalb, weil sie sich nicht vom Boden einer Metaphysik abstößt, die im ganzen auf den Positivismus hinausläuft. Im Lichte dieses Sachverhalts klärt sich auf, warum und inwiefern Hegel die beiden Abteilungen zunächst gegeneinander abgrenzt und sodann gleichwohl als eine Einheit betrachtet. Bis kurz vor dem Schluß von B sieht es so aus, als gelte das Wesen nur demjenigen Denken »als unmittelbares seiendes« (8$_{20}$/18), das es zu einer Seite des Unterschieds von Wesentlichem und Unwesentlichem macht. Nicht nur, daß Hegel die Annahme der Seiendheit des Wesens bis dahin allein für eine Implikation dieser Unterscheidung ausgibt. Indem er im Übergang von A zu B gegen »die *erste* oder die Negation, welche *Bestimmtheit* ist« und auf die das Wesen, sofern es bloß ein Anderes sein soll, festgelegt wurde, die »absolute Negativität« als das Resultat der Negation des Negativen im Sinne des Bestimmten ins Feld führt (8 f./19), erweckt er auch den Eindruck, als sei das Wesen fortan diese alle Seiendheit ausschließende Negativität. Um so größer ist das Erstaunen, wenn man am Ende liest: »In der Sphäre des Wesens findet sich zuerst das Wesen und das Unwesentliche, dann das Wesen und der Schein gegenüber, das Unwesentliche und der Schein als Reste des Seins. Aber sie beide, sowie der Unterschied des Wesens von ihnen, bestehen in weiter nichts als darin, daß das Wesen zuerst als ein *unmittelbares* genommen wird, nicht wie es an sich ist, nämlich nicht als die Unmittelbarkeit, die als die reine Vermittlung oder als absolute Negativität Unmittelbarkeit ist« (12 f./23). Jedoch verliert die Zusammenfassung des Inhalts der Abteilungen A und B ihre Befremdlichkeit, sobald man die Dialektik beachtet, durch die der Positivismus die sich von ihm entfernende These Platons über das Nichtsein des Endlichen aufgrund ihrer dualistischen Voraussetzungen schließlich doch noch einholt.

Das erste Kapitel der Wesenslogik erhebt sich erst im Anstieg zu ihrer letzten Abteilung, der Abteilung C ›Die Reflexion‹, auf die Ebene, auf der das Wesen so sichtbar wird, »wie es an sich ist«, eben in seiner Reflexivität. Wie es an sich ist – das heißt indessen, sieht man einmal von Hegels Identifikationstendenz ab, nur: wie es für die Metaphysik ist, die das Absolute wirklich wesensgemäß definiert. Wenn die *Enzyklopädie* die »erste Definition«: *»Das Absolute ist das Sein«* durch die andere ergänzt: »Das Absolute ist das *Wesen*«, so vervollständigt sie lediglich den metaphysischen Seinsbegriff, den Begriff des *Ens*, von dem wir gehört haben, daß es sowohl das Sein als solches wie auch das Wesen umfasse (s. oben, S. 25). Sie fügt denn auch hinzu: »Diese Definition ist insofern dieselbe als die, daß es das *Sein* ist, insofern Sein gleichfalls die einfache Beziehung auf sich ist« (E § 112). Auf das Ens aber bezieht die objektive Logik sich als die »wahrhafte Kritik« der metaphysischen Kategorien. Infolgedessen nimmt jetzt auch ihr Gespräch mit der aristotelischen Metaphysik, als der Mutter aller Reflexionsphilosophie, eine kritische Wendung. Sie wird zum Gegenstand der Kritik im selben Augenblick, da sie zur Darstellung kommt. Philosophiegeschichtlich gesehen, stellt nämlich das erste Kapitel der Wesenslogik den Weg vom Platonismus zum Aristotelismus dar. Allerdings gibt es in der Wesenslogik und in der Logik überhaupt kaum eine andere Passage, in der die Kritik so wenig *als* Kritik zu spüren ist wie hier. Auf den Grund dieser unleugbaren Tatsache, der in der erwähnten Identifikationstendenz Hegels liegt, werde ich noch zurückkommen. Schon an dieser Stelle aber ist zu betonen, daß das kritische Motiv, mag es auch kaum für sich hervortreten, um so energischer den Gang der Darstellung anleitet.

Löst man die Kritik, den Text wider den Strich bürstend, von der Darstellung ab, so kann man sie in drei Punkte zerlegen. Der Hauptpunkt, der aus der Darstellung im ganzen herausspringt und nicht bloß in einzelnen ihrer Phasen durchlaufen wird, läßt sich auf die Formel bringen: Aristotelische Metaphysik überhöht zum schlechthin Ersten, was nur das Innere des an ihm selbst Anderen oder das Andere seiner selbst ist. Sie ist damit der Prototyp einer die wirklichen Verhältnisse verschleiernden und insofern scheinerzeugenden Ursprungsphilosophie. Die beiden weiteren Angriffspunkte der Kritik sind demgegenüber auf bestimmte Stadien der Darstellung fixierbar. Auf den zweiten stößt Hegel, sobald ihm die absolute Reflexion als setzende zugänglich wird. Hier ist der Punkt, an dem er seine Identifikation mit der affirmativen Unendlichkeit zurücknimmt und *kritisch* darstellt, was er an jener bejaht hat: das endlose Kreisen. Als »die Bewegung des Nichts zu Nichts« (14_{28}/25) ist die setzende Reflexion der unaufhörliche Kreislauf, von dem Henrich (1978, 270) mit Recht sagt, daß das Steckenbleiben in ihm den »Kollaps« des spekulativen Fortschritts bedeuten würde. Die innere Entwicklung der Reflexion treibt denn auch über ihn hinaus. Aber der Preis für seine Überwindung ist eine Konstellation, in der die Reflexion letztlich ihrer selbst verlustig geht; und daß die aristotelische Metaphysik in sie hineintreibt, ist der dritte Punkt der Kritik an ihr. Dabei geht die Entwicklung im Hinausgehen über die setzende Reflexion genau auf das zu, was diese braucht, um die Selbstfindung sein zu können, die sie als bloß kreisende Rückkehrbewegung nicht ist: das wirklich Andere. Sie ist ein tatsächlicher Fortschritt, weil sie das Andere, das als Schein im Auftauchen schon wieder verschwindet, so stabilisiert, daß es sich *als* das Andere gegenüber dem Wesen behaupten kann; Hegel verwendet dafür den das Setzen zum Voraussetzen qualifizierenden Begriff einer »Negation des Negativen als des Negativen« (15_{26}/26), das heißt hier: als des bloß Gesetzten. Allein, nun gerät das Wesen seinerseits unter die Herrschaft des Anderen, das heißt dessen, was es selbst gesetzt hat. Deswegen ist gerade die vollendete Reflexion, die ›bestimmende‹, im Grunde die bestimmte oder »die außer sich gekommene Reflexion« (22_{9}/34). Henrich, der diesen Prozeß sorgfältig protokolliert, zeigt auf, daß eine derartige Situation schon vor dem katastrophalen Umschlag der setzenden in die äußere Reflexion eintritt, nämlich in der Endphase des Setzens selber, die der letzte Absatz von C, 1 festhält (1978, 292 ff.); und er betont, die Frage, wie die Herrschaft des ›Gesetztseins‹ zu brechen sei, bleibe »in der gesamten Reflexionslogik ohne Antwort« (1978, 272). Ja, nach seinem Urteil bezeichnet die äußere Reflexion, die aus der Verkehrung des Herrschaftsverhältnisses entsteht, insofern den Beginn einer neuen Problemdimension der Logik, als es unmöglich wird, »in einer einzigen Struktur alle Implikationen des Wesensbegriffes integriert zu halten« (1978, 298).

Damit zeichnet die Linie sich ab, welche die drei Punkte der genuin reflexionslogischen Metaphysikkritik verbindet. Der Schlußpunkt markiert die Konsequenz des Hauptpunktes: die Überlastung einer Reflexion, welche die Stellung des schlechthin Ersten einnehmen soll. Die Reflexion vermag die Last des Ursprungs nicht zu tragen; sie reagiert auf ihre Überforderung mit dem Zerfall ihrer Struktur. Überfordert aber wird in der aristotelischen Metaphysik eine Reflexion, die faktisch nichts als die unproduktive Rotationsbewegung der setzenden ist; begegnet uns doch in der setzenden Reflexion nicht bloß eine unter den verschiedenen Reflexionsgestalten, sondern die Reflexion als absolute oder das Wesen des Wesens. Darin eben liegt ihre Überforderung, daß sie, die in Wahrheit bloß ›objektive‹ Reflexion, als die ›absolute‹ gilt, obwohl sie ohne ihren Selbstverlust über das endlose Kreisen nicht hinauskommt. Denn absolut könnte nur sein, was das Andere so aus sich entläßt, daß dessen Freiheit zugleich seine eigene Freiheit von und zu ihm ist. Dies zu denken vermag aber, wenn überhaupt eine, erst die Logik des Begriffs, der nach Hegel die wahrhaft *»absolute Grundlage«* ist (213_{11}/245), die Grundlage nicht nur des Seins, sondern auch des Wesens.

Dieser Durchblick durch die kritischen Implikationen der Darstellung, die Hegel von der Reflexion gibt, muß im vorgezeichneten Rahmen Perspektive bleiben. Wäre in der Perspektive, die sich hier eröffnet, weiterzuarbeiten, so müßte aus dem genauen Buchstabieren der Wesenslogik im ganzen verständlich werden, warum sie in einer Kritik des Spinozismus gipfelt, in dem die aristotelische Metaphysik dadurch in ihr Telos kommt, daß das Wesen in das Innere des Daseins zurückkehrt, so daß nun erst, in der Destruktion der Philosophie der absoluten Substanz als des Systems der Unfreiheit, das Programm eines Systems der Freiheit verwirklicht, das heißt die Substanz als Subjekt gedacht werden kann. Dabei wäre auch der Grund des guten Einvernehmens aufzudecken, das zwischen dem Ende der Wesenslogik und dem der Seinslogik wie aber auch zwischen beiden Enden und beiden Anfängen herrscht. Ironisch fertigt Hegel die Metaphysik der absoluten Indifferenz in der unteren Etage ab, um seine Überzeugung zu demonstrieren, daß der unaristotelische Schelling, der platonischste unter den deutschen Idealisten, mit seinem Versuch einer Restauration des Spinozismus in Wahrheit hinter Spinoza zurückbleibt und Zugang zur oberen Etage überhaupt nur findet, indem er sich in »die Abstraktion des reinen Wesens« (4_{30}/14) flüchtet. Aber auch die ›Substanz‹ Spinozas gleitet, weil er die sich von sich unterscheidende Subjektivität nicht kennt, notwendig in »das in ihr selbst ganz Bestimmungslose« ab (I 100_{34}/121), was nicht nur die Gegenwart der parmenideischen Ontologie im neuzeitlichen Denken bezeugt, sondern auch die Zugehörigkeit der aristotelischen Reflexionsphilosophie zur platonischen Wesensschau, die ihrerseits den Eleatismus beerbte und vor ihrer späten Emanzipation von diesem Erbe in der Gefahr stand, die erst in ihrer Verflechtung bestimmten Wesenheiten zu entleeren. Der Zusammenhang zwischen dem Ende der ›objektiven‹ Logik und ihrem Anfang spricht so selber die Wahrheit über eine nicht in der Subjektivität begründete Reflexion aus: Sie ist zum Rückfall verurteilt.

Statt all das auszuführen, sei hier nur noch angedeutet, wie die Gesamtlinie der qualitativ neuen Metaphysikkritik sich in den Aufriß einer Interpretation der Wesenslogik einfügt, der in den Grundlegungen A und B enthalten ist. Im ersten und dritten Teil der vorliegenden Untersuchung wurde die in der Seinslogik schon hervorscheinende und in der Wesenslogik thematisch werdende Herrschaft im Vorgriff auf die Theorie der (eng und streng zu verstehenden) Reflexions*bestimmungen* anvisiert. Diese Herrschaft ist die der einen Bestimmung über die andere. Von ihr unterscheidet sich die in der Daseinslogik beschriebene Situation, in der etwas *unter* die Herrschaft von etwas anderem gerät. Aber die Herrschaft der einen Reflexionsbestimmung über die andere erwächst, wie wir jetzt sehen, daraus, daß zuvor die Reflexion selber unter die Dominanz des Ganzen kommt, das sich in die Reflexionsbestimmungen auseinanderlegt. Machen diese doch das »Gesetztsein« aus ($21_{17}/33$); sie sind das von der bestimmenden Reflexion Bestimmte, das sich seine Selbständigkeit nur sichern konnte, indem es selber Reflexion wurde, und das nun seinen Ursprung durch die ihm entliehene Macht versklavt. In der Differenz von Reflexions- und Daseinslogik zeigt sich also wiederum die Identität: Diejenige Herrschaft, die sich gegen die in der Sphäre der Endlichkeit errichtete abhebt, generiert selber aus einer Struktur, die der daseinslogischen analog ist.

Zudem strebt sie in den Schoß, aus dem sie geboren wurde, zurück. Weil sie wechselseitig ist, treibt sie notwendig in eine Katastrophe, die Hegel als das »rastlose Verschwinden der Entgegengesetzten in ihnen selbst« schildert ($51_{11}/67$). Dieses aber ist nichts anderes als das in seiner Endlosigkeit heillos gewordene Kreisen, von dem die ganze Bewegung ausging und das in seiner Wiederkehr die Unmöglichkeit seiner Selbstbefreiung bezeugt; das Kreisen ist selber dergestalt Bewegung, daß von ihm keine Bewegung ausgehen kann. Dabei ist auch hier der Bezug zur Daseinslogik unverkennbar. Hegels Schilderung der Katastrophe will den schlechterdings ruinösen Widerspruch auf den Begriff bringen. Der Widerspruch war an sich schon in der Daseinslogik gegenwärtig, und zwar als das Unendliche des Verstandes. Das »rastlose Verschwinden« ist also nur die reflektierte Form »jener perennierenden Wiederholung eines und desselben Abwechselns«, als die Hegel den ›unendlichen Progreß‹ analysiert hat (I 131_{27}/156). Dem aber hat er faktisch auch die ›affirmative Unendlichkeit‹ nachgebildet, die als absolute Reflexion wiederkehrt. Ihre Wiederkehr bildet freilich ihrerseits nicht die zum Rückfall verkommene Rückkehr nach. Weil Kritik an ihr ausblieb, muß die Kritik der Metaphysik nun zur Selbstkritik werden. Sie wird es durch die Darstellung des Widerspruchs, in den die absolute Reflexion als das Beherrschend-Beherrschte sich verstrickt.

Es war eine zentrale These des in I. 1.1 vorgelegten Entwurfs, daß die Herrschaft, die im Verhältnis der Reflexionsbestimmungen zueinander sich etabliert, die daseinslogisch zunächst gegen sie abgegrenzte Gleichgültigkeit zu ihrer immanenten Voraussetzung habe. Die Gleichgültigkeit gegen anderes ist die Verfassung des positivistisch vorgestellten Daseins. Durch den Aufweis der Abhängigkeit jener Herrschaft von ihr entlarvt die Logik der Reflexionsbestimmungen die positivistischen Folgen der Metaphysik, so wie die Daseinslogik auf dem Wege von den Gleichgültigkeitsbeziehungen zu den in ihnen verborgenen Herrschaftsverhältnissen die metaphysische Grundlage des Positivismus aufdeckt. Daß nun die setzende Reflexion unter die Herrschaft des von ihr im Voraussetzen freigesetzten Anderen gerät, impliziert: Sie wird »bestimmt als *Negatives*, als unmittelbar *gegen* eines, also gegen ein Anderes« (16_{36}/28; vgl. Henrich 1978, 293 ff.). Sie verwandelt sich dadurch selber in ein Anderes. Das aber bedeutet, daß sie sich in das daseinsmäßig überformte Wesen zurückverwandelt, auf das der Platonismus verfiel. Sein und Wesen unterschied der Platonismus »als Andere überhaupt«, weil er seiner positivistischen Tendenz erlag. Als Positivismus entlarvt die Wesenslogik mithin nicht nur die hinter ihr herhinkende, sondern auch die mit ihr Schritt haltende Metaphysik, und diese nicht erst in ihren logisch und historisch späten Filiationen, sondern im frühesten Stadium ihrer Entwicklung.

»Die *Wahrheit* des *Seins* ist das *Wesen.*« Der Satz behält seine Gültigkeit, sofern das Wesen das Innere des Daseins ist. Aber der Wesensbegriff wird, wo er nicht gar unter seinem Niveau konzipiert ist, zur verschleiernden Kategorie, sobald Metaphysik das Innere des Daseins, unter dem Titel der absoluten Reflexion, an den Himmel projiziert. Diese Schlußfolgerung dürfen wir wohl aus den bisherigen Beobachtungen ziehen. Sie paßt zu der Skepsis, mit der Hegel außerhalb der Wesenslogik von dieser spricht. Erinnert sei nur an seine Zuordnung der Logikteile zum Stufenbau der realen Welt (S. 47); er leugnet schlichtweg die Geistigkeit des Wesens und macht nicht einmal von der naheliegenden Möglichkeit Gebrauch, die Zweiteilung der ›objektiven‹ Logik in eine Beziehung zum Unterschied von Anorganischem und Organischem zu setzen, so daß man das Wesen, wenn schon nicht dem Leben des Geistes, doch wenigstens dem ungeistigen Leben hätte zurechnen können. In dieselbe Richtung weist die Einschränkung, mit der die Ansiedlung des Wesens im Inneren verknüpft ist: Das Wesen besitzt eben *nicht* den »Charakter des *Subjekts*«, auch nicht als Reflexion. Gewiß: »Es ist eine Minimalbedingung für jede Interpretation, daß Hegels Systembegriff so gefaßt wird, daß sich die Logik der Reflexion ohne Artikulationsverlust in ihn einschreiben läßt« (Henrich 1978, 229). Wie aber eine Interpretation des Hegelschen Systems allein unter der Bedingung richtig sein kann, daß sie darin die Logik der Reflexion unterbringt, so ist sie unter allen Umständen falsch, wenn sie in der Logik der Reflexion auch schon »das *Subjekt* selbst« (I 47_{19}/62) unterbringen will.

Besonders resolut schränkt Hegel die Reichweite des Ansatzes bei der Reflexion offensichtlich in der *Enzyklopädie* ein. Entscheidend ist gar nicht so sehr die von McTaggart (1910, 99) emphatisch begrüßte Tatsache, daß die *Enzyklopädie* die im ersten Kapitel der *Wissenschaft der Logik* gemachten Ausführungen über die Reflexion fast ganz wegläßt und, wie McTaggart etwas zu pauschal sagt, unmittelbar mit der Identität beginnt. Schwerer wiegt, meine ich, daß den tatsächlichen Anfang der enzyklopädischen Lehre vom Wesen in der uns vorliegenden dritten Ausgabe ein Satz macht, den Hegel erst in diese Ausgabe hineingeschrieben hat und der lautet: »Das Wesen ist der Begriff als *gesetzter* Begriff« (E § 112). Vermutlich hat da die

Rede von Gesetztsein außer der Bedeutung, die ihr auf der Basis der Reflexionslogik eignet, auch die, welche ihr zuwächst im Durchgang durch die Reflexionsbestimmungen, zu denen die *Enzyklopädie* ja sogleich übergeht, genauer gesagt: im Stadium der Verschiedenheit. Nach jener meint ›Gesetztsein‹, wie wir wissen, das Dasein in der Objektivität, in der es sich nach der *Wissenschaft der Logik* erst vom Wesen her als dem Setzenden enthüllt, nach dieser ein dem Dasein äußerliches ›Poniertsein‹, das Konstituiertsein durch das subjektive, im Stadium der Verschiedenheit äußerlich reflektierende Denken. Nehmen wir die zwei Bedeutungen zusammen, so wird der Satz eben zweideutig: Das Wesen ist der bloß gesetzte Begriff, einmal, weil es seiner Wahrheit nach dem Dasein zugehört, als dessen Inneres, zum andern, weil seine Bestimmung in der Dimension des Scheins mit in die Reihe der »Kategorien der Metaphysik« fällt, die derselbe Paragraph der *Enzyklopädie* als »Erzeugnisse des reflektierenden Verstandes« qualifiziert.

Man kann aus solchen Äußerungen eine nachträgliche Distanzierung herauslesen. Und zwar scheint es, als nehme Hegels Distanz zum Ansatz bei der Reflexion mit der Zeit ständig zu. Schon in der Begriffslogik, die vier Jahre nach der (im Unterschied zur Seinslogik nicht mehr zur beabsichtigten Überarbeitung gekommenen!) Wesenslogik erschienen ist, verhält er sich dazu zurückhaltender als in dieser selbst; in der Heidelberger Enzyklopädie von 1817 entfernt er sich von seiner ursprünglichen Konzeption noch weiter; und 1830 gestaltet er die letzte Fassung des Anfangs der enzyklopädischen Lehre vom Wesen mit einem Abstand, den man kritisch auch im Sinne einer von der Darstellung losgelösten Kritik nennen darf.

All dies aber verweist eben doch auf eine anfängliche Überidentifikation. Und die läßt sich auch leicht motivieren. Außer Betracht bleibe einmal die Psychologie des zu Überidentifikationen neigenden Konvertiten, das heißt hier desjenigen, der sich erst im Absprung von einer ausgesprochen reflexionskritischen Glaubensphilosophie zu einer dann um so höheren Einschätzung der Reflexion bekehrt hat. Mögen auch solche Motive mit im Spiele sein – die eigentlich treibenden Beweggründe sind sicherlich sachlicher Natur. Der Sache näher kommen wir, wenn wir uns vergegenwärtigen, daß Hegel Herrschaft durchaus auch affirmiert. Die christliche Theologie, auf deren Logifizierung die Lehre vom Begriff aus ist, berührt sich nach seiner Auffassung mit aristotelischer Metaphysik in diesem Punkt so eng, daß er ihr auch dort zu entsprechen meint, wo er die von ihr inspirierte Idee kommunikativer Freiheit unter die Bedingungen einer Herrschaft stellt, die als die des Begriffs alle zuvor noch gesetzten Schranken durchbricht. Sogar dies, daß der Begriff sich im Verhältnis zu Sein und Wesen *»als ihren unbedingten Grund* erwiesen hat«, drückt er in der Sprache des Herrschaftsdenkens aus: Der Begriff hat Sein und Wesen *»sich unterworfen«* (229$_{35}$/263). So fühlt er sich der geschichtlich auf Aristoteles zurückgeführten Reflexion gewiß um so tiefer verbunden, als deren Logik die des Begriffs vorzubereiten hat (s. oben, S. 169 f.)[8]. Aber auch diese Überlegung trifft nicht die Sache der Reflexionslogik selber. Wollen wir Hegels Identifikationstendenz aus deren eigener Sache herleiten, so müssen wir sagen: Er möchte den Ansatz bei der Reflexion so stark wie möglich machen, weil er ihn braucht, um den Schein der Anfänglichkeit des Unmittelbaren im Sinne der Vorgegebenheit des Daseins auflösen zu können. Auf diese Weise überlastet er die Reflexion gewissermaßen selber. Partiell unkritisch wird er gerade um der kritischen Funktion willen, die der Wendung vom Sein zum Wesen zugedacht ist. Im folgenden möchte ich, dichter an den Text herantretend, aufzeigen, wie die Reflexionslogik diese Funktion einer Auflösung des Scheins der Anfänglichkeit unmittelbaren Seins wahrnimmt.

8 Bei der Überidentifikation spielt natürlich auch die schier grenzenlose Bewunderung für Aristoteles selber mit. Vor seinen Hörern hat Hegel bekannt: »Aristoteles findet sich also auf dem höchsten Standpunkt; man kann nichts Tieferes erkennen wollen« (SW *18*, 333/19, 165).

1.2 »Das Sein ist Schein«

1.2.1 Destruktion der Unmittelbarkeit

Der Satz *»Das Sein ist Schein«* eröffnet die Abteilung B des Fundamentalkapitels der Wesenslogik; seiner Erläuterung ist der ganze erste der beiden Abschnitte dieser Abteilung (B, 1) gewidmet. Die, so wird man annehmen, allein relevante Frage an den Satz lautet offenbar: *Was* besagt er? In der Tat haben wir Anlaß genug, in dieser Weise zu fragen. Tritt doch der Schein hier erstmals als Prädikat des Seins auf, von dessen Scheinhaftigkeit wir gleichwohl von Anfang an gesprochen haben. Die Frage, was der Schein sei, der vom Sein prädiziert wird, ist also um so dringlicher, als auch sein Verhältnis zu dem von Hegel nicht oder nur beiläufig verbalisierten Schein, der unser bisheriges Thema war, der Aufklärung bedarf. Indessen läßt sie sich nicht einmal angemessen stellen, verständigt man sich nicht zuvor über eine andere Frage, die überflüssig und damit auch unsinnig anmutet: *Wer* sagt »Das Sein ist Schein«? Natürlich Hegel. Die Frage, vor der wir zunächst stehen, ist nur, ob der Satz nicht im Grunde ein Zitat oder auch ein Zitat ist. Der letzte der drei Absätze von B, 1 gibt eine kritische Darstellung philosophischer Positionen. Ihm zufolge ist »der Schein das Phänomen des Skeptizismus, oder auch die Erscheinung des Idealismus« (9_{31}/20)[9]. Nun lassen sich die beiden vorhergehenden Absätze hinreichend allein aus ihrem Zusammenhang mit dieser zum Text selbst gehörigen, nicht etwa in einer Anmerkung hinzugefügten Kritik verständlich machen. Ist das aber der Fall, dann ist auch der Satz »Das Sein ist Schein« vollständig nur unter der Voraussetzung seines Zitatcharakters zu verstehen; Hegel zitiert mit ihm, was im Idealismus als Erscheinung und im Skeptizismus als Phänomen gilt.

9 Daß Hegel den Schein als Erscheinung im Sinne Kants und damit auch die Kantische ›Erscheinung‹ als Schein auslegt, muß man zusammensehen mit der schon in der Einleitung seines Werkes vorgetragenen Interpretation, nach der »die allgemeine Idee«, welche der Antinomienlehre der *Kritik der reinen Vernunft* zugrunde liegt, »die *Objektivität des Scheins*« ist (I 38_{15}/52).

Allerdings drängt sich dann auch die weitere, viel wichtigere Frage auf: *Wie* zitiert Hegel den Satz, das heißt welche Stellung bezieht er zu dessen propositionalem Gehalt? Die Beantwortung dieser Frage wird in gewisser Hinsicht das Hauptgeschäft des gesamten nachfolgenden Kommentars zu dem Abschnitt sein. Aber vorgezeichnet ist sie bereits durch die in 1.1 vorgetragenen Überlegungen. Die Abteilung B formuliert, wie auch A, das dialektische Gesetz, nach dem der antipositivistische Ansatz der direkt oder indirekt von Platon geprägten Metaphysik vom Positivismus eingeholt wird. Hat jedoch A die dualistischen Prämissen freigelegt, die den Rückfall der platonisch-platonistischen Metaphysik in den Positivismus verschulden, so rückt B die antipositivistische Einsicht Platons in das Nichtsein des Endlichen in den Blick, eine Einsicht, die freilich infolge jener Prämissen auch in sich selbst positivistisch verzerrt wird. Demnach identifiziert Hegel sich zwar nicht schlechthin mit dem Satz, wohl aber eignet er ihn sich in einer Form an, die von seinen verschleiernden Zügen gereinigt ist. Das Gelingen des Versuchs, den in B, 1 entfalteten Gedanken umfassend wiederzugeben, hängt davon ab, daß man sich auf der Spitze dieser Dialektik zu halten vermag.

Sollte die Konsequenz, die sich aus der Interpretationshypothese über den Platon-Bezug für B, 1 ergibt, haltbar sein, so käme es bei der Auslegung dieses Abschnitts vornehmlich darauf an herauszuarbeiten, inwiefern Hegel den Satz »Das Sein ist Schein« als wahr anerkennt. Aber nachdem eine Verdopplung des Begriffs ›Schein‹ in unser Gesichtsfeld getreten ist, liegt es nahe, von dem anderen Extrem der Dialektik auszugehen. Wenn B, 1 überhaupt im beschriebenen Sinne dialektisch ist, dann muß sich jedenfalls auch zeigen lassen, daß der Satz »Das Sein ist Schein« eine Seite hat, nach der er selber Schein ist, Schein in der von uns bisher beanspruchten Bedeutung des Wortes. Wir wollen diesen den verschleiernden Schein nennen. Zu zeigen ist also fürs erste, daß in den Augen Hegels der Satz, der das Sein für Schein erklärt, insofern seinerseits Schein ist, als er das Sein verschleiert. Dieses Ziel ist durch einen Vorgriff auf die im letzten Absatz von B, 1 explizierte Kritik rasch zu erreichen. Hegel wirft dem Skeptizismus und dem Idealismus einen schlechten Widerspruch vor. Einerseits soll der Schein in den idealistischen und skeptizistischen Philosophien gar »keine Grundlage eines Seins haben« (9 f./20), andererseits »ein *unmittelbar* Bestimmtes« sein (10_{14}/20). Beides zusammen zu behaupten, kann Hegel deshalb als widersprüchlich ansehen, weil er mit dem Ausdruck ›unmittelbar‹ die Vorstellung der Seiendheit oder Gegebenheit vorgefundener Inhalte kennzeichnet. »Der *Skeptizismus* läßt sich den Inhalt seines Scheins *geben*« (10_{20}/20). »Ebenso ist die *Kantische* Erscheinung ein *gegebener* Inhalt der Wahrnehmung« (10_{26}/21)[10]. Das Zugleich von schlichter Vorgegebenheit und völliger Bodenlosigkeit macht aber auch den verschleiernden Schein in den zwei Bestimmungen aus, die nach den vorhergehenden Absätzen den als Prädikat des Seins auftretenden Schein definieren. Ihn hat

10 Im Fortgang des Textes subsumiert Hegel auch den »*Fichteschen* Idealismus« (10_{30}/21) unter die Philosophien eines unmittelbar vorgegebenen Scheins. Die Zusammenstellung der Begriffe ›Phänomen‹, ›Erscheinung‹ und ›Schein‹ begegnet in Fichtes *Wissenschaftslehre* von 1804, deren zweiter Teil den Titel »Phänomenologie, Erscheinungs- und Scheinlehre« trägt. Hegel dürfte sie kaum gekannt haben, wohl hingegen möglicherweise das in ihr kritisch verarbeitete vierte Heft der Reinholdschen *Beiträge zur leichteren Übersicht des Zustands der Philosophie beim Anfang des 19. Jahrhunderts*, worin *Elemente der Phänomenologie oder Erläuterung des rationalen Realismus durch seine Anwendung auf die Erscheinungen* vorgetragen werden (vgl. Bubner 1969, 157 ff.). Offenkundig ist, daß die Logik einer Reflexion, die wesentlich *Setzen* sein soll, auch und nicht zuletzt eine kritische Darstellung des Fichteschen Idealismus gibt, so wie bereits die Logik des Daseins mit der Kantischen auch die »Fichtesche Philosophie« (I 124_{19}/148) zur Adressatin ihrer Kritik hatte. Ich habe bei der Interpretation dieser Logik die Fichte-kritischen Implikationen übergangen und möchte sie auch bei der Interpretation jener nicht eigens thematisieren. Zum einen sehe ich hier eine Aufgabe, deren Größe eine eigene Untersuchung erforderlich macht, und zum andern halte ich es für wichtiger, auf die antiken Ursprünge der von Hegel kritisch dargestellten Denkbewegungen zurückzugehen. Deshalb habe ich an der Daseinslogik den Platon-Bezug stärker betont, als Hegel selbst dies in seiner viel unmittelbareren Konfrontation mit Kant vermutlich getan hätte, und deshalb trage ich die Reflexionslogik auf die Folie des aristotelischen Denkens auf. Hinsichtlich des bis zu Fichte reichenden geschichtlichen Gesamtzusammenhangs, auf den die reflexionslogische Metaphysikkritik zielt, ist übrigens aufschlußreich, daß Hegel den Stagiriten dem »Idealismus« zurechnet, den Platon etabliert hat (SW *18*, 299/19, 133 f.). Zu Hegels expliziter Fichte-Kritik vgl. Siep (1970), 19-47, bes. 37 ff.

Hegel dort durch die Begriffe der Nichtigkeit und der Unmittelbarkeit charakterisiert. Dabei schwang in der Rede von Unmittelbarkeit durchaus auch dort die Vorstellung mit, daß der Schein trotz seiner Nichtigkeit vorfindlich ist oder einfachhin *ist.* Nun zitiert Hegel schon im Rahmen seiner Endlichkeitsanalyse die Meinung, »das an sich Nichtige *sei,* und es sei *als* an sich Nichtiges« (I 118 f./141; s. oben, S. 272). Er bezichtigt sie schon in diesem Rahmen eines Widerspruchs, und zwar eines solchen, der Schein indiziert. Dementsprechend ist genausowohl der Satz »Das Sein ist Schein«, nur als Zitat betrachtet, Schein, der verschleiernde Schein, in dem die Vorstellung bloßer Gegebenheiten befangen ist.

Niemand wird freilich erwarten, daß Hegel einen daseinslogischen Satz in die Reflexionslogik unverändert übernimmt, zumal er jetzt, wenigstens nach der hier zugrunde gelegten Interpretationshypothese, die Wahrheit im Schein retten will. Im Zuge der Auseinandersetzung mit der Daseinslogik habe ich die von Hegel angeführte Meinung gegen ihn in Schutz genommen und auf eben dieser Wahrheit bestanden. Es wird sich zeigen, daß Hegel durch die Erläuterung des Satzes »Das Sein ist Schein« die Meinung, »das an sich Nichtige *sei,* und es sei *als* an sich Nichtiges«, in einer Weise reformuliert, die ihren daseinslogisch nicht erschließbaren Wahrheitsgehalt zur Geltung bringt. Um aber nachvollziehen zu können, wie er dies tut, müssen wir vorerst die Vervielfältigung des Scheins noch ein Stück weiterverfolgen. Im Idealismus und Skeptizismus ist der Inhalt, schreibt Hegel, »nur aus dem Sein in den Schein übersetzt worden, so daß der Schein innerhalb seiner selbst jene mannigfaltigen Bestimmtheiten hat, welche unmittelbare, seiende, andere gegeneinander sind« (10~10~/20). Was soll damit gesagt sein: Der Inhalt ist nur aus dem Sein in den Schein übersetzt worden? Doch wohl dies, daß er als Schein die »Bestimmtheiten« des Seins behält. Das Sein, im Sinne des Ansichseins von den Idealisten und Skeptizisten verbaliter preisgegeben, überlebt in ihren Philosophien als das Sein des Scheins. Danach haben wir nicht bloß zweierlei, sondern dreierlei Schein zu unterscheiden: erstens den, der in den metaphysischen Kategorien des Seins sich so tief eingenistet hat, daß er sich hinter dem Rücken des mit solchen Kategorien operierenden Denkens versteckt (Schein$_1$), zweitens den, als den dieses Denken, erhebt es sich zur Wesensschau, das Sein vor sich bringt (Schein$_2$), und drittens schließlich den, als welcher das im Prädikat aufgegangene oder als Gegenstand verschwundene Sein im Horizont des Verstehens von Schein wiederkehrt (Schein$_3$). ›Sein‹ meint in alledem vorgegebenes Dasein. Daß der Satz »Das Sein ist Schein« eine Seite habe, nach der er einen verschleiernden Schein setzt, können wir mithin so ausdrücken: Im selben ›Augenblick‹, da der Schein der Vorgegebenheit des Daseins sich auflöst, und zwar eben dadurch, daß dieses selber als Schein, das heißt als »das an sich Nichtige« (11$_3$/21), durchschaut wird, entsteht er aufs neue, indem er die Vorgegebenheit dieses Scheins vorgaukelt. An die Stelle des Scheins der Vorgegebenheit tritt, kurz und abkürzend gesagt, die Vorgegebenheit des Scheins.

Nun fährt Hegel nach der titelhaften Feststellung, das Sein sei Schein, seinerseits fort: »Das Sein des Scheins besteht allein in dem Aufgehobensein des Seins, in seiner Nichtigkeit«. Zweifellos trifft diese erste Erläuterung des zweiten Grund-Satzes der Reflexionslogik die ›Wahrheit‹, sofern es tatsächlich darum geht, den Schein$_2$ als Resultat der Selbstaufhebung des (bestimmten) Seins oder dieses Resultat als jenen Schein zu fassen. Es entspricht auch der Intention Hegels, daß er das Aufgehobensein des Seins, wenn anders er wirklich das bestimmte im Sinn hat, mit Nichtigkeit identifiziert. Fast durchgängig ist in der reflexionslogischen Fundamentaltheorie der Aufhebungsbegriff unterschiedlich konzipiert, je nachdem er sich auf das reine oder auf das bestimmte Sein bezieht; in der Regel entfaltet er nur in der Zuordnung zum reinen Sein seine volle, negativ-positive Bedeutung, während er im Kontext der Rede vom bestimmten Sein aufgrund des ›einfachen‹ Negationsverhältnisses zwischen diesem und dem Wesen gemeinhin auf seine negative Bedeutung eingeschränkt ist. Was die Nichtigkeit selber anlangt, so werden wir gar sehen, daß Hegel sie gleichsam als die Maske der Wahrheit schlechthin betrachtet. Trotzdem: Sofern er das *Sein* des Scheins zum Subjekt des erläuternden Satzes macht, rückt er den an sich ›wahren‹ Sachverhalt in die Perspektive der Verschleierung. Die Spannung zwischen der Wahrheit und dem verschleiernden Schein verrät sich in der Gebrochenheit der Gedankenführung. Das Satzsubjekt muß ja auch darum befremden, weil nach der Feststellung, das Sein sei Schein, zu erwarten gewesen wäre, daß jetzt vielmehr der Schein des Seins thematisch wird, genauer: der Schein$_2$, der das im Vorstellen vom Schein$_1$ verstellte Sein in Wahrheit ist. Man braucht den Satz nur umzukehren, um ihn so lesen zu können, wie ihn das im Schein$_3$ befangene Denken, in das Hegel sich versetzt, meint, nämlich als sei das Resultat der Selbstaufhebung des Seins abermals ein Sein – das Sein des Scheins.

Die Zweideutigkeit der ersten Erläuterung zieht sich durch alle nachfolgenden hindurch. Sie rührt daher, daß Hegel insgeheim auch weiterhin das nach wie vor verschleiernde Denken zitiert. Wer sie nicht in Rechnung stellt, muß den Text vage und inkonsistent finden. Die Vagheit beginnt mit der sich anschließenden Lokalisierung der Nichtigkeit. Mit Bezug auf das Sein erklärt Hegel: »diese Nichtigkeit hat es im Wesen, und außer seiner Nichtigkeit, außer dem Wesen ist er nicht«. Wie ist da der Wechsel von »es« zu »er«, vom Sein zum Schein aufzufassen? Wird da etwa der Inhalt, wie im Idealismus und Skeptizismus, »nur aus dem Sein in den Schein übersetzt«? Was heißt: Seine Nichtigkeit »hat« das Sein im Wesen? Und selbst wenn wir annehmen dürften, die Verneinung des »außer« sei so zu verstehen, wie sie hier von Rechts wegen verstanden werden muß, als eine Bestreitung des äußerlichen Verhältnisses, die nicht die dem ›Inneren‹ entsprechende Äußerlichkeit leugnet, so wäre doch die Identifikation von »außer seiner Nichtigkeit« mit »außer dem Wesen« ganz undurchsichtig. Wir müssen uns allerdings gegenwärtig halten: In der Zweideutigkeit kommt zu literarischem Ausdruck, daß wir den Schein$_2$ als eine durch den Schein$_3$ verursachte Mischung von Schein$_1$ und Wahrheit vor uns haben. Deswegen ist der Text nicht gleichmäßig zweideutig; er hat Stellen, an denen der Schleier des Scheins sich verdichtet, und andere, an denen die Wahrheit, hegelisch ausgedrückt, durch diesen Schein hindurchscheint. Die Wahrheit gewinnt die Oberhand, wenn Hegel die bisher wiedergegebene Passage, den ersten Absatz von B, 1, mit dem lakonischen statement beendet, der Schein, der das Sein in Wahrheit ist, sei »das Negative gesetzt als Negatives«. Auch diese Definition ist, wie uns noch aufgehen wird, doppelsinnig. Aber ihr »Doppelsinn« (vgl. I 137 f./163) fällt nach beiden Seiten in die Wahrheitsdimension, wo er sich aus dem Unterschied ergibt zwischen der vorhin so genannten Maske und dem Antlitz, das sich dahinter verbirgt. An unserer Stelle kennzeichnet sie den Schein$_2$ lediglich als das Nichtige, das in seiner Nichtigkeit durchschaut ist; und diese Reflexion des Nichtigen gehört durchaus zur Wahrheit. Um so gewaltsamer drängt der verschleiernde Schein sich am Anfang des zweiten Absatzes vor. Wenn Hegel den Schein$_2$ dort als den »Rest« bezeichnet, der »von der Sphäre des Seins übriggeblieben ist«, so gebraucht er die Sprache der Vergegenständlichung, der das Resultat der Selbstaufhebung des Seins durch das am Sein festhaltende Denken anheimfällt. Bemerkenswerterweise werden uns auch im letzten Absatz der Abteilung »das Unwesentliche und der Schein als Reste des Seins« präsentiert (12$_{35}$/23). Bemerkenswert daran ist nicht nur die Ausweitung der Geltung des grob materialisierenden Ausdrucks auf die in den Zusammenhang dualistischer Metaphysik gestellte Kategorie des Unwesentlichen, sondern auch und vor allem, daß Hegel den Ausdruck in einem Kontext wiederaufnimmt, in dem er die gemeinsame Abhängigkeit der in A und in B kritisierten Aspekte des Platonismus von der positivistischen Vorstellung der Seiendheit des Wesens hervorhebt. Die oben (S. 315) auf ihren systematischen Ermöglichungsgrund zurückgeführte Explikation des Sein-Prädikats ›Schein‹ mit den Mitteln der Daseinslogik stellt dann das Gleichgewicht zwischen der Wahrheit und ihrer Verschleierung sozusagen wieder her. Als *De*duktion des Scheins aus der Einheit von Dasein und Nichtdasein, die das ›Andere überhaupt‹ charakterisiert, unterstreicht sie den Zug zur Vergegenständlichung; als *Re*duktion der Einheit auf »das reine Moment des Nichtdaseins« (9$_{22}$/19) streicht sie ihn durch – wobei diese Distanzierung von der Gegenständlichkeit, sofern sie die Kategorie des Unwesentlichen zu Hilfe nimmt, freilich in sich selbst zweideutig ist.

Indessen will Hegel ja aus der Perspektive der Verschleierung die Wahrheit aufdecken, die in dem Satz »Das Sein ist Schein« liegt. Sich hineinversetzend in den Standpunkt des Idealisten und des Skeptizisten, will er ihnen den Boden unter den Füßen wegziehen. Wir finden den Weg, auf dem er seinem Ziel zustrebt, wenn wir zunächst das verschleiernde Verständnis der beiden Bestimmungen des Scheins$_2$ – der Nichtigkeit und der Unmittelbarkeit – noch schärfer artikulieren. Daß das kritisch dargestellte Denken unter der Nichtigkeit völlige Bodenlosigkeit und unter der Unmittelbarkeit schlichte Vorgegebenheit verstehe, habe ich vorhin behauptet, indem ich Hegels direkte Auseinandersetzung mit dem Idealismus und Skeptizismus auf seine vorhergehende Erläuterung des Satzes zurückprojizierte. Aber Hegel macht die Verschleierung der Bestimmungen ›Nichtigkeit‹ und ›Unmittelbarkeit‹ auch schon vor dem Übergang zur ausdrücklichen Kritik kenntlich. Danach bedeutet dem vergegenständlichenden Denken Nichtigkeit soviel wie Wesenlosigkeit und Unmittelbarkeit soviel wie Wesensunabhängigkeit. Im Umkreis des Hinweises auf die Wesensunabhängigkeit begegnen wir sogar der einzigen Stelle, an der Hegel in B, 1 bei der Thematisierung des Scheins$_2$ den Schein$_3$ mitthematisiert und die ich deshalb bei der vorläufigen Beschreibung des Gegenstands der Kritik (S. 76 f.) als einen der Belege dafür angeführt habe, daß die seinslogisch analysierte Vergegenständlichung im Untersuchungsfeld der Wesenslogik bleibt. Der Schein *scheint*, sagt Hegel, »selbst noch eine vom Wesen unabhängige unmittelbare Seite zu haben« (9$_{17}$/19). Ein »wesenloses Sein« (7$_{21}$/17) oder *»Unwesen«* (9$_{10}$/19) nennt Hegel den Schein$_2$ demgegenüber allerdings ohne Verbalisierung des wiederauferstandenen Scheins der Gegenständlichkeit[11]. Aber die ungleiche Behandlung der verschleierten Formen von Unmittelbarkeit und Nichtigkeit läßt sich leicht erklären. Während nämlich die Reflexionslogik den Begriff des Wesenlosen im weiteren so umformt, daß sie ihn vom Schein der Gegenständlichkeit befreien und dadurch mit dem

11 Wobei freilich zu beachten ist, daß er die Wesenlosigkeit als Steigerung der Unwesentlichkeit einführt. Das unmittelbare Sein ist nach der erstgenannten Stelle »mehr als nur unwesentliches, es ist wesenloses Sein, es ist *Schein*«.

Begriff des Nichtigen zur völligen Deckung bringen kann (vgl. $15_{17}/26$), verabschiedet sie die Vorstellung, der Schein, der die Wahrheit des Seins ist, habe eine vom Wesen unabhängige Seite, bei der Entschleierung dieser Wahrheit ganz und gar. Diese Auffassung möchte ich übrigens ungeachtet der Tatsache vertreten, daß Hegel zu Beginn von B, 2 den Inhalt von B, 1 mit den Worten resümiert: »Der Schein also enthält eine unmittelbare Voraussetzung, eine unabhängige Seite gegen das Wesen« ($10_{38}/21$). Sie impliziert die These über den Zitatcharakter auch dieses Satzes. Zu dem im Anschluß an ihn entwickelten Programm einer Transposition der Bestimmungen des Scheins ins Wesen leitet Hegel mit der Wendung über, es sei »aber« nicht zu zeigen, daß der Schein »sich aufhebt«, und zwar deshalb nicht, weil das Sein »in seiner Totalität in das Wesen zurückgegangen« ist. Der Schein, der das Prädikat des Seins ist, hat sich durch dessen vollständigen Rückgang in das Wesen selber so vollständig »in dasselbe« aufgehoben, daß die Vorstellung seiner Wesensunabhängigkeit nicht auch ihrerseits positiv aufgehoben, sondern nur radikal destruiert werden kann.

In der Absicht, den Wahrheitsgehalt des Satzes »Das Sein ist Schein« zu bergen, macht Hegel von hier aus zwei Schritte, in deren Abfolge er seinem Ziel sprunghaft näherkommt, ohne es zu erreichen; das Ziel bleibt überhaupt außerhalb der Reichweite des in B, 1 durchgespielten Gedankens und wird erst auf dem Wege, den B, 2 einschlägt, getroffen.

Der erste Schritt: Der Widerspruch, den wir beim Vorgriff auf die im letzten Absatz von B, 1 formulierte Kritik schon im Verhältnis von Bodenlosigkeit und Vorgegebenheit entdeckt haben, tritt, wie man sofort sieht, im Verhältnis von Wesenlosigkeit und Wesensunabhängigkeit noch viel krasser hervor. Die verschleierten Formen von Nichtigkeit und Unmittelbarkeit schließen sich wechselseitig strikt aus. Diesen Widerspruch beseitigt Hegel mittels des Begriffs »das Unselbständige« ($9_{25}/20$). Das kann natürlich nicht durch positive ›Aufhebung‹ der einander widersprechenden Seiten geschehen, sondern nur so, daß die von den Extremen verfehlte Mitte zu ihrem Recht kommt. Die Unselbständigkeit ist die ›wahre‹ Mitte zwischen den ›unwahren‹

Extremen der totalen Wesenlosigkeit und einer Unabhängigkeit vom Wesen, die dem Schein komplette Selbständigkeit sichern würde.

Die Unzulänglichkeit dieses ersten Schrittes spiegelt insofern die Dynamik der ganzen Bewegung wider, als sie in sich selbst ein Mehr und ein Weniger enthält. In der *Wissenschaft der Logik* gibt es gleichsam vorzeitige Begriffe, und dies nicht nur, weil Hegel von Anfang an mit Explikationsmitteln arbeitet, die selber erst im nachhinein expliziert werden, sondern auch in dem Sinne, daß er immer wieder Denkbestimmungen um anderer willen, wenn auch nur beiläufig, thematisieren muß, bevor sie eigentlich ›dran‹ sind. Dazu gehören im Grundlegungskapitel der Lehre vom Wesen die Bestimmungen ›das Unselbständige‹ und ›das Selbständige‹. Es ist kein Zufall, daß in diesem Kapitel der negative Begriff vor dem positiven eingeführt wird. Aber auch die spätere These »das Wesen ist das Selbständige« (11$_{38}$/22) läßt sich aus ihren Antezedentien im Text nicht ableiten; sie wirkt an Ort und Stelle proklamatorisch. Die Ursache hierfür wie auch für die Chronologie der Begriffe liegt darin, daß die Selbständigkeit des Wesens im Grunde erst aus dem Zusammenbruch der ›unwahren‹ Selbständigkeit der sogenannten ›selbständigen Reflexionsbestimmungen‹ hervorgeht; erst nach dem »Aufheben der sich an sich selbst widersprechenden Bestimmungen des Wesens« kann man von ihr vollverantwortlich reden, weil das Wesen erst hierdurch die »ausschließende Reflexionseinheit« wird, die seine Selbständigkeit definiert (52$_{33}$/67; vgl. 68$_{6}$/85 f.). Infolgedessen läßt sich auch das gegenwärtig als Schein bestimmte *Andere* des Wesens noch nicht sicher auf seine *Un*selbständigkeit festlegen, wiewohl damit, daß sie und nicht die Selbständigkeit des Wesens »das Erste im Gange des Denkens« ist, diese ihre bevorstehende Geburt aus dem Chaos der herrschend gewordenen ›Negation‹ ankündigt. Es fällt ja auch niemandem ohne weiteres ein, den Schein *als* das Unselbständige zu denken, wenn wohl auch jeder sich vorstellen kann, daß die beiden einiges miteinander zu tun haben.

Zu dieser Art von Unzulänglichkeit, mit der die fraglichen Terme im ganzen ersten Kapitel der Wesenslogik belastet sind, gesellt sich eine schlimmere, die speziell B, 1 betrifft. Die in B, 1 gegebene Definition des Scheins als ›das Unselbständige‹ bleibt auch hinter den Standards zurück, denen das Kapitel bereits in B, 2 gerecht wird. Das ist deshalb der Fall, weil sie einen Bestandteil des Versuchs bildet, dem Prädikat des Satzes »Das Sein ist Schein« auf dem Umweg einer Amputation des daseinslogischen Begriffs vom Anderen beizukommen. Nach der Feststellung, in das Unwesentliche gehe vom Anderssein allein das reine Moment des Nichtdaseins ein, fährt Hegel fort: »der Schein ist dies *unmittelbare* Nichtdasein so in der Bestimmtheit des Seins, daß es nur in der Beziehung auf anderes, in seinem Nichtdasein Dasein hat, das Unselbständige, das *nur* in seiner Negation ist« (9₂₃/19). Hinsichtlich der Unselbständigkeit – von den übrigen Elementen müssen wir hier noch absehen – ähnelt die Definition durchaus der in B, 2 vorgelegten, derzufolge der Schein die Unselbständigkeit ist als »das Negative, das ein Sein hat, aber in einem Andern, in seiner Negation« (12₉/22). Gleichwohl ist auch der Unterschied nicht zu verkennen. Die fortgeschrittenere Bestimmung (in der natürlich neue Probleme stecken, um die wir uns jetzt nicht kümmern wollen) ordnet das Unselbständige, wenn ich dessen Status einmal bildhaft veranschaulichen darf, in der Vertikale an: Der Schein, zu dem das bestimmte Sein oder das Dasein geworden ist, hat »ein Sein« so in einem Anderen, wie die Erscheinungsoberfläche des Daseins, metaphysisch-metaphorisch ausgedrückt, Bestand nur in ihrer ›Tiefe‹ hat. Das Andere ist in der Definition von B, 2 eindeutig das Wesen als das ›Innere‹, in welches das Äußere ›zurückgeht‹. Demgegenüber taucht das Wesen in der Definition von B, 1 und in ihrer Umgebung deshalb nicht auf, weil es darin keinen Platz findet; es *kann* darin gar nicht auftauchen. Denn die Orientierung an der Daseinslogik bringt mit sich, daß Hegel die Beziehung von Schein und Wesen sozusagen in die Horizontale projizieren muß. Das Unselbständige ist faktisch noch als *etwas* gedacht, das nur in der Beziehung auf *etwas* anderes Dasein hat.

So wird Hegel genötigt, einen zweiten Schritt in Richtung auf sein Ziel zu tun, den in B, 1 entscheidenden. Es bleibt, lautet sein Schluß aus der daseinslogischen Operation, dem unmittelbaren

Nichtdasein »nur die reine Bestimmtheit der *Unmittelbarkeit*; es ist als die *reflektierte* Unmittelbarkeit, d. i., welche nur *vermittelst* ihrer Negation ist, und die ihrer *Vermittlung* gegenüber nichts ist als die leere Bestimmung der Unmittelbarkeit des Nichtdaseins«. Auf die Relevanz des Schrittes, den Hegel hiermit vollzieht, hat aus seiner Sicht bereits Henrich hingewiesen. Sie reicht weit über B, 1 hinaus. Denn mit dem Ende der Begriffsentwicklung von B, 1 zeichnet sich »eine wichtige Wendung in der Gedankenführung der *Wissenschaft der Logik*« überhaupt ab: Erstmals verschmelzen, so Henrich (1978, 241), Unmittelbarkeit und Vermittlung derart zur Einheit, daß die Unmittelbarkeit zu einer abhängigen Funktion der Vermittlung und damit auch der Negation wird, ohne aufzuhören, ihr »gegenüber« Opposition zu sein. Dennoch versucht Hegel lediglich das Verhältnis auf den Begriff zu bringen, das zwischen den beiden Bestimmungen des vom Sein ›übriggebliebenen‹ Scheins ›in Wahrheit‹ auch schon vorher bestand. Nichtigkeit und Unmittelbarkeit sind als *zwei* Bestimmungen dieses Scheins nicht in dem Sinne zu verstehen, als seien sie gleichursprünglich. Vielmehr charakterisiert die Nichtigkeit den Schein, der die Nachfolge des Seins angetreten hat, grundlegend. Dieser Schein *ist* »das an sich Nichtige« (11s/21) und sonst nichts. Die Unmittelbarkeit beschränkt sich also ›in Wahrheit‹ auf eine Bestimmung der Nichtigkeit als seiner Grundbestimmtheit. So aber geht sie bereits in das Subjekt des Schlußsatzes ein, der auf das »unmittelbare Nichtdasein« wohl in dieser Akzentuierung der Unmittelbarkeit zurückgreift, jedoch eben auf ein – als das Nichtige zu dechiffrierendes – Nichtdasein, dem allein die Unmittelbarkeit zukommt. Nur war gar nicht begreiflich, was das ist – »dies *unmittelbare* Nichtdasein«. Es war nicht einmal ersichtlich, inwiefern seine Unmittelbarkeit der Reduktion der Einheit von Dasein und Nichtdasein auf das reine Moment des Nichtdaseins entspringt.

Der Versuch Hegels, das Dunkel aufzuhellen, verdient auch in der hier umrissenen Perspektive auf den Ansatz der Reflexionslogik größte Beachtung. Nach der vielleicht stärksten Voraussetzung, auf welcher der »argumentanalytische Kommentar« von Dieter Henrich beruht, faßt Hegel die reflexionslogisch zu transformierende Unmittelbarkeit als die des *reinen* Seins auf. Daß die unbestimmte Unmittelbarkeit des reinen Seins irgendwie ins Spiel kommt, ist ein Faktum, auf das schließlich auch wir noch stoßen werden. Doch verfolge ich, wie bereits erwähnt und wie auch schon aus der bisherigen Interpretation deutlich geworden sein dürfte, die gewiß nicht weniger ausweisungsbedürftige Hypothese, daß *primär* die Unmittelbarkeit des *Daseins* zur Diskussion steht. In der Konsequenz dieser Hypothese muß man nun annehmen, daß Hegel sich von der Überzeugung leiten läßt, eine rationale Aufklärung der entstandenen Situation sei nur dann möglich, wenn man von der Unmittelbarkeit den Schleier abzieht, der das Dasein in den Schein der Vorgegebenheit hüllt. Dem unmittelbaren Nichtdasein bleibt »nur die reine Bestimmtheit der *Unmittelbarkeit*«, indem ihm nur die reine *Bestimmtheit* der Unmittelbarkeit bleibt. Dieser Begriff der reinen Bestimmtheit fällt mit keinem der beiden Bestimmtheitsbegriffe zusammen, die wir in der Daseinslogik kennengelernt haben, weder mit dem der ›Bestimmtheit als solcher‹ (der Determiniertheit) noch mit dem der Formbestimmtheit (der Bestimmtheit eines Ganzen von Momenten). Die von ihm gemeinte Sache nimmt im Fortgang der Reflexionslogik die Gestalt des ›Gesetztseins‹ an, mit dem Hegel später auch den Schein identifiziert (vgl. 17_2/28). Das Gesetztsein ist »die Unmittelbarkeit rein nur als *Bestimmtheit* oder als sich reflektierend« (15_7/26). Mit ihm haben wir aber das Gegenteil von schlichter Gegebenheit vor uns. Der letzte Schritt in der Begriffsentwicklung von B, 1 ist also der erste Schritt zur Bewältigung der kritischen Aufgabe, welche die als Theorie des Scheins titulierte Reflexionslogik im ganzen wahrzunehmen hat: den in der daseinslogischen Bewegung selbst schon zurückgedrängten Schein der Vorgegebenheit des Daseins vollends aufzulösen. Indessen führt er zunächst in die totale Destruktion. Denn die Unmittelbarkeit des Daseins ist nichts anderes als der Schein seiner Vorgegebenheit. Die Auflösung des Scheins löst also auch die Unmittelbarkeit auf.

Hierauf beruht die Unzulänglichkeit auch dieses Schrittes. Es ist allerdings zu zeigen, *in welcher Weise* die Unmittelbarkeit verschwindet. Schließlich soll sie ja gerade erst hervorkommen. Daß das Gesagte der Ergänzung bedarf, ist auch deshalb offenkundig, weil man gewiß nur in einem sehr vermittelten Sinn behaupten kann, es gehe immer noch um das Dasein. An die Stelle des in den Schein$_1$ eingehüllten Daseins ist ja der Schein$_2$ getreten, vor den bloß insofern wieder das Dasein sich schiebt, als er dem Schein$_3$ anheimfällt. Aber die Auflösung des Scheins der daseinsmäßigen Unmittelbarkeit, welche die Idealisten und Skeptizisten, damit ihren geheimen Positivismus verratend, dem Schein$_2$ andichten, soll die ›wahre‹ Unmittelbarkeit *dieses Scheins* zutage fördern. Was ist daran ›wahr‹? Daß er *ist*. Als Phänomene, an denen die Theorie sich veranschaulichen läßt, nennt Henrich (1978, 238) mit Recht »haltlose Meinungen und Halluzinationen, aber auch Institutionen ohne Funktion und Charaktere ohne Substanz«. Schein indessen ist nach der Theorie das Dasein »in seiner Totalität«. Das Verhältnis zwischen dem ›Positiven‹ und dem ›Negativen‹ verkehrt sich damit. Um das für Hegel am nächsten liegende Beispiel aufzugreifen: Eine Institution, die fortbesteht, nachdem ihr Geist längst entwichen ist, setzt den Zustand voraus, in dem sie lebendige Wirklichkeit war. Der totale Schein hingegen kann sich auf gar kein Sein stützen. Vielmehr *ist* überhaupt nur etwas, weil *er* ist – das »Nichtsein« (11$_9$/21). Der Schein, der in dem Satz »Das Sein ist Schein« grammatisch die Stellung des Prädikats einnimmt, hat insofern umgekehrt das Sein zu seinem Prädikat. Will man nun die Vorstellung von einem »Sein des Scheins« im Sinne seiner Vorgegebenheit vermeiden, so muß man diesen Fundierungszusammenhang ernstnehmen, das heißt in der Sprache Hegels: die Unmittelbarkeit als vermittelt denken. Nur: Man *muß* die Unmittelbarkeit zwar so denken, aber man *kann* es nicht. Sie ist zwar anzuerkennen, aber ihr Bedeutungsgehalt zerrinnt. Dies bedeutet es, daß die Auflösung des verschleiernden Scheins zugleich die Unmittelbarkeit auflöst; und dies meint auch Hegel, wenn er am Ende die Unmittelbarkeit des Nichtdaseins als eine »leere« Bestimmung bezeichnet.

Daß der zweite Schritt gegenüber dem ersten ein *Fort*schritt ist, wird einem in genauerer Textanalyse klar. Auch mit ihm folgt Hegel einer daseinslogischen Vorlage. Das Dasein zeigt sich zunächst in »nur *unmittelbarer* oder *seiender* Bestimmtheit«. Es ist aber an sich Einheit von Sein und Nichtsein. Durch die Setzung auch des Nichtseins wird »die unmittelbare oder die *seiende* Bestimmtheit als eine unterschiedene, reflektierte gesetzt« (I 98/118; s. oben, S. 217). In Reflektiertheit verwandelt Unmittelbarkeit sich hier also durch den Unterschied. Auf ähnliche Weise entsteht die Reflektiertheit auch nach der reflexionslogischen Theorie des Scheins. Die *»reflektierte* Unmittelbarkeit« kommt ins Spiel, weil das unmittelbare Nichtdasein nur »in seinem Nichtdasein Dasein hat«. Die Reflektiertheit ist jetzt einzig deshalb eine andere, weil sie eine reine ist, und sie ist eine reine, weil sie aus dem reinen Unterschied hervorgeht. Das *Nicht*dasein hat Dasein ausschließlich in seinem *Nicht*dasein. Es gibt also keine seienden Substrate mehr, sondern bloß noch das Verhältnis Unterschiedener. Um so mehr muß allerdings der Gegensatz befremden, der zwischen Urbild und Abbild hinsichtlich des Schicksals der Unmittelbarkeit besteht. Dem Abschnitt über die Qualität zufolge verwandelt Unmittelbarkeit sich dergestalt in Reflektiertheit, daß sie darin verschwindet; erst die verschleiernde Realitätskategorie macht sie wieder geltend. Nach unserem Text hingegen ist die Reflektiertheit eben reflektierte Unmittelbarkeit. Auch die Methode, durch die Hegel diese gewinnt, steht in einer gewissen Analogie zu seinem an der daseinslogischen Parallelstelle angewandten Verfahren. Anfänglich hat er ja in B, 1 allein die durch die neue Verschleierung wiederhergestellte Unmittelbarkeit vor sich, die scheinbare Wesensunabhängigkeit des thematischen Scheins. Diejenige Unmittelbarkeit, die dann als Attribut des Nichtdaseins auftritt, soll sich aus der Reduktion des Anderen auf das reine Moment des Nichtdaseins generieren oder auch regenerieren. Was die Reduktion betrifft, so gibt das Abbild das Urbild spiegelbildlich wieder. Statt daß eines, welches das Ganze zu sein schien, zu einem von zwei Momenten herabsinkt, wird eines von zwei Momenten das Ganze. In dieser Verkehrung stellt die Reduktion jedoch insofern ein getreues und sogar übersteigertes Abbild des Zellteilungsverfahrens dar, als ihr Residuum *reines Moment* ist. Das rein Momenthafte begründet freilich nur die Reflektiertheit und nicht die

Unmittelbarkeit. Was an der Unmittelbarkeit ›wahr‹ ist und nicht dem Schein der Wesensunabhängigkeit zugehört, vermag Hegel also auch hier nicht wirklich zu denken. Was er denkt, wenn er den Schein zu einem unmittelbaren Nichtdasein besonderer Art deklariert, ist im Grunde bereits die Reflektiertheit und allein die Reflektiertheit, deren eigene Reinheit er dann durch die Totalisierung des Differenzverhältnisses sichert. Mit dem Gedanken der *reinen* Reflektiertheit geht er aber nicht nur über die Daseinslogik hinaus, sondern ineins damit auch über den Punkt, an dem der erste Schritt auf dem Wege der Entschleierung des Scheins$_2$ angelangt war. Denn als reine kann die Reflektiertheit letztlich nur die fundierende sein, die selber nicht fundiert ist. Der zweite Schritt ist also ein Fortschritt, sofern Hegel mit ihm, wiederum bildlich gesprochen, die Gesamtkonstellation aus der Horizontale in die Vertikale dreht.

Bei näherer Betrachtung des Textes kann man allerdings ebensowohl den Abstand wahrnehmen, der auch den jetzt erreichten Punkt noch vom Ziel trennt. Das Ziel oder jedenfalls das nächste Ziel ist die Unmittelbarkeit, die selber »die reine Vermittlung« (12$_{40}$/23) ist. Eine solche Unmittelbarkeit kann Hegel in B, 1 nicht einmal intendieren, geschweige denn, daß die Intention sich erfüllen ließe. Insofern hat sich auch noch keine wirkliche Einheit von Unmittelbarkeit und Vermittlung ergeben. Desgleichen fallen Vermittlung und Negation noch auseinander. Der in unserem Text vorkommende Ausdruck »Vermittlung« bezieht sich ja keineswegs auf den vorher gebrauchten Negationsbegriff zurück, sondern darauf, daß die nicht zu erkennende, bloß anzuerkennende Unmittelbarkeit als reflektierte »nur *vermittelst* ihrer Negation ist«. Dabei meint »Negation« schlicht das Andere, in welchem der Schein, nach der späteren Fassung des Unselbständigkeitstheorems, »ein Sein hat«; auch hiernach hat er ihn ja damit »in seiner Negation«. Die in B, 1 direkt anvisierte Negation *kann* infolgedessen gar nicht die sein, für die allein Hegel in der Daseinslogik (I 103/124) »Vermittlung« als Synonym einführt. Wir haben da also dreierlei zu unterscheiden: die Unmittelbarkeit, die Negation und die Vermittlung. Diese Vermittlung aber bedeutet nur soviel wie Vermitteltheit.

Wenn in B, 1 überhaupt eine Einheit in Sicht kommt, dann die von Unmittelbarkeit und Vermitteltheit. Man wird freilich sagen müssen, daß die Unmittelbarkeit in der Vereinigung mit der Vermitteltheit gerade nicht sein kann, was sie ist. Als Prädikat der Nichtigkeit ist sie selber nichtig, »das *an und für sich* nichtige Unmittelbare«, als das Hegel den Schein$_2$ schon bei seiner Einführung am Ende von A definiert (9$_9$/19). Gleichwohl zeichnet der unbegreifliche Begriff einer reflektierten Unmittelbarkeit, die nur vermittelst ihrer Negation ist, die Figur vor, in welche die weitere Entwicklung die mit der absoluten Vermittlung absolut identische Unmittelbarkeit einzeichnen wird. Die Stellung, in die Hegel die zwei Bestimmungen des Scheins durch Subordination gebracht hat, präfiguriert das Verhältnis der Bestimmungen des Wesens zueinander und damit auch dessen Verhältnis zu dem in B, 1 hervorgetretenen Schein. Aber mit dieser antizipierenden Andeutung haben wir bereits den Weg eingeschlagen, auf dem Hegel in B, 2 sein Ziel erreichen möchte.

1.2.2 Versuch einer Rekonstruktion der Unmittelbarkeit

Die kritische Funktion des in B, 2 durchgeführten Programms geht uns nur auf, wenn wir es in die weitere Perspektive der in C ausgearbeiteten Reflexionstheorie rücken. Die oben (S. 325 f.) bereits umrissene Gedankenentwicklung des Kapitels über den Schein endet mit der Übermächtigung der Reflexion durch das von ihr Gesetzte. Das ist die katastrophale Folge des Versuchs der Reflexion, das von ihr Gesetzte in die wirkliche Andersheit freizugeben. Da wir die Ausweisung des Vorentwurfs am Text im wesentlichen auf die Abteilung B beschränken müssen, kommen wir auf dem Wege der Interpretation an dieses letzte und vorletzte Stadium der Reflexionsbewegung nicht wieder heran. Vorausblickend ins Auge zu fassen ist aber wenigstens der Punkt, von dem die mißlingende Freigabe des Anderen sich abstößt. Er ist der nächste Zielpunkt des in B, 2 durchgeführten Programms.
Die in den vorgezeichneten Grenzen größtmögliche Freiheit er-

langt das Gesetzte, indem die Reflexion, die damit zur äußeren wird, es unmittelbar voraussetzt und »von dem Unmittelbaren als ihrem Andern anfängt« (16_{40}/28). Der Anfang mit der Unmittelbarkeit erneuert den verschleiernden Schein. Denn er gibt ihr den Sinn von Vorgegebenheit zurück. Die Reflexion, die eine *»unmittelbare Voraussetzung«* hat, *»findet«* ihr eigenes Setzen »vor als ein solches, von dem sie anfängt« (17_{19}/29). Daß sie der Unmittelbarkeit den Sinn von Vorgegebenheit *zurück*gebe, muß man nicht nur mit Rücksicht auf die in B, 1 geschehene Destruktion sagen, sondern auch und vor allem in Anbetracht der mit B, 2 beginnenden Rekonstruktion, die darauf hinaus will, der Unmittelbarkeit ihren in nichts zerronnenen Bedeutungsgehalt allererst zuzueignen. In dem hier anzuvisierenden Zielpunkt begegnet uns die Unmittelbarkeit als Resultat der Rückkehr, welche die Reflexion selber ist. Als derartiges Resultat ist sie aber das Gegenteil von Vorgegebenheit. Ihre Anfänglichkeit enthüllt sich vollends als Schein. »Diese Unmittelbarkeit, die nur als *Rückkehr* des Negativen in sich ist, – ist jene Unmittelbarkeit, welche die Bestimmtheit des Scheins ausmacht, und von der vorhin die reflektierende Bewegung anzufangen schien. Statt von dieser Unmittelbarkeit anfangen zu können, ist diese vielmehr erst als die Rückkehr oder als die Reflexion selbst« (15_{9}/26). Offenkundig spielt die Stelle auf B, 1 an. Die Unmittelbarkeit, welche die Bestimmtheit des Scheins ausmacht, ist »die reine Bestimmtheit der Unmittelbarkeit«, die wir aus B, 1 kennen, und der Schein, dessen Bestimmtheit sie ausmacht, hat die Bedeutung des Scheins$_2$, der durch jene mitdefiniert war. Demgegenüber ist der Anfang mit der Unmittelbarkeit ein verschleiernder Schein, der als solcher aufgelöst werden muß und nach Hegel auch tatsächlich aufgelöst wird, indem die Unmittelbarkeit als Rückkehr hervorkommt. Die Einsicht in die Unmöglichkeit eines solchen Anfangs stellt den Scheins$_3$ bloß, welchen das den Satz »Das Sein ist Schein« aussprechende Denken seinerseits erzeugt. Die »reflektierende Bewegung« wiederholt jedoch nur die »Bewegung des Seins«. In deren Weite muß man hinausschauen, um den durch die Herleitung der Unmittelbarkeit aus der Rückkehr aufgelösten Schein des Anfangs dort ansiedeln zu können, wohin er ursprünglich gehört. Hegel bringt das Ergebnis seiner Rekonstruktion der Unmittelbarkeit schließlich auf die Formel: »Die Unmittelbarkeit kommt überhaupt nur als Rückkehr hervor und ist dasjenige Negative, welches der Schein des Anfangs ist, der durch die Rückkehr negiert wird« (15_{37}/27). Ich möchte die Behauptung wagen: Aufgelöst werden soll letztlich der Schein der Erstheit, in den das Dasein eingehüllt ist; »das Dasein erscheint«, so hieß es ja zu Beginn des ihm gewidmeten Kapitels, »als ein erstes, von dem ausgegangen werde« (I 96_{13}/116; s. oben, S. 196 f.). Auch diese Behauptung macht – wie schon die Interpretation des Abschnitts B, 1 – von der Annahme Gebrauch, daß es *nicht* um die unbestimmte Unmittelbarkeit des reinen Seins gehe. Um sie könnte es insofern durchaus gehen, als ja in gewisser Weise auch der Anfang mit ihr Schein war. Doch ist es meines Erachtens nicht sehr sinnvoll, das Zitat auf sie zu beziehen. Denn nur das Dasein, nicht das reine Sein ist das »Negative«, das Hegel aufgrund seines vielsinnigen Negativitätsbegriffs mit der Reflexion zusammenschließen kann. Hinreichend rechtfertigen läßt die Annahme sich freilich nicht aus der angeführten Stelle selbst, sondern nur aus der Gesamtlinie des Programms, das mit der These, die Unmittelbarkeit resultiere aus der Rückkehr, seinen vorläufigen Abschluß findet.

Auf dem Programm steht zunächst die Aufgabe, »zu zeigen«, daß die Bestimmungen, die den $Schein_2$ vom Wesen unterscheiden, »Bestimmungen des Wesens selbst sind« (11_3/21)[12]. Direkt ergibt die Aufgabe sich aus der Notwendigkeit, den $Schein_2$ vom verschleiernden Schein seiner Wesensunabhängigkeit zu befreien. Indessen reicht sie über das damit Geforderte weit hinaus. Zur Widerlegung des Glaubens an die Wesensunabhängigkeit bedürfte es nur des Nachweises, daß der $Schein_2$ das Wesen ›ist‹, das heißt in ihm enthalten ist oder zu ihm gehört. Hegel aber, der ja die Auffassung vertritt, dieser Nachweis sei schon erbracht, will in Punkt 1 seines Programms, so sieht es wenigstens aus, demonstrieren, daß das Wesen Schein ›ist‹. Auf die Frage, wieso

12 Zum methodischen Sinn von »zeigen« vgl. Henrich (1978, 244). Henrich behandelt die »Identifikation von Schein und Wesen« viel ausführlicher und eingehender, als es hier geschehen kann (1978, 242-273).

beides, die Wesenhaftigkeit des Scheins und die Scheinhaftigkeit des Wesens, zu zeigen sei, bzw. gezeigt sein müsse, könnte man antworten: Weil das Wesen und der Schein, als das in seiner Nichtigkeit durchschaute Sein, im Verhältnis des Inneren und des Äußeren zueinander stehen. Wenn das Innere das Äußere ganz durchstrahlt und dieses, als der Schein, deshalb wesenhaft ist, dann muß das Äußere das nach außen sich manifestierende Innere und dieses, als das Wesen, deshalb scheinhaft sein. Eine solche Überlegung liegt ja auch dem Gedanken des Scheins zugrunde, den Hegel in der Ästhetik entwickelt, und insbesondere seinem dort aufgestellten Grundsatz: »der *Schein* selbst ist dem *Wesen* wesentlich« (Ä 55/13, 21). Sie desgleichen hier ins Spiel zu bringen, liegt um so näher, als Hegel den für das Dasein als das Äußere einstehenden Erscheinungsbegriff, der in der Daseinslogik selber nur eine notwendige Implikation war, in B, 1 gewissermaßen eingeholt hat. Wiewohl Hegel »die Erscheinung des Idealismus« kritisiert, verfällt doch die Erscheinung selber nicht gänzlich seiner Kritik, ebensowenig wie der Schein, den er durch sie charakterisiert. Allein, am Text findet die Antwort keinen Halt. Und man kann auch sagen, warum. Dem Anspruch, das Wesen als »das Innere« zu denken, wird die Lehre von ihm erst dann gerecht, wenn sie das »Scheinen des Wesens in ihm selbst« (7_{25}/17) ausdrücklich zu seinem *Er*scheinen fortbestimmt; erst am Ende des Abschnitts über die Erscheinung ist es ihr möglich, das »Verhältnis des Äußern und Innern« zu thematisieren (150-155/179-184). So werden wir uns vorderhand auf die Vermutung beschränken müssen, daß die überschießende Konsequenz, die Hegel aus dem Zwang zur Destruktion der Unmittelbarkeit zieht, durch das strategische Ziel motiviert ist, das deren Rekonstruktion verfolgt.

Doch von den zwei Bestimmungen des Scheins ist es nicht die Unmittelbarkeit, sondern die Nichtigkeit, der Hegel sich zunächst zuwendet. Ihre Transposition ins Wesen erfolgt in drei knappen Sätzen: »Es ist die Unmittelbarkeit des *Nichtseins*, welche den Schein ausmacht; dies Nichtsein aber ist nichts anderes als die Negativität des Wesens an ihm selbst. Das Sein ist Nichtsein in dem Wesen. Seine *Nichtigkeit* an sich ist *die nega-*

tive Natur des Wesens selbst« (11_{8}/21). Vorab ein Wort zur Art der Transposition selber. Sie ist meines Erachtens keine »Identifikation von Schein und Wesen« (Henrich), jedenfalls nicht im gewöhnlichen, unhegelschen Verstande des Identitätsbegriffs. Wollte sie es sein, so wäre sie noch unendlich problematischer als sie ohnehin ist, nämlich schlechthin unseriös. Man muß aber das »nichts anderes als...« ernstnehmen. Hegel wiederholt es ausdrücklich auch bei der Transposition der Unmittelbarkeit ins Wesen (11_{19}/22). Dadurch will er offenbar zu bedenken geben, daß es den Sinn vorzeichnet, in dem das »ist« auch da aufzunehmen ist, wo ein solcher Zusatz fehlt. Die Nichtigkeit, die den Schein$_2$ kennzeichnet, *ist* nicht einfachhin die Negativität des Wesens, derart daß sie mit ihr zusammenfiele; sie ist nur nichts *anderes* als diese Negativität. Um allerdings auch nur das behaupten zu können, muß Hegel den Negativitätsbegriff einer eigentümlichen Operation unterziehen. Wie immer es um die »Bedeutungsverschiebung« bestellt sein mag, die Hegel nach Henrich am Begriff der Unmittelbarkeit vornimmt, – die Bedeutung des Negativitätsbegriffs verändert er auf jeden Fall. Material der Operation ist die als Nichtigkeit bestimmte Negativität; ihr Resultat die Negativität qua Tätigkeit. Nach Henrich (1978, 250 f.) greift die Rede von der negativen Natur des Wesens, wie auch die spätere von dessen absolutem Ansichsein, auf eine Passage in der Erstfassung des Kapitels über das Dasein (A 64) zurück. Dieser Rückbezug ist eine Tatsache und natürlich, aus der Perspektive der hier vorgeschlagenen Interpretation betrachtet, sowohl aufschlußreich wie auch mühelos begreifbar. Direkt aber knüpft Hegel zweifellos an seine nur acht Seiten vorher formulierte Kritik der Vorstellung an, welcher die Negation des Negativen, in Wirklichkeit die Bewegung des Seins selbst, nur als »eine Tätigkeit des Erkennens« gilt, »die dem Sein äußerlich sei und dessen eigene Natur nichts angehe« (s. oben, S. 308). Bei der Erläuterung dieser Stelle wurde schon festgehalten, daß die Bewegung als die des Seins selbst die Tätigkeit, die sie als Erkenntnisbewegung ist, durchaus bleibe und sogar erst eigentlich werde. Wer glaubt, die Tätigkeit gehe die eigene Natur des Seins nichts an, täuscht sich letztlich deshalb, weil sie die Natur des Wesens ist, das die Nachfolge des Seins angetreten hat. Nur als reine Tätigkeit ist das Wesen die *absolute* Negativität, als die Hegel es reklamiert.

Weil Hegel auf absolute Negativität als reine Tätigkeit hinaus will, übersetzt er die in B, 1 angesprochene Unmittelbarkeit des Nichtdaseins in »die Unmittelbarkeit des *Nichtseins*«. Die Übersetzung dient augenscheinlich der Rechtfertigung des Bedeutungswechsels. Als Nichtsein ist die Nichtigkeit nicht das Sein, das als Vorgegebenheit das Gegenteil von Tätigkeit war, und insofern ist sie »nichts anderes als« Tätigkeit. Daß das wirklich die Meinung Hegels ist, bestätigt sein Begriff des Scheins$_2$, um dessen Nichtigkeit es ihm ja zu tun ist. Der Schein, der im weiteren Gang des Gedankens zum ›Gesetztsein‹ sich fortentwickelt, ist ursprünglich »das eigene Setzen des Wesens« (7$_8$/17), also diejenige Tätigkeit, die mit dem Wesen hervorkommt: die setzende. Diese Aussage fällt besonders ins Gewicht, weil sie als die logisch ursprüngliche auch die chronologisch anfängliche ist; mit ihr führt die Reflexionslogik den Begriff ›Schein‹ überhaupt erst ein. Hegel meint also, genauer gesagt, nicht, daß die zur Diskussion stehende Bestimmung dieses Scheins nur als Wesensbestimmung den Sinn von Tätigkeit besitze; seine Meinung ist vielmehr die, daß, sofern der Schein$_2$ immer schon im Wesen aufgehoben ist, auch seine Nichtigkeit wahrheitsgemäß nie etwas anderes als Tätigkeit war. Im nachhinein gewinnt so die vage Auskunft von B, 1, derzufolge das zum Schein herabgesunkene[13] Sein seine Nichtigkeit im Wesen hat, an Profil. Rückläufig gewahren wir auch die oben (S. 339) erst nur antizipierend behauptete Zwiespältigkeit der in B, 1 gegebenen Definition des Scheins: »Er ist das Negative gesetzt als Negatives.« Sie besagt jetzt: Der Schein$_2$ ist das in seiner Nichtigkeit durchschaute Nichtige, das eben als das, was es ist, durchschaut wird, indem es als Ausfluß der reinen Tätigkeit des Wesens zutage tritt. Daraus, daß die Nichtigkeit – wie ich mich vorhin ausgedrückt habe – bloß die »Maske« der reinen Tätigkeit ist, erklärt sich der intermediäre Status des

13 Vgl. die Fassung des Satzes »Das Sein ist Schein« in der *Enzyklopädie*: »Das Sein ist (. . .) nach seiner einseitigen Bestimmung, *unmittelbares* zu sein, zu einem nur negativen *herabgesetzt*, zu einem *Scheine*« (§ 112).

Ausdrucks ›Nichtigkeit‹. Heimisch ist der Ausdruck ›Nichtigkeit‹ eigentlich nur in B, 1. Nach dem Transpositionsakt nimmt er zunächst einen paradoxen Charakter an – er bezeichnet da »die Nichtigkeit, aber als Bestehen« (11_{26}/22) – und sodann eine Form, in der er sich selber durchstreicht – er wird zur Chiffre einer Nichtigkeit, die ihrerseits nichtig ist (vgl. 12_{10}/22 f.)[14]. Dabei muß man allerdings beachten, daß die Nichtigkeit von der Negativität bereits das in sich aufgenommen hat, was seinslogisch die ›Bestimmtheit als solche‹ war. Sie macht die gegenwärtige Bestimmtheit dieser Bestimmtheit aus. Hegel unternimmt in unserem Text den Versuch, die in der Seinslogik nicht oder nicht hinreichend vermittelten Bedeutungen des Negativitätsbegriffs auf ihren einheitlichen Grund zurückzuführen. Das Sein, als dessen Wahrheit er das Wesen primär deutet, ist das bestimmte Sein und näherhin das Dasein, das sich von seiner Bestimmtheit nicht trennen läßt. Das Dasein hat sich als »das an sich Nichtige« erwiesen. Es hat sich als dieses erwiesen, indem es sich selbst in das Wesen aufgehoben hat. Seine Aufhebung ist seine eigene Tätigkeit, ist Selbstaufhebung. Die Tätigkeit, die ihrerseits in der des Wesens gründet, ist also der Grund seiner Nichtigkeit.

Bevor wir die andere Bestimmung, die dem Wesen anverwandelt werden soll, ins Auge fassen, die Unmittelbarkeit, noch eine Bemerkung zu dem bisher nicht befriedigend geklärten Verhältnis von Schein$_1$ und Schein$_2$. Von der Bestimmung her, die wir mit dem Übergang zur Unmittelbarkeit in gewisser Weise verlassen, fällt nämlich auf dieses Verhältnis einiges Licht. Schein$_1$ trifft sich mit Schein$_2$ in der Nichtigkeit. Er unterscheidet sich von ihm am tiefsten durch seine Erzeugtheit. Natürlich ist er kein Gemächte. »Erzeugnisse des reflektierenden Verstandes« sind ja »die Kategorien der Metaphysik und der Wissenschaften überhaupt«. Der verschleiernde Schein ist folglich so wenig willkürlich und zufällig, daß wir gar nicht in der Lage sind, ihm zu entgehen. Denn jene Kategorien durchziehen unser ganzes Denken.

14 Auf die zu Beginn des Abschnitts über die setzende Reflexion noch einmal auftauchende Nichtigkeit – »Der Schein ist das Nichtige oder Wesenlose; aber das Nichtige oder Wesenlose . . .« (14_{17}/25) – trifft das gleiche zu, was über die Wesenlosigkeit gesagt wurde: Hegel gibt ihr einen völlig anderen Sinn.

Sie sind aber geschichtlich entstanden und insofern Produkte. Und zwar machen sie das, »was in Wahrheit ist«, dergestalt vorstellig, daß sie es zugleich vernebeln und verfälschen. Kant schlägt zur besseren Verständigung über den Schein eine »subtile Distinktion« (Sommer 1977, 248) vor, die auch für die Auslegung Hegels hilfreich ist: Wohl ist die Verschleierung nicht »Betrug (*fraus*)«, aber sie ist durchaus »Täuschung (*illusio*)«. Sie ist deswegen »das Nichtseinsollende«, das der dem Wesen wesentliche Schein nach Hegels Vorlesungen über die Philosophie der Kunst gerade *nicht* ist (Ä 55/13, 21). Der Schein, in den das Sein sich auflöst, hat nichts Täuschendes an sich. Dennoch wäre es falsch, ihn, etwa nach dem Vorbild von Marx, als ›realen‹ Schein auffassen und als solchen gegen den verschleiernden abheben zu wollen. Dies verbietet nicht nur der Umstand, daß das Wort ›real‹ im Zusammenhang der Wesenslogik erst auf der Stufe der Kategorie des Grundes anwendbar wird (vgl. 64_{14}/81). Dem widerstrebt vor allem die Nichtigkeit auch des Scheins$_2$. Der Schein$_2$ trifft sich mit dem Schein$_1$ nicht nur in der Nichtigkeit überhaupt, sondern insbesondere auch darin, daß diese ihn umfassend definiert. Wie aber ist eine Nichtigkeit zu denken, die keinen Täuschungscharakter besitzt? Oder anders gefragt: Wie kann man sie selbst noch festhalten, wenn man daran festhält, daß dem durch sie definierten Schein auf der einen Seite keine Erzeugtheit nachzusagen ist und auf der anderen Seite auch keine Realität zukommt? Ich meine: Indem man Ernst damit macht, daß das Sein die Nichtigkeit, aufgrund deren es Schein ist, im Wesen hat. Dieser Schein *ist*. Insofern geht er nicht auf das Konto des vorstellenden Denkens. Trotzdem hat er auch keine Realität. Denn daß er ist, verdankt er nicht sich, sondern dem Wesen. So sehen wir nachträglich, warum es vor der Transposition der Nichtigkeit ins Wesen unmöglich war, die täuschende Meinung, »das an sich Nichtige *sei*«, derart in Wahrheit zu überführen, daß dabei die Verständlichkeit des ›ist‹ nicht verlorengeht. Denn hat das ›ist‹ sich einmal aus dem Horizont schlichter Vorgegebenheit entfernt, so läßt es sich nur noch von der Tätigkeit her begreifen, in die Hegel die Nichtigkeit transponiert.

Wenden wir uns nun der Unmittelbarkeit zu, die bisher nur als

»die Unmittelbarkeit des *Nichtseins*« im Spiele war! Hegel fährt nach den drei ausgelegten Sätzen fort: »Die Unmittelbarkeit oder Gleichgültigkeit aber, welche dies Nichtsein enthält, ist das eigene absolute Ansichsein des Wesens. Die Negativität des Wesens ist seine Gleichheit mit sich selbst oder seine einfache Unmittelbarkeit und Gleichgültigkeit« (11_{12}/21). Wie die Übersiedlung der Unmittelbarkeit vom Schein ins Wesen vonstatten geht, ist wenigstens systemintern einsichtig. Sie läuft über die »Gleichheit mit sich selbst«. Die Unmittelbarkeit ist »die Form des Seins als solchen« (E § 84). Sein war für Hegel von Anfang an Gleichheit nur mit sich. Nun nimmt er das Wesen bereits jetzt als Reflexion in Anspruch. Absolute Negativität ist das Wesen als die reine Tätigkeit der Rückkehr zu sich selbst. Die Reflexion aber legt sich in zwei Momente auseinander. Sie vollzieht sich als Sich-von-sich-Unterscheiden und als Sich-auf-sich-Beziehen und ist beides in vollkommener Einheit: eine Selbstbeziehung, die auf Selbstunterscheidung beruht. Von der Seite des Sich-auf-sich-Beziehens her gesehen, eignet ihr also eine Gleichheit mit sich selbst, die an ihr als absoluter, das heißt als einer solchen, die kein wirklich Anderes außer sich hat, Gleichheit nur mit sich ist. Folglich kommt dem Wesen genau das zu, was das Sein definiert (vgl. 11_{16}/22). Sein – das bedeutet denn auch fortan auf dem Boden der Reflexion: Identität mit sich (vgl. 34_{17-21}/48). Und mit dem Sein ist dem Wesen nach den Prämissen natürlich auch Unmittelbarkeit zuzusprechen.

Allerdings ist sie ihm bloß als die sekundäre Bestimmung zuzusprechen, als die sie schon bei der Charakteristik des Scheins$_2$ angesetzt war. Daß das Wesen »an« seiner unendlichen Negativität die Gleichheit mit sich selbst »hat«, gibt zu verstehen: Seine Unmittelbarkeit beschränkt sich auf eine abhängige Funktion der unendlichen Negativität, die allein es *ist*, dementsprechend daß sie im Gesamtkomplex ›Schein‹ lediglich eine Bestimmung der Grundbestimmtheit des an sich Nichtigen war. Dieses Fundierungsverhältnis verdient nicht nur deshalb Beachtung, weil es die Symmetrie zwischen den Bestimmungen des Scheins und denen des Wesens gewährleistet und damit die Konsequenz der Transposition bezeugt. Wir sollten ihm vielmehr auch und zumal im Interesse einer Aufklärung des systematischen Zusammenhangs von Wesenslogik und Begriffslogik Aufmerksamkeit schenken. Das Schwanken des Wesens zwischen der ersten und der zweiten Negation erklärt sich letztlich, von allen Unsicherheiten Hegels einmal abgesehen, daraus, daß die Reflexion zwar die sich entäußernde und zu sich zurückkehrende Tätigkeit ist, die beide Negationen in sich vereint, aber so, wie sie unter dem Gesichtspunkt der Trennung sich darstellt, in welcher die erste Negation besteht. Erst der Begriff des Begriffs artikuliert die reine Tätigkeit als die Selbstbeziehung, als die sie die vollendete ist.

Bis hierhin ist – wie gesagt: systemintern – alles klar. Jetzt aber ist die auch als quaestio facti schwer beantwortbare Frage anzugehen, ob die transponierte Unmittelbarkeit die des reinen Seins oder die des Daseins ist. Henrichs Option für die Unmittelbarkeit des reinen Seins basiert vornehmlich auf der Tatsache, daß Hegel am Logikanfang ausdrücklich versichert hat, in seiner unbestimmten Unmittelbarkeit sei das reine Sein »nur sich selbst gleich« und auch als das reine Nichts »einfache Gleichheit mit sich selbst«. Aber diese Tatsache vermag die Entscheidung für die Unmittelbarkeit des reinen Seins nicht hinreichend zu begründen. Ich sehe hier einmal davon ab, daß die Gleichheit des reinen Seins nur mit sich, als ein anderer Ausdruck für seine einfache Beziehung auf sich, letztlich über es selbst hinausweist (s. unten, S. 409 f.). Es bleiben dann noch zwei Umstände, die den Rückbezug auf das reine Sein zweifelhaft machen. Erstens ist zu beachten, daß Hegel in unserem Text auf das »nur« verzichtet und sich damit begnügt, dem Wesen das generelle Prädikat der Gleichheit mit sich selbst beizulegen. Als solche betrachtet Hegel auch das Dasein. Sogar die Stelle der Erstausgabe, in der Henrich die Vorlage für die Wendung »das eigene absolute Ansichsein des Wesens« erblickt, handelt von der »Gleichheit des Etwas mit sich«. Allerdings steht hinter dem Satz: »Sein im Etwas ist *Ansichsein*« die Überzeugung, dieses Sein, »als in sich reflektiertes Dasein«, sei nicht mehr Gleichheit *nur* mit sich, sondern eine durch die Negation von Anderem vermittelte Selbstgleichheit (I 107_{4-7}/128). Zweitens aber wird auch das *Dasein*, wie wir sofort sehen werden, unter den Bedingungen, unter die Hegel es im gegenwärtigen Zusammenhang stellt, zur Gleichheit *nur* mit sich. Daß er von einer Gleichheit nur mit sich nicht ausdrücklich *spricht*, verstehe ich keineswegs so, als *meine* er sie auch nicht. Er meint durchaus die Gleichheit *nur* mit sich, aber seinen Verzicht auf eine Verbalisierung des »nur« kann man dahingehend deuten, daß er sie dem Dasein anpaßt, welches *an sich* eine nicht in dieser Weise zu spezifizierende Gleichheit mit sich ist.

Dieses Prädikat ist also nicht tragfähig genug, als daß man mittels seiner das reine Sein ins Wesen transponieren könnte. Es spricht *nicht gegen* das Dasein. Hegel verwendet aber zur genaueren Fixierung der Unmittelbarkeit ein anderes Prädikat, welches *für* das Dasein und *gegen* das reine Sein spricht: die Gleichgültigkeit. Das explikative »oder« im Subjekt des Satzes: »Die Unmittelbarkeit oder Gleichgültigkeit...« ist an sich schon sehr merkwürdig. Denn bisher war es nicht die Unmittelbarkeit, die den Charakter der Gleichgültigkeit hatte. Ganz und gar unsinnig aber wäre es, die Unmittelbarkeit des *reinen Seins* zur Gleichgültigkeit deklarieren zu wollen. Hingegen hat diese sich als die Verfassung des vergegenständlichten *Daseins* erwiesen. Vergegenständlicht aber wird das Dasein durch die Vorstellung seiner Vorgegebenheit. Nun meint die Unmittelbarkeit des Daseins nichts anderes als Vorgegebenheit. Mithin ist vollkommen verständlich, daß Hegel auch sie für Gleichgültigkeit erklärt. Hat man dies einmal eingesehen, so wird einem auch deutlich, daß er mittels der Gleichgültigkeit die Gleichheit mit sich selbst als eine solche des Daseins qualifiziert. Die durch das »oder« verbundenen Glieder des Subjekts im ersten Satz macht er im Prädikat des zweiten Satzes zu dem einen Glied eines neuen »oder«, dessen anderes die Gleichheit mit sich selbst ist. Ich möchte hier noch offenlassen, ob auch das neue »oder« rein explikativ oder auch disjunktiv zu verstehen ist. Daß es jedenfalls hauptsächlich eine explikative Funktion ausübt, ist evident, weil die Gleichheit mit sich selbst und die einfache Unmittelbarkeit, die primär durch jene ins Wesen gelangt, konvertierbar sein müssen. Dann leuchtet aber ebenso ein, daß Hegel die Gleichheit mit sich selbst, durch ihre Übersetzung in die Gleichgültigkeit, der Unmittelbarkeit des Daseins zuordnet. Was berechtigt ihn dazu? Dies, daß das durch Gleichgültigkeit gekennzeichnete Dasein vermöge seiner Unmittelbarkeit zur Gleichheit *nur* mit sich wird. Seine Gleichgültigkeit beruht nach der Seite, die ihre spezifisch daseinsmäßige Form entsprechend spezifisch charakterisiert, auf der Fremdheit in der Beziehung zwischen Etwas und einem Anderen (s. oben, S. 253 f.). Die Fremdheit bedeutet, daß Etwas seine Beziehung auf ein Anderes überhaupt nicht realisiert; sie bedeutet also Beziehungslosigkeit. Demnach ist das »Sein im Etwas«, *an sich* eine durch das »Nichtsein des Andersseins« (I 107_7/128) vermittelte Selbstgleichheit, aufgrund seiner faktischen Gleichgültigkeit Gleichheit nur mit sich. Dies ist sie aber, wenn sie es aufgrund der Gleichgültigkeit ist, in der Folge des Scheins, in den die Vorstellung der Unmittelbarkeit das Dasein hüllt.

Man könnte gegen die Auslegung der zu transponierenden Bestimmung ›Unmittelbarkeit‹ im Horizont des Daseins einwenden, daß sie den verschleiernden Schein mit in Ansatz bringen muß, während Hegel sich doch von dem in B, 1 thematisch gewordenen Schein abstößt. Der Einwand trifft jedoch nicht. Zwar geht in den Transpositionsprozeß – das ist ganz richtig – die Unmittelbarkeit des Scheins$_2$ ein und noch dazu – was wichtiger ist – als eine solche, die vom Schein$_3$ befreit worden ist und die verschleierte Gestalt der Wesensunabhängigkeit hinter sich gelassen hat. Aber was sie derart schleierlos ist, soll ja gerade erst durch ihre Einführung ins Wesen denkbar werden. Denkbar ist sie bis jetzt nur als die Vorgegebenheit, zu welcher der verschleiernde Schein tatsächlich gehört. Dies ist eben deshalb zu betonen, weil sie durch den Vorgang, den wir beobachten, ihren Vorgegebenheitssinn *verlieren* soll. Nachdem das Dasein als vorgegeben gegolten hat, soll nun nicht etwa behauptet werden, vorgegeben sei das Wesen. Vielmehr soll am Wesen sich zeigen, wie die Unmittelbarkeit, die als die des Daseins scheinbare Vorgegebenheit war, so zu denken ist, daß sie nicht wieder zur Vorgegebenheit gerät.

Zur Vergegenwärtigung der Art und Weise, in der Hegel diese Aufgabe zu lösen versucht, müssen wir noch einen Augenblick bei der Gleichgültigkeit verweilen, auf die ja die Annahme, Hegel greife auf die in den Schein der Vorgegebenheit versunkene Unmittelbarkeit des Daseins zurück, sich vor allem stützte. Die Gleichgültigkeit geht nicht nur *in den Transpositionsprozeß ein*, sie geht darin des weiteren *in das Wesen über*. Hegel sagt zunächst über die Unmittelbarkeit oder Gleichgültigkeit aus, sie sei das absolute Ansichsein des Wesens. Sodann sagt er über die Negativität des Wesens aus, sie sei seine einfache Unmittelbarkeit und Gleichgültigkeit. Die Gleichgültigkeit wandert vom Schein2 als dem Statthalter des Daseins ins Wesen, indem das Subjekt des ersten Satzes zum Prädikat des zweiten wird. Das aber hat offenbar verheerende Folgen. Man scheint kaum dem Schluß entrinnen zu können, daß damit nun doch, wenn ›Unmittelbarkeit‹ hier überhaupt je den Sinn von Vorgegebenheit hatte, auch das Wesen als vorgegeben qualifiziert wird. Vor allem sieht es so aus, als zwinge Hegel das Wesen unter die Kategorie der Fremdheit. Wer meint, das Wesen vor Verfremdung bewahren zu müssen, wird sich allerdings an die Möglichkeit halten, die zum Prädikat des Wesens gewordene Gleichgültigkeit gar nicht als eine Gleichgültigkeit gegen *Anderes*, sondern als eine gegen *sich* zu deuten. Diese Möglichkeit liegt um so näher, als bereits das Proömium die Negativität des Wesens mit dessen »Gleichgültigkeit gegen sich« identifiziert (51/15). Wer sie ergreift, wird sich auch darauf berufen, daß allein er in bezug auf die Gleichgültigkeit das »ist« des zweiten Satzes streng verstehen kann. Als Subjekt dieses Satzes fungiert ja schließlich die *Negativität* des Wesens: *Sie* »ist« Gleichgültigkeit. Indessen stellt gerade der Satzbau den Deutungsvorschlag in Frage. Daß in dessen Konsequenz das »oder« eine disjunktive Bedeutung bekäme, wäre durchaus akzeptabel. Aber einmal würde eine Gleichgültigkeit, die eine solche des Wesens gegen sich wäre, aus der Reihe herausfallen, in der sie – verbunden durch ein gewiß nicht disjunktives »und« – zusammen mit der einfachen Unmittelbarkeit steht. Zum andern haben wir doch gesehen, daß man das »ist« im ganzen Kontext nicht streng verstehen *darf*. Wie es dort, wo es als Vehikel der Transposition dient, »ist nichts anderes als ...« meint, so meint es in dem Satz: »Die Negativität des Wesens

ist seine Gleichheit mit sich selbst...«, daß das Wesen, nach der präzisierenden Formulierung im nächsten Satz, »*an* seiner unendlichen Negativität diese Gleichheit mit sich selbst *hat*«. Sicherlich läßt sich nicht ausschließen, daß Hegel *auch* an die Gleichgültigkeit des Wesens gegen sich denkt. Vermutlich spricht er von Gleichgültigkeit schlechthin und ohne Spezifikation, weil er die des Wesens gegen sich unter das subsumiert, was im Dasein die Gleichgültigkeit gegen Anderes war. Stimmt diese Vermutung aber, dann entfällt der Vorteil, den man sich von einer Option für die Gleichgültigkeit gegen sich erhofft. Die Subsumtion setzt nämlich voraus, daß diese an der Fremdheit der daseinsmäßigen Indifferenz teilnimmt.
Wir können die Frage, ob die Vermutung stimmt oder nicht, auf sich beruhen lassen. Denn daß auch die Gleichgültigkeit gegen sich Fremdheit bedeutet, zeigt sich an der Sache selbst. Dies zeigt sich erstens am inneren Zusammenhang der beiden Modi von Indifferenz. Sie bilden auch in der Sache die Einheit, auf welche die Selbigkeit des Namens verweist. Die Einheit ist des näheren so geartet, daß die Gleichgültigkeit gegen Anderes das Fundament für diejenige gegen sich abgibt. Diese gedeiht erst auf dem Boden von jener, aber wächst auf ihrem Boden rasch heran. Nachdem die daseinsmäßige Indifferenz im Verhältnis von Etwas und einem Anderen hervorgetreten ist, deutet die reflektierte sich bereits im Verhältnis der Bestimmungen des Etwas zueinander an. Keimhaft steckt sie in dem Sachverhalt, den Hegel mit den Worten beschreibt: »Etwas ist seiner Bestimmung nach gleichgültig gegen seine Beschaffenheit« (I 111_{33}/133); und die Genese des Wesens, welche die Seinslogik in ihrem Fortgang nachzeichnet, ist zutiefst die Entwicklung dieses Keimes, der dann im Begriff der Größe die Gestalt einer ausdrücklichen »Gleichgültigkeit gegen sich selbst« annimmt (I 179_{16}/211). Deren Zugehörigkeit zum Komplex der Fremdheit bekundet sich zweitens aber auch in ihrer eigenen Struktur. Sie stellt sich nicht bloß deswegen als Fremdheit dar, weil sie aus der daseinsmäßigen Indifferenz hervorgeht, sondern reproduziert sie aus sich auf eine ihr eigentümliche Weise. Denn indem die Fremdheit aus der Beziehung zu Anderem in die Selbstbeziehung eindringt, hebt sie

sich so auf, daß sie sich zugleich steigert. Was gleichgültig gegen sich ist, verhält sich zu sich als einem Fremden. Die Internalisierung, als solche die Aufhebung der Fremdheit, steigert sie zugleich, sofern erst sie eigentlich *Ver*fremdung ist, das Fremdwerden des Eigenen.

Nun läuft die Geschichte der Fremdheit von deren Anfängen in der Gleichgültigkeit gegen Anderes bis zu ihrer dialektischen Selbstaufhebung in der Gleichgültigkeit gegen sich parallel mit dem Prozeß, der das Andere in das Andere seiner selbst hineintreibt. Die Gleichgültigkeit gegen sich ist zumindest die Verfassung des Anderen seiner selbst in einer bestimmten Ausprägung, nämlich in der, in der es sein Anderssein an sich vollzieht. Wenn die Charakterisierung des Wesens durch Gleichgültigkeit über die daseinsmäßige Indifferenz hinaus auch die reflektierte ins Spiel bringt, dann deshalb, weil das Wesen das Andere und als dieses das Andere seiner selbst ist. Hegel *will* es demnach als fremd und sich verfremdend charakterisieren. Was vorhin gesagt wurde: daß es so aussehe, als zwinge er es unter die Kategorie der Fremdheit, gibt nur insofern einen falschen Eindruck wieder, als er es gar nicht zu zwingen braucht. Völlig falsch hingegen ist der Eindruck, Hegel halte durch die Applikation der Gleichgültigkeitsbestimmung auf das Wesen am verschleiernden Schein der Vorgegebenheit fest. Denn genau dadurch, daß er uns im Wesen das Andere zu sehen erlaubt, verbietet er uns, das Prädikat der Erstheit, die das Dasein sich vindiziert hat, jetzt ihm, dem Wesen, beizulegen. Der Schein der Vorgegebenheit des Daseins löst sich nicht bloß in dem Sinne auf, daß das Dasein diesen Schein verliert. Das könnte ja so geschehen, daß das Wesen als das wahrhaft Vorgegebene ans Licht tritt. Vielmehr löst der Schein der Vorgegebenheit sich überhaupt auf, mit der Folge, daß man gerade auch das Wesen nicht als etwas Vorgegebenes in Anspruch nehmen darf.

Freilich ist hiermit erst gezeigt, *daß* dem Wesen die Seinsart ursprünglicher Gegebenheit abgeht. Es ist noch nicht gezeigt, *wie* sie ihm abgeht. Aber Hegel glaubt dies insofern bereits gezeigt zu haben, als die Antwort auf die Frage nach dem Wie in der Rangordnung der Wesensbestimmungen liegt. Unmittelbarkeit

verliert die Bedeutung von Vorgegebenheit, indem das Wesen sie nur »an« seiner Negativität »hat«, an der Negativität, die mit ihm selber zusammenfällt und die ihrerseits als reine Tätigkeit das Gegenteil von Vorgegebenheit ist. Sie ist somit, bildlich gesprochen, nicht der Boden, auf dem das Wesen steht, sondern eine Bestimmung, die es auf dem Rücken trägt. Bildlos ausgedrückt: Sie ist nur *Moment* am Wesen, das Moment der Selbstgleichheit in der Reflexion. Die Rangordnung der Bestimmungen überträgt Hegel aber zusammen mit diesen selber vom *Schein* auf das Wesen, von dem Schein her, der das Dasein vertritt. Als eine von der Negativität getragene ist die Unmittelbarkeit des Wesens demnach strukturell identisch mit derjenigen, die an diesem Schein anzuerkennen, wenn auch nicht zu erkennen war. Insofern kann Hegel behaupten: »Die Unmittelbarkeit, welche die Bestimmtheit am Scheine gegen das Wesen hat, ist daher nichts anderes als die eigene Unmittelbarkeit des Wesens, aber nicht die seiende Unmittelbarkeit, sondern die schlechthin vermittelte oder reflektierte Unmittelbarkeit, welche der Schein ist, – das Sein nicht als Sein, sondern nur als die Bestimmtheit des Seins, gegen die Vermittlung: das Sein als Moment« ($11_{19}/22$).
Der Satz muß in dem hier eröffneten Interpretationshorizont gelesen und nach den erarbeiteten Maßstäben auch berichtigt werden. Zu dem wörtlichen Sinn, den in ihm wiederum das »nichts anderes als ...« besitzt, kommt hinzu, daß die sprachliche Wendung eine Wendung in der Sache artikuliert: die vom verschleiernden Schein zur Wahrheit. Die Unmittelbarkeit, die dem an die Stelle des Daseins getretenen Schein anhängt und die sich dem begreifenden Zugriff wegen ihrer Verschleierung bislang entzog, ist, will Hegel sagen, *in Wahrheit* die eigene Unmittelbarkeit des Wesens. Nichts anderes als diese ist sie aber nur in der soeben profilierten Hinsicht, daß sie gewissermaßen keine davon verschiedene Verfassung hat. Sie ist nämlich durchaus eine andere Unmittelbarkeit. Zu unterscheiden ist ja nicht nur zwischen der seienden Unmittelbarkeit, die das scheinerzeugende Denken dem Dasein zusprach, und der schlechthin vermittelten oder reflektierten Unmittelbarkeit, von der bereits in B, 1 die

Rede war, sondern auch zwischen dieser und der am Ende von B, 2 resümierend beschriebenen »Unmittelbarkeit, die als die reine Vermittlung oder als absolute Negativität Unmittelbarkeit ist«. Als vermittelte ist die Unmittelbarkeit des Scheins$_2$ die eigene Unmittelbarkeit des Wesens deshalb *nicht*, weil sie nicht die reine Vermittlung oder, genauer gesagt, nicht die Unmittelbarkeit ist, welche die reine Vermittlung als das Moment ihrer Selbstgleichheit an ihr hat. Deshalb hat sie eben auch nur *gewissermaßen* keine von der Unmittelbarkeit des Wesens verschiedene Verfassung. Auch verfassungsmäßig stimmt sie mit dieser allein darin überein, daß sie gleicherweise in die Prozessualität des Negativen aufgeht.

Um uns über den Stand klarzuwerden, den die Verwirklichung der in B, 2 in Angriff genommenen Aufgabe erreicht hat, müssen wir also festhalten: Zunächst hat Hegel in B, 2 lediglich die Destruktion der Unmittelbarkeit des Daseins vollendet. Auf dem Wege ihrer Rekonstruktion hat er jetzt den ersten Schritt getan: ihre durch ihre Einführung ins Wesen ermöglichte Rückführung aufs Wesen. Es ist aber auf diesem Wege noch ein zweiter Schritt zu tun. Es ist die vermittelte Unmittelbarkeit selber als Unmittelbarkeit vorzuführen. Erst wenn das geschehen wäre, dürfte man behaupten, daß wir an jener Stelle angekommen seien, die ich zu Beginn dieses Abschnitts das nächste Ziel des in B, 2 durchgeführten Programms genannt habe.

Der zweite Schritt geht über die Abteilung B in den Ansatz von C hinaus. In B hat Hegel freilich noch Punkt 2 seines Programms zu absolvieren. Nach der Einführung der Bestimmungen des Scheins ins Wesen ist, so meint er, »ferner« noch zu zeigen, daß die »*Bestimmtheit des Wesens*, welche der Schein ist, im Wesen selbst aufgehoben ist« (11$_5$/21). In den Ansatz von C können wir dem Gedanken ohnehin nur insoweit nachfolgen, als es für die Überprüfung des Rekonstruktionsversuchs nötig ist. So möchte ich auch in dem Text, der den noch ausstehenden Programmpunkt recht weitläufig abhandelt, alles abschatten, was nicht schon zu diesem Versuch gehört, es sei denn, wir müßten es kennen, um uns ein Urteil über dessen Erfolg bilden zu können[15].

15 Zur Ergänzung vgl. Henrich (1978, 252-260).

Damit aber überhaupt verständlich wird, worum es hier geht, sollten wir uns zuvor in aller gebotenen Kürze Rechenschaft darüber ablegen, wie das Resultat aufzufassen sei, das Hegel mit der Transposition der Bestimmungen gewonnen hat. Daß *»die Momente des Scheins«* nunmehr *»die Momente des Wesens selbst«* sind, veranlaßt Hegel zu der zusammenfassenden Feststellung: »der Schein im Wesen ist nicht der Schein eines Andern, sondern er ist *der Schein an sich, der Schein des Wesens selbst«* (11$_{26-33}$/22). Die Feststellung erweckt den Eindruck, als strafe sie die vorhin aufgestellte Behauptung, die Transposition sei keine Identifikation von Schein und Wesen, Lügen. Dem ist jedoch keineswegs so. Hegel spricht vom Schein *im* Wesen. Der ist der Schein des Wesens selbst nicht etwa in dem Sinne, daß er ein Schein wäre, der das Wesen selbst ist. Er ist nur ein dem Wesen zugehöriger Schein, wenn auch einer, der das, was er ist, dank dem Wesen ist. Allerdings läßt er sich dem Schein$_2$ nicht direkt gleichsetzen. Den Unterschied fixiert die These, er sei nicht der Schein eines Andern, sondern der Schein an sich. Als solcher differiert er aber nur von der Form, die der Schein$_2$ *vor* der Transposition hatte, und zwar *durch* die Form, die ihm die Transposition gegeben hat. Die These hebt also lediglich darauf ab, daß der Schein$_2$ nicht mehr auf einem Anderen aufruht, und zwar deshalb nicht mehr, weil seine Nichtigkeit an der Negativität qua Tätigkeit teilnimmt und auch seine Unmittelbarkeit in diese aufgegangen ist. Natürlich verleitet der Terminus »Schein an sich« zu dem Mißverständnis, als würde der Schein selber zum Ansichseienden hypostasiert. Man kann derartige Konnotationen nicht einmal ausschließen, da auch der Gedanke des Scheins$_2$, nach der bereits angeführten Versicherung am Ende der Abteilung, in der Vorstellung der Unmittelbarkeit als Vorgegebenheit befangen bleibt. *Hegel* aber will an Ort und Stelle zweifellos auf das Gegenteil hinaus: Was ›an sich‹ ist, ist gerade nicht das Ansichseiende im metaphysischen Verstande, sondern insofern nur der Schein, als diesem kein Substrat und gar nichts zugrunde liegt, was nicht dieselbe Tätigkeit wäre wie er. Damit ist selbstverständlich noch keine Vorentscheidung über die weitere Entwicklung des Begriffs gefallen. Zunächst war ja bloß die Minimalbedingung für ein

zureichendes Verständnis des anstehenden Programmpunktes zu sichern. Die besteht eben in der Einsicht, daß Hegel den Schein mit dem Wesen nicht schlechterdings identifiziert hat. Denn andernfalls wäre ganz unbegreiflich, warum Punkt 2 des Programms nicht schon mit Punkt 1 erledigt ist.
Aber nicht nur die Erklärung dafür, daß Hegel Punkt 2 überhaupt noch für eine Aufgabe hält, kostet einige Mühe; Schwierigkeiten bereitet es auch, den Sinn der Aufgabe selber zu erfassen. Gezeigt werden soll auf jeden Fall, daß »das Bestimmtheitsverhältnis zwischen Schein und Wesen« (Henrich 1978, 252) in diesem aufgehoben ist. Dazu gehört von der einen Seite die Bestimmtheit des Scheins gegen das Wesen, von der anderen die Bestimmtheit des Wesens gegen den Schein. Allein, nicht von der Bestimmtheit des Wesens gegen den Schein ist in der Formulierung der Aufgabe die Rede, sondern von der »Bestimmtheit des Wesens, welche der Schein ist«. Dieser Ausdruck hat eine doppelte Bedeutung, und man wird kaum fehlgehen in der Annahme, daß Hegel ihn bewußt doppeldeutig verwendet. Der Ausdruck meint einmal den Schein$_2$ als eine Bestimmtheit des Wesens. ›Bestimmtheit‹ ist da wiederum zweifach zu verstehen. Das Wort bezieht sich erstens auf die besondere Weise, in der ein Ganzes gesetzt ist. »Der Schein ist das Wesen selbst in der Bestimmtheit des Seins« (11_{34}/22). Es bezieht sich zweitens auf die reflexionslogische Überformung der uns schon aus der Seinslogik bekannten Bestimmtheit. Danach ist der Schein$_2$ die Bestimmtheit des Wesens in demselben Sinne, in dem seine Unmittelbarkeit »reine Bestimmtheit« war, das heißt ein Moment, das als reines in seiner Reflektiertheit aufgeht. Beides faßt Hegel im Schlußsatz der Gedankenentwicklung von B, 2 zusammen, indem er zugleich die Differenz durch ein zweimaliges »aber« kenntlich macht: »Der Schein ist also das Wesen selbst, aber das Wesen in einer Bestimmtheit, aber so, daß sie nur sein Moment ist...« (12_{28}/23). Mit dem dunklen Hinweis auf die Bestimmtheit des Wesens, welche der Schein ist, zielt Hegel zum andern auf den als Schein$_3$ immer noch herrschenden Schein$_1$. Die Bestimmtheit des Wesens ist ein Schein, der verschleiert, was es »an sich« ist. Den verschleiernden Schein der Bestimmtheit des Wesens hebt

Hegel gegen diejenige Wesensbestimmtheit, die der Schein$_2$ ist, so ab, wie ich es schon in der Grundlegung A angedeutet habe (S. 76 f.): »Der Schein *ist* das Wesen selbst in der Bestimmtheit des Seins. Das, wodurch das Wesen einen Schein *hat*, ist, daß es bestimmt in sich und dadurch von seiner absoluten Einheit unterschieden ist« (Hervorhebungen M. T.). Trotz des doppeldeutigen oder sogar mehrfach doppeldeutigen Gebrauchs der Programmformel ist der damit bezeichnete Punkt 2 selber durchaus eindeutig. Hegel drängt die verschiedenen Implikationen gerade deshalb in eine einzige Formel, weil er zu verstehen geben will, daß es sich um eine identische Aufgabe handelt. Primär möchte er zeigen, daß der Schein$_2$ als eine Bestimmtheit des Wesens im Wesen selbst aufgehoben ist. In grundlegender Hinsicht glaubt er seine Aufgabe erfüllen zu können, indem er zu demonstrieren versucht: Der Schein$_2$ ist das Wesen selbst dergestalt in der Bestimmtheit des Seins, daß diese nur ein Moment des Wesens ist. Der Satz 11$_{34}$/22 leitet den Aufweisversuch ein, der Satz 12$_{28}$/23 schließt ihn ab und gibt das Ergebnis bekannt.

Daß und wie dieser Programmteil über den in Punkt 1 abgewikkelten hinausgeht, dürfte für jedermann vollkommen einsichtig sein. Nachdem vorgeführt worden ist, daß die Unmittelbarkeit des *Wesens* nur ein Moment an ihm ausmacht, soll jetzt dargetan werden, daß auch die Unmittelbarkeit des *Scheins* bloß den Status eines solchen Momentes hat. In der »Bestimmtheit des Seins« haben wir ja gemäß B, 1 die »Bestimmtheit der *Unmittelbarkeit*« zu sehen. Gelingt nun der primär unternommene Versuch, so hebt sich, das heißt hier: löst sich auch der verschleiernde Schein der Bestimmtheit des Wesens auf. Daraus folgt aber: Die Demonstration der Aufgehobenheit des Bestimmtheitsverhältnisses zwischen Schein und Wesen kann im gegenwärtigen Stadium nur noch im Zusammenhang der Auflösung des verschleiernden Scheins eine vernünftigerweise zu stellende Aufgabe sein. Wie in deren Formulierung nicht von der Bestimmtheit des Wesens gegen den Schein die Rede ist, so kommt »die Bestimmtheit des Scheines gegen das Wesen« (Henrich 1978, 253, 256) selbst in dem gesamten Text, in dem Hegel Punkt 2 seines Programms ausführt, kein einziges Mal vor. Und das ist keineswegs zufällig.

Es liegt ja auf der Hand, daß in der Programmformel der Mehrsinnigkeit des Begriffs ›Schein‹ eine solche des Bestimmtheitsbegriffs entspricht, daß diesem Begriff also nicht nur die doppelte Bedeutung zukommt, die er in der Dimension des Scheins$_2$ hat, sondern auch die, in der die Bestimmtheit des Wesens verschleiernder Schein ist, und zwar als eine von den beiden schon erläuterten Sinnkomponenten abermals verschiedene. In dieser Bedeutung meint der Begriff eben die Bestimmtheit des Wesens gegen den Schein$_2$, die aus dessen Perspektive sich als die Bestimmtheit des Scheins$_2$ gegen das Wesen darstellt. Oder: Er bezeichnet die nach ihrer Struktur und nach ihrer Herkunft seinslogische Bestimmtheit, derzufolge Wesen und Schein (als Schein$_2$) gegeneinander Andere sind. Daß sie es *nicht* sind, steht aber längst fest. Mithin braucht nur noch der verschleiernde Schein aufgelöst zu werden, als seien sie es; und er löst sich von selber auf, indem die Unmittelbarkeit des Scheins, der das Wesen selbst in der Bestimmtheit des Seins ist, sich als ein Moment des Wesens zeigt. Denn damit zeigt sich zugleich, daß die Bestimmtheit des Wesens keine Fremdbestimmtheit ist, keine Bestimmtheit durch ein Anderes.

Das Gelingen des programmierten Aufweises wäre nach alledem zugleich der erfolgreiche Vollzug des geforderten Schrittes auf dem Wege einer Rekonstruktion der Unmittelbarkeit. Der Aufweis scheitert jedoch gründlich. Hegel widmet ihm drei Absätze. Im ersten setzt er beim Wesen an, im zweiten nimmt er seinen Ausgang vom Schein und im dritten fixiert er das Resultat der beiden gegenläufigen Bewegungen (vgl. Henrich 1978, 256 ff.). Der erste Absatz führt auf der hier zu verfolgenden Linie über das in Punkt 1 des Programms Erreichte letztlich überhaupt nicht hinaus. Indem Hegel da die Unmittelbarkeit der absoluten Negativität das »*Bestimmte* gegen sie« nennt, hat er es natürlich leicht, mit dem Argument: »diese Bestimmtheit ist selbst die absolute Negativität« ($12_6/22$) ihr Aufgehobensein zu deklarieren. Aber gewonnen ist damit selbst für die Unmittelbarkeit des *Wesens* nichts, geschweige denn für die des *Scheins,* auf deren Wiederherstellung wir warten. Für die leistet der Absatz nur einen indirekten Beitrag, der sich erst später auszahlt, und zwar dadurch, daß er in einer prozessualen Darstellung des Zusammenhangs von Negativität und Unmittelbarkeit auch diese dynamisiert. In der Behauptung, die Bestimmtheit sei selbst die absolute Negativität, liegt mehr als bloß dies, daß die Unmittelbarkeit des Wesens das Moment der Selbstgleichheit in der Reflexion ist. Hegel will jetzt darüber hinaus sagen, das Wesen vollende sich in einer Unmittelbarkeit, die mit ihm als der absoluten Negativität wirklich zusammenfällt. Deshalb identifiziert er sie mit der »Rückkehr in sich« (12$_{8}$/22) und gebraucht damit erstmals im Grundlegungskapitel der Reflexionslogik das Wort, das wir als Titel für die affirmative Unendlichkeit kennen und das, wie wir vorausblickend bereits gesehen haben, zum Schlüsselwort für die angeblich vollständig rekonstruierte Unmittelbarkeit wird. Wenn Hegel am Anfang von C festhält, was wir der Durchführung des ersten Programmpunktes entnommen haben: daß nämlich das Wesen, als die *»Negation an sich«*, das »Andre« sei, dem gegenüber das (scheinbar) Erste, »das Unmittelbare oder Sein«, nur die »Gleichheit selbst der Negation mit sich« ist, dann setzt er die hier geschehene Dynamisierung der Unmittelbarkeit bereits mit voraus: »die Unmittelbarkeit ist nur diese Bewegung selbst« (13$_{19-34}$/24).

Erwartungsgemäß geht Hegel zur Rekonstruktion der Unmittelbarkeit des *Scheins* erst dort über, wo er von diesem auch ausgeht, im zweiten Absatz. Der Absatz, auf dessen Beginn ich mich schon bei der Interpretation von B, 1 bezogen habe, lautet bis zu der für uns zunächst relevanten Stelle: »Der Schein ist das Negative, das ein Sein hat, aber in einem Andern, in seiner Negation; er ist die Unselbständigkeit, die an ihr selbst aufgehoben und nichtig ist. So ist er das in sich zurückgehende Negative, das Unselbständige als das an ihm selbst Unselbständige. Diese *Beziehung* des Negativen oder der Unselbständigkeit *auf sich* ist seine *Unmittelbarkeit*« (12$_{9}$/22 f.). Die Übersetzung des Begriffs ›das Negative‹ in den der Unselbständigkeit belegt hinreichend deutlich, daß er im ganzen Absatz nicht dasjenige Negative meint, welches das Wesen ist, sondern den Schein als das Nichtige, in welches das Dasein zusammengesunken ist. Die Unmittelbarkeit des reflexionslogisch in der Gestalt des Scheins$_{2}$ auftretenden Daseins möchte Hegel *als* Unmittelbarkeit verständlich machen, indem er ihm die Beziehung auf sich zugesteht, auf der auch die Unmittelbarkeit des Wesens basierte. Das Zugeständnis stützt sich auf das Resultat, das Hegel im vorigen Absatz erzielt zu haben glaubt. Offensichtlich ist er überzeugt, mit dem Aufweis des Aufgehobenseins der Bestimmtheit, von der dort die Rede war, bereits gezeigt zu haben, daß das Wesen auch insofern nur im Modus des Aufgehobenseins bestimmt ist, als ihm statt der Fremdbestimmtheit, die der verschleiernde Schein ist, die Selbstbestimmung eignet, die dieser Schein verschleiert. Es lohnt sich kaum, im einzelnen darzulegen, wieso er sich in einer solchen Annahme irrt. Hingewiesen sei lediglich auf den Umstand, daß er nach der Identifikation der dort faktisch allein thematischen Bestimmtheit mit der absoluten Negativität diese ihrerseits mit einem beim gegenwärtigen Stand der Überlegungen undefinierbaren »Bestimmen« identifiziert und daß er ferner bloß erklärt, das Bestimmen sei »das Aufheben seiner selbst« (12_{8}/22). Es leuchtet ohne weiteres ein, daß die Selbstaufhebung des Bestimmens noch keine Selbstbestimmung sein kann, insbesondere dann nicht, wenn die Bestimmtheit eben deshalb aufgehoben sein soll, weil sie Bestimmen ist. Dennoch muß Hegel davon ausgehen, daß die Bestimmtheit des Wesens durch dessen Selbstbestimmung aufgehoben ist, um sinnvoll von der Aufgehobenheit auch der Unselbständigkeit reden zu können. Erst mit dieser Rede beginnt das gegenüber B, 1 Neue im zweiten Absatz, der mit seinen Eingangsworten auf die Stelle 9_{23-26}/19 f. zurückgreift. Daß der Schein ein Sein in einem Anderen habe, trifft ja nach der Transposition seiner Bestimmungen ins Wesen gerade nicht mehr zu. Seine Unselbständigkeit aber ist nicht etwa darum aufgehoben, weil er »das Selbständige« geworden wäre, zu dem der zweite Absatz – wie gesagt: ungerechtfertigterweise – das Wesen erhoben hat. Die Aufgehobenheit dieser Unselbständigkeit, wohlgemerkt verstanden als deren Nichtigkeit, ergibt sich vielmehr einzig und allein aus der Voraussetzung, das Wesen sei in vollkommener Autarkie alles in allem. Der Schein$_2$ ist das gegen das Wesen Bestimmte und es damit Bestimmende, zu dem die Restauration des Scheins$_1$ im Schein$_3$ ihn macht, so wenig, daß er sich ihm gegenüber nicht einmal als das Unselbständige zu halten vermag. Dann aber ist die Unmittelbarkeit, im Text als *seine* Beziehung auf sich beansprucht, in Wirklichkeit doch nur die Selbstbeziehung des *Wesens,* also auch nicht seine *Unmittelbarkeit.* Genau dies räumt denn auch Hegel selber im Fortgang des Absatzes ein: »sie [die Beziehung auf sich] ist ein *anderes* als es selbst [das Negative, das der Schein$_2$ ist]; sie ist seine Bestimmtheit gegen sich, oder sie ist die Negation [die reine Tätigkeit, die diesen Namen im Grunde allein verdient] gegen das Negative [das Nichtige, in dem die ›Bestimmtheit als solche‹ aufgehoben ist]. Aber die Negation gegen das Negative ist die sich nur auf sich beziehende Negativität, das absolute Aufheben der Bestimmtheit selbst« (12$_{14}$/23).

Der Gedanke bricht, wie man sieht, in Extreme auseinander. Gesucht war die Unmittelbarkeit als *Selbst*beziehung des Scheins$_2$, und herausgekommen ist ein *»anderes«* als er. Dabei muß die Wiederkehr der daseinslogischen Kategorie »ein anderes« in Hegels eigenen Augen fatal wirken. Um sie zu verhindern, nahm er seine Zuflucht zur Paradoxie. Blicken wir noch einmal kurz auf den Generationszusammenhang zwischen der aufgehobenen Unselbständigkeit und der Unmittelbarkeit als der Beziehung des Negativen auf sich zurück! Die Selbstbeziehung daraus ableiten zu wollen, daß die aufgehobene Unselbständigkeit eine doppelte Negation ist, wäre allzu leichtfertig, da Hegel die Aufgehobenheit der Unselbständigkeit als die Nichtigkeit des Nichtigen denkt, aus der nie und nimmer eine Selbstbeziehung resultieren kann. Nach ihrer soeben gegebenen Erläuterung beschreibt der Begriff dieser Aufgehobenheit dieselbe Figur, die es Hegel erlaubt oder aufgrund deren Hegel sich erlaubt, das Nichtige als das Wesenlose, als das es ja ganz dem verschleiernden Schein zugehörte, ans Licht vermeintlicher Wahrheit zu holen. Das Resultat unseres Absatzes und auch die darin an B, 1 angebrachte Korrektur verarbeitend, stellt er zu Beginn des Abschnitts über die setzende Reflexion fest: »Der Schein ist das Nichtige oder Wesenlose; aber das Nichtige oder Wesenlose hat sein Sein nicht in einem Andern, in dem es scheint, sondern sein Sein ist seine eigne Gleichheit mit sich« (14$_{17}$/25). Diese Wesenlosigkeit bildet gleichsam die negative Kehrseite der aufgehobenen Unselbständigkeit. Wie das wahrheitsfähig gewordene Wesenlose kein Wesen *hat*, weil es Wesen *ist*, als ein Moment an ihm, so hat das Unselbständige seine Unselbständigkeit genau darum verloren, weil es restlos im Wesen aufgegangen ist. Indem Hegel es aber »das an ihm selbst Unselbständige« nennt, unterschiebt er ihm im strategischen Vorgriff auf seine Beziehung auf sich ein Selbstsein, das der aufgehobenen Unselbständigkeit das Aussehen und Ansehen von Selbständigkeit verleihen soll. Dieselbe Tendenz leitet ihn bei der Zusammenfassung des zweiten Absatzes im dritten: »Die *Bestimmtheit* also, welche der Schein im Wesen ist, (...) ist so die Bestimmtheit, die als solche die Selbständigkeit und nicht bestimmt ist« (12_{19}/23). Allein, der Tragfähigkeit des Paradoxes, welches das Auseinanderbrechende in der unausdenkbaren Einheit von Selbständigkeit und Unselbständigkeit, von Bestimmtheit und Nichtbestimmtheit zusammenhalten soll, scheint Hegel selber nicht recht zu trauen. Daraus mag zu erklären sein, daß er gegen Ende der Abteilung den gesamten Schein$_2$ so unvermittelt dem Schein$_3$ überantwortet: Für das Scheitern seines Aufweises muß das dargestellte Denken aufkommen, das sich einer neuen Verschleierung schuldig macht, indem es die Beziehung des Negativen auf sich für »ein anderes als es selbst« ausgibt. Und darin ist mit ziemlicher Sicherheit begründet, daß er ganz am Schluß faktisch einräumt, Punkt 2 des Programms, das auf der Tagesordnung von B stand, sei in B nicht zu erledigen (vgl. 13_{2-10}/23 f.). Die Aufgabe, das Aufgehobensein der Bestimmtheit des Wesens aufzuzeigen, ist danach selber nur in zwei Anläufen zu bewältigen. Da Hegel mit dem ersten Anlauf, im Absprung von der platonischen Idee eines in Schein sich auflösenden Seins, nicht ans Ziel gekommen ist, startet er im zweiten, den er in C nimmt, bei der Reflexion, deren Vergöttlichung er an Aristoteles bewundert hat. Das heißt aber: Nach dem Mißglücken des zweiten Schrittes auf dem Wege einer Rekonstruktion der Unmittelbarkeit versucht er diesen Schritt noch einmal und auf andere Art zu tun.

Den zweiten Schritt wiederholt Hegel nicht nur auf andere Art, sondern auch unter veränderten Bedingungen. Er tut ihn auf dem Boden einer sich grundsätzlich neu orientierenden Theorie. Wir werden der Neuorientierung inne, wenn wir uns vergegenwärtigen, wie Hegel in C und im Übergang zu C den Gedanken des Scheins erweitert und umformt. Bisher haben wir durch Indizes Schein$_1$, Schein$_2$ und Schein$_3$ kenntlich gemacht. Wollen wir den »Schein an sich«, als das Resultat der Transposition, gegen das Prädikat des Satzes »Das Sein ist Schein« abgrenzen, so ist er der vierte in der Runde, wobei freilich zu beachten ist, daß Schein$_2$ und Schein$_4$ genauso zusammengehören wie Schein$_1$ und Schein$_3$. Hegel eröffnet nun die Abteilung C mit Definitionen: »Der Schein ist dasselbe, was die *Reflexion* ist; aber er ist die Reflexion als *unmittelbare*; für den in sich gegangenen, hiemit seiner Unmittelbarkeit entfremdeten Schein haben wir das Wort der fremden Sprache, die *Reflexion*« (13_{11}/24). Damit treten zwei weitere Begriffe von Schein ans Licht. Der auch ferner so genannte Schein, der »die Reflexion als *unmittelbare*« meint, ist nichts anderes als die durch die Wiederholung des zweiten Schrittes zu rekonstruierende Unmittelbarkeit des Scheins$_2$. Die Reflexion selber, die als solche *dieser* Unmittelbarkeit zuvorkommt, ist Schein als die Selbstbewegung des Wesens, das Hegel des näheren als »das Scheinen seiner in sich selbst« bestimmt (12_{30}/23; 13_8/24). Gemäß dem Fundierungsverhältnis, das in der Identität der Identität und der Nichtidentität von Schein und Reflexion liegt, rangiert die Reflexion selber als Schein$_5$ und sie in ihrer, das heißt von ihr getragenen, Unmittelbarkeit als Schein$_6$.

Für die Charakterisierung der Reflexion als Scheinen nutzt Hegel zwar aus, daß wir vom anschaulich wahrnehmbaren Reflektieren im Sinne eines Widerspiegelns oder Zurückscheinens sprechen. Aber könnte er sich nur darauf berufen, so liefe die Übertragung des Begriffs ›Schein‹ auf die Reflexion wohl auch nach seinem Urteil auf eine Äquivokation hinaus. Die Übertragung ist denn auch, meine ich, primär anders motiviert. Als Reflexion ist das Wesen, schreibt Hegel im Übergang zu C, »die unendliche Bewegung in sich, welche seine Unmittelbarkeit als die Negativität, und seine Negativität als die Unmittelbarkeit bestimmt und *so* das Scheinen seiner in sich selbst ist« (13_6/24 –

Hervorhebung M. T.). Auch diese Beschreibung des Wesens setzt, wie seine Rückführung auf »das Andre« am Anfang von C, die im zweiten Teil des Programms von B, 2 geschehene, noch genauer zu untersuchende Dynamisierung der Relation von Negativität und Unmittelbarkeit voraus. Die Unmittelbarkeit ist schon hier nicht mehr bloß die Gleichheit mit sich als das Strukturmerkmal, das die Reflexion an sich hat, sofern sie als Sich-von-sich-Unterscheiden auch ein Sich-auf-sich-Beziehen ist, sondern das Sich-auf-sich-Beziehen selber oder der Reflexionsprozeß als Vollzug der Selbstbeziehung. Durch diesen Wandel sind Negativität und Unmittelbarkeit untrennbar geworden. Ihre Untrennbarkeit legt Hegel sogar als Identität aus. Daß das Wesen die unendliche Bewegung in sich sei, welche seine Unmittelbarkeit als Negativität und seine Negativität als Unmittelbarkeit bestimme, drückt Hegel in dem Absatz, in dem er seine Ausführungen über die Aufgehobenheit der Bestimmtheit des Wesens zusammenfaßt, so aus: »Diese Negativität, die identisch mit der Unmittelbarkeit, und so die Unmittelbarkeit, die identisch mit der Negativität ist, ist das *Wesen*« (12_{25}/23). Es handelt sich dabei aber um eine ganz besondere Identität, nämlich um eine solche, die die Selbstentfremdung derer impliziert, welche in ihr zusammenfallen. Identisch sind die beiden Bestimmungen dergestalt, daß jede, indem sie die andere ist, nicht sie selbst ist. Sofern die Negativität Unmittelbarkeit ist, besteht sie »darin, *sie selbst* und *nicht sie selbst* und zwar in Einer Einheit zu sein« (14_{26}/25); und sofern die Unmittelbarkeit Negativität ist, das Zusammengehen »*des Negativen* mit sich« (14_{38}/26), ist sie »die Unmittelbarkeit, die an sich das Negative, das Negative ihrer selbst ist, dies zu sein, was sie nicht ist« (15_{1}/26). Nun beruhte die erzeugte Nichtigkeit des Scheins$_1$ darauf, daß etwas als etwas galt, das es nicht ist, so daß an ihm verborgen blieb, was es ist. Mit dem Schein$_5$ kehrt also der Schein$_1$ sozusagen in ontologisierter Form wieder. Als das Scheinen seiner in sich selbst präsentiert uns Hegel das Wesen vornehmlich deswegen, weil in ihm das Gelten zum Sein geworden ist: Was erst nur als das, das es nicht ist, *galt, ist* jetzt, was es nicht ist, und *ist nicht,* was es ist.

Offensichtlich zielt Hegel selber auf die Reproduktion des

Scheins$_1$. Hebt er doch nicht bloß auf den Widerspruch überhaupt ab, der bisher stets die Verschleierung angezeigt hat, sondern auf den ›gesetzten‹, der die aristotelische Bedingung des *kata to auto* (»in Einer Einheit«) erfüllt. Diese Intention tritt um so klarer hervor, als in Wirklichkeit von einem so eklatanten Widerspruch gar keine Rede sein kann. Es lassen sich ja auch nach der Dynamisierung sehr wohl die Hinsichten unterscheiden, in denen das Wesen nach der einen Seite Negativität, nach der anderen Unmittelbarkeit ist. Das Tendenziöse in Hegels Darstellung verrät sich bereits darin, daß er die Untrennbarkeit dieser Bestimmungen für Identität ausgibt. Denn obgleich tatsächlich die Trennung zwischen einer Quasi-Substanz und einem Quasi-Akzidens, zwischen der Negativität als der Sache selbst und der bloß an ihr vorkommenden Unmittelbarkeit aufgehoben ist, sind doch an der Reflexion das Sich-von-sich-Unterscheiden und das Sich-auf-sich-Beziehen selbst noch unterscheidbar; sie koinzidieren bloß insofern, als sie, wie die Momente der ›affirmativen Unendlichkeit‹, »*Ein* Prozeß« (I 126$_4$/150) sind. Trotzdem wird der Schein erst als Scheinen des Wesens in sich selber, was er als »Schein an sich« noch nicht ist: »der absolute Schein« (14$_5$/25). Das Beiwort ›absolut‹ protokolliert eben die Ontologisierung. Sofern Hegel freilich eine Verschleierung ontologisiert und noch dazu mit ihrerseits verschleiernden Mitteln, deren Scheinhaftigkeit ihm kaum entgangen sein dürfte, ist sein ›absoluter Schein‹ absolut zweideutig. Man kann dem Gesagten zufolge keineswegs ausschließen, daß er in alledem die idealistische »Absolutsetzung« der Reflexion (W. Schulz 1963) *kritisch* darstellt, wenn auch die Reflexionstheorie der *Wissenschaft der Logik* noch keinen Beweis für seine Distanzierung von dem dargestellten Standpunkt liefert.

Es ist nun zu fragen, wie der Schein$_5$ den Schein$_6$ generiere, das heißt wie die Reflexion selber sich »als *unmittelbare*« setze. Diese Frage klärt sich durch die Beantwortung der anderen, was denn dem absoluten Schein das Sein schenke, das ihn als absoluten qualifiziert. Absolut ist der Schein als »die reine Negativität, die nichts außer ihr hat, das sie negierte, sondern die nur ihr Negatives selbst negiert, das nur in diesem Negieren ist« (14$_6$/

25). Erstmals an dieser Stelle und in ihrem Kontext, also am Anfang von C, begegnet uns die reine Negativität als die ›autonome Negation‹, die Henrich in ihr erblickt. Ich möchte die These aufstellen, daß dies deshalb der Fall ist, weil hier und in der Umgebung erstmals auch der (leitende) Negationsbegriff die Bedeutung von *Verneinung* annimmt. Sein Wandel und die umrissene Verwandlung des Begriffs ›Schein‹ gehören zusammen, und zwar als Aspekte einer und derselben Umwälzung der Theorie. Der Ontologisierung des verschleiernden Scheins entspricht die Umdeutung der Negation zu einer »ontologisierten Aussageform« (Henrich). Dafür, daß Hegel diese Umdeutung erst jetzt vornimmt, gibt es ein fast untrügliches Anzeichen. Erst jetzt nämlich spricht er – nicht nur an der zitierten Stelle, sondern auch direkt vorher (13_{22}/24) und nachher (14_{23}/25) – von »Negieren«. Die von ihm sonst gemeinte Negation und das Negieren muß man scharf auseinanderhalten, und ich zögere nicht zu behaupten, daß die zum Negieren im Sinne des Verneinens deklarierte eine alterierte Negation ist.

Eine Negation, die sich selber so negiert, daß sie sich verneint, entfällt nach Hegel nicht einfach, sondern ist im Gegenteil erst als negierte vorhanden, und diese ihre Vorhandenheit ist die Unmittelbarkeit, die im Katalog der Schein-Begriffe unter dem Titel ›Schein$_6$‹ auftaucht. Indem die sich auf sich beziehende Negation »eben dies Negieren der Negation ist, so ist die *Negation als Negation* vorhanden, als ein solches, das sein Sein in seinem Negiertsein hat, als Schein« (13_{22}/24). Damit ist die Frage nach der Geburt des Scheins$_6$ aus dem Schoße des Scheins$_5$ als quaestio *facti* beantwortet. Als quaestio *iuris* natürlich nicht. Was soll man vom Rechtsanspruch dieser Rekonstruktion der Unmittelbarkeit halten? Nichts. Hegel vermag zwar davon zu überzeugen, daß die entstandene Unmittelbarkeit nicht mehr als Vorgegebenheit auftritt. Denn als Negiertsein bildet sie den totalen Gegensatz zur Positivität. Aber mit der Vorgegebenheit entschwindet ihm auch die Unmittelbarkeit selber. Für ihn ist die Gedankenoperation, die ihm die Vorhandenheit des absolut Negativen beschert, statthaft, weil er mit in Rechnung stellt, daß von der negierenden Negation her auch »die negierte Negation«

(13$_{29}$/24) zur Verneinung wird. Auf diese Weise kann er die beiden Negationen ungeachtet dessen, daß sie zusammen Selbstbezüglichkeit begründen sollen, tatsächlich in ein Verhältnis zueinander bringen, das mit der durchaus nicht reflexiven Beziehung einer verneinenden Aussage zu ihrer eigenen Verneinung gleichwohl einige Ähnlichkeit aufweist, die nämlich, die der altgrammatische Satz ›Duplex negatio est affirmatio‹ zur Regel macht. Jedoch selbst wenn diese Regel – was sie ja keineswegs ist – unproblematisch wäre, müßte man ihre Anwendung auf den Fall, den Hegel vor sich hat, für illegitim erachten, da es unter der Voraussetzung der schlechthinnigen Ursprünglichkeit von Verneinung nichts gibt, das durch die Verneinung dieser Verneinung bejaht würde. Nicht Hegel hat recht, sondern der seit Kierkegaard anhaltende, am leidenschaftlichsten von Adorno vorgetragene Protest gegen die an uns ergehende Zumutung, die Selbstnegierung der autonomen Negation als Affirmation denken zu sollen. Das Dictum: »dies, die Negation eines Nichts zu sein, macht das Sein aus« (14$_{2}$/25) ist und bleibt ein Dogma.

Wir haben aber nicht nötig, den zweiten Schritt auf dem Wege einer Rekonstruktion der Unmittelbarkeit bloß von außen und unter Berufung auf die, die in ihrer Hegel-Kritik mit Argumenten sehr sparsam umgehen, für gescheitert zu erklären. Es läßt sich an ihm selber zeigen, daß er in die Irre führt. Das ganze Problem steckt im Grunde bereits in dem angeführten ersten Satz von C, der »die *Reflexion*« und »die Reflexion als *unmittelbare*« unterscheidet. Unmittelbarkeit, und zwar jede überhaupt mögliche, ist nur, was sie ist, als das gegenüber der Reflexion *Andere*. Darauf will Hegel auch hinaus. Die Transformation des Begriffs ›Schein‹ dient wesentlich dieser Absicht. Der im Mittelpunkt von B stehende Schein$_2$ meint auch und besonders den Schein des Anderen, das heißt das Andere, das »nur Schein« (13$_{5}$/23), also gar kein wirklich Anderes ist. So ist der in der Reflexionslogik zum Thema werdende Schein eingeführt worden. Daß das Wesen der Schein$_2$ oder »das an und für sich aufgehobene Sein« sei, besagt danach: »es ist nur *Schein*, was ihm gegenübersteht« (7$_{6}$/17). Dementsprechend betitelt der Begriff, den ich mit dem Index 2 versehen habe, im Übergang zu

B die Konsequenz, die Hegel aus A zieht: »Das Sein oder Dasein hat sich somit nicht als Anderes, denn das Wesen ist, erhalten...« (9_{6}/19). Rekapitulierend hält Hegel diese Bedeutung am Anfang von C ausdrücklich fest. Die reflektierende Bewegung ist, so lesen wir da, das in sich bleibende Übergehen, »worin das Unterschiedene schlechthin nur als das an sich Negative, als Schein bestimmt ist« (13_{15}/24). Demgegenüber bildet der Schein_5 die Keimzelle des wirklich Anderen, das die setzende Reflexion als voraussetzende freizusetzen versucht. Der Umschlag von der Enteignung zur Anerkennung des Anderen findet genau dort statt, wo Hegel die Negation des Nichts zum Sein deklariert. Der Satz, dem das der Dogmatik bezichtigte Dictum entnommen ist, lautet vollständig: »Das Übergehen oder Werden hebt in seinem Übergehen sich auf; das Andre, das in diesem Übergehen *wird*, ist nicht das Nichtsein eines Seins, sondern das Nichts eines Nichts, und dies, die Negation eines Nichts zu sein, macht das Sein aus« (13 f./24 f. – Hervorhebung M.T.). Hegel kann seinen Anspruch, die Unmittelbarkeit als das Andere der Reflexion zu etablieren, auf dem Boden seiner am Eingang zu C formulierten Hypothese nur dadurch einlösen, daß er in der Einheit der Identität und der Differenz von Reflexion und Unmittelbarkeit der *Differenz* Geltung verschafft. In der formalen Konsequenz des Gedankens, der mit der doppelten Verneinung arbeitet, müßte man sagen, die Differenz liege darin, daß die zu rekonstruierende Unmittelbarkeit im Unterschied zu der, auf die sie zurückgeführt wurde, aus der Reflexion bloß hervorgehe. Aber das »Sein«, dessen Form sie ist, soll ja das der Reflexion selber sein, und zwar so, daß diese überhaupt nur in ihrem Resultat *ist*. Infolgedessen ist Hegel gezwungen, die Differenz in der reflektierenden Bewegung selber anzubringen. Er tut dies allerdings so, daß er sie zugleich verschleift. Die Möglichkeit zu ihrer Nivellierung gibt ihm eine Zweideutigkeit im Verhältnis von Reflexion und Rückkehr. In dem Text aus C, 1, auf den ich zwecks Fixierung des Ziels bereits zu Beginn von 1.2.2 vorausgegriffen habe, heißt es, die Unmittelbarkeit, wohlgemerkt: die zu rekonstruierende, sei »als die Rückkehr oder als die Reflexion selbst«. Zur Rechtfertigung der Identifikation der

Rückkehr mit der Reflexion selbst würde Hegel sich vermutlich auf den Sprachgebrauch berufen: Die Reflexion ist eine Rückkehrbewegung. Aber erstens setzt das Zurückkehren ein »Hinausgehen« (16_{22}/27) voraus und zweitens terminiert es in einer anders zu verstehenden Rückkehr, die Hegel spezifizierend »das *Ankommen* des Wesens bei sich« nennt (16_{12}/27). Nun bestimmt er die zu rekonstruierende Unmittelbarkeit auch als Rückkehr in diesem Sinne, »als *Rückkehr aus einem*« (15_{5}/26). Nur diese Bestimmung gibt die Differenz in der Identität von Reflexion und zu rekonstruierender Unmittelbarkeit an. Die Differenz darf aber gerade nicht als eine solche von Bewegung und Resultat verstanden werden. Die beiden Bedeutungen von Rückkehr lassen sich, hegelisch gedacht, nicht durch die Unterscheidung von Zurückkehren und Zurückgekehrtsein gegeneinander abgrenzen. Vielmehr muß man die Rückkehr aus einem oder das Ankommen des Wesens bei sich für das letzte Stadium der reflektierenden Bewegung selber nehmen. Die Konfusion der beiden Bedeutungen von Rückkehr datiert aus der Phase der Gedankenentwicklung, in der Hegel das Aufgehobensein der Bestimmtheit des Wesens mittels der von dann an bleibenden Dynamisierung seiner Bestimmungen aufzuweisen versuchte. Damals fiel ja das Wort ›Rückkehr‹ in unserem Kapitel zum ersten Mal. Im nachhinein sehen wir, daß Hegel in jener Phase bloß darum hoffen konnte, den zweiten Schritt zur Rekonstruktion zu tun, weil er die Unmittelbarkeit des Scheins$_2$ mit der des Wesens vermengte. Diese Vermengung liegt der Konfusion von Rückkehr als Zurückkehren und Rückkehr als Ankommen zugrunde. Der erste Absatz, der in B, 2 dem Aufweis des Aufgehobenseins der Wesensbestimmtheit gewidmet ist, präfiguriert beides: die Auflösung der Unmittelbarkeit des Wesens in dessen Bewegung, in der sie mit der reinen Negativität »identisch« wird, und die Ansiedlung der Unmittelbarkeit des Scheins$_2$ an dem Punkt, an dem das Wesen bei sich ankommt. Er zeichnet die Bewegung aber – und nicht zuletzt darauf beruht seine Unzulänglichkeit – nach dem Muster des am Schluß der Logik entworfenen Dialektik-Schemas, demzufolge man sich die Bewegung der Sache selbst in der Abfolge von einfacher Unmittelbarkeit,

Vermittlung und vermittelter Unmittelbarkeit zu denken hat. In kurioser Vertauschung der Extreme stellt er an den Anfang eine »Negativität an sich«, die über die bloße Unmittelbarkeit zu einer solchen wird, welche »selbst die absolute Negativität« und darin »Rückkehr in sich« ist (12_{2-8}/22). Diese Rückkehr ist also ein *Stadium* der Bewegung, eben das letzte; und wo Hegel im Fortgang der Gedankenentwicklung die als Schein$_6$ indizierte Unmittelbarkeit des Scheins$_2$ gegen die Unmittelbarkeit des Wesens absetzt, vermag er aus der Bewegung im ganzen nur deren letztes Stadium herauszuheben.

Das bedeutet die Aufhebung der Unmittelbarkeit in die Reflexion. Ist die sich auf sich beziehende Negativität durch »das Negieren ihrer selbst (...) so sehr *aufgehobene* Negativität, als sie Negativität ist« (14_{22}/25), so ist die Unmittelbarkeit schlechthin »sich selbst aufhebende Unmittelbarkeit« (15_{6}/26). Daß diese sich schlechthin aufhebt, bedeutet wiederum: Sie kann sich gegenüber der Reflexion nicht als das Andere halten. Um das Andere sein zu können, hätte sie sich der reflektierenden Bewegung entreißen müssen. So aber vergeht sie in der »Bewegung von Nichts zu Nichts und dadurch zu sich selbst zurück« (13_{36}/24). Mit dem Nichts eines Nichts ist eben nichts. War die Unmittelbarkeit des zum Schein herabgesunkenen Seins im ersten Schritt ihres Rekonstruktionsversuchs »ein *anderes* als es *selbst*«, so ist sie im zweiten *nichts* anderes als die *Reflexion*. Erst aus diesem Verlust des Anderen bricht dessen verfremdende Herrschaft hervor.

Der Verlust bestätigt die Nähe der Reflexionslogik zur Logik des Daseins. Das Geschehen, das wir in der Logik des Daseins verfolgt haben, spielt sich in der Logik der Reflexion noch einmal ab, nur in bestimmter Hinsicht spiegelverkehrt: Verlor erst das Andere, welches das Dasein ist, das Andere seiner selbst, so verliert jetzt das Andere seiner selbst das Andere, welches in letzter Konkretion das Dasein ist und dazu, als Erscheinung, auch werden soll. Indessen ging ja auch das Dasein im Dasein selber schon verloren. Daß die reflexionslogische Preisgabe seiner Unmittelbarkeit auch diese Verfallsgeschichte nur wiederholt, zeigt der Gewinn, den Hegel sich von ihr verspricht: die Reflexion als die nun, wie er meint, wirklich affirmative Unendlichkeit. Ihre

»unendliche Bewegung«, in der auch der Schein als ihr Moment »unendliche Bestimmtheit« ist (12$_{19}$/23), annulliert die in der daseinslogischen Unendlichkeitstheorie trotz allem noch, wenn auch nur widersprüchlich, festgehaltene Differenz von Bewegung und Resultat, indem sie dieses in sich hineinholt. In dem Sein, das als das aus ihr resultierende ihr eigenes ist, stellt sich damit in vollkommenerer Form das *reine* Sein wieder her, als dessen Wiederherstellung Hegel bereits die affirmative Unendlichkeit proklamiert hat. Wiewohl unausgesprochen, ist es in der Rückbildung der Negativität qua Tätigkeit zum »Nichts« gegenwärtig genug. Und mit ihm spielt jetzt wohl auch die Unmittelbarkeit in die seinige hinüber. Aber die unbestimmte Unmittelbarkeit des reinen Seins tritt nicht in der Erfüllung einer auf sie gerichteten Intention auf; sie tritt bloß an die Stelle der Unmittelbarkeit des Daseins, als Ersatz für deren ausgebliebene Parusie. Die Logik der reinen Reflexion erschöpft sich in der Auflösung des Scheins, der die daseinsmäßige Unmittelbarkeit durchherrscht, und vermag deren Wahrheit gerade darum nicht zu finden, weil sie das Wahrheitsmoment in der Unmittelbarkeit des reinen Seins nicht gesucht hat.

2. Die begriffslogische ›Wiederherstellung‹ der Unmittelbarkeit

Unter den skeptisch-distanzierten Bemerkungen, mit denen die *Enzyklopädie* die Reflexionslogik einleitet, fällt eine besonders auf. In der »Sphäre des Wesens« kommt es nach § 114 nur »zu einer noch unvollkommenen Verknüpfung der *Unmittelbarkeit* und der *Vermittlung*«. Die Kritik überrascht um so mehr, als Hegel jene Sphäre in der Einleitung zur *Wissenschaft der Logik* als die »Sphäre der *Vermittlung*« vorgestellt hat (I 44_4/58). Die Kennzeichnung des Wesens als Vermittlung bestärkt einen aber auch in einem Verständnis der *Enzyklopädie*-Stelle, das sich aus deren Kontext nicht ohne weiteres ergibt: Unvollkommen ist die reflexionslogische Verknüpfung von Unmittelbarkeit und Vermittlung, weil sie der Unmittelbarkeit nicht gerecht wird. Inwiefern dies der Fall ist, haben wir gesehen. Als noch unvollkommen schätzt Hegel die reflexionslogische Verknüpfung von Unmittelbarkeit und Vermittlung aber im Vorblick auf die vollkommene ein, die er der Begriffslogik zutraut. Worauf sein Zutrauen sich gründet, gibt andeutungsweise die Art zu erkennen, in der er die schon bei der Exposition der Wesenslogik getroffene Feststellung, das Wesen sei bloß »die *erste Negation des Seins*« (5_{35}/16), zu Beginn der Begriffslogik durch die Angabe des affirmativen Pendants vervollständigt: »Das Wesen ist die *erste Negation* des Seins, das dadurch zum *Schein* geworden ist; der Begriff ist die *zweite* oder die Negation dieser Negation, also das wiederhergestellte Sein, aber als die unendliche Vermittlung und Negativität desselben in sich selbst« (235_2/269). Erst in der Begriffslogik wird danach das Sein wiederhergestellt. Da »die Form des Seins als solchen« die Unmittelbarkeit ist (E § 84), muß seine Wiederherstellung in der vollkommenen Rekonstruktion seiner Unmittelbarkeit bestehen. Was ›Sein‹ heißt, bleibt allerdings in dem Zitat aus der Begriffslogik so unbestimmt wie in dem aus der Wesenslogik. Immerhin steht fest, daß ›Sein‹ auch weiterhin das bestimmte Sein und des näheren das Dasein meint. Denn wiederhergestellt wird zweifellos dasjenige, das die Reflexionslogik zu einem Scheine »herabgesetzt« hat (E § 112), also das Dasein. Indessen beruht Hegels Vertrauen in die Fähigkeit der Begriffslogik zu der reflexionslogisch gescheiterten Rekonstruktion der Unmittelbarkeit des Daseins letztlich darauf, daß sie eine Bedingung erfüllt, der die Lehre vom Wesen nicht nachzukommen vermag. Das Wesen ist, so sagten wir (S. 307), nur sekundär die Wahrheit des *reinen* Seins, und zwar nur insofern, als die Abstraktion, aus der das reine Sein hervorgeht, mit in sein »Wissen« eingeht. Im übrigen ist seine Beziehung zum reinen Sein, sehen wir einmal von dessen surrogathafter Restauration ab, durch die Negation des bestimmten vermittelt: Es ›ist‹ das reine Sein allein »als ein solches Sein, an dem alles Bestimmte und Endliche negiert ist« (3 f./14). Demgegenüber soll der Begriff vor allem die Wahrheit des *reinen* Seins sein; und er kann es sein, weil dieses umgekehrt von Anfang an in Wahrheit Begriff war, »der Begriff nur *an sich*« (E § 84). Mit dem Fürsichwerden des Begriffs muß also auch die Wahrheit des reinen Seins an den Tag treten. Im folgenden möchte ich zwei Thesen zum genaueren Sinn dieser Forderung und zu dem Wie ihrer Erfüllung auszuweisen versuchen. Erstens: In der jetzt intendierten, nicht bloß passierenden Reformulierung der unbestimmten Unmittelbarkeit des reinen Seins rettet die Begriffslogik jene in IV. 1.2.1 gesichtete Anfänglichkeit, die wir deshalb nicht schon bei der Interpretation des Logikanfangs berücksichtigen konnten, weil der dort herrschende Schein die unbestimmte Unmittelbarkeit zur reinen Unbestimmtheit verzerrte (2.1). Zweitens: Im Rückgang auf das Wahrheitsmoment in der Unmittelbarkeit des reinen Seins und in dem dadurch eröffneten Horizont erschließt sich der Begriffslogik auch so etwas wie die Unmittelbarkeit des Daseins. Zwar kehrt nicht diese selbst wieder, da sie dem Schein der Vorgegebenheit nicht zu entreißen ist, aber an ihre Stelle tritt eine ganz anders strukturierte und auch weitgehend anonyme Unmittelbarkeit, die sich der begriffslogischen Gestalt des Daseins zuordnen läßt (2.2).

2.1 Die Rettung des Wahrheitsmoments in der Unmittelbarkeit des reinen Seins

Die vieldeutige, der Gedankenfigur Hegels nachgebildete Rede von der Wahrheit des reinen Seins ist hier zunächst in einer ganz schlichten Bedeutung zu nehmen. Sie zielt vorderhand lediglich auf das, was wir mit Fug und Recht unter dem »Zeitwort *Sein*« (3_{15}/13) verstehen. Darunter verstehen wir das ›ist‹ des ›ist‹-Sagens. Dieses ›ist‹ haben wir bisher nicht differenziert. Um den Ort zu finden, an dem die Begriffslogik das Wahrheitsmoment in der Unmittelbarkeit des reinen Seins rettet, müssen wir es nun in seine verschiedenen Verwendungsweisen auseinanderlegen.
Die traditionelle Sprachwissenschaft unterscheidet das ›ist‹, das in bestimmten Sätzen als Copula fungiert, und das ›ist‹, das Existenz ausdrückt. Zusammen mit beiden Funktionen hat Charles H. Kahn (1973 a, 331 ff.; 1973 b, 8) erstmals auch den »veridical use« systematisch untersucht, den Gebrauch des Wortes ›ist‹ zur Verbalisierung eines Wahrheitsanspruchs. Die Aussagen ›Cäsar ist tot‹ und ›Gott ist (= existiert)‹ kann ich so umformen, daß das in ihnen enthaltene Behauptungsmoment für sich hervortritt: ›Es ist so, daß Cäsar tot ist‹, ›Es ist so, daß Gott existiert‹. In den durch die Umformung entstandenen Sätzen bekommt das ›ist‹ den Sinn von ›es ist wahr‹, ›es ist der Fall‹. Da die Copula ein Subjekt mit einem Prädikat ›verbindet‹ (wobei das Prädikat ein Adjektiv, ein Substantiv oder eine Präposition sein kann), wollen wir das durch sie bezeichnete Sein mit Kahn (1973 b, 5) und anderen das prädikative nennen und es einerseits vom »existentiellen«, andererseits vom »veritativen« (Tugendhat 1970, 135 ff.; 1976, 60 ff.) abgrenzen. Zu diesen drei Verwendungsweisen von ›ist‹ kommt noch eine vierte hinzu, auf die schon der frühe logische Positivismus sein Augenmerk gerichtet hat (vgl. Carnap 1932), nämlich die, nach der man ›ist‹ als ›ist identisch mit . . .‹ aufzufassen hat. Zwar räumt Kahn ihr keine Selbständigkeit ein, weil er annimmt, sie besitze »no precise linguistic significance« (1973 b, 4), aber diese Annahme ist, versteht man ›Identität‹ so, wie sie hier verstanden wird, sicherlich falsch: Über ein syntaktisches Kriterium dafür, ob das ›ist‹

als Copula fungiert oder als Identitätszeichen, verfügen wir insofern, als im ersten Fall entweder das Subjekt oder das Prädikat ein genereller Terminus ist, während im zweiten beide als singuläre Termini auftreten (Tugendhat 1977, 164). Diese Bedeutung von Sein als ›Identität‹ sei hier nur am Rande vermerkt, weil wir auf sie später, im Zusammenhang mit Hegels »Auffassung von der identifizierenden Funktion der Copula« (Wieland 1973, 399), zurückkommen müssen.

Auf seine linguistischen Untersuchungen gründet Kahn eine Theorie des Verbs ›sein‹, bei der wir einen Augenblick verweilen müssen. Sie verhilft uns nämlich zur Einsicht in die sachliche Motivation des zu behandelnden Lehrstücks der Hegelschen Logik. Im Gegenzug gegen heute vorherrschende Auffassungen möchte Kahn dartun, daß die drei Verwendungsweisen von ›ist‹, denen er syntaktische Selbständigkeit zuspricht, ein »System« bilden, das sein Prinzip in der Copula hat und dieser auch seine Einheit verdankt. Es hat sein Prinzip in der Copula, sofern nur unter der Voraussetzung des begrifflichen Vorrangs des prädikativen Seins vor dem existentiellen und veritativen verständlich wird, daß und wie ein und dasselbe Verb auch Existenz und Wahrheit ausdrücken kann (1973 a, 397). Dergestalt verdankt das System der Copula eine Einheit, die nicht Bedeutungsidentität ist, sondern die schon von Aristoteles behauptete *pros hen*-Homonymie (1973 a, 401), eine auf einem gemeinsamen Fundament beruhende Zusammengehörigkeit irreduzibler Bedeutungen. Zu dieser Überzeugung gelangt Kahn aufgrund umfassender Studien des alten Griechisch, das er mit anderen indoeuropäischen Sprachen vergleicht. Er leugnet keineswegs, daß das Verb ›sein‹ (**es-*) etwas diesen Sprachen Eigentümliches ist. Er bestreitet auch nicht die Kontingenz des mehrsinnigen Gebrauchs dieses Verbs. Aber er glaubt, würde Hegel sagen, an die Vernunft in der Geschichte. Sein Glaube hat eine retrospektive und eine prospektive Seite. Rückblickend empfindet er das Zusammentreffen der verschiedenen Bedeutungen in einem einzigen Wort als einen »glücklichen Zufall« (1973 a, 403). Glücklich soll der Zufall gewesen sein, weil die griechischen Philosophen den Gegenstand der Ontologie im System der Verwendungsweisen des ›ist‹ gleichsam schon fertig vorgefunden haben (1973 b, 4). Vorausblickend meint Kahn feststellen zu dürfen, daß eben dies auch von bleibendem Wert für die Philosophie sei (1973 a, 402; 1973 b, 3). Denn wie Ontologie – das sagt er ausdrücklich (1973 b, 1) – nur möglich ist als Explikation des im Verb ›sein‹ angelegten Bedeutungszusammenhangs, so ist fundamentale Philosophie – das schwingt in allen seinen normativen Aussagen unausgesprochen mit – nur möglich als Ontologie.

Worauf stützt sich nun das Plädoyer für die Copula? Kahn bringt historische und strukturelle Argumente vor. Historisch ist die Ursprünglichkeit der Copula dadurch bezeugt, daß die prädikative Verwendung des ›ist‹ von den frühesten Texten an die nicht-kopulativen Verwendungsweisen bei weitem überwiegt. Absolute Existenzsätze (pure existentials) wie *oud esti Zeus* oder *eisi theoi* kommen bei Homer noch gar nicht vor, sondern erst im 5. Jahrhundert, und zwar als Produkte philosophischer Spekulationen und theologischer Kontroversen (1973 a, 296-306, 315 bis 323). In struktureller Hinsicht ist für Kahn das entscheidende Argument, daß wohl das prädikative, aber nicht das existentielle und veritative Sein in *elementaren* Satzformen begegnet. Da seine »bescheidene kopernikanische Wendung« (1973 a, 395) auf die Destruktion der überkommenen Vorstellung vom Primat der Existenz abhebt, befaßt er sich besonders ausführlich mit dem hierin liegenden Unterschied von prädikativem und existentiellem Sein. Elementar ist der Satz *Someone has betrayed me*, abgeleitet hingegen der Satz *There is someone who has betrayed me* (1973 b, 8). Das ›ist‹ hat da die Aufgabe, einer nachfolgenden Prädikation das Subjekt zu liefern. Es gehört also im Vergleich mit der Prädikation selber einer sekundären Ordnung an. Da Kahn zeigen kann, daß die absoluten Existenzsätze sich aus solchen »›bound‹ existentials« entwickelt haben, glaubt er damit die Abkünftigkeit des Existenzsinns von ›sein‹ überhaupt demonstriert zu haben. Ob und inwieweit er hier die Transformationstheorie von Zellig Harris, an die er anknüpft, überfordert, braucht uns nicht zu interessieren. Denn wichtig für die Problematik, mit der wir es bei Hegel zu tun bekommen, ist nur das Verhältnis von prädikativem und veritativem Sein. Bei der Aufklärung dieses Verhältnisses geht Kahn von der Hypothese aus, daß die Copula die finite Verbform par excellence sei (1973 b, 10). Außer ihrer speziellen Funktion, von der später noch die Rede sein muß, übt die Copula eine allgemeinere aus, die auch die der anderen finiten Verben ist, aber nur in ihr für sich hervortritt: In syntaktischer Beziehung fungiert sie als *mark of sentencehood*, als Zeichen des Satzcharakters eines Satzes, vornehmlich des assertorischen, und in semantischer als *mark of truth claim*, als Anzeige des in assertorischen Sätzen erhobenen Wahrheitsanspruchs. Die »deklarative« Rolle der Copula offenbart sich in deren Betonung: ›Sokrates *ist* weise‹ (1973 b, 11). Gegen die veritative »Konstruktion« eines Satzes vom Typ ›Es ist so, daß . . .‹ grenzt Kahn den im kopulativen ›ist‹ selber liegenden Wahrheitswert durch den Begriff der veritativen »Nuance« ab (1973 a, 331 ff.). Besonders aufschlußreich für uns ist, daß diese Nuance in den Vordergrund tritt, wo das prädikative Sein ausdrücklich dem Schein entgegengesetzt wird. Der »berühmteste vorplatonische Ausdruck für den Kontrast von Sein und Schein« findet sich in dem Vers des Aischylos *ou gar dokein aristos, all' einai thelei* (er möchte der Edelste nicht scheinen, sondern sein). An ihm aber macht Kahn (1973 a, 356 f.) beispielhaft deutlich, daß der ›scheint‹-›ist‹-Kontrast jeden kopulativen Gebrauch von ›sein‹ mitbestimmt, auch dann, wenn er nicht als solcher verbalisiert wird. Von entsprechender Allgemeinheit ist die veritative Nuance. Sie läßt sich aus jeder Copula heraushören und zwar aus ihr als jenem finiten Verb par excellence, das den Wahrheitsanspruch aller assertorischen Sätze rein verkörpert. Nun ist die veritative »Konstruktion« so zu verstehen, daß sie den im kopulativen ›ist‹ liegenden Wahrheitswert lediglich expliziert (1973 b, 13). Soweit also das veritative Sein nicht-kopulativ als »sentence operator« verwendet wird, das heißt als ein solches, dessen Subjekt ein nominalisierter Satz ist, verdankt es sich einer Abwandlung der in Elementarsätzen fungierenden Copula.

Wollen wir die Kahnsche Theorie bei der Interpretation Hegels zu Hilfe nehmen, so müssen wir uns über ihre eigene Sachrelevanz Rechenschaft ablegen. Zu diesem Zweck ist dreierlei zu unterscheiden: 1. das empirische Material, das Kahn bereitstellt,

2. die transformationstheoretischen Voraussetzungen, die er mitbringt, 3. die philosophischen Optionen, die in seiner Deutung des Materials zur Geltung kommen. Tugendhat (1977, 171) hat bereits darauf aufmerksam gemacht, daß eine zureichende Analyse des Zusammenhangs der verschiedenen Bedeutungen von ›sein‹ schärfer als die Kahnsche Theorie zu differenzieren habe zwischen der linguistischen Frage, wie man es sich erklären könne, daß ein und dasselbe Wort Träger dieser verschiedenen Bedeutungen ist, und der philosophischen Frage, ob es sinnvoll sei, einen einheitlichen Seinsbegriff zu benutzen. Er, der diese Frage entschieden verneint, hält Kahns Ja insofern für ungerechtfertigt, als sich nicht wirklich belegen läßt, daß die Mehrdeutigkeit des Seinsbegriffs der Einsicht in das Verhältnis von Prädikation, Existenz und Wahrheit förderlich gewesen ist, geschweige denn, daß es möglich wäre, dem »glücklichen Zufall« Anweisungen für künftiges Philosophieren zu entnehmen. In der Tat gehen nicht nur in Kahns Prognose, sondern auch in seine Diagnose Vorentscheidungen zugunsten einer grundsätzlich ontologisch ausgerichteten Philosophie ein. Hinzu kommen die Folgen seiner ziemlich unreflektierten Bindung an eine Linguistik, die mittels bestimmter Transformationen aus einer kleinen Zahl elementarer Sätze eine Art axiomatisches Satzsystem entwickeln möchte. Sie wirken sich vor allem auf den Versuch aus, das Sein im Sinne der Existenz und das Sein im Sinne der Wahrheit aus dem prädikativen Sein herzuleiten; denn die Nominalisierung elementarer Sätze, als deren ›Operatoren‹ Begriffe wie ›Existenz‹ oder ›Wahrheit‹ fungieren, gehört zum Grundbestand der Transformationstechnik von Harris. Aber wenn auch das transformationstheoretische Instrumentarium keine voll befriedigende Aufklärung des Zusammenhangs von Prädikation und Existenz erlauben mag[16], so scheint es mir doch für die Erhellung des uns beschäftigenden Bezugs von Prädikation und Wahrheit gut geeignet zu sein. Hinsichtlich dieses Bezugs fördert

16 Vgl. zu diesem Zusammenhang Wolfgang Carl (1974). Carl gibt nach einer Exposition des Problems einer philosophischen Ontologie auch eine sehr gute Darstellung der bisherigen Interpretationen von Existenz-Aussagen in der sprachanalytischen Philosophie seit Russell (24-69).

Kahn ein empirisches Material zutage, das seine Evidenz in sich hat. Dasselbe trifft, soweit ich sehe, auf seine Analyse der Copula selber zu. Von dem ungeheuren Reichtum, den er in der Beschreibung ihrer allgemeinen Funktionen und ihrer besonderen Gestalten ausbreitet, werde ich noch einiges in die Interpretation Hegels einbringen. Einleuchtend ist, meine ich, indessen auch und nicht zuletzt die schon umrissene These über die veritative Nuance des prädikativen Seins, eine These, aus der auch die Fundierung des explizit als Wahrheit gemeinten Seins in der Copula ihre Überzeugungskraft empfängt.

Kehren wir zu Hegel zurück! Selbstverständlich dürfen wir seine Auffassung des ›ist‹ nicht einfach auf die Folie einer modernen Linguistik auftragen, weder der Kahnschen noch irgendeiner anderen. Immerhin fällt durch einen Theorievergleich, der mit den Gemeinsamkeiten ebensosehr die spezifischen Differenzen berücksichtigt, auf die Landschaft, die wir zu durchwandern haben, ein für die Orientierung hilfreiches Licht. Auch Hegel sucht in den unterschiedlichen Bedeutungen von Sein deren Einheit. Auch Hegel gründet sie auf die Copula. Und auch er schreibt der Copula einen gewissen Wahrheitswert zu.

Was zunächst seine Einheitssuche betrifft, so ist freilich zu beachten, daß er erstens keineswegs wie Heidegger einen einheitlichen Seinsbegriff unreflektiert voraussetzt, sondern durchaus auf die Unterschiede abhebt, und daß er zweitens ein weniger hoch gestecktes Ziel verfolgt als Kahn. Hegel spricht ausdrücklich seine Erwartung aus, daß man »das *Sein* als Copula des Urteils nicht wohl mit dem Ausdruck *existieren* vertauschen« wird (357_{27}/407)[17]. Er besteht auf der Inkonvertibilität von

17 Hegel fährt fort: »*Sein* aber und *Erscheinen, Erscheinung* und *Wirklichkeit*, wie auch bloßes *Sein* gegen *Wirklichkeit* werden auch wohl sonst unterschieden, so wie alle diese Ausdrücke noch mehr von der *Objektivität*. – Sollten sie aber auch synonym gebraucht werden, so wird die Philosophie ohnehin die Freiheit haben, solchen leeren Überfluß der Sprache für ihre Unterschiede zu benutzen« (357 f./407). Die Stelle ist aufschlußreich für das Verhältnis, in das Hegel die Philosophie zur Sprache setzt. Einerseits ist es die Philosophie, die aus autonomer Einsicht in die Vernunft über das sprachliche Material verfügt. Andererseits sind »ihre« Unterschiede doch solche, die sie sich von der Sprache vorgeben lassen muß. Dabei gehört durchaus mit zur Aufgabe des Philosophen,

prädikativem und existentiellem Sein, weil in seinem Plan dieses von jenem durch die Grenze abgeschieden ist, die zwischen dem reinen und dem bestimmten Sein verläuft. Auf der Seite des bestimmten Seins differenziert er zwischen dem (daseinsmäßig) »unmittelbaren«, der Existenz als »dem Sein, das aus dem Wesen hervorgeht«, und der Objektivität, einem Sein, »welches aus dem Begriffe hervorgeht« (102_{29}/125). All diese »verschiedenen Arten des Seins fordern oder enthalten ihre eigene Art der Vermittlung« (103_{1}/126), aber ihre Gesamtheit läßt sich mit dem ›ist‹ nicht auf demselben direkten Wege vermitteln, sondern nur auf eine ihrerseits vermittelte, nämlich durch den Satz vermittelte Weise. Wie weit infolgedessen auch die Existenz vom prädikativen Sein entfernt ist, offenbart ihre Stellung im Ganzen der Logik: Sie ist das wesenslogisch reformulierte, vom Schein seiner Unmittelbarkeit befreite Dasein, das sich genauso unversehens als das Existierende und als Ding bestimmt wie das scheinbar anfängliche Dasein als Daseiendes und als Etwas (vgl. 105 f./129). Zwischen dem reinen Sein und dem Dasein als Daseiendem klafft aber ein Abgrund.

Im Mittelpunkt unseres Interesses steht Hegels Annahme, die kopulative Funktion des ›ist‹ sei dessen ursprüngliche und gewissermaßen auch umfassende. Zur Fixierung des Standpunkts, den Hegel mit dieser Annahme bezieht, verhilft die Theorie Kahns gerade dann, wenn man ihre normativen Implikationen abschattet und sie auf ihren deskriptiven Gehalt reduziert. Dann bleibt die Tatsache übrig, daß die europäische Ontologie, wie immer man sie einschätzen mag, jedenfalls von einer Sprache angeleitet war, welche die Verwurzelung von Existenz und Wahrheit im prädikativen Sein suggeriert. Die spekulative Favorisierung der Copula läßt sich im wesentlichen aus dieser Tatsache erklären. In solch geschichtlicher Sicht, die ja schließlich Hegels eigene war, erscheint sie als notwendige Konsequenz des Versuchs einer Reformulierung der von den Griechen ins Leben gerufenen Metaphysik. Indessen sollte die Reformulierung eine Aufhebung sein,

Differenzen gegen eine sie nivellierende Redeweise analytisch geltend zu machen. Als »leeren Überfluß« bezeichnet Hegel nicht die Bedeutungsdifferenzen selber, sondern das, wozu sie ein sie einebnender Sprachgebrauch macht.

die Vollendung und Überwindung zugleich ist. Die maßgebliche Rolle, die in Hegels Auffassung des ›ist‹ die Copula spielt, entspricht dem Vollendungsaspekt der angestrebten Aufhebung. Da die aber in der Vollendung nicht aufgeht, ist auch die Favorisierung der Copula nur die eine Seite in Hegels Stellungnahme zum Seinsproblem. Die andere Seite ist ihre Degradierung zur Statthalterin einer Wahrheit, die ihren Sitz woanders hat. Eben deshalb, weil Hegel das Band, mit dem Kahn Prädikation und Wahrheit verknüpft, noch fester ziehen würde, schlägt seine Affirmation der Copula ins Gegenteil um. Er übertrumpft nämlich nicht nur die Kahnsche Synthese von prädikativem und veritativem *Sein*. Vielmehr überantwortet er letztlich das ›ist‹ im ganzen einer Wahrheit, die nicht mehr als Sein ausgelegt werden kann. Das bedeutet es konkret, daß die ›subjektive‹ Logik die in der ›objektiven‹ kritisch dargestellte Ontologie aufhebt, indem sie deren Wahrheit als eine solche enthüllt, die ontologisch unfaßbar bleibt (s. oben, S. 67). Es ist »die Wahrheit selbst«, die Hegel seinen Lesern im Vorbericht zum dritten Buch als den Gegenstand der Lehre vom Begriff präsentiert. Aber damit sind wir weit vorausgeeilt, und es wird einiger Mühe bedürfen, den Vorentwurf unter Anleitung des Textes einzuholen.

Den verschiedenen Weisen des Sprechens von Sein sind wir nachgegangen, um den Ort auszumachen, an dem die Begriffslogik dem nicht-scheinhaften Moment in der Unmittelbarkeit des reinen Seins, also der von Vorgegebenheit abzugrenzenden Anfänglichkeit, Recht widerfahren läßt. Sofern Hegel das grundlegende ›ist‹ in der Copula erblickt, muß die begriffslogische Rettung der unbestimmten Unmittelbarkeit in der Analyse des *Urteils* geschehen. Bevor wir uns dieser Analyse zuwenden, ein Wort zu der hermeneutischen Einstellung, in der wir uns ihr nähern sollten. Wer sie verwirft, weil er in ihr keinen der in lebensweltlicher Praxis gesprochenen Sätze wiedererkennt, verhält sich genauso borniert wie jemand, der von abstrakter Malerei nichts wissen will, weil er die Gegenstände der ihm vertrauten Welt darin vermißt. Wir wissen ja bereits: Das Urteil im Sinne Hegels ist kein »bloßer Satz«. Eher könnte man es mit Henrich (1978, 211) als Definition bezeichnen, behält man nur im Auge, daß es sich von dieser, die Hegel in einem anderen Kontext abhandelt (451-458/512-519), vor allem durch seine Bewegtheit unterscheidet. Doch Hegels ›Urteil‹, als Keimzelle des spekulativen Satzes wie dieser (vgl. Heintel 1961, 220) im vorhinein auf philosophisch relevante Rede hin gedacht, kollidiert bekanntlich nicht nur mit der Umgangssprache, sondern auch mit der formalen Logik. Unleugbar ist das Bild, das Hegel von ihm zeichnet, aus der Perspektive der überkommenen Logik gesehen falsch und an den Kriterien der modernen Aussagenlogik gemessen zudem noch höchst unvollständig. Was Hegel in lockerer Anlehnung an die Kantische Urteilstafel unter das »Urteil des Daseins« subsumiert: das positive, das negative und das unendliche, was er als »Urteil der Reflexion« vorführt: das singuläre, das partikuläre und das universelle, was er zum »Urteil der Notwendigkeit« deklariert: das kategorische, das hypothetische und das disjunktive, oder was er schließlich für das »Urteil des Begriffs« ausgibt: das assertorische, das problematische und das apodiktische – all das nimmt dadurch, daß er es in die »*Bewegung* des Urteils« (271$_{33}$/309) verflüssigt, eine Gestalt an, an der nur noch einzelne Züge an die gleichnamigen Prädikationstypen der Tradition erinnern. Obwohl in gewisser Hinsicht gerade die Bewegung unsere Aufmerksamkeit verdient, nämlich hinsichtlich ihrer Grundrichtung und ihres generellen Ziels, möchte ich deswegen in der Regel auf die Angabe der Gründe verzichten, die Hegel für den Übergang einer Form in eine andere anführt[18].

18 Den Weg vom positiven zum apodiktischen Urteil verfolgen Albrecht (1958, 73-86) und Eley (1976, 161-186). Vgl. zum Ganzen der Urteilslehre auch Becker (1969, 96-105), der im Zuge seiner generellen, an Trendelenburg ausgerichteten Kritik am uneingestandenen Ausgriff dialektischen Denkens auf Empirie Hegel eine illegitime Vermischung von traditioneller Logik und Erkenntnistheorie vorwirft. Auf die Deutung Albrechts, der vom Argumentationsgang der spekulativen Urteilslehre am meisten sehen läßt, sei auch insofern hingewiesen, als sie die nachfolgenden Ausführungen durch ihre Orientierung an den sogenannten Urteilen der Notwendigkeit ergänzt, die ich fast ganz vernachlässige. Albrecht hingegen geht im Grunde von der Form des kategorischen Urteils aus (vgl. 1958, 76), das auch für Hegel eine Modellfunktion hatte (Krohn 1972, 91), und stellt den Übergang von diesem Urteil in das hypothetische und des weiteren in das disjunktive besonders ausführlich dar.

Noch problematischer freilich als Hegels Unabhängigkeit von der formalen Logik ist seine Abhängigkeit von ihr. Krohn (1972) hat an der spekulativen Schlußlehre gezeigt, daß die darin eingehenden Urteile formallogischen Modellen nachgebildet sind. Um indessen ein Übermaß an Abhängigkeit feststellen zu können, muß man zunächst einmal prüfen, worum es Hegel eigentlich geht. Bei einer solchen Prüfung wird man rasch sehen, daß die Abhängigkeit von der formalen Logik, eine unmittelbare Folge der metaphysischen Restbindung, Hegel beim Versuch einer Verwirklichung seiner leitenden Absicht auf schwerwiegende Weise behindert. Seine Fixierung auf die von der logischen Überlieferung vorgegebene Satzstruktur macht ihn blind für Sätze, an denen er die ›dialektische Bewegung‹ viel einleuchtender hätte demonstrieren können. So sind ihm, worauf Krohn (1972, 91 f.) hinweist, Sätze wie ›Die Blüte verwelkt‹ oder ›Der Junge wird erwachsen‹ entgangen, die »in sich schon eine Art Dialektik enthalten«, sofern sie nämlich dem Subjekt Eigenschaften beilegen, die es aufheben. Das läßt die Vermutung zu, daß nicht ein Zuviel, sondern im Gegenteil ein Zuwenig an Dialektik schuld oder mindestens mitschuld ist an der Unkenntlichkeit der spekulativen Urteilslehre für das natürliche Bewußtsein. Selbstverständlich würde auch eine Bestätigung dieser Vermutung nichts daran ändern, daß Hegel unmittelbar etwas anderes vor sich hat als die lebensweltliche Sprechpraxis und deren wissenschaftliche Reproduktion. Aber das Andere ist keine zweite Welt neben der in der normalen Sprache aufgeschlossenen, sondern jedenfalls intendiert als »die Tiefenstruktur der Sprache« (Eley 1976, 164). Zu vermuten ist, daß dem Verfasser der *Wissenschaft der Logik*, hätte er seine Intention von den Rudimenten der formalen Logik befreien können, auch die Künstlichkeit erspart geblieben wäre, die in seine Urteilslehre durch den Zwang zur Anpassung an tradierte Formen hineinkommt, und daß er dann auch dem natürlichen Bewußtsein die Leiter hätte reichen können, auf der es von der Oberfläche in die Tiefe hinabsteigen muß.

Allein, ganz so antiquiert, wie man gemeinhin glaubt, ist die spekulative Urteilslehre nicht. Sicherlich liegt ihr das konventionelle Paradigma des Satzes zugrunde, »die ›A ist B‹-Struktur« (Krohn 1972, 92). Ihren üblichen Darstellungen (vgl. u. a. Eley 1976, 167) ist jedoch mit Entschiedenheit entgegenzuhalten, daß Hegels ›Urteil‹ keineswegs aus Subjekt, Prädikat *und Copula* »besteht«. Es besteht, wie nach moderner Auffassung der elementare Aussagesatz, nur aus Subjekt und Prädikat. Hegel erklärt ausdrücklich, daß »*an und für sich* Subjekt und Prädikat die Totalität des Begriffes sind«, der im Urteil seine Realität hat (272_{1}/310). Zwar gehört zum hegelisch gedachten Urteil auch die *Beziehung* von Subjekt und Prädikat, und die verbürgt die Copula. Diese ist »wesentlich das *Beziehende«* (308_{1}/351). Die beiden ›Seiten‹ des Urteils, Subjekt und Prädikat, erlangen ihre spezifisch urteilsmäßige Bestimmtheit erst durch »die sie beziehende Copula« (307_{38}/351): Im Urteil ist »jede Seite durch die andere bestimmt vermöge der sie beziehenden Copula« (276_{34}/315). Aber im ›ist‹ sieht Hegel nicht nur im Sinne Tugendhats einen »unselbständigen Bestandteil« des prädikativen Satzes (s. oben, S. 95); er erblickt darin überhaupt keinen Bestandteil. Die der Copula ursprünglich und von sich aus eignende Bestimmtheit ist nämlich in seinen Augen reine *Form*bestimmtheit. Während Subjekt und Prädikat – auf je eigentümliche Weise – für den Inhalt aufkommen, ist in der Copula nichts als »die *Formbeziehung* gesetzt« (308_{4}/351). Eine inhaltliche Bestimmtheit wächst ihr nach Hegel erst in der Bewegung des Urteils zu und auch dann nicht aus ihr selbst, sondern aus dem Prädikat. Weil sie sich mit dem prädikativen Inhalt erfüllt, hat ihre inhaltliche Bestimmtheit den eigentümlichen Charakter der Erfülltheit (vgl. 271_{29}/309; 308_{10}/351). Im übrigen kennzeichnet es das Hegelsche Konzept, daß sie, indem sie sich erfüllt, sich zugleich aufhebt; durch ihre Erfüllung, die als ihre Sättigung mit Inhalt auch die Erfüllung ihrer Aufgabe ist, verwandelt sie sich angeblich in die Mitte des Schlusses (vgl. 308_{12}/351). Für ihre angestammte Inhaltsleere wird sie allerdings dadurch entschädigt, daß sie nicht bloß einen besonderen Formaspekt enthält, sondern gewissermaßen die Form des Urteils *ist*. Im Urteil ist »das Verhältnis von Subjekt und Prädikat (...) vorhanden und die Beziehung derselben, *die Form des Urteils«* (282_{10}/321). Das kann Hegel sagen, weil er annimmt, daß in der Copula der

Form nach das Urteilsganze sich versammelt. Er versteht unter dem Urteil selber eine Totalität, die des näheren als Totalität von Totalitäten zu charakterisieren ist, und die übergreifende Totalität ist seiner Theorie zufolge eben die Beziehung von Subjekt und Prädikat, die Copula (vgl. 265_{1-11}/302). Die Bewegung des Urteils, die in Entsprechung zu dessen Struktur unmittelbar bloß Subjekt und Prädikat betrifft, als eine – noch genau zu analysierende – »Veränderung ihrer Bestimmung« (265_{35}/303), verändert mittelbar auch die Form der Copula, sofern diese sich darin als die Totalität realisiert, die sie an sich ist. Den Ausgangspunkt der Bewegung bildet eine Copula, die als formelle Beziehung die Totalität, die sie sein soll, in Wirklichkeit gar nicht ist, so daß die Totalität des Urteils faktisch mit den in ihm enthaltenen Totalitäten, dem Subjekt und dem Prädikat, zusammenfällt. In den Prozeß, den Hegel beschreibt, geht, in seiner Sprache ausgedrückt, die Copula als die bloß *negative* Einheit von Subjekt und Prädikat ein, das heißt als eine solche, die ihre Extreme von sich ausschließt, aber durch den Prozeß wird aus ihr die *positive*, übergreifende Einheit, als die sie sich zur Ganzheit erhebt, so freilich wiederum, daß die Verwirklichung ihres Telos ihre Selbstverabschiedung bedeutet (vgl. 271_{15-31}/309).

Dieser Ansatz befindet sich in grundsätzlicher Übereinstimmung mit den von Kahn erzielten Forschungsergebnissen, also immerhin mit dem fortschrittlichsten Beitrag zur Analyse der Copula, den die empirische Linguistik geliefert hat. Nach Kahn (1973 b, 10) vermag das prädikative Sein die Funktion des finiten Verbs rein als solche auszuüben, weil es im Gegensatz zu anderen Verben wie ›rennen‹, ›essen‹ oder ›lieben‹ keinen bestimmten Inhalt und damit auch keinen Informationswert besitzt. Eben deshalb kann es in seiner Sicht auch die Form des assertorischen Satzes im ganzen widerspiegeln, so daß die Explikation seiner veritativen Nuance durch Betonung der Copula »a strengthened assertion of the sentence as a whole« ausdrückt (1973 b, 11).

Die Übereinstimmung wiegt um so schwerer, als das von außen richtig Erscheinende zugleich das systemintern Wesentliche ist, das aus nichts anderem als der inneren Systematik der Begriffslogik resultiert. Daß die Copula einerseits das Urteil trägt und umfaßt, andererseits aber latent bleibt, solange sie ist, was sie ist, bestätigt die vorhin vorwegnehmend umrissene Dialektik von Favorisierung und Degradierung. Die aber entspringt der Stellung des Urteils innerhalb der Logik des im Schluß sich vollendenden Begriffs. Im Urteil, als dem substantiell Zweiten, hat der Begriff »sich verloren« (264_{10}/301), was konkret besagt, daß seine *Einheit* »in die Extreme verloren« ist (308_{11}/351). Das Verlorensein der Begriffseinheit bekundet sich eben darin, daß sie im Urteil die Form der für sich inhaltsleeren Copula hat. Genauer gesagt, *ist* die Copula nicht die Einheit des Begriffs; sie »vertritt« sie bloß (Albrecht 1958, 90). Sofern sie die Begriffseinheit in deren Abwesenheit bloß *vertritt,* ist sie ohnmächtig. Sofern sie die *Begriffseinheit* vertritt, kommt ihr im Urteil gleichwohl die Macht des Bestimmenden zu. Nur bestimmt sie das Ganze nicht eigenmächtig, sondern aufgrund dessen, daß in ihr die Macht des Begriffs selber wirkt.

Was vom systematischen *Kon*text der Urteilslehre gilt, trifft auch auf ihre *immanente* systematische Entfaltung zu: Auch diese bringt zum Ausdruck, daß die Copula die Form eines Urteils ist, das aus Subjekt und Prädikat besteht. Bevor Hegel die Bewegung des Urteils durch seine verschiedenen Gestalten hindurch verfolgt, beschreibt er seine allgemeine Struktur. Er analysiert da »erstlich« (265_{11}/302) Subjekt und Prädikat je für sich und »zweitens« (266_{28}/304) ihre Beziehung. Ist schon merkwürdig, daß er in der Beschränkung auf Subjekt und Prädikat beginnt, so fällt noch mehr auf, daß er auch die Beziehung zunächst ohne Rücksicht auf die Copula in den Blick nimmt; die Copula kommt erst nachträglich ins Spiel, und zwar bezeichnenderweise bloß als Anzeige auf den zuvor freigelegten Subjekt-Prädikat-Zusammenhang (vgl. 267_{25}/305). Dem Aufbau der Strukturbeschreibung entspricht die Tendenz der Bewegung. In ihr verändert die Copula nicht nur, in funktionaler Abhängigkeit vom Wandel der Formbestimmtheit des Subjekts und des Prädikats, ihre Form, sondern sozusagen auch ihren Ort. Ihre Ortsveränderung tendiert aber zu der Auffassung Freges, daß

das, was die Tradition ›Copula‹ genannt hat, Teil des Prädikats sei (vgl. Tugendhat 1976, 192). Weil Hegel annimmt, daß die Copula »an und für sich« zum Prädikat gehört, kann er den Einwand, den die Logiker gegen die bekanntlich auch von ihm praktizierte Zuordnung des ›nicht‹ zum Prädikat erheben, nämlich daß es zur Copula zu ziehen sei, als gegenstandslos abtun (280_{15}/319). Seine Forderung, »daß das *Nicht* der Copula ebensosehr zum Prädikate geschlagen (...) werden muß« (280_{33}/320), impliziert die Meinung, die Copula selber bewege sich dorthin. Die Bewegung zielt denn auch auf ein Urteil ab, in dem die Leistung der Copula, das Beziehen, »in das Prädikat übergegangen« ist (307_{28}/350), derart, daß das Prädikat jetzt zu seinem Inhalt hat, was die Form der Copula ausmacht, das heißt das – erst später zu erläuternde – »Entsprechen«, als das in diesem letzten Stadium das von der Copula geleistete Beziehen bestimmt ist (vgl. 307_{7-23}/350).
Hegels Einsicht in die syntaktische Eigentümlichkeit der Copula war nicht nur um der Abwehr gängiger Mißverständnisse willen herauszuarbeiten. Ich mußte auch deshalb etwas ausführlicher auf sie eingehen, weil sie wichtig werden wird für die Art und Weise, in der die Unmittelbarkeit des reinen Seins auf der Stufe der Begriffslogik wiederkehrt. Weit davon entfernt aber, diese Unmittelbarkeit identifizieren zu können, haben wir bisher nicht einmal geklärt, ob wir in bezug auf die Copula überhaupt von reinem Sein reden dürfen. Eine Textbasis hatte nur die vorhin vorgenommene Subsumtion des existentiellen Seins unter das bestimmte Sein, nicht hingegen die gleichzeitige Substitution des prädikativen Seins durch das im Sinne Hegels unbestimmte Sein. Zwar findet diese Deutung eine Stütze an der inhaltlichen Unbestimmtheit der Copula. Aber damit ist noch nicht erwiesen, daß Hegel im Kleide der Copula wirklich dasjenige Sein ins Feld führt, mit dem er angefangen hat. Schauen wir aufs Ganze der vorliegenden Untersuchung, so ist die Schließung dieser Lükke ein noch dringlicheres Erfordernis als der Aufweis der gesuchten Unmittelbarkeit. Stand doch von Anbeginn die unausgesprochene Frage im Hintergrund, ob das ›ist‹, das der totale Schein ins Abseits des positiv Undarstellbaren gedrängt hat,

nicht vielleicht irgendwann im Fortgang der Logik zu seinem Recht komme.

Nun ist der Versuch, die Urteilslehre in ein Verhältnis zum Seinsproblem zu setzen, an sich keineswegs neu. Wolfgang Albrecht (1958) hat ihn sogar dermaßen rigide unternommen, daß Anlaß besteht, die im folgenden in Angriff zu nehmende Aufgabe gegen seine Intention abzugrenzen. Es ist, meine ich, Henrich recht zu geben, wenn er in geheimer Polemik auch gegen Albrecht betont, es sei »nicht zulässig, in irgendeinem späteren Kapitel der Logik ihr ›eigentliches‹ Zentrum und den Motor ihres Prozesses zu suchen, weder in der Lehre von der Reflexion noch in der vom Urteil oder der vom Schluß« (1963, 93). Zwar werde auch ich zu zeigen versuchen, daß die Chiffrenschrift der Hegelschen Logik sich in gewisser Hinsicht allein im Spiegel des Kapitels über das Urteil entziffern läßt. Doch soll dies auf ganz andere Weise und in einem ganz anderen Sinne als bei Albrecht geschehen. Was die gegenwärtige Problematik betrifft, so wird es nicht darum gehen, die Stadien der Urteilsbewegung, wie Albrecht dies im Gefolge anderer tut, mit den Etappen der Entwicklung des Seins bis hin zur Quantität zu parallelisieren. Noch weniger kann ich der Annahme zustimmen, die der Parallelisierung zugrunde liegt: »die Gesetze, denen das Sein in seiner Entwicklung folgt, entstammen der Urteilslogik« (Albrecht 1958, 107). Am wenigsten schließlich vermag ich mich mit der Meinung zu befreunden, die Logik des reinen Seins schreite selber *»als Urteil«* fort (Albrecht 1958, 105) und sei eben deswegen von hinten her, das heißt im Lichte der Urteilslogik, zu lesen. Ja, selbst von der These, die der hier vertretenen Auffassung am nächsten kommt, der »These vom Sein als der hypostasierten Copula« (Albrecht 1958, 107), muß ich mich distanzieren. Sie besagt nämlich durchaus nicht, daß das reine Sein so, wie es sich am Logikanfang aufdrängte, Schein sei. Albrecht operiert gar nicht mit der Unterscheidung von Schein und Wahrheit. Er erkennt die Hypostasierung deshalb auch nicht als eine von Hegel kritisierte, sondern hält sie für eine von Hegel affirmierte, und der angeblich affirmierten gilt auch sein eigener Beifall. Wir hingegen sind speziell auf die Manifestation der Wahrheit aus, die den Gang der Logik des reinen Seins infolge der Herrschaft des totalen Scheins gerade nicht anleiten konnte und die seit ihrem stark umwölkten Aufblitzen in der Zusammenbruchserfahrung des vergegenständlichenden Denkens auf ihre unverhüllte Darstellung wartet.

Beachtenswert ist trotz alledem, was für Albrecht selbst wohl nur eine beiläufige Bedeutung hat, nämlich daß er auf die Relevanz der nicht-anfänglichen Bestimmungen des Anfangs für dessen Wiederholung in der Copula aufmerksam geworden ist, allerdings merkwürdigerweise ohne daß er versucht hätte, sie im eigenen Umkreis des urteilenden ›ist‹ zu finden; er sucht sie lediglich im Schlußabschnitt der Logik auf, wo sie tatsächlich zum zentralen Thema werden. Unter den nicht-anfänglichen Bestimmungen des Anfangs verstehe ich die, die direkt erst rückläufig dem reinen Sein beigelegt werden. Es ist dies erstens die *»einfache«* (504_{34}/572), »abstrakte« (488_{21}/554), »die ganz *abstrakte, unmittelbare Beziehung auf sich selbst«* (355_{10}/404), und zweitens dasjenige, »das *an sich* die *konkrete Totalität,* aber sie noch nicht *gesetzt,* noch nicht *für sich* ist« (489_{27}/555; vgl. Albrecht 1958, 104, 108). Da das »an sich« sowohl zur Totalität selber wie auch zu deren Konkretheit gehört, haben wir, genau genommen, *drei* Seinsbestimmungen vor uns: die einfache Beziehung auf sich, die an sich seiende Totalität und die Abstraktheit im Sinne der an sich seienden Konkretheit, die nicht nur von der Totalität, sondern auch von anderen Seinsbestimmungen, wie eben von der einfachen Beziehung auf sich, zu prädizieren ist.

Bevor wir ihren zum Teil schon jetzt offenbaren Zusammenhang mit der Formbestimmtheit der Copula näher untersuchen, müssen wir uns klarmachen, *inwiefern* sie *nicht*-anfängliche Bestimmungen und dennoch Bestimmungen des *Anfangs* sind. Bestimmungen des Anfangs sind sie in einem relativen Sinne. An sich konkrete Totalität und überhaupt an sich konkret zu sein, eignet nach Hegel *jedem* Anfang, auch dem mit dem Wesen und mit dem Begriff, nicht nur dem absoluten Anfang mit dem reinen Sein. Beziehung auf sich zu sein, definiert nach Hegel außer dem reinen Sein desgleichen das zum Ansichsein qualifizierte Dasein, das »Sein im Etwas«. Doch geht aus der Stelle, an der diese

Bestimmung eingeführt wird, hervor, daß die Beziehung auf sich *als einfache* auszeichnendes Merkmal des reinen Seins ist[19]. Sie ist also die charakteristischste unter den erst später eingeführten Bestimmungen des reinen Seins. So kamen wir denn auch bei der Interpretation des ersten Anfangs selber nicht ohne sie aus. In ihr erblickten wir den angemessenen Ausdruck für die Verfassung, die das reine Sein haben muß, soll es die Forderung erfüllen, welche die *Phänomenologie* an den Logikanfang stellt (s. oben, S. 110 f.). Ja, sie ergab sich nicht nur als Postulat einer hinter die Logik zurückreichenden Konstruktion; sie war auf gewisse Weise auch im Text zu finden. Denn demgemäß, daß für Hegel die Beziehung auf sich als solche dasselbe ist wie die Gleichheit mit sich, verwendet er die Bestimmung ›*einfache* Beziehung auf sich‹ als Synonym für die Gleichheit *nur* mit sich, die eine *anfängliche* Bestimmung des absoluten Anfangs ist.

Damit wird aber ihre *Nicht*-Anfänglichkeit fragwürdig. Die

19 Ich habe die Stelle auszugsweise bereits bei der Interpretation des Ansatzes der Reflexionslogik angeführt (S. 360). Sie lautet vollständig: »Sein im Etwas ist *Ansichsein.* Sein, die Beziehung auf sich, die Gleichheit mit sich, ist jetzt nicht mehr unmittelbar, sondern Beziehung auf sich nur als Nichtsein des Andersseins, (als in sich reflektiertes Dasein)« (I 107_4/128). Indem das Ansichsein »Nichtsein des Andersseins«, das heißt durch seinen Unterschied vom Sein-für-Anderes definiert ist, kann es nicht mehr die Gleichheit *nur* mit sich sein, die durch das Fehlen jedes Außenbezugs gekennzeichnet war. Es ist »nicht Sein überhaupt, sondern als Beziehung auf sich *gegen* seine Beziehung auf Anderes, als Gleichheit mit sich gegen seine Ungleichheit« (I 106_{26}/128). Abgehoben wird es hiermit vom *reinen* Sein, von dem allein man sagen kann, was Hegel am Logikanfang von ihm sagt: »In seiner unbestimmten Unmittelbarkeit ist es nur sich selbst gleich und auch nicht ungleich gegen Anderes, hat keine Verschiedenheit innerhalb seiner, noch nach außen« (I 66_{18}/82). Allerdings bestimmt Hegel in der *Enzyklopädie* auch das *Wesen* als *einfache* Beziehung auf sich: »Das Absolute ist das *Wesen.* – Diese Definition ist insofern dieselbe als die, daß es das *Sein* ist, insofern Sein gleichfalls die einfache Beziehung auf sich ist; aber sie ist zugleich höher, weil das Wesen das *in sich* gegangene Sein ist, d. i. seine einfache Beziehung auf sich ist diese Beziehung, gesetzt als die Negation des Negativen, als Vermittlung seiner in sich mit sich selbst« (E § 112). Sofern indes die einfache Beziehung auf sich im Wesen als Selbstvermittlung gesetzt ist, hat sie, streng genommen, ihre Einfachheit verloren. Entgegen dem Anschein, den das »gleichfalls« erweckt, denkt Hegel in § 112 der *Enzyklopädie* das Wesen vom reinen Sein her, nicht umgekehrt.

Fragwürdigkeit erstreckt sich prinzipiell auch auf die beiden anderen Seinsbestimmungen, die Hegel am Ende der Logik hervorkehrt. Sie ist notwendig mit der »Doppelbödigkeit« gegeben, von der ich anläßlich des Begriffs der unbestimmten Unmittelbarkeit gesagt habe, sie kennzeichne den gesamten Logikanfang (s. oben, S. 206). Was das konkret heißt, wird sofort deutlich, wenn wir von der Hypothese ausgehen, daß die jedenfalls erst später entfalteten Bestimmungen des reinen Seins am Anfang noch nicht expliziert werden *können*, weil sie Bestimmungen der am Anfang total verschleierten *Wahrheit* des reinen Seins sind. Sofern der Logikanfang expressis verbis allein den totalen Schein reflektiert, haben die erst im Fortgang eigentlich verbalisierten Bestimmungen in ihm tatsächlich keinen Platz; sofern er gleichwohl die Wahrheit wenigstens indirekt-negativ darstellt, klingen sie darin bereits an. Indessen sind auch ihre anfänglichen Vorformen ganz vom Schein durchherrscht. An der einfachen Beziehung auf sich kann man dies besonders gut studieren. Sie geht am Anfang vollständig in ihrer scheinhaften Einfachheit auf, derart, daß die Selbstbezüglichkeit selber im verborgenen bleibt. Denn der sie vertretende Begriff, der der Gleichheit nur mit sich, variiert ja bloß die völlige Bestimmungslosigkeit, in der die Scheinhaftigkeit des Anschauungsinhalts ›reines Sein‹ am massivsten hervortritt. Dabei ist die Bestimmungslosigkeit mit Selbstbeziehung, auch mit der elementarsten, schlechterdings unverträglich[20].

Daß die drei genannten Bestimmungen des Anfangs unbeschadet ihrer Präfigurationen als grundsätzlich nicht-anfänglich zu bezeichnen sind, weil das, was von ihnen am Anfang wirklich zum Vorschein kommt, in dieser Weise selber nur Schein ist, lehrt auch die Bestimmung der an sich seienden Konkretheit. Der abschließenden Erklärung, der Anfang sei an sich konkret, wider-

20 R.-E. Schulz versucht die beiden Bestimmungen kompatibel zu machen, indem sie die einfache Beziehung auf sich als »eine, paradox ausgedrückt, nullstellige Beziehung« deutet (1973, 366). Sie beruft sich dabei auf die »*reine Beziehung*, ohne Bezogene«, von der Hegel im Kapitel über den Grund spricht (64_{22}/81). Aber als eine solche definiert Hegel an der zitierten Stelle die »reine Vermittlung«, die keineswegs wie das »reflexionslose Sein« (I 66_3/82) völlige Bestimmungslosigkeit ist.

streitet die am Anfang selber getroffene Feststellung, »daß das, womit der Anfang zu machen ist, nicht ein Konkretes, nicht ein solches sein kann, das eine Beziehung innerhalb seiner selbst enthält« (I 60$_{15}$/75). Denn wenn das reine Sein so, wie die Logik mit ihm anfängt, gar keine Beziehung innerhalb seiner selbst enthält, dann darf es auch kein *an sich* Konkretes sein, als das es interne Differenzen in unentwickelter Form umfassen müßte. Das »an sich« der retrospektiven Bestimmung des Anfangs wäre demnach streng in der Hegelschen Bedeutung dieses Terminus zu nehmen: An sich konkret ist der Anfang am Anfang selber erst nur *für uns*, die wir hinter dem Rücken des dargestellten Denkens auf das wahrheitsgemäß so zu nennende Sein vorausschauen. Flösse die an sich seiende Konkretheit in die anfängliche Bestimmung des Anfangs authentisch ein, so könnte das reine Sein ja gar nicht in das reine Nichts umschlagen, mit dem es sich nur in der völligen Bestimmungslosigkeit zusammenfindet. An ihre Stelle tritt ihre Schein-Variante, eine Abstraktheit, die gerade nicht Unentwickeltheit meint, sondern wiederum eine Bestimmungslosigkeit, welche jede Entwicklung ausschließt.

Machen wir zuletzt noch an der Totalitätsbestimmung die Probe aufs Exempel! Sie kommt faktisch am Anfang nicht vor. Ihre Nicht-Anfänglichkeit läßt sich aber nicht nur als Tatsache konstatieren, sondern auch in ihrer Notwendigkeit einsehen, und zwar in zweifacher Hinsicht. Sofern sie eine Bestimmung dessen ist, was Sein in Wahrheit ist, hat ihre Nicht-Anfänglichkeit denselben Grund, den die Nicht-Anfänglichkeit der nicht-anfänglichen Bestimmungen auch sonst hat. Sie ist aber zugleich eine Bestimmung des in Schein sich auflösenden Seins und dies in einem noch fundamentaleren Sinne als dessen Bestimmungslosigkeit. Denn als das Ganze *(pan)* denkt Parmenides das Sein, das seinen Universalitätsanspruch in der als Ontologie ansetzenden Philosophie nie preisgegeben hat. Warum aber stellt dann nicht auch Hegel am Anfang seiner Logik das Sein als das Ganze dar? Wieso reformuliert er die anderen Bestimmungen des parmenideischen Seins, nicht hingegen die Totalitätsbestimmung? Nun, weil die anderen Bestimmungen in einer Bestimmungslosigkeit zusammenlaufen, die dem scheinhaften Sein des Parmenides *wirklich* zukommt. Ist aber das Schein-Sein wirklich bestimmungslos, dann ist die per se stets in sich differenzierte Totalität nicht einmal eine seiner möglichen Bestimmungen und deshalb auch nicht darstellbar.

Nachdem wir uns vergegenwärtigt haben, inwiefern die einfache Beziehung auf sich, die an sich seiende Totalität und die Abstraktheit qua an sich seiende Konkretheit nicht-anfängliche Bestimmungen des Anfangs sind, wollen wir uns ihrem Zusammenhang mit der Copula zuwenden. Daß die Copula an sich konkrete Totalität und überhaupt von einer Abstraktheit ist, die den Charakter an sich seiender Konkretheit hat, ist uns schon früher aufgestoßen. Hegel spricht von ihr als »dem abstrakten *Ist*« (307_{18}/350). Sowohl hinsichtlich der Form wie auch in bezug auf den Inhalt ist sie in dem Sinne abstrakt, daß sie an sich konkret ist. Zwar stehen sich ihre formale Bestimmtheit und ihre inhaltliche Unbestimmtheit gegenüber. Aber ihre inhaltliche Unbestimmtheit wird ja zur Bestimmtheit und vermag dies nur, weil sie im vorhinein Bestimmbarkeit ist. Auf der anderen Seite zeigt ihre Formbestimmtheit sich zugleich als Unbestimmtheit, dann nämlich, wenn man sie für sich nimmt. Die Form der Copula ist dermaßen ausschließlich die des Urteils, in dem sie als das Beziehende fungiert, daß sie für sich genommen auch der Form nach unbestimmt ist. Formale Bestimmtheit und inhaltliche Unbestimmtheit kommen in jener Abstraktheit überein, die zur Konkretheit werden kann, weil sie an sich schon Konkretheit ist. Wie aber die Copula ihre inhaltliche Unbestimmtheit durch ihre Erfüllung mit dem Inhalt von Subjekt und Prädikat überwindet, so hat sie ihre Formbestimmtheit im Ganzen des Urteils. Sie ist an sich die konkrete Totalität, von der Hegel sagt: »Diese Totalität ist das Urteil« (265_{10}/302). Damit will ich natürlich keineswegs behaupten, allein die Copula sei das, was nach dem abschließenden Kapitel der Logik »an sich die konkrete Totalität« ist. Eine solche Behauptung wäre unsinnig, weil Hegel hiermit, wie erwähnt, eine Charakteristik *jedes* Anfangs gibt, also auch des Wesens und des Begriffs. Das Wesen ist an sich die konkrete Totalität als das Innere, das alles Äußere durchstrahlt. Der Begriff ist es als »das objektiv Allgemeine«, auf das jene Charakteristik sich direkt bezieht. Wohl aber bin ich der Auffassung, daß die Copula und daß nur die Copula die an sich konkrete Totalität des *reinen Seins* ist. Die unterscheidet sich nicht nur von der des Wesens und des Begriffs, sondern auch von der Totalität des *bestimmten* Seins, und zwar auf angebbare Art. Die letztere meint Hegel, wenn er in § 84 der *Enzyklopädie* schreibt: »Die Explikation des Begriffs in der Sphäre des Seins wird ebensosehr die Totalität des Seins, als damit die Unmittelbarkeit des Seins oder die Form des Seins als solchen aufgehoben wird.« Die Totalität des bestimmten Seins, die ›Welt‹, schließt Unmittelbarkeit als die unbestimmte aus, die das Sein allein als reines hat. Die Totalität des reinen Seins hingegen ist, sollte unsere Hypothese sich verifizieren lassen, mit unbestimmter Unmittelbarkeit in gewisser, freilich erläuterungsbedürftiger Weise durchaus verträglich. Der Universalitätsanspruch, den die traditionelle Ontologie mit ihrem Seinsbegriff verknüpft, basiert auf dem Argument, daß ich von allem sagen kann: »es *ist*« (vgl. Tugendhat 1967). Hegels Kritik dieses Anspruchs richtet sich nicht zuletzt gegen den Schein, der durch die Vieldeutigkeit des ›ist‹ entsteht. Aber er gibt den Anspruch als solchen nicht auf. Er reformuliert ihn vielmehr, indem er den Seinsbegriff kritisch in seine verschiedenen Bedeutungen auseinanderlegt. Von allem darf und muß ich nach der Reflexionslogik das existentielle Sein aussagen. Der »Satz der Existenz«, der auf jenem Argument der traditionellen Ontologie aufbaut, lautet: *»Alles, was ist, existiert«* (102_{19}/125). In Analogie dazu ließe das Axiom der Begriffslogik sich auf die Formel bringen: *Alles, was ist, ist wahr.* Was aber das reine Sein betrifft, das in Wahrheit das prädikative ist, so entgegenständlicht Hegel die in der überkommenen Rede von ihm prätendierte Totalität, indem er als ihr fundamentum in re das in der Copula sich versammelnde Ganze des Aussagesatzes enthüllt.

Die spezifischste Bestimmung des reinen Seins ist, so haben wir festgestellt, die der einfachen Beziehung auf sich oder der Beziehung nur auf sich. Man kann sie die Grundbestimmung nennen, auf der die beiden anderen aufruhen. Sie muß sich deshalb auch als Grundbestimmung der Copula eruieren lassen. Ferner besteht die berechtigte Erwartung, daß von ihr her auch das Verhältnis von Totalität und Abstraktheit zur Copula an Evidenz gewinnt. Wir werden die an sich konkrete Totalität und die in ihrer an sich seienden Konkretheit liegende Abstraktheit, die Hegel gegen die bloße abhebt (vgl. 489_{25-37}/555), gleichsam als Bestimmungen der Bestimmung ›Beziehung nur auf sich‹ aufzuweisen haben. Daß Hegel die einfache Beziehung auf sich auch als die abstrakte bezeichnet, haben wir schon gehört. Daß er aber ebenso die an sich konkrete Totalität für eine Bestimmung der das reine Sein definierenden Selbstbeziehung hält, geht uns erst durch die Überlegung auf, die wir auch anstellen müssen, um die elementare Selbstbeziehung selber als Grundbestimmung der Copula identifizieren zu können. Man braucht sich zu diesem Zweck nur klarzumachen, daß Hegel sämtliche Momente des Urteils auf der Seinsebene ansiedelt. Vom »*Sein* als Copula« (357_{29}/407) unterscheidet er »das *Sein* im Sinne des Subjekts« (266_{9}/303) und »das *Sein* im Sinne des Begriffs« (266_{5}/303), auf den seiner Theorie zufolge das Prädikat zielt. In gewisser Hinsicht entspricht diese Unterscheidung derjenigen zwischen dem prädikativen, existentiellen und veritativen Sein. Dabei kommt der scheinbar nebensächlichen Differenz von »als« und »im Sinne« in Wirklichkeit ein großes Gewicht zu. Die Copula *ist* Sein, das prädikative Sein, das wir nirgends sonst als im ›ist‹-Sagen erfahren. Mit dem Subjekt und dem Prädikat ist demgegenüber nur ein Sein *gemeint*. Mit dem Prädikat meinen wir nach Hegel das Sein als Wahrheit. Unter dem Sein im Sinne des Subjekts versteht Hegel zwar, wie wir noch sehen werden, primär das negative Korrelat der Wahrheit, aber als solches zeigt es sich erst im Nachvollzug der internen Urteilsbewegung. Schauen wir auf den externen Bezug des Urteils, das heißt auf seinen Gegenstandsbezug, so dürfen wir sagen, daß das Sein im Sinne des Subjekts der Ort ist, an dem die existierenden Dinge – existierend gemäß dem weiten Existenzbegriff Hegels – ins Urteil hineinkommen.

Hegels Projektion auch von Subjekt und Prädikat auf die Ebene des Seins eröffnet den Horizont für eine angemessene Deutung seiner Definition der Copula: »die Copula ist als die noch unbestimmte Beziehung des *Seins* überhaupt: A ist B« (271_{25}/309). Es handelt sich hier wirklich um eine Definition. Denn die noch unbestimmte Beziehung des Seins überhaupt ist die Copula nach Hegel, solange sie ist, was sie ist, solange sie also nicht in den Schluß übergeht. Demgemäß ist die Unbestimmtheit dieser Beziehung nicht die bloß intermediäre, die Hegel zum Beispiel im Auge hat, wenn er in Anbetracht dessen, daß im problematischen Urteil problematisch zunächst dies zu sein scheint, ob das Prädikat mit einem Subjekt verbunden werden soll oder nicht, schreibt: »die Unbestimmtheit fällt insofern in die Copula« (305ɪ/347). Sie ist vielmehr die der Copula wesentlich zugehörige Unbestimmtheit, die inhaltliche, die sich auch als eine der Form darstellt, wenn man das ›ist‹ aus dem Funktionszusammenhang des Satzes löst. Als solche macht sie aber den Wahrheitsgehalt derjenigen Unbestimmtheit aus, die Hegel mit der Einfachheit oder Abstraktheit der das reine Sein kennzeichnenden Beziehung auf sich gleichsetzt. Die als definiens der Copula verwendete Beziehung ist als die von A und B zugleich und zuvor die Selbstbeziehung des reinen Seins, weil »A ist B« eine Beziehung eines bestimmten Seins auf ein bestimmtes Sein ist, in welcher als das Beziehende das reine oder prädikative Sein fungiert. So hat denn tatsächlich die einfache Beziehung auf sich außer der Abstraktheit auch die Totalität zu ihrer eigenen Bestimmung: Sie ist das Ganze des Seins überhaupt, das sich vom prädikativen her in das existentielle und das veritative Sein auseinanderlegt.

Ich leugne keineswegs die Probleme, mit denen wir es zu tun bekommen, wenn wir »die noch unbestimmte Beziehung des Seins überhaupt« als »einfache Beziehung auf sich« deuten. Sie kündigen sich nicht zuletzt darin an, daß die gegebene Erläuterung der Definition noch schwerer zu verstehen ist als die, äußerlich betrachtet, schlichte Definition selber, deren Dunkelheit man aufgrund ihrer Schlichtheit nicht so merkt. Aber die Probleme liegen bereits in der Bestimmung ›einfache Beziehung auf sich‹, nicht erst in ihrer Applikation auf die Copula. Ja, wenn sie sich überhaupt aufklären lassen, dann durch diese Applikation. Wie die unbestimmte Beziehung des Seins überhaupt auf das Interpretament ›einfache Beziehung auf sich‹ angewiesen ist, so wird auch umgekehrt die einfache Beziehung auf sich noch am ehesten von jener die Copula definierenden Beziehung her verständlich. Wer sich davon überzeugen will, muß sich natürlich zuvor die in der nicht-anfänglichen Grundbestimmung des reinen Seins stekkenden Probleme gehörig verdeutlichen. Sie lassen sich in zwei Hauptgruppen einteilen: in die Frage nach der phänomenologischen Ausweisbarkeit und in die nach dem logischen Sinn. Hinzu kommt die sachlich weniger wichtige, aber aufschlußreiche Frage, wieso denn Hegel überhaupt die Bestimmung des reinen Seins im Kontext des Daseins thematisiert.

Eine phänomenologische Ausweisung versucht Ruth-Eva Schulz. Sie legt die einfache Beziehung auf sich als das »In-sich-Ruhen« der Dinge aus. Da sie wirklich phänomenologisch verfährt und das Phänomen, das sie vor Augen hat, sehr schön beschreibt, möchte ich die Stelle, an der sie ihren Vorschlag konkretisiert, dem Leser nicht vorenthalten. »Um mit dieser ungewohnten Bestimmung vertrauter zu werden, sei«, so schreibt sie, »an den Eindruck erinnert, den die Dinge auf uns machen, wenn wir sie anschauen. Unser Blick ›wandert‹ an ihnen entlang, er ›bewegt‹ sich an ihnen; die Dinge selbst bewegen sich nicht, sie ›ruhen in sich‹. Sehen wir nun noch von den Dingen selbst und ihrem Unterschied gegeneinander ab und konzentrieren wir uns nur auf dieses einfache In-sich-Ruhen. Dies ist die einfache Beziehung auf sich, das Sein« (R.-E. Schulz 1973, 368). Die Beschreibung läßt nicht zufällig an diejenige Tugendhats denken, die ich ebenfalls wörtlich angeführt habe (S. 103). Schon dies erregt den Verdacht, daß sie auf den Schein hereinfällt. So verhält es sich denn auch tatsächlich. Zweifellos trifft sie *das* Phänomen, auf das Hegel sich berufen mag, wenn er in der Reflexionslogik das Sein qua *Dasein* als eine bestimmte Identität reformuliert, nämlich als die, welche aus dem Zerfall der absoluten hervorgeht (vgl. 34_{5-15}/47 f.). Das *reine* Sein hingegen wird nach Hegel nur dann so vorgestellt, wenn es eben vorgestellt, das heißt scheinhaft vergegenständlicht wird. Einen Beleg hierfür enthält genau der Text, auf den die verdiente Hegelforscherin sich stützt. Ihr Interpretament ›In-sich-Ruhen‹ übersetzt sie in den Hegelschen Begriff der Affirmation. Als Affirmation aber kennzeichnet Hegel in jenem Text das Scheingebilde, welches dadurch entsteht,

daß das vorstellende Denken die Negation der Negation, als die das reine Sein in der affirmativen Unendlichkeit wiederkehrt, zur seienden Negation eines dem Endlichen abstrakt gegenüberstehenden Unendlichen verfälscht: »Diese Affirmation (...) ist als qualitativ *unmittelbare* Beziehung auf sich, *Sein*; hierdurch ist das Unendliche auf die Kategorie zurückgeführt, daß es das Endliche als ein *Anderes* sich gegenüber hat; seine negative Natur ist als die *seiende*, hiemit erste und unmittelbare Negation gesetzt« (I 127_{29}/151 f.).
Die Probleme des logischen Sinns erörtert Ruth-Eva Schulz nicht. Sie sind aber gewiß nicht weniger lästig als die Frage nach der phänomenalen Grundlage. Man kann sie in der einen Frage zusammenfassen: *Was* bezieht sich auf sich? Es gibt, das mutet trivial an, nur zwei Möglichkeiten einer Antwort: Entweder das reine Sein selber oder etwas davon Verschiedenes. Indessen gehört wesentlich mit zur Problematik, daß Hegel eine Antwort in solch alternativer Form gar nicht zuläßt. Auf der einen Seite erklärt er zum ›Subjekt‹ der Beziehung das Sein. Bemerkenswerterweise sagt er zwar, wenn ich recht sehe, nirgends direkt, das reine Sein beziehe sich auf sich selbst. Aber zum Beispiel den Satz: »das Sein ist eben diese abstrakte Beziehung auf sich selbst« (488_{21}/554) wird man dahingehend interpretieren dürfen. Auf der anderen Seite räumt er die Subjektstellung späteren Kategorien ein. So an derselben Stelle, an der er die Beziehung vom Sein prädiziert, der Kategorie des Allgemeinen: »Die einfache Bestimmung von *Sein* ist (...) so arm an sich, daß schon darum nicht viel Aufhebens davon zu machen ist; das Allgemeine ist unmittelbar selbst dies Unmittelbare, weil es als Abstraktes auch nur die abstrakte Beziehung auf sich ist, die das Sein ist« (488_{34}/554). Denken wir, was wir ja wohl müssen, die Einheit beider Seiten, so haben wir sowohl das reine Sein wie auch etwa das Allgemeine als Subjekt zuzulassen. Dieser ersten Anweisung folgt aber sogleich eine zweite. Ein Sein, das der einfachen Beziehung auf sich als Subjekt vorausgesetzt ist, läßt sich nicht durch sie definieren. Denn ich muß immer schon wissen, was ›Sein‹ heißt, um von seiner Beziehung auf sich sprechen zu können. Mithin ist, angenommen, Hegel wolle wirklich eine De-

finition geben, auszuschließen, daß das reine Sein das letztverantwortliche Subjekt ist. Die anderen Kandidaten für dieses Amt sind aber nicht eigentlich etwas vom reinen Sein Verschiedenes, sondern durchweg dessen Nachfolger. In den zitierten Passagen setzt Hegel sie ja auch in ein Verhältnis zum Sein. Es genügt aber nicht, ihr Seinsverhältnis so aufzufassen, daß man sagt: Das Allgemeine ist Beziehung auf sich, und dies, daß es sich auf sich bezieht, dies ist das reine Sein. Das reine Sein ist kein Prädikat des Allgemeinen, sondern das Subjekt, das sich zum Allgemeinen vertieft hat. Nun lesen wir ganz am Ende der Logik: »Die Methode ist der reine Begriff, der sich nur zu sich selbst verhält; sie ist daher die *einfache Beziehung auf sich*, welche *Sein* ist. Aber es ist nun auch *erfülltes Sein*, der sich *begreifende Begriff*, das Sein als die *konkrete*, ebenso schlechthin *intensive* Totalität« (504_{33}/572). Nicht von ungefähr ist diese Stelle unter denen, die spätere Kategorien zum Beziehungssubjekt ernennen, die letzte. Denn sie zielt auf das in der Sache letzte oder auch erste Subjekt, das mit dem reinen Sein, dem »Begriff nur *an sich*« (E § 84), auch dessen vorausgegangene Metamorphosen ablöst. Ihr Zusammenhang mit der Definition der Copula liegt aber auf der Hand. Nach der Feststellung: »die Copula ist als die noch unbestimmte Beziehung des *Seins* überhaupt« weist Hegel selber auf sie voraus: »Wäre das *Ist* der Copula schon *gesetzt* als jene bestimmte und erfüllte *Einheit* des Subjekts und Prädikats, als ihr *Begriff*, so wäre es bereits *der Schluß*« (271_{28}/309).

Ich habe mit der Exposition der logischen Probleme zugleich schon einen Vorschlag zu ihrer Lösung unterbreitet. Der Vorschlag selber betrifft die Frage: *Was* bezieht sich auf sich? Er läuft aber auf die Verifikation der aufgestellten Hypothese hinaus. Die Hypothese behauptet nicht nur, daß Hegel die Copula, wenn er sie zur unbestimmten Beziehung des Seins überhaupt deklariert, in die Perspektive der nicht-anfänglichen Grundbestimmung des reinen Seins rücke. Sie enthält darüber hinaus die Annahme, allein die Copula mache wenigstens plausibel, daß Hegel als einfache Beziehung auf sich das *Sein* bestimmt. Niemandem würde es von sich aus einfallen, Sein so zu bestimmen. Wenn die Freunde der Hegelschen Philosophie so erstaunlich selten über diese Seinsbestimmung staunen, dann nur deswegen, weil sie sich längst daran gewöhnt haben, hinter dem Sein etwas anderes zu sehen. Wie immer es sich mit dem Anderen verhalten mag – die Frage, welchen Realitätsbezug die Bestimmung als eine des Seins habe, läßt sich, wenn sie nicht auf dem von Ruth-Eva Schulz beschrittenen Wege geklärt werden kann, nur mit dem Hinweis auf Hegels Verständnis der Copula beantworten. Dabei muß man sich gegenwärtig halten, daß man die reflexive Beziehung auf die unbestimmte Beziehung des Seins überhaupt keineswegs ad hoc zu applizieren braucht. Bereits in dem Fragment über Glauben und Sein (1798/99) denkt Hegel das prädikative Sein ja als »reflektiertes Sein« (s. oben, S. 210). Uns geht jetzt erst auf, was er damit gemeint hat, nämlich im Unterschied zu dem Schein-Sein des Logikanfangs, das er dort das »reflexionslose« nennt (I 66₃/82), die unbestimmte Beziehung des Seins überhaupt, die als Beziehung von Sein zu Sein latente Selbstbeziehung ist. Die hiermit formulierte Antwort auf die Frage nach der phänomenologischen Verifizierbarkeit ist eben deshalb mehr als eine Versicherung, weil von ihr die Lösung der logischen Probleme abhängt. In diesem Sinne verifiziert die vorgeschlagene Lösung die Hypothese. Nur dann, wenn man der nicht-anfänglichen Fundamentalbestimmung des reinen Seins als ihr eigenes fundamentum in re die hegelisch verstandene Copula unterstellt, wird einigermaßen nachvollziehbar, daß das Beziehende der abstrakt-unbestimmten Beziehung auf sich als Sein zugleich und zuvor das Allgemeine und letztlich der Begriff sein soll. Denn die Copula vertritt, wie gesagt, den Begriff in seiner Abwesenheit. Sie artikuliert das Sein, dem in der Tat letztlich der Begriff selber zugrunde liegt, so daß *er* es eigentlich ist, der in der unbestimmten Beziehung des Seins überhaupt »sich nur zu sich selbst verhält«.

Diese Interpretation wird, hoffe ich, an Überzeugungskraft gewinnen, sobald wir den Zusammenhang der Copula mit der Reflexion aufrollen. Unterstützung wird ihr aber auch jetzt schon zuteil, nämlich durch die noch ausstehende Antwort auf die Frage nach dem Grund, der Hegel dazu bewogen haben mag, den Titel für das reine Sein im Kontext des Daseins einzuführen.

Das Vorgehen leuchtet ein, wenn man voraussetzt, daß das reine Sein zu der Beziehung nur auf sich, die nicht dem Schein verfällt, erst durch seine reale Eingebundenheit in das Dasein wird. Dazu wird es aber im Urteil und nur in ihm. Die *»ursprüngliche Teilung«* (267_{2}/304), als die in unmittelbarer Nähe Hegels erstmals Hölderlin (StA IV 216 f.) in seinem Fragment über Urteil und Sein (1795) jenes ausgelegt hat (vgl. Henrich 1967, 79), versteht Hegel selber in der Weise, daß mit dem Urteil der Begriff ins Dasein tritt. Das Urteil ist »das *Dasein* oder das *Anderssein* des Begriffs« (268_{34}/306; vgl. GW 7, 80_{3}), und zwar das Urteil schlechthin, nicht nur das »Urteil des Daseins«, mit dem seine Bewegung bloß deshalb anhebt, weil es im ganzen das Dasein des Begriffs ist. Allerdings wird es in seiner Bewegung durch seine verschiedenen Formen hindurch für sich, was es an sich von Anfang an war, »die am *Begriffe* selbst *gesetzte Bestimmtheit* desselben« (264_{18}/301), das heißt dessen »Treten ins *Dasein* als *bestimmtes Sein* überhaupt« (264 f./302), als ein Sein, zu dem außer den existierenden Dingen auch das Sein im Sinne des Begriffs selbst gehört. In Übereinstimmung damit deutet Hegel ja die Copula nach ihrer entsprechend generellen Funktion als die unbestimmte Beziehung des Seins überhaupt, die gleichwohl bestimmtes auf bestimmtes Sein bezieht, das Sein im Sinne des Subjekts auf das Sein im Sinne des prädizierten und in der Prädikation notwendig bestimmten Begriffs. Diese Dialektik von Bestimmtheit und Unbestimmtheit drückt Hegel so aus, »daß das Urteil den *bestimmten* Begriff gegen den noch *unbestimmten* enthält« (265_{16}/302). Man darf annehmen, daß er einen dermaßen doppeldeutigen Ausdruck absichtlich wählt: Das Urteil ist als der bestimmte Begriff *gegen* den unbestimmten abzusetzen, und dennoch ist daran festzuhalten, daß es ihn *enthält* – als die Copula, die das unbestimmte Sein in das bestimmte reflektiert.

Halten wir das bisherige Ergebnis fest! Die soeben angestellten Überlegungen sollten zunächst einmal zeigen, daß Hegel in der Copula die Wahrheit desjenigen Seins erblickt, das am Logikanfang das reine war. Indem er sie als die unbestimmte Beziehung des Seins überhaupt definiert, in der dessen dem Begriff geschuldete Selbstbezüglichkeit noch verborgen ist, holt er tatsächlich eine Einsicht ein, die er bereits in seiner sogenannten Jenenser – bis vor kurzem auf das Jahr 1801 datierten, nach neueren Erkenntnissen (vgl. GW *7*, 360 ff.) 1804/05 entstandenen – Logik formuliert: Sofern die Copula »nicht der Begriff« ist, ist sie »das leere Seyn, das nicht reflectirte Beziehen« (GW *7*, 81_{22}). Unsere Augen sind nun aber auch genügend geschärft, um wahrnehmen zu können, wie Hegel das Wahrheitsmoment in der unbestimmten *Unmittelbarkeit* des reinen Seins rettet. Wir müssen dazu noch einmal weit auf seine Entwicklungsgeschichte zurückblicken. Albrecht (1958, 110) wagt die Behauptung, Hegels philosophisches Bemühen insgesamt habe schon zur Zeit der Veröffentlichung seiner ersten Schriften im Bann von zwei Fragen gestanden, die für ihn eng zusammengehören: »der Frage einerseits nach der Möglichkeit der Reproduktion des Absoluten und der Frage andererseits nach der Möglichkeit synthetischer Urteile a priori«. Die beiden Fragen konvergieren so, wie Hegel sie stellt, im Problem der Entzweiung des Absoluten, seiner »ursprünglichen Teilung«. Es ist klar, daß die Konvergenz nicht ohne eine grundlegende Neufassung der Kantischen Leitfrage zustande kommt. Ineins mit der Kritik, derzufolge Kant »bey der *subjectiven* und äußerlichen Bedeutung dieser Frage stehen blieb« (GW *4*, 326_{35}/2, 304), gibt Hegel in *Glauben und Wissen* eine objektivierende Darstellung. Danach ist die echte Apriorität *Ursprünglichkeit*, die Ursprünglichkeit einer Einheit, als welche die Vernunft selber das Urteil im Schluß vollendet. Diese Einheit ist im Urteil, das heißt unter der Herrschaft der Differenz, die Copula. Schon als solche kein »Product« (GW *4*, 327_{17}/2, 305), ist sie als Copula gar »ein Bewußtloses« (GW *4*, 328_{36}/2, 307). Mit anderen Worten: »die Copula ist nicht ein Gedachtes, Erkanntes, sondern drückt gerade das Nichterkanntseyn des Vernünftigen aus« (GW *4*, 329_{2}/2, 307).

Hier sind bereits alle Elemente vorhanden, die Hegel in der *Wissenschaft der Logik* zum Wiederaufbau der Unmittelbarkeit des reinen Seins benötigt. Diese begegnet im Kapitel über das Urteil gar nicht so sehr unter ihrem eigenen Namen als vielmehr unter dem der Ursprünglichkeit. Zwar ist die Copula im allgemeinen das Sein als »unmittelbare« Beziehung auf sich und im besonderen, etwa in den Formen des positiven und des assertorischen Urteils, »ein unmittelbares, abstraktes Sein« (304$_{13}$/347)[21]. Aber den Terminus ›Abstraktheit‹ benutzt Hegel jetzt als Oberbegriff für die Unmittelbarkeit des reinen Seins, die Unmittelbarkeit des Daseins und die abstrakte Allgemeinheit, »die um ihrer Einfachheit willen gleichfalls die Form der *Unmittelbarkeit* hat« (273$_{9}$/311). Das ist keine äußerliche Subsumtion. Denn Hegel bringt damit zur Sprache, daß in der Sphäre des Begriffs die Unmittelbarkeit nicht mehr als die vermittlungslose vorkommen kann, die sie als die des reinen Seins war, sondern nur noch als Allgemeinheit. »In der Sphäre des Begriffs kann es keine andere *Unmittelbarkeit* geben als eine solche, die *an und für sich* die Vermittlung enthält und nur durch deren Aufheben entstanden ist, d. i. die *allgemeine«* (273$_{24}$/312). Das Zitat verwischt freilich alle Unterschiede, auf die es ankommt, nicht nur die zwischen den drei Unmittelbarkeiten, sondern, weil es zwar im Kapitel über das Urteil steht, aber auf die Sphäre des Begriffs überhaupt abhebt, auch die spezifische Differenz der urteilsmäßigen Unmittelbarkeit des ehemals reinen Seins gegenüber deren Wiederherstellung im Schluß. Im Urteil ist die Unmittelbarkeit des ehemals reinen Seins in derselben Weise gegenwärtig wie die Unbestimmtheit, die sie auszeichnet: Auch sie ist eingebunden in ihr Gegenteil, derart, daß nicht eigentlich sie die Vermittlung enthält, sondern die Vermittlung sie. Aber wie die Unbestimmtheit im Kontext von Bestimmtheit bleibt, was sie ist, so auch die Unmittelbarkeit. Und das, was von ihr bleibt und in Unbestimmtheit nicht aufgeht, nennt Hegel Ursprünglichkeit. Wenn er die Copula als diejenige Einheit von Subjekt und Prädikat faßt, die als solche die Einheit des Begriffes selber inmitten seiner Verlorenheit ist, so denkt er sie nicht nur *von* der »ursprünglichen Einheit des Begriffes« (266$_{37}$/304) *her*, sondern gewissermaßen als die ursprüngliche Einheit selber: Er mutet ihr zu, diese Ursprünglichkeit im Stadium der Verlorenheit des Begriffs zu

21 Das ist sie im assertorischen Urteil. Vgl. zum positiven Urteil: »Wie die beiden Begriffsbestimmungen bestimmt sind, so ist es auch ihre Beziehung, das *Ist*, Copula; sie kann ebenso nur die Bedeutung eines unmittelbaren, abstrakten *Seins* haben« (273 f./312).

bewahren. Denn anders könnte er sie nicht zu dessen Statthalterin ernennen. Das Urteil ist eben nicht nur Teilung »des ursprünglich Einen« (267_2/304), sondern selbst *»ursprüngliche«* Teilung, und die ist als solche »die Allmacht des Begriffes« (307_1/350).

Unter den Bedingungen der Begriffsabsenz ist die Copula *in* ihrer Ursprünglichkeit »das Nichterkanntseyn des Vernünftigen«, »der Index der Nicht-Absolutheit des Wissens« (Arend Kulenkampff 1970, 40). Ihre solcherart negative Bestimmung definiert ihre Ursprünglichkeit wesentlich mit. Daß in der Copula das Nichterkanntsein des Vernünftigen liegt, schränkt ihre Ursprünglichkeit nicht bloß ein, sondern macht deren Eigentümlichkeit aus. Die Negativität ist der Preis, den wir für unsere Befreiung vom Schein der Vorgegebenheit zahlen müssen. Nachdem Hegel Ursprünglichkeit, die Positivität sein soll, als Schein durchschaut hat, vermag er sie nur als negative zu retten. Darin ist keine Schwäche seiner Theorie zu sehen; darauf beruht im Gegenteil deren Stärke. Die Theorie befriedigt, weil sie einerseits dadurch, daß sie die Ursprünglichkeit mit einem negativen Vorzeichen versieht, dem Schein entkommt und andererseits die Ursprünglichkeit gleichwohl *als* solche zu denken erlaubt. Das wird deutlicher, wenn wir das Allerweltswort ›Negativität‹ gegen den Begriff eintauschen, der für das konkret hier Gemeinte einsteht: »das Nichterkanntseyn des Vernünftigen«. Negativ ausgedrückt, ist die Copula, als Statthalterin einer auch ihrerseits nicht produzierten Einheit, »ein Bewußtloses«, »nicht ein Gedachtes, Erkanntes«. Derlei negative Kennzeichnungen müssen aber gewöhnlich für die absolute Positivierung herhalten. Nicht zu denken ist das Sein, meint man, weil es das Unvordenkliche, das schlechthin Vorgegebene ist. Auf dem Boden dieser von Jacobi, Schelling und den meisten anderen Zeitgenossen Hegels geteilten Überzeugung konstruiert Hölderlin in seinem Fragment von 1795 einen Gegensatz von Urteil und Sein: Das Sein denkt er als die schlechthin ursprüngliche Einheit, von der man darum, weil sie sich dem Erkennen entzieht, auch sagen muß, daß sie der Teilung vorausliege. Davon akzeptiert Hegel, daß wir im Vollzug der Prädikation auf ursprüngliche Weise des

Seins inne sind. Auch nach seiner Auffassung verstehen wir Sein im Aussprechen des ›ist‹ unmittelbar, das heißt nicht von anderem her; das ›ist‹, als die wahrhaft synthetische Einheit der Apperzeption, ist »das Erste und Ursprüngliche«, »aus welchem das subjective Ich sowohl als die objective Welt erst zur nothwendig zweytheiligen Erscheinung und Product sich trennen« (GW *4*, $329_{19}/2$, 308). Indessen soll ja die Copula »das Nichterkanntseyn des Vernünftigen« *als Vernunft* sein. Im Lichte ihrer Vernünftigkeit offenbart das Nicht sich als ein *Noch*-Nicht. Gerade weil der Unterschied von Urteil und Schluß dem von Verstand und Vernunft entspricht, muß die das Urteil auszeichnende Copula, um ihre Funktion erfüllen zu können, die Vernunft antizipieren; fungiert doch der Verstand, hegelisch gedacht, in seiner Noch-Nicht-Vernünftigkeit gleichwohl schon als Vernunftorgan. Es dürfte kein Zufall sein, daß Hegel das Moment der Antizipation nirgends sonst in der *Wissenschaft der Logik* so stark betont wie im Kapitel über das Urteil. Als Beispiel sei nur seine These erwähnt, daß die dem Subjekt des partikulären Urteils zugrunde liegende Allgemeinheit »diejenige Allgemeinheit, welche das Resultat des Reflexionsurteils ist, *antizipiert*, wie auch das positive Urteil, indem es das Einzelne zum Subjekte hat, die Bestimmung antizipierte, welche Resultat des Urteils des Daseins ist« (289_{22}/330)[22]. Den Realitätsgehalt dieser auf spezielle Urteilsformen bezogenen These, deren generelle Bedeutung das durch das ganze

22 Hermann Schmitz (1957, 101 ff.) hat dargelegt, daß in der Jenenser Logik das Urteil in den Schluß »durch ein Postulat« übergeht, also durch die Verwirklichung einer Antizipation. Nach seiner Auffassung unterscheidet sich Hegels erste Logik insofern von der ausgearbeiteten wesentlich. Die Einlösung eines Postulats, so meint er, steht in der Jenenser Logik an der Stelle einer Bewegung, die auf die Mitte des Schlusses zutreibt. Diese Art der Entgegensetzung der beiden Logiken ist aber meines Erachtens ganz haltlos. Wie einerseits die späte Urteilslehre noch das Moment der Antizipation enthält, so ist andererseits schon der frühen zu entnehmen, daß das Urteil in den Schluß übergeht, indem die Copula sich in der Mitte des Schlusses erfüllt (vgl. bes. GW 7, 93). Ich kann deshalb auch nicht sehen, inwiefern in der Jenenser Logik das Verhältnis von Urteil und Schluß noch »dualistisch« konzipiert gewesen sein soll. Bei der Einschätzung der von Schmitz vorgetragenen Interpretation muß man allerdings berücksichtigen, daß er noch von der Annahme ausging, die Jenenser Logik sei bereits 1801 entstanden.

Kapitel sich hindurchziehende »noch nicht« dokumentiert, können wir erst später ausschöpfen. Im Augenblick sollten wir unsere Aufmerksamkeit auf den wichtigen Umstand konzentrieren, daß das Noch-Nicht und das Schon keineswegs auseinanderfallen. Das unmittelbare Vorverständnis von Sein im Gebrauch der Copula verdankt sich vielmehr selber der Vernunft, deren Wirklichkeit noch bevorsteht. Im Rekurs auf die unbestimmte Unmittelbarkeit des reinen Seins habe ich bei der Interpretation der Daseinslogik, ausgehend von Nuancen in Hegels eigener Nomenklatur, zwischen dem Ursprünglichen und dem Anfänglichen unterschieden (s. oben, S. 203 f.). Hegel rettet das Wahrheitsmoment in der unbestimmten Unmittelbarkeit des reinen Seins, indem er zugleich diese Differenz einholt. Die Ursprünglichkeit der Copula ist, genau genommen, nur eine Anfänglichkeit, die selber der Anfang des Ursprünglichsten ist, als welches Hegel allein das als Ultimum sich offenbarende Primum gelten läßt.

Gegen die vorgeschlagene Interpretation wird man vielleicht einwenden, daß das am Begriff der Ursprünglichkeit Erläuterte bei Hegel keinen Niederschlag im Begriff der Unmittelbarkeit finde, obwohl es doch *deren* Wahrheit ist, die nach der zu verifizierenden Hypothese gerettet werden soll. So verhält es sich jedoch nicht. Hegel zeichnet die Gedankenfigur der anfänglichen Ursprünglichkeit durchaus, wenn auch nur andeutungsweise, in den Rahmen ein, der durch das Begriffspaar ›Unmittelbarkeit‹ – ›Vermittlung‹ abgesteckt ist. Als nicht Gesetztes ist die Copula »ein Setzendes« (Schrader-Klebert 1969, 59). Sie setzt Subjekt und Prädikat, indem sie diese »Urteilsbestimmungen« (293₁₅/334), selber unbestimmt bleibend, aufeinander bezieht und dadurch vermittelt. Sie ist das Vermittelnde in der ihr eigentümlichen Gestalt des Beziehenden. In der Bewegung des Urteils erfüllt sie ihre Vermittlungsaufgabe immer vollkommener, bis sie eben, nach der noch zu problematisierenden These Hegels, durch ihre Vollendung in der Mitte des Schlusses untergeht. Der, wie Hegel meint, als Schluß hervortretende Begriff ist jenes Ursprüngliche, das in ihrer Anfänglichkeit zum Vor-Schein kommt. Diese Anfänglichkeit aber fällt zusammen mit der spezifischen Unmittelbarkeit des Vermittelnden, als das die Copula sich zum Begriff bildet. Und: Erst das Vermittelnde ist das wahrhaft Unmittelbare, das Unmittelbare, dessen Ursprünglichkeit nicht in Schein sich auflöst. Die Reflexionslogik vermag die Unmittelbarkeit letztlich deshalb nicht wiederherzustellen, weil sie aus ihrem Ansatz das Vermittelnde ausschließt. In Ansatz bringt sie nur (1) das Unmittelbare als das Seiende, dessen Schein sie aufzulösen hat, (2) das – nicht auszudenkende – Unmittelbare als das in Wahrheit Vermittelte und (3) die absolute Vermittlung, welche die Unmittelbarkeit einmal – in nachvollziehbarer Weise – an ihr selber hat und sie zum andern – so die unerfüllbare Intention Hegels – durch ihr Negieren aus sich entlassen soll. Das Vermittelnde aber ist weder das vermeintlich einfachhin Unmittelbare noch das Vermittelte noch auch eine Vermittlung, deren einsehbare Unmittelbarkeit bloß in ihrer Gleichheit mit sich liegt. Den Gegensatz des Unmittelbaren und des Vermittelten hebt es nicht in der Vermittlung auf, sondern in einer Unmittelbarkeit, die eben als Ursprünglichkeit zu charakterisieren ist und die als die Unmittelbarkeit des Vermittelnden auch ursprünglicher ist als die Vermittlung.

Diese Entgegnung ruft vermutlich einen anderen Einwand hervor. Er betrifft das Verhältnis von Urteil und Schluß. Wird hier nicht, könnte man fragen, die Position des Urteils auf Kosten des Schlusses gestärkt? Man könnte zunächst darauf hinweisen, daß Hegel selber es tunlichst vermeidet, die Copula als das Vermittelnde anzusprechen, während er die Mitte des Schlusses, in die sie übergeht, mit Emphase so nennt (vgl. u. a. 310_{34}/354, 325_{24}/371). Sodann und vor allem wäre die Wiederherstellung der Unmittelbarkeit im Schluß geltend zu machen. Läßt die sich überhaupt noch denken, wenn man dermaßen auf die Unmittelbarkeit des ›ist‹ im Urteil abhebt? Nun, auch Hegel vertritt selbstverständlich die Auffassung, daß der Schluß, indem er über das ›ist‹ hinausgeht, auch dessen Unmittelbarkeit übersteigt. Er setzt die Vernünftigkeit des Schlusses »gegen die *Unmittelbarkeit* der Beziehung, die im *Urteil* noch stattfindet« (314_{31}/358). Allerdings weicht die vorgeschlagene Interpretation in *einem* Punkt tatsächlich von der Meinung Hegels ab. Ihr liegt die Annahme zugrunde, daß der Schluß nur diejenige Unmittelbarkeit wiederherstelle, welche schon die Reflexionstheorie rekonstruieren sollte. Als der vollendete Kreis ist er selber nur, was die affirmative Unendlichkeit in der Seinssphäre und die reine Reflexion in der Wesenssphäre war. Es ist »die Vermittlung, die den Schluß allein ausmacht« (311_{24}/355). Wiewohl auch er in seiner anfänglichen Form auf »eine gegebene Unmittelbarkeit« (327_{18}/373) rekurriert, eignet ihm wesentlich nur eine solche, die »Sein« in reflexionslogischem Sinne ist, das heißt einmal »die Beziehung auf sich selbst« (348_{16}/397) und zum andern die, welche angeblich aus dem »Aufheben der Vermittlung« hervorgeht, die Unmittelbarkeit desjenigen Seins, das Hegel als Objektivität bezeichnet (352_{18-24}/401). Die erste enthält gegenüber der Unmittelbarkeit der Reflexion grundsätzlich nichts Neues, und die zweite hat sich bereits an ihrem Ursprungsort als Illusion erwiesen. Deshalb ist vom Übergang des Schlusses in die Objektivität auch keine wirklich vom Schein befreiende Wiederherstellung der Unmittelbarkeit des *Daseins* zu erwarten. Das ›ist‹ des Urteils hingegen erweist sich, wie wir im nächsten Abschnitt sehen werden, faktisch eben darin als das Vermittelnde, daß es zwar nicht diese – grundsätzlich unerfüllbare – Aufgabe erfüllt, aber doch die daseinsmäßige Unmittelbarkeit in etwas ihr Entsprechendes verwandelt.

2.2 Die Verwandlung der Unmittelbarkeit des Daseins

2.2.1 Der Vor-Schein der Wahrheit in der Copula

In der Jenenser Logik von 1804/05 war der Schluß noch »die schlechte Realität des Begriffs« (GW 7, 106_{1}). Zu dessen schlechter Realität hat ihn Hegel damals zwar nicht deshalb herabgesetzt, weil er der Überzeugung gewesen wäre, daß gegenüber den selbständigen Extremen des Urteils deren im Schluß sich realisierende Identität, »die bestimmte inhaltsvolle Mitte« (314_{1}/

358), bloß »Schein« sei (Schmitz 1957, 102 f.). Stand für ihn doch schon 1802, bei der Abfassung von *Glauben und Wissen*, fest, daß das Urteil seine Wahrheit im Schluß habe, und dies eben insofern, als »die absolute Identität«, im Urteil zurücktretend hinter »die überwiegende Erscheinung der Differenz«, erst im terminus medius für sich hervortritt (GW *4*, 328_{34}/2, 307). Die schlechte Realität, zu welcher der Begriff im Schluß verkommt, hebt sich in der Jenenser Logik von der ihr nachfolgenden »Proportion« ab, unter deren Titel Hegel dort abhandelt, was er später unter die »Idee des Wahren« (bes. 451 ff./512 ff.) subsumiert; sie hebt sich nicht oder jedenfalls nicht einfachhin vom Urteil ab. Denn als eine schlechte Realität des Begriffs führt Hegel 1804/05 auch das Urteil ein (GW *7*, 80_{3}). Allerdings war dieses in seiner damaligen Sicht »die schlechte und wahrhaffte Realität« zugleich (GW *7*, 91_{27}). Die Urteilsbewegung zielte nach Hegels erstem Logikentwurf auf eine eigentümliche Vereinigung beider Realitäten ab, so daß am Ende auch die Theorie Einheit von Kritik der schlechten und Darstellung der wahrhaften Realität sein konnte (vgl. GW *7*, 92_{9}). In »ihrer wahrhafften Realität« sind Subjekt und Prädikat als das »gesetzt, was sie in Wahrheit an sich selbst sind«, weil sie beide aufhören, »ein positives zu seyn« (GW *7*, 92_{1}). Genau dadurch findet zwischen der wahrhaften und der schlechten Realität jene gewisse Vereinigung statt. Denn sofern das Urteil auf so etwas wie die Positivität seiner Bestimmungen, das heißt auf deren ihm einverleibte Selbständigkeit, angewiesen ist, muß man sagen: »die wahrhaffte Realisirung des Subjects und Prädicats ist selbst eine schlechte Realisirung des Urtheils« (GW *7*, 92_{13}). Dieses ruiniert sich durch das Selbstwerden seiner Bestimmungen. Hierin ist nun auch begründet, daß in der Jenenser Logik mit der Geringschätzung des Schlusses in gewisser Hinsicht tatsächlich eine um so höhere Einschätzung des Urteils einhergeht. Nachdem Hegel das Urteil als die schlechte Realität gekennzeichnet hat, fügt er ziemlich unvermittelt hinzu, es sei »der Ausdruck dessen, was der Begriff in Wahrheit« ist (GW *7*, 80_{10}).

Wie beides zusammengehört, lehrt erst die ausgearbeitete Logik von 1816. Ihr zufolge ist der Schluß nicht nur »die Wahrheit des Urteils« (314$_{34}$/359), sondern »als die Wiederherstellung des Begriffes im Urteile« die »Wahrheit beider« (308$_{15}$/351). Die Wahrheit auch des ursprünglichen Begriffs ist der Schluß so ausschließlich, daß das Urteil für eine solche Wahrheitsfunktion gar nicht in Frage kommt. Hegels Fixierung der Wahrheit auf Einheit macht es ihm unmöglich, in der »ursprünglichen Teilung« die Wahrheit des »ursprünglich Einen« zu sehen. Indessen liegt just in der Freiheit des Urteils von der eingeschränkten Wahrheit des ihm Vorhergehenden seine Freiheit zu der uneingeschränkten Wahrheit, um die es bei der Explikation des Logischen schlechthin geht. Die *Wissenschaft der Logik* definiert das Urteil als das »Setzen der bestimmten Begriffe durch den Begriff selbst« (264$_{25}$/301). Durch diese Definition führt sie es aus der Enge seiner Herkunft ins Weite hinaus. Ins Spiel bringt Hegel die bestimmten Begriffe als ein Synonym für die »Begriffsbestimmungen« (264$_{19}$/301), also die totalisierten Momente des ursprünglichen Begriffs, der sich in Allgemeinheit, Besonderheit und Einzelheit auseinanderlegt. Unversehens aber universalisiert er sie. Unter der Hand nimmt die Rede von den bestimmten Begriffen die Bedeutung an, die er ihr auch in der Vorrede zur zweiten Ausgabe seines Werkes verleiht: Sie meint alle zuvor entwickelten Kategorien, die ja in einem umfassenden Sinne gleichfalls Begriffsbestimmungen sind, die in der Seins- und Wesenslogik kritisch dargestellten Bestimmungen »*des Begriffes selbst*, der die Grundlage der bestimmten Begriffe ist« (I 18$_{37}$/30). Wenn Hegel das Urteil das Setzen der bestimmten Begriffe durch den Begriff selbst nennt, so erklärt er es letztlich zum Konstitutionsgrund *aller* logischen Kategorien. Das Urteil ist für ihn nicht nur »*eine* andere Funktion als das Begreifen«, sondern »vielmehr *die andere* Funktion des Begriffes« (264$_{27}$/301), nämlich eben das Bestimmen, durch das die bestimmten Begriffe ihre Bestimmtheit empfangen. Daß die bestimmten Begriffe hier nicht mehr bloß die Begriffsbestimmungen der Allgemeinheit, Besonderheit und Einzelheit sind, sondern alle logischen Kategorien, erhellt aus der programmatischen Forderung: »Was es für bestimmte Begriffe *gibt*, und wie sich diese Bestimmungen (...) notwendig ergeben, dies hat sich im Urteil zu zeigen« (264_{31}/302). Denn die Begriffsbestimmungen im engen Verstande sind ja bereits wohldefiniert und auch der Zahl nach festgelegt. Von ihnen brauchte also nicht noch gezeigt zu werden, mit welchen und mit wie vielen wir es zu tun haben. Zwar wissen wir auch schon, welche bestimmten Begriffe *vor* ihnen entwickelt worden sind. Aber wir wissen noch nicht, was es für bestimmte Begriffe *gibt,* weil erst das Urteil enthüllt, auf welche Weise sie sich ergeben; denn das Urteil ist der Grund dafür, daß es sie überhaupt gibt und wie es sie gibt.

Mit alledem spricht Hegel nichts Geringeres aus als die Einsicht, daß dem urteilsmäßigen Satz der logisch-ontologische Vorrang vor den gemeinhin so genannten ›Begriffen‹ gebührt. Mit dem Übergang zum Urteil wird offenbar, daß die in der *Wissenschaft der Logik* bisher thematisch gewordenen Bestimmungen eben deshalb keine derartigen ›Begriffe‹ sind, weil sie dem urteilsmäßigen Satz entspringen. *Hierauf* beruht die Schlüsselposition der Urteilslehre. Mag es auch töricht sein, das Kapitel über das Urteil in den Rang des Zentraltextes der Hegelschen Logik erheben zu wollen, so nimmt es doch gegenüber der gesamten logischen Theorie insofern eine metatheoretische Stellung ein, als es in der Analyse seines Gegenstandes die eine Wahrheit in der Wahrheit aller bestimmten Begriffe freilegt.

Da dieser Punkt, wie ohne weiteres einleuchten dürfte, für die Verifizierung der Hypothese, von der die vorliegende Untersuchung sich anleiten läßt, eine ausschlaggebende Bedeutung hat, müssen wir noch einen Augenblick bei ihm verweilen. Was Hegel mit der an den Anfang des Kapitels gestellten Definition des Urteils verallgemeinernd vorwegnimmt, konkretisiert er nach mehreren Seiten. Die bestimmten Begriffe kommen im Urteil als Subjekt und Prädikat vor. Aber Subjekt und Prädikat werden erst im Urteil und durch das Urteil zu dem bestimmt, was sie sind. »Was jedes ist, kann eigentlich noch nicht gesagt werden; sie sind noch unbestimmt, denn erst durch das Urteil sollen sie bestimmt werden« (265_{12}/302). Nun führt Hegel in einer grundsätzlichen Besinnung auf »das Verhältnis des Urteils zum Begriffe« (268_{27}/306) aus, daß jenes im Bestimmen von Subjekt und Prädikat auch die bestimmten Begriffe selber, die in ihm die

Rolle von Subjekt oder Prädikat spielen, *als* bestimmte setzt. Es gibt nach seiner Auffassung nicht zunächst Begriffe, die dann zum Urteil zusammengesetzt würden, indem sie Subjekt- beziehungsweise Prädikatcharakter annehmen. Vielmehr *ist* das Urteil der Begriff in seiner Bestimmtheit, derart, daß die gemeinhin so genannten ›Begriffe‹ nur als seine Bestimmungen sind. Entsprechend zweistufig baut Hegel seine Kritik am überlieferten Urteilsverständnis auf. Traditionell werden »Subjekt und Prädikat, jedes als außer dem andern für sich fertig, betrachtet; das Subjekt als ein Gegenstand, der auch wäre, wenn er dieses Prädikat nicht hätte; das Prädikat als eine allgemeine Bestimmung, die auch wäre, wenn sie diesem Subjekte nicht zukäme« (267_7/304). Aber die Kritik an der Hypostasierung von Subjekt und Prädikat verschärft sich zur Destruktion der Vorstellung, welche die Begriffe überhaupt aus ihrer ursprünglichen Einheit im Urteil löst und den Schein ihres Für-sich-Bestehens erzeugt. Nachdem Hegel seine schon des öfteren abgegebene Erklärung wiederholt hat, »daß das, was man so zu nennen pflegt, keineswegs den Namen von Begriffen verdient«, stellt er die Frage: »wo sollten nun beim Urteile Begriffe herkommen?« (268_{22}/306). Sie können von nirgendwo herkommen, weil erst das Urteil das »Setzen der bestimmten Begriffe durch den Begriff selbst« ist (vgl. Taylor 1975, 308 f.).

Was die Aufdeckung des Ursprungs der bestimmten Begriffe aus dem Urteil negativ besagt, läßt sich besonders klar an dessen Beziehung zur Reflexion ablesen. Nach der logischen Systematik gehören Urteil und Reflexion zusammen: Wie diese die Mitte einnimmt zwischen Sein und Begriff, so befindet jenes sich innerhalb der eigentlichen Begriffslogik, der Logik der Subjektivität, inmitten des Begriffs als solchen und des Schlusses. Da das Urteil seine spezifische Differenz gegenüber den beiden letzteren in der Copula hat, die seine Formbestimmtheit ausmacht, bildet es den Zusammenhang von Sein, Reflexion und Begriff auch in sich selbst so ab, daß die Reflexion auf die Seite der Copula zu stehen kommt. Die Zuordnung der Copula zur Reflexion ist die systematisch notwendige Konsequenz aus der Proportionsanalogie von Subjekt und bestimmtem Sein einerseits, Prädikat und

Begriff andererseits. Sie wird nur insoweit relativiert, als Hegel die Copula zum Prädikat zieht. Aufgrund der Einheit der beiden ragt das Prädikat in die Sphäre der Reflexion und die Copula in die Sphäre des Begriffs hinein. Im Subjekt-Prädikat-Verhältnis begegnet uns so auch »der Gegensatz des *Seins* und der Reflexion oder des *Ansichseins«* (268_{37}/306), eines Ansichseins allerdings, das Hegel begriffslogisch überformt (vgl. 266_{2}/303; 266_{10}/303; 305_{32}/348), so wie die Copula auch als Analogon zum Begriff, da sie ihn bloß in seiner Abwesenheit vertritt, der noch unentwickelte Begriff ist, mithin doch nur wieder das Moment der Reflexion im Ganzen des Urteils.

Nun tritt das Urteil die Nachfolge der Reflexion nicht in der Weise des Schlusses an. Der Schluß setzt die Reflexion, natürlich unter den veränderten Bedingungen der Begriffslogik, noch einmal. Das Urteil hingegen *er*setzt die Reflexion. Der Schluß reproduziert die der Reflexion, wie auch schon der affirmativen Unendlichkeit, eigene Struktur, indem er die Kreisbewegung in der gewandelten Form einer Permutation seiner Termini erneuert. Das Urteil hingegen leistet, was die Reflexion leisten sollte, als ein strukturell ganz anderes Gebilde. Funktional oder hinsichtlich dessen, was es leistet, ist es wie die Reflexion Setzen und als solches wie die Reflexion Bestimmen. Aber Hegel spricht die Macht des Setzens ihm zu, indem er sie der Reflexion abspricht. Man wird sich erinnern, daß Hegel das seinslogische Übergehen in der Seinslogik selber stets gegen das Setzen als Reflexion abgehoben hat: *»Setzen«*, so hieß es da, »fällt eigentlich erst in die Sphäre des Wesens, der objektiven Reflexion« (I 109_{4}/130). Bei der Erläuterung des Hegelschen Begriffs der Negation als Tätigkeit habe ich bereits auf eine Stelle des Urteilskapitels vorgegriffen, derzufolge der objektive Sinn des Urteils darin liegt, »die *wahre* der früheren Formen des Übergangs« zu sein (s. oben, S. 181 f.). An dieser Stelle (269_{17-31}/307) fällt auf, daß Hegel die Reflexion jetzt nicht mehr als Setzen gelten läßt. Er schränkt die reflexionslogische Bewegung auf das »Scheinen« ein, das er dem Übergehen koordiniert oder gar subordiniert, während »das *ursprüngliche Teilen* des *Begriffes«*, als die Wahrheit des Übergehens, selber, wie wir sehen werden, gerade kein bloßes Übergehen mehr ist. Hegel will damit offenkundig zum Ausdruck bringen, daß die Reflexion die Funktion des Setzens an das Urteil abgegeben hat. Dieser Wechsel des Funktionsträgers ist aber keine bloße Delegation, sondern eine Abdankung des Alten zugunsten eines Neuen. Denn als Urteilen besitzt auch das Setzen selber eine von der setzenden Reflexion völlig verschiedene Verfassung. Die Demonstration der Urteilsbewegung ist, betont Hegel, »nur eine *Monstration*, eine Reflexion als *Setzen* desjenigen, was in den Extremen des Urteils schon *vorhanden* ist; aber auch dies Setzen selbst ist schon vorhanden; es ist die *Beziehung* der Extreme« (272_{5}/310). Setzen ist die Copula im Urteil als Beziehen und damit als jenes Vermitteln, das die Reflexion wesensmäßig nicht ist.

Inwiefern konkretisiert Hegels These über den Zusammenhang von Urteil und Reflexion seine Initialaussage, das Urteil sei das »Setzen der bestimmten Begriffe durch den Begriff selbst«? Die Bestimmungen des Seins sind ganz in die Gegenständlichkeit verloren, obwohl auch sie ihre Wahrheit an sich in Sätzen haben. Demgegenüber lassen die Reflexionsbestimmungen sich im Grunde gar nicht mehr von ihrer Satzform trennen. Evident ist der Satzcharakter der eng und streng verstandenen Reflexionsbestimmungen, das heißt derer, die das zweite Kapitel der Wesenslogik abhandelt. Unter dem Titel ›Identität‹ thematisiert dieses Kapitel eigentlich den *Satz* der Identität, im Abschnitt über den Gegensatz (unter anderem) den *Satz* vom ausgeschlossenen Dritten, als Widerspruch den *Satz* vom Widerspruch. Die Jenaer Vorlesungsreinschrift von 1804/05 behandelt diese Bestimmungen denn auch unter der Überschrift einer Metaphysik, die sich als ein »System von Grundsätzen« ausgebildet hat (GW *7*, 126 ff.). Aber mehr oder weniger augenscheinlich haben auch die mit den wesenslogischen Kategorien überhaupt zusammenfallenden Reflexionsbestimmungen die Form von Sätzen. Das Kapitel über den Grund befaßt sich mit dem »Satz des Grundes«, das Kapitel über die Existenz mit dem (von Hegel selbst aufgestellten) »Satz der Existenz« (102_{16}/125) usw. Was die Reflexionsbestimmungen sensu stricto betrifft, so macht Hegel auf ihre

Nähe zur Satzform eigens aufmerksam. »Den Reflexionsbestimmungen«, bemerkt er anläßlich der Identitätskategorie, »liegt die Form des Satzes selbst nahe« (25₆/37). Dabei meint er nicht einmal nur die Form des »gewöhnlichen« Satzes, sondern durchaus auch die des »spekulativen«. Er kritisiert die Form des »gewöhnlichen« Satzes, dessen die Metaphysik sich bedient hat, und stellt in dieser Kritik die Bewegung des »spekulativen« dar, in die jene Form zu verflüssigen ist. Zwar haben die Grundsätze, in denen die Metaphysik Reflexionsbestimmungen wie die der Identität faßt, »die schiefe Seite«, diese Bestimmungen auf Substrate aufzutragen (25₁₄/37). Aber die logische Analyse etwa des Identitätssatzes findet gerade in dessen Satzform eine Anzeige auf die »dialektische« Bewegung, die den in ihm vorausgesetzten Begriff, den unwahren Begriff abstrakter Identität, dementiert: »Es liegt also in der *Form des Satzes*, in der die Identität ausgedrückt ist, *mehr* als die einfache, abstrakte Identität (...). Die Form des Satzes kann als die verborgene Notwendigkeit angesehen werden, noch das Mehr jener Bewegung zu der abstrakten Identität hinzuzufügen« (31₄/44). Nur vermag das in der Wesenslogik dargestellte Wissen auch dann, wenn es dieser Forderung aufgrund der Erfahrung, die es mit sich selbst macht, faktisch nachkommt, nicht einzusehen, daß es damit einer Notwendigkeit der Satzform seiner eigenen Bestimmungen folgt. Weil es das Setzen zur objektiven Reflexion vergegenständlicht, entgeht ihm, daß »diese reine Bewegung der Reflexion« in der Form der von ihm selbst proklamierten Grundsätze liegt (31₆/44). Das Urteil ist nun das aus der Gegenständlichkeit zurückgeholte Setzen oder die entmystifizierte Reflexion. Es tritt an die Stelle der Reflexion, ohne selber wie diese strukturiert zu sein, indem es die Wahrheit über die Reflexionsbestimmungen ausspricht: daß sie ihren Ursprung im Setzen des Satzes haben. Sie erweisen sich als die Urteilsbestimmungen, zu denen das Urteil selber sich exakt so verhält, wie die Reflexion sich zu ihnen verhalten sollte.

Die spekulativ-dialektische Lehre vom Urteil entdeckt in diesem, habe ich behauptet, die eine Wahrheit in der Wahrheit aller bestimmten Begriffe. Die Behauptung kann sich durchaus auf das Selbstverständnis Hegels stützen. Daß das Urteil, bar jeder Wahrheit, die aus Bestimmtem resultiert, eben deshalb und vermöge der Unbestimmtheit seiner spezifischen Form die Wahrheit schlechthin in sich aufnimmt, die logisch zunächst das Setzen der bestimmten Begriffe durch den Satz ist, bringt Hegel mit der These zur Sprache: »Das Urteil ist in dieser Weise *Wahrheit*; denn es ist die Übereinstimmung des Begriffs und der Realität« (272_{33}/311). Die These, die übrigens den Ausgangspunkt der Bewegung des Urteils markiert und keineswegs erst für dessen Selbstaufhebung gilt, ist bewußt provokant formuliert. Sie drückt Hegels ironische Stellung zur Metaphysik geradezu beispielhaft aus: Hegel greift die metaphysische Wahrheitsdefinition nur auf, um ihr just durch ihre Übersteigerung den Boden zu entziehen (vgl. Theunissen 1975 a). Er übersteigert sie, indem er die adaequatio intellectus et rei in den Intellekt selbst verlegt, in die urteilende Subjektivität. Er entzieht ihr hiermit den Boden, indem er, wie es jedenfalls auf den ersten Blick aussieht, den Gegenstandsbezug entfernt und so die Übereinstimmung ihrer Grundlage beraubt. Dieses Vorgehen veranlaßt Albrecht dazu, die in der vorangegangenen Lehre vom Begriff als solchem steckenden »Voraussetzungen durch die einfachere zu ersetzen, daß ein jedes Urteil sich selbst verifiziert« (1958, 69). Die Ersatzthese ist der authentischen insofern angemessen, als auch diese einen dynamischen Prozeß meint: Das Urteil ist zwar nicht nur der *Ort* der Wahrheit, den die Tradition in ihm gesucht hat, sondern die Wahrheit *selber,* aber als *Geschehen.* In ihm entsteht die Wahrheit allererst. Wie das Urteil als Wahrheitsgeschehen zu denken ist, lehrt sein Vergleich mit der Reflexion. Es enthüllt im besonderen die Wahrheit, die den bestimmten Begriffen von der Art der Reflexionsbestimmungen zugrunde liegt, indem es den Schein auflöst, den die Hypostasierung des Setzens zur objektiven Reflexion erzeugt. Das Urteil vollzieht sich demnach als eine Bewegung, in der Wahrheit durch die Auflösung von Schein zum Vor-Schein kommt. In ihm kristalliert sich also die logische Gesamtbewegung, die nichts anderes ist als eine den Schein auflösende Enthüllung von Wahrheit.

An dieser Stelle müssen wir den früher (S. 406) abgeblendeten

Horizont ausleuchten, von dem her Hegel »das *Sein* im Sinne des Subjekts« letztlich versteht. Das Satzsubjekt dient – das wurde bereits angedeutet – der Identifikation von Gegenständen aus dem Umkreis des bestimmten Seins, das zunächst und vor allem eine Welt von existierenden Dingen ist. Es ist aber nach Hegel »eigentlich die bloße *Vorstellung*, welche die vorausgesetzte Bedeutung des Subjekts ausmacht« (266_{18}/303). Aus dem Wort ›vorausgesetzt‹ soll hier der Ton der Kritik herausgehört werden, den bereits die phänomenologische Theorie des spekulativen Satzes anklingen läßt. Das Satzsubjekt ist für sich genommen noch kein Begriff, sondern nur Name. Das verrät sein eigener Name: »das zugrunde Liegende *(subiectum, hypokeimenon)* ist noch nichts weiter als der Name« (266_{25}/304). Das *Voraus*setzen hat zu seinem intentionalen Korrelat einen Namen, der im Gegensatz steht zum Begriff als dem Resultat des *Setzens.* Wenn aber das nur als Name bestimmte, begrifflich ganz unbestimmte Subjekt das Setzen der bestimmten Begriffe verleugnet, dann ist das in ihm artikulierte oder vielmehr nicht artikulierte Sein wesentlich *Schein.* Das Subjekt »*erscheint* (Hervorhebung M. T.) zunächst als das *Seiende* oder *Fürsichseiende*« (269_{3}/306), besser gesagt: als das Ansichseiende im metaphysischen Verstande. Dieser Schein hängt ihm genauso notwendig an wie den bisher kritisch dargestellten Kategorien, die alle formal unbestimmt sind, sofern ihre Bestimmtheit bloß als die des Inhalts vorgestellt und nicht auf ihren Ursprung zurückgeführt wird. Dabei ist eben die Bestimmtheit der an sich bestimmten Begriffe das an ihnen, »was als Inhalt erscheint« (I 18_{34}/30). In ihrer Bestimmtheit gesetzt aber werden die bestimmten Begriffe erst als Prädikate: »das Prädikat ist diese *gesetzte* Bestimmtheit« (270_{18}/308), und die gesetzte, selbst aus dem bestimmenden Setzen begriffene Bestimmtheit der bestimmten Begriffe ist jene Wahrheit, die wir dem Prädikat bisher weniger im Nachdenken der Hegelschen Theorie zugedacht als bloß in ihrem Nachsprechen zugesprochen haben.

Auflösung von Schein und Enthüllung von Wahrheit ineins ist das Urteil mithin als Prädikation. Hegel denkt die Prädikation als eine Bewegung, die vom Subjekt zum Prädikat verläuft, derart, daß das bloß vorgestellte und damit in Schein eingehüllte Subjekt im Prädikat begriffen und damit nach seiner Wahrheit gewußt wird. Die Copula aber fungiert als Transformator; sie transformiert den Schein in die Wahrheit. Dementsprechend, daß sie überhaupt nichts als das von allen Inhalten entblößte, rein formale Übergehen darstellt (s. oben, S. 123 f.), geht in ihr Schein in Wahrheit über. Diese Feststellung dementiert natürlich in keiner Weise die Aussage, das ›ist‹, zu dem ja außer dem prädikativen auch das existentielle und das veritative Sein gehört, sei – in einer ganz anderen Bedeutung des Wortes – selber die Wahrheit des Seins, das heißt das einzige, das sich vernünftigerweise unter Sein verstehen läßt. Wohl aber ist vielleicht nicht überflüssig zu bemerken, daß Hegels Annahme eines bloßen Vor-Scheins der Wahrheit in der Copula gut zu der von Kahn vertretenen These über die veritative Nuance des prädikativen Seins paßt, freilich als das dialektische Gegenstück einer undialektischen Theorie.

Übrigens ist jetzt an der Copula ein Zug hervorgetreten, der einen noch wichtigeren Anlaß bietet, auf die Kahnsche Theorie zurückzukommen. Nach Kahn übt die Copula, wie schon erwähnt, zwei Funktionen aus, eine ihr eigentümliche und eine an sich allen finiten Verbformen zukommende. Zur Exposition des Hegelschen Ansatzes habe ich nur die generelle herangezogen. Die spezielle besteht in der Verbalisierung eines statischen Aspekts, der sich gegen den kinetischen Aspekt im Werden abhebt (Kahn 1973 b, 10). Im Griechischen bildet denn auch das *eimi* (ich bin) zum *gignomai* (ich werde) einen starken Kontrast (Kahn 1973 a, 194 ff.). Daß Hegel gewillt ist, diesen Gegensatz aufzusprengen, hat er von Anfang an kundgetan, indem er für die Wahrheit des Seins das Werden ausgab. Wir sehen aber erst jetzt, wie er Sein und Werden vermittelt – in der Bewegung, welche die Copula bewerkstelligt. Durch diese Verflüssigung des Statischen entgeht er einem Einwand, den Tugendhat gegen Kahn erhebt. Kahn möchte seine Behauptung, die Copula sei das Verb par excellence, begründen, indem er deren (traditionelle, nicht – wie Tugendhat irrtümlich glaubt – selbstverantwortete) Auffassung als »Zeichen der Prädikation« auf drei Stufen von ansteigender Allgemeinheit reformuliert. Auf der ersten Stufe entnimmt er der Weise, wie die Copula auch in den modernen indoeuropäischen Sprachen verwendet wird, jene zwei Funktionen. Auf der letzten beobachtet er die gleichfalls schon skizzierte Verallgemeinerung der Rolle, welche die Copula als mark of sentencehood spielt, an Sätzen, die gar nicht mehr die Form von S-P-Sätzen haben. Tugendhats Bedenken dagegen, auch in bezug auf sie von Prädikation zu sprechen, dürfen wir um so getroster außer acht lassen, als Kahn, der den drei Stufen in seinem großen Buch entsprechend viele Prädikationsbegriffe zuordnet (1973 a, 226 f., 396), in der Kurzfassung seiner Theorie darauf verzichtet. Uns interessiert hier nur die mittlere Stufe. Auf ihr analysiert Kahn die von Aristoteles eingeführte Umschreibung aller S-P-Sätze in Sätze von der Form ›S *ist* P‹, also ihre periphrastische Konstruktion mit Hilfe von Partizipien. Gegen seine Berufung auf dieses Verfahren wendet Tugendhat (1977, 170) nun ein, daß es den Sinn der ursprünglichen Sätze verändere, eben weil es aufgrund des statifizierenden ›ist‹ den performativen Verben (Kenny 1963) ihren kinetischen Aspekt nimmt (vgl. auch Tugendhat 1967, 490, mit Berufung auf J. Lohmann), was bedeutet, daß die Copula keineswegs das Verb par excellence ist, das für alle anderen Verben einstehen könnte. Der Einwand besitzt zwar insofern auch für Hegel einige Relevanz, als dieser die periphrastische Konstruktion von der ihm überlieferten Logik übernimmt (vgl. Krohn 1972, 91). Aber er vermag nicht zu treffen, da Hegel ja auch gerade im ›ist‹ eine Bewegung erblickt.

Wir können dem noch eine Bemerkung grundsätzlicher Art hinzufügen. In seinen 1935 gehaltenen Vorlesungen zur Einführung in die Metaphysik versucht Heidegger (1953, 71-157), einen Seinsbegriff zu entfalten, der alles, was man gewöhnlich dem Sein entgegensetzt, übergreift. Diesen Versuch hat ihm Hegel vorgemacht. Die Aufhebung des Gegensatzes von Sein und Werden kennzeichnet den Seinsbegriff Hegels nur nach einer Seite. Eine andere Seite haben wir gleichzeitig zu Gesicht bekommen: Als das Vehikel der Transformation von Schein in Wahrheit hebt die Copula gewissermaßen auch diesen Gegensatz in sich auf. Zugleich unterwandert sie die übliche Polarisierung von Sein und Sollen. Denn der vorhin herausgearbeitete Antizipationscharakter des Urteils beruht darauf, daß das prädikative Sein in seiner inhaltlich zu bestimmenden Unbestimmtheit für die Urteilsbestimmungen ein Sollen ist. Das Urteil bewegt sich, weil die Copula eine Forderung enthält, die Subjekt und Prädikat zu erfüllen haben.

Diese Bewegung ist, näher besehen, eine Doppelbewegung. Den weitaus größten Raum nimmt im zweiten Kapitel der Begriffslogik der »Fortgang des Urteils in die Verschiedenheit der Urteile« (264_{30}/302) ein, das heißt in die besonderen Formen, welche die traditionelle Logik unterschieden hat. Hegel glaubt davon überzeugen zu können, daß die Urteilsbewegung in *diesem* Sinne diejenige Bewegung bloß reproduziere, welche in *jedem* Urteil zwischen Subjekt und Prädikat verläuft, also die dialektische Bewegung des Satzes im Sinne der *Phänomenologie*. Vorderhand dürfen wir uns aufgrund dessen damit begnügen, in jener das Wahrheitsgeschehen nachzuzeichnen, das in dieser vorgezeichnet ist. Der die besonderen Urteilsformen in einen durch sie hindurchgehenden Zusammenhang hineinreißende Prozeß soll das grundlegende Wahrheitsgeschehen dergestalt in sich abbilden, daß auch er in der fortschreitenden Auflösung von Schein zunehmend mehr Wahrheit enthüllt. In ihm wechselt das Urteil demzufolge vom Primat des Subjekts zum Primat des Prädikats über (vgl. bes. 287_{14-29}/327). Seinen Ausgangspunkt bildet das »Urteil des Daseins« als des im Subjekt vorgestellten Seins, seinen Abschluß das »Urteil des Begriffs«, auf den das Prädikat abzielt. Allerdings ist die Vierteilung der besonderen Urteilsformen in solche des Daseins, der Reflexion, der Notwendigkeit und des Begriffs, wie sich noch zeigen wird, in gewisser Hinsicht so zu verstehen, daß der Gesamtprozeß einen zweifachen Anfang nimmt, nämlich beim Dasein und bei der Reflexion, wobei jedoch zwischen dem ersten und dem zweiten Anfang ebenfalls schon eine Bewegung stattfindet, der zweite also dem Ziel näher liegt als der erste. Im Augenblick kommt es, wie gesagt, nur darauf an zu sehen, auf welche Weise dieser Prozeß die immanente Bewegung jedes urteilsförmigen Satzes als das widerspiegelt, was sie ist: ein Geschehen, das sich von der einen Seite als Auflösung des Scheins und von der anderen als Enthüllung der Wahrheit darstellt.

Den Schein gibt der »Fortgang des Urteils in die Verschiedenheit der Urteile« als den der Unmittelbarkeit des Daseins zu erkennen. Es wird in ihm »vom Einzelnen als dem Ersten, Unmittelbaren ausgegangen« (269_{12}/307). Der Schein, als sei der vom Satzsubjekt identifizierte Gegenstand einfachhin vorgegeben, löst sich in der und durch die Auflösung desjenigen Scheins auf, den das Satzsubjekt selber vorgaukelt, nämlich als sei es, wofür sein Name es ausgibt: das zugrunde Liegende. Schon auf der Stufe des Reflexionsurteils erwacht die Einsicht, daß das Subjekt des Daseinsurteils, »weil dieses Urteil in der Bestimmung der Unmittelbarkeit war, (...) als das zugrunde Liegende« – man darf hinzufügen: bloß – »erschien« (287_{14}/327). Dabei muß man sich vor Augen halten, daß Hegel als Satzsubjekt das Etwas reformuliert, das ja »Anfang des Subjekts« als *hypokeimenon* war (s. oben, S. 230, bes. auch Anm. 12). »Das Subjekt ist im Urteile des Daseins als *unmittelbares* Einzelnes, insofern mehr nur als *Etwas* überhaupt« (285_{21}/325). Hegel bestätigt also nicht bloß die These über den Scheincharakter des Etwas, die interpretatorisch nur mit Mühe begründet werden konnte; er weist auch auf, wie dieser Schein sich auflöst.

Die Scheinauflösung aber führt in der Entwicklung der besonderen Formen zur Konkretion der Wahrheit, die zu sein das Urteil nach Hegel von Anfang an intendiert: der Übereinstimmung des Begriffs und der Realität. Die Übereinstimmung konkretisiert sich in der Entsprechung, als die Hegel sie neu zu denken versucht (vgl. Theunissen 1975 a). Der ganze »Fortgang des Urteils in die Verschiedenheit der Urteile« ist letztlich ein »Übergang von der unmittelbaren Einfachheit der Sache zu dem *Entsprechen,* welches die *bestimmte* Beziehung ihres Sollens und ihres Seins ist« (307_{7}/350). Der Übergang vollzieht sich einmal so, daß der Anspruch des im Prädikat anwesenden Begriffs an das realitätsbezogene Subjekt immer deutlicher hervortritt. Das Urteil des Begriffs enthält diesen »als *ein Sollen,* dem die Realität angemessen sein kann oder auch nicht« (301 f./344). Sofern die

Realität an ihrem Begriff »als dem schlechthin vorausgesetzten« Sollen gemessen wird (302_{5}/344), ist damit bereits der entscheidende Umschwung eingetreten: Das zugrunde Liegende ist nicht mehr das Subjekt, sondern das Prädikat. Das »Urteil des Begriffs« ist die »Wahrheit« gegen die »frühern Urteile«, »eben weil ihm der Begriff (...) in seiner Bestimmtheit als Begriff zugrunde liegt« (302_{26-33}/345). Der Übergang vollzieht sich folglich zum andern so, daß die Forderung nach Übereinstimmung des Subjekts mit dem Prädikat sich in einem wirklichen Entsprechen erfüllt, das zutiefst im Prädikat selber liegt, das heißt in einem Begriff, der als das wahrhaft zugrunde Liegende über die Realität als die seinige übergreift. Das apodiktische Urteil ist als die Wahrheit des Begriffsurteils »die Wahrheit des Urteils überhaupt«, weil man von ihm sagen kann: »Subjekt und Prädikat entsprechen sich und haben denselben Inhalt« (306_{21}/349); aber in ihm ist das Prädikat ein solches, »welches keinen andern *Inhalt* hat als dies *Entsprechen* selbst« (307_{21}/350). Schließlich geschieht der Übergang in alledem durch die beschriebene Erfüllung der Copula, die als Sein-Sollen inhaltsvoll wird, indem sie die Entsprechung in sich reflektiert. Es ist die Copula, die Hegel an der zitierten Stelle als Übergang von der unmittelbaren Einfachheit der Sache zum Entsprechen bezeichnet, als einen Übergang, in welchem sie selber ins Entsprechen übergeht.

2.2.2 Gleichgültigkeit – Herrschaft und kommunikative Freiheit

Obwohl das Entsprechen gleichbedeutend ist mit der Selbigkeit des Inhalts von Subjekt und Prädikat, definiert es als solches die Wahrheit, die sich im Urteil manifestiert, erst nur formal, noch nicht inhaltlich. Um den Inhalt dieser Wahrheit in den Griff zu bekommen, müssen wir, nachdem wir die Bewegung der von sich aus auch nur formal bestimmten Copula verfolgt haben, die Bewegung von Subjekt und Prädikat untersuchen. Das heißt: Wir müssen zunächst nach Subjekt und Prädikat selber fragen. Denn zwar haben wir diese Termini bereits verwendet, ohne daß wir uns aber bisher Rechenschaft abgelegt hätten über den Sinn, den Hegel ihnen gibt. Sie sind in dessen Augen bloße *»Namen«*, brauchbar allein zur vorläufigen Orientierung (265_{23}/302). Dies ist von großer Wichtigkeit. Denn die im Urteilskapitel vorgeführte Bewegung ließe sich gar nicht nachvollziehen, blieben Subjekt und Prädikat, was sie sind. Die »Veränderung ihrer Bestimmung« (265_{35}/303) läuft auf die Destruktion ihres Begriffs hinaus. Der Distanzierung von den althergebrachten Begriffen ›Subjekt‹ und ›Prädikat‹ entspricht in unserem Text eine auffallende Zurückhaltung im Gebrauch der Wörter, mit denen die herkömmliche Logik die semantischen Funktionen der so betitelten Urteilsbestimmungen kennzeichnet. Über den Gegenstandsbezug des Subjekts macht Hegel – man darf nach allem Gesagten annehmen: mit Bedacht – überhaupt keine Aussage, auch nicht die für Tugendhat (1976, bes. 341 ff.) beispielhaft traditionelle, daß es ›für‹ einen Gegenstand ›stehe‹. Was das Prädikat betrifft, so hat er für die seit Aristoteles herrschende Vorstellung, es würde »dem Gegenstande, der *draußen* für sich ist, *beigelegt*« (267_{12}/304), nur Kritik übrig, und den Versuch, diese Vorstellung durch die Versicherung zu legitimieren, das Prädikat würde dem Subjekt ja auch *»zukommen«* wie das Akzidens der Substanz, quittiert er mit einer ironischen Umdeutung des Zukommens in die von ihm behauptete Identität (267_{20}/305). Bevor man auf diese verschriene Identität losgeht und sie wie Tugendhat (1977, 164) als Zeichen »logischer Barbarei« beklagt, sollte man sich vergegenwärtigen, daß Hegel *zunächst* nur sagt, das Prädikat *drücke aus*, was der mit dem Satzsubjekt gemeinte Gegenstand ist (266_{4}/303). Das Ausdrücken unterscheidet sich, meine ich, nicht wesentlich von dem Charakterisieren, in dem Tugendhat (1976, 178 ff.) die Funktion des Prädikats erblickt. Allerdings bleibt Hegel bei dem Ausdruck ›ausdrücken‹ nicht stehen. Das aber ist kein Mangel seiner Theorie, sondern im Gegenteil deren Vorzug vor der sprachanalytischen Philosophie. Eine Philosophie, die das Charakterisieren nicht weiter charakterisiert, hat der Hegelschen, mag sie auch sonst verdienstreich sein, in diesem Punkte nichts als Naivität voraus. Es beim bloßen Hinweis auf das Charakterisieren bewenden zu lassen, ist vor allem deshalb naiv, weil ja doch das Charakterisieren im Klassifizieren bestehen soll (Tugendhat 1976, 183). Im Klassifizieren aber stecken eben die Probleme, die Hegel zum Weitergehen veranlassen. Wer diese Probleme verdeckt, setzt sich dem Vorwurf aus, die Charakterisierung des Gegenstands durch das Prädikat in Analogie zur Beschreibung eines anschaulich vorgegebenen Bildes zu denken, also genau dem Vorstellen zu verfallen, das destruiert werden soll.

Schon am Anfang der Hegelschen Urteilslehre mitvorausgesetzt ist freilich, daß das Prädikat den *Begriff* ausdrücke (266_2/303). Mit dieser Voraussetzung ist alles Weitere vorentschieden, auch die Identitätsthese. Aber einmal wird man den *Sinn* und den *Status* der Aussage zu beachten haben, die das Prädikat zum Begriff des Subjekts erklärt, und zum andern muß einem, was damit unmittelbar zusammenhängt oder vielmehr dasselbe ist, klar sein, *welche* Identität damit ins Spiel kommt. Die Überzeugung, die Copula identifiziere das Subjekt mit dem Prädikat, teilt Hegel mit allen Denkern des ›deutschen Idealismus‹. Aber natürlich ist niemandem aus dessen Umkreis je eingefallen, die Identität so zu verstehen, als sei das ›Zeichen der Prädikation‹ ein durch das Symbol = ersetzbares »Identitätszeichen« (Tugendhat 1977, 164). Schelling, der die Identitätsthese wohl am massivsten vertritt, hat auch am nachdrücklichsten betont, daß die Copula eine Einheit von Identität und *Differenz* anzeige; ja, in seiner Freiheitsabhandlung von 1809 wählt er sie sogar als Paradigma einer solchen Differenzeinheit (*Werke*, ed. K. F. A. Schelling, VII 341 ff.). Daß Hegel Identität *formal* in ähnlicher Weise ansetzt, bedarf keiner Begründung; hat er sie doch von früh an und auch bei ihrer Thematisierung in der Reflexionslogik als Identität der Identität und der Nichtidentität definiert (vgl. Coreth 1952, 36-55).

Allein, wir haben uns ja auf die Suche nach dem in der Urteilsform enthaltenen *Inhalt* begeben. Es ist zwar zu erwarten, daß Hegel die Wahrheit auch hier in die Einheit oder Identität setzt; aber deren Begriff als Identität der Identität und der Nichtidentität erlaubt wegen seiner Formalität noch keinen Einblick in die inhaltliche Bestimmtheit des mit dem *unum* konvertiblen *verum.* Ja, im nachhinein wird uns sogar aufgehen, daß die den Unterschied enthaltende Identität nur den Anfang der Bewegung kennzeichnet, den Anfang der Gesamtbewegung wie auch den der Bewegung der besonderen Urteilsformen. Denn am Ende steht, wie wir sehen werden, durchaus Unterschiedslosigkeit, eine Unterschiedslosigkeit allerdings, die als eine durch den Unterschied hindurchgegangene mit der abstrakten Identität des »Identitätszeichens« nicht das Geringste zu tun hat (vgl. Arend Kulenkampff 1970, 36). Dem Inhalt der von Hegel als Identität ausgelegten Wahrheit kommen wir auf die Spur, wenn wir der erstgenannten Forderung Genüge tun, nämlich die Aussage über die Begriffsnatur des Prädikats auf ihren Sinn und ihren Status zu prüfen. Diese Aussage entscheidet auch insofern über alles Weitere, als sie die Zuordnung der Urteilsbestimmungen zu den Begriffsbestimmungen regelt. Sie schlägt das Subjekt der Einzelheit, das Prädikat der Allgemeinheit zu. Allerdings ist auch da wieder zu beobachten, daß Hegel sehr vorsichtig, wenn nicht sogar zögernd ans Werk geht. »Das Subjekt kann«, sagt er, »als das Einzelne (...) oder auch als das Besondere genommen werden« (265_{18}/302; vgl. 267_{34}/305); das Prädikat hat die Allgemeinheit des Begriffs oder »wenigstens« die des Wesens (266_{10}/303; vgl. 266_{2}/303). Wichtig ist ihm nur, daß sie »überhaupt als das Bestimmtere und das Allgemeinere einander gegenüberstehen« (265_{20}/302). Nach ihrem Grundverhältnis gibt demzufolge das Prädikat, wie in der modernen Sprachanalyse verstanden als »Klassifikationsausdruck«, die Klasse an, in die der vom singulären Terminus bezeichnete Gegenstand fällt. Aber was man als Klassifizierung des Subjekts durch das Prädikat betrachten kann, läßt sich genausogut als eine Instantiierung des Prädikats durch das Subjekt ansehen (vgl. – auch zum Folgenden – 270_{22-38}/308). Erscheint aus dem einen Blickwinkel als das zugrunde Liegende das Prädikat, so aus dem anderen das Subjekt. Ja, auch die Begriffsbestimmungen vertauschen ihre Stelle im Urteil. Denn durch den vorgenommenen Einstellungswechsel stellt das Subjekt sich als »die Totalität von mannigfaltigen Bestimmtheiten« und damit als »das Allgemeine« dar, dem das Prädikat nur als »eine *vereinzelte* Bestimmtheit«, als »*Eine* seiner Eigenschaften« anhängt. Es ist klar, daß eine ›Identität‹ des Subjekts und des Prädikats derart nur auf ganz äußerliche Weise entsteht. Hegel nennt sie die nur an sich seiende: »Wenn die Identität des Subjekts und Prädikats so betrachtet worden, daß das *eine* Mal jenem die eine Begriffsbestimmung zukommt und diesem die andere, aber das *andere* Mal ebensosehr umgekehrt, so ist die Identität hiemit immer noch erst eine *an sich seiende*« (271_{7}/309). Sie ist *nicht* die Wahrheit, auf die Hegel ausgeht. Und zwar ist sie es nicht nur deshalb nicht, weil sie bloß an sich, das heißt für uns ist. Von der Wahrheit trennt sie auch, daß das, was da für uns ist, lediglich auf der Teilnahme von zwei Extremen an der Verfassung des je anderen beruht: Das Allgemeine ist auch das Einzelne, das Einzelne auch das Allgemeine. Indessen geleitet sie uns zur wahren Identität, allerdings auf gewundener Bahn.

Die Gewundenheit verrät sich im Text darin, daß Hegel nicht mehr mit der schlichten Unterscheidung von ›an sich‹ und ›gesetzt‹ auskommt. Den zuletzt angeführten Satz schreibt er nieder, nachdem er zunächst die – hier dem Vorhergehenden entnommene – Dialektik von Klassifizierung und Instantiierung in anderen (seins- und wesenslogischen) Kategorien beschrieben hatte (269_{32}–270_{11}/307 f.) und diese Beschreibung sodann mit den Worten kommentiert hat: »Die soeben aufgezeigte Identität, daß die Bestimmung des Subjekts ebensowohl auch dem Prädikat zukommt und umgekehrt, fällt jedoch nicht nur in unsere Betrachtung; sie ist nicht nur *an sich*, sondern ist auch im Urteile gesetzt; denn das Urteil ist die Beziehung beider; die Copula drückt aus, daß *das Subjekt das Prädikat* ist« (270_{12}/308). Das »immer noch erst« in jenem Satz konstatiert das Ausgebliebensein der Verwandlung des Ansichseins ins Gesetztsein. Nun sagt Hegel von dem Subjekt und dem Prädikat, deren Identität immer noch erst eine an sich seiende ist, ferner: »um der selbständigen Verschiedenheit der beiden Seiten des Urteils willen hat ihre *gesetzte* Beziehung auch diese zwei Seiten, zunächst als verschiedene« (271_{11}/309). Im gegenwärtigen Stande einer auf ihren Abschluß drängenden Untersuchung müssen wir uns eine Auslegung der kryptischen Stelle nach allen in ihr gelegenen Implikationen verbieten. Der Sinn ist, kurz zusammengefaßt, folgender: Statt daß die erst nur an sich seiende Identität von Subjekt und Prädikat schlechterdings in eine gesetzte überginge, zeigen sich an der *gesetzten* Beziehung von Subjekt und Prädikat auch die zwei Aspekte, die deren *an sich* seiende Identität ausmachen, und zwar so, daß der alternierenden Abfolge, in der diese Aspekte sich in unserer Betrachtung darstellen, ihre Verteilung auf verschiedene Urteilsformen entspricht. Ihre Verteilung auf verschiedene Urteilsformen ist bedingt durch die Verschiedenheit der Urteilsbestimmungen, die ihre Selbständigkeit gegeneinander nicht aufgeben, solange das Urteil ist, was es ist. Die für uns oder an sich seienden Aspekte verteilen sich aber an der für sich seienden Beziehung nur »zunächst« auf verschiedene Urteilsformen, weil sie an und für sich jedes Urteil, das sich uns in ihnen darstellt, konstituieren. Dieses Urteil kann sich nur in jene Formen auseinanderlegen, weil es die »zwei Seiten« an und für sich immer und notwendig enthält.

Halten wir vorerst einmal fest: Die *wahre*, vom Gegenstand unserer Betrachtung strukturell differierende Identität ist am Urteil *nicht* gesetzt! Wie Hegel überall Gedankenzäsuren durch ein »aber« markiert, so hebt er auch hier, im Fortgang des Textes, das Entscheidende durch ein zweimaliges »aber« heraus. »Aber die *unterschiedslose Identität* macht eigentlich die *wahre* Beziehung des Subjekts auf das Prädikat aus« (271_{14}/309). – »Im Urteile aber ist diese Identität noch nicht gesetzt« (271_{24}/309). Auf die Unterschiedslosigkeit der wahren Identität können wir erst später eingehen. Wir wollen jetzt vor allem anderen nur notieren, daß die beiden Zitate zusammengenommen als ein partielles Dementi der, wie Hegel selbst ja schon gemerkt hat, etwas voreilig herausgegebenen Erklärung über das Gesetztsein der seins- und wesenslogisch beschriebenen Identität im Urteil zu lesen sind. Lediglich differenziert wurde schon zuvor die auf diese Identität bezogene Versicherung: »sie ist nicht nur *an sich*, sondern ist auch im Urteile gesetzt« (270_{14}/308). Sie ist, so muß man nun präzisieren, im Urteil dergestalt gesetzt, daß sie darin auch als an sich seiende vorkommt, nämlich sofern der Unterschied der Hinsichten als Unterschied der Entwicklungsstadien wiederkehrt. Zurückgezogen hingegen wird die Schlußfolgerung: »die Copula drückt aus, daß *das Subjekt das Prädikat* ist« (270_{16}/308). Geltung behält sie bestenfalls in der Form, in der Hegel seine These über den funktionalen Zusammenhang der Copula mit den Urteilsbestimmungen eingeführt hat: »die Copula zeigt an, daß das Prädikat zum *Sein* des Subjekts gehört und nicht bloß äußerlich damit verbunden wird« (267_{25}/305). Aber im Urteil gehört das Prädikat eben nicht in dem Sinne zum Sein des Subjekts, daß dieses das Prädikat *wäre*, das heißt mit ihm *identisch* wäre.

Gehen wir einen Schritt weiter! Aus dem Fehlen der wahren Identität folgt, daß im Urteil das Prädikat den Begriff des Subjekts gerade *nicht* ausdrückt. Wenn Hegel dem Prädikat die Funktion zutraut, den Begriff des Subjekts auszudrücken, so schweben ihm die Beispiele vor, die in der *Phänomenologie* den spekulativen Satz illustrieren, also Sätze wie ›Gott ist das Sein‹ oder ›Das Wirkliche ist das Allgemeine‹. Diese Sätze sind, gleichviel ob sie stimmen oder nicht, so gemeint, daß ihr Prädikat »die Natur des Subjekts erschöpft« (PhdG 51_{33}/59), derart, daß ihr Subjekt darin »zerfließt« (PhdG 51_{24}/59) oder »vergeht« (PhdG 51_{39}/60); das Subjekt findet sich zwar im Prädikat wieder, aber genau deswegen, weil dieses es vollständig definiert (s. oben, S. 59 f.). Daß Hegel auch in der logischen Urteilslehre derlei vor Augen hat, bekräftigt seine Erläuterung der Aussage, die Copula drücke aus, daß das Subjekt das Prädikat ist: »das Subjekt ist nur in seinem Prädikat bestimmt, oder nur in demselben ist es Subjekt; es ist im Prädikat in sich zurückgekehrt und ist darin das Allgemeine« (270_{19}/308). Hier ergibt sich tatsächlich die von Hegel allein angezielte Identität: das Geschehen der Wahrheit als Übergehen der Realität in ihren Begriff. Im Prädikat den Begriff des Subjekts ausdrücken und das Subjekt mit dem Prädikat identifizieren läuft so in seiner Sicht auf dasselbe hinaus. Ich tue aber weder das eine noch das andere, wenn ich ein Urteil fälle, in dem Subjekt und Prädikat »nur überhaupt als das Bestimmtere und das Allgemeinere einander gegenüberstehen« (265_{20}/302). In einem solchen Urteil drückt das Prädikat den Begriff des Subjekts eben deshalb nicht aus, weil es als Klassifikationsausdruck fungiert. Nun ist das Nicht-Ausdrücken des Begriffs oder das Fehlen der wahren Identität der Grund für die Dialektik, in die das als Klassifikationsausdruck fungierende Prädikat gerät. Nur dann, wenn das Prädikat den vom Subjekt spezifizierten Gegenstand klassifiziert, kann statt des Prädikats auch das Subjekt als das zugrunde Liegende angesehen werden. Die Möglichkeit dieses Blickwechsels beruht nämlich darauf, daß das Prädikat bloß eine besondere Allgemeinheit angibt, die sich als solche auch stets vereinzeln läßt. Sie beruht also auf dem Klassencharakter des Prädikats. Einen Gegenstand in eine Klasse einordnen bedeutet aber: *nicht* seinen Begriff ausdrücken, das heißt das wirklich Allgemeine, in welchem er seine Identität findet, weil er sich in ihm verwirklicht.

Demnach entschwindet die Funktion des Prädikats, den Begriff des Subjekts auszudrücken, nicht erst dort, wo deutlich wird, daß die Identität, welche die wahre Beziehung des Subjekts auf das Prädikat ausmacht, im Urteil noch nicht gesetzt ist. Sie liegt bereits außerhalb des die Urteilslehre exponierenden Satzes, demzufolge das Prädikat bloß das gegenüber dem Subjekt »Allgemeinere« ist, als sprachliches Zeichen für die Klasse, in die der zur Rede stehende Gegenstand gehört. Indessen verhält es sich keineswegs so, daß Hegel seine Forderung an das Urteil ermäßigte. Nach der Kennzeichnung der Identität, welche die wahre Beziehung des Subjekts auf das Prädikat ausmacht, und nach der Feststellung, sie sei im Urteil noch nicht gesetzt, fixiert Hegel den letzten der drei wichtigen Punkte: »Diese *Identität* (...) zu *setzen*, ist das Ziel der *Bewegung* des Urteils« (271$_{32}$/309). Zwar hat das Setzen der Identität die Aufhebung des Urteils zur Folge. Aber das damit umrissene Ziel befindet sich keineswegs schlechthin jenseits der Urteilsbewegung. Denn die Forderung, den Begriff des Subjekts auszudrücken, stellt das Urteil an sich selber. Exakter: Die es formierende und definierende Copula stellt diese Forderung an das Prädikat. In diesem und nur in diesem Sinne deutet Hegel das ›ist‹ als ›ist identisch mit ...‹, indem er jene vierte Verwendungsweise von ›sein‹, die Tugendhat den drei von Kahn untersuchten Bedeutungen des Seinsbegriffs hinzufügt (s. oben, S. 385 f.), auf die Copula so überträgt, daß er ihre Regeln außer Kraft setzt. Angemessen verstehen kann diese Identität nach allem Gesagten nur, wer zweierlei gleichermaßen berücksichtigt: Erstens, daß sie als Entsprechung von Begriff und Realität eine Identität ist, die gerade nur dann möglich ist, wenn in ›A ist B‹ *nicht* beide, A und B, singuläre Termini sind, und zweitens, daß sie im Urteil faktisch aussteht. Das Erste begründet den *Sinn* der Aussage, das Prädikat drücke den Begriff aus, das Zweite ihren *Status*. Die Aussage beschreibt nicht den faktischen Zustand des Urteils; sie liefert den Maßstab, nach dem dieser Zustand sich ändern soll. Doch entnimmt sie den Maßstab eben dem Urteil selbst. Anders gesagt: Sie behauptet die Forderung als eine an die Wirklichkeit aus der Wirklichkeit selber ergehende. Oder noch anders: Sie formuliert die Gegenwart des absolut Zukünftigen. Hegel betrachtet die Copula als Unterpfand der noch nicht erschienenen Wahrheit, die so absolut zukünftig ist, daß mit ihrem Erscheinen das, was ich als ihr Unterpfand in der Hand habe, verginge. Das ist das im guten Sinne Spekulative an seiner Urteilslehre, gut deshalb, weil darin Realität begreiflich wird. Die Annahme, das allergewöhnlichste Urteil, das seinem Gegenstand bloß eine beliebige Eigenschaft ›beilegt‹, schieße im ›ist‹-Sagen über sich hinaus, auf den Begriff hin, der eigentlich auszudrücken wäre, ist jedenfalls dann nicht phantastisch, wenn man zugleich seine Faktizität anerkennt. Das aber ist in der Hegelschen Theorie so sehr der Fall, daß ihr zufolge der Widerspruch zwischen der Faktizität und dem ihr einwohnenden Anspruch die Bewegung des Urteils überhaupt erst in Gang bringt und von Phase zu Phase weitertreibt: »da das Prädikat *nicht* das sein soll, was das Subjekt ist, so ist ein *Widerspruch* vorhanden, der sich *auflösen*, in ein Resultat *übergehen* muß« (271$_{38}$/310), in ein Resultat freilich, in welches das Urteil als Urteil nicht mitgehen kann.

Im Ausgang vom Sinn und Status der Aussage über die Begriffsnatur des Prädikats hofften wir dem Inhalt der werdenden Identität auf die Spur zu kommen. Worauf wir zunächst stoßen, ist die inhaltliche Bestimmtheit des faktischen Zustands, den das Urteil im Hinausgehen über sich selbst transzendiert. Dieser Zustand ist mit Schein behaftet, angezeigt durch das »soll«, das hier die Bedeutung von »gilt« hat: Im gängigen Urteilen gilt das Prädikat nicht als das, was das Subjekt ist. Es ist der Schein, der sich in der Auflösung des Widerspruchs auflöst. Die inhaltliche Bestimmtheit des in ihn eingehüllten Zustands wird sichtbar, wenn wir das Urteil dimensional, das heißt hinsichtlich der Ebenen, auf die seine logischen Explikationen sich beziehen, noch stärker ausdifferenzieren. Es genügt nicht, gegen die Norm oder die als Ideal wirksame Idee eine Faktizität pauschal abzuheben. Dasjenige Verhältnis der Urteilsbestimmungen zueinander, in welchem das Prädikat das Subjekt klassifiziert, habe ich vorhin deren »Grundverhältnis« genannt. Es bezeichnet die dem Urteil als solchem angemessene Ebene. Das Urteil tendiert aber nicht nur über sein Niveau hinaus; es fällt auch unter sein Niveau. Unter seinem spezifischen Niveau befindet sich das Urteil, in welchem das Subjekt das Prädikat instantiiert. Eingeführt habe ich, wie dies auch Hegel tut, den Unterschied zwischen der Klassifizierung des Subjekts durch das Prädikat und der Instantiierung des Prädikats durch das Subjekt als Differenz von Betrachtungsperspektiven. Inzwischen haben wir aber von Hegel gehört, daß die im Wechsel dieser Perspektiven aufscheinende ›Identität‹ im Urteil auch gesetzt sei. Und zwar ist sie darin, wie wir aus dem dunklen Nachsatz herausgelesen haben, auf zweifache Weise gesetzt. Berücksichtigen wir nun die soeben vorgenommene Gewichtung der Aspekte, so bedeutet das: Erstens ist in jedem Urteil wesentlich das Prädikat das zugrunde Liegende, nur unwesentlich hingegen das Subjekt; und zweitens bilden die besonderen Urteilsformen eine Stufenfolge, sofern sie entweder den unwesentlichen Primat des Subjekts zur Geltung bringen oder dem wesentlichen Primat des Prädikats Rechnung tragen. Hegel charakterisiert die Instantiierung des Prädikats durch das Subjekt schon in seiner Strukturanalyse als Inhärenzverhältnis. »Insofern (...) das Subjekt das Selbständige ist, so hat jene Identität das Verhältnis, daß das Prädikat nicht ein selbständiges Bestehen für sich, sondern sein Bestehen nur in dem Subjekte hat; es *inhäriert* diesem« (270₂₂/308). Die Klassifizierung des Subjekts durch das Prädikat hingegen beschreibt die Strukturanalyse als Subsumtionsverhältnis. »Aber anderseits ist auch das Prädikat selbständige Allgemeinheit und das Subjekt umgekehrt nur eine Bestimmung desselben. Das Prädikat *subsumiert* insofern das Subjekt« (270₃₀/308). Dieselben Begriffe gebraucht Hegel in seiner genetischen Theorie der »Verschiedenheit der Urteile«. Die Daseinsurteile sind *»Urteile der Inhärenz«*, die Reflexionsurteile *»Urteile der Subsumtion«* (288₁/328). Hier stehen wir vor dem Sachverhalt, den ich vorhin gemeint habe, als ich vorwegnehmend auf die Zwiefalt des Ausgangspunktes der durch die besonderen Urteilsformen hindurchgehenden Entwicklung hinwies. Es handelt sich um einen und denselben Ausgangspunkt, sofern beide, Inhärenz und Subsumtion, zur Faktizität des Urteils gehören, einmal zu jedem faktischen Urteil und zum andern zu verschiedenen faktischen Urteilsformen. Gleichwohl legt der eine Ausgangspunkt sich in zwei Anfänge auseinander, sofern zwischen den Inhärenzformen und den Subsumtionsformen die Bewegung verläuft, in der das Urteil allererst das ihm als Urteil angemessene Niveau erreicht.

Fassen wir zusammen! Sich selbst übersteigend zielt das Urteil darauf ab, daß das Prädikat den Begriff des Subjekts ausdrücke; nach seiner Unwesentlichkeit betrachtet und in seinem defizienten Dasein ist es so beschaffen, daß das Prädikat dem Subjekt inhäriert; seine faktische Wesensverfassung aber, die auch in faktischen Formen verwirklicht ist, schreibt vor, daß das Prädikat das Subjekt subsumiere. Dabei ist das Urteil jeweils das, was das Prädikat leistet, weil es im ganzen »die andere Funktion des Begriffes« ausübt, den das Prädikat wenigstens intendiert. Die dem Urteil als solchem eigentümliche Funktion ist mithin die *Subsumtion.* Das wird in der *Wissenschaft der Logik* nicht mehr so deutlich, wohl auch deswegen, weil sie einer Verwechslung der spezifischen Urteilsfunktion mit einer äußerlichen *»Anwendung* des Allgemeinen auf ein Besonderes oder Einzelnes« vorbeugen sollte (270 f./308 f.). Ein Blick in die Jenenser Logik zeigt jedoch, daß Hegel bei der Bildung seiner logischen Theorie von der schlechthin konstitutiven Bedeutung der Subsumtion für das Urteil ausgegangen ist. Man macht sich keiner Übertreibung schuldig, wenn man behauptet: Die Urteilslehre der Jenenser Logik ist durchweg und von Grund auf Subsumtionstheorie. Die umfassende Geltung ihres Subsumtionsbegriffs beruht allerdings nicht zuletzt darauf, daß sie auch die Inhärenz als Subsumtion auslegt. Das Urteil besteht in ihrer Sicht aus zwei »entgegengesetzten Subsumtionen, des Subjects unter das Prädicat, des Prädicats unter das Subject« (GW 7, 91_{15}); und den Widerspruch, der die Urteilsbewegung motorisiert, deutet sie bemerkenswerterweise nach dem Schema, das auch Hegels späterer Analyse dieser Reflexionsbestimmung zugrunde liegt: das Urteil zerfällt, indem Subjekt und Prädikat durch die Wechselseitigkeit ihrer Subsumtion sich selbst und einander zerstören (vgl. GW 7, 82_{1}). Aber auch derjenigen Subsumtion, der die ausgearbeitete Logik diesen Begriff vorbehält, schenkt der Entwurf von 1804/05 größere Aufmerksamkeit. Hegel ist in ihm vornehmlich an den Subsumtionsurteilen im engeren Sinn interessiert, aus denen er den Schluß zieht, daß die »Realisirung des Subjects (...) nur durch das Realisiren des Prädicats, des Allgemeinen erfüllt werden« könne (GW 7, 87_{8}). Daß er mit ihnen, genauer gesagt: mit dem partikulären Urteil, auch beginnt und, nach dem Durchgang durch das hypothetische, erst von ihnen aus zu den Inhärenzurteilen übergeht, an die er das disjunktive anfügt, ist in einer Voraussetzung begründet, auf die ich sogleich noch zu sprechen komme. Im Augenblick muß uns am meisten interessieren, daß wir in der Jenenser Logik mühelos finden, was wir suchen. Die inhaltliche Bestimmtheit der formalen Subsumtion, in der Logik von 1816 gleichsam verschlüsselt, formuliert sie im Klartext: Sie entziffert den Realitätsgehalt des Urteils überhaupt als *Herrschaft* (vgl. GW 7, 85_{9}). Die Funktion des Urteils ist, so Hegel 1804/05 in Jena, als Subsumtion »Selbsterhaltung durch Bezwingung des andern unter sich« (GW 7, 82_{10}).

Ein angemessener Zugang zum Inhalt der werdenden Identität hängt von der Einsicht ab, daß in der Selbstaufhebung des Urteils Herrschaft sich aufhebt. Deshalb erschließt sich einem die inhaltliche Problematik auch nur dann, wenn man sich klarmacht, daß der Verfasser der *Wissenschaft der Logik* in dem hier zur Diskussion stehenden Punkt seinem frühen Entwurf treu geblieben ist. Selbstverständlich hat er sein Jenaer Konzept nicht in allen Punkten übernommen. Die, wenn ich recht sehe, beträchtlichste Divergenz betrifft die Einschätzung des Subjekts. Die oben erwähnte Voraussetzung, die dem Jenenser Hegel den Aufbau der Urteilslehre diktiert, ist die, daß »die wahrhaffte Realisirung des Subjects und Prädicats« im Grunde dem ersteren zum Vorteil gereichen müsse. Die Entwicklung der besonderen Urteilsformen mündet zwar in die »Totalität des Prädicats«, aber dieses muß eben in seiner Totalität »ein in der negativen Einheit des Subjects als aufgehoben gesetztes« sein, wenn anders »sich das Subject wahrhafft erhalten« soll (GW 7, 91$_6$). Demgegenüber gehört zum Denkwürdigsten an der reifen Urteilslehre die Problematisierung des Subjekts. Sie findet sich nicht irgendwo und am Rande, sondern im Gipfelpunkt der Theorie, in der Analyse der Begriffsurteile. Hegel glaubt dem problematischen Urteil, dem Herzstück der Begriffsurteile, entnehmen zu dürfen, daß darin das Subjekt als das »Gedoppelte« des schlechthin kontingenten Einzelnen und des allgemeinen Wesens der Sache gesetzt sei (305 f./348). Sein Kommentar zu der Entzweiung: »Die Bedeutung des Subjektiven ist dadurch selbst problematisch geworden, daß es die unmittelbare *Bestimmtheit*, welche es im unmittelbaren Urteile hatte, und seinen bestimmten *Gegensatz* gegen das *Prädikat verloren hat*« (306$_2$/348 f.). Gerade diese Problematisierung wird sich aber als ein Beleg dafür erweisen, daß die Logik von 1816 der inhaltlich einzig bedeutsamen Intention des frühen Entwurfs noch gerechter wird. Denn destruiert wird in ihr das Subjekt nur als das zugrunde Liegende, als *subjectum* oder *hypokeimenon*, und dies just um der Selbstverwirklichung des Einzelnen willen, um die es Hegel auch schon in Jena ging. Daß in ihr die leitende Absicht nach ihrer inhaltlichen Seite weniger deutlich zu erkennen ist, läßt sich auf einen ganz äußerlichen Umstand zurückführen: Hegel, der in seiner Jenaer Vorlesung nur die seinem Zweck dienlichen Urteilsformen ausgewählt hatte, glaubte dem Lesepublikum, dem er 1816 sein »System der subjektiven Logik« übergab, die Berücksichtigung all dessen schuldig zu sein, was sich in den verstaubten Lehrbüchern dieser Wissenschaft als »ein völlig fertiges und festgewordenes, man kann sagen, verknöchertes Material vorfindet« (Vorbericht). Notwendig erstickte seine Idee im formal-

logischen Schutt, den eine wohlwollende Interpretation nicht etwa noch einmal zu konservieren, sondern entschlossen wegzuräumen hat.
Indessen hat die spätere Urteilslehre eines der früheren gewiß voraus: die Systematik auch ihres inhaltlichen Ansatzes. Zu ihr gehört nicht zuletzt die Aussonderung der Inhärenz aus dem Geltungsbereich des Subsumtionsbegriffs. Dadurch wird sichtbar, daß der zwiefältige Ausgangspunkt des Geschehens, in dem Wahrheit sich durch Auflösung von Schein enthüllt, zwiefältig darum ist, weil in ihm der unmittelbar aus der Wesenslogik quellende Gedankenstrom mit der in die Seinslogik zurückreichenden Entwicklungslinie zusammentrifft. Die Inhärenz ist nämlich nicht eigentlich ein Herrschaftsverhältnis, sondern ein Verhältnis der Gleichgültigkeit. Es ist, aufs Ganze des so und so verfehlten Begriffs gesehen, völlig gleichgültig, ob einem zugrunde liegenden Subjekt diese oder jene Eigenschaft angehängt wird; die eine Bestimmtheit ist als vereinzelte Allgemeinheit so schlecht wie die andere. Diese Gleichgültigkeit versenkt Hegel nun tief in das systematische Fundament seiner Urteilslehre. Nach dem Systemaufriß der ›subjektiven‹ Logik ist dem Urteil mit dem Begriff als solchem bereits vorausgegangen, daß die Momente der übergreifenden Totalität, die Begriffsbestimmungen, selber Totalitäten geworden sind (s. oben, S. 49). Wegen der Verlorenheit des Begriffs fällt die Selbständigkeit dieser selbständigen Totalitäten im Urteil aber zunächst auf das Niveau der Gleichgültigkeit herab. Daß das Urteil zu seinen Seiten Totalitäten habe, »welche zunächst als wesentlich selbständig sind«, bedeutet: Seine Bestimmungen, die zu Urteilsbestimmungen gewordenen Begriffsbestimmungen, haben sich im Anfangsstadium aus der sie zusammenhaltenden Einheit gelöst, so daß sie *»außer«* ihr »als *nicht in ihr aufgehobene Extreme* bestehen« (266$_{30}$/304). Dem entspricht die anfängliche Stellung der Copula als bloß negativer, ihrer Totalisierungsfunktion entfremdeter Einheit.
Gleichgültig ist anfangs vor allem das Subjekt, weil es als das zugrunde Liegende noch gar nicht wirklich auf der ihm zugedachten Ebene des Einzelnen steht, zu dem es erst im Reflexions-

urteil wird (286_{8}/326), sondern »mehr das unmittelbar *Seiende*« meint (266_{1}/303). Da es sich gleichgültig freilich *verhält*, und zwar *zum* Prädikat, nimmt auch dieses an der Gleichgültigkeit teil, das heißt seine Allgemeinheit nimmt den Charakter der Abstraktheit oder der unmittelbaren Bestimmtheit an, die das Urteil zun Inhärenzurteil qualifiziert. Ja, ineins mit der in die Gleichgültigkeit des Subjekts verwandelten und der jetzt im Subjekt-Prädikat-Verhältnis festgemachten kehrt auch die dritte Art von Indifferenz wieder, die neben der immanenten Gleichgültigkeit des Etwas und der seiner Beziehung zum Anderen das Dasein bestimmt: die der äußeren Reflexion (s. oben, S. 254). Denn ein und dasselbe Urteil kann ich als Inhärenz- oder als Subsumtionsurteil betrachten, weil aufgrund der bestehenden Gleichgültigkeit, also der realen Abstraktheit, in welcher Einzelheit und Allgemeinheit übereinkommen, auch gleichgültig ist, welche Begriffsbestimmung welcher Urteilsbestimmung zugesprochen wird. Die Begriffsbestimmungen sind im Urteil »so gleichgültig, daß indem jede, die eine dem Subjekte, die andere dem Prädikate zukommt, dies Verhältnis umgekehrt ebensosehr statthat« (268 f./306). Es ist demnach die Inhärenz selber, die es ermöglicht, daß das Urteil entweder unter *ihrem* Aspekt oder unter dem der *Subsumtion* erscheint. Genauer gesagt: Ermöglichungsgrund einer alternierenden Betrachtung, welcher der Fundierungszusammenhang gleichgültig ist, kann nur die Gleichgültigkeit selber sein als die der Inhärenz eigene Verfassung.

Sie aber gelangt ins Urteil allein in der Gestalt, die sie durch ihr Aufgehobensein in die wechselseitige Vermitteltheit der in sich reflektierten Bestimmungen angenommen hat, als welche die bloß reflektierenden Bestimmungen des Seins reflexionslogisch identifiziert wurden. »Die in sich reflektierten Bestimmungen sind bestimmte Totalitäten, ebenso wesentlich in gleichgültigem beziehungslosem Bestehen, als durch die gegenseitige Vermittlung miteinander« (265_{6}/302). Ein gleichgültiges Bestehen haben die Urteilsbestimmungen »ebenso wesentlich« wie den Status des Miteinander-Vermitteltseins insofern, als ihre Indifferenz – was Hegel zu Beginn des Kapitels über den Schluß nochmals unterstreicht (vgl. 308_{17}/351) – *jedes* Urteil in seiner Faktizität mitdefiniert. Als die »in sich reflektierten« sind sie an sich aber schon im Ausgangspunkt ihrer Bewegung, obwohl sie erst mit dem expliziten Subsumtionsurteil als solche hervorkommen (286_5/326), auf der reflexionslogischen Ebene wechselseitiger Vermitteltheit angesiedelt. Die Gleichgültigkeit begegnet also urteilslogisch von vornherein im Horizont von Herrschaft. Die Subsumtion der Inhärenz unter die Subsumtion, auch nach dem seinerseits systematisch motivierten Verzicht auf ihre Verbalisierung greifbar in der Systematik der Urteilslehre, macht Ernst damit, daß die Gleichgültigkeit selber nur verschleierte Herrschaft ist, so wie sie allerdings auch deren notwendige Voraussetzung bleibt. Sie wird infolgedessen aufgehoben nur *in* der Aufhebung der Subsumtion.

Für die Auslegung der Selbstaufhebung des Urteils durch Aufhebung der Subsumtion liefert wiederum die Jenenser Logik die Stichworte. Die Stichworte lauten: ›*Freiheit*‹ und ›*Gleichheit*‹[23]. Das im Subsumtionsurteil (dem auch später so genannten) als klassifizierende Allgemeinheit zu sich gekommene Prädikat »beherrscht das ganze Urtheil« (GW 7, 85_9). Aber schon als das »*Dieses*« (GW 7, 84_{21}) des singulären Urteils ist das Subjekt, so meint Hegel hier, dem Allgemeinen so entgegengesetzt, daß es an sich »von ihm befreyt« ist (GW 7, 84_{22}). Für sich frei werden oder sich wirklich befreien könnte es allerdings nur durch

23 Es ist hier natürlich nicht an die Gleichheit zu denken, die Hegel in seiner Theorie der Reflexionsbestimmungen analysiert. Diese ist, solange sie sich nicht reflektiert, das heißt zur Gleichheit mit sich selbst wird, gerade die »äußerliche Identität« (35_{33}/49), die der Sphäre der Gleichgültigkeit angehört. Noch weniger hat die von Hegel gemeinte Gleichheit mit derjenigen zu tun, die das ›Identitätszeichen‹ qua Gleichheitszeichen symbolisiert. – An der gesamten Urteilslehre läßt sich eine gewisse Umwertung der früheren Denkbestimmungen beobachten; anläßlich des Begriffs ›unterschiedslose Identität‹ wird sie uns noch beschäftigen. Mir scheint diese Umdeutung darauf hinzuweisen, daß die Urteilslehre eine chiffrierte politische Theorie ist, deren Grundsätze bei der bisherigen Gedankenentwicklung höchstens als Implikationen mitspielten. Als politische Begriffe empfangen ›Freiheit‹ und ›Gleichheit‹ ihren bestimmten Sinn aus ihrer negativen Herkunft, aus der Aufhebung von Herrschaftsverhältnissen. Hegel hat hier also nicht die von Marx kritisch dargestellten Maximen des naturrechtlichen Selbstverständnisses der bürgerlichen Gesellschaft vor Augen.

seine Gleichheit mit dem Prädikat. Erst die Gleichheit von Subjekt und Prädikat wäre die Verwirklichung des Begriffs, der im Urteil seiner selbst entfremdet ist. Da sie indessen das Urteil aufheben würde, ist Freiheit in dessen faktischem Zustand nicht möglich: »das Urtheil erfüllt vielmehr nicht das Realisiren des Begriffes, sondern dieser ist in ihm außer sich gekommen; daß er sich im Urtheil erhalte, müßten das Subject und Prädicat sich in ihrem Gegensatze selbst gleichsetzen« (GW 7, 81_{23}).

Wiederum ist es aber auch erst die ausgereifte Logik, die das Ziel der Aufhebung von Herrschaftsverhältnissen auf den Begriff bringt, buchstäblich auf *den* Begriff. Dies ist erstens der Fall, sofern sie es *genetisch* begründet. Freiheit durch Gleichheit ist nach ihrer Systematik der überfordernde Anspruch, dem das Urteil durch die Übernahme seiner Aufgabe gehorcht, die Einheit des Begriffs wiederherzustellen. Denn es verpflichtet sich damit zur Realisierung der in ihm selbst verlorengegangenen Freiheit, welche die Begriffsbestimmungen erlangt hatten, sofern sie dank ihrer Totalisierung aus dem Zwangszusammenhang bloßer Momente entlassen worden sind. Auf diesen Begriff, den Begriff selbst, bringt die 1816 veröffentlichte Urteilslehre das Aufhebungsziel zweitens, indem sie es *strukturell* erhellt. Sie beschreibt die Figur, durch deren Vorzeichnung das Urteil das Ziel, welches seine Bewegung nicht wirklich zu erreichen vermag, gleichwohl antizipiert. Nach allem Gesagten braucht nicht zu verwundern, daß Hegel das Ziel der Aufhebung des Urteils und auch die Aufhebung selbst am klarsten am Ende des Abschnitts über das Reflexions- oder Subsumtionsurteil formuliert, klarer sogar als am Schluß des ganzen Kapitels. Wir lesen da zunächst: »Diese Aufhebung des Urteils fällt mit dem zusammen, was die *Bestimmung der Copula* wird, die wir noch zu betrachten haben; die Aufhebung der Urteilsbestimmungen und ihr Übergang in die Copula ist dasselbe« (293_{13}/334). Die angekündigte Betrachtung der Bestimmung, in welche die Copula erst noch hineinwachsen wird, findet sich im nächstfolgenden Abschnitt über das Urteil der Notwendigkeit. Ihr im Rückblick festgehaltenes Resultat: Die in der Bewegung des Urteils der Notwendigkeit entstehende (vorläufig uninterpretiert hinzunehmende) »Einheit, die Copula die-

ses Urteils, worein die Extreme durch ihre Identität zusammengegangen sind, ist somit der Begriff selbst, und zwar *als gesetzt*; das bloße Urteil der Notwendigkeit hat sich damit zum *Urteil des Begriffs* erhoben« (301₂₇/344), also zu derjenigen Form, in der das Urteil, schon mehr als bloß dieses, durch seine Vollendung sich selbst verabschiedet. Das Urteil vollendet sich in solch selbstloser Weise, indem die Extreme, die ja anfangs außer der sie ausschließenden Einheit ihr gleichgültiges Bestehen hatten, durch ihre Identität in die Copula zusammengehen. Demgemäß fährt Hegel in unserem Text, der dasselbe Resultat als unmittelbares Ergebnis der Aufhebung des Subsumtionsurteils fixiert, nach einer wichtigen Zwischenüberlegung, auf die wir erst später eingehen können, fort: »Subjekt und Prädikat sind daher identisch, d.i. sie sind in die Copula zusammengegangen« (293₂₀/334). Die das Ziel der Aufhebung entfremdender Herrschaft vorzeichnende Gedankenfigur ist das Zusammengehen der damit sich aufhebenden Urteilsbestimmungen in die Copula. Man sieht an dem letzten Zitat: Hegel führt den Schlüsselbegriff des Zusammengehens als Interpretament der im Urteil werdenden Identität ein. ›*Zusammengehen*‹ ist also Hegels Antwort auf unsere Frage nach dem Inhalt der werdenden Identität.
Die systematische Relevanz des Begriffs ›Zusammengehen‹ tritt in scharfen Umrissen hervor, wenn man ihn vor einen doppelten Hintergrund stellt. Die eine Folie, auf die man ihn auftragen muß, breitet Hegel im angeführten Text selbst aus. Indem er vorerst die Aufhebung der Urteilsbestimmungen mit deren Übergang in die Copula gleichsetzt und sodann den Übergang als Zusammengehen auslegt, kommt er auf die außerordentlich bedeutsame, systemaufschließende Stelle zurück, an der er den objektiven Sinn des Urteils darin erblickt, daß es »die *wahre* der früheren Formen des Übergangs« enthält (269₁₇₋₃₁/307). Als den wahren Übergang oder, angemessener ausgedrückt, als die Wahrheit des Übergangs, die selbst kein bloßer Übergang mehr ist, haben wir das Zusammengehen anzusehen. In das Zusammengehen ist aber nach jener Stelle, wie man sich erinnern wird, nicht nur das Übergehen im engeren Verstande, das in der Seinslogik dominierende, »übergegangen«, sondern auch

das »Scheinen«. Damit wird der andere Hintergrund sichtbar, vor dem der Begriff des Zusammengehens sich profiliert. Das Scheinen in der hier gemeinten Bedeutung kennzeichnet die Sphäre der Reflexion. Die Reflexion ist das Übergehen, das in seinem Übergehen sich aufhebt (13_{37}/24); denn sie ist »die Bewegung des Werdens und Übergehens, das in sich bleibt« (13_{15}/24). Als das durch sein In-sich-Bleiben aufgehobene Übergehen ist sie »Zusammengehen mit sich« (14_{30}/25; 15_{30}/27; 16_{20}/28). Das Zusammengehen von Subjekt und Prädikat in die Copula tritt an die Stelle dieses Zusammengehens mit sich. Um die Bedeutung der Substitution voll erfassen zu können, müssen wir uns das Schicksal des Zusammengehens mit sich vergegenwärtigen. Es ist letztlich gescheitert. Zumindest nicht überzeugend geglückt ist es als Bewegung der für absolut ausgegebenen Reflexion. Denn da Hegel es abhängig macht vom Gelingen reflexiver Negation, wird es in alle Schwierigkeiten hineingezogen, mit denen der Ansatz bei der absoluten Negativität belastet ist. Ausgeblieben aber ist vor allem das Zusammengehen des *Endlichen* mit sich, sowohl des Daseins als solchen wie auch des reflektierten Daseins, des Gesetztseins. Statt daß das zur Endlichkeit qualifizierte Dasein in der vermeintlich wahrhaften Unendlichkeit mit sich zusammengegangen wäre, ist es darin *untergegangen* (s. oben, S. 275 ff.); und dieses Scheitern hat sich in der eigentlichen Reflexionssphäre wiederholt, indem die Aufhebung der Unselbständigkeit dem zum Schein herabgesunkenen Dasein keine Identität mit sich zu sichern vermochte (s. oben, S. 370 ff.). Die Szene, in der das begriffslogische Zusammengehen das reflexionslogische ablöst, spielt sich nun vor dem Hintergrund der Einsicht in die Unzulänglichkeit des letzteren ab. Zu diesem Hintergrund gehört wohl auch ein Umstand, auf den Hermann Schmitz (1957, 105) hingewiesen hat: Hegel konstruiert die Bewegung des Daseinsurteils *nicht* nach dem Prinzip der durch Verdopplung sich bejahenden Verneinung; obwohl er das unendliche Urteil, dem er einen Grundzug seines Denkens entnimmt, als Negation des negativen auffaßt, gesteht er ihm keine Affirmation zu. Man kann diese Tatsache natürlich noch prinzipieller deuten, nämlich als einen Beweis dafür, daß die Negation der Negation ursprünglich gar keine doppelte Verneinung war. Auf jeden Fall aber befreit er die Negation *jetzt* vom Schein einer sich selbst verneinenden und dadurch in Bejahung umschlagenden Verneinung. Er gibt ihr den Tätigkeitssinn zurück. Als begriffslogisches Analogon zur Reflexion ist die Copula durchaus auch Negation, die ›urteilende‹ Negation, deren Schein von Einfachheit sich auflösen soll, wenn sie zur Mitte des Schlusses wird, indessen nur als das reine Geschehen des Übergehens, in das die früheren Formen des Übergangs übergegangen sind. Hegel stilisiert die in dieser Negation liegende und sie ausschließlich definierende Tätigkeit sogar zum Handeln, indem er ziemlich verschwommen, jedoch erhellend für seine Intention erklärt, als Entwicklung »der Negativität, die es an sich schon ist«, sei das Urteil der *»Aufschluß«* des Allgemeinen, das sich zum Einzelnen *»entschließt«* (275_{3}/313). Dazu paßt eine überall in der Urteilslehre beobachtbare, wenn auch geheime Distanzierung von der Idee affirmativer Unendlichkeit. Unangetastet bleibt die Kritik am Unendlichen des Verstandes, am leeren, nie zu erfüllenden Jenseits. Allein, fast unmerklich unterschiebt Hegel der in sich zurücklaufenden Bewegung, die als Maßstab dieser Kritik fungierte, ein ganz anderes Ideal: »das *erreichte Jenseits*« (291_{2}/331), »die erschöpfte Unendlichkeit« (290_{24}/331), die erschöpft im Doppelsinn des Wortes ist, als die ausgeschöpfte und als die, die eben dadurch ihre Kraft eingebüßt hat. Das wäre, zumal Hegel selber offenkundig nur an die erste Bedeutung denkt, sicherlich eine Überinterpretation, ginge nicht mit der Entmachtung der Reflexion der Versuch Hand in Hand, das Endliche endlich in die Rechte einzusetzen, die ihm die affirmative Unendlichkeit vorenthielt. Im Rückblick auf die Logik des Daseins spricht Hegel nun unmißverständlich aus, was er in ihr selber verdecken wollte: »das Endliche *geht* im Unendlichen *unter«* (269_{20}/307); und das Scheinen rückt er in die Nähe des seinslogischen Übergangs, der auf den Untergang des Endlichen hinauslief, weil dieses auch Reflexion nicht zu retten vermochte. Die Rettung aber erwartet er vom Begriff, und zwar von dem, der im Urteil verloren ist. Er signalisiert sie in seiner Theorie des Urteils der Notwendigkeit und beschreibt ihr faktisches Eintreten im Zusammenhang mit dem Begriffsurteil. Schon im zentralen Urteil der Notwendigkeit, »im hypothetischen Urteil ist«, glaubt er versichern zu dürfen, »das Sein der endlichen Dinge nach ihrer formellen Wahrheit durch den Begriff gesetzt, daß nämlich das Endliche sein eigenes Sein, aber ebensosehr nicht das *seinige*, sondern das Sein eines Andern ist« (296$_{10}$/307). Einerseits behält die Wesenslogik ihre Gültigkeit, sofern die Logik des Begriffs von ihr übernimmt, daß das Sein des Endlichen nicht dessen Eigentum ist, sondern das Sein eines Anderen. Andererseits wird sie suspendiert, sofern im Gegenzug gegen sie und ihre seinslogische Vorläuferin, die Lehre von der affirmativen Unendlichkeit, das Sein des Endlichen, das dieses nicht zu eigen hat, gleichwohl als sein eigenes Sein festzuhalten ist. Eine solche Rettung des Endlichen verlangt freilich gerade den Abschied von seiner Überhöhung, das heißt von der Vorstellung, es würde vermöge des Vergehens seines Vergehens selber unendlich. Sie gelingt nur auf dem Boden der Erkenntnis, daß die – auch reflexionslogisch akzentuierte – Gebrochenheit des Endlichen unaufhebbar oder, was dasselbe bedeutet, nicht nur das Stigma einer vergehenden Endlichkeit, sondern aller Wirklichkeit ist. So beschreibt Hegel denn auch ihr faktisches Eintreten. Das apodiktische Urteil ist, behauptet er, eben deshalb das wahrste, weil es zum Subjekt eine Sache hat, deren Wahrheit es ist, »daß sie in sich *gebrochen* ist in ihr *Sollen* und ihr *Sein*; dies ist das *absolute Urteil über alle Wirklichkeit*« (306 f./350).

Hegels Erwartung einer Restitution des endlichen Daseins stützt sich auf die Annahme, daß die urteilslogische Umstrukturierung des Zusammengehens die Mittel dafür bereitstelle. Subjekt und Prädikat gehen in die Copula zusammen – darin liegt am unmittelbarsten, was auch das eigentlich Neue ist: Sie vereinigen sich in einem *Dritten*. Darin liegt aber auch: Sie gehen *ineinander* auf. Es ist ja die Identität von *Subjekt und Prädikat*, die Hegel als Zusammengehen *in die Copula* denkt. Schließlich soll jedes Beziehungsglied im Zusammengehen mit dem anderen so in die Copula zusammengehen, daß es darin auch mit sich *selbst* zusammengeht. In der Realisierung dieses Sollens besteht nach Hegel der Fortschritt vom Urteil der Notwendigkeit zum Begriffsurteil. Das hypothetische Urteil, das als die formelle Wahrheit des Endlichen dessen nicht eigentumsmäßiges Eigensein zum Ausdruck bringt, hat einen Ausgangspunkt, der unterhalb des Niveaus dieser Wahrheit sich befindet: »Wenn A ist, so ist B; oder das Sein des A ist *nicht* sein *eigenes* Sein, *sondern* das Sein eines *Andern,* des B« (295_{27}/337). Es holt dann, so die These Hegels, den Abstand, der es von der ihm zugedachten Wahrheit trennt, auf, indem sich zeigt, daß in ihm nicht der gleichgültige Inhalt seiner beiden Seiten gesetzt ist, sondern nur deren Relation (295 f./337). In der Notwendigkeitsrelation ist »jedes gesetzt als ebensosehr das *Sein eines Andern«* (296_{7}/337). Es ist darin so, wie es der formellen Wahrheit des Endlichen entspricht, indem es zugleich sein eigenes Sein ist. Die Defizienz des Urteils der Notwendigkeit oder das bloß Formelle der formellen Wahrheit, die es indiziert, beruht darauf, daß jedes der beiden Relate, derart aufgelöst in die reine Relation, zwar sein eigenes Sein, aber nicht Selbstsein ist: »nur der Zusammenhang der Extreme ist gesetzt als seiend, nicht sie selbst« (296_{8}/337). Auf diesen Mangel hebt die *Wissenschaft der Logik* ab, wenn sie die Notwendigkeit als die bloß *»innere«* Beziehung charakterisiert (296_{17}/338). Ihn aber beseitigt ihr zufolge der Begriff, der in dem nach ihm benannten Urteil dadurch für sich hervortritt, daß die Identität von Subjekt und Prädikat *»gesetzt«* wird, nämlich als eine solche, in der jedes Beziehungsglied »nicht die abstrakte Identität mit sich, sondern die *konkrete* ist« (296_{18}/338), konkretisiert durch seine Identität mit dem anderen. In dem an sich schon im Urteil der Notwendigkeit gegenwärtigen Begriffsurteil ist das Sein selbst als dieses Im-Anderen-bei-sich-selbst-Sein bestimmt, als *»Einheit seiner selbst* und *des Andern«* (296 f./338).

Das Zusammengehen von Subjekt und Prädikat in die Copula tritt demnach die Nachfolge des reflexionslogischen Zusammengehens mit sich dergestalt an, daß es dieses in sich aufnimmt. Auch als Zusammengehen der Urteilsbestimmungen *miteinander* ist es nicht wirklich neu. Denn zur Idee des Zusammengehens mit sich gehörte im vorhinein die konkrete, nicht bloß abstrakte Selbstidentität, die ihre Konkretheit der Vermittlung durch das Andere verdankt. Ja, man kann die Genese des urteilslogischen

Zusammengehens sogar bis in die Reflexionslogik selber zurückverfolgen. Kaum zufällig zeichnet es sich in der Bewegung der äußeren Reflexion ab, also dort, wo das Wesen sein Anderes in die nicht mehr bloß scheinhafte Andersheit freizugeben versucht. Von der vollendet äußeren als einer sich übersteigenden Reflexion, welche ihre Äußerlichkeit gegen das Unmittelbare aufgehoben hat, heißt es: »ihr sich selbst negierendes Setzen ist das Zusammengehen ihrer mit ihrem Negativen, mit dem Unmittelbaren, und dieses Zusammengehen ist die wesentliche Unmittelbarkeit selbst« (18$_{16}$/30). Ich erblicke in dieser Stelle einen Vorentwurf des urteilslogischen Zusammengehens, den die Reflexionslogik selber, wie das Scheitern ihrer Rekonstruktion der Unmittelbarkeit gelehrt hat, nicht einzuholen vermag. Sie vermag ihn nicht einzuholen, weil sie hier auf ein Zusammengehen mit dem *Anderen* stößt, das *nicht* mehr das zuvor thematische Zusammengehen mit *sich* ist. Was aber der Vorform des urteilslogischen Zusammengehens fehlt, ist dessen Spezifikum: das Zusammengehen der aufeinander Bezogenen *in* das sie Beziehende. Nun kommt freilich dies zu den beiden schon vorgebildeten Elementen, der Vermittlung der Relate miteinander und ihrer Vermittlung je mit sich selbst, nicht äußerlich hinzu. Vielmehr strukturiert das neue Strukturelement auch die alten völlig neu. Die Umformung des Ganzen ergibt sich aus dem Abstoß von dem in sich gedoppelten Anfang der Urteilsbewegung, der Einheit von gleichgültigem Bestehen und gegenseitiger Vermittlung der totalisierten Bestimmungen. Hegels Urteilslogik enthält zunächst eine unausgesprochene Kritik der Reflexionslogik. Der kritische Einwand gegen diese läßt sich in zwei Punkten formulieren. Erstens: Gegenseitige Vermittlung hebt Gleichgültigkeit nicht auf. Und daraus folgt zweitens: In gegenseitiger Vermittlung ist kein Selbstsein möglich, auch und vor allem nicht das Selbstsein im Sein zum Anderen. Dahinter steckt die Überzeugung, daß ein Zusammengehen mit *sich* gerade nur dann möglich sei, wenn die Beziehungsglieder derart *miteinander* zusammengehen, daß sie *in* das zusammengehen, was sie beide gesetzt hat. Die Überzeugung impliziert die Meinung, auch das Miteinander-Zusammengehen habe die Bedingung seiner Möglichkeit in *dem* Zusammengehen, dessen konkrete Wirklichkeit das Urteil als Zusammengehen von Subjekt und Prädikat in die Copula antizipiert. Die »konkreten Wissenschaften, welche (...) das Logische oder den Begriff zum innern Bildner haben und behalten, wie sie es zum Vorbildner hatten« (231₁₄/265), müssen die Antizipation, die anders als die der Urteilslogik selber durch die Reflexionslogik über die logische Wissenschaft hinausweist, nach Hegel durch den Nachweis einlösen, daß gelingendes Handeln von Subjekten auf deren Vereinigung im ›Absoluten‹ angewiesen ist. Die Copula symbolisiert im Element des Logischen nichts Geringeres als diese das kommunikative Handeln und die Selbstidentität der Handelnden konstituierende Kraft des ›Absoluten‹[24]. Genauer gesagt: Indem sie erfahrbar macht, daß eben die »ursprüngliche Teilung (...) die Allmacht des Begriffes ist« (307₁/350), deutet sie, formell wie alles Logische, darauf hin, daß der Gott, den »die Wissenschaft nur des göttlichen *Begriffs*« (505₁₂/572) nicht zu fassen bekommt, gegenwärtig ist auch in seiner Nicht-Gegenwärtigkeit, lebendig auch in seiner Verborgenheit und Entzweiung.

Das Zusammengehen, hieß es in der Logik der Reflexion, ist »die wesentliche Unmittelbarkeit selbst«. Diese Unmittelbarkeit, reflexionslogisch unerreichbar, rettet die Urteilslogik in gewisser Hinsicht durch ihre Negation. Die Negation der Unmittelbarkeit liegt darin, daß die Beziehungsglieder nur insofern miteinander zusammengehen, als sie zunächst und vor allem in die Copula übergehen. Aber Hegel spricht die Copula, das Beziehende, vielleicht auch deshalb nicht als das Vermittelnde

24 Insofern ist in der Urteilslehre von 1816 durchaus noch die Jenaer Geistestheorie lebendig, die Habermas gegen die spätere Philosophie des absoluten Geistes abhebt. Die Copula präfiguriert im Logischen die Funktion des Geistes, die der Jenenser Hegel diesem als der vereinigenden »Mitte« zugeschrieben hat: »Geist ist dann nicht das Fundamentum, das der Subjektivität des Selbst im Selbstbewußtsein zugrunde liegt, sondern das Medium, *in* dem ein Ich mit einem anderen Ich kommuniziert und *aus* dem, als einer absoluten Vermittlung, beide zu Subjekten wechselseitig sich erst bilden« (Habermas 1967, 13). – Zu dem von Habermas unternommenen Versuch, das Theorieverständnis des jungen Hegel gegen das des alten abzugrenzen, vgl. Theunissen (1970 b, 45-54).

an, weil sie die durch sie aufeinander Bezogenen gleichwohl nicht zu Vermittelten macht. Denn indem sie sich nicht zur eigenständigen Mitte herausbildet, schiebt sie sich auch nicht als Mittel zwischen die Extreme. Eine solche Vermittlung stellt, wie schon erwähnt, erst der Schluß dar. Es ist die »*Mitte*, auf die es wesentlich beim Schlusse ankommt, da sie ihn vom Urteile unterscheidet« (334_{11}/381). Zwar nimmt Hegel selber an, eben die Copula werde durch ihre inhaltliche Erfüllung zur Mitte, aber diese Annahme gehört meines Erachtens zu dem im *schlechten* Sinne Spekulativen seiner Urteilslehre. Es gibt, ungeachtet des apodiktischen Urteils (s. Anm. 26), keinen zwingenden Anlaß, den terminus medius des Schlusses mit der Copula in Verbindung zu bringen. Mit der Herstellung einer solchen Verbindung stellt Hegel auf der Strecke der Begriffslogik die erste Weiche, über die der Gedankenzug in die falsche Richtung einer Metaphysikreproduktion läuft, die über die Restauration formaler Logik noch hinausgeht. Die zweite stellt er, den Mythos von der Geburt des Seins aus einer sich aufhebenden Vermittlung erneuernd, mit dem Übergang zu einer Objektivitätsphilosophie, deren naturalistischer Grundzug, dokumentiert in fragwürdigen Analysen des Mechanismus und Chemismus, nur die Folgen der Verirrung entlarvt. Immerhin fällt auf, daß Hegel die Copula *innerhalb* des Kapitels über das Urteil nicht auf die Mitte hin konzipiert und es auch vermeidet, diese als das urteilstranszendente Ziel der von ihr getragenen Bewegung in Anspruch zu nehmen. Er behilft sich mit dem Rückruf der Kategorie des Grundes (307_{16}/350) – eine ihrerseits gewiß nicht unproblematische Notlösung. In Wirklichkeit entsteht hier eine Leerstelle, und sie muß man auch offenhalten, um für die im Zusammengehen selber aufbrechende Unmittelbarkeit Platz zu gewinnen.

Ihr Platz ist »die *unterschiedslose Identität*«, von der wir gehört haben, daß sie im Urteil »noch nicht gesetzt« sei, obwohl sie eigentlich »die *wahre* Beziehung des Subjekts auf das Prädikat« ausmache. Diese Identität *kann* im Urteil noch nicht gesetzt sein, weil ihre Unterschiedslosigkeit genau den Unterschied verneint, der für das Urteil unabdingbar ist, den von Subjekt und Prädikat. Im urteilstranszendenten Ziel der von der Copula getragenen Bewegung haben wir es infolgedessen ebensowenig noch mit den Seiten dieses Unterschieds zu tun, mit Subjekt und Prädikat. Auch durch »die Aufhebung der Urteilsbestimmungen« entsteht allerdings eine Leerstelle. Für deren Ausfüllung verfügen wir, wollen wir nicht Hegels eigenen Weg in den Schluß weitergehen, nur über das Material, das die Explikation der metaphorischen Rede vom ›Zusammengehen‹ angesammelt hat. Danach verschwindet vorab das traditionell verstandene Subjekt, das *hypokeimenon*, jedoch so, daß es durch eine anders verstandene Subjektivität substituiert wird, die nun *beide* Seiten besetzt, auch die des ehemaligen Prädikats. Es ist dies die Subjektivität im Sinne des kommunikativen, nicht reflexiven Selbstseins, auf das die Bewegung in ihrem Telos, im Begriffsurteil, hindrängt. Inwiefern aber sind die, welche nur im Miteinander-Zusammengehen ihre Identität mit sich finden, *unterschiedslos* identisch? Wer nicht sieht, daß diese Frage das System zu erschüttern droht, nimmt Hegel nicht ernst genug. Gibt es doch kaum etwas anderes, das Hegel so entschieden für unwahr erklärt wie eine unterschiedslose Identität. Jetzt hingegen soll sie die *wahre* Beziehung sein. Es empfiehlt sich, auf der Suche nach dieser Wahrheit die Unwahrheit nicht aus den Augen zu verlieren. Unterschiedslosigkeit war gleichbedeutend mit Bestimmungslosigkeit, und die Bestimmungslosigkeit war die Bestimmung des am Anfang der Logik einzig darstellbaren Seins, das die »vollkommene Unwahrheit« ist. Sie war, in der scheinhaften Gestalt der reinen Unbestimmtheit, die unbestimmte Unmittelbarkeit des reinen Seins. Diese ihre Herkunftsgeschichte ist auch in ihrer Wiederkehr präsent. Auch die Unterschiedslosigkeit der Identität derer, die, als unterschiedene, Subjekt und Prädikat waren, assoziiert Unmittelbarkeit. Natürlich nicht die Unmittelbarkeit des reinen Seins. Das darin liegende Wahrheitsmoment ist ja der Copula zuzuordnen. Jetzt hingegen geht es um das Potential, das durch die Aufhebung der Urteilsbestimmungen frei wird, also um die unabgegoltenen Möglichkeiten des *bestimmten* Seins, das in Subjekt und Prädikat zur Sprache kam. Will man aber die unterschiedslose Identität der ins Selbstsein entlassenen

Urteilsbestimmungen nicht auf das Niveau der abstrakten Identität herunterbringen, die sie bisher war und die sie erklärtermaßen nicht mehr sein soll, und will man mit ihr dennoch einen konkreten Begriff verbinden, so muß man sie als *totale Egalität* deuten. Die ›wahre‹ Unmittelbarkeit der Selbstseienden, ihre Spontaneität, ist an die Bedingung ihrer totalen Egalität geknüpft, weil ausschließlich dadurch verbürgt ist, daß sie einander unvermittelt begegnen, wenn auch notwendig verbunden durch das sie aufeinander Beziehende. Sie löst die Unmittelbarkeit des Daseins ab, die vom Schein der Vorgegebenheit nicht zu befreien war. Sie löst sie auch insofern ab, als an die Stelle der *Vor*gegebenheit die *Auf*gegebenheit tritt, ein Sein, welches das Urteil bloß antizipiert. Der Umschlag von der vollkommenen Unwahrheit in die vollkommene Wahrheit ist ausdenkbar allein dann, wenn er den Anfang mit dem Ende zusammenspannt und ins Utopische transformiert, was als bestehende Wirklichkeit auch bloß die unwahre wäre, die abstrakte Identität des in gegenseitiger Vermittlung gleichgültig Bleibenden.
Indessen ist ›Identität‹ keine Kategorie, die das zu Denkende adäquat wiedergeben könnte, ebensowenig wie die verneinte Bestimmung des Unterschieds. Zwar ist sie im logischen Sinne fortschrittlicher als der Seinsbegriff, den sie reformuliert, aber sie reformuliert ihn auf dem reflexionslogischen Niveau, nicht auf dem begriffslogischen. Was zunächst Sein und dann Identität war, heißt im System der subjektiven Logik ›Allgemeinheit‹. Nur dieser Begriff des Begriffs selbst vermag das Ziel der Urteilsbewegung zu treffen. Auf ihn rekurriert Hegel denn auch bei der vorhin ausgelassenen Begründung des Übergangs der sich aufhebenden Urteilsbestimmungen in die Copula. »Insofern nämlich das Subjekt sich in die Allgemeinheit erhoben hat, ist es in dieser Bestimmung dem Prädikate gleich geworden, welches als die reflektierte Allgemeinheit auch die Besonderheit in sich begreift; Subjekt und Prädikat sind daher identisch, d. i. sie sind in die Copula zusammengegangen« (293_{26}/334). Man wird sich erinnern: Die Logik stellt hier die in der Aufhebung der Urteilsbestimmungen geschehende Aufhebung des Reflexionsurteils dar, das als das ausdrückliche Urteil der Subsumtion ein für das

Urteil schlechthin beispielhaftes Schicksal erleidet. Sofern am Ende seiner Bewegung das Subjekt im »Prädikate nicht mehr *subsumiert*« ist, »verändert sich nun überhaupt die Natur des Reflexionsurteils« (292_{38}/334), dergestalt, daß »das Urteil« als solches sich aufhebt (293_{10}/334). Am Anfang dieser Bewegung war das prädizierte Allgemeine nicht wie im Urteil des Daseins »*abstrakte* Allgemeinheit oder *einzelne Eigenschaft*, sondern gesetzt als Allgemeines« (286_{9}/326), das heißt als das durch Klassifikation Subsumierende. Entsprechend hatte die Einzelheit des Subjekts, im Daseinsurteil noch eingehüllt in den Schein der Vorgegebenheit von Etwas, sich »als *wesentliche Einzelheit* bestimmt« (288_{21}/329), worin analytisch liegt, daß es »die an- und fürsichseiende Allgemeinheit *als vorausgesetzte* enthält« (291_{36}/332); denn nur unter der Voraussetzung der objektiven Allgemeinheit kann die Einzelheit sein, was sie ist, oder eben die wesentliche sein[25]. Das Subjekt hat sich am Ende in die Allgemeinheit erhoben, indem es die ihm vorerst nur vorausgesetzte Allgemeinheit selber gesetzt hat (291_{34}/332) oder indem es »zur *objektiven Allgemeinheit* bestimmt« ist (293_{6}/334). Es ist also dem Prädikat »gleich geworden«, sofern es mit ihm in der an und für sich seienden Allgemeinheit übereinkommt oder unterschiedslos identisch ist. Aber nicht nur Subjekt und Prädikat gewinnen im Ziel den Status gesetzter Allgemeinheit; auch die Copula entwickelt sich zum Allgemeinen. Sie ist, schreibt Hegel am Schluß, wo er die vom Reflexionsurteil selbst geleistete Antizipation auf dem Wege des Begriffsurteils einholt, »das durch Subjekt und Prädikat *Hindurchgehende* und *Allgemeine*« (308_{3}/351). Dabei definiert der Ausdruck ›das Hindurchgehende‹ die spezifische Allgemeinheit der Copula. Die Copula wird zum Allgemeinen im Sinne der Totalität des Urteils (vgl. 289_{38}/330; 302 f./344 f.), indem sie durch Subjekt und Prädikat hindurchgeht. Daß deren Zusammengehen in sie in ihr selber gründet, bedeutet: Die Nachfolger der Bestimmungen, die im

25 Diese Überzeugung war in Hegel von früh an lebendig. Vgl. Siep (1974), 165: »Hegel hat das ›Vernichten der Einzelheit‹ schon im Naturrechtsaufsatz als ein Erheben zur ›reinen Einzelnheit‹ (. . .) aufgefaßt, die mit ihrem Gegensatz, der Allgemeinheit, identisch wird.«

unaufgehobenen Urteil sich als Subjekt und Prädikat gegenüberstanden, können nur darum in sie und so auch miteinander und mit sich zusammengehen, weil sie durch sie hindurchgeht. Im Hindurchgehen aber schafft sie eine Atmosphäre unvermittelter Gemeinschaftlichkeit. Insofern verliert die Allgemeinheit der Copula ihre spezifische Bestimmtheit. Sie teilt sich den aus den Urteilsbestimmungen hervorgegangenen Beziehungsgliedern mit. Hegel nennt die mitteilende und die mitgeteilte Allgemeinheit gleicherweise *»Kontinuation«* (270_{10}/308). Da die Copula »eben diese Allgemeinheit« ist, der logische Vor-Schein der unendlichen Mitteilsamkeit sich verströmender Liebe, erwirkt sie auch für Subjekt und Prädikat die »Kontinuation derselben ineinander« (280_{28}/320), aber so, daß diese die Allgemeinheit des Sich-ineinander-Kontinuierens an ihnen selbst haben, als das Element ihres Selbstseins. »Die Urteils- als Begriffsbestimmung ist an ihr selbst ein Allgemeines, gesetzt als sich in ihre andere *Kontinuierendes«* (280_{25}/319).
Wie kommt nun die objektive Allgemeinheit in der exemplarischen Bewegung des Reflexionsurteils so zur Geltung, daß das Subjekt sie »auch als *gesetzte* an ihm« hat (291_{37}/332)? Das singuläre Urteil schließt das Gesetztsein der Allgemeinheit am Subjekt per definitionem aus. Noch weniger ist das partikuläre Urteil für die Erfüllung der schon im Begriff der Einzelheit enthaltenen Forderung geeignet. Denn es sinkt im Grunde unter das Niveau des singulären herab. Bleibt doch die Unbestimmtheit Einiger hinter der vollkommenen Bestimmtheit zurück, die *»Dieses«*, das Subjekt des singulären Urteils, auszeichnet (289_{31-36}/330). Das singuläre Urteil, dessen Subjekt als das gesetzte Einzelne das Subjekt schlechthin ist, hat »seine nächste Wahrheit« (288_{17}/328) im partikulären bloß in der negativen Hinsicht, daß dieses eigentlich über gar kein Subjekt mehr verfügt, das heißt über kein zugrunde Liegendes, als das schon im Ansatz des Reflexionsurteils allein das Prädikat fungiert (287_{22}/327). So kann die Bewegung, in der die objektive Allgemeinheit sich als solche setzt, nur im universellen Urteil vor sich gehen. Sie geht aus von der Allheit als der eigentümlichen Allgemeinheit der Reflexion. »Die Allgemeinheit, wie sie am Sub-

jekte des universellen Urteils ist, ist die äußere Reflexions-Allgemeinheit, *Allheit*; *Alle* sind als *Einzelne*; das Einzelne ist unverändert darin« (290_{7}/330 f.). Das Unverändertsein der Einzelnen, die sich als unendlich viele Atome zur Allheit äußerlich zusammenschließen, macht nach Hegel den Mangel des faktischen Zustands universeller Urteile aus. Im Hinblick darauf bezeichnet er die Allheit als »die *empirische* Allgemeinheit« (291_{17}/332), obwohl er betont, daß empirisch immer bloß eine Vielheit aufzulesen ist. »Die empirische Allheit *bleibt* darum eine *Aufgabe*, ein *Sollen*, welches so nicht als Sein dargestellt werden kann« (291_{24}/332). Indessen ist seine These, daß das universelle Reflexionsurteil, eben um die Vielheit als Allheit fassen zu können, die der empirischen Allgemeinheit entgegengesetzte Allgemeinheit des An- und Fürsichseins mit in Anschlag bringen muß. Darin liegt der schon (S. 416 f.) hervorgehobene Antizipationscharakter dieses Urteils. »Es schwebt aber dabei die an und für sich seiende Allgemeinheit des *Begriffs* dunkel vor; er ist es, der gewaltsam über die beharrliche Einzelheit, woran sich die Vorstellung hält, und über das Äußerliche ihrer Reflexion hinaustreibt und die Allheit als *Totalität* oder vielmehr das kategorische An- und Fürsichsein unterschiebt« (291_{10}/332).

Auf dem Boden dieser das Vorlaufen selber nur vorläufig formulierenden Antwort drängt unsere Frage sich aufs neue auf. Sie kehrt wieder in der Gestalt des Problems: Wieso »unterschiebt« der Begriff der empirischen Allgemeinheit die objektive? Weil die Einzelheit aller Einzelnen durch die *»Gattung«* (292_{32}/333) konstituiert ist. Das bedeutet es konkret, daß sie als wesentliche die objektive Allgemeinheit bereits voraussetzt. Die Gewalt, die der Begriff ausübt, tut er nicht der Einzelheit an, sondern der Vorstellung, die sie unverändert läßt. Denn in Wahrheit ist die Einzelheit gerade nicht die beharrende. Sofern sie in sich die Gattung realisiert, geht sie in die Allheit vielmehr als Gattungswesen ein. »Das Resultat ist somit in Wahrheit die *objektive Allgemeinheit*. Das Subjekt hat insofern die Formbestimmung des Reflexionsurteils, welche vom *Diesen* durch *Einiges* zur *Allheit* hindurchging, abgestreift; statt *Alle Menschen* ist nunmehr zu sagen: *der Mensch*« (292_{26}/333). Dabei muß man, um der Intention Hegels gerecht werden zu können, das Resultat auch rückwärts lesen. Der Ausdruck ›der Mensch‹ substituiert die Rede von allen Menschen in dem Sinne, in welchem Hegel in seinen geschichtsphilosophischen Vorlesungen (G I 62 f./ 12, 31) vom Christentum sagt, es habe das Bewußtsein davon erweckt, daß der Mensch als solcher frei ist. Seit dem Christentum weiß man nach diesem Dictum: Freiheit gebührt nicht nur Einem und nicht nur Einigen, sondern *Allen,* so daß sie entweder die Freiheit aller Menschen oder verschleierte Unfreiheit ist (vgl. Theunissen 1970 a, 97 ff.). Das Subjekt streift eben nur die *Form*bestimmung des Reflexionsurteils ab. Natürlich verändert sich dadurch auch sein Inhalt, nämlich in der Weise, in der er sich verändern soll: Die Einzelnen entgehen dem Schein ihres gleichgültigen Bestehens, ihres unmodifizierten Fortbestehens in der Allheit. Verschafft aber die an- und fürsichseiende Allgemeinheit, verstanden als Gattung, das heißt als »die Allgemeinheit, welche an ihr selbst Konkretes ist« (292_{31}/333), der Allheit die objektive Grundlage, ohne die sie bloß unendlich erweiterte Einzelheit wäre, gleichwie die Partikularität bloß »die *Erweiterung* des *Diesen* zur Besonderheit« ist (289_{33}/330), so gibt die Allheit der gattungsmäßigen Allgemeinheit die subjektive Realität, ohne die sie sich des an sich von ihr ausgehenden Subsumtionsdrucks nicht entäußern könnte. Von subjektiver Realität darf man hier durchaus mit Bezug auf menschliche Subjektivität sprechen. Die Menschengattung führt Hegel im vorliegenden Zusammenhang zwar als Beispiel an. Seine Meinung ist, »daß das Subjekt, z. B. *alle Menschen,* seine Formbestimmung abstreift und *der Mensch* dafür zu sagen ist« (293_{30}/334 f.). Aber das Beispiel ist nicht als das bloß Beiherspielende zu nehmen, als das er es sonst betrachtet, sondern als Paradigma. Gewiß darf die Begriffslogik, als universale Kommunikationstheorie, nicht zur speziellen Intersubjektivitätstheorie werden (s. oben, S. 46 f.). Gleichwohl muß sie erkennen lassen, daß sie eine Struktur freilegt, die ihre einzig angemessene Realität in den Verhältnissen menschlicher Subjekte zueinander hat.

Allerdings beruht die Unvollendetheit auch des vollendeten Reflexionsurteils nach Hegels eigener Auffassung genau auf der ungenügenden Artikulation der subjektiven Realität, des Bezugs der an und für sich seienden Allgemeinheit zu den nicht mehr substrathaften, sondern als tätig bestimmten Subjekten, die sie in ihrem Selbstvollzug frei zu verwirklichen haben. Am Ziel der Gesamtbewegung des Urteils angelangt, faßt Hegel diesen Mangel im Rückblick scharf ins Auge: »Die Gattung ist das *an und für sich seiende* Allgemeine, das insofern als das unbezogene erscheint« (307$_{11}$/350). Der Schein ihrer Subjektunbezogenheit entsteht wohlgemerkt aus dem An- und Fürsichsein, durch welches das Allgemeine in ihr konkret ist, das heißt es entsteht der Schein, als habe das Allgemeine ein Fürsichsein, das nicht das Fürsichsein der Subjekte ist, derart, daß sein Ansichsein wie ein den Subjekten gegenüber gleichgültiges Bestehen sich ausnimmt. In der weiteren, noch über die unmittelbare Aufhebung von Herrschaft hinaustreibenden Gesamtbewegung des Urteils soll dieser Schein verschwinden. Zwischen das Urteil der Reflexion und das des Begriffs schiebt Hegel das Urteil der Notwendigkeit ein, nicht so sehr umwillen einer äußerlichen Anpassung an die Kantische Vierteilung der urteilenden Verstandesfunktionen als vielmehr in der Absicht, die im Übergang von der Seins- und Reflexionslogik zur Begriffslogik angesiedelte Substanzanalyse hervorzukehren. Auszeichnendes Merkmal des Urteils der Notwendigkeit ist »die *substantielle Identität* des Subjekts und Prädikats« (294$_{27}$/336). Eine besondere Bedeutung besitzt die Substanzanalyse, weil sie die Notwendigkeit selber als Werden der Freiheit auslegt (vgl. Fink-Eitel 1976; Angehrn 1977, 56 ff.). Deren Genese zeichnet die Theorie des Notwendigkeitsurteils auf dem oben (S. 454) angedeuteten Wege nach: Sie zeigt auf, wie die Relate gerade mittels ihrer vollständigen Auflösung in die Relation ihr je eigenes Sein erlangen. Ich habe aber in diesem Zusammenhang auch schon darauf hingewiesen, daß den Relaten *Selbst*sein erst in der Sphäre des gesetzten Begriffs zuteil wird. Dies ist nun in der Sicht Hegels der Fall, sofern im Begriffsurteil dic »*Beziehung* auf den Begriff vorhanden« ist (301$_{37}$/344). Die Beziehung ist die des Subjekts, jedoch so, daß auch das Prädikat keinen anderen Inhalt hat als sie. Das Begriffsurteil, eingeteilt in das assertorische, problematische und apodiktische, ist, betont Hegel, im ganzen »wesentlich *problematisch*« (304_{24}/347), so wesentlich, daß das apodiktische darin aufgeht, das Problematische des Urteils als das der Sache selbst zu setzen (306_{12}/349). Im speziell problematischen Urteil aber ist *»der Inhalt des Prädikats die Beziehung des Subjekts auf den Begriff«* (304_{35}/347).

Denselben Sachverhalt drückt Hegel in der Besinnung auf das Verhältnis der Begriffsbestimmungen aus. Zielte das Reflexionsurteil in seiner Selbstaufhebung darauf ab, die von ihm in Ansatz gebrachte Allheit als die Allgemeinheit zu enthüllen, welche die Einzelheit verändert, so legt das Begriffsurteil es darauf an, die durch die Realisierung der Gattung veränderte Einzelheit als Einzelheit, aber ohne Preisgabe des schon erzielten Fortschritts wiederzugewinnen. Diese Einzelheit ist die des Subjekts, das heißt die des realen Subjekts, welches das Satzsubjekt identifiziert. Während man selbst vom vollkommensten Urteil der Notwendigkeit sagen muß, daß die Relate »noch nicht in bestimmter Selbständigkeit einander gegenüberstehen«, ist das Subjekt des Begriffsurteils dadurch definiert, daß es als Besonderung der objektiven Allgemeinheit nicht »nur in *jene* zurückgeht«, die objektive Allgemeinheit, sondern »zur *Einzelheit* sich bestimmt« (302 f./345). Die kann freilich nicht mehr einem *hypokeimenon* zukommen. Das Begriffsurteil soll sein, was es ist, weil in ihm der Begriff »in seiner Bestimmtheit als Begriff zugrunde liegt« (302_{29}/345); eben deswegen kulminiert in ihm die Gesamtbewegung, die den Schein der Substrathaftigkeit des Subjekts auflöst und als das zugrunde Liegende das Prädikat zutage fördert. Daß es »so naheliegt, bei diesem Urteil aus dem Urteile selbst herauszutreten und seine Bestimmung als etwas bloß *Subjektives* zu betrachten«, beruht nach Hegel darauf, daß der Begriff selbst darin »das Subjektive« ist (302_{17}/344). Das Subjektive aber ist der Begriff, sofern er, dessen Bestimmtheit die Allgemeinheit ist, seine Einzelheit in den realen Subjekten hat. Er liegt dem ganzen Urteil zugrunde, weil er »seine Allgemeinheit negiert und in die Äußerlichkeit der Einzelheit sich heraussetzt« (305_{37}/348). Darum ist auch und gerade nach der Veränderung aller Einzelnen durch ihre Verwirklichung als Gattungswesen

»nicht von der Einzelheit des Subjekts zu abstrahieren« (305$_7$/348).

Man muß eingestehen, daß die Logik des Begriffsurteils die ihr gestellte Aufgabe, die subjektive Realität der in die Gattungsallgemeinheit übergegangenen Allheit sichtbar zu machen, nicht befriedigend erfüllt. Sie läßt den Leser zum einen unbefriedigt, weil sie nicht eigentlich urteilsspezifisch argumentiert. Den soeben umrissenen Gedanken entwickelt grundsätzlich bereits das Kapitel über den Begriff. Und auch da blieb letztlich die Frage offen, wie die dem Begriff selber zuzusprechende Einzelheit so als die der realen Subjekte zu denken sei, daß sie ihnen wirklich eignet und nicht bloß an sie delegiert wird. Die Logik des Begriffsurteils vermag zum andern nicht voll zu überzeugen, weil sie jene Realität kaum affirmativ entfaltet. Für ihre Unzulänglichkeit kann man Gründe angeben. Ein Hauptgrund wird sein, daß Hegel hier an die Grenze der Erschließungskraft seiner sprachlichen Mittel stößt. Der Terminus ›Beziehung‹ ist viel zu formal, als daß er den Inhalt, der zu explizieren wäre, mehr als nur angeben könnte, und die Rede vom Subjekt wird, obwohl ja durchaus schon problematisiert, mit einer Bedeutungsmannigfaltigkeit belastet, deren Einheit zerbricht. Ungeachtet dieser generellen Fragwürdigkeit gehorcht die spekulative Urteilslehre allerdings auch in der Defizienz ihres Abschlusses dem Gesetz, unter dem sie angetreten ist: Ihr Versagen ist ein Versagen zugleich in anderem Sinne, das Versagen der Affirmation, das seinen objektiven Grund in der Negativität des Urteils, im »Nichterkanntseyn des Vernünftigen« hat.

Immerhin enthält die Logik des Begriffsurteils einen Hinweis auf die Richtung, in der eine affirmative Bestimmung der in die Lebenswirklichkeit der Einzelnen reflektierten Allgemeinheit zu suchen ist. Will man ihm nachgehen, so muß man sich vor allem vergegenwärtigen, wie und wo die Bewegung des Begriffsurteils anfängt. Ihr Anfang gehört zwar mit zum Ende der Gesamtbewegung, sofern diese sich in der ganzen Bewegung des Begriffsurteils vollendet. Aber nicht nur, daß die Logik im Ausgangspunkt der Bewegung jeder besonderen Urteilsform auch den Anfang der Gesamtbewegung wiederfindet. Die Gesamtbewegung greift im »Fortgang des Urteils in die Verschiedenheit der Urteile« auch immer weiter aus, derart, daß ihr terminus a quo und ihr terminus ad quem sich zunehmend mehr extremieren. Das Begriffsurteil beginnt also nicht nur dort, wo die Gesamtbewegung beginnt; es stellt den Beginn auch am extremsten dar. Das assertorische Urteil bindet das Prädikat als reine Allgemeinheit und das Subjekt als eine in die *»äußerliche Existenz«* geworfene Einzelheit zusammen; es ist »in die Form von *Extremen* entzweit, denen der Begriff selbst als *gesetzte*, sie beziehende Einheit noch fehlt« (303_{36}/346). Daß dieser Anfang gleichwohl Ende ist, bedeutet nach unseren früheren Ausführungen zum Begriffsurteil: Subjekt und Prädikat stehen in der Beziehung der Entsprechung oder Nichtentsprechung. Das Begriffsurteil ist die Wahrheit aller früheren Urteile, weil das Urteil überhaupt »die Übereinstimmung des Begriffs und der Realität« ist, die das Begriffsurteil in der positiven Form der Entsprechung oder in der negativen der Nichtentsprechung verwirklicht.

›Entsprechung‹ bleibt das Medium, in dem das Begriffsurteil sich vollzieht, aber sie verändert sich selber. Daß sie nicht in der Bestimmtheit des Anfangs verharren kann, folgt aus den Prämissen der Theorie zwingend. Nicht nur die Nichtentsprechung, auch die Entsprechung von Begriff und Realität impliziert einen Unterschied, nämlich eben den von Begriff und Realität. Soll aber die Bewegung des Begriffsurteils die des Urteils überhaupt abschließen, so muß sie auf unterschiedslose Identität drängen. An ihrem Ende kann also nur eine Entsprechung stehen, die auf unterschiedslose Identität hinausläuft. Dieser Wandel der Entsprechung findet im apodiktischen Urteil statt. Wie und wodurch er eintritt, lassen Hegels Beispiele für das apodiktische Urteil kaum erkennen: »das Haus soundso beschaffen ist *gut*, die Handlung soundso beschaffen ist *recht*« (306_{15}/349)[26]. Sie zei-

26 Hegel macht vielleicht nicht deutlich genug, daß beim Verstehen solcher Sätze alles auf das »soundso beschaffen« ankommt. Apodiktisch ist ein Urteil nach seiner Auffassung, wenn es das, was das Prädikat ausdrückt, auf der Subjektseite selbst beschreibt. Die im folgenden in Hegelschen Termen skizzierte Bewegung der Selbstaufhebung eines solchen Urteils und damit des Urteils überhaupt ist nichts anderes als die Explikation dieser Beschreibung.

gen lediglich: Das apodiktische Urteil drückt aus, daß eine Realität ihrem Begriff entspricht (oder, in anderen Fällen, nicht entspricht). Dabei hebt es gerade auf die Ungleichheit von Realität und Begriff ab. Das Prädikat bezeichnet »das objektive Allgemeine oder die *Gattung*«, das Subjekt »das *Vereinzelte*« (306_{26}/349). Allerdings stellt das Subjekt das Vereinzelte in einer Beschaffenheit vor, die den *Grund* dafür abgibt, daß es »seinem Begriffe entspricht oder nicht« (306_{20}/349). Es enthält also nicht nur die Beschaffenheit selber, sondern auch »das Allgemeine, was es *sein soll*« (306_{17}/349). Das apodiktische Urteil bindet die Allgemeinheit der Gattung mit einer Einzelheit zusammen, welche die Allgemeinheit im Modus des Sollens an ihr selber hat, und zwar bindet es beide in seiner positiven Form so zusammen, daß es ein in der Erfüllung des Sollens begründetes Entsprechen ausspricht.

Indessen behauptet Hegel: »nicht jenes Sollen oder die Gattung für sich, sondern dies *Entsprechen* ist die *Allgemeinheit*« (306_{32}/349). Der kurze und in seiner Kürze kaum verständliche Satz deutet chiffrenartig das Ende der Bewegung an, das Entsprechen als unterschiedslose Identität. Damit das Entsprechen hierzu werden kann, muß der Unterschied von Begriff und Realität sich aufheben. Eine gewisse Aufhebung des Unterschieds liegt im bereits Gesagten. Sofern die Realität eine Einzelheit ist, welche die Allgemeinheit als Sollen an sich hat, greift sie auf den Begriff über. Sofern der Begriff eine Allgemeinheit ist, die sich in

Auf das »soundso beschaffen« stützt Hegel auch seine These über das Übergehen der Copula in die Mitte des Schlusses. Man kann die als Beispiele angeführten Sätze so umformulieren, daß die Beschaffenheit als Grund der Charakterisierbarkeit des jeweiligen Satzsubjekts durch die von ihm prädizierte Eigenschaft ausdrücklich wird: ›Weil die Handlung X so beschaffen ist, deshalb ist sie recht‹. Der Schluß E - B - A, den die anderen Schlußfiguren nur abwandeln, formalisiert den Begründungszusammenhang nur noch. Allerdings ersetzt Hegel bereits hier »the simple copula with an inference« (Taylor 1975, 312). – Übrigens bleibt Hegels Theorie des apodiktischen Urteils natürlich auch insofern hinter seiner Intention zurück, als er den Unterschied von Ding und menschlicher Subjektivität wieder einebnet, ohne deutlich zu machen, was ihm seine Lehre vom Entsprechen an sich erlaubt hätte, daß die Struktur, die sich im Ziel der Bewegung herausbildet, nur von realen Subjekten angemessen verwirklicht werden kann.

der Einzelheit verwirklicht, greift er auf die Realität über. Wie die im apodiktischen Urteil als Subjekt auftretende Realität unterbestimmt wäre, wollte man sie auf das Vereinzelte in seiner äußerlichen Beschaffenheit reduzieren, so ist der im Prädikat dieses Urteils gefaßte Begriff unterbestimmt, solange man in ihm nur die gattungsmäßige Allgemeinheit sieht. Denn der Begriff ist in diesem Urteil als das gesetzt, was er an sich ist: eben das Übergreifen auf die Realität selber oder die in die Einzelheit sich entäußernde Allgemeinheit. Nur entsteht auf diese Weise noch keine *unterschiedslose* Identität. Durch den Austausch der Bestimmungen hindurch erhält der Unterschied sich in deren umgekehrtem Fundierungsverhältnis: Der Begriff bleibt primär Allgemeinheit, die Realität primär Einzelheit. In dem zitierten Satz vertritt nun Hegel die These: Verschwinden würde der Unterschied erst in einem Entsprechen von Entsprechen und Entsprechen. Daß er mit der Allgemeinheit, die gegenüber der des Sollens und der Gattung die wahre ist, ein solches Entsprechen meint, geht aus der folgenden Explikation der Bedeutung des Satzes hervor. Danach ist das übergreifende Entsprechen im apodiktischen Urteil als die Copula anwesend, die nicht mehr bloß Relate aufeinander bezieht, sondern Relationen. Sie bezieht das Subjekt als Beziehung zum Prädikat auf das Prädikat als Beziehung zum Subjekt. Die bezogenen Beziehungen haben aber den Charakter des Entsprechens, weil sie sich gegenseitig vollständig widerspiegeln. Das Prädikat »recht« in dem Urteil »die Handlung soundso beschaffen ist recht« stellt im Medium der Gattungsallgemeinheit das reine Spiegelbild der konkreten Beschaffenheit dar, die im Subjekt mit der Allgemeinheit des Sollens konfrontiert ist. Dabei muß man sich allerdings gegenwärtig halten: Die vorhin angeführte Aussage, es sei die Wahrheit der vom Subjekt identifizierten Sache, »daß sie in sich *gebrochen* ist in ihr *Sollen* und ihr *Sein*«, macht Hegel gerade hier. Als Entsprechen von Entsprechen und Entsprechen beschreibt er kein faktisches Urteil mehr, sondern das Ziel, das auch das apodiktische nicht erreicht. In diesem Ziel ist »die Form des Urteils untergegangen« (307_{24}/350), weil jedes, das Subjekt und das Prädikat, »der ganze Begriff« ist

(307_{34}/351), das heißt *die* Subjektivität, die sie als Urteilsbestimmungen beide nicht sein können.

In einer früheren Arbeit (1975 a) habe ich aufzuweisen versucht, daß Dialektik als Theorie der Entsprechung von Begriff und Realität eine Dialogik in sich berge, aber eine notwendig eingeschränkte. Das Dialogische liegt im Entsprechen selber, seine Einschränkung in der Ungleichheit von Begriff und Realität. Sofern das Urteil sich auf die Aufhebung dieser Ungleichheit zubewegt, macht Dialektik im Nachvollzug seiner Bewegung Anstalten, die Eingeschränktheit des Dialogischen innerhalb ihrer selbst zu überwinden. Voll zu entfalten vermag sie ihr dialogisches Moment auch so nicht. Das wäre ihr nur gelungen, hätte Hegel sich entschließen können, die Leerstelle, welche die Aufhebung der Urteilsbestimmungen zurückläßt, durch die realen Subjekte aufzufüllen, die einander entsprechen, indem sie, zunächst, miteinander *sprechen*. Die Chance zu einem derartigen Einstellungswechsel war gewiß schon vertan, als er den »bloßen Satz« aus seiner Betrachtung ausschloß und dem formallogisch disziplinierten Urteil folgte. Damit war auch der Fortgang zum Schluß vorprogrammiert. Ganz eindeutig ist dieser Sachverhalt allerdings nicht. Gerade die Subsumtionsurteile, die als die paradigmatischen zu gelten haben, »sind mehr *Sätze*« (301_{34}/344). Demgemäß geben in der Retrospektive der Lehre vom Schluß Urteile überhaupt ihre Distanz gegenüber Sätzen auf. Die Gleichung »unmittelbare *Urteile* oder *Sätze*« (313_{26}/357) – »*bloßes Urteil* oder *Satz*« (313_{35}/357) bekundet im nachhinein noch, daß Hegel *vor* der Schlußlehre der Praxis des Miteinander-Sprechens in aller Ferne nahe war. Ja, auch die endgültige Entfernung von ihr ist ambivalent. Erwartet doch Hegel vom Schluß, was das Gespräch immer schon geleistet hat: die Aufhebung der Vereinzeltheit des Satzes[27]. Die untergründige Präsenz des sprechenden Entspre-

27 Josef Simon (1970) verschleift meines Erachtens den Unterschied zwischen der Aufhebung der Vereinzeltheit des Satzes im Gespräch und derjenigen im Schluß, wenn er meint, die *Wissenschaft der Logik* verwirkliche die in der *Phänomenologie* entworfene Theorie des spekulativen Satzes als »Reflexion auf das gewohnte Satzverständnis, dessen Aufhebung und das Erfassen der sprachlichen Wirklichkeit des Satzes als eines bloßen, in den randlosen Kon-

chens erlaubt es denn wohl auch, die knappe These: »dies *Entsprechen* ist die *Allgemeinheit*« als Anzeige auf die nicht mehr verbalisierte Intention zu deuten. Die Allgemeinheit der Gattung, antizipiert im Ausgriff auf die Allheit, ist lebendig nur in den Einzelnen, die einander entsprechen, weil sie sich gleich und darin frei geworden sind. Im Zusammengehen, dem dreifach bestimmten, schließen die Einzelnen sich zur Allgemeinheit zusammen, in der sie, die sich als scheinbar vorgegebene Substrate verloren haben, nach Hegels unterdrückter Utopie die einzig ihnen verbleibende Unmittelbarkeit fänden, die Unmittelbarkeit, die darauf beruht, daß sie durch den Abbau alles Trennenden aus ihrem gemeinsamen Ursprung direkt miteinander verkehren. Nicht von ungefähr erinnert die These an den reflexionslogischen Vorentwurf des kommunikativen Zusammengehens. Das Entsprechen *ist* die Allgemeinheit, wie das Zusammengehen die Unmittelbarkeit *ist*. Deren Realisierung unterscheidet sich allerdings wesentlich von der Wiederherstellung der Unmittelbarkeit, auf die Hegel am Ende der Logik, wo deren utopischer Gehalt längst schon verschüttet ist, Dialektik verpflichtet. Sie ist nicht »die Herstellung der *ersten* Unmittelbarkeit, der einfachen Allgemeinheit« (497_{30}/564), sondern reine Herstellung, die tätige Verwirklichung des nie Dagewesenen, das der Schein des Daseienden nicht aufkommen ließ.

text eingebetteten Elements des Bestimmens« (26 f.). Die Geschlossenheit des Schlusses kontrastiert gerade mit der Randlosigkeit des Kontextes, in dem lebensweltlich gesprochene Sätze stehen. Insofern wird man nicht so uneingeschränkt wie Simon sagen können, daß Hegel gegen die traditionelle Spekulation »den wirklichen Sprachgebrauch« zur Geltung bringe (25). Gleichwohl trifft Simon, finde ich, Wesentliches. Leider bin ich auf seinen Aufsatz erst kurz vor dem Abschluß des vorliegenden Buches aufmerksam geworden. Die beiden Untersuchungen berühren sich vor allem in der Interpretation der Logik des reinen Seins, zu der Simon schreibt: »Der Satz der ›Logik‹, ›das Sein ist das unbestimmte Unmittelbare‹, ist Ausdruck einer philosophischen Meinung, sozusagen ein ›metasprachlicher‹ Satz, aber nicht die Meinung Hegels« (30; vgl. 31).

Ausblick: Logik, Rechtsphilosophie und Marxsche Kritik

Daß die einander gleich werdenden Beziehungsglieder mit sich zusammengehen und ihre Selbstidentität finden, indem sie vermöge ihres Zusammengehens in das Beziehende miteinander zusammengehen und in unterschiedsloser Identität die objektive Allgemeinheit der Gattung, durch deren Verwirklichung sie ihre in der Allheit fortbestehende Vereinzelung überwinden, in die subjektive Realität einer solchen Allgemeinheit umsetzen, die in ihrem Entsprechen aufgeht, – all das versucht die vorgelegte Interpretation der Urteilslogik auf den von Hegel selber nicht gebrauchten Begriff der kommunikativen Freiheit zu bringen, einer Freiheit, die in der Kommunikation des Miteinander-Sprechens und Miteinander-Handelns sich bildet und sich bewährt. Zweifellos muß die Interpretation, an Treue zum ›historischen Hegel‹ nicht interessiert, dem Text entgegenarbeiten, um festhalten zu können, was in der sich fortwälzenden Dialektik der ihrer ›Vollendung‹ zustrebenden Gedankenentwicklung sofort wieder verschwindet. Ist aber überhaupt etwas an ihr, so nötigt sie zu dem Eingeständnis, daß die in der *Wissenschaft der Logik* implizierte und die von Hegel wenige Jahre später in den *Grundlinien der Philosophie des Rechts* explizierte Sozialtheorie weit auseinanderklaffen. Auf verblüffende Weise deckt die Kluft sich mit der, die auch zwischen der *Lehre vom absoluten Geist* und der Rechtsphilosophie besteht (vgl. Theunissen 1970 a, bes. 439 ff.). Man sollte sie nicht zudecken, sondern im Gegenteil offenlegen. Denn sie läßt sich mühelos erklären. Ich möchte hier die von mir (1970 b) referierte Diskussion des Vorwurfs, Hegel habe sich bei der Gestaltung der Rechtsphilosophie von Akkommodationstendenzen leiten lassen, nicht noch einmal aufnehmen, obwohl dies nicht sinnlos wäre, da neuere Forschungen den alten Verdacht nähren, daß Hegel 1820 eine nicht gerade sehr ehrenhafte Rücksicht auf bestehende Verhältnisse genommen hat (Ilting 1973)[1] und zudem verblendet war durch eine maßlose Überschätzung seiner Zeit (Ottmann 1977). Der Abstand, den die Rechtsphilosophie zur logischen Idee kommunikativer Freiheit hält, ist, was immer ihren Verfasser sonst noch dazu bewogen haben mag, hinreichend verständlich aus ihrer Einsicht in die Notwendigkeit, die Idee mit den weltlichen Gegebenheiten zu vermitteln. In der Rechtsphilosophie folgt Hegel seiner tiefverwurzelten Überzeugung, daß kommunikative Freiheit in einer institutionalisierten Welt nicht unvermittelt praktiziert werden dürfe und daß sie, macht sie sich in reiner Vernunft geltend, in unvernünftiger Gewalt ende.

Die in dieser Auffassung liegende Weisheit wird niemand, von den Gewalttätern abgesehen, bestreiten wollen. Unbestreitbar ist aber auch, daß Hegel 1820 zuviel des Guten in dieser Richtung getan hat. Die Nüchternheit in der Anerkenntnis geschichtlicher Fakten schlägt um in deren blinde Affirmation, sobald die berechtigte Kritik des abstrakten Sollens (vgl. Marquard 1964) durch die Verleugnung des Ausstehenden im Bestehenden sich selbst ins Unrecht setzt. Das Verhältnis von Logik und Rechtsphilosophie verkehrt sich dann. Solch unkritische Kritik hat

1 Ilting belegt seine These, Hegel habe zwischen 1817 und 1820 unter dem Druck der herrschenden Verhältnisse seinen politischen Standort gewechselt, mit einer Fülle von Material, das hier nicht ausgebreitet werden kann. Im Vorblick auf die unten wiedergegebene Kritik von Marx an § 308 der Rechtsphilosophie, wo Hegel radikaldemokratische Vorstellungen »Abstraktionen« des oberflächlichen Denkens nennt, sei nur auf den Vergleich hingewiesen, den Ilting zwischen der berühmten Auseinandersetzung mit Rousseau in der Anmerkung zu § 258 der Rechtsphilosophie und einer Passage aus der Schrift *Über die württembergischen Landstände* (1817) anstellt (34). Während Hegel 1820 auch der Staatsvertragstheorie Rousseaus »ideenlose Abstraktionen« vorwirft, welche den in der französischen Revolution unternommenen Versuch eines Umsturzes alles Bestehenden zur »fürchterlichsten und grellsten Begebenheit« gemacht haben, erinnerte er noch 1817 mit unmißverständlicher Parteinahme an das, »was damals in allen Geistern wiedergeklungen hat, daß nämlich in einer Staatsverfassung nichts als gültig anerkannt werden sollte, als was nach dem Rechte der Vernunft anzuerkennen sei«. – Besonders aufschlußreich ist, daß Hegel in einer Vorlesung vom Wintersemenster 1822/23, als er für sich keine unmittelbare Gefahr mehr befürchtete, wieder wesentlich progressivere Töne angeschlagen hat.

Hegel selber schon kritisiert, als er darauf bestand, daß die Wahrheit der Sache deren Entzweiung in Sein und Sollen sei; das »absolute Urteil über alle Wirklichkeit«, das er damit aussprach, ist auch ein Urteil über seine Rechtsphilosophie. Belehrt die Logik aber die Rechtsphilosophie sogar auf deren eigenem Gebiet, so wird die reine Idealität, auf die allein sie aus ist, noch mehr von der Wahrheit enthalten, welche die zur Weltklugheit verkommende Weisheit berichtigt. Es bedürfte einer neuen Untersuchung, um verläßlich herauszufinden, inwieweit die in die Rechtsphilosophie eingegangene Logik diese Wahrheit in die gesellschaftliche und politische Konkretion hinüberrettet und in welchem Maße sie demgegenüber durch das Material, das sie zu organisieren hat, selber transformiert ist. Ich möchte die Aufgabe einer Korrektur der Rechtsphilosophie durch die Logik von dieser Stelle aus auf einem kürzeren, wenn auch indirekten Wege angehen.

Wir erleben heute das, würde Hegel sagen, »sonderbare Schauspiel«, daß just zur selben Zeit, zu der die von Marx kritisch dargestellte Gesellschaftsformation nach einer langen Phase scheinbarer Krisenfestigkeit sich umzuwälzen beginnt, die in jener Phase immer stärker beachtete Theorie, der wir ein Bewußtsein von wesentlichen Gründen des Umwälzungsprozesses verdanken, zunehmend mehr wie eine Antiquität ohne aktuelle Relevanz behandelt wird. So ist es denn auch bei den bürgerlichen Philosophen wieder Mode geworden, Marx einer oberflächlichen Rezeption Hegels zu bezichtigen und ihn für die Verarmung der Dialektik verantwortlich zu machen, die Engels weiter ausgehöhlt hat und von der bei Lenin nur noch leere Hülsen übriggeblieben sind. In der Tat hat er vieles vergröbert und manches verunstaltet. Gleichwohl darf man behaupten, daß er zu den wenigen gehört, die Hegel begriffen haben, wenn anders man nämlich unter Begreifen mehr versteht als eine pünktliche Wiedergabe von Lehrstücken. Ja, im 19. Jahrhundert war Marx vielleicht der einzige, dem aufgegangen ist, worauf die Hegelsche Logik in materialer Hinsicht hinaus will. Nicht zuletzt spricht dafür die Tatsache, von welcher der gesamte Hegel-Exkurs der Pariser Manuskripte Zeugnis ablegt, daß er die Negation als Tätigkeit

und die Negation der Negation als deren Rückkehr zu sich identifiziert hat. Besonders eindrucksvoll aber bekundet die Sicherheit seines Zugriffs sich in seinem Verständnis der Beziehung von Logik und Rechtsphilosophie.
Wer sich dessen vergewissern will, muß allerdings tiefer graben als der Vulgärmarxist, für den mit der stumpfsinnigen Entgegensetzung von Idealismus und Materialismus alles schon gesagt ist. Auf der – nicht zu verachtenden! – Oberfläche der kritischen Darstellung, die Marx 1843 vom Hegelschen Staatsrecht gibt, sieht die Beziehung von Logik und Rechtsphilosophie so aus, wie sein beliebtes Stilmittel der Umkehrung genitivisch verbundener Begriffspaare, Ausdruck der Ohnmacht des ganzen Nachidealismus, es suggeriert: Hegel entwickelt sein Denken in der Rechtsphilosophie nicht aus deren Gegenstand, sondern den Gegenstand aus dem schon in der Logik mit sich fertig gewordenen Denken (FS 272); statt daß der Gedanke sich nach der Natur des Staats richtete, hat der Staat sich einem vorfabrizierten Gedanken zu unterwerfen (FS 278); an die Stelle des Begriffs der Verfassung tritt die Verfassung des Begriffs (FS 278) – oder wie Marx es in der wohl prägnantesten Zusammenfassung dieser Art von Kritik formuliert: »Nicht die Rechtsphilosophie, sondern die Logik ist das wahre Interesse. Nicht daß das Denken sich in politischen Bestimmungen verkörpert, sondern daß die vorhandenen politischen Bestimmungen in abstrakte Gedanken verflüchtigt werden, ist die philosophische Arbeit. Nicht die Logik der Sache, sondern die Sache der Logik ...« (FS 276). In solchen und ähnlichen Äußerungen variiert Marx immer wieder denselben Einwand, den gegen die Subsumtion der Rechtsphilosophie unter die Logik. Nun kann deren Beziehung zueinander gerade auch nach seinen Prämissen nicht in einer solchen Subsumtion aufgehen. Das wird deutlich, wenn man den Panlogismus-Vorwurf in das Ganze der Marxschen Idealismuskritik integriert. Im Ganzen dieser Kritik macht der Panlogismus-Vorwurf, als solcher ein Gemeinplatz der Nachidealisten, nur *ein* Moment neben zwei anderen aus: dem Angriff auf den Mystizismus und der Opposition gegen das, was Marx später, in den Pariser Manuskripten, »Positivismus« nennt (FS 644, 654). Den Grund des

Ganzen bildet die Mystifikationsthese, die also mehr ist als bloß Moment. Auf ihrem Fundament fügen die Aspekte der Idealismuskritik sich zu einer Einheit zusammen, die man auf den Begriff der Veranderung im ebenfalls idealismuskritischen Sinne Franz Rosenzweigs bringen kann: Sofern die nicht »erfahrende« Philosophie annimmt, alles, was ist, müsse »›eigentlich‹ etwas ganz andres sein«, mißbraucht sie nach Rosenzweig (1925, 377 ff.) »die verandernde Kraft des Wörtchens ›ist‹«. Wie insbesondere der Kommentar zu § 262 der Hegelschen Rechtsphilosophie zeigt, in dem deren »Mysterium« vollständig niedergelegt ist (FS 264 f.), zielt die Marxsche Idealismuskritik insgesamt auf eine – eben als Mystifikation bezeichnete – Veranderung, die dadurch zustande kommt, daß etwas Bestimmtes als das, was es ist (der Staat), die Rolle von etwas anderem (der Idee) spielt. Zu dieser Mystifikation gehört als positivistisches Moment zunächst das unmittelbare Aufnehmen des unmittelbar Gegebenen und als logistisches Moment sodann die Verklärung des unmittelbar Aufgenommenen zur Idee oder, in umgekehrter Reihenfolge, das »Umschlagen von Empirie in Spekulation und von Spekulation in Empirie« (FS 306). Nun räumt Marx, wie man weiß, trotz alledem ein, daß Hegel das Bestehende keineswegs bloß reproduziert, sondern durchaus auch selber schon kritisch darstellt. Das letztere vermag der Verfasser der *Grundlinien der Philosophie des Rechts* jedoch nur, so Marx' eigene Meinung, durch Prüfung des Bestehenden am Maßstab der logischen Idee. Auch über die Unwahrheit des Bestehenden – und vor allem sie, die reale Abstraktion, stellt er nach Marx dar – kann Hegel die Wahrheit nur zutage fördern, indem er sie »auf ihren abstrakten, logischen, daher unverfälschten, untransigierbaren Ausdruck reduziert« (FS 373). Wo Hegel, in der mystifizierenden Apotheose gegebener Verhältnisse, nicht so verfährt, da hält sein Kritiker ihm vor: »Er darf nicht die Idee am Bestehenden, er muß das Bestehende an der Idee messen« (FS 326). Es ist hier nicht der Ort, genau zu untersuchen, wie die Prüfung des Bestehenden am Maßstab der Idee, die kein anderer als Hegel selber in seiner Frühzeit zum Programm erhoben hat, sich methodisch unterscheidet von der kritisierten Subsumtion der Rechtswirklichkeit unter die Logik. Festgehalten sei nur die Konsequenz aus dem Marxschen Gedanken: Ein Korrektiv gegen den im Idealismus enthaltenen Positivismus bietet allein die Wissenschaft von der Idee, die Logik. Dementsprechend kritisiert Marx die Hegelsche Rechtsphilosophie faktisch weithin so, daß er die in ihr verleugnete Logik gegen sie wendet. Hegel selber konstruiert das Verhältnis von bürgerlicher Gesellschaft und Staat nach dem Modell des Zusammenhangs von Reflexionslogik und Begriffslogik. Genauer gesagt: In den begriffslogischen Rahmen der Sittlichkeit, die als die absolute Grundlage einerseits das seinslogisch gedeutete abstrakte Recht und andererseits die reflexionslogisch verstandene Moralität zu ›Momenten ihres Werdens‹ hat, zeichnet Hegel die Figur der bürgerlichen Gesellschaft als eine Besonderheit ein, die, wiewohl sie an sich ja eine Bestimmung des Begriffs ist, zu der im Staat verkörperten Allgemeinheit nur in einem »Reflexionsverhältnis« steht. Er gibt ihr »die Bestimmung der *Besonderheit*, welche sich zwar auf die *Allgemeinheit* bezieht, so daß diese die, aber nur noch *innerliche*, Grundlage und deswegen auf formelle in das Besondere nur *scheinende* Weise ist« (R § 181). In der rechtsphilosophischen Kopie nimmt die bürgerliche Gesellschaft mithin etwa die Stelle ein, die im Original das begriffslogisch ausgelegte Reflexionsurteil innehat. Damit gibt die Aufhebung der im Reflexionsurteil geschehenden Subsumtion auch ein logisches Modell an die Hand, nach dem die Aufhebung der durch Gleichgültigkeit und Herrschaft gekennzeichneten bürgerlichen Verkehrsformen sich denken läßt. Marx, der die logische Anlage der rechtsphilosophischen Konstruktion mit bewundernswertem Scharfsinn durchschaut (vgl. u. a. FS 265 f.), zieht gegen sie mit einer Strategie zu Felde, die sich – cum grano salis – in folgender Form fassen läßt: Er setzt den durch Mystifikation begriffslogisch überhöhten Staat auf die Reflexionsstufe herab, auf der auch nach seiner Auffassung die bürgerliche Gesellschaft sich befindet, um in der vakanten Sphäre der objektiven Allgemeinheit sein Demokratie-Ideal unterbringen zu können. Dabei legt er nur die logischen Strukturen frei, die Hegel selber zugrunde legt, aber in der Folge seiner politischen Optionen wieder verdeckt. In der tatsächlichen, vom Interesse an der Verklärung des Bestehenden diktierten Durchführung seiner Theorie der Beziehung von Staat und bürgerlicher Gesellschaft »vergißt« Hegel, so meint der Kritiker, »daß es sich um ein Reflexionsverhältnis handelt« (FS 352). Nimmt man aber die Logik der Rechtsphilosophie ernst, so sinkt der Anspruch des Hegelschen Staates, das an und für sich Allgemeine zu sein, in nichts zusammen. Sofern der Staat dem gesellschaftlichen Leben entgegengesetzt und von ihm getrennt bleibt, »als ein dem *Wesen* der bürgerlichen Gesellschaft Fremdes und Jenseitiges« (FS 320), gerät er, entgegen seiner behaupteten Konkretheit, zu dem »abstrakten politischen Staat«, der die Trennung zwischen sich und seinem Antipoden in sich reproduziert und – praktisch unfähig, die ihm zugemuteten Steuerungsmöglichkeiten wahrzunehmen – in dieselben Reflexionsverhältnisse zerfällt, aufgrund deren die bürgerliche Gesellschaft nach Hegel »das Schauspiel ebenso der Ausschweifung, des Elends und des beiden gemeinschaftlichen physischen und sittlichen Verderbens« darbietet (R § 185), mit der objektiven Tendenz auf »unendliche Vermehrung der Abhängigkeit und Not« (R § 195).

Unsere hermeneutische Situation, in der es ja nur darum geht, die im Horizont der Seinslogik eröffneten Perspektiven über Hegel hinaus zu verlängern, erlaubt eine detaillierte Auslegung der von Marx vorgenommenen logischen Rekonstruktion der Beziehung von Staat und bürgerlicher Gesellschaft nicht. An Ort und Stelle will ich mich mit der Nachzeichnung einer Linie begnügen, die Marx vom Endpunkt unserer Überlegungen her ausgezogen hat. In § 308 der Rechtsphilosophie versucht Hegel zu begründen, daß die bürgerliche Gesellschaft im »ständischen Elemente der gesetzgebenden Gewalt« (R § 303) »nur durch *Abgeordnete*« vertreten sein könne. Die Anmerkung zu diesem Paragraphen fügt der These eine Kritik der Gegenthese hinzu: »Daß *alle* einzeln an der Beratung und Beschließung über die allgemeinen Angelegenheiten des Staates Anteil haben sollen, weil diese Alle Mitglieder des Staates, und dessen Angelegenheiten die Angelegenheiten *aller* sind, bei denen sie mit ihrem Wissen und Willen zu sein ein *Recht* haben, – diese Vorstellung, welche das *demokratische* Element *ohne alle vernünftige Form* in den Staats-Organismus, der nur durch solche Form es ist, setzen wollte, liegt darum so nahe, weil sie bei der *abstrakten* Bestimmung, Mitglied des Staates zu sein, stehen bleibt und das oberflächliche Denken sich an Abstraktionen hält.« In seiner langen Auseinandersetzung mit der Anmerkung zu § 308 (FS 409 bis 418) läßt Marx es sich, wie auch bei anderen Gelegenheiten, natürlich nicht nehmen, darauf aufmerksam zu machen, daß mit dem Eingeständnis der Abstraktheit jener Bestimmung die Logik des Staates sich gegen dessen unlogische Verklärung zum absolut Konkreten durchsetzt. Sein Generaleinwand richtet sich jedoch gegen etwas anderes. Marx führt in dem bezeichneten Text einen Dreifrontenkrieg: erstens gegen die Repräsentationstheorie Hegels, derzufolge die Abgeordneten nur dann »einen politischen Zusammenhang erhalten«, wenn sie »in ihre ohnehin konstituierten Genossenschaften, Gemeinden und Korporationen gegliedert« werden; zweitens gegen die von einer solchen Gliederung absehende parlamentarische Demokratie, deren vermeintlich abstraktes Prinzip auch Hegel korrigieren möchte; drittens gegen diejenige Form plebiszitärer Demokratie, mit der allein die Anmerkung den Leser bekanntmacht. Die eigentlich thematische Hegelkritik lautet: Indem der Verfasser der *Grundlinien der Philosophie des Rechts* der von ihm abgelehnten abstrakten und der von ihm empfohlenen konkreten Version parlamentarischer Demokratie nur diese Form plebiszitärer Demokratie entgegensetzt, verfehlt er die *wirkliche* Alternative, und zwar so, daß er durch das Verfehlen der Wirklichkeit im Schein sich verfängt, im Schein eines bloß konstruierten Gegensatzes. Denn die Vorstellung, alle sollten einzeln an der Beratung und Beschließung über die allgemeinen Staatsangelegenheiten teilnehmen, gerät unter der Voraussetzung, daß dies im Rahmen von Institutionen zu geschehen habe, die gerade die Trennung von Staat und bürgerlicher Gesellschaft bezeugen, in einen lächerlichen Selbstwiderspruch. Daß nicht nur die in der Anmerkung kritisierte Theorie diese Voraussetzung macht, sondern auch die Hegelsche Rechtsphilosophie selber, will Marx konkret belegen, indem er die Meinung ans Licht hebt, die sich in seinen

Augen hinter dem Ausdruck »alle einzeln« verbirgt. Damit trifft er den Punkt, an dem wir am Ende des Ganges durch die spekulative Urteilslehre angekommen sind. Von diesem Punkt aus entwirft er auch die nach seiner Auffassung wirkliche Alternative. Ich möchte nun zunächst aufzeigen, daß er in seiner Kritik der Hegelschen Kritik an die Rechtsphilosophie den Maßstab der Logik anlegt; sodann sei wenigstens noch angedeutet, inwiefern und inwieweit der Logikbezug sich auch in seiner stichwortartigen Skizze dessen durchhält, was er für die wirkliche Alternative ausgibt.

Die Kritik der Hegelschen Kritik basiert auf einer Umakzentuierung, von der Marx aber annimmt, daß sie die in ihrer sprachlichen Äußerung sich zugleich verbergende Intention Hegels treffe. Hegel *sagt* zwar »*alle* einzeln«, aber er *meint* alle *einzeln*: »*Alle* als *Einzelne*« (FS 414). Mit dieser Feststellung tut Marx den ersten Schritt in Richtung auf eine Entlarvung des Vorverständnisses, von dem Hegel sich bei der Abwehr vermeintlich sämtlicher Formen plebiszitärer Demokratie leiten läßt, den ersten nicht in der Chronologie, aber im sachlichen Aufbau seines Diskurses. Im zweiten spielt er die Einzelheit gegen die Allheit aus. Indem Hegel Alle als Einzelne meint, verdrängt er im vorhinein Alle als Alle. »*Alle* sollen nicht als Alle, sondern als ›einzeln‹ diesen Anteil nehmen« (FS 412). Indessen vollzieht Marx in einem dritten und letzten Schritt eine eigentümliche Wendung. Kritisierte er im ersten die Vereinzelung der Allheit und im zweiten deren Auflösung, die als die Ursache der Vereinzelung erscheint, so wendet er sich im dritten gegen die Allheit selber. »Die Allheit ist keine wesentliche, geistige, wirkliche Qualität des Einzelnen. Die Allheit ist nicht etwas, wodurch er die Bestimmung der abstrakten Einzelnheit verlöre; sondern die Allheit ist nur die volle *Zahl* der *Einzelnheit*. *Eine* Einzelnheit, *viele* Einzelnheiten, *alle* Einzelnheiten. Das Eins, Viele, Alle – keine dieser Bestimmungen verwandelt das *Wesen* des Subjekts, der Einzelnheit« (FS 411 f.). Die zu beklagende Vereinzelung hat so gesehen ihren tiefsten Grund nicht in der Auflösung der Allheit, sondern im Gegenteil darin, daß Hegel auf sie fixiert ist.

Man wird kaum behaupten können, Marx gebe hiermit den Hegel der Rechtsphilosophie richtig wieder. Seine als Kritik formulierte Auslegung der Hegelschen Kritik ist in Wirklichkeit größtenteils deren Explikation. Zwar stimmt, daß Hegel, wenn er *»alle* einzeln« ins Auge faßt, alle *einzeln* durchgeht. Aber dies tut er seinerseits in *kritischer* Absicht und des näheren im Kontext seiner fundamentalen Liberalismuskritik. Was er an der anmerkungsweise herangezogenen Vorstellung tadelt, ist grundsätzlich dasselbe Festhalten an der abstrakten Einzelheit, das er auch an der nicht genossenschaftlich gegliederten Repräsentation bemängelt. An einer solchen Repräsentation hat er auszusetzen, daß die Abgeordneten, wie es im corpus des Paragraphen heißt, »in die Einzelnen atomistisch aufgelöst« sind. In seinem Kommentar zum corpus fertigt Marx diese Stelle auffallend rasch und mit der bloßen Versicherung ab, die politischen Vertreter einer unpolitischen Gesellschaft seien in jedem Fall vereinzelt (vgl. FS 404 f.). Aber seine Unterbestimmung des von Hegel in der Rechtsphilosophie eingenommenen Standpunktes ist unwichtig im Vergleich mit der Übereinstimmung, die zwischen seiner Kritik und der geheimen Sozialtheorie der Begriffslogik besteht. Mit dem Hegel der Logik teilt er sein Ungenügen an einer Allheit, die bloß unendlich erweiterte Einzelheit ist; mit dem Hegel der Logik macht er geltend, daß eine derartige Allheit gar nicht ist, was sie sein soll; mit dem Hegel der Logik – und das ist das Wesentlichste – attackiert er eine Vorstellung des Zusammenhangs aller, die deren vorgegebene Einzelheit unverändert hinnimmt und eben dadurch zerstört.

Durch diese negativen Gemeinsamkeiten zieht sich eine positive hindurch, die Übereinkunft im Willen zur Verwandlung des Subjekts. So ist nicht verwunderlich, daß Marx seinem Lehrer auch da noch nahe bleibt, wo er von der Kritik zur positiven Alternative übergeht. Die faßt er in der Parole zusammen: »Nicht Alle einzeln, sondern die Einzelnen als Alle« (FS 411). Die abgewiesene Allheit gewährt ihm gleichwohl Zuflucht, weil sie ihm unter der Hand zur objektiven Allgemeinheit der Gattung wird. Seinen Vorschlag zur Organisation des politischen Lebens begründet Hegel in unserem Paragraphen mit dem Hinweis: »das Individuum ist *Gattung*, hat aber seine *immanente* allgemeine *Wirklichkeit* als *nächste* Gattung«. Marx stimmt dem Satz zu, aber mit der entscheidenden Einschränkung, die ihn als Argument für ein ständisches Parlament entwertet, daß die nächste als Besonderung der *»allgemeinen Gattung«* gesetzt sein müsse (FS 418). Nur in der Gattungsallgemeinheit sind die Einzelnen so als Alle, daß sie ihre abstrakte Einzelheit abzustreifen vermögen. Es ist hier nicht zu diskutieren, ob umgekehrt auch Hegel, hätte er die Sozialtheorie der Logik von 1816 als Logik der Sozialtheorie von 1820 akzeptiert, seinem Schüler auf dessen politischem Wege gefolgt wäre. Marx selber weist darauf hin, daß Hegel die allgemeinen Angelegenheiten des Staates faktisch für die Angelegenheiten aller erklärt, indem er das ständische Element darauf verpflichtet, daß in ihm »die ›empirische Allgemeinheit‹ zum Subjekt des an und für sich seienden Allgemeinen wird« (FS 410). Er hätte Hegel auch an ein Wort aus der *Phänomenologie* erinnern können: »wobei das Selbst nur *repräsentiert* und *vorgestellt* ist, da ist es nicht *wirklich*; wo es *vertreten* ist, ist es nicht« (PhdG 417_{36}/435). Im Rückblick auf das Resultat der hinter uns liegenden Untersuchung interessiert nur die Intention von Marx, mit dem Hegel der Logik die objektive Allgemeinheit der Gattung in die subjektive Realität derer umzusetzen, die durch ihre Verwirklichung ihre abstrakte Einzelheit abarbeiten. Über die objektive Allgemeinheit der Gattung strebt er in dieselbe Richtung hinaus, in der die spekulative Urteilslehre die Aufhebung der Subsumtion noch einmal aufhebt. Auf seinem Programm stehen die Einzelnen als Alle, aber eben doch die Einzelnen. Deutlicher expliziert: Auch er fordert die Verwandlung der Einzelheit um dieser selbst willen, als notwendige Bedingung dafür, daß die Einzelnen in der Allgemeinheit sie selbst sein können. Dies ist es, was er meint, wenn er Demokratie in etwas vager Bezugnahme auf die Begriffslogik als »die wahre Einheit des Allgemeinen und Besonderen« definiert. Demokratie vermittelt das Allgemeine mit dem Besonderen oder, angemessener ausgedrückt, Einzelnen, weil sie selbst nichts anderes ist als »der sozialisierte Mensch« (FS 293).

Ob es Marx besser gelungen ist als Hegel, in der Theorie zu antizipieren, was durch die praktische Befreiung von entfremdender Herrschaft für die Einzelnen als Lebenswirklichkeit erfahrbar werden soll, muß man bezweifeln. Die Gattungsmetaphysik der philosophisch-ökonomischen Manuskripte von 1844 bereitet den Geschichtsobjektivismus vor, dem das Werk der fünfziger und sechziger Jahre zunehmend mehr verfällt. Im Umkreis der Problematik, zu der die vorliegende Untersuchung hingeführt hat, lassen sich dafür zwei Gründe namhaft machen. Der eine Grund liegt, wenn ich recht sehe, in der Restauration des Subjektbegriffs, den Hegel überwinden wollte. Schon 1843 macht der Aristoteliker Marx gegen die zur Idee mystifizierte Subjektivität das *hypokeimenon*, das »wirkliche Ens« als das *»wahre Subjekt«* geltend (FS 284). Hier und in den Manuskripten des folgenden Jahres sucht er eine Lösung des Problems noch in einer Umkehrung des Hegelschen Systemprogramms. Er will nicht die Substanz als Subjekt, sondern das Subjekt als Substanz denken. Das bedeutet: Er trägt die Tätigkeit, in die auch er das Subjekt zunächst verflüssigt, auf ein gegenständliches Substrat auf. Dabei bleibt trotz der Veränderung von Art und Ort der Rückkehr ganz außer Frage, daß man Tätigkeit grundsätzlich mit Hegel als eine sich entäußernde und zu sich zurückkehrende verstehen müsse. Von dieser Gedankenfigur hat Marx sich nie lösen können. Sie liegt direkt seiner späteren Wertlehre zugrunde, nach welcher der Wert gegenständlich ist als geronnene Arbeit, wie indirekt vielleicht auch seiner Revolutionsauffassung, nach der die kapitalistische Produktion als Negation des individuellen Privateigentums »mit der Notwendigkeit eines Naturprozesses« ihre eigene Negation erzeugt, die »Negation der Negation« als Wiederherstellung des individuellen Eigentums durch die Rückkehr der gewaltsam entäußerten Produkte in die Hände derer, die sie geschaffen haben (MEW *23*, 791). Umgebildet wird die Gedankenfigur in den Pariser Manuskripten nur durch jene Umkehrung; nach deren Gesetz ist die Tätigkeit Rückkehr als Verwirklichung ihrer an sich seienden Gegenständlichkeit. Im Begriff der »gegenständlichen Tätigkeit« schlägt die Aporie dieses Konzepts sich nieder. Die Einsicht in ihre Unauflösbarkeit wird Marx zu der in der Genese seines Spätwerks immer stärker sich durchsetzenden Tendenz veranlaßt haben, das als Selbstbeziehung gedachte und das als hypokeimenon vorgestellte Subjekt auf verschiedene Instanzen zu verteilen. In der fertigen Kritik der politischen Ökonomie ist das Schein-Subjekt ›Kapital‹ so absolut sich selbst bewegende Tätigkeit (vgl. MEW *23*, 169), daß es für die realen Subjekte bloß leere Substrate übrigläßt. Ein untrügliches Anzeichen hierfür sehe ich in dem tendentiellen Zusammenschrumpfen der individuellen Tätigkeit zu einer Arbeit, die auch als nützliche aus dem Blickwinkel der kapitalisierten betrachtet wird. In der Folge dieses Trends entzieht sich dem theoretischen Zugriff beides: die über ihre unmittelbare Vorgegebenheit hinauswachsende Einzelheit und die Allgemeinheit, die in Allheit nicht aufgeht. Marx' stereotype Rede von der »Assoziation freier Individuen« verrät nur, daß die mit Versatzstücken aus der Persönlichkeitsideologie der Goethezeit schlecht getarnte Verlegenheit, in die ihn die Einzelheit bringt, zur Sprachlosigkeit wird, wo es gilt, ihren gesellschaftlichen Zusammenhang in einer Allheit auszudrücken, die mehr ist als die Summe der vorkommenden Substrate.

Ein anderer Umstand, der nach meiner Auffassung Marx an einer angemessenen Artikulation der subjektiven Realität gehindert hat, ist verborgener und wird von den meisten gar nicht als Grund anerkannt werden. Das Verhältnis von Unmittelbarkeit und Vermittlung fand Marx kaum weniger wichtig als Hegel. Unter den Linkshegelianern war er auch derjenige, der sich von der Hegelschen Sicht dieses Verhältnisses am meisten angeeignet hat. Die Gemeinsamkeit reicht bis in die Umbrüche der jeweiligen Entwicklungsgeschichte. Was in diesem Punkt für Hegel Jacobi war, das war für Marx Feuerbach. Wie Hegel sich anfangs von der Unmittelbarkeitsphilosophie Jacobis beeindrucken ließ, so lobte Marx bekanntlich noch 1844 Feuerbach dafür, daß »er der Negation der Negation, die das absolut Positive zu sein behauptet, das auf sich selbst ruhende und positiv auf sich selbst begründete Positive entgegenstellt« (FS 639). Zu seiner Größe gehört, daß er dieses In-sich-Ruhen im weiteren Gange seines Denkens als Schein durchschaut hat. Es gibt jedoch *eine* Art von Unmittelbarkeit, an der die Geister sich scheiden. Hegel erblickte den hartnäckigsten und darum in erster Linie zu bekämpfenden Schein in der Vorstellung, konkrete Selbstbeziehung sei möglich ohne ›das Andere‹, das für ihn letztlich ›das Absolute‹ war, also in jener bloßen Unmittelbarkeit, welche die davon qualitativ verschiedene Unmittelbarkeit des Miteinander-Zusammengehens gerade verhindern würde. Marx hingegen glaubte dessen gewiß sein zu dürfen, daß das menschliche Individuum sich nur verwirklichen könne, wenn in seine Selbstbeziehung nichts eingeht, was nicht es selbst ist. Jede vermittelte Selbstbeziehung ist nach seinen Kriterien als entfremdende Fremdbeziehung zu entlarven[2]. Auf der Orientierung an der Norm einer solchen Unmittelbarkeit beruht seine gesamte, von Feuerbach allzu unreflektiert übernommene Religionskritik, die er auch dann nicht revidierte, als er den naiven Unmittelbarkeitspositivismus Feuerbachs überwand[3]. Das normative Axiom dieser Kritik ist aber ein Dogma. Daß im ganzen Werk von Marx kein einziger Satz sich findet, der ein einigermaßen plausibles Argument für die Annahme jener Unmittelbarkeit enthielte, bestärkt den Verdacht ihrer Unausweisbarkeit. Nun ist von dem Dogma-

2 Zu diesem Verbot der Vermittlung des Selbst durch Anderes gesellt sich eine weit weniger fragwürdige, aber mit der Stellung zu Unmittelbarkeit und Vermittlung zusammenhängende Maxime Rousseauisch-Kantischer Provenienz, deren fundamentale Bedeutung für die Marxsche Ökonomiekritik Ernst Michael Lange (1978, 28 ff.) aufzeigt und die er »Mediatisierungsverbot« nennt, die Maxime nämlich, »daß es dem Menschen als produktivem, Zwecke verwirklichenden Wesen schlechthin unangemessen sei, zum Mittel gemacht zu werden«.

3 Hierfür gibt es zahlreiche Belege. Da es darum geht zu sehen, daß Marx seine Annahme nicht guten Gewissens, sondern nur im Widerstreit mit seiner eigenen Intention machen kann, sei als Beispiel eine Stelle aus derselben Schrift angeführt, in welcher der im folgenden zitierte Text steht. In *Zur Judenfrage* (1843) erklärt Marx, »daß der Mensch, selbst wenn er durch die Vermittlung des Staats sich als Atheisten proklamiert, d. h. wenn er den Staat zum Atheisten proklamiert, immer noch religiös befangen bleibt, eben weil er sich nur auf einem Umweg, weil er nur durch ein Medium sich selbst anerkennt« (FS 459). Der Staat ist hier, wie die Formulierung zeigt, nur als Fall des Anderen überhaupt gemeint, das als »ein Medium« von Selbstbeziehung fungiert. Aufgrund solcher Mediatisierung und allein schon aufgrund ihrer ist die Religion für Marx, wie er dann in *Zur Kritik der Hegelschen Rechtsphilosophie* (1843/44) sagt, »das Selbstbewußtsein und das Selbstgefühl des Menschen, der sich selbst entweder noch nicht erworben oder schon wieder verloren hat« (FS 488).

tismus keineswegs bloß die Religionskritik betroffen. Er schlägt auch auf die Sozialtheorie durch. Ich möchte nicht in den entgegengesetzten Dogmatismus verfallen und schlankweg behaupten, die Marxsche Sozialtheorie sei mangelhaft, weil ihr die Basis fehle, die seine Religionskritik dem Überbau zugerechnet hat. Obwohl empirisches Material die Vermutung nahelegt, daß in der staatlich geförderten Praxis, die aus der Marxschen Theorie nicht bloß wie ein unvorhersehbares Unglück hervorgegangen ist, zwischen der Verkümmerung zwischenmenschlicher Kommunikation und der Unterdrückung nicht-atheistischer Humanismen ein Zusammenhang besteht, genügt hier die Feststellung des Evidenten: Marx' Sozialtheorie bricht in sich selbst zusammen, indem der Ausschluß des Anderen – des Anderen schlechthin, nicht nur des ganz Anderen – aus der Verwirklichung des Menschen ihm zu denken verbietet, was zu denken er sich vorgenommen hat – kommunikative Freiheit.

Was vom Marxschen Denken bleibt, ist infolgedessen auch in der Sozialtheorie, nicht nur auf dem Felde der Ökonomie und der politischen Philosophie, allein Kritik und eine sie übersteigende Intention, der auf seinem Boden keine Erfüllung zuteil wird. Aus seinen Analysen *Zur Judenfrage* zieht Marx den Schluß: »Das Menschenrecht des Privateigentums ist also das Recht, willkürlich (à son gré), ohne Beziehung auf andere Menschen, unabhängig von der Gesellschaft, sein Vermögen zu genießen und über dasselbe zu disponieren, das Recht des Eigennutzes. Jene individuelle Freiheit, wie diese Nutzanwendung derselben, bilden die Grundlage der bürgerlichen Gesellschaft. Sie läßt jeden Menschen im anderen Menschen nicht die *Verwirklichung*, sondern vielmehr die *Schranke* seiner Freiheit finden« (FS 473). Kaum je ist kommunikative Freiheit als Handlungsziel so klar ins Auge gefaßt worden. Aber Marx, der im *Kapital* wie niemand sonst im Gefolge Hegels die reale Verquikkung von Gleichgültigkeit und Herrschaft aufgedeckt hat, vermag kommunikative Freiheit nur noch anzuzeigen, eben weil er sich selbst der Möglichkeit beraubt, die Verwirklichung der Freiheit jedes Menschen aus seinem Zusammengehen mit dem anderen Menschen begreiflich zu machen.

Literaturverzeichnis

In I sind die mit Sigeln versehenen Werke von Hegel und Marx, in II die benutzte Sekundärliteratur und gelegentlich herangezogene Schriften anderer Philosophen aufgeführt. Die Schreibweise der Hegel-Zitate folgt den jeweils an erster Stelle genannten Ausgaben. Aus diesen Ausgaben wird bei Zitaten der Hauptwerke außer der Seite auch die durch kleingedruckte Ziffern kenntlich gemachte Zeile angegeben, in der das Zitat oder die Belegstelle *beginnt*, bei indirekten Verweisen bisweilen auch die Schlußzeile. Die hinter dem Schrägstrich stehenden Ziffern beziehen sich auf Band- und Seitenzahl der von Eva Moldenhauer und Karl Markus Michel besorgten Werkausgabe des Suhrkamp Verlags. Die Zahl des Bandes der erstgenannten Ausgabe ist kursiv gesetzt, die Zahl des Bandes der Suhrkamp-Ausgabe in normaler Type. Originale Hervorhebungen sind nur dann berücksichtigt, wenn sie sich in den Duktus der Ausführungen, in welche die Zitate integriert sind, einfügen. Soweit die übrige Literatur im fortlaufenden Text belegt wird: mit dem Namen des Verfassers, dem Erscheinungsjahr und der Seitenzahl, steht auch in II das Erscheinungsjahr unmittelbar hinter dem Verfassernamen.

I.

L = Hegel *Wissenschaft der Logik.* Hrsg. v. G. Lasson. Leipzig 1934.
I: Erster Teil (Die Lehre vom Sein).
II: Zweiter Teil (Die Lehre vom Wesen und vom Begriff).

PhdG = *Phänomenologie des Geistes.* Hrsg. v. J. Hoffmeister. Leipzig 1949.

GW = *Gesammelte Werke.* Hrsg. im Auftrag der Deutschen Forschungsgemeinschaft. Hamburg 1968 ff.

SW = *Sämtliche Werke.* Jubiläumsausgabe, hrsg. v. H. Glockner. Stuttgart 1927–1931.

N = *Theologische Jugendschriften.* Nach den Handschriften der Kgl. Bibliothek in Berlin, hrsg. v. H. Nohl. Tübingen 1907.

Ä = *Ästhetik.* Hrsg. v. F. Bassenge. Mit einem einführenden Essay von Georg Lukács. Berlin 1955.

G I = *Vorlesungen über die Philosophie der Weltgeschichte.* Erste Hälfte: Die Vernunft in der Geschichte. Hrsg. v. J. Hoffmeister. Hamburg 1955.

Pol. Schr. = *Politische Schriften.* Nachwort von Jürgen Habermas. Frankfurt/M. 1966.

Nürnb. Schr. = *Nürnberger Schriften.* Texte, Reden, Berichte und Gutachten zum Nürnberger Gymnasialunterricht 1808–1816. Hrsg. v. J. Hoffmeister. Leipzig 1938.

Berl. Schr. = *Berliner Schriften 1818–1831.* Hrsg. v. J. Hoffmeister. Hamburg 1956.

Hotho = Logikvorlesung von 1823. Handschrift der Staatsbibliothek der Stiftung Preußischer Kulturbesitz. Vorlesungsnachschrift von H. G. Hotho (ms. germ. 4 1299a).

MEW = Marx/Engels *Werke.* Hrsg. vom Institut für Marxismus-Leninismus beim ZK der SED. Berlin 1958 ff.

FS = Marx *Frühe Schriften.* Erster Band. Hrsg. v. H.-J. Lieber und P. Furth. Darmstadt 1962.

II.

Adorno, Theodor W. (1966): *Negative Dialektik.* Frankfurt/M.

Albrecht, Wolfgang (1958): *Hegels Gottesbeweis. Eine Studie zur »Wissenschaft der Logik«.* Berlin.

Angehrn, Emil (1977): *Freiheit und System bei Hegel.* Berlin.

Becker, Werner (1969): *Hegels Begriff der Dialektik und das Prinzip des Idealismus.* Stuttgart.

Bodammer, Theodor (1969): *Hegels Deutung der Sprache. Interpretationen zu Hegels Äußerungen über die Sprache.* Hamburg.

Bubner, Rüdiger (1969): ›Problemgeschichte und systematischer Sinn einer Phänomenologie‹. *Hegel-Studien 5,* S. 129-159.

– (1976): ›Strukturprobleme dialektischer Logik‹. *Der Idealismus und seine Gegenwart* (Festschrift für Werner Marx zum 65. Geburtstag). Hamburg, S. 36–52.

Carnap, Rudolf (1932): ›Überwindung der Metaphysik durch logische Analyse der Sprache‹. *Erkenntnis 2,* S. 219-241.

Christian, Petra (1977): *Einheit und Zwiespalt.* Zum hegelianisierenden Denken in der Philosophie und Soziologie Georg Simmels. Diss. phil. Heidelberg.

Coreth, Emerich (1952): *Das dialektische Sein in Hegels Logik.* Wien.

Cornford, Francis Macdonald (1939): *Plato und Parmenides.* Parmenides' *Way of Truth* and Plato's *Parmenides* translated with an Introduction and a running Commentary. London.

Derbolav, Josef (1959): ›Hegel und die Sprache. Ein Beitrag zur Standortbestimmung der Sprachphilosophie im Systemdenken des Deutschen Idealismus‹. *Sprache – Schlüssel zur Welt* (Festschrift für Leo Weisgerber). Düsseldorf, S. 56–86.

Diels, Hermann: *Die Fragmente der Vorsokratiker.* 5. Aufl. hrsg. v. W. Kranz. I. Bd. Berlin 1934.

Dubarle, Dominique/Doz, André (1972): *Logique et dialectique.* Paris.

Eley, Lothar (1976): *Hegels Wissenschaft der Logik.* Leitfaden und Kommentar. München.

Feuerbach, Ludwig: ›Zur Kritik der Hegelschen Philosophie‹ (1839). *Kleine Schriften.* Hrsg. v. K. Löwith. Frankfurt/M. 1966, S. 78-123.

Fink, Eugen (1957): ›Operative Begriffe in Husserls Phänomenologie‹. *Zeitschrift für philosophische Forschung 11*, 321-337.

Fink-Eitel, Hinrich (1976): *Logik und Intersubjektivität. Kommentierende Untersuchungen zu Hegels »Wissenschaft der Logik« als einer Freiheitstheorie.* Phil. Diss. Heidelberg. (In gekürzter und überarbeiteter Fassung: *Dialektik und Sozialethik.* Kommentierende Untersuchungen zu Hegels »Wissenschaft der Logik«. Meisenheim 1978.)

Flach, Werner (1959): *Negation und Andersheit.* München.

Frey, Christofer (1973): *Reflexion und Zeit. Ein Beitrag zum Selbstverständnis der Theologie in der Auseinandersetzung vor allem mit Hegel.* Gütersloh.

Fulda, Hans Friedrich (1965): *Das Problem einer Einleitung in Hegels Wissenschaft der Logik.* Frankfurt/M.

– (1969): ›Über den spekulativen Anfang‹. *Subjektivität und Metaphysik* (Festschrift für Wolfgang Cramer). Frankfurt/M., S. 109 bis 127.

– (1973): ›Unzulängliche Bemerkungen zur Dialektik‹. *Hegel-Bilanz*, Frankfurt. Jetzt auch in: *Seminar: Dialektik in der Philosophie Hegels.* (stw 234). Frankfurt 1978.

– (1975): ›These zur Dialektik als Darstellungsmethode (im »Kapital« von Marx)‹. *Hegel-Jahrbuch 1974.* Köln, S. 204–210.

Gadamer, Hans-Georg (1961): ›Hegel und die antike Dialektik‹. Ders.: *Hegels Dialektik.* Tübingen 1971, S. 7–30.

– (1971): ›Die Idee der Hegelschen Logik‹. Ders.: *Hegels Dialektik.* Tübingen, S. 49-69.

Gründer, Karlfried (1958): *Figur und Geschichte. Johann Georg Hamanns »Biblische Betrachtungen« als Ansatz einer Geschichtsphilosophie.* Freiburg/München.

Günther, Gotthard (1975): ›Das Janusgesicht der Dialektik‹. *Hegel-Jahrbuch 1974*. Köln, S. 89–117.
Guzzoni, Ute (1963): *Werden zu sich. Eine Untersuchung zu Hegels »Wissenschaft der Logik«*. Freiburg/München.
Haag, Karl Heinz (1967): *Philosophischer Idealismus. Untersuchungen zur Hegelschen Dialektik mit Beispielen aus der Wissenschaft der Logik*. Frankfurt/M.
Habermas, Jürgen: ›Martin Heidegger I. Zur Veröffentlichung von Vorlesungen aus dem Jahre 1935‹. Ders.: *Philosophisch-politische Profile*. Frankfurt/M. 1971, S. 67-75. (Erstmals veröffentlicht unter dem Titel ›Mit Heidegger gegen Heidegger denken‹ in der F. A. Z. vom 25. Juli 1953.)
– (1967): ›Arbeit und Interaktion. Bemerkungen zu Hegels Jenenser »Philosophie des Geistes«‹. Ders.: *Technik und Wissenschaft als ›Ideologie‹*. Frankfurt/M. 1968, S. 9–47.
Hartmann, Eduard von (1868): *Über die dialektische Methode*. Berlin, Neudruck Darmstadt 1963.
Heidegger, Martin (1944): *Erläuterungen zu Hölderlins Dichtung*. Frankfurt/M.
– (1953): *Einführung in die Metaphysik*. Tübingen.
– (1957): *Identität und Differenz*. Pfullingen.
Heintel, Erich (1961): ›Der Begriff des Menschen und der »spekulative Satz«‹. *Hegel-Studien 1*, S. 201-227.
Henrich, Dieter (1958): ›Über die Grundlagen von Husserls Kritik der philosophischen Tradition‹. *Philosophische Rundschau* 6, S. 1-26.
– (1963): ›Anfang und Methode der Logik‹. Ders.: *Hegel im Kontext*. Frankfurt/M. 1971, S. 73–94.
– (1967): ›Hölderlin über Urteil und Sein. Eine Studie zur Entstehungsgeschichte des Idealismus‹. *Hölderlin-Jahrbuch 1967*, S. 73 bis 96.
– (1975): ›Formen der Negation in Hegels Logik‹. *Hegel-Jahrbuch 1974*. Köln, S. 245–256.
– (1976): ›Hegels Grundoperation‹. *Der Idealismus und seine Gegenwart* (Festschrift für Werner Marx). Hamburg, S. 208-230.
– (1978): ›Hegels Logik der Reflexion. Neue Fassung‹. *Hegel-Studien*. Beiheft 18, S. 203-324.
Hölderlin, Friedrich: ›Urteil und Sein‹ (1795). *Werke* (Stuttgarter Ausgabe). Bd. IV, S. 216-217.
Ilting, Karl-Heinz (1973): ›Die »Rechtsphilosophie« von 1820 und Hegels Vorlesungen über Rechtsphilosophie‹. Ders. (Hrsg.): Georg

Wilhelm Friedrich Hegel, *Vorlesungen über Rechtsphilosophie 1818 bis 1831*. Stuttgart, Bd. I, S. 23-126.

Jacobi, Friedrich Heinrich (1785): *Über die Lehre des Spinoza, in Briefen an Herrn Moses Mendelssohn*. Werke. Hrsg. v. F. Köppen und F. Roth. Bd. IV 1 und 2.

– (1787): *David Hume über den Glauben, oder Idealismus und Realismus*. Werke. Bd. II, S. 1-310.

Kahn, Charles H. (1973 a): *The Verb ›Be‹ in Ancient Greek*. Dordrecht/Boston (The Verb ›B‹ and its Synonyms, Part 6).

– (1973 b): ›On the Theory of the Verb »To Be«‹. *Logic and Ontology*. Ed. Milton K. Munitz. New York, S. 1-20.

Kenny, Anthony (1963): *Action, Emotion and Will*. London.

Koch, Traugott (1967): *Differenz und Versöhnung. Eine Interpretation der Theologie G. W. F. Hegels nach seiner »Wissenschaft der Logik«*. Gütersloh.

Krohn, Wolfgang (1972): *Die formale Logik in Hegels »Wissenschaft der Logik«. Untersuchungen zur Schlußlehre*. München.

Kroner, Richard (1924/25): ›Anschauen und Denken. Kritische Bemerkungen zu Rickerts heterothetischem Denkprinzip‹. *Logos 13*, S. 90 bis 127.

Kulenkampff, Arend (1970): *Antinomie und Dialektik*. Zur Funktion des Widerspruchs in der Philosophie. Stuttgart.

Lange, Ernst Michael (1978): ›Wertformanalyse, Geldkritik und die Konstruktion des Fetischismus bei Marx‹. *Neue Hefte für Philosophie 13*, S. 1-46.

Macpherson, C. B. (1962): *The Political Theory of Possessive Individualism*. Oxford, dt. Frankfurt/M. 1973.

Marcuse, Herbert (1941): *Reason and Revolution. Hegel and the Rise of Social Theory*. New York, dt. Neuwied/Berlin 1962.

Marquard, Odo (1964): ›Hegel und das Sollen‹. *Philosophisches Jahrbuch 72*, S. 103-119.

Marx, Werner (1967): *Absolute Reflexion und Sprache*. Frankfurt/M.

Marx, Wolfgang (1972): *Hegels Theorie logischer Vermittlung. Kritik der dialektischen Begriffskonstruktionen in der »Wissenschaft der Logik«*. Stuttgart-Bad Cannstatt.

Maurer, Reinhart (1972): ›Der Begriff unendlicher Progress‹. *Hegel-Jahrbuch 1971*. Meisenheim, S. 189–196.

McTaggart, John and Ellis (1910): *A Commentary on Hegel's Logic*. Cambridge.

Mure, G. M. G. (1950): *A Study of Hegel's Logic*. Oxford.

Ottmann, Henning (1977): *Individuum und Gemeinschaft bei Hegel.* Bd. I: *Hegel im Spiegel der Interpretationen.* Berlin.
Platon: ›Parmenides‹. *Platonis Opera.* Ed. Burnet. T. II. Oxford 1901. ›Sophistes‹. *Platonis Opera.* T. I. Oxford 1900.
Puder, Martin (1969): ›Hegels Gottesbegriffe‹. *Neue deutsche Hefte* 124/4, S. 17–36.
Puntel, L. Bruno (1973): *Darstellung, Methode und Struktur. Untersuchungen zur Einheit der systematischen Philosophie G. W. F. Hegels.* Hegel-Studien. Beiheft 10.
Rademaker, Hans (1969): *Hegels ›Objektive Logik‹.* Bonn.
Richli, Urs (1972): ›Neuere Literatur zu Hegels *Wissenschaft der Logik*‹. *Philosophische Rundschau 18*, S. 206-241.
Rickert, Heinrich (1911/12): ›Das Eine, die Einheit und die Eins. Bemerkungen zur Logik des Zahlbegriffs‹. *Logos 2*, S. 26-78.
Rosenzweig, Franz (1925): ›Das neue Denken‹. Ders.: *Kleinere Schriften.* Berlin 1937, S. 373–398.
Sarlemijn, Andries (1971): *Hegelsche Dialektik.* Berlin.
Schelling, Fr. W. J.: ›Philosophische Untersuchungen über das Wesen der menschlichen Freiheit . . .‹ (1809). *Werke.* Hrsg. v. K. F. A. Schelling. Bd. VII, S. 333-416.
Schmidt, Josef (1977): *Hegels Wissenschaft der Logik und ihre Kritik durch Adolf Trendelenburg.* München.
Schmitz, Hermann (1957): *Hegel als Denker der Individualität.* Meisenheim.
Schrader-Klebert, Karin (1969): *Das Problem des Anfangs in Hegels Philosophie.* München.
Schulz-Seitz, Ruth-Eva (1973): ›»Sein« in Hegels Logik: »Einfache Beziehung auf sich«‹. *Wirklichkeit und Reflexion* (Festschrift für Walter Schulz). Pfullingen, S. 365–383.
Schulz, Walter (1953/54): ›Über den philosophiegeschichtlichen Ort Martin Heideggers‹. *Philosophische Rundschau 1*, S. 65-93 und S. 211 bis 232.
– (1963): *Das Problem der absoluten Reflexion.* Frankfurt/M.
Siep, Ludwig (1970): *Hegels Fichtekritik und die Wissenschaftslehre von 1804.* Freiburg/München.
– (1974): ›Der Kampf um Anerkennung. Zu Hegels Auseinandersetzung mit Hobbes in den Jenaer Schriften‹. *Hegel-Studien 9*, S. 155 bis 207.
– (1975): ›Zur Dialektik der Anerkennung bei Hegel‹. *Hegel-Jahrbuch 1974.* Köln, S. 388–395.

Simmel, Georg (1904): *Kant.* Sechzehn Vorlesungen, gehalten an der Berliner Universität. Leipzig.

– (1922): *Schulpädagogik.* Osterwick/Harz.

Simon, Josef (1966): *Das Problem der Sprache bei Hegel.* Stuttgart.

– (1970): ›Die Kategorien im »gewöhnlichen« und im »spekulativen« Satz. Bemerkungen zu Hegels Wissenschaftsbegriff‹. *Wiener Jahrbuch für Philosophie 3*, S. 9-37.

Sommer, Manfred (1977): *Die Selbsterhaltung der Vernunft.* Stuttgart.

Spaemann, Robert (1963): *Reflexion und Spontaneität. Studien über Fénelon.* Stuttgart.

Taylor, Charles (1975): *Hegel.* Cambridge, dt. Frankfurt/M. 1978.

Theunissen, Michael (1965): *Der Andere.* Studien zur Sozialontologie der Gegenwart. Berlin.

– (1969): *Gesellschaft und Geschichte.* Zur Kritik der kritischen Theorie. Berlin.

– (1970a): *Hegels Lehre vom absoluten Geist als theologisch-politischer Traktat.* Berlin.

– (1970b): *Die Verwirklichung der Vernunft. Zur Theorie-Praxis-Diskussion im Anschluß an Hegel.* Philosophische Rundschau. Beiheft 6.

– (1975a): ›Begriff und Realität. Hegels Aufhebung des metaphysischen Wahrheitsbegriffs‹. *Denken im Schatten des Nihilismus* (Festschrift für Wilhelm Weischedel). Darmstadt, S. 164–195.

– (1975b): ›Krise der Macht. Thesen zur Theorie des dialektischen Widerspruchs‹. *Hegel-Jahrbuch 1974.* Köln, S. 318–329.

– (1976a): ›Ὁ αἰτῶν λαμβάνει. Der Gebetsglaube Jesu und die Zeitlichkeit des Christseins‹. *Jesus – Ort der Erfahrung Gottes* (Festschrift für Bernhard Welte). Freiburg ²1977, S. 13-68.

– (1976b): ›Die Aufhebung des Idealismus in der Spätphilosophie Schellings‹. *Philosophisches Jahrbuch 83*, S. 1-29.

– (1977): *Der Andere.* Vorrede zur zweiten Auflage. Berlin.

– ›Was heute ist. Über Not und Notwendigkeit des Umgangs mit Heidegger‹. *Martin Heidegger. Fragen an sein Werk.* Stuttgart 1977, S. 21-27.

Timm, Hermann (1974): *Gott und die Freiheit. Studien zur Religionsphilosophie der Goethezeit.* Bd. I: *Die Spinozarenaissance.* Frankfurt/M.

Trendelenburg, Adolf (1840): *Logische Untersuchungen.* Leipzig ³1870.

Tugendhat, Ernst (1967): ›Die sprachanalytische Kritik der Ontologie‹. *Das Problem der Sprache* (Akten des achten deutschen Kongresses

für Philosophie, Heidelberg 1966). Hrsg. v. H.-G. Gadamer. München, S. 483-493.
– (1970): ›»Das Sein und das Nichts«‹. *Durchblicke* (Martin Heidegger zum 80. Geburtstag). Frankfurt/M., S. 132-161.
– (1976): *Vorlesungen zur Einführung in die sprachanalytische Philosophie.* Frankfurt/M.
– (1977): ›Die Seinsfrage und ihre sprachliche Grundlage‹ (Rez. von Kahn, The Verb ›Be‹ in Ancient Greek). *Philosophische Rundschau 24*, S. 161-176.
van der Meulen, J. A. (1953): *Heidegger und Hegel oder Widerstreit und Widerspruch.* Meisenheim.
Wetzel, Manfred (1971): *Reflexion und Bestimmtheit in Hegels Wissenschaft der Logik.* Hamburg.
Wiehl, Reiner (1965): ›Platos Ontologie in Hegels Logik des Seins‹. *Hegel-Studien 3*, S. 157–180.
Wieland, Wolfgang (1973): ›Bemerkungen zum Anfang von Hegels Logik‹. *Wirklichkeit und Reflexion* (Festschrift für Walter Schulz). Pfullingen, S. 395-414.

Theodor W. Adorno im Suhrkamp Verlag

Gesammelte Schriften

1–20 Herausgegeben von Gretel Adorno und Rolf Tiedemann.

Band 1: Philosophische Frühschriften
Band 2: Kierkegaard. Konstruktion des Ästhetischen
Band 3: Dialektik der Aufklärung (in Vorbereitung)
Band 4: Minima Moralia (in Vorbereitung)
Band 5: Zur Metakritik der Erkenntnistheorie; Drei Studien zu Hegel
Band 6: Negative Dialektik; Jargon der Eigentlichkeit
Band 7: Ästhetische Theorie
Band 8: Soziologische Schriften I
Band 9: Soziologische Schriften II
Band 10: Prismen; Ohne Leitbild; Kritische Modelle: Eingriffe, Stichworte
Band 11: Noten zur Literatur
Band 12: Philosophie der neuen Musik
Band 13: Die musikalischen Monographien: Versuch über Wagner; Mahler; Berg
Band 14: Dissonanzen; Einleitung in die Musiksoziologie
Band 15: Komposition für den Film; Der getreue Korrepetitor
Band 16: Klangfiguren; Quasi una fantasia; Moments Musicaux; Impromptus
Band 17: Aufsätze zur Musik I (in Vorbereitung)
Band 18: Aufsätze zur Musik II (in Vorbereitung)
Band 19: Aufsätze zur Musik III (in Vorbereitung)
Band 20: Miszellen (in Vorbereitung)

Supplementbände

Band 21: Fragmente I: Beethoven (in Vorbereitung)
Band 22: Fragmente II: Theorie der musikalischen Reproduktion (in Vorbereitung)

edition suhrkamp

Eingriffe. Neun kritische Modelle. 1963. es 10
Gesellschaftstheorie und Kulturkritik. 1975. es 772
Jargon der Eigentlichkeit. Zur deutschen Ideologie. 1964. es 91
Kritik. Kleine Schriften zur Gesellschaft. 1971. es 469
Moments Musicaux. 1964. es 54

Ohne Leitbild. Parva aesthetica. 1967. es 201
Stichworte. Kritische Modelle 2. 1969. es 347
Zur Metakritik der Erkenntnistheorie. 1972. es 590

Bibliothek Suhrkamp

Berg. Der Meister des kleinen Übergangs. 1977. BS 575
Mahler. Eine musikalische Physiognomik. 1960. BS 61
Noten zur Literatur I. 1958. BS 47
Noten zur Literatur II. 1961. BS 71
Noten zur Literatur III. 1965. BS 146
Noten zur Literatur IV. 1974. BS 395
Minima Moralia. 1969. BS 236
Über Walter Benjamin. Herausgegeben von
Rolf Tiedemann. 1970. BS 260

suhrkamp taschenbücher

Erziehung zur Mündigkeit. 1971. st 11
Studien zum autoritären Charakter. 1973. st 107
Versuch das »Endspiel« zu verstehen. Aufsätze zur
Literatur des 20. Jahrhunderts I. 1973. st 72
Versuch über Wagner. 1974. st 177
Zur Dialektik des Engagements. Aufsätze zur
Literatur des 20. Jahrhunderts II. 1973. st 134

suhrkamp taschenbücher wissenschaft

Ästhetische Theorie. 1973. stw 2
Drei Studien zu Hegel. 1974. stw 110
Einleitung in die Musiksoziologie. Zwölf theoretische
Vorlesungen. (1962) 1977. stw 142
Kierkegaard. Konstruktion des Ästhetischen. 1974. stw 74
Negative Dialektik. 1975. stw 113
Philosophie der neuen Musik. 1978. stw 239
Philosophische Terminologie I. 1973. stw 23
Philosophische Terminologie II. 1974. stw 50
Prismen. Kulturkritik und Gesellschaft. (1955) 1976.
stw 178
Soziologische Schriften I. 1979. stw 306

Ernst Bloch im Suhrkamp Verlag

Gesamtausgabe in 16 Bänden

Band 1 Spuren, 1969. 228 S. Ln.
Band 2 Thomas Münzer als Theologe der Revolution, 1969. 232 S. Ln.
Band 3 Geist der Utopie. Bearbeitete Neuauflage der zweiten Fassung von 1923. 1964. 354 S. Ln. u. Kt.
Band 4 Erbschaft dieser Zeit. Erweiterte Ausgabe. 1962. 416 S. Ln.
Band 5 Das Prinzip Hoffnung. In fünf Teilen. 2 Bände. 1959. 1658 S. Ln.
Band 6 Naturrecht und menschliche Würde. 1961. 368 S. Ln. u. Kt.
Band 7 Das Materialismusproblem, seine Geschichte und Substanz. 1972. 553 S. Ln. u. Kt.
Band 8 Subjekt-Objekt. Erläuterungen zu Hegel. 1962. 526 S. Ln. u. Kt.
Band 9 Literarische Aufsätze. 1965. 582 S. Ln. u. Kt.
Band 10 Philosophische Aufsätze zur objektiven Phantasie. 1969. 634 S. Ln. u. Kt.
Band 11 Politische Messungen, Pestzeit, Vormärz. 1970. 492 S. Ln. u. Kt.
Band 12 Zwischenwelten in der Philosophiegeschichte. Aus Leipziger Vorlesungen. 1976. 335 S. Ln. u. Kt.
Band 13 Tübinger Einleitung in die Philosophie. 1970. 384 S. Ln.
Band 14 Atheismus im Christentum. Zur Religion des Exodus und des Reichs. 1968. 362 S. Ln. u. Kt.
Band 15 Experimentum Mundi. Frage, Kategorien des Herausbringens, Praxis. 1975. 267 S. Ln. u. Kt.
Band 16 Geist der Utopie. Erste Fassung (1918). Faksimileausgabe. 1971. 452 S. Ln.

Ergänzungsband zur Gesamtausgabe: Tendenz – Latenz – Utopie. 1978. 416 S. Ln.

Die Gesamtausgabe der Werke Ernst Blochs liegt auch vor als: *werkausgabe edition suhrkamp Ernst Bloch, Gesamtausgabe in 16 Bänden. 1977.*

suhrkamp taschenbücher wissenschaft

Geist der Utopie. 1973. Band 35. 351 S.
Das Prinzip Hoffnung. 3 Bände. 1973. Band 3. 1658 S.
Naturrecht und menschliche Würde. 1972. Band 250. 372 S.
Subjekt-Objekt. Erläuterungen zu Hegel. 1977. Band 251. 544 S.
Vorlesungen zur Philosophie der Renaissance. 1972. Band 252. 159 S.
Tübinger Einleitung in die Philosophie. 1977. Band 253. 204 S.

edition suhrkamp

Avicenna und die Aristotelische Linke. 1963. Band 22. 116 S.
Christian Thomasius, ein deutscher Gelehrter ohne Misere. 1967. Band 193. 72 S.
Durch die Wüste. Kritische Essays. 1964. Band 74. 160 S.
Pädagogica. 1971. Band 455. 152 S.
Über Karl Marx. 1968. Band 291. 178 S.
Über Methode und System bei Hegel. 1970. Band 413. 142 S.
Widerstand und Friede. Aufsätze zur Politik. 1968. Band 257. 112 S.
Vom Hasard zur Katastrophe. Politische Aufsätze aus den Jahren 1934–1939. 1972. Band 534. 450 S.
Das antizipierende Bewußtsein. 1972. Band 585. 350 S.
Über Ernst Bloch. Beiträge von Martin Walser, Ivo Frenzel, Jürgen Moltmann, Jürgen Habermas, Fritz Vilmar, Iring Fetscher, Werner Maihofer. 1968. Band 251. 150 S.
Ästhetik des Vor-Scheins 1. Herausgegeben von Gerd Ueding. 1974. Band 726. 350 S.
Ästhetik des Vor-Scheins 2. Herausgegeben von Gerd Ueding. 1974. Band 732. 350 S.
Gespräche mit Ernst Bloch. Zusammengestellt und herausgegeben von Harald Wieser und Arno Münster. 1975. Band 798. 180 S.
Tagträume vom aufrechten Gang. Sechs Interviews mit Ernst Bloch. Herausgegeben von Arno Münster. 1977. Band 920. 200 S.

Joseph Needham
Wissenschaftlicher Universalismus

Über Bedeutung und Besonderheit der chinesischen Wissenschaft
Herausgegeben, eingeleitet und übersetzt von Tilman Spengler
stw 264. 416 Seiten

Die in diesem Band vereinigten Arbeiten Joseph Needhams stehen in enger thematischer Beziehung zu seinem Hauptwerk *Science and Civilization in China*, der ersten maßgeblichen Gesamtdarstellung des chinesischen Beitrags zur Universalgeschichte von Wissenschaft und Technik. Needham begreift das Zustandekommen der neuzeitlichen Wissenschaft als einen universalen Vorgang, zu dessen Entstehen Beiträge aus vielen Zivilisationen zusammenkommen mußten, der aber erst durch die Entdeckungen und soziokulturellen Neuausrichtungen im Europa der Renaissance die für ihn bestimmende Dynamik erhielt. »Wissenschaftlicher Universalismus« als konkretes Forschungsprogramm zielt demnach ebenso auf die Beschreibung einzelner Komponenten wie auf eine Kennzeichnung des Milieus, innerhalb dessen eine Kombination der Einzelteile das Unternehmen »moderne Wissenschaft« in Gang setzte.
Wenn der Durchbruch zur modernen Wissenschaft allein in Europa gelang, in anderen Kulturen dazu aber die kognitiven Voraussetzungen genauso vorhanden waren, dann müssen, folgert Needham, sozio-kulturelle Unterschiede die entscheidenden Hemm- bzw. Beschleunigungsfaktoren bezeichnen.
Der Aufsatz »Wissenschaft und Gesellschaft in Ost und West« geht auf einige dieser Unterschiede ein. »Die Einheit der Wissenschaft, Asiens unentbehrlicher Beitrag«, der zweite Aufsatz der Auswahl, liefert eine faktische Erhärtung der These von der Universalität des Vorgangs, an dessen Ende die neuzeitliche Wissenschaft stand. Daß es sich bei diesen Beiträgen um mehr als nur die ständig zitierten Beispiele des Schießpulvers, der Druckkunst und des magnetischen Kompasses handelt, wird dabei ebenso deutlich wie die zentrale Rolle des arabischen Kulturraums für die Übermittlung der Erfindungen und Erkenntnisse. »Der chinesische Beitrag zu Wissenschaft und Technik« greift das Thema aus chinesischer Perspektive auf.

Needham beschränkt sich hier nicht auf die Aufzählung vieler Einzelfälle, er schildert auch die chinesische Einstellung zu Fragen der sozialen Verfügbarkeit von Wissenschaft und Technik.

Als Beispiele für Needhams Geschick, Problemzusammenhänge global und gleichzeitig detailgetreu in den Griff zu bekommen, dienen die Aufsätze »Der Zeitbegriff im Orient« und »Das fehlende Glied in der Entwicklung des Uhrenbaus: ein chinesischer Beitrag«.

Zunächst räumt Needham mit dem vulgär-philosophischen Klischee des »zeitlosen Orients« auf und zeigt sehr genau, wie konkret sich die Chinesen der Realität zeitlicher Abläufe in der Geschichte bewußt waren. Und zum Nachweis, daß sich derlei Gedanken nicht nur auf den mageren Weiden der Spekulation bewegten, zeigt Needham in seiner Geschichte des chinesischen Uhrenbaus gleichsam das handwerkliche Komplement: mehr noch, die Unruh, die zentrale Vorrichtung der mechanischen Zeitmessung, ist eine chinesische Erfindung.

Die traditionelle chinesische Medizin steht seit einigen Jahren im Brennpunkt nicht nur medizin-historischen Interesses. Das rührt zum einen aus sozio-politischen Begleitumständen ihrer Wiedergeburt im sozialistischen China her, zum anderen aus dem erklärten Unvermögen westlicher Mediziner, gewisse therapeutische Effekte dieser Medizin in den Begriffen ihrer eigenen Deutungssysteme nachzuvollziehen. In »Medizin und chinesische Kultur« klärt Needham zunächst die Entstehungs- und Entwicklungsbedingungen der traditionellen Medizin Chinas, die wie keine andere wissenschaftliche Disziplin von der sie umlagernden Kultur geprägt wurde, und schlägt dann einige Interpretationen zu ihrer Wirkungsweise vor.

Alphabetisches Verzeichnis der suhrkamp taschenbücher wissenschaft